KB262618

서사표현교육론 연구

서사표현교육론 연구

서사표현교육론 연구

임 경 순

아버님, 어머님께
이 책을 바칩니다.

머리말

나는 적지 않은 시간 동안 국어를 배우고 가르치면서 살아 왔다. 살아온 나날로 보면, 그리 짧은 세월도 아니다. 그리고 앞으로 살아갈 날을 생각하면 국어야말로 나를 살게 하는 그 무엇임에 틀림없다.

사람들은 그리 큰 불편 없이 늘 쓰고 있는 우리말을 가지고 뭐 그리 연구할 게 많겠는가고 반문하기도 한다. 또한 국어를 잘 한다고 돈을 잘 버는 것도 아니고, 명예를 얻는 것도 아니며, 권력을 쥐는 것도 아니라고 생각하기도 한다.

그러나 조금만 생각을 달리하면, 국어를 잘하고 못하는 일은 세속적인 것을 얻는 것과 관련되며, 그것은 일상의 언어적 삶의 편이를 결정하는 일과도 관련됨을 알 수 있다. 우리는 국어를 가지고 생각하고, 남과 더불어 의미를 공유하고 논쟁해 가면서 목적하는 바를 이루어 나간다. 그 속에는 온갖 이념과 감정이 녹아 있으며, 인간이 이룩해 놓은 문화적 자산이 놓여 있다. 요컨대 우리는 국어로 살아가고 있으며, 나아가 삶이 곧 국어라 할 수 있다.

그런데 한걸음 물러서서 우리말과 삶의 질의 관계를 생각해 보면 문제는 그리 단순해 보이지 않는다. 물신화가 전면적 진리인양 인간의 사적 영역 깊숙이 침투해 있는 현실에서 우리말을 부려먹는다는 것은 어떤 의미가 있을까? 벤야민의 말대로 우리는 파괴와 폭발의 싸움터에서 조그맣고 여린 인간인지도 모른다. 국어교육/교육이 놓인 자리가 여기에 있다. 나에게 소중한 것은 바로 그런 인격체로서의 '사람'이다. 그러므로 나에게 국어교육은 욕망이라는 폭주 기관차를 타고 사막을 가로지르는 현실의 삶 속에서 국어로서 길트기에 해당한다.

　　그러나 그것은 쉽지만은 않은 듯하다. 과학적인 이론을 추구하는 나 자신조차도 현실의 굴레에서 벗어나기가 힘들 때가 많다. 때로는 나 자신의 우둔함으로 미처 깨닫지 못할 때도 있었다.

　　이 글은 나의 삶의 서사 가운데 국어적인 길트기를 보여주는 작은 산물이다. 연구자들은 저마다 자기의 길을 개척하고 그 길로 사람들을 인도한다. 그 길이 이미 잘 포장된 길이라면 그 길로 달려가게 하면 좋으련만, 학문의 세계는 그 길이 어떤 길이라도 그것을 섣불리 허용치 않는다.

　　삶·서사·교육이라는 화두로 고민하기 시작한지도 벌써 여러 해 째다. 생각건대 서사라는 화두를 처음 대했을 때 망설임과 설렘이 교차하였던 것 같다. 그것은 서사에 대한 구조주의적 사유방식으로는 교육의 의미망을 온전히 담아낼 수 없을 것이라는 현실적인 문제와 다양한 매체로의 확장과 국어교육의 영역을 확장시킬 수 있을 것이라는 가능성 때문이었다.

　　우리의 삶이 서사를 떠나서는 존재할 수 없다는 논의를 대했을 때 나의 눈은 거기에 붙들렸고, 무엇보다 삶이 곧 서사라는 논지의 말을 접했을 때 나는 전율했다. 그러나 나는 한동안 거기에서 서성거려야 했다. 왜냐하면 서사론을 나의 목소리로 육화시키는 문제와 함께 거기에는 교육이라는 관문이 가로놓여 있었기 때문이었다.

　　그래서 나는 여러 문제 가운데 인간이 자신의 경험을 이야기하는 데서 출발했다. 인간은 직접적이든 간접적이든 경험을 하기 마련이고, 그것을 이야기하면서 살아간다. 이야기를 하고 그것을 수용하면서 사는 일이 매우 가치있음에도 불구하고 교육적인 배려가 미흡하다는 것은 안타깝기 그지없다. 따라서 나는 이야기교육의 체계를 세우는 일이 급선무라고 생각했던 것이다.

그런데 이야기를 한다는 것은 나의 작위적인 의지에 의해서 행하는 것
이라기보다는 실상 나의 경험으로부터 온, 의식의 저 심연에 자리잡은 마
음의 상처가 이야기를 하도록 하는 것은 아닐까? 상처로 인한 고통은 그
누구도 대신할 수 없는 본질적인 것이 아닐까? 이 글에서 고통의 수난과
삶의 질적 경험을 중시하는 이유가 여기에 있다. 그것은 들뢰즈, 프로이트
와 내가 만난 결과였다.

그런데 그것이 이야기로 되기에는 여러 요인을 고려해야 했다. 리꾀르
가 제안한 행위 영역, 상징, 시간 의식 등은 나에게 깨우침을 준 바가 컸다.
특히 그가 서사를 정태적인 대상으로 보지 않고 삶을 서사로 만드는 역동
적인 과정으로 파악한 점은 나의 글 가운데 '서사화'라는 용어를 쓰도록 만
들었다.

그리하여 나는 교육적인 견지에서 경험의 서사화를 이끌어 가는 이념
은 무엇이고, 그것을 잘 할 수 있게 하는 방법은 무엇이며, 무엇을 가르치
고 배워야 하는지를 따져봤다. 그리고 경험을 이야기한다는 것의 의의는
어디에 있는지를 논의해 본 것이다.

이 책은 이러한 논지의 나의 박사학위 논문을 고치고 다듬은 것이다.

여기에 이르기까지 많은 분들의 은혜를 입었다. 먼저, 사람이 사람답게
살아가는 길을 보여 주신 구인환 선생님과 늘 살아 있는 정신으로 학문하
는 일에 정진할 수 있도록 이끌어 주신 우한용 선생님께 깊은 감사를 드린
다. 또한 학문하는 일을 평생 업으로 살아갈 수 있도록 자상하게 길을 터주
신 최병우 선생님과 김중신 선생님, 학문의 엄밀성을 일깨워주신 조남현
선생님과 김종철 선생님께 감사 드린다.

그리고 이 길을 가도록 끝까지 배려해 주시고 격려해주신 윤여탁 선생님과 김대행 선생님을 비롯하여 서울대학교 국어교육과 선생님들께 감사드린다.

또한 선배와 동료, 후배 동학들에게 일일이 감사의 마음을 전할 수 없어 안타까울 뿐이다. 학문 공동체에서 일취월장하는 모습을 보이는 길만이 이분들에 대한 보답이라 생각한다.

내가 성숙하기도 전에 홀몸이 되셔서 세상의 모진 풍파를 감당해내신, 아, 지금은 어느새 무성해진 흰머리와 주름으로 지난 세월을 보상받을 길이 없으신 어머님. 어찌 이 책으로 위안받으실 수 있을까. 늘 함께 하면서 격려해주신 장인, 장모님. 그리고 직장에 다니면서 아이들과 가정 일에 자신의 삶의 시간들을 내주어야 했던, 내 아내 한영식. 아빠가 필요할 때 옆에 있어주지 못해 늘 미안했던 아들 준영과 딸 예린. 자식을 사랑하는 길에는 여러 방식이 있다고 자위해 보지만, 그럴수록 내 마음을 다부지게 추슬러 보는 수밖에 없다. 이들의 헌신적인 희생이 없었던들 이 책이 세상에 나올 수 있었을까.

끝으로, 이 책이 이렇게 멋지게 나오도록 배려해 주신 도서출판 역락의 이대현 사장님과 직원 여러분께 깊은 감사를 드린다. 이 분들의 일이 인류의 소중한 문화적 보고를 쌓는 값진 일이 되었으면 한다.

관악산 연주봉을 바라보며
2003년 11월
임 경 순

제1절 서사의 교육적 중요성 인식

이 글에서는 유소년기 경험을 다룬 소설을 주된 연구 대상으로 하여, 자기 경험을 서사화하는 능력을 신장시킬 수 있는 방법을 탐색해 보고, 그 교육적 내용과 의의를 논의하여 보고자 한다. 방법을 탐색해 보는 것은 가르치고 배우는 지식의 내용을 창출해 내는 일과 관련된다. 교육적 내용과 의의를 논의하는 것은 교육 이념과 목표를 논의하고, 내용의 범주를 확정하고 그 내용이 무엇인가를 논의하는 일이며, 그 교육적인 의의를 탐색하는 일이다.

인간의 경험은 의미 있는 사건으로 구성되며, 인간의 서사 행위는 그것에 대한 이해와 해석으로부터 발생한다. 이런 점에서 서사 행위는 인간 경험을 줄거리로 조직하면서 의미의 세계를 구성하는 활동이기도 하다. 따라서 서사 행위는 의미만들기(meaning-making)이자 세계만들기(world-making)라 할 수 있다. 그러므로 서사가 인간의 서사행위의 과정이자 결과라 할 경우, 서사에 대한 연구는 인간 경험을 포함한 서사 행위 전반의 의미 체계에 대한 검토를 포함해야 한다. 특히 서사 행위가 인간의 삶과 그것을 서사화하는 능력에 깊이 관련된다 할 때 교육적 관점에서 자기 경험을 서사화하는 능력을 신장시킬 수 있는 방안을 모색할 필요가 있는 것이다.

서사의 중요성은 최근 여러 학자들에 의해 논의되어 왔다. 이들 논의는 단순히 서사의 구조를 분석하는 차원에 그치지 않고, 서사를 마음의 근본적인 양식으로 보고 있으며 나아가 서사적 인간 존재의 근원을 탐구하는 데까지 이르고 있다. 이들 논점의 핵심은 인간은 서사를 떠나서는 살 수 없다는 데 있다.

> 아침식사를 하는 것에서부터 잠자리에 드는 것에 이르기까지, 또는 사랑하는 것에 이르기까지 우리가 행하는 모든 것(그리고 그것들이 어떻게 – 어떤 순서로 – 여러 삽화를 지니는 서사물을 만들어 내게 되는가에 주목하라)은 하나의 서사물 – 시작, 중간, 끝, 그리고 인물, 배경, 극적인 사건(해결된 난제들이나 갈등), 서스펜스, 수수께끼, '인간적인 관심사' 그리고 도덕 등을 지니는 하나의 서사물 – 로 보여지고 설정되고 설명될 수 있다. 크든 작든 그런 서사물에서 우리는 우리 자신과 우리를 둘러싸고 있는 세계에 대한 더 많은 것을 알게 된다. 서사물을 만들어 내고, 이해하며, 보존하는 것은 또한 다른 사실들에 대한 이해를 돕는 일종의 사실 인식이다. 구술 및 기술 서사물이 우리의 삶에 얼마나 침투해 있고 중요한가는 만일 우리가 의존하는 서사물의 여러 형태들을 토대로 간주하는 것을 멈춘다면 분명해진다. 전기와 자서전, 역사에 관한 텍스트들, 뉴스 스토리와 그 밖의 매체에서의 형태들, 사적인 편지와 일기, 소설, 스릴러물과 로망스, 내과 환자의 내력, 학교 기록부, 연례행사, 경찰의 사건기록, 일년간의 공연일지 등.[1]

---

1) Michael J. Toolan, *Narrative: A Critical Linguistic Introduction*, 김병욱 · 오연희 옮김, 『서사론: 비평언어학적 서설』, 형설출판사, 1993, 15~16쪽.

이렇듯 서사는 우리 일상 생활 속에 만연되어 있으며 인간 삶에서 매우 중요한 부분을 차지하고 있다. 서사는 인간 활동의 산물로서 거의 모든 국면의 인간 활동에 대한 지식과 정보를 제공해 준다. 또한 서사는 인간의 사고 구조와 밀접하게 관련되어 있어 그것을 어떻게 구성하고 수용하느냐에 따라 인간의 삶에 지대한 영향을 준다. 그러므로 교육적 방안을 모색하는 것은 필연적인 요청이다.[2] 그 일환으로 이 글에서는 기록 허구 서사물(narrative fiction)[3] 가운데 대표적인 서사 양식 가운데 하나인 소설을 주된 대상으로 연구를 수행하고자 한다.

교육은 인간의 성장에 관한 활동이다. 어떤 형태의 것이든 개체 혹은 집단의 성장을 전제하지 않는 교육을 상상할 수 없다.[4] 교육의 일환

---

2) 서사교육의 필요성은 서사활동의 측면, 언어문화 환경의 측면, 마음(mind)의 측면, 교육의 측면 등으로 집약할 수 있다. 첫째, 서사는 우리 언어 생활을 이루고 있는 중요한 활동의 매체이자 삶의 방식이다. 일상에서 이루어지고 있는 서사, 그리고 보다 정련된 형태의 장르들로 나타나는 서사에 이르기까지 서사는 인간 삶의 중요한 부분을 이루고 있다. 둘째, 언어 문화의 환경 변화는 피할 수 없는 현실이고 보면 오늘날 우리가 사용하고 있는 각종 매체에 대한 대응이 필요하다. 셋째, 서사는 인간의 마음을 구현하는 중요한 양식 가운데 하나임을 들 수 있다. 서사는 인간의 근본적이며 보편적인 사고 양식이자(J. Bruner, *Actual Minds, Possible Worlds*, Harvard University Press, 1986) 인간의 마음을 구성하는 근본 양식이다(M. Turner, *The Literary Mind*, Oxford University Press, 1996). 넷째로 교육의 측면에서 서사와 관련된 것들이 수용될 수 있다는 점이다. 각 영역간의 통합교육이 가능하고, 위계화에 따른 교육과정 수립과 범교과교육이 가능해진다는 점이다.
3) 서사는 일반적으로 허구 서사와 비허구 서사로 나눌 수 있다. 허구서사는 기록서사와 연행서사로 나뉘는데, 전자에는 소설, 설화 등이 후자에는 영화, 게임, 연극 등이 해당된다. 비허구서사에는 역사, 기사 등이 해당한다. 허구 서사는 일련의 허구적 사건의 언어적 서술체를 뜻한다. S. Rimmon-Kenan, *Narrative Fiction: Contemporary Poetics*, 최상규 역,『소설의 시학』, 문학과지성사, 1986, 11~13쪽; 한 연구자는 소설이라는 용어 못지 않게 '서사(narrative)'라는 개념 사용이 확산되는 원인을 다음과 같이 진단한 바 있다. 첫째, 근대적인 서사장르인 소설 중심의 서사이론에 대한 반성과 비판. 둘째, 서사 혹은 이야기의 보편성, 편재성에 대한 폭넓은 인식. 셋째, 서사의 다양성에 대한 인식. 넷째, 사회의 제현상을 해명하려는 이론이나 지식담론 자체의 서사화 경향. 다섯째, 새로운 작품의 등장 등을 들고 있다. 황국명,「서사론의 요소와 그 시각」,『현대소설연구』제8호, 1998.
4) 이돈희,『교육적 경험의 이해』, 교육과학사, 1994, 3쪽.

인 문학교육도 예외일 수는 없다. 문학교육의 의의나 목표를 '상상력의 세련', '삶의 총체적 체험'에서 찾는다든지[5], 문학교육이 개인의 사고력 성장과 밀접한 관계가 있으며,[6] 문학교육의 최종 도달점 가운데 하나를 '문화실천'에서 찾거나[7] 개인의 정신적 성장에서 찾는 논의[8]들은 교육적 성장을 전제로 한다. 교육과정에 제시된 국어과 목표들도 이 점에서 예외일 수 없다.[9] 따라서 국어교육에서 성장의 주체인 자아의 성장을 도모하는 일은 매우 중요하다 하겠다.[10] 그런데 문학 행위를 통해 특히 자기 경험의 서사화를 통해 어떻게 자아의 성장을 도모할 수 있을 것인가? 이 글의 출발점이 여기에 있다.

인간은 살아가면서 무엇인가를 실제로 직접 경험해 보거나, 타인의 체험을 바라보거나 듣게 된다. 그리하여 인간은 거기에 어떤 의미를 부여한다거나, 그것으로부터 지식, 기능 등을 습득하기도 한다. 인간은 이러한 경험을 떠나서는 존재할 수 없을 뿐 아니라 인간은 그것을 이야기하는 일에서 벗어날 수 없다. 그것은 일상 차원의 서사에서부터 전통적

---

5) 구인환 외, 『문학교육론』, 삼지원, 1998.
6) 김대행, 「사고력을 위한 문학교육의 설계」, 『국어교육연구』 제5집, 서울대국어교육연구소, 1998.
7) 우한용, 『문학교육과 문화론』, 서울대출판부, 1997.
8) 김대행 외, 『문학교육원론』, 서울대출판부, 2000.
9) 국민 공통 기본 교과 가운데 하나인 '국어' 과목에 제시된 교육 내용의 위계화는 성장을 전제하지 않고서는 불가능하다. 특히 선택 중심 교과 가운데 하나인 『문학』에서는 "문학의 수용과 창작 활동을 통하여 문학 능력을 길러, 자아를 실현하고 문학 문화 발전에 능동적으로 참여하는 바람직한 인간을 기른다"라는 구체적인 목표를 제시하고 있다. 교육부, 『제7차 국어과 교육과정』, 대한교과서, 1998, 참조.
10) 자아의 교육적 중요성을 논의한 박인기는 "자아를 개발하는 일은 교육의 기본 과제이다."(박인기, 「문학교육과 자아」, 『문학과 교육』 제8호, 1999. 여름, 27쪽)라고 언급한 다음, 삶의 총체적 궤적과 작용을 담아내는 문학교육은 자아의 발현과 성장에 다가갈 수 있는 매우 유익한 접근 통로라고 주장한다. 또한 김우창은 현대의 문학 교육은 "합리적 사회에서의 자기 실현과 인간 실현에 관한 것"(김우창, 「다원시대의 문학읽기의 교육」, 『문학교육학』 제6호, 한국문학교육학회, 30~31쪽)이라 규정하고 있다.

으로 문학이라 일컫는 양식에 이르기까지 다양하게 이루어진다.

인간은 서사를 매개로 경험과 만나고 그것을 사건으로 구성해 나간다. 인간의 경험에는 주체와 행위, 그리고 그들의 관계 등이 포함되어 있다. 이러한 것들이 사건의 핵심 요소들이라면, 경험은 일종의 사건이라 할 수 있다. 사건으로서의 경험은 일상 속에서 끊임없이 일어나고 있으며, 그것은 글쓴이의 언어 활동을 통해 재구성되고 있다.[11]

그런데 자기 경험을 이야기하는 것은 단지 과거에 겪은 일을 이야기하는 차원에 머무는 것이 아니다. 그것은 현재 '나'의 관점에서 과거의 '나'를 대화적·반성적·창조적으로 돌아보는 것이다. 여기에서 '나'라는 존재는 자기의식을 지닐 때 온전한 존재일 수 있다. 자기의식이란 '내'가 '나'를 내면의 거울에 비추어 보는 일이라 할 때 그것은 범박하게 말하여 '나는 누구인가'에 대한 물음과 응답의 과정이라 할 수 있다. 따라서 자신의 경험을 이야기한다는 것은 자신의 정체성을 정립하기 위해 '내'가 대면하고 있는 것들을 서사화하는 일이다. 그렇게 함으로써 나는 끊임없이 미래의 가능성으로서의 자아정체성을 추구한다. 이 글이

---

11) 서사에서 현실과 허구의 경계는 그리 명확한 것은 아니다. 실재적이든 허구적이든 사건의 언어 구성물을 우리는 서사라 부른다. 뿐만 아니라 사건이 서사의 핵심이라 한다면 언어적 서사뿐 아니라 삶 자체도 서사라는 주장도 가능하다. 서사가 사건으로 이루어지듯이 우리의 삶도 사건으로 구성되어 있다. 또한 서사가 처음, 중간, 끝으로 구성되어 있듯이 인간의 삶도 태어나고, 자라고, 죽는 일로 이루어져 있다. 우리가 한 편의 서사를 보고 칭찬과 비난을 할 수 있듯이, 어떤 사람의 일생을 두고 그렇게 할 수 있다. 그러나 엄밀히 따지면 그 차이점도 분명히 존재한다. 어쨌든 삶과 서사가 밀접하게 관련되어 있다는 점을 주목할 필요가 있다. 이에 대한 자세한 논의는 다음 참조.
A. MacIntyre, *After Virtue*, 이진우 역, 『덕의 상실』, 문예출판사, 1997.
P. Ricoeur, *Temps et récit* I, 김한식·이경래 역, 『시간과 이야기1』, 문학과지성사, 1999.
P. Ricoeur, *Temps et récit* II, 김한식·이경래 역, 『시간과 이야기2』, 문학과지성사, 2000.
F. Kermode, *The Sense of an Ending*, 조초희 역, 『종말 의식과 인간적 시간』, 문학과지성사, 1993.

자아정체성에 주목하는 이유도 여기에 있다.[12]

　그러나 교육적 차원을 본격적으로 다루고 있지 않는 순수 창작론의 논의들은 차치하고, 문학(국어)교육 내의 연구 동향을 검토해 보거나 교육 현실을 돌이켜 볼 경우, 연구자나 교육자들이 의도하는 목표가 얼마나 달성되었는지는 의문이다. 그렇게 생각하는 이유는 표현(창작) 능력이란 주체가 그 대상을 언어로 잘 표현해야 한다는 선언적인 양태와 그 과정이나 방법의 제시만으로 향상될 수 있는 것이 아니기 때문이다. 이러한 사고의 기저에는 주체가 표현 대상을 능동적으로 구성해내는 측면을 과도하게 강조하는 구성주의 관점이 있거나, 일련의 과정 속에서 이루어지는 교수·학습을 통해 주어진 요소나 방법을 터득하면 표현 능력은 향상될 수 있다는 신념이 놓여 있다.[13] 물론 이러한 사유와 거기에서 나온 방법들은 유용한 측면이 있다. 그러나 교육 현실과 그 성과를 감안 할 때 이제는 다른 측면에서 접근할 필요성이 있는 것이다.

　이를 위해 다양한 방안이 제시될 수 있지만, 무엇보다 표현교육은 표현 내용과의 긴밀한 상관성을 확보할 필요가 있다.[14] 유능한 화자나 청자일수록 내용 생성 과정에서 표현의 성패가 결정된다거나,[15] 잘 쓴 글이나 말은 생각이 깊거나 독창적인 데 있다는 일반적인 견해를 받아

---

12) 그러나 서사교육의 효용이 여기에만 있는 것은 아니다. 많은 논자들이 지적하고 있듯이 서사 표현 행위 그 자체가 지니고 있는 미적·창의적·유희적인 측면과 자아와 세계에 대한 인식적인 측면, 가치 판단에 따른 윤리적인 측면 그리고 문화의 계승과 창조를 통한 삶의 질을 담보해 가는 문화적 측면 등의 효용이 있다.

13) 이러한 사고와 신념은 넓게 보아 데카르트의 사유 체계 속에서 이루어지는 것으로 대상을 작위적으로 구성해 낼 수 있다는 인간중심주의, 이성중심주의에 해당한다.

14) 이런 점에서 표현 교육 연구를 면밀히 검토한 후 연구 방향을 제언한 논의는 논자의 의견과 상당 부분 일치한다. 연구자는 이 글에서 표현 교육 연구를 위해서 '표현 내용과의 긴밀한 상관성 확보 필요, 읽기에 토대를 둔 표현 교육에 대한 연구, 사회·문화적 맥락에서 본 다양한 언어 현상에 대한 연구' 등을 제언하고 있다. 최미숙, 「표현교육 연구의 반성과 제언」, 『국어교육학연구』 제14집, 2002.6.

15) 염은열, 『고전문학과 표현교육론』, 역락, 2000, 37쪽.

들인다면 표현 내용이야말로 그것을 결정하는 중요한 요인임에 틀림없다. 그렇다면 표현 교육에서 괄호로 처리해 버린 부분 즉 표현 교육 연구가 제대로 다루지 못했던 중요한 부분 중의 하나인 표현의 내용과 방법의 결합[16]을 모색하는 문제가 중요하게 부각될 수 있다. 이러한 문제의식은 종전의 논의보다 진전된 것임에는 틀림없지만, 그렇다고 문제가 모두 해결되는 것은 아니다. 이 글에서 제기하고자 하는 것은 여기에서 한 걸음 나아가 표현(창작) 능력을 신장시킬 수 있는 보다 근본적인 국면들을 숙고해 보자는 것이다.

이 문제를 놓고 이 글에서는 주체가 겪은 '경험'에서 논의를 출발하고자 한다. 이 글에서 목표로 하는 소기의 성과를 거두기 위하여 특정한 시기에 태어나 사회·역사적 사건에 휘말려 유소년기를 보낸 일련의 작가들의 작품을 대상으로 논의를 진행하고자 한다.[17] 그리하여 표현 내용과의 긴밀성을 확보한 차원에서 경험의 내용과 그 형상화 방법 등을 구체적인 작품을 통해 논의하고, 표현 능력을 효과적으로 확보할 수 있는 교육적 내용을 탐색해보고자 한다.

제2절 서사표현교육 논의의 경과

이 글의 과제와 관련된 기존의 연구를 볼 때 크게 두 가지 차원에서 검토될 수 있다. 하나는 인문학적 연구 패러다임이고, 다른 하나는 교육

---

16) 최미숙, 앞의 글, 56쪽.
17) 특정한 시기에 일련의 작가들이 겪은 경험은 특히 그것이 그들의 심신에 커다란 영향을 주었다고 한다면 그들의 글쓰기의 내용과 방식에 영향을 주었을 것이라는 점은 어렵지 않게 가정해 볼 수 있다.

학적 연구 패러다임이다. 물론 서사표현교육은 이 양자와 밀접하게 관련될 수밖에 없는데, 편의상 전자는 일련의 순수 소설창작 논의에 해당하고 후자는 문학교육적 관점에서 논의되는 일련의 표현 및 창작교육 논의에 해당한다.

전자와 관련하여 적지 않은 연구가 진행되어 왔다. 한 연구자의 조사에 따르면 '소설작법', '소설창작론', '소설의 방법' 등 일련의 표제로 제시된 연구들은 단행본이 50여 종이 넘고, 평론이 200여 편에 이른다.[18] 대표적인 단행본 저자로, 창작론을 최초로 단행본 형태로 선보인 정비석(『소설작법』, 서울: 新大韓圖書株式會社, 1949)과 이무영(『소설작법』, 서울: 啓進文化社, 1949)을 필두로 50년대의 김동리, 안수길과 60년대의 이청준, 최인훈, 70-80년대의 정한숙, 구인환 그리고 90년대의 송하춘, 현길언 등을 들 수 있다. 한편 평론의 형식으로 제시된 창작론은 이광수, 김동인 등의 초창기 논객들을 필두로 염상섭, 김동리, 정비석, 최재서, 이어령, 최인훈, 안수길, 정한모, 송하춘 등과 KAPF를 중심으로 한 창작 방법 논쟁에 참여한 일련의 논객들 즉 임화, 김남천 등을 중심으로 활발하게 진행되어 왔다.

그러나 이와 같은 연구 성과에도 불구하고 그간의 창작론은 여러 문제를 안고 있다. 그것은 첫째로 보편적인 체계(體系)의 미비 즉 현재의 창작론이 소설가 개인의 창작 체험에 주로 의존하고 있다는 점, 둘째로 학문적 자기정체성(自己正體性)의 결여, 즉 소설창작론이 소설론과 별로 구별되지 않고 있다는 점, 셋째로 연구 주제의 창작 기예(技藝)로의 편향, 즉 창작론이 '작법' 혹은 '글쓰기 비결' 수준에 편향되어 있다는 점[19] 등이다. 이러한 문제점을 지적한 논자는 이 같은 문제점이 야기되는 이유 가운데 하나가 심미적 경험에서 출발하여 작품으로 구체화되기

---

18) 류철균, 「한국현대소설 창작론 연구」, 서울대 박사학위 논문, 2001. 이 연구자의
    연구 시점을 고려하면 2001년까지 단행본이 53종, 평론이 189종이나 된다.
19) 류철균, 위의 글, 2쪽.

까지의 과정을 논의의 대상으로 삼는 창작론의 특수성에서 기인한다고
보고 있다. 그렇기 때문에 현실적으로 창작 자체를 이론화하는 일은 매
우 어려울 수밖에 없다.

따라서 창작의 개념을 발상에서 작품으로 제시되기 이전까지의 과
정으로서만 한정할 것이 아니라 그 결과까지도 포괄하는 개념으로 재개
념화할 필요가 있다. 창작 과정 속에서 작가의 의도와 그것이 구체적으
로 실현되는 작품은 얼마든지 변화할 수 있다. 일반적으로 작품은 수
차례의 수정 과정을 거치면서 완성된다. 그러나 여기에서 간과할 수 없
는 것은 작품으로 제시된 것과 작가의 사고는 단절된 것이 아니라 오히
려 밀접하게 관련되어 있다는 점이다. 작품이란 작가의 사고가 정련화
과정을 거치면서 도달하는 지점이다. 따라서 작품화 과정에서 작품은
얼마든지 변형될 수 있으며, 그 과정에서 작가의 사고도 변화되는 것은
당연하다. 따라서 사고와 언어, 작가의 의도와 창작의 상관성, 그리고
창작의 과정을 보여주는 창작 과정의 산물인 작품의 관계를 주목할 필
요가 있다.[20]

다음으로, 교육적 안목에서 보는 창작 논의 역시 최근에 활발하게
진행되어 왔다. 창작교육 혹은 표현교육이라는 패러다임을 형성하고 있
는 이들 논의들은 다음과 같은 몇 가지 경향으로 정리해 볼 수 있다.

첫째, 창작교육을 본격적으로 연구하고 있는 논의들을 들 수 있다.[21]
우한용, 김창원, 노진한, 유영희 등이 대표적이다. 이들은 이해·감상 위
주의 교육과정과 교수학습을 비판하고 창작교육의 목적과 이념, 필요성

---

20) 이런 점에서 최근 수행평가의 하나로 활용되고 있는 '포트폴리오(portfolio)'는 창
　　작의 과정과 결과를 살펴보는 데 활용할 수 있는 중요한 방법 가운데 하나이다.
21) 문학 창작이 7차 교육과정에 공식화됨으로써 문학표현교육에 대한 논의가 더욱
　　본격화되고 있다. 교육과정에 창작이 공식화된 것은 그간의 창작논의의 성과를 반
　　영한 것이다. 이는 창작에 대한 선입견을 불식하고, 이해교육에 치중한 문학교육
　　에서 창작을 통한 표현교육의 내용을 확보함으로써 교수학습의 균형을 확보했다는
　　의의가 있다.

을 강조하고 구체적인 교수학습 설계를 위한 원리 구안을 시도한 바 있다. 이들은 논의를 통해 교육과정의 창작 영역에 대한 입론을 제공하고 문학교육에서 창작교육의 중요성을 일깨워주었다는 점에서 의의가 있다. 이를 좀더 구체적으로 살펴보자.

최근 시 창작교육에서 논의를 진행하고 있는 유영희는 그간 일련의 연구[22]를 통해 시 창작교육의 필요성과 가능성을 탐색해 보고 이론화를 모색하고 있다. 그녀는 창작교육을 정신적인 위안, 정체성의 확립 등에서 그 필요성을 찾고, 창작교육의 이론은 문학 이론에서 벗어나 독자적인 이론 수립과 아울러 창작교육, 작문교육, 쓰기교육을 통합하는 메타 차원의 논의를 진행하는 방향으로 나아가야 한다고 주장한다.[23] 이어 그녀는 박사 학위논문에서 이미지를 중심으로 시 창작교육의 이론화를 모색한다. 한편 노진한은 그 동안 창작교육은 국어와 문학, 작문 과목을 통해 이루어져 왔지만, 만족할만한 성과를 거두고 있지 못하고 있다고 진단하고, 그같은 문제의 근원에는 창작교육에 대한 편견, 창작교육의 목적 및 관점, 방법에 대한 공유가 선결되지 않았다는 데 있다고 지적한다.[24] 또한 김창원은 창작 개념의 확장을 모색한 바 있다. 그는 음악,

---

22) 유영희, 「메타언어적 시 쓰기와 창작교육의 가능성」, 『선청어문』 제23집, 서울대학교 국어교육과, 1995.
　　　　, 「패러디를 통한 시 쓰기와 창작교육」, 『국어교육연구』 제2집, 서울대학교 국어교육연구소, 1995.
　　　　, 「새로운 시 쓰기와 독자의 인식」, 『독서연구』 창간호, 한국독서학회, 1996.
　　　　, 「창조적 글쓰기와 문학교육 평가」, 『문학교육학』 창간호, 한국문학교육학회, 1997.
　　　　, 「이미지 형상화를 통한 시 창작교육 연구」, 서울대학교 박사학위 논문, 1999.
　　　　, 「시 형식 습득의 양상 및 논리」, 『국어교육연구』 제7집, 2000.
23) 유영희, 「창작교육의 필요성과 가능성」, 『문학과 교육』 제7호, 문학과교육연구회, 1999, 봄.
24) 노진한, 「창작교육을 위한 소론」, 『선청어문』 제25집, 서울대학교 국어교육과, 1997.

미술 등과 달리 문학에서 유독 창작교육에 대한 논의가 활발하지 못한 것은 문학 창작을 너무 경직된 시각으로 보는 데 있다고 진단한다. 그러나 창작은 그 자체로 교육적 의의가 있는 것으로 언어를 매개로 하는 모든 표현 과정을 창작으로 받아들일 것을 주장한다. 그렇게 되면 일상인의 모든 언어적 활동도 창작이라는 관점에서 바라볼 수 있게 된다는 것이다.[25]

한편 우한용은 문학 창작교육과 함께 소설 창작교육의 방향과 이론화를 활발하게 모색하고 있다.[26] 그는 우선 창작교육이 국어교육 특히 학교교육 차원에서 정당하게 자리잡지 못하고 있는 이유를 국어교과 내부의 기능주의 이념, 감상 위주의 문학교육, 창작에 대한 오해 등에서 찾고, 언어활동 전반에 관련된 창조적 속성이 구현되는 창조적 언어활동을 강조하는 창작교육의 중요성을 언어, 문학, 문학현상 등에서 다각도로 검토한다. 그리고 창작의 개념, 창작 주체, 창작 능력, 창작 지도, 창작교육의 과제 등을 심층적으로 논의함으로써 창작교육의 이념과 방향을 제시하고 있다. 결국 이 논의에서 창작교육은 형상적인 언어로 논

---

25) 김창원, 「술이부작에 관한 질문: 창작개념의 확장과 창작 교육의 방향」, 『문학교육학』 제3호, 1998.
26) 우한용, 「창작교육의 이념과 지향」, 『문학교육학』 제2호, 1998.
    ______, 「소설의 서사기능 상실과 회복의 논리」, 『현대소설연구』 제8호, 1998.
    ______, 「글쓰기와 문학교육: 문학문화의 자생력을 위한 문학교육」, 『문학과 교육』 제7호, 문학과교육연구회, 1999.
    ______, 「소설창작의 이론화 가능성 탐색」, 『현대소설연구』 제10호, 한국현대소설학회, 1999.
    ______, 「문학의 형상 창조 논리와 실천구도」, 『문학과 의식』 제45호, 1999. 가을.
    ______, 「문학의 형상 창조의 논리」, 『문학과 의식』 제46호, 1999. 겨울.
    ______, 「나를 원천으로 한 창작: 기억과 욕망의 춤」, 『문학과 의식』 제50호, 2000. 겨울.
    ______, 「열전적 상상력: 세상에는 별별 인간들이」, 『문학과 의식』 제52호, 2001. 가을.
    ______, 「우리 모두 창작의 주인들」, 『문예교실』 제5호, 2000. 봄.
    ______, 「創作敎育을 돌아보고 내다보는 假想 鼎談」, 『선청어문』 제28집, 2003.

리와 감수성의 분열을 극복해 내고 인간 삶의 통합성을 추구하는 교육이라는 점을 이끌어냄으로써 창작교육의 정당성을 확보하고 있다.[27] 이어 그는 소설창작의 이론화를 모색하기 시작한다. 한국현대소설학회에서 특집으로 마련한 학술대회에서 그는 소설창작의 이론화 가능성을 타진한다. 그는 이 자리에서 소설창작의 이론화의 가능성을 소설창작의 주체, 형상화 기법, 세계관 문제, 그리고 소통과 공감 등의 측면에서 검토하고 있다. 이러한 논의는 소설창작론의 이론적 근거와 특히 학교교육에서의 창작교육의 이론적 근거를 마련할 수 있다는 점에서 의의가 있다는 점을 강조한다.[28] 이어 그는 소설 창작 내지 소설 창작교육과 관련된 이론화를 계속해서 모색하고 있다. 그런데 이러한 일련의 창작교육 논의는 전통적으로 문학영역에서 다루어온 창작과 국어교육의 대상으로서의 표현교육, 곧 창작, 작문, 글쓰기, 쓰기 등과의 관계 정립이 해결되어야 할 문제로 남는다.

다음으로 이 글의 연구와 관련된 문학교육 연구자들의 논의를 일별해 볼 필요가 있겠는데, 그것은 넓은 의미의 표현교육이라는 패러다임을 형성하고 있다고 판단된다. 첫째로 글쓰기와 주체의 사유와의 연관성에 주목한 논의들이다. 그것은 김대행, 이지호, 최인자, 노진한, 서유경, 염은열 등[29]에서 이루어졌는데, 이들 논의는 주로 고전문학을 연구

---

27) 우한용, 「창작교육의 이념과 지향」, 앞의 책.
28) 우한용, 「소설창작의 이론화 가능성 탐색」, 앞의 책.
29) 김대행, 「옛날의 글쓰기와 사고의 틀」, 『국어교과학의 지평』, 서울대출판부, 1995.
   노진한, 「박지원 글을 통해 본 사유와 표현의 관계」, 『화산 김은전 교수 정년 퇴임 기념 논문집』, 1996.
   최인자, 「조선시대 상소문에 나타난 설득 방식과 표현에 관한 연구」, 『화산 김은전 교수 정년 퇴임 기념 논문집』, 1996.
   염은열, 「상소문의 글쓰기 전략 연구」, 『국어교육연구』 3집, 1996.
   서유경, 「사고와 표현의 원리로서의 '유추'에 대한 고찰」, 『문학교육학』 2호, 1998.
   이지호, 「연암박지원의 글쓰기 방법론 연구:『열하일기』를 중심으로」, 서울대박사 학위논문, 1997.

대상으로 삼고 있다. 이들의 논의에서는 글은 주체의 사유를 반영한 것이며, 그것은 일정한 틀이 있다는 것을 전제로 한다. 그 틀은 과거나 현재를 막론하고 보편적으로 통용될 수 있다고 주장한다. 이들이 사유와 글쓰기의 전통을 강조하는 것도 여기에 있다. 이들 논의에서 표현능력을 기르는 핵심은 대상에 대한 표현주체의 사유의 다양성과 창의성 등에 있다. 이런 점에서 우리 고전 문학은 많은 의의를 지닌다. 다만 사유란 시대 맥락에 따라 특수성이 있기 마련인데 지나치게 사유 구조의 보편성을 강조함으로써 통시적 변화 국면을 간과하고 있다는 비판을 어떻게 해결해 나갈 것이지가 과제라 판단된다.

둘째, 글쓰기 주체의 경험과 글쓰기 방식의 관계에 주목하는 논의를 들 수 있다. 최미숙, 최인자, 김혜영 등의 논의가 대표적이다.[30] 앞의 논의들이 주로 고전 문학에서 연구의 근거를 마련하고 있다면, 이들 논의들은 글쓰기 주체의 당대성을 문제삼고 있다는 점에서 대조적이다. 이들은 근대 이후 글쓰는 주체의 경험 특성을 고찰하고 그것이 작품에 반영된 양상을 분석함으로써 글쓰기 방식의 양상, 기능, 원리 등을 추출해 내고 있다. 그러나 이들 논의는 모더니즘 문학에 한정되어 있다는 점에서 다른 문학 양식들을 아울러 포용함으로써 그 이론화를 모색해야 하는 과제를 안고 있다.

셋째, 문학텍스트를 통해 표현 지식의 내용 생성 원리를 밝히려는 입장을 들 수 있다.[31] 이 논의는 그 동안 국어교육에서 이루어진 표현 논의를 개괄적으로 검토하고, 표현교육의 내용 요소로서의 표현 지식을

이지호, 『글쓰기와 글쓰기교육』, 서울대출판부, 2001.

30) 최미숙, 「한국 모더니즘시의 글쓰기 방식에 관한 연구-이상과 김수영을 중심으로」, 서울대박사학위논문, 1997.
   최인자, 「현대소설의 담론 생산 방법 연구-반담론과 문학교육의 연관성을 중심으로」, 서울대박사학위논문, 1997.
   김혜영, 「한국 모더니즘소설의 글쓰기 방법 연구」, 서울대박사학위논문, 2000.
31) 염은열, 「대상 인식과 내용 생성의 관계에 대한 표현교육론적 연구-기행가사를 중심으로」, 서울대대학원 박사학위논문, 1999.

문제삼고 있다. 그 동안 내용 없이 절차만 강조하고 있는 기능영역의 문제점을 지적하고 그 해결책을 모색하고자 한 것은 의미있는 일이다. 그러나 말하기와 쓰기의 양식상의 차이를 어떻게 해결해 나갈 것이며, 표현 교육의 구체적인 내용으로 삼을 만한 내용 생성 방식의 기제를 마련하는 일이 앞으로의 과제라 판단된다.

넷째, 글쓰기에 관여하는 관습 특히 장르에 주목하고 장르의 역동적 차원을 글쓰기에 적용하고자 하는 논의를 들 수 있다.[32] 장르 중심적 쓰기 교육론은 과정 중심 쓰기 이론의 개인적이고 추상적인 언어 활동을 비판하고, 쓰기 교육을 사회 문화적 문맥 속에서 이루어지는 실제적이고 현실적인 활동으로 구체화하는 데에 있다고 주장한다.[33] 이들 논의는 표현 주체에 대한 새로운 이해와 함께 쓰기 능력, 비판적 문용(해)력,[34] 창의력 등의 주요 개념을 새로운 각도에서 이해할 수 있는 시각을 마련해 주고 있다. 그러나 글쓰기의 목적과 이념, 구체적인 학습 방법이나 원리를 구안하는 문제가 과제이다.

한편 앞의 연구들과는 차원을 달리한 일련의 서사교육 논의들은 서사 표현교육과 관련하여 중요한 시사점을 지닌다는 점에서 검토할 가치가 있다.

첫째로 서사교육의 가능성을 열고 그 기반을 다진 논의를 들 수 있다. 여기에는 김대행, 우한용 등의 논의가 있다.[35] 김대행은 소설의 위

---

32) 정정순, 「장르 개념을 활용한 쓰기 교육」, 『선청어문』 28, 2000.
　　최인자, 「장르적 시각에서 본 글쓰기 교육」, 『국어 표현·이해교육』, 집문당, 2000.
　　최인자, 「장르의 역동성과 쓰기 교육의 방향성」, 『문학교육학』 5, 2000.
　　김혜영, 「한국 모더니즘소설의 글쓰기 방법 연구」, 서울대박사학위논문, 2000.
33) 최인자, 앞의 글, 20쪽.
34) 서사교육의 목표로서의 비판적 문용력에 대한 논의는 다음 참조.
　　문영진, 「서사 교육의 방향 설정에 관한 일 연구」, 『국어교육학연구』 13, 2001.12;
　　조선 시대 과거 시험 분석을 통한 사회적 문해력으로서의 글쓰기에 대한 논의는
　　다음 참조.
　　조희정, 「사회적 문해력으로서의 글쓰기 교육 연구」, 서울대박사학위논문, 2002.
35) 물론 그 동안 소설 연구 분야에서 서사론의 시각으로 소설을 분석한 경우는 상당

상을 검토한 자리에서 서사로서의 소설을 강조함으로써 소설 연구가 보다 생산적인 연구로 나아갈 것을 제안한 바 있다.36) 우한용은 담론과 문화의 측면에서 서사의 가능성을 모색하고 서사교육의 토대를 제공함으로써 논의를 한층 진전시킨 바 있다. 또한 용어 사용의 혼란을 정리하고 서사, 서사활동, 서사의 가치 등을 전반적으로 검토하면서 서사활동의 기능에 대한 새로운 인식의 필요성을 강조한 바 있다.37)

둘째로 표현 방식이나 원리에 대한 연구 경향을 들 수 있는데, 이는 이형빈, 배수찬, 정래필, 임경순 등38)에서 이루어졌다. 이들 논의의 공통점은 언술 혹은 서술 원리에 입각하여 그 표현 방식을 구안하거나 서사활동으로서의 교육적 의의, 기능 등을 논의하고 있다는 점이다. 그러나 구체적인 방법론을 제시하는 것이 앞으로의 과제로 남는다.

셋째로 이해나 수용의 관점에서의 논의를 들 수 있다. 손예운, 김중신, 황혜진, 양정실, 류홍렬 등의 논의가 여기에 속한다.39) 김중신과 황

히 축적되어 있다. 대표적인 것을 들면 다음과 같다.
최병우, 「소설에 있어 시점의 유형」, 『국어교육』 61-62, 1987.
김용재, 「한국 근대 단편 소설의 기술 형식 연구」, 전북대박사학위논문, 1991.
최병우, 「한국 근대 일인칭 소설 연구」, 서울대박사학위논문, 1992.
한국소설학회 편, 『현대소설 시점의 시학』, 새문사, 1996.
36) 김대행, 「서사와 소설의 거리」, 『한국서사문학사의 연구』Ⅰ, 중앙문화사, 1995.
37) 우한용, 『한국현대소설구조연구』, 삼지원, 1990.
_____, 『문학교육과 문화론』, 서울대출판부, 1997.
_____, 「소설의 서사기능 상실과 회복의 논리」, 『현대소설연구』 제8호, 한국현대소설학회, 1998.
38) 졸고, 「이야기 생산 능력에 대한 연구」, 『국어국문학』 제122호, 국어국문학회, 1998.
이형빈, 「고백적 글쓰기의 표현 방식 연구」, 서울대 석사학위 논문, 1999.
배수찬, 「고전 국문소설의 서술 원리 연구」, 서울대 석사학위 논문, 2001.
정래필, 「플롯구성을 활용한 이야기 쓰기 교육 연구」, 서울대 석사학위 논문, 2001.
졸고, 「서사표현교육의 방법과 실제」, 『문학과 문학교육』2, 문학과문학교육연구소, 2001.
39) 손예운, 「화자 서술의 특성을 통한 소설교육 연구」, 서울대 석사학위 논문, 1993.
김중신, 「서사텍스트의 심미적 체험의 구조와 유형에 관한 연구」, 서울대박사학위

혜진은 체험과 수용의 관점에서 논의를 진행하였고, 류홍렬과 손예운, 양정실은 이해의 차원에서 논의를 진행하였다. 김중신은 체험의 유형과 구조를 밝혔으며, 황혜진은 대화적 관계로서의 상호텍스트성에 주목하였다. 류홍렬과 손예운, 양정실은 각각 화자 서술과 서사적 시각, 욕망이라는 개념을 통해 소설의 이해를 시도하였다. 그러나 이들 논의는 지나치게 일반화를 시도하였거나 구체적인 방법이나 특정한 개념에 치우쳤다는 점을 지적할 수 있다.

다섯째, 서사교육에 대한 본격적인 체계화를 시도한 논의를 들 수 있다.[40] 우한용은 언어활동을 인간의 근본적인 의미활동으로 봐야 한다고 주장하면서 언어학적 관점, 화용론적 관점을 비판적으로 검토하고 문학의 언어활동의 구조와 특성을 밝힌 바 있다. 이 논의는 문학을 주 대상으로 삼고 있지만, 그 속성이나 기능의 차원으로 보면 서사론과 직결되어 있다. 이어 우한용과 소장학자들은 서사의 위상을 비롯하여, 서사교육의 의의·범주·기능, 서사의 본질, 서사현상의 구조와 체계, 서사의 교육적 작용, 서사교육의 교육과정, 서사교육의 교수-학습 방법, 서사교육의 평가, 서사활동과 서사문화의 창조 등에 대하여 본격적인 탐색을 시도한 바 있다.

이 밖에도 최인자는 형식주의적인 접근을 비판하고 사회문화적 관점에서 서사를 논구해야 한다고 주장한 바 있다.[41]

논문, 1994.
황혜진, 「춘향전 개작 텍스트의 서사 변형 연구」, 서울대 석사학위 논문, 1997.
양정실, 「서사적 시각의 소설 이해 기능에 관한 연구」, 서울대 석사학위 논문, 1997.
류홍렬, 「문학교육에서 욕망의 이해에 관한 연구:욕망의 중개를 중심으로」, 서울대석사학위논문, 1999.
40) 우한용, 「언어활동으로서의 문학」, 『국어교육연구』 제6집, 서울대교육종합연구원 국어교육연구소, 1999.
우한용 외, 『서사교육론』, 동아시아, 2001.
41) 최인자의 서사에 대한 논의는 다음 저서의 몇몇 논문에 산재되어 있다. 자전적 서사, 성장 소설, 뉴스, 영화 등 서사 전반에 대한 논의로 확장하고 있다.

이들은 연구 대상을 소설에서 서사 전반으로 그 영역을 확장함으로써 문학(국어)교육의 새로운 가능성을 열고 있다. 이들 논의들은 문학교육의 새로운 영역을 개척했다는 점에서 평가할 만하지만, 그런 만큼 구체적인 연구 성과들이 뒤따라야 할 것이다.

이상의 논의를 종합해 보면, 표현교육의 이념, 목표, 내용, 방법, 평가 등 그 체계를 세우는 것이 당면 과제임을 알 수 있다. 우선 왜 무엇 때문에 표현(창작) 교육을 하는지 분명히 할 필요가 있다. 이는 교육의 이념, 목표와 직결되는 것으로 많은 연구자들이 이것을 문학(국어)교육 목표와의 관계 속에서 전제로 삼고 논의하거나 아예 염두에 두지 않고 논의하고 있다고 볼 수 있다. 다만 교육 이념이나 목표에 대하여 논의가 이루어졌음에도 불구하고 거기에 대한 근본적인 검토가 본격적으로 이루어진 것은 아니다.[42] 따라서 연구자들이 연구를 진행할 때 그것을 통해 도달하고자 하는 지향점을 분명히 할 필요가 있다.[43]

또한 지나치게 형식이나 절차를 강조하는 입장에서 벗어나 표현 능력을 기르는 데 기여할 수 있는 학습 내용을 제시할 필요가 있다. 이는 작금의 표현 교육이 기예주의에 빠져있다는 지적과 함께 표현교육론의 이론적 근거를 마련하는 일과 관련된다. 그리고 그 동안 표현(창작) 교육

최인자, 『국어교육의 문화론적 지평』, 소명출판, 2001.

______, 『서사문화와 문학교육론』, 한국문화사, 2001.

42) 교육에는 목적이 있고 이에 따라 각 교과의 목적이 설정되어야 그 하위 영역들이 체계를 갖추게 되는 것은 당연한 논리적 귀결임에도 불구하고 국어과의 교육 목적에 대한 논의는 활발하게 진행되지 않았다. 이는 문학(국어)교육철학의 부재와 관련된다. 철학의 부재는 학문의 체계에 대한 메타적인 성찰의 부재로 이어진다는 점에서 학문에 대한 철학적 탐구는 절실히 요청되는 당면 과제이다.

43) 이런 점에서 그간 글쓰기 교육논의에 대한 한 연구자의 다음과 같은 비판은 그 동안 많은 연구자들이 동감해 온 발언이라는 점에서 경청할 만하다. "글쓰기를 둘러싼 학생들의 기대와 교사들의 기대가 만나는 장인 구체적인 수업의 장에서 오늘날 드러나고 있는 바에 비추어서, 현재 작문 교육에는 인간학적 기초가 거의 결여되어 있거나, 있다고 해도 지엽적인 것은 아닌가 하는 시각도 가능하다." 문영진, 「글쓰기 교육의 방법론에 대한 반성」, 『국어교육연구』 제7집, 서울대국어교육연구소, 2000, 338쪽.

논의에서 소홀히 취급되어 온 내용에 대한 성찰이 요구된다는 점을 지적할 수 있다. 내용이 빠진 형식과 방법에 대한 교육은 자칫 학습자들이 기능인으로 전락할 우려가 있거니와 수준 높은 언어사용자가 되는데 어려움이 따를 가능성이 크다. 물론 궁극적으로 내용과 형식이 조화롭게 결합되어야 하겠지만, 어디까지나 그 바탕은 내용에서 출발해야 한다는 점이다. 그렇다면 그 내용은 어디에서 오는가? 그것은 경험과 사유에서 나온다고 판단된다. 사유는 직접 경험이든 간접 경험이든 경험에 토대를 둔다. 경험에 의미를 부여하는 일이 사유라 할 경우 표현의 뿌리는 경험에 있다고 할 수 있다. 이 문제는 표현교육에서 중요하게 다루어야 할 '무엇'을 '왜' 쓰느냐는 문제와 관련되어 있다.

표현 영역을 여러 갈래로 나눌 수 있다면 그 영역마다 고유한 의미화 방법과 구조가 존재한다. 서사의 영역과 관련해 볼 경우 그것은 인간의 경험(삶)을 서사화하는 능력과 직결된다. 그것은 서사적 문제의식을 통해 경험(삶)을 줄거리로 구성해내는 능력으로서 행동의 세계 – 행동의 이해 가능한 구조들과 그 상징적 표현 능력, 그리고 그 시간적 특성 – 에 대한 (전)이해 능력에 뿌리박고 있다는 점이다.[44] 서사적 문제의식 속에서 구조적, 상징적, 시간적인 측면에서 인간의 행위를 사유할 수 있는 능력이 서사능력의 뿌리라 할 수 있다. 그러므로 서사능력을 구성하는 이러한 근본적인 서사적 사유행위를 어떻게 서사행위로 이어지게 할 수 있는지에 대한 논의가 심도 있게 논의되어야 한다.

---

44) P. Ricoer, 앞의 책, 128~147쪽. 리꾀르는 이들을 각각 다음과 같이 설명한다. 1. 줄거리가 행동의 모방이라면 그에 선행하는 능력, 즉 행동 일반을 그 구조적 특성들을 통해 확인하는 역량. 이는 행동의 의미론의 영역에 속하며, 구조적으로 파악하는 능력이다. 2. 모방하는 것이 행동의 절합된 의미 작용을 만들어내는 것이라면 행동의 상징적 매개 능력이 요구된다. 3. 행동의 상징적 절합은 시간적 특성을 지닌다. 시간성은 이야기될 수 있는 행동의 역량 자체, 행동을 이야기해야할 필요성과 관련된다. 리꾀르는 이를 Mimesis1이라 명명한다. 이러한 리꾀르의 통찰은 서사교육 나아가 표현교육에 시사하는 바가 많다고 판단된다. 자세한 것은 '제2장·5장의 제2절' 참조.

그리고 표현 주체를 논함에 있어서 단지 정보를 생산하고 이해하는 주체가 아니라 사회·역사·문화적 상황 속에 존재하는 주체를 상정해야 한다. 표현(이해)은 진공 속에서 이루어지지 않는다. 표현 주체와 그의 언어적인 행위는 그러한 맥락 속에서 이루어지는 것이다.[45] 특정한 역사적 상황 속에 놓인 주체는 자신의 존재론적인 맥락뿐 아니라 역사적인 맥락을 표현을 통하여 드러낸다.[46] 따라서 이러한 주체를 전제로 다양하고 역동적으로 존재하는 언어적 국면을 고려한 표현의 원리와 방법을 모색할 필요가 있다.

본 연구는 이와 같은 선행연구 검토를 토대로 유소년기 경험을 다룬 소설을 연구 대상으로 경험의 양상을 검토하고, 그 교육적 방법과 내용을 탐구하는 일을 수행하고자 한다. 물론 문학연구 분야에서 서사론의 관점을 도입하여 문학에 대한 연구가 활발하게 이루어지긴 했지만, 그것은 주로 작품론의 차원에서 논의된 것들이고, 교육적 관점이 결여되어 있었다. 마찬가지로 일련의 소설 창작론들 역시 창작교육 문제를 본격적으로 다루고 있다고 보기는 어렵다. 문학교육학계에서도 이 연구과제가 본격적으로 논의되기 시작한 것은 최근에 이르러서이다.

---

45) 지금까지 필자와 독자의 관계, 화자와 청자와의 관계라는 개별적이거나 직접적인 상황에 대해 연구해 왔지만, 이제 더 나아가 사회·문화적인 상황이나 맥락 속에서 이루어지는 언어 행위에 대해서도 관심을 가질 필요가 있다. 최미숙, 앞의 글, 59쪽.

46) 김창원은 표현문화론 혹은 글쓰기론에 대한 본격적인 문제 제기 및 성찰과 그것을 철학의 차원에서 가능성을 탐색한 바 있다. 그가 제기한 문제는 '연구가 너무 편향됨으로써 문화 지상주의로 흐를 가능성이 있다. 연구 수준이 기술적이거나 분류학적인 연구에 머물러 있다. 인간 변인을 과소 평가함으로써 새로운 차원의 텍스트 중심주의이다. 글쓰기 혹은 표현 원리의 추출이 고전 문학에 치중함으로써 자료의 당대성, 사고의 변화 국면을 간과하고 있다. 글쓰기 혹은 표현교육이 국어교육의 목표와 밀접하게 연관되지 않고 논의되고 있다. 교육이 이루어지는 학교 현장과의 관련성이 부족하다.' 등이다. 이 주장은 논의를 지나치게 단순화시킨 점이 있지만 앞으로의 연구 방향에 시사하는 바가 크다. 따라서 차후의 연구는 이러한 문제점을 극복하는 방향으로 나아가야 할 것이다. 김창원, 「국어 표현의 문화와 반문화」, 『국어 표현·이해교육』, 집문당, 2000 참조.

이 글을 통해 표현(창작) 교육에 대한 방안과 가능성을 제시해 줄 수 있을 뿐 아니라, 표현(창작)[47]의 근본 동력 가운데 하나를 밝힐 수 있기를 기대한다. 그리하여 인간의 서사활동 가운데 중요한 부분을 해명하고 경험을 서사화하는 능력을 신장시키기 위한 방안을 모색함으로써 교육적 목적에 기여할 수 있기를 기대해 본다.

제3절 논의의 방향 모색

이 글은 앞에서 언급한 논의 과제를 수행하기 위하여 크게 서사(이)론, 해석학, 사건론 등을 이론적 근거로 삼아 진행할 것이다. 이 글은 이제까지의 서사에 대한 형식이나 구조에 대한 연구에서 나아가 서사의 방법적 측면이나 교육 내용 등에 대하여 새롭게 탐구하고자 한다.

이를 위해 인간의 성장을 바라보는 입론을 마련할 필요가 있는데 이 글에서 주목하고자 하는 것은 브루너의 인식론이다. 인식론이란 대상의 참과 거짓을 아는 것과 관련되나, 그에게 인식론이란 인지적인 차원뿐 아니라 정의적인 차원까지도 아우르는 개념이다. 따라서 그의 인식론은 새로운 인식론이라 불릴 만한데, 그가 바라보는 성장이란 "다양한 수단으로 개인의 세계를 표상하는 능력을 부여하는 것"[48]이다. 즉 성장이란

---

47) 앞으로 특별한 경우를 제외하고 '창작'이라는 용어를 포괄하여 '표현'이라는 용어를 쓰고자 한다.

48) J. Bruner, *Beyond the Information Given*, W・W・Norton & Company: NewYork・London, 1990, 323쪽; 교육과정에서 새로운 인식론으로서의 자아의 성장을 주장하고 있는 브루너의 논의는 다음 참조. William E. Doll, Jr., *A Post-Modern Perspective on Curriculum*, 김복영 역, 『교육과정과 포스트모더니즘의 시각』, 교육과학사, 1993, 제5장.

세계의 실체와 그 문화를 표상하는 개인적인 능력을 말한다. 이때 이 능력은 개인적인 차원에서 생성되는 것이 아니라 사회적 상호작용을 통해 형성되는 산물이다.[49] 따라서 성장의 핵심은 상징 조작(특히 언어) 경험, 공적인 대화, 사적인 반성 행위에 놓인다.[50] 이 여러 요소들은 마음의 발달로 이어진다.

이러한 관점은 자연스럽게 이야기 행위에 관심을 갖게 한다. 왜냐하면 반성 행위와 상징조작 경험의 대표적인 양식 가운데 하나가 이야기이기 때문이다. 또한 모든 인간에게는 경험을 조직하려는 능동성이 있는데 그것은 이야기를 통해서 이루어지기 때문이다. 따라서 이야기는 사람들이 성장하고 그들의 지평을 확대하는 것을 돕는 주요한 수단이다.[51] 이러한 관점은 서사 혹은 서사 행위의 교육적 작용을 그 전제로 한다.[52]

서사론은 일반적으로 형식주의 내지 구조주의적 관점에서 논의되어 온 이론이다. 따라서 사건을 생성, 변천, 관계 속에 존재하는 것으로 보기보다는 텍스트 내에서 이야기를 구성하는 한 요소로 보는 측면이 강하다. 이렇게 되면 사건으로서의 경험이 이야기로 생성되는 측면이 간과되기 쉽고, 텍스트 밖의 경험 세계가 무시될 수 있다. 그러나 이 글은 주체의 경험과 그것을 이야기로 만드는 역동적인 과정을 중시하기 때문에 이러한 측면을 강조하는 서사이론·사건론[53]을 참고하기로 한다. 다

---

49) 이러한 그의 생각은 비고츠키의 영향을 받은 바 크다. 비고츠키의 논의 핵심은 마음의 발달은 사회적 상호작용을 통해 형성된다는 데 있다. 특히 그의 근접발달지대(ZOPD) 개념은 인간이 상호작용을 통해 발달할 수 있는 가능성을 열어 주었다는 점에서 의의를 지닌다. 여기에 대한 자세한 논의는 다음 참조. L. S. Vygotsky, *Thought and Language*, THE M.I.T. PRESS, 1972.

50) William E. Doll, Jr., *A Post-Modern Perspective on Curriculum*, 김복영 역, 『교육과정과 포스트모더니즘의 시각』, 교육과학사, 1993, 206쪽.

51) William E. Doll, Jr., 앞의 책, 217쪽.

52) 서사의 교육적 작용에 대한 논의는 다음 참조. 문영진, 「서사 교육의 방향 설정에 관한 일 연구」, 앞의 책, 184~190쪽; 문영진, 「서사의 교육적 작용」, 우한용 외, 앞의 책, 167~218쪽.

만 이야기를 분석하는 데 유용한 틀을 제공하는 측면이 있다는 점에서
서사론이 이루어 놓은 연구 성과를 원용하기로 한다. 또한 경험이 서사
화되는 역동적인 과정을 중시한다는 점에서 해석학은 이 글의 분석틀을
제공해 줄 수 있다. 리꾀르가 이루어놓은 이론적인 핵심은 인간 행위에
대한 이해를 전제로 그 서사화 과정을 중시한다는 점에서 이 글의 논거
로 삼을 만하다.54) 특히 인간이 이야기를 하는 근본적인 이유가 자아정
체성의 모색에 있다는 그의 견해55)는 이 글이 전제로 하고 있는 자기
성장으로서의 서사 행위를 해명하는 데 입론을 제공한다.

　이상과 같은 이론들을 참고하여 앞에서 제시한 이 글의 과제를 진행
하고자 한다. 이를 위해 경험의 서사화에 관여하는 요소로써 서사 대상,
서사 주체, 시간 의식이라는 세 층위를 설정하고자 한다. 일반적으로 표
현을 위해서 필요한 것들로 표현의 내용(사상, 정서 등)과 이에 관여하는
주체, 표현 수단 등을 들 수 있다. 그러나 이 글에서는 표현 수단인 언
어를 그것 자체로서는 의미가 없고 형상화되는 방법과의 관련 속에서
의미를 지닌다는 점을 고려하고, 시간의식이 창작에서 중요한 역할을
한다는 주장을 받아들이고자 한다.

　서사대상으로서의 경험은 주체가 겪었던 일어난 일을 말한다. 서사
론의 일반적인 논의에 따르면 일어난 일은 행위주체와 행위 그리고 그
들의 관계로 형성된다. 따라서 사건들로 이루어진 이야기는 행위주체들

---

53) 서사이론은 R. 바르트 등의 구조주의적 서사론과는 달리 삶과 서사와의 관련성에
　　주목하고 있는 P. 리꾀르, F. 제임슨 등의 이론을 말한다. 여기에서는 『시간과 이
　　야기』를 통해 이야기에 대한 이론을 모색한 P. 리꾀르의 논의에 주목하고자 한다.
　　또한 이 글이 참고하고자 하는 사건론은 G. 들뢰즈의 그것이다. 사건이란 자연적
　　과정이자 다른 사건과 계열화됨으로써 하나의 의미가 되는 것이다. 사건은 이미
　　존재하는 문화의 장 속에서 솟아오르는 것이며, 이미 형성되어 있는 수많은 계열
　　들의 장, 즉 어떤 디아그람(diagramme) 안에서의 어떤 자리, 어떤 위치에서 솟아
　　오르는 것이다. 이정우, 『시뮬라크르의 시대』, 거름, 1999, 109~120쪽.
54) 여기에 대한 자세한 논의는 다음 참조. P. Ricoeur, 앞의 책, 1999; 2000.
55) P. Ricoeur, "L'identité narrative", 김동윤 역, 「서술적 정체성」, 『현대 서술이론의
　　흐름』, 솔, 1997.

과 그들의 행위의 관계망으로 엮어진다. 여기에서 관계 속에 존재하는 사건의 계열성이 강조되는 사건론과 행위주체들의 관계망에 대한 이해가 창작의 중요한 전제가 된다는 해석학적 시각이 강조될 것이다.[56] 그렇게 엮어지는 이야기는 행위주체가 자신의 정체성을 찾으려는 욕망에 의해서 추동되며 그 과정에서 시련과 고통을 당하게 된다. 그것은 브레몽의 논의를 기댈 때 능동적 행동을 하는 행위(action)와 수난(suffering)의 작용에서 파생되는 것들이다.[57] 이때 이 글이 주목하고자 한 것은 행위주체들의 수난과 그로 인한 고통이다. 사실 인간의 삶을 줄거리로 삼는 이야기는 욕망을 추구하는 인간들과 그로 인한 갈등이 핵심이다. 갈등은 여러 요인으로 인물들을 수난과 고통으로 몰아 넣는다. 이로써 작가의 과거 경험 속에 위치한 수난사가 서술 행위를 통해 드러난다. 그것은 작가가 자아정체성을 찾는 과정에서 대면하는 사건이라는 점에서 그의 집착관념을 보여주는 것이다. 여기에서 분명히 하고자 하는 것은 리꾀르가 주장하고 있듯이 그러한 사건들이 이야기 자체의 세계에만 한정되지 않는다는 점이다. 경험을 서사화하는 행위에 주목할 경우 그것은 현실의 삶에 그 뿌리를 두고 있기 때문에 글쓰는 주체의 삶과 글쓰기의 역동적인 관계에 주목할 필요가 있다.

　자기 경험을 이야기하는 것은 자기를 대상으로 하기 때문에 자기에 대한 일정한 거리두기를 통해 가능하다. 이는 자기의식을 통해 가능한

---

56) 질 들뢰즈는 생성, 과정, 차이, 변화 등 시간적인 주제를 사유 대상으로 삼았던 20세기 후반 후기구조주의 철학자로 평가되는 이론가이다. 특히 그의 사건론은 구조주의자들이 놓치고 있는 생성과 변화의 시각에서 사건을 바라보는 안목을 준다. 그러나 그의 사건론이 서사 논의에 수렴되기 위해서는 서사 행위와 사건과의 관계를 해명해야 하는 과제가 남는다. 이런 점에서 폴 리꾀르의 해석학적 사유는 사건을 행위의 연관 속에서 바라볼 수 있는 시각을 제공해 준다.

57) 이야기가 진행되기 위해서는 사건의 변화가 이루어져야 한다. 사건과 연루되어 그 진행에 가담하는 것은 인물인 바 인물의 행위와 수난에 주목한 사람은 브레몽이다. 그의 논의를 행위와 인물의 관련성에 주목하여 논의하고 있는 글은 다음 참조. Paul Ricoeur, *Onself as Another*, trans. Kathleen Blamey, The University of Chicago Press, 1992.

것인데, 자기의식이란 생각하는 나의 자기반성이라 할 수 있다. 내가 나를 거울에 비추어보는 반성은 자기의식의 핵심으로서 자기 분열을 전제로 한다. 보는 나와 보여지는 나 즉, 주체아(主體我)와 객체아(客體我)로의 분열은 자기의식의 형성과정에서 보편적인 현상58)으로 이야기 속에서 이야기하는 자아와 이야기되는 자아로 분화된다. 이들은 각각 서술자아와 경험자아라 명명할 수 있겠는데 이들의 긴장이 1인칭 서사의 구성원리이다.59) 물론 인간이 경험을 바라보는 행위는 기억을 통해 이루어진다는 점에서 시간성과 밀접하게 관련되어 있다. 인간이 자기 경험을 기억을 통해 바라보는 데는 그 경험과 시간적인 간격이 매우 짧을 수 있고, 일정한 간격을 이룰 수 있다. 일기와 같은 것은 전자에 속하지만, 유소년기 경험을 이야기로 형상화하는 것은 후자에 속한다. 과거 어린 시절의 경험이 글쓰는 주체의 가치 평가를 전제로 줄거리로 엮어내기 위해서는 시간적인 차이를 요구하는 것이다.

자기 경험을 이야기하는 것은 시간의식을 통해 이루어진다. 시간성이란 작품에 구현된 독특한 시간의 성질을 의미하는데 그것은 작가의 시간의식을 반영하고 있다. 그런데 이 글의 논의와 관련된 시간성에 대한 이론은 근대와 전근대의 시간성의 차이에 입각한 시간의식을 문제삼는 것이 아니다. 그것은 경험이 지닌 독특한 시간성과 그것을 서사화함으로써 나타나게 되는 시간성의 차원과 관련된다. 경험은 시간 속에서 이루어지는데 그것은 작가의 현재의 의식 행위 속에서 이루어진다. 그러니까 이미 지나간 경험은 과거로 흘러가 버린 시간이지만 회상을 통한 현재와의 관계 속에서만 의미를 지닐 수 있다. 또한 그것은 작가의 현재의 의식과의 관계를 통해서만 의미를 지닌다는 점에서 현재의 시간

---

58) 정신분석학에서는 거울단계에 이르러 이러한 현상이 발생하며, 이로서 자기의식이 형성됨을 밝혀준다.

59) F. K. Stanzel, *Theorie des Erzählens*, 김정신 역, 『소설의 이론』, 문학과비평사, 1990, 305~308쪽.

의식이 반영된 것이다. 그런데 과거와 현재의 관계 속에서 형성되는 시간의식은 아직 실현되지 않은 가능성으로서의 시간의식을 내포하고 있다는 점에서 미래와도 연관된다.[60]

이 글은 「건」(김승옥, 1965), 『우울한 귀향』(이동하, 1969), 「장마」(윤흥길, 1973), 「어둠의 혼」(김원일, 1973), 『노을』(김원일, 1978), 「순이 삼촌」(현기영, 1978), 「기억 속의 들꽃」(윤흥길, 1979), 「굶주린 혼」(이동하, 1980), 「유년의 뜰」(오정희, 1980), 「술래 눈뜨다」(전상국, 1982), 『고기잡이는 갈대를 꺾지 않는다』(김주영, 1988), 『마당 깊은 집』(김원일, 1988) 등을 주된 연구 자료로 삼고자 한다.[61]

이 글의 대상이 되는 작품들은 유소년기의 자기경험을 다룬 소설들이다.[62] 소설을 논의 대상으로 삼은 이유는 소설이야말로 근대서사시로서 서사의 속성을 잘 내포하고 있기 때문이다. 거기에는 소통의 측면에서 사건을 서술하는 서술자와 사건 속의 행위 주체로서의 인물, 그리고 작가, 독자가 다층적으로 얽혀 있다. 뿐만 아니라 재현의 측면에서는 사건 서술과 현실과의 관계가 복합적으로 나타나 있다. 무엇보다 그것은 자기 경험을 다양한 방법을 통해 여러 측면으로 창작한 양식이라는 점

---

60) 김규영, 「Husserl의 시간구성의 기저」, 『시간론』, 서강대학교출판부, 1987, 195~247쪽.

61) 그리고 다음과 같은 작품도 논의를 위해 분석 대상으로 삼고자 한다. 「궁상반생」(윤흥길, 1978), 「羊」(윤흥길, 1980), 「남의 하늘에 붙어 살며」(이문구, 1987), 「떠돌이 하루하루」(고은, 1987), 「유랑과 정처」(박태순, 1987), 『그많던 싱아는 누가 다 먹었을까』(박완서, 1992) 등.

62) 유소년기 소설이라는 개념은 소설의 내용적 측면에서 이야기의 중심 영역이 주로 유소년기를 다루고 있고, 서술의 측면에서 유소년을 서술자아나 초점화자로 설정하여 서사화된 작품을 말한다. 표준국어대사전(국립국어연구원)에 의하면 유년기는 유아기와 소년기의 중간으로 유치원 교육과 초등학교 저학년 교육이 이루어지는 시기를 말하고, 소년기는 일반적으로 아동기의 후반으로 우리나라에서는 만 열두 살에서 스무 살까지로 잡는다. 학계에서는 유년기 소설이라는 용어를 쓰는데, 이는 초등학교 저학년까지만 적용되는 용어이기 때문에 적절한 용어가 아니다. 이 글에서는 어린 시절부터 미성년의 나이에 해당하는 시기를 두루 통칭하는 개념으로 유소년기라는 용어를 쓰기로 한다.

이다. 이런 점에서 소설은 서사의 속성을 풍부하게 함유하고 있음으로
써 이를 통해 창작 방법을 구안하는 데 적합한 대상이라 판단한다. 이
점은 강조될 필요가 있겠는데, 소설을 분석 대상으로 하여 창작 방법을
모색하는 거멀못을 삼자는 것이다.

이 글에서 연구 대상으로 삼은 작품들은 유소년기에 한국전쟁을 경
험한 작가들이 자신의 경험을 어떤 형태로든지 반영하고 있는 작품들이
다. 학교 교육을 염두에 둘 경우, 학습자들은 유소년기의 경험을 체득하
고 있다는 점에서 이들 작품들이 유소년기의 경험을 다룬다는 점은 학
습자들이 경험을 창작하는 방법적 준거가 될 수 있다고 판단한다.

나아가 인간은 누구나 자신의 삶에 중요한 영향을 주었거나 주고 있
는 사건 경험을 지닌 채 살아가고 있다는 점에서 경험을 창작하는 행위
는 중요한 의미가 있다. 그 경험이 서술하는 시점에서 시간적으로 멀거
나 가까울 수 있겠는데, 이런 점에서 굳이 경험 시간이 유소년일 필요
는 없다. 그러나 그 경험을 창작하는 양상과 의미는 다를 수밖에 없다.
경험을 충분한 시간적인 거리를 두고 성찰의 대상으로 다루는 것과 그렇
지 못한 것은 차이가 있기 마련이기 때문이다.

또한 이 작품들은 1960년대 이후 전쟁경험을 다룬 동종서사[63]이다.
대상을 동종서사로 한정한 이유는 이종서사까지 논의 대상으로 삼을 경

---

63) 흔히 '일인칭 서사, 삼인칭 서사'라는 용어를 사용한다. 그러나 일인칭 서사의 경
  우 G. 즈네뜨가 지적하고 있듯이 일인칭의 존재는 두 가지 다른 상황, 즉 서술자
  가 이야기의 세계에 속하지 않지만 스스로를 지칭할 때와 서술자가 이야기 속의
  등장 인물 중 한 사람일 때이다. 흔히 일인칭 서술이라는 용어는 후자의 경우에만
  해당한다. 말하자면 서술자가 서술에서 언제든지 '나'라는 형식으로 끼어들 수 있
  는 한 언제든지 일인칭으로 제시된다. 따라서 서술자가 자신이 이야기하는 스토리
  속에 없는 경우와 서술자가 자기가 이야기하는 스토리 속에 하나의 등장 인물로
  존재하는 경우를 상정할 수 있는데 즈네뜨는 전자를 이종 이야기|heterodiegetic, 후
  자를 동종 이야기|homodiegetic라 한다(G. Genette, *Narrative Discourse*, 권택영 역,
  『서사담론』, 교보문고, 1992, 234~243쪽). 이와 관련된 연구의 필요성과 문제점,
  대안 등을 모색한 글은 다음 참조. 최병우, 「소설에 있어 시점의 유형」, 『국어교
  육』 제61-62호, 1987.

우 연구 대상이 지나치게 확대됨으로써 논의의 밀도가 떨어질 뿐 아니라, 이 글에서 다루고자 하는 자신의 경험을 서술하는 논의의 초점에서 벗어날 가능성이 있기 때문이다. 또한 대상 작품을 60년대 이후 작품에서 선정한 이유는 1950년대 작품은 작가들이 전쟁이라는 대재앙으로부터 시간적 거리를 확보하지 못함으로써 주체가 세계에 대한 역동적인 자각을 보여주지 못할 뿐 아니라, 체험을 객관적으로 바라볼 수 있는 시각이 확보되지 못했기 때문이다.[64]

우리 민족에게 대재앙으로 다가온 한국전쟁은 유소년기에 그것을 경험한 작가들에게 심각한 육체적 고통을 주고 정신적 외상을 남겼다. 이들의 무의식에 자리잡은 그 외상과 고통은 그들의 삶에 직간접적으로 영향을 주었음은 명백하다. 그리하여 그들은 끝임 없이 "나는 누구인가"라는 자신의 정체성에 대한 성찰을 강요받고 있었음을 가정해 볼 수 있다.

그리고 이 글이 연구 대상으로 삼고 있는 작품들은 분단현실을 경험한 개인과 집단 차원을 동시에 확인할 수 있도록 해준다. 한국전쟁과 그 전후사는 개인에게만 국한된 사건이 아니라 우리 민족 전체와 관련된 사건이라는 점에서 그렇다. 이런 점에서 한 개인의 경험은 개인사에 그치는 것이 아니라, 동시에 사회·문화사와 깊게 연루되어 있다고 할 수 있다. 따라서 개인은 고립된 고독한 존재가 아니라 공동체의 구성원이라는 점에서 집단의식의 소유자이기도 하다. 이러한 사실이 시사하는 바는 개인의 글쓰기가 사적인 차원에 국한된 문제가 아니라 역사·사회·문화적인 공적 차원 속에서 이루어진다는 점이다.

이 글의 논의 대상 작가들은 한국전쟁을 유소년기에 경험한 세대로 소위 '유년기 체험세대'에 속하는 작가들이다. 유소년기 경험 세대야말로 세계를 알아 가는 과정에서 오는 고통과 그로 인한 정신적인 상처,

---

64) 1950년대 유소년기 경험소설들은 거의 이종서사들이다.

그리고 그것을 견딜 수 있는 이야기 형식을 창안해 낼 수 있도록 했다. 무엇보다 유소년기에 전쟁을 경험한 세대들에게 전쟁을 전후 한 사건들은 단순한 소재 이상의 의미를 지닌다. "삶의 불가사의함을 6·25를 통해 겪었던 만큼 6·25는 그들 세대에겐 <체험의 영역>"에 속하는 대상으로써 작품의 질을 결정하는 요인이었다.[65] 그들은 기성 전쟁경험 세대나 미경험 세대가 갖고 있지 못했던 곧 전쟁 그 자체에 함몰되거나 과도한 이데올로기 의식에 사로잡히지 않을 수 있었던 세대들인 것이다.[66]

이 글의 제2장에서는 경험의 서사화의 특성과 그 요소 등의 문제를 논의해 보고, 제3장에서는 유소년기소설에 나타난 주요 경험 양상을 살펴보고자 한다. 제4장에서는 2, 3장의 논의를 바탕으로 자기 경험을 서사화하는 방법을 밝혀보고, 제5장에서는 앞에서 논의한 바를 토대로 교육 내용을 설계해 보고, 제6장에서는 경험서사교육이 지닌 교육적인 의의를 논의하고자 한다.

---

65) 김윤식, 『우리 소설과의 만남』, 민음사, 1986, 341쪽.

66) 한편 이재선은 『현대한국소설사』에서 분단문학을 논한 논자들의 논의에서 공통점은 6·25가 50년대 이후 현대소설사의 역사적인 배경사로서 갖는 비중이 크다는 사실의 확인이며, 이것이 세대별 분류방법에 의해서 그 특성들이 조명된 점에 있다고 정리한다. 특히 이들 논의가 경험세대와 미경험세대 그리고 그 중간 세대를 3분절화시킴으로써 경험과 상상 그리고 시간적인 단거리 투시와 원거리 투시 및 그 중간이 가지는 인식의 세대론적 차이의 해명은 중요한 성과로 평가한다. 그 역시 경험 시간과 그렇지 않은 시간의 질은 다를 수밖에 없다고 진단한다. 이재선, 『현대한국소설사』, 민음사, 1992, 89~90쪽.

제1절   경험의 서사화의 특성

경험을 이야기한다고 할 때 거기에는 실제성과 허구성이 동시에 개입한다.[67] 인간의 경험은 현실계에서 이루어진다. 그런데 언어를 매개로 그 경험을 이야기한다는 것은 경험이 그대로 서사화되는 것이 아니라 작가가 자신의 관점과 여러 문학적 장치를 통해 형상화하는 것을 의미한다. 경험한 실제에 충실한 것인가 아니면 꾸며낸 측면에 충실한 것이냐는 관습과 문화의 규정에 따르기 마련이다. 어쨌든 허구적 서사로서 소설이 동시에 갖고 있는 실제성과 허구성의 속성을 감안하면 자기의 경험을 창작하는 유용한 방법을 구안할 수 있을 것이다.

---

67) 스콜스와 켈로그에 따르면 소설은 역사적으로 볼 때 경험적(empirical) 서사와 허구적(fictional) 서사의 전통을 물려받은 장르이다. 그렇기 때문에 소설은 사실과 허구를 아우르고 있는 속성을 지니고 있다. 경험을 이야기한다는 것이 사실과 허구의 측면을 동시에 갖고 있다는 점에서 소설은 경험을 서사화하는 유용한 방법을 제공할 수 있다. R. Scholes & R. Kellogg, *The Nature of Narrative*, London: Oxford Uni. Press, 1978, 제1장 서사시의 전통 참조.

어떤 사람이 경험을 이야기하는 방식에는 아래와 같이 여러 가지가 있다. 이들 방식에 따라 이야기는 매우 다른 양상과 효과를 지닌다.[68]

① A가 경험한 내용을 A가 이야기를 한다.
② B의 경험을 B에게서 듣고 A가 이야기를 한다.
③ C가 이야기한 경험을 B에게서 듣고 A가 이야기를 한다.

①에서는 A라는 인물이 직접 겪은 경험을 A 자신이 이야기하기 때문에 경험에 대한 모든 내용과 판단은 A에 의해서 이루어진다. ②는 B라는 다른 인물이 경험한 내용을 A가 이야기할 경우 B가 경험한 경험 사건에 대한 B의 시각과, 이를 이야기하는 A의 시각이 겹치고, ③은 C가 경험한 경험 사건에 대한 C의 시각과 이를 이야기하는 B의 시각 그리고 A의 시각이 겹친다. 따라서 A, B, C는 각각의 차원에서 이야기를 하는 화자의 역할을 하며, 자신의 경험 세계에 참여할 수도 있고 그렇지 않을 수도 있다.[69]

여기에서는 주로 화자가 자신이 직접 경험한 내용을 이야기하는 작품들을 대상으로 한다. 이는 시점 연구에서 일인칭 서술에 해당한다. 일인칭 서술은 이야기 세계 속에 등장하는 인물 중 한 사람이 일인칭인

---

68) 예문은 경험자아와 서술자아 사이에 서술자아가 계속 개입할 수 있음을 보여준다. 이 같은 끼워넣기에 대해서는 T. Todorov, *Poetique de la prose*, 신동욱 역, 『산문의 시학』, 문예출판사, 1992, 82~86쪽 참조.

69) 여기에 대하여 리몬-케넌은 즈네뜨의 이론을 참조하여 정리한 바 있다. 그녀에 의하면 화자는 서술 수준과 스토리 참여 범위에 따라 유형 분리가 가능하다. 서술 수준에서는 자신이 서술하는 스토리보다 상위에 있는 화자는 자신이 속해 있는 수준과 마찬가지로 스토리 외적(extradiegetic) 화자이고, 이 화자에 의해 이야기되는 세계의 인물이기도 한 화자는 스토리 내적(intradiegetic) 화자이다. 원칙적으로 이런 식으로 화자는 하위 수준의 화자로 분화가 가능하다. 여기에 대하여는 다음 참조. G. Genette, *Narrative Discourse*, 앞의 책, 제5장 3~4절; S. Rimmon-Kenan, *Narrative Fiction: Contemporary Poetics*, 최상규 역, 『소설의 시학』, 문학과지성사, 1986; 최병우, 앞의 글.

'나'로 부르는 담론으로 구성된다. 따라서 일인칭 서술은 두 개의 '나'를 전제로 하는데, 그것은 인물로서의 '나'와 화자로서의 '나'이다.[70] 두 자아가 동일인이라는 점에서 다른 유형의 서사보다는 독특한 특성을 갖는다. 그 특성을 구체적으로 살펴보기 위해 다음 예문을 보자.

　　온통 새까만 빛깔로 기억된다. 그 새까만 빛깔에 반지르르 윤기가 흐르던 걸로 기억된다. 기생잠자리 한 마리가 가늘고 나긋나긋한 몸을 움직여 수초 줄기에 낮았다 떴다, 말하자면 이착륙을 되풀이하고 있었다. 나는 아버지가 운전하는 자전거 짐받이에 타고 있었다. 떨어질까 봐 아버지의 등허리에 찰거머리처럼 붙어서는 덜컹거리는 정읍(井邑)의 한적한 길을 한참 달리는 중이었다. 갑자기 무엇에 세게 받히는 충격과 함께 자전거가 기우뚱했다. 하마터면 나는 길바닥으로 굴러떨어질 뻔했다. 자전거를 세운 다음 아버지가 내 몸뚱이를 번쩍 안아서 땅으로 내려놓았다. 그때 나는 머리 위에서 빙빙 맴을 도는 하늘을 볼 수 있었다. 분명히 두 발이 땅을 딛고 있는데도 시골길은 내 몸뚱이를 태운 채 계속해서 앞으로 앞으로 달려가고 있었다. 난간이 없는 자그만 회(灰)다리가 눈앞에서 자꾸만 뒤로 뒤로 달아나고 있었다. 맑은 물이 졸졸 흐르는 시내 역시 자꾸만 뒤로 뒤로 달아나고 있었다. 그러던 어느 순간에, 까맣게 윤기 흐르는 기생잠자리가 내 시선을 확 잡아끌었다. 그 기생잠자리를 보는 순간 멀미는 어느새 가라앉아 있었다. 지금도 기차나 버스를 타고 정읍을 지날라치면 문득 뛰어내리고 싶은 충동을 느끼곤 한다. 그러나 반드시 맛보게 될 실망이나 배반감이 두려워 가능한 한 그냥 지나쳐 버리곤 한다. 언젠가 한번 그곳에 내려 내 기억 속의 정읍과 실제의 정읍을 일일이 대조해 봤을 때 느끼던 그 이향감(異鄕感)이 두려운 것이다. 지금도 나는 내 소중한 정읍을 다치고 싶지 않다. 내게 있어 정읍은, 이를테면 나만이 아는 곳에

---

70) 전자를 경험자아 후자를 서술자아라 부른다. 시점 이론에서는 이 두 자아가 동일인이라는 전제에서 출발하여 두 자아의 차이를 기능상의 차이로 설명하는 것이 일반적이다. 두 자아는 시간의 간격에 따라 일정한 거리를 지닌다. 서술자아는 성인으로서 과거의 경험 자아가 겪은 세계를 서술할 수도 있고, 서술하는 시점에서의 서술자아의 경험을 서술할 수도 있다.

꼭꼭 숨겨 둔 비상금과도 같은 것이다. 내 영혼이 곤경에 처했을 때, 치명
적인 위기에 빠졌을 때 외에는 함부로 꺼내 쓰고 싶지 않은 것이다.[71]

위의 예문을 참고하여 경험을 창작하는 몇 가지 특성을 들면 다음과
같다. 첫째, 이야기의 대상이 자기의 경험이라는 점을 들 수 있다. 이는
이야기의 내용과 관련된다. 예문에서 이야기의 대상이 되고 있는 경험
은 서술자아 자신이 유소년기에 경험했던 사건으로 이루어져 있다. 그
사건은 '내가 아버지의 자전거를 타고 간' 일이다. 그것은 '나'와 '아버
지'의 관계 속에서 이루어지는 행위로 구성되어 있다. 이것으로 보면 경
험을 이야기하는 것은 사건에 연루된 인물들과 그들의 행위를 관계짓는
일이라 할 수 있다.

둘째, 특정한 경험을 선택하고 배열하는 것은 서술자아에 의해서 이
루어진다는 점이다. 주체가 경험한 사건 전부가 이야기로 구성되는 것
은 아니다. 경험한 사건 중에 특정한 사건이 선택되고, 선택된 사건들은
작가의 의도에 따라 특정한 순서에 따라 배열된다. 예문은 유년의 많은
경험 가운데 경험자아가 아버지와 함께 한 자전거 타기라는 사건이 선
택되었음을 보여준다. 이 사건은 이야기의 앞 부분에 배치되어 유년의
기억의 끈을 붙잡음으로써 아버지와의 관계가 '나'의 삶에 지대한 영향
을 끼쳤음을 말해준다.[72] 이는 경험자아의 사건을 서술자아가 개입하여
서술함으로써 의미를 조정하는 행위로써 의미연관을 만들어 가는 행위
라 할 수 있다.[73]

---

71) 윤흥길, 「궁상반생(窮狀半生)」, 『나2』, 청람문화사, 1987, 84~85쪽.
72) 글쓴이의 아버지는 지방 명문 강경상업(江景商業)을 나온 후 금융조합과 식산은
    행을 거쳐 전시의 물동(物動)을 통제하는 산업조합에서 근무하면서, 정읍에 든든
    한 터를 잡을 수 있었다. 따라서 작가가 고백하고 있듯이 그때는 생애에서 가장
    유복한 시절이 될 수 있었고, 그 경험은 작가의 인생에서 중요한 의미를 지닌다. 정
    읍을 떠난 후부터 늘 집 문제로 설움을 받고 창피를 당하면서 살아 왔기 때문이다.
73) 우한용, 앞의 글, 1998, 456쪽.

셋째, 이야기하는 '나'(서술자아)와 이야기되는 '나'(경험자아)로 분화되어 이야기가 구성된다는 점이다. 이야기하는 '나'는 '지금' 과거의 '나'의 경험을 이야기하고, 자신의 심정을 드러낸다. 그는 자신이 유소년기를 보냈던 고향을 지나칠 때면 내리고 싶은 마음이 생기고, "소중한 정읍을 다치고 싶지 않다"고 생각한다. 이처럼 서술자아가 이야기 속에 등장함으로써 서술자아의 경험 세계에 대한 입장이나 태도 등이 이야기의 대상이 될 수 있다. 이야기되는 '나'는 이야기하는 '나'의 기억 속에서 경험세계의 인물로 등장한다. 「순이 삼촌」, 『마당깊은 집』, 『고기잡이는 갈대를 꺾지 않는다』, 『노을』 등과 같이 서술자아와 경험자아가 시간적인 거리로 인하여 명확하게 분리되는 경우도 있지만, 「장마」, 「유년의 뜰」, 「기억 속의 들꽃」, 「건」 등과 같이 작가의 의도에 의해서 글 쓰는 현재의 '나'는 은폐되고 경험자아가 전면에 등장함으로써 그가 화자와 인물의 역할을 동시에 수행하는 경우도 있다. 그러나 이 경우에도 과거의 경험 세계를 회상하는 서술자아가 이야기에 스며들기 마련이다.74)

넷째, 자신의 경험을 이야기하는 것은 경험에 대한 실제성과 허구성을 동시에 보여준다는 점이다. 자신의 경험을 이야기한다는 것은 경험한 사건들이 실제로 있었던 이야기라는 인상을 준다. 예문에서 과거의 이야기 속에 등장하는 '나'는 서술자아의 기억 속에서 아버지의 자전거에 탄 사건으로 구체화되고 있다. 이는 서술자아의 경험에 실제성을 부여하는 역할을 한다. 동시에 서술되는 경험 세계가 서술자아의 기억을 통해 서사화됨으로써 서술자아의 의식을 통과한 것이라는 인상을 준다. '온통 새까만 빛깔로 기억된다'든가, '그 새까만 빛깔에 반지르르 윤기가 흐르던 걸로 기억된다'는 고백은 경험된 세계가 서술자아의 기억을

---

74) 경험자아는 사건을 겪은 후 곧바로 서술자아가 될 수 있고, 상당한 시간이 흐른 후에 서술자아로 나설 수도 있다. 전자에는 「만세전」, 『추락하는 것은 날개가 있다』, 「탈출기」 등이 있고, 후자에는 「장마」, 「순이 삼촌」, 『노을』, 「옛우물」, 『새의 선물』 등이 있다. 경험자아와 서술자아의 관계는 다음 참조. 나병철, 『소설의 이해』, 문예출판사, 1998, 460~473쪽.

통해 이야기됨을 말해준다. 이는 경험 세계의 실제성이 주관적인 특성을 갖고 있음을 말해 줌과 동시에 그 속성상 허구적인 측면과 관련되어 있음을 시사한다. 그러나 이러한 특성들은 명확하게 구획되는 것이 아니다. 경험은 이러한 특성들의 스펙트럼 속에서 창작된다.[75]

다섯째, 자신의 경험을 이야기하는 행위는 기억(회상)을 통해 이루어진다는 점이다. '온통 ～ 기억된다', '그 새까만 ～ 기억된다'에서 알 수 있듯이 서술자아는 기억을 통해 경험을 서술하고 있다. 이것은 경험을 이야기하는 시간적 특성을 말해준다. 예문에서 과거 경험을 이야기할 때는 '나는 아버지가 운전하는 자전거 짐받이에 타고 있었다'처럼 과거 시제가, 서술이 이루어지는 순간에는 '지금도 기차나 버스를 타고 정읍을 지날라치면 문득 뛰어내리고 싶은 충동을 느끼곤 한다'처럼 현재시제가 쓰이고 있다.[76] 기억되는 경험 세계는 서술하는 시점에서 멀리 떨어져 있을 수 있고, 아주 가까이 있을 수 있다. 기억은 파편화된 삶의 편린들을 작가의 의도에 따라 통일시킬 수 있는 매개 역할을 한다. 기억을 통한 창작은 경험을 이야기로 끌어들이고 '나'의 삶의 모습을 드러내준다.

이야기가 기억 속에서 회상된다는 것은 그것이 사후적으로 인식된다는 의미이다. 사후성[77]은 어떠한 상황에서도 이미 발생한 사건이 사

---

75) 이밖에 이야기하는 자아와 이야기되는 자아가 동일임으로 인해서 서술자아로서의 '나'의 인격적 면모가 드러난다는 점을 지적할 수 있다. 서술자아가 고향에서 유년 시절을 보내면서 보여주는 사람됨의 세세한 면모는 서술자아의 인격의 면모로 이어진다.

76) 그러나 경험 세계가 반드시 과거 시제로 서술 시점이 현재 시제로 구성되는 것은 아니다. 『외딴방』처럼 경험세계는 현재로 서술 시점은 과거 시제로 서술될 수 있다. 이는 서술행위가 매우 작위적임을 말해준다. 또한 각각은 이야기되는 시간 의식, 이야기하는 시간 의식과 연결됨으로써 두 시간 의식은 변증법적으로 작용하여 작가가 지향하는 이야기 전체의 삶의 시간의식으로 연결된다.

77) '사후성'(Nachträglichkeit; deferred action; afterwardsness)은 경험을 사후적으로 회상하는 것과 관련하여 프로이트가 제안하고 라캉과 데리다, 라플랑슈가 발전시킨 개념이다. 사후성은 프로이트의 주요 저술 『꿈의 해석』, 「어린 한스」, 「울프맨 케

후적으로 문제가 됨을 암시하는 개념이다. 『정신분석학의 언어』에 정의되어 있는 '사후성'의 개념은 다음과 같다.

> 정신적 시간성과 인과성에 관한 프로이트의 견해와 관련하여 그가 자주 사용한 용어: 경험과 인상, 그리고 기억의 흔적들은 후일에 새로운 경험이나 새로운 발전 단계의 성취에 부합하도록 수정될 수 있다. 그 경우 그것들은 새로운 의미뿐만 아니라 정신적 효과까지도 부여받을 수 있다.[78]

이 개념에 의하면 경험과 기억의 흔적들은 새로운 의미뿐 아니라 정신적 효과까지도 거둘 수 있다는 것을 알 수 있다. 제1사건의 의미는 제2사건 속의 '지연된 행위'를 통해서 드러나고, 반대로 제2사건은 소급적으로 제1사건에 의미를 부여한다. 유년화자들 자신들이 경험한 사건(제1사건)들은 어떤 인상으로 정신과 몸에 각인된다. 그것은 시간이 흐른 후 현재의 화자에 의해 어떤 사건(제2사건)을 계기로 의미가 부여된다. 유년화자들은 경험한 세계에 대하여 완전한 의미 부여를 하지 못한다. 그것은 그들이 그러한 사건을 파악하기 위해 필요한 지식과 이해가 한정되어 있기 때문이다. 그것에 적절한 의미가 부여되기 위해서는 성장의 과정이 필요하다. 지적·신체적 성장이 그것을 가능케 한다. 다시 말하면 자기 자신을 대상으로 삼아 반성할 줄 알고, 대화 상대자로 삼을 줄도 알게 되었다는 것을 의미한다. 이는 자신의 기억의 흔적으로 존재하는 것들이 새로운 상황에 따라 재조정, 재기록 될 수 있다는 것을 말한다. 이런 의미에서 이야기하기는 끊임없는 자기 형성과정, 과정 중의 주체

이스」 등뿐만 아니라 정신분석학의 초창기에 나타난 『과학적 심리학을 위한 시론』이나 플리스와의 서신에서 정신계의 인과론, 시간성과 관련하여 대단히 중요한 개념으로 쓰이고 있다.

78) Jean Laplanche and J.-B. Pontalis, *The Language of Psycho-Analysis*, Donald Nicolson-Smith 옮김, New York: W. W. Norton, 1973, 111쪽. 박찬부, 『현대정신분석비평』, 민음사, 1996, 279쪽에서 재인용.

형성 과정이라 할 수 있다. 이야기를 한다는 것은 이런 의미이다. 작가는 그가 성장하는 과정 속에서 이야기를 서술함으로써 이러한 과정을 거치게 된다.

어린 시절의 경험은 사후 성장한 주체에 의해 좀더 포괄적인 이야기 속에 위치함으로써 새로운 의미를 획득하게 된다. 이는 과거의 경험을 이야기하는 데 과거의 사건 못지 않게 현재의 서사적 담론, 언술 행위, 이테올로기가 차지하는 비중이 얼마나 큰지를 말해 준다. 그러므로 과거의 경험이 의미를 갖게 되는 것은 그 자체의 성격에서 기인하기도 하지만, 그보다는 그것에 해석과 의미를 부여하는 현재의 의식에 의한 것이다. 이렇게 현재의 관점에서 과거를 다시 쓰고 다시 창조해 내는 일은 바로 사후성의 논리에 의해서 가능해진다.[79) 과거는 항상 현재에 의해 보완되고 수정되며 다시 씌어진다.

여섯째, 서술자아의 서술행위의 동기가 그 자신의 존재론적 요구에서 생겨난다는 점이다. 이는 서술자아가 자신의 삶 속에서 후회, 개심, 통찰을 통한 변화를 겪은 연후에 자신의 경험을 서술한다는 점을 말해 준다. 이는 서술자아가 그의 경험을 회상하면서 삶에 대해 진지하게 성찰하려는 충동과 관련된다.[80) 예문에서 서술자아는 자신에게 있어 정읍은 자신만이 아는 "비상금과도 같은 것"이자, "내 영혼이 곤경에 처했을 때, 치명적인 위기에 빠졌을 때 외에는 함부로 꺼내 쓰고 싶지 않은 것"이다. 바꾸어 말하면 작가는 고향 정읍의 어린 시절을 이야기함으로써 자신이 곤경이나 위기에 빠져 있음을 역설적으로 드러내고 있다고 하겠다. 그러니까 그런 때 외에는 함부로 꺼내 쓰고 싶지 않은 것이 고향 정읍에서의 삶인데, 바로 지금 그런 상황에 빠져 있다는 것을 말해준다.

---

79) 박찬부, 앞의 책, 286쪽.

80) 경험자아의 경험이 서술자아의 서술행위에 직접적인 영향을 미치고, 서술자아는 서술행위를 통해 경험자아의 삶의 완성에 영향을 끼친다. Franz K. Stanzel, *Typische Formen des Romans*, 안삼환 역, 『소설 형식의 기본 유형』, 탐구당, 1990, 61쪽.

서술자아는 든든한 터전 속에서 행복한 삶을 살았다고 생각한 그곳을 떠난 이후부터는 가난과 외로움의 삶이 시작되었음을 고백하고 있다. 여섯 살까지 살았던 고향에서의 삶 이후는 자신의 정체성에 상처를 입은 삶이었고, 이제 작가는 이야기를 통해 그러한 삶에 대한 성찰을 시도하고 있다. 이 점은 '인간은 왜 자신의 경험을 이야기하는가'라는 문제를 야기한다.

작가는 왜 자신의 경험을 이야기하는가? 여기에 대한 답변은 다양할 수 있다.[81] 이 글에서는 작가의 서술행위가 '나는 누구인가'에 대한 응답 행위라는 점에 주목하고자 한다.[82] 이 점과 관련하여 한 작가의 다음과 같은 발언은 논의의 단서를 제공한다.

『노을』을 쓸 당시에는 저도 뒷부분에 가서 통일의 노래 같은 것을 만들어 넣기도 하고 그랬지만 그런 것을 통해 어떤 화해의 메시지를 보내 보자는 것이 제가 정말로 의도했던 것은 아니었어요. <u>이 소설에서 제가 역점을 두었던 것은 주인공 갑수를 통해서 나 자신을 다시 보는 식으로 어린 시절의 나의 체험을 세밀하게 되살려보는 것이었지, 분단 상황에 어떤 해결의 돌파구를 제시한다든가 하는 거창한 목표를 염두에 두고 썼던 건 아니었어요.</u> (중략) 이 소설에 대한 이해는 대개가 그걸 정치적인, 혹은 분단 논리에 입각한 이해의 틀 속에서 의미를 끄집어내려고 하는 식으로 이루어졌다고 할 수 있는데, 비평이야 비평 나름대로의 논리의 틀이

---

81) 이야기의 기능으로 세계 인식적 기능, 자아정체성 형성의 기능, 윤리적 기능 등을 들 수 있다(졸고, 「서사교육의 의의 범주 기능」, 우한용 외, 앞의 책, 73~85쪽). 여기에 유희적 기능이 추가될 수 있을 것이다. 이 가운데 이 글이 주목하고자 하는 것은 자아정체성 형성의 기능이다.

82) 이야기 만들기가 자아정체성 형성에 중요한 기능을 한다는 주장은 P. Ricoeur, "L'identité narrative", 앞의 책, 참조. 프란츠 슈탄젤은 일인칭소설이 모두 이 질문을 해명하는 방향으로 전개되는 것은 아니지만 모든 일인칭소설에는 의식적이든 무의식적이든 '나는 누구인가'라는 질문에 접근하기 마련이라 지적한다. 일인칭소설에서는 한 인간이 자신을 이해하고자, 정의하고자 하며, 주위세계로부터 자신을 구분짓고자 한다. Franz K. Stanzel, 앞의 책, 70쪽.

있으니까 그럴 수밖에 없기도 하겠지만, <u>작가들은 사실 그런 거대 논리가 아니라 단순한 삶의 체험을 따라 자기 삶의 또 다른 고백의 형식으로 글을 쓰는 게 아닌가 싶어요.</u> 이런 점에서 본다면 내 자신의 생각의 결을 따라『노을』을 이해해준 비평은 없었던 셈이지요.(밑줄 필자)[83]

　한 평론가와의 대담에서 김원일이『노을』과 관련된 자신의 창작 의도를 밝히고 있는 대목이다. 물론 작가의 창작 의도와 작품이 반드시 일치하는 것은 아니지만, 그의 발언은『노을』을 분단 문학의 차원에서만 보아온 일부 논자들의 관점과는 다르다는 점을 말해 준다. 그가『노을』을 쓰게 된 것은 자기 자신을 다시 보는, 즉 자기를 성찰하는 데 있음을 분명히 한 것이다. 그러니까 분단 상황을 극복하려는 데 일차적인 의도가 있지 않다는 것이다. 김원일의 이러한 발언은 창작 행위의 동기를 이해하는 데 중요한 시사점을 제공한다. 이는 창작의 동기가 단지 이념의 문제만은 아니라 자아정체성과 관련되어 있음을 말해 준다.

　가령 현기영의「순이 삼촌」에서는 나, 순이 삼촌, 아내, 길수, 현모 등이 현재와 4·3무렵을 중심으로 벌어진 삶의 이야기가 펼쳐진다. 화자인 '나'는 8년 만에 고향으로 향한다. 고향으로 가는 행위는 "내게 고향이란 무엇이었나"를 묻는 것과 관련된다.

　　내게 고향이란 무엇이었나. 나에게 깊은 우울증과 찌든 가난밖에 남겨 준 것이 없는 곳이었다. 관광지니 어쩌니 하지만 그것도 지역 나름이어서 나의 향리인 서촌(西村)은 이렇다할 관광자원도 없고 하늬 바람이 몰아쳐 귤농사도 안되는 한촌이었다. 적어도 내 상상 속에서 나의 향리는 예나제나 죽은 마을이었다. 말하자면 삼십 년 전 군 소개 작전에 따라 소각된 잿더미 모습 그대로 머리에 떠오르는 것이었다.[84]

---

83) 권오룡 엮음,『김원일 깊이 읽기』, 문학과지성사, 2002, 35쪽.
84) 현기영,「순이 삼촌」,『창작과 비평』제49호, 1979, 59쪽.

서술주체에게 고향이란 '우울증과 찌든 가난'밖에 남겨 준 것이 없는 '죽은 마을'이었다. 군 소개 작전으로 '잿더미'로 변한 마을의 모습, 그것은 서술주체로 하여금 고향을 멀리 느껴지게 한 이유였다. 그러한 고향을 찾아가는 행위가 비록 할아버지의 제삿날이라는 상황설정에서 시작되고 있지만 그것은 서술주체에 의해서 주도 면밀하게 계획된 것이다. 8년만의 귀향이라면 그 전에라도 얼마든지 고향 방문이 가능했기 때문이다. 서술주체가 만난 친척들의 모습 속에서 8년이라는 시간의 흐름을 느낀다. 불현듯 떠오른 순이 삼촌을 계기로 그녀의 죽음이 확인된다. '나'의 순이 삼촌의 죽음에 대한 감정은 가책과 후회였다. 그것은 순이 삼촌이 서울에 있는 자신의 집에서 일년간 돌보아주면서 지낸 불편함 때문이었다. 한날 한시에 지내는 제삿날에 터져나오는 곡성소리가 순이 삼촌의 신경쇠약 증세의 원인과 관련된다. 그것은 1949년 군에 의한 마을 소각 사건 속에서 살아남은 후 겪게된 정신적 고통이었다. 제사 때마다 마을 어른들은 소각 당시의 비참한 이야기를 되풀이했었다.

> 우리는 한밤중의 그 지긋지긋한 곡성 소리가 딱 질색이었다. 자정 넘어 제사시간을 기다리며 듣던 소각 당시의 그 비참한 이야기도 싫었다. 하도 들어서 귀에 못이 박힌 이야기, 왜 어른들은 아직 아이인 우리에게 그런 끔찍한 이야기를 되풀이해서 들려주었을까?[85]

유년들은 어른들이 소각 당시의 비참한 이야기를 왜 되풀이하는지를 알 수가 없었다. 이제 장년이 된 서술주체는 그 이유를 묻고 있다. 과거 비참한 역사의 반복. 어른들이 했던 그것의 반복을 또 다시 서술주체에 의해 반복되고 있다. 작가는 이 반복 행위를 문자 서사로 구성함으로써 구전으로 반복되고 있는 고향 어른들의 서사를 객관화하고 있다. 그러므로 「순이 삼촌」의 서술주체는 과거 역사적 경험사건의 구성

---

85) 현기영, 앞의 책, 73쪽.

행위를 통해 역사와 자신의 삶을 성찰한다. 순이 삼촌의 등장과 죽음을 통해, 역사를 반추하고 자신을 반추한다. 그것은 자신은 '표절인생'을 살고 있으며, '자신의 인생'은 아니라는 인식으로 이어진다. 순이 삼촌을 중심으로 마을 사람들의 수난과 그에 대한 회상이 서술주체인 '나'의 정체성에 심각한 물음을 던지고 있는 것이다. 당시 일곱 살의 어린이였던 경험자아가 겪었던 참상이 현재의 나의 삶과 존재를 흔들어 놓고 있다. 서술주체인 나의 일상 속에 묻힌 안정된 삶의 뿌리는 민족의 비극적 사건에 있음을 경험자아를 통해 확인하고 있다. 서술주체는 이제 「순이 삼촌」의 서사 구성 행위를 통해 순이 삼촌의 죽음을 객관적으로 인식하게 된다.

> 그러나 오누이가 묻혀 있는 그 옴팡밭은 당신의 숙명이었다. 깊은 소(沼) 물귀신에게 채어 가듯 당신은 머리끄덩이를 잡혀 다시 그 밭으로 끌리어갔다. 그렇다. 그 죽음은 한 달 전의 죽임이 아니라 이미 30년 전 그 옴팡밭에서 구구식 총구에서 나간 총알이 30년의 우여 곡절한 유예(猶豫)를 보내고 오늘에야 당신의 가슴 한복판을 꿰뚫었을 뿐이었다.(101쪽)

과거의 사건이 오늘에도 지속되고 있음을 서술주체는 인식하고 있다. 순이 삼촌의 죽음에 대한 인식이 자신의 삶과 무관할 수 없음을 인식한 것이다. 나의 존재의 근원은 역사 속의 타자들과의 관계에 있음을 보여준다. 나의 존재의 근거가 개인의 차원에 멈출 수 없음은 집단 차원의 정체성과 연결되는 부분이다. 서술주체는 현재의 존재 근원을 탐색하고, 지금의 존재가 고립된 개인적 차원에서 형성된 것이 아닌 역사적 사건과의 관련 속에 있음을 확인하게 된다. 자기정체성이 구체적인 역사 속에서 이루어진 경험사건의 서사 구성에서 획득되어진다는 사실을 「순이 삼촌」은 증명하고 있다.

일곱째, 자신의 존재론적 관심이 거시적으로 보면 역사적 사건과 밀접하게 관련되어 있다는 점이다. 이 글이 주된 대상으로 삼고 있는 작가들은 한국전쟁을 전후로 유소년기를 보냈다. 그들이 고향에서 겪었던 경험들은 전쟁이라는 상황 속에 놓여 있는 우리 민족사의 한 부분을 차지한다. 그들이 겪은 가난과 폭력, 죽음 등은 그 당시를 살았던 사람들이 겪어야 했던 보편적인 경험의 양태들이다. 그렇기 때문에 그들이 기억하고 있는 경험들은 한국 근대사의 거시적인 맥락 속에서 이루어진 사건들이다. 『노을』이 아무리 작가가 자신의 어린 시절을 돌이켜 보기 위해 쓰여진 것이라 할지라도, 그가 겪은 어린 시절의 경험들은 당시의 우리 민족이 겪었던 일들과 무관할 수 없는 것이다. 가령 ‘나’의 아버지가 저지른 학살과 폭력은 당시의 역사적인 맥락을 떠나서는 이해될 수 없는 사건들이다. 그러므로 글쓰는 행위가 자신의 존재에 대한 문제의식에서 출발하여 자신을 이해하는 응답의 과정으로서, 그 과정에서 서사화되는 주체들은 역사적 사건과 분리될 수 없다는 점에서 개별적이고, 보편적인 성격을 지닌 존재들인 것이다.

제2절 경험의 서사화에 관여하는 요소

1) 서사 대상으로서의 경험과 사건

(1) 경험의 의미와 이야기 생산

독일어에서 ‘경험하다(erfahren)’는 말은 ‘타고 가다(fahren)’로부터 유래한다. 그것은 일반적으로 목적을 달성하기 위해 끝까지 통과함을 의미하는 ‘er-’과 결합하여 형성된 말이다. 경험이 여행과 관련된 함의를 지닌다는 점에서 시사받을 수 있듯이 그것은 고통스러운 것과 관련되어 있다. 타자들과 세계로부터 인간이 수난을 받고 고통을 받을 때 비로소 그것이 자신의 경험이 된다. 그것은 일종의 해야 하는 것이고, 힘든 것이다. 인간이 경험을 했다는 것은 그가 그것을 고통스럽게 경험하지 않을 수 없었다는 사실을 말해준다.[86]

전쟁경험을 형상화한 작품들은 수난의 경험을 다루고 있다. 그것은 작가들에게 고통의 경험으로서 정신적 외상을 주고 있다. 이들은 상처받은 주체들이다.[87] 문학 작품이란 수난자들의 이야기를 다룬다. 수난자가 있으면 반드시 고통을 가하는 행위자가 있기 마련이다. 이 글이 주 대상으로 삼고 있는 유소년기 경험을 다룬 소설들에는 한국전쟁이라는 대재앙 속에서 수난자로서 고통을 당하는 주체들이 다루어지고 있다. 우리 근대사가 그렇듯이 문학 작품도 그것을 반영하고 있음을 어렵지 않게 가늠해 볼 수 있다.[88]

---

86) O. F. Bollnow, *Philosophie der Erkenntnis*, 백승균 역, 『인식의 해석학』, 서광사, 1993, 199~202쪽 참조. 볼노오에 의하면 체험(erleben)이라는 말은 감정을 강조하고 있다. 체험이란 낭만주의와 생철학, 20세기초 청년 운동에서 나타난 전형적인 개념이다. 체험은 주관성이 강한 개념으로, 체험하는 사람은 체험된 것을 전적으로 자기 자신 속에다 끌어넣어 바로 자신과 용해하여 버리고 완전히 자신의 체험으로 채우게 된다. 그러므로 체험은 언제나 주관적인 것에 빠질 위험성이 있고, 그로 인해서 오해될 수 있는 위험성이 있다. 이런 의미에서 이 글에서는 주로 '경험'이라는 용어를 쓰고, 주관적인 측면을 강조할 때는 '체험'이라는 용어를 쓰도록 한다. 자신의 한계와 유한성을 깨닫는 일과 관련된 전율Shudder의 경험에 대한 논의는 다음 참조. 문영진, 「한국 근대 소설의 신체성 중심의 읽기에 대한 연구」, 서울대박사논문, 1998, 139쪽.

87) 이런 점에서 보면 주체는 상처받을 수 있는 가능성(vulnérabilité)에 늘 노출되어 있다. 이러한 주체의 모습을 통해 주체에 대한 새로운 규정을 시도한 프로이트, 들뢰즈, 레비나스, 메를로-퐁티 등은 주체 논의에 새로운 가능성을 준다. 전통적으로 주체는 데카르트의 영향으로 독립성을 지닌 능동적인 존재로 규정되었다. 그러나 프로이트 등은 상처를 주는 사건이나 사람, 대상과의 관계 속에서 주체성을 규정한다. 이러한 관점은 주체의 발생과 창작의 동인을 암시하는 중요한 측면을 시사하고 있다.

88) 도덕적 문제는 행위하는 사람과 시련을 겪는 사람 사이의 근본적인 비대칭성 — 이는 강력한 행위자의 폭력 속에서 절정을 이룬다 — 과 접목되어 있다. 1950년대

철학적 차원에서 볼 때 일상 생활에서의 고통은 사적이요, 주관적인 것이기 때문에 그것이 언어로 표현될 수 없다는 견해가 있을 수 있다.[89] 이는 공유할 수 없는 고통의 개별성, 개인의 고통의 절대성을 언급한 것이라 할 수 있다. 그러나 전쟁 속에서 당하는 개인의 상처로 인한 고통은 개인의 차원에서 끝나는 것이 아니다. 한국 전쟁이 우리 민족에게 주는 상처는 집단 차원과 연결될 수밖에 없다. 이러한 개인적·집단적 차원에서 이루어지는 수난은 개인과 집단 무의식 속에 위치하면서 끊임없이 자신의 실존을 문제삼게 한다. 정신분석학이 개인의 정신적 외상(外傷)의 치료를 환자와의 대화를 통해 치료하듯이, 이야기를 한다는 것은 이렇듯 고통 체험의 극복과 관련된다.

이야기는 상처받은 수난을 표현하는 효율적인 매체이다. 상처받은 고통으로 인한 존재론적인 문제를 해결하는 데 이야기는 매우 중요한 기능을 한다. 프로이트가 트라우마의 자극을 받은 자는 오로지 상징의 형태로만 자기의 상처를 의식의 표면 위에 끌어올릴 수 있다고 본 것은 시사적이다. 이야기 발생의 중요한 한 근거를 여기에서 찾을 수 있다.

한국전쟁을 다루고 있는 이야기들은 많은 경우 아버지의 부재, 그로 인한 수난의 과정을 그리고 있다. 때문에 수난자의 고통은 가족 차원에 한정되는 것이 아니라, 당대 사회역사적 상황과 관련되어 있음을 알 수 있다. 그런데 주체가 겪는 상처로 인한 고통은 본질적으로 타자로부터 형성된다. 주체가 타자와의 관계 속에서 일어나는 행위적 심리적 사건이 상처를 주는 것이다.[90] 그것은 주체에게는 특정한 체험이다. 이런 점

이후 한국소설을 재난과 '트로마'의 측면에서 고찰한 것은 다음 참조. 이재선, 『현대소설의 서사시학』, 학연사, 2002.

89) 스케리는 육체적인 고통이 언어로 표현될 수 있는 차원 이전에 머무는 현상이며, 단순히 언어로 표현되는 것을 거부할 뿐 아니라 능동적으로 언어를 파괴한다고 본다. 기쁨의 공동체는 있을 수 있으나 고통의 공동체는 원칙적으로 불가능하다고 본다. 손봉호, 『고통받는 인간』, 서울대출판부, 1999, 60쪽.

90) 이러한 면을 표나게 강조한 이론가가 아도르노인데 그는 고통에 대해서 언급되게 하는 요구가 모든 진리의 조건이라고 강조한다. 고통은 주체를 괴롭히는 객관성

에서 주체는 고통을 가장 주관적인 것으로 체험하지만 그것은 집단 차원과 관련될 때 역설적으로 객관적인 것이 된다.

이와 같은 수난의 고통은 주체에게는 서술의 원동력이 된다. 사유와 마음의 상처와의 관계를 주목한 질 들뢰즈는 사유란 심성에 주어진 외상(外傷, 트라우마)[91]에 의해서 비자발적으로 시작된다고 주장한다. 그는 사유는 사유하게끔 강요하는 것과 맞닥뜨리는 우연성 곧 우연히 나타나 심성에 폭력을 끼치는 것, 바로 외상에 의존한다고 본다.[92] 이렇듯 고통은 계속해서 왜 그 자체는 있어야 하는지를 묻도록 요구한다. 그러므로 고통은 그 의미에 대하여 관심을 갖도록 한다. 일반적으로 고통을 해소하는 방법은 여러 가지가 있을 수 있다. 다른 대상을 통해 대리 해소를 할 수 있으며, 대조되는 다른 대상을 연상할 수도 있고, 언어적 표현활동을 할 수도 있다.

언어적 서술 활동 즉 이야기 행위를 통한 고통의 해소 방법을 문제 삼을 경우 사건이나 행위가 의미를 가지려면 시간 속의 역사적 지평에 놓여야 하며 그 속에서 이해되어야 한다. 이것은 이야기 발생과 틀을 결정하는 중요한 요인이다.[93]

이기 때문이다. Theoder W. Adorno, *Negative Dialektik*, 홍승용 역, 『부정의 변증법』, 한길사, 1999. 아도르노의 상처받은 삶에 대해서는 마틴 제이, 『아도르노』, 지성의샘, 1995, 참조.

91) 트라우마(Trauma)는 정신생활에서 짧은 기간 내에 엄청나게 강한 자극의 증가를 가져오는 체험을 가리킨다. 그런 강도 높은 자극은 익숙한 방식으로 해소되거나 처리될 수 없기 때문에 정신에너지의 운영 과정을 지속적으로 교란하여, 신경증을 유발한다. G. 프로이트, 『정신분석 강의』, 열린책들, 1997, 392쪽.

92) 그러므로 사유자는 아픈 사람 즉 환자이다. 들뢰즈는 주체에게 상처를 줌으로써 사유를 시작하게 만드는 것을 기호(signe)라 명명한다. 그에게 세계 안에서 우리가 사유하게끔 강요하는 것은 재인식(recognition)의 대상이 아니라, 근본적인 우연한 마주침(recontre)의 대상이다. 그것은 감정 즉 놀라움, 사랑, 증오, 고통(douleur) 속에서 포착된다. 기호란 바로 그러한 과정에서 고통 속에서 우연히 마주치는 것이다. G. Deleuze, 『프루스트와 기호들』, 민음사, 1998, 143쪽.

93) 이러한 이야기의 원형 가운데 하나를 프로이트가 발견한 아이의 fort-da 놀이에서 찾을 수 있다. 이 부재 – 존재 사이, 즉 처음 – 끝 사이에 아이는 어머니의 부재

이야기는 수난의 고통과 마주치기이다. 그것은 주체에게 일종의 흔적(trace)[94]으로 잊혀지지 않은 채로 연기되다가 후에 다른 사건을 계기로 사후적으로 나타난다. 그것은 주체의 기억을 통해 표상된다. 이 글에서 다루고 있는 작품들은 유소년기의 경험을 성인이 된 서술 자아가 회상하는 형식으로 되어 있다. 전쟁을 유소년기에 경험한 주체들에게 그것은 흔적으로 남아 서술자아의 어떤 동기에 의해 사후적으로 형상화된 것이다.

이 글의 논의와 관련해 볼 때, 이러한 논의들은 시사하는 바가 많다. 서술행위의 동기는 '나는 누구인가?' 즉 자아정체성을 탐색하는 문제와 관련되어 있다. 그것은 고통의 근원을 탐색하고 역사와 개인사 속에서 과거와 현재의 자기를 이해하는 것이라고 할 수 있다. 글쓴이는 개인사 속에 묻혀 있는 자기의 모습을 이야기의 형식 속에 담아냄으로써 자기를 객관화한다. 그것은 세계와의 불협화음에 처해 있는 주체가 자신을 돌이켜봄으로써 부정적인 상태나 상황에서 벗어날 것을 요구하는 행위이다.[95] 또한 그것은 개인사뿐 아니라 역사에 대한 의미를 묻는 것과 연관된다. 역사의 의미에 대한 물음에는 고통의 경험이 특별히 작용한다. 나에게 고통이 어떤 의미를 가지고 있는가는 역사가 어떤 합리성을 가지고 있는가 라는 물음으로 이어지기 때문이다. 그러므로 자신의 경

로 인한 실존적 고통과 있음에의 열망을 표현한다.

94) 레비나스는 어떤 방식으로도 주체의 개념 체계를 통해 주체의 지평 위에 자리를 지정받을 수 없는 나와 전적으로 다른 자, 즉 표상될 수 없는 이 타자를 가리켜 흔적이라 불렀다. 이 표상될 수 없는, 따라서 나의 인식적 소유물이 될 수 없는 타자의 개입을 통해 나는 윤리적 주체로 태어나게 된다. 서동욱, 앞의 책, 106쪽, 참조

95) 제임슨이 '항상 역사화하라!(Always historicize!)'(F. Jameson, *The Political Unconscious: Narrative as a Socially Symbolic Act*, London: Methuen, 1981, 9쪽)고 언급하고 있듯이, 서사는 큰 이야기 속에서 다시 말해질 때 온전히 그 의미가 드러날 수 있다. 역사가 '자유의 영역을 획득하기 위한 집단적 서사'(F. Jameson, 앞의 책, 19쪽)라면, 역사에 대한 상징적 반응인 서사는 역사에 접근할 수 있는 통로이다. 따라서 문학을 읽는다는 것은 문화적 산물이 사회적 상징행위라는 것, 문학은 공동체의 운명에 대한 상징적 사유의 한 형태로 읽어야 한다는 것을 의미한다.

험이 아무리 개인적인 것이라 할지라도 사회적으로 규정된 것이라 할 수 있다.

작가는 과거에 겪은 수많은 경험 가운데 특정한 경험을 선택하여 이야기로 구성한다. 그가 특정한 경험을 선택하는 이유는 그의 삶 속에서 그 경험이 중요한 영향을 미쳤기 때문이다. 작가는 그러한 과거의 경험과 대면하면서 새로운 자아를 기획한다. 자아정체성이 자기와의 대면을 통해 반성적으로 이루어진다는 점을 전제한다면 경험자아에 대한 서사화는 자아정체성을 향한 자기와의 반성적인 대면이라 할 수 있다. 따라서 보여지는 나로서의 경험자아와 그 세계가 어떻게 줄거리로 엮어지면서 삶의 모습을 드러내는가에 따라 서술자아가 자아정체성을 찾기 위해 대면하고 있는 경험 세계의 구체적인 모습이 드러난다.

경험자아는 자신의 정체성을 찾기 위해 길을 떠난다. 그것은 줄거리로 서사화된다. 그 과정에서 그는 자기와 타자의 관계망 속에서 갈등을 겪게 된다. 그로 인해 수난과 고통의 삶이 전개된다. 유소년기 경험을 다룬 소설들이 수난과 고통의 이야기를 다루고 있다는 점은 흥미롭다. 「어둠의 혼」, 「순이 삼촌」, 「기억 속의 들꽃」, 「굶주린 혼」, 「유년의 뜰」, 「술래 눈뜨다」, 『고기잡이는 갈대를 꺾지 않는다』, 『마당깊은 집』 등은 아버지가 부재한 가운데 주체들의 수난의 삶을 이야기하고 있다. 「건」과 「장마」에는 각각 빨치산과 두 아들의 죽음을 다루고 있고, 『노을』에서는 아버지의 폭력과 그의 죽음이 등장한다. 이들 작품에는 유소년의 경험자아가 맞닥트린 경험이 단지 개인 차원에 속하는 사건이 아니라 공동체의 그것이기도 하다는 점을 보여준다. 이런 점에서 경험자아들이 겪은 경험 사건들은 단순한 소재 이상의 의미를 지닌다고 할 수 있다.[96]

---

96) 경험은 볼노오의 견해를 통해 확인한 바 있듯이 고통받는 존재이기를 강요한다. 그러나 그것이 유소년기에 체험한 것들이라는 점에서 그것은 감각 차원에 속할 수 있다. 유소년들은 그것을 넘어 자신의 힘으로 의미를 이룩하기에는 역부족이다. 여기에서 주목할 것은 이들 작품들이 성인인 작가에 의해서 쓰여진 점이다. 작가들은 어떤 계기를 통해서 해명을 요구하는 경험을 사후적으로 서사화한 것이

(2) 사건으로서의 경험

경험은 사건으로 구성된다는 점을 전제로 할 때 사건의 본질에 대하여 논의할 필요가 있다. 사건을 단순화해서 정의한다면 일어난 일을 말한다. 구조주의 관점을 빌리면 그것은 "하나의 동사나 행동의 명칭으로 요약할 수 있는 일"[97]이다. 그런데 일어난 일에는 반드시 근원적 동인으로서 행위자(actant)와 행위가 있기 마련이다. 그것은 다른 행위주체와 행위와의 관계 속에서 일어난다.

사건의 서술은 언어를 통해 경험 사건을 줄거리로 엮는 일이다. 이런 점에서 경험사건의 서사 구성은 행위를 모방하는 것이며 그것은 곧 플롯 만들기라 할 수 있다. 이러한 관점은 뮈토스(mythos)나 미메시스(mimesis)[98]를 구조의 차원으로 보는 것이 아니라 작용태로서 구성의 역동성을 강조한 관점이다. 논의를 구체적으로 하기 위해 다음 예문을 보자.

> ① "누나야, 우리 눈감고 누가 많이 걸어가나 내기하자."
> 나는 고집스럽게 누나를 졸라댔다. 신작로를 그냥 타박타박 걷기가 따분했기 때문이다.(중략)
> 눈을 감고 있으려니 문득 마을에서 아이들과 술래잡기 놀이를 하던 생각이 났다. 저녁이었다. 내가 술래였고 다른 아이들은 저마다 숨을 곳을 찾아 뿔뿔이 흩어졌다.(중략)
> 그러나 나머지 한 아이가 보이지 않았다. 우리가 방을 얻어 사는 집 주인 아들이었다.(중략) 그 애가 자기네 집 식구들 틈에 끼여 저녁을 먹고 있었다. 내 눈과 마주친 그 애가 퉁명스레 내질렀던

다. 그러므로 경험 그 자체보다도 그것을 서사화한 과정으로서의 경험을 중시하고자 한다. 그러한 서사화된 경험 사건은 작가에 의해 구성된 것으로 허구성과 실제성을 동시에 지니고 있다.

97) S. Rimmon-Kenan, 앞의 책, 13쪽.

98) 논리적 과정을 서술한 것과 대비하여 허구적 상상력을 발휘한 서사를 뮈토스(mythos)라 한다. 미메시스(mimesis) 역시 질서화 과정을 강조한 개념으로 특별히 행위에 적합한 용어로 간주된다.

것이다. 이 새끼야, 나 숨박질 안 해. 그것은 내가 처음으로 맛본 배신이었다.99)

② 이상한 일이었다. 어머니는 아버지가 안변에 살고 있다는 소식을 알아낸 뒤 우리 남매를 그곳까지 데리고 간다고 해놓고 안변 못 미쳐 신고산 역에서 내리게 했던 것이다. 기차를 탔던 첫 추억은 그런 것이었다.

기차를 타기 위해 평산 역으로 나가다가 나는 그 생각을 했던 것이다. 그것은 어른들의 이해할 수 없는 배신에 대한 일깨움이었다. 그때서야 나는 누나가 처음 제안한, 걸어서 남천까지 가자는 말을 따르기로 했던 것이다.

남천읍이 멀리 바라보이는 지점에 이르러 누나와 나는 길 옆으로 흐르는 도랑물에 얼굴과 손을 씻었다. 처음 발을 들여놓는 마을에 대한 불안 같은 것 때문이었는지도 모른다.(22~23쪽)

③ "덕수야, 우리, 아버지 만나지 말자."(중략)

"누나, 아버진 왜 자꾸 도망만 다니지?"

"아버진 우리가 무서운 거야!"

누나가 그렇게 단정을 내렸다. 어쩌면 그것은 누나가 무심코 내던진 말에 불과했는지도 모른다. 그러나 그 말이 나한테 던진 충격은 컸다.

"왜 우리가 무서운 거야?"

그러나 누나는 내 물음에 대답하지 않았다. 안 한 것이 아니라 대답할 수 없었기 때문일 것이다. 열세 살 어린 누나가 그것을 어떻게 설명할 수 있었겠는가. 훗날 나는 누나의 그 생각이 아버지를 용서하려는, 그래서 그네의 가슴에서 아버지를 지워내지 않으려는 안간힘 같은 것이었을 거라고 생각했다.(32~33쪽)

---

99) 전상국, 『술래 눈뜨다』, 청아, 1994, 8~9쪽.

①,②,③은 각각 「술래 눈뜨다」의 앞, 중간, 끝 부분에서 따온 것이다. 이 서사에 등장하는 주체들은 서술주체인 나, 행위주체로서의 나와 누나 등이다. ①을 두고 볼 때 서술주체는 유소년의 나이인 '나'이다. 그런데 ③에 이르면 그같은 화자라 할 수 없는 화자가 등장한다. 밑줄친 부분의 누나에 대한 논평과 어휘로 보아 ①의 서술주체와는 다른 주체임을 쉽게 알 수 있다. 이때의 서술주체는 이 서사를 쓰고 있던 당시의 주체이며, ①에 등장한 주체는 이 서술주체에 의해서 초점화된 주체라 할 수 있다. 초점화된 주체와 서술주체가 같은 자아임을 전제로 할 때, ①에 등장하는 화자는 초점화된 유년화자 곧 경험자아가 된다. 경험주체가 초점화자가 되고 서사 속에서 행위도 하는 행위자의 역할까지 맡고 있다.

행위자와 행위 분석을 통해 인용된 사건들을 정리하면, 그것은 각각 '내기하기, 회상하기, 깨닫기, 걸어가기, 거부하기' 등으로 정리할 수 있다. 이들은 각각 경험사건을 구성하면서 경험주체(행위주)와 행위, 그리고 타자들과의 관계를 포함하고 있으며, 이들의 행위는 시간적인 계기로 연결되어 있다. 이들 사건은 보다 큰 단위의 '아버지 찾아가기'와 '아버지 찾기 거부하기'라는 사건 속에 포함된다. '아버지 찾아가기'가 서사의 시작과 중간이라면 '아버지 찾기 거부하기'는 서사의 종결에 해당한다. 이러한 사건의 전개를 두고 플롯이라는 명칭을 부여해 왔다. 그렇다면 이 서사에서 서사 구성의 동력은 나와 누나의 '아버지 찾기', '아비 찾기의 길 가기'에 있음을 알 수 있다. 요컨대 서사 구성의 핵심은 '행위자가 타자와의 관계 속에서 어떤 목적을 향해 가는 행위'라 규정할 수 있을 것이다. 그것은 사건을 구성하면서 그들의 관계를 통해 서사를 구성해 간다.

경험주체가 겪었던 경험이란 이처럼 '아버지 찾기'와 '아버지 찾기 거부하기' 속에서 이루어진 사건들이다. 그것은 아버지로 인해 받을 수밖에 없는 고통스런 삶의 경험 곧 배신감으로 인한 고통이다. 그가 겪은 최초의 배신은 주인집 아들로부터 받은 것이다. 해방 후 좌우익의 갈등 속에서 붉은 완장을 찬 사람들에게 재산을 빼앗기고 아버지의 강압으로 할아버지 집에서 쫓겨나야 했던 나의 일가족은 산 속에서 숨어 살 때 만난 여자와 잠적한 아버지를 추적하는 떠돌이 생활을 시작한다. 아버지가 일본에서 돌아오기 전부터 어머니는 "너희들 아버지는 훌륭하신 분"(19쪽)이라는 말을 귀에 못이 박히도록 함으로써 "우리 남매는 아버지만 생각하면 저절로 가슴이 부풀어올랐다." 아버지는 독립 운동을 하다 잡혀간 적이 있으며, 해방 후에는 좌익 활동에 뛰어든 인물이다. "아버지가 그처럼 어렵게 찾아낸 크고 위대한 것이 우리들에게서 아버지를 빼앗아갔던 것이다."(21쪽) 그러던 그에게 어머니의 아버지 찾기라는 집념은 불가사의한 것이 된 것이다. 절대적인 존재였던 아버지로부터 가족이 쫓겨나아만 했던 유년주체가 느꼈던 것은 배신감이었다. 어머니에게 길들여진 인물들은 어쩔 수 없는 아버지 찾기에 나서고 종국에는 '아버지 찾기 거부하기'를 반복한다. 훗날 서술주체는 그것이 누나의 아버지 용서라는 그리고 아버지가 살아 있음을 확인시켜주려는 어머니의 의도였음을 깨닫게 된다. 서술주체는 경험주체가 겪었던 경험 속에서 그의 행위의 의미가 무엇인지를 경험의 서사 구성을 통해서 서술했던 것이다.

이러한 행위자와 행위, 그 관계 속에서 사건의 구성을 보는 시각은 행위의미론과 그 서사 구성을 논한 관점들과 생각을 같이 한다. 이제 이러한 경험 사건의 구성이 어떻게 이루어지는지 그 발생 구조를 밝혀 보도록 하자.

(3) 사건의 발생과 전개

서사적 사고를 통해 경험 현실에 서사 형식을 부여하는 방식에는 여러 가지가 있지만,[100] 인간은 우리 삶의 대부분을 서사의 규칙과 장치에 따라 구성된 세계 속에서 산다. 그것은 시간적인 계기로 맺어진 사건 속에 산다는 의미이기도 하다. 또한 다양한 인간 행위를 다루는 서사는 그 행위가 목표로 하는 것만큼 다양할 수 있다. 그러나 우리는 서사를 특정한 기준에 의해 유형화할 수 있듯이, 그 유형들이 창발하는 어떤 토대를 상정할 수 있다.

츠베탕 토도로프, 헤이든 화이트, 블라디미르 프롭과 같은 이론가들은 서사에는 그것을 발생케 하는 심층 구조가 있음을 밝히려고 노력한 바 있다. 그들은 문자나 음성으로 표상된 서사는 심층 구조의 실현으로 본다. 인간이 서사를 이해할 수 있고 구성할 수 있는 것은 이러한 보편적이며, 심층적인 서사 문법이 존재하기 때문이다. 그런데 그것은 인간의 마음 속에 내재한 것인지, 아니면 관습에 기인한 것인지 하는 어려운 문제에 직면하게 된다. 이런 지적이 가능하다. 서사의 발생 가능성이 선천적인 것이라면 문학사에서 창안의 발생을 설명하기 어렵게 된다. 관습의 문제라면 모든 나라의 이야기에서 인식할 수 있는 유사성과 특정한 언어 내에서의 역사적인 연속성을 설명하기가 어렵게 된다. 이들 논변이 어떻든 간에, 서사 속에는 독자의 마음속에 반응을 이끌어내는, 서사 대상(fabula)를 서사 텍스트로 변형시키는 무엇인가 있어야 한다. 서사를 독자의 마음 구조와의 상동성에 찾는다면 수많은 서사의 변형과 마음의 일치 여부에 직면하게 된다. 그러므로 서사를 구성하는 근본 구조를 상정하지 않을 수 없다.

생성의 철학, 활동성의 철학을 강조한 질 들뢰즈는 사건을 어떤 구조 안에서, 어떤 장 안에서 일정한 의미를 가지고 발생한다고 본다.[101]

---

100) 브루너(Jerome Bruner)는 경험 현실에 서사의 형식을 부여하는 방식을 상론한 바 있다. 여기에 대한 자세한 논의는 제6장 2절 참조. Jerome Bruner, *The Culture of Education*, Harbard University Press, 1996.

101) 문제장은 문제설정들이 앞으로 발생할 창작 사건에서 창작 행위의 논리적 구조가 되어 잠재적인 에네르기를 가진 가능성의 장으로 존재하는 것을 말한다. 이 개념은 레비-스트로스, 라캉, 알튀세 등의 '구조', 푸코의 '언표장', '에피스테메', 들뢰즈의 '형이상학적 표면', 부르디외의 '장' 등의 개념과 관련된 것으로 결국 이 개념들은 들뢰즈의 객관적 선험의 여러 변형태에 해당한다. 이정우, 『삶, 죽

앞으로 발생할 사건들은 이 논리적 구조를 지닌 장 안에서 잠재적으로 존재한다.[102] 잠재적으로 존재하는 사건(순수 사건)은 언제든지 서사행위 주체에 의해서 구성될 수 있는 사건을 말한다.

사건이 행위자와 행위, 그들의 관계를 통해 의미를 구성해 가는 일이라는 점에 착안하면, 사건은 행위자·행위·의미의 장이 복합적으로 작용한 과정과 결과 할 수 있다. 따라서 사건은 이러한 장 속에서 솟아올라 일어난 일이라 할 수 있다.

마크 존슨은 서사는 매일매일 상황 속에서 가능한 행위를 탐구하는 수단을 제공한다고 주장한다.[103] 이 같은 상황은 예컨대 부모의 물음에 대한 서사의 형식에서 나온다. 어릴 때부터 우리는 우리 행위에 대한 우리 부모의 질문에 따라 우리 자신의 이야기를 구성하는 법을 배운다. 그리고 자신이나 타자의 물음에 대하여 이야기하는 법을 배운다.

> "어떻게 그 일이 일어났느냐?"
> "무슨 일이 일어났느냐?"
> "넌 뭐야?"
> "나는 누구인가?"

왜라고 물었을 때 거기에 따른 대답의 차이가 있듯이, 이들 물음에 대한 응답에도 차이가 있다.[104] 그것은 사고 방식뿐 아니라 이야기하는

음, 운명』, 거름, 1999, 23쪽.

102) '잠재적으로 존재함'을 들뢰즈는 문제설정la Problématique이라 한다. 이것은 어떤 문제가 현실적인 것의 경계에 위치하여 언제라도 현실화될 수 있는 형태로 존재함을 의미한다. Gilles Deleuze, *Logigue du Sens*, 이정우 역, 『의미의 논리』, 한길사, 1999, 125쪽.

103) Mark Johnson, *Moral Imagination; Implications of Cognitive Science for Ethics*, The University of Chicago Press, 1993, p.171.

104) 이 같은 물음과 응답의 과정은 서사적 문제의식 하에서 이루어진다. 서사적 문제의식은 이야기 발생과 실현의 동력의 역할을 한다는 점에서 매우 중요한 역할을 한다. 자세한 것은 제5장 참조.

방식의 차이를 말해준다. 우리는 어린이에서 어른에 이르기까지 물음에 대한 응답을 찾는 과정에서 서사적 통일성을 구성하고자 한다. 이러한 물음에 대하여 우리는 누가, 왜, 무엇을, 어떻게, 누구와 함께, 누구에 맞서 등의 질문에 따라 이야기를 형성해 간다.[105]

이 같은 이야기하는 행위는 단순한 물리적 사건들과는 구별된다.[106] 마크 존슨은 단순한 물리적 사건으로부터 인간 행위를 구분하는 기준을 구체적으로 밝혀놓은 바 있다.[107]

1. 목표들: 행위는 목표를 향해 지향된다.
2. 동기들: 행위는 동기화된다.
3. 행위주들: 행위에 깃든 동기와 목표는 그 행위 행동주의 동기와 목표이다.
4. 맥락적 환경: 행위는 그들의 성격을 결정하는 도덕적으로 의미있는 맥락에서 구현된다.
5. 타자와의 상호 작용: 우리의 행위는 타자를 포함한다.
6. 의미있는 존재: 의미있는 충만한 삶을 살려는 행위주의 시도.
7. 책임성: 행위주는 자신들이 행하는 것에 대해 답변할 수 있어야 한다.

---

105) 이런 점에서 저학년에서는 이런 항목을 중심으로 이야기 교육과 평가가 이루어져야 한다. 이야기 교육은 이런 기초적인 데서 시작하기 때문이다. 이러한 예는 다음 참조. 김대행, 「영국의 문학교육: 평가를 통한 언어와 문학의 투시」, 『국어교육연구』 제4집, 서울대 국어교육연구소, 1997.

106) 베버는 인간은 신념과 욕구에 견주어 행위하는 존재라는 행위주체 개념을 설정했다. 베버의 관점에는 도구적 합리적인 행위로써 최적화 원리가 전제되어 있다.(Alex Callinicos, *Making History: Agency, Structure and Change in Social Theory*, 김용학 역, 역사와 행위, 사회비평사, 1997, 42쪽) 그러나 인간을 특정한 사회적 실행의 지배에 의해 형성된 역사적 구성물에 불과하다는 후기구조주의자들 주장에 직면해 있다. 여기에 대한 비판과 대안은 앞에서 살펴보았다. 문제는 교육의 차원에서 유용한 관점은 무엇이며 대안은 무엇인가에 달려있다. 엔더슨의 경우처럼 행위주체란 의식적이고 목적지향적인 행위자로 규정하는 것이 일반적이다.

107) 자세한 것은 M. Johnson, 앞의 책, 171~174쪽, 참조.

이것들은 우리 경험 속에서 서사 구조가 출현하는 종합적인 토대를 형성한다. 리꾀르는 이것을 인간 행위의 선-서사 특성 혹은 경험의 원형 서사 차원이라 부른다. 가령 A라는 행위자가 특정한 상황에서 커피를 마시고 있는 사건이 있다고 하자. 그것은 A라는 행위자와 커피를 마시는 행위로 구성된다. 물론 커피를 마시는 행위 속에는 많은 행위가 포함되어 있다. 설탕을 타고, 크림을 넣고, 젓는 일 등. 또한 그것은 보다 큰 사건 차원에 포함될 수 있다. 예컨대 커피 마시는 행위가 데이트라는 행위 속에 포함될 수 있다. 일상의 경험에서 행위자 단독으로 커피를 마시는 행위가 있을 수 있지만, 통상적으로 다른 행위자와의 관계 속에서 그것은 이루어진다. 따라서 특정한 상황에서 A와 B는 커피숍에서 만나 커피를 마시고 헤어지는 일을 일반적인 사건으로 상정할 수 있다. 그런데 행위자 A가 특정한 상황에서 커피를 마시는 일이 무슨 의미가 있단 말인가? A가 커피를 마셨다는 행위만으로 사건의 의미는 온전히 드러나지 않는다. 사람들은 A가 커피를 마신 행위에 대하여 갖가지 추측을 할 수 있다. 마침 비가 오고 있었고 A가 추억에 젖어 그가 자주 들렀던 레스토랑에 가서 커피를 마시고 있다고 생각할 수 있다. 혹은 A는 실연을 당했는데 그 아픔을 달래기 위해 커피를 마시고 있다고, 혹은 A는 B와 데이트를 하면서 커피를 마시고 있다고…… 등.

이 예는 우리가 어떤 사건을 이해하기 위해서는 그것이 특정한 상황 속에서 적절한 관계 아래 놓일 때 비로소 가능하다는 점을 말해 준다. 그리고 그러한 행위는 정당한 이유에 의해서 뒷받침되어야 한다는 것이다. 그러므로 사건은 그것이 그 자체로 고립되어 일어나는 단순한 물리적인 운동일 수 없다. 따라서 행위는 그의 삶 속에서 누가, 왜, 무엇을, 누구와 더불어, 누구와 맞서, 어떤 삶의 방향으로 나아가는가 하는 관계 속에서 파악되어야 한다.[108] 그러므로 경험을 구성하는 일은 물리적인

---

108) 폴 리꾀르는 이를 두고 실천적 이해력이라 한 바 있다. 그는 인간의 일상 삶의 행위의 영역을 Mimesis1, 일상 삶의 행위 영역을 형상화하는 행위를 Mimesis2,

운동 영역과 구별되는 행위의 영역을 구조적으로 구별하는 이러한 개념
망을 의미있게 사용할 수 있는 능력이 필요함을 말해 준다. 그것을 의
미있게 사용할 수 있는 능력이 서사의 줄거리 구성에 의해 생겨나는 이
해 가능성으로 연결된다. 우리는 개인에 따라 정도의 차이는 있지만, 삶
속에서 주체들의 행위를 이러한 개념망 속에서 이해한다.[109]

이야기 속에 등장하는 행위주는 소통, 욕망, 시련 등의 행위를 통해
행위의 개념망 속에서 형상화된다.[110] 행위영역[111]에 위치한 행위주체
들은 서술행위를 통해 구체화된다. 최초의 서사적 구성을 '특정한 상황
속에서 X가 a를 행한다', 그리고/혹은 '동일하거나 다른 상황에서 Y는 b

독자가 형상화된 인간의 삶을 재구성하는 행위를 Mimesis3이라 한다. 그가 실천
적 이해력이라 한 것은 물리적인 운동과 구별되는 인간의 행위에 대한 이해력을
말하는 것으로 이야기 구성의 토대가 된다. P. Ricoeur, *Temps et récit* I, 김한
식 · 이경래 역, 『시간과 이야기』1, 문학과지성사, 1999, 제3장 시간과 이야기 - 삼
중의 미메시스 참조

109) 이런 의미에서 삶이 곧 서사 행위의 과정이라 말할 수 있다. 이런 점에서 문자/
구어로 된 서사만을 연구 대상으로 삼을 필연적인 이유가 없다. 서사 연구는 삶
의 서사 차원으로 확대되어야 한다. 교육이 교육적 성장을 전제로 한다면, 삶의
서사를 풍부하고 의미있게 살아가는 것이야말로 교육적 목적에 합당하기 때문이
다. 서사교육을 하는 이유도 여기에 있다.

110) 그레마스는 사건들에 등장하는 가능한 행위자(actant)의 장을 주체, 객체, 발신자,
수신자, 지원자, 적대자 등 6개 항으로 정리한 바 있다. 서사물에 등장하는 무수
한 행위자들은 이들 주체들의 관계망을 통해 개념망을 형성한다. 서사물에 등장
하는 인물들이란 이 심층적 선택구조를 이루는 추상적 행위자(actants) 범주가 표
층에 인물로 구체화된 것이다. 서사행위는 이들 행위항들의 범주들을 배열축에
투사하는 것이다. 또한 그레마스는 '소통', '욕망', '시련'이라는 '행위영역'을 설
정하고 행위주에게 사건 주체로서의 의미를 부여한다. 주체와 객체는 욕망이라
는 행위의 장에, 발신자와 수신자는 메시지 거래라는 소통행위의 장에, 주체, 객
체, 지원자, 적대자는 시련이나 투쟁의 장에 참여한다. A. J. Greimas, "Reflections
on Actantial Models", *Structural semantics: an attempt at a method*, trans. Danial
McDowell, et al., University of Nebraska Press, 1983, 197~221쪽.

111) 타자와의 관계 속에 위치한 행위주체들은 그레마스가 주장한 주체, 객체, 지원자,
적대자, 파송자, 수신자 등으로 구성되면서 서사발생의 가능태로 존재한다. 이들
행위주체들은 욕망, 소통, 시련의 행위 영역에 참여하고 행동함으로써 서사로 구
체화된다.

를 행한다.'로 설정할 때, 잠재적 사건 속에 있는 행위자와 행위가 X, Y, a, b로 구체화, 특정화된 것이다. 이때 각각의 사건들은 다른 사건들과 연결되면서 개념망을 이룬다.112) 그리고 그것은 이야기의 줄거리를 형성하면서 행동하고 시련을 겪는 인물들을 형상화한다.

'욕망, 소통, 시련' 등을 통해 추동되는 이야기는 특정한 형태, 질서, 방향을 지니면서 결말로 향한다. 그것을 결정하는 것은 작가가 부여하는 의미 투자이다.113) 의미 투자는 작가의 서사적 문제의식에서 촉발되는 것으로 주지(主旨:motif)와 주제(主題:theme)를 통해 구현된다. 모티프는 더 이상 환원할 수 없는 최소의 주제요소라 한다. 주제에 관여하는 정도에 따라 관련(동적) 모티프 혹은 자유(정적) 모티프로 나누든지 그것은 결국 서사의 의미를 구성하는 역할을 한다.114) 또한 모티프를 상황 모티프, 인물 모티프, 관념 모티프115)로 나누어 볼 경우, 이는 사건과 그

---

112) G. Deleuze, *Logique Du Sens*, 이정우 역, 『의미의 논리』, 한길사, 1999, 99면. 사건을 사유한다는 것은 생성, 운동, 변화를 사유한다는 것을 의미한다. 사건이 고립적으로 고려되었을 때는 단지 물리적인 변화일 뿐이고, 의미를 띠게 되는 것은 일정한 상황에서이다. 사건이란 이미 형성되어 있는 수많은 계열들의 장, 즉 어떤 디아그람(diagramme) 안에서의 어떤 자리이자 어떤 위치에서 솟아오르는 것이다. 모든 사건들은 이미 코드화된 어떤 삶의 질서, 이미 계열화된 사건들 그 어디에선가 솟아오른다. 이정우, 『시뮬라크르의 시대』, 거름, 1999, '4. 계열화' 참조.

113) 서사 구성의 장에서 사건의 전개는 작가의 의미 부여에 의해서 이루어진다. 이를 그레마스는 주제투자(thematic investment) 혹은 의미투자(semic investment)라 한다. 수리오는 '주요 주제 세력' 목록을 작성한바 있다. 그가 제시한 주제를 주제 세력이라 한 것은 그것이 욕망, 투쟁, 시련 등과 관련됨으로써 사건을 이끄는 힘으로 작용하기 때문이다.

114) 우한용은 사건은 의미있는 문장으로 요약할 수 있는 하나 이상의 모티프를 지닌 이야기라 주장한다. 우한용, 「소설의 서사기능 상실과 회복의 논리」, 앞의 책, 457쪽.

115) 소설을 구성하는 요소는 크게 가변적인 요소와 불변적인 요소로 구분된다. 가변적인 이야기 요소는 작가가 속해 있는 사회와 작가의 개인적 취향 등에 따라 변형이 가능하다. 가변적인 요소를 제외한 것이 불변적인 요소인데 이는 서사를 지탱하는 그 기저를 이룬다. 소설을 구성하는데 근본이 되는 불변적인 요소를 모티프라 한다. 모티프는 상황 모티프, 인물 모티프, 관념 모티프로 나뉜다. 상황 모

의미에 대한 강조점의 차이에서 기인한다고 볼 수 있다. 그것은 곧 인물에 초점이 놓이는가, 아니면 인물과 타자(상황)와의 관계에 초점이 놓이는가, 혹은 서술주체의 관념에 초점이 놓이는가 하는 문제이다. 이는 달리 말하면 사건의 부분과 전체의 의미 관계라 할 수 있다. 이는 사건에 대한 이해와 해석이 작가의 의미투자에 의해 선택되고 배열되는 것을 말한다.

2) 서사 주체

서사행위는 경험 사건들에 의미를 부여하는 언어적인 구성 활동이다. 그렇다면 사건으로 이루어진 서사를 구성해 가는 주체는 누구인가? 우선 의식적 무의식적으로 서사 행위를 현실 속에서 통제하고 일구어 나가는 작가를 상정할 수 있다. 작가는 실질적이며 현실적인 서사 행위의 주체라는 점에서 간과할 수 없는 존재이다. 교육적인 안목 속에 이루어지는 표현교육의 궁극적인 귀결점 역시 작가 내지 학습 작가의 존재론적 국면에 놓여 있다는 점에서 그 존재적 가치는 재론의 여지가 없

티프는 주인물이 다른 인물들, 혹은 설정된 환경과 특정한 관계 속에 놓여져 있으면서 얽혀 있는 관계의 그물을 풀어 나가는 경우를 일컫는다. 부친 살해 모티프, 가족의 재결합 모티프, 구혼시험 모티프 등이 여기에 속한다. 인물 모티프는 주인물 자체가 지닌 독특한 내력과 성격에 의해서 소설의 구도가 결정되는 경우이다. 요부(妖婦) 모티프, 고등사기꾼 모티프, 노름꾼 모티프, 소년 영웅 모티프 등이 여기에 속한다. 관념 모티프는 작가가 소설 내에서 구축하고자 하는 관념 혹은 세계관으로 주제와 같은 개념이다. 가면의 생·자기 분열·성숙·황금시대라는 주제 등이 여기에 속한다. 상황 모티프에서 인물 모티프로 인물 모티프에서 관념 모티프로 갈수록 이야기는 더 추상화된다(류철균, 「한국현대소설 창작론」, 서울대 박사학위논문, 2001, 115~117쪽). 류철균은 『세계문학의 모티프』, 『문학 주제와 모티프 사전』에서 232가지 모티프를 정리한 뒤 설문조사를 통해 210가지 모티프를 정리하였다(류철균, 앞의 글, 119~120쪽). 그러나 이 관점은 주제와 관념 모티프, 상황 모티프와 인물 모티프와의 변별점을 찾지 못하고 있다는 한계를 지닌다.

다. 그런데 작품은 작가의 표현 과정을 거쳐 생산되는 산물로서 고유한 문법 체계를 갖고 있다. 작가가 작품에 완전히 투영된 작품이든 혹은 가상의 인물의 시각이 투영된 작품이든 작품은 그 나름의 세계가 있는 것이다.116)

시점 논의에서 일반적으로 통칭되고 있는 1인칭 3인칭 서술의 문제점을 지적한 바 있는 미에키 발은 서사는 근본적으로 모두 1인칭 서술이라고 주장한다.117) 예컨대 이야기 속에서 "나는 누구인가", 혹은 "그는 누구인가"라는 물음에 답하는 서사가 전개될 때, 그것은 결국 발화 주체인 '나'의 서술이라는 점에서 1인칭('나') 서술에 속한다. 말하고 서술하는 사람은 다름 아닌 바로 1인칭의 "나"라는 것이다. 그렇다면 이야기가 모두 자기서술인가라는 문제가 남는다.

가령 「나는 <나는 누구인가를 이야기한다>라고 이야기한다.」(< >는 서사 텍스트)는 상황을 가정해 보자. 이때 < >의 '나'는 실재의 나(물질적 발화 주체 나)인가 허구의 나(이야기 속에 허구적으로 등장한 나)인가? 우리가 자서전이라 일컫는 양식에서는 실재의 나와 이야기 속의 나(이야

---

116) 여기에 대한 자세한 논의는 다음 참조.
M. M. Bakhtin, *Speech Genres and Other Late Essays*, McGee, V. W. trans., University of Texas Press, 1986.
S. Chatman, *Story and Discourse: Narrative Structure in Fiction and Film*, 한용환 역, 『이야기와 담론: 영화와 소설의 서사구조』, 고려원, 1991.
S. Rimmon-Kenan, *Narrative Fiction: Contemporary Poetics*, 최상규 역, 『소설의 시학』, 문학과지성사, 1986.
W. C. Booth, *The Rhetoric of fiction*, 최상규 역, 『小說의 修辭學』, 새문사, 1985.
117) 이 점에 대하여 미키 발 역시 서술자가 자신을 언급하느냐, 그렇지 않느냐가 서술의 위치를 결정짓지는 않는다고 주장한다. 언어가 있는 것은 바로 그것을 발언한 화자가 있음을 뜻한다. 담론의 발화가 있는 곳에는 화자 곧 서술주체가 있는 것은 당연하다. 따라서 문법적인 관점에서 보면 화자는 항상 일인칭이다. 이런 점에서 미키 발은 삼인칭 화자라고 하는 것은 불합리한 용어라 비판한다. 화자는 '그'나 '그녀'가 아니라 바로 '나'이다. 이런 점에서 이야기는 근본적으로 모두 1인칭 서술이다.(Mieke Bal, *Narratology*, Muiderberg Coutinho, 한용환·강덕화 역, 『서사란 무엇인가』, 문예출판사, 1999, 219쪽)

기 속의 '나'가 실재의 나의 삶을 사실로서 표현하고 있다고 전제)를 같은 존재라고 관습적으로 인정한다.[118] 자전적 소설은 이야기 속의 '나'(화자)가 실제의 '나'와 상당한 정도로 연결되어 있다고 전제한다. 또한 주인공의 이름이 없거나 주인공의 이름과 저자의 이름이 다를 때 관습상 소설이라 한다. 그러나 자서전이라 하더라도 자기를 창조한 측면을 간과할 수 없으며,[119] 이야기 속에서 실재의 나를 "그"로 명명한 작품도 있다는 점, 이야기 속의 '나'가 실제의 '나'를 지칭한다고 해도 저자가 과거를 기억하는 데는 한계가 있다는 점, 소설이라 하더라도 저자의 경험과 어떤 식으로라도 연루되어 있다는 점, 자전적 소설 역시 자신을 창조한 측면이 강하다는 점 등의 문제가 있다.[120] 따라서 이 글에서는 실재 저자와 주인공이 같은가 다른가, 실재의 인물을 다룬 것인가의 여부에 초점을 두는 것이 아니라, 이야기 속의 등장하는 '나'의 메커니즘과 그 기능에 초점을 둔다. 이는 서사물에서 출발해서 실재의 서술 주체와의 관계를 문제삼는 방향을 취하는 것이며, 저자로서 "나"가 서사 속의 "나"를 서술하는 행위를 문제삼는 데 초점을 둔다. 즉 실재의 나와 이야기 속의 나의 역동적 관계에 주목하고자 하는 것이다.

이야기 속에 등장하는 '나'는 엄밀한 의미에서 실재 나의 타자이다. 가령 「나(a)는 <나(b)는 누구인가를 이야기한다>라고 이야기한다.」에서,

---

118) Philippe Lejeune, *Le Pacte Autobiographique*, 김병익 역, 『자서전의 규약』, 문학과
지성사, 15~69쪽.

119) 허크 거트만에 의하면 루소의 에밀에서도 자기를 창조적으로 이야기한 부분이
많다. 허크 거트만, "루소의 고백: 자기의 테크놀로지", 미셸 푸코 외, 이희원 역,
『자기의 테크놀로지』, 동문선, 1997.

120) 자서전은 사실의 측면과 가까울 수 있다는 면에서 역사에 가깝고, 소설은 허구에
속한다. P. 리꾀르가 탁월하게 논증하고 있듯이 역사와 허구는 상호보완적인 관
계에 있다. 역사는 과거의 시간 속에서 일어났던 사건들을 마치 자신들이 본 것
처럼 재구성된다. 허구는 비현실적인 것을 창조한다 해도 그것이 실제로 일어난
것처럼 서술한다는 점에서 역사 저술의 방법을 빌어 온다. 리꾀르는 이러한 현
상을 역사와 허구간의 직조라 부른다.(P. 리꾀르, 『시간과 이야기』제3권, 문학과
지성사, 180~192쪽)

'나'(b)는 '나'(a)의 타자이다. a와 b가 같고 다름의 차원이 아니라, 타자로서의 자기(b)가 문제된다. '나'(b)는 '나'(a)를 통해 표현됨으로써 공적 차원을 획득한 타자가 된다. 표면상 이 공적 차원을 획득한 '나'가 '대상'을 서술하게 되는 데, 심층에는 허구 세계를 창조해낸 작가가 있다.

그런데 이야기는 자족적으로 폐쇄된 세계에 속하는 것이 아니라 늘 누군가를 지향한다. 이는 이야기의 소통 구조와 관련된다. 시모아 채트먼은 이러한 주체들의 소통 구조를 다음과 같이 도식화한 바 있다.[121]

실재작가 ⋯→ | 내포작가 → (화자) → (피화자) → 내포독자 | ⋯→ 실재독자

채트먼의 도식에 대하여 리몬-케넌은 특히 내포작가와 내포독자에 대해 비판적인 시각을 견지한다. 그에 의하면 채트먼의 도식에서 화자는 서술하는 목소리를 갖고 있지만, 내포 작가는 목소리가 없고 말이 없다. 이러한 의미에서 내포작가는 텍스트의 모든 성분으로부터 독자에 의하여 추측되고 집성된 하나의 구성물에 불과하다고 본다. 따라서 내포작가가 목소리도 없고, 직접적 소통 수단도 없다면 내포작가에게 소통 상황 내에서의 송신자의 역할을 부여한다는 것은 용어상의 모순이라 비판한다. 그러면서 내포 작가가 철저하게 실제 작가와 화자로부터 구별되자면, 발언자나 목소리로서보다는 내포적인 규범으로 간주되어야 한다는 것이다. 결론적으로 내포 작가는 서사 소통 상황에 있어서 하나의 참여자가 될 수 없다고 주장한다. 또한 채트먼이 화자와 피화자를 선택적인 것으로 보았으나 리몬-케넌은 선택적인 요인이 아니라 성립 요인으로 보자는 견해이다. 이런 점에서 채트먼이 부재 화자와 현존 화자를 엄격하게 구분하는 것과는 달리 리몬-케넌이 텍스트 내에 존재하는 화자를 어느 정도 지각할 수 있느냐 하는 정도나 형식을 제안하는 것도

---

121) S. Chatman, 한용환 역, 앞의 책, 참조.

이해할 수 있다.[122]

실재 작가에서 실재 독자에 이르는 일방적인 소통과정 도식이나 화자와 실재 작가를 원칙적으로 엄격하게 구분하는 채트먼과 리몬-케넌의 모델과는 달리, 크리스테바의 소통 모델에서 소설텍스트에는 zero화된 작가를 인정하고 있으며, 발화주체와 청자의 역동적 관계를 강조한다.[123] 그녀의 논의는 창조된 것이 아닌 근원적 저자, 근원적 저자에 의해 창조된 저자의 형상인 이차적 저자의 논의와도 관련된다.[124]

이러한 논의들을 참고해 볼 때 앞에서 든 예문은 더욱 복잡해진다. '나는 <나는 누구인가를 이야기한다>를 이야기한다.'는 문장은 지금까지의 논의를 참고해 볼 때 이렇게 쓰여질 수 있다.

나(a)는 너(그/그녀/그들)(b)에게 <나(I)(c)는 내(me)(d)가 겪은 일을 너(그/그녀/그들)(e)에게 이야기한다>를 이야기한다.

---

122) S. Rimmon-Kenan, 최상규 역, 앞의 책, 129~133쪽, 참조.

123) 기호학자 크리스테바가 서술주체, 발화주체, 언표주체의 역동적인 관계를 명쾌하게 분석한 것은 이야기행위와 자아의 관계를 해명하는 단서를 제공해 준다. 그녀가 분석한 이야기의 주체들 간의 관계는 다음과 같다.(Julia Kristeva, *Le Text du Roman*, Paris: Mouton, 1976)

$$\begin{array}{ccccccc} \text{S} & & & & & & \text{Sa}\\ - & \to & \text{A(zero)} & \to & \text{il} & \to & \text{N} = \text{S} \;\langle\\ \text{D} & & & & & & \text{Se}\\ \wedge & & & & & &\\ \text{D1} \quad \text{D2} & & & & & & \end{array}$$

S: 서술주체 / Sa: 서술주체가 발화주체로 구현된 것 / Se : 서술주체가 언표주체로 구현된 것 / D: 수화자 / D1: 텍스트에 대한 능기체로서의 수화자 / D2: 서술주체와 자신의 관계에서 능기가 된 수화자 / A: 실질적인 작가(무화됨으로써 숨겨진 작가가 됨) / il: 작품에 나타난 대명사 / N: 작품에 나타나는 고유명사

124) M. 바흐찐은 소설 장르에는 저자의 어떤 내재적인 위치라는 것이 애초에는 없으며, 작품의 구성과정 속에서 그를 만날 뿐이라고 말한다. M. M. Bakhtin, *The Dialogic Imagination*, 전승희·서경희·박유미 역, 『장편 소설과 민중언어』, 창작과 비평사, 1988.

실재 작가 a는 실재 독자인 b에게 이야기를 한다. 그 이야기는 서술 주체인 나(c)가 이야기 속의 청자인 e에게 서술 대상인 d에 대하여 말하는 구조로 된다. 서사물(< >)에 등장한 서술주체 c 역시 이야기를 하는 주체이다. 마찬가지로 이 서사물을 이야기하는 실제 주체는 작가이다. c의 대상이 된 d는 과거의 나, 현재의 나, 미래의 나일 수 있다. d는 화자와 수화자의 관계 속에서 선택되기 때문에 역동적인 관계 속에 놓인다. e와의 관계를 주목한 대표적인 이론가는 바흐찐이다. 바흐찐은 어떤 말이든지 간에 그것이 발화되는 순간 늘 청자 혹은 수신자를 지향하고 있다고 주장한다. 이른바 지향성의 개념은 바로 이런 점을 두고 한 말이다. 이 지향성은 대상에 대한 태도와 함께 이야기의 어조를 결정하는 요인이 된다. 그러므로 서술주체인 나는 과거의 나, 현재의 나, 미래의 나 그리고 수신자와의 역동적 관계 속에서 존재한다. 이런 의미에서 자기의 경험을 서사로 구성하는 행위는 하나의 사건이다. 이야기는 여러 주체들이 역동적인 관계 속에서 벌이는 사건이다.

여기에서는 작품 형상화에 작용하는 서술 대상(경험자아)과 주체(서술자아)의 관계에 주목하고자 한다. 서술자아는 경험자아에 대하여 거리를 두고서 성찰함으로써 비판, 대립, 갈등, 깨달음 등의 관계에 놓인다. 그리하여 그는 그러한 과정을 통해 새로운 자아를 창조해 나간다. 그러므로 이 경우 서술자아와 경험자아의 관계가 이야기의 의미를 형성해 가는 핵심임을 알 수 있다.

이를 좀더 구체적으로 살펴 보자. 동종서사에서 경험을 서사화하는 것은 서사주체의 자아정체성(identité comme soi)과 관련되어 있다고 앞에서 언급했다. 그것은 '나는 누구인가'('무엇'이 아니라)를 묻는 것과 관련된다 할 때 이야기하는 주체, 행위하는 주체가 문제된다.[125] 이때 자기 자신에 대해 관심을 갖는다는 것은 고차적 행위를 수행하는 것이다.[126]

---

125) 폴 리꾀르, 위의 글, 55쪽.
126) G. 라일은 이러한 고차적 행위와 태도는 다른 사람과의 교섭에서 일어나는 고차

'나'라는 말은 어떤 특정한 사람에 의해 발화되거나 씌어지는 것에 의해, 그것이 특정의 누군가를 서술하고 있는 것이란 점을 지시한다. 그래서 어떤 사람이 '나'가 포함된 문장을 말할 때, 그 문장에 대해 그가 말하는 것은 고차적 행위이다. 또한 자아는 복합 주체로서 타자와의 관계 속에 존재한다.[127] 가령 이야기하는 주체로서의 나는 현실의 나, 이야기 속의 나, 이야기 속의 또 다른 나 등으로 분화하면서 타자와의 관계 속에 위치한다. 현실의 '나'인 작가는 창조적 반성적 자아로서 서사를 구성할 때 다시 서술자아와 경험자아 등으로 분화된다.

이야기 속에서 다중적으로 존재하는 자아는 타자와의 관계 속에서 자아를 형성해 간다. 서술 자아는 또 다른 나 즉 경험 자아뿐 아니라, 타자들, 그리고 이야기에 등장하는 명시적이거나 암시적인 청자/독자들과 관계를 형성하는 과정을 통해서 자아를 모색해 간다.[128]

> 맥고자의 키 큰 사내가 똑바로 나를 향하고 다가왔다.(중략)
> "쪼꼴렛이다. 아저씨가 묻는 말에 대답만 잘 하면 이걸 너한테 몽땅 주겠다."
> 나는 될 수 있는 대로 그 이상한 과자 위에 시선이 머물지 않도록 신경을 많이 썼다. 그러나 나도 모르게 꿀꺽꿀꺽 넘어가는 침은 어쩔 수가 없었다.
> "뭐 조금도 부끄러워할 것 없다. 착한 아이는 상을 받는 것이 당연하단다. 어떠냐, 대답하겠니? 네 대답 한마디면 아저씨는 친구를 만나서 좋고, 너는 이 맛있는 쪼꼴렛을 먹을 수 있어서 좋고……."

적 행위나 태도와 다를 바가 없다고 주장한다. Gilbert Ryle, *The Concept of Mind*, 이한우 역, 『마음의 개념』, 문예출판사, 1994, 199~257쪽.

127) 이 점에서 미하일 바흐찐은 자아란 대화적이고, 관계 속에 존재한다는 점을 강조하고 있다.

128) 서사는 어떤 행동을 하는 행위자의 행위, 행위와 행위가 연계되어 이루는 사건, 그 사건에 포함되는 여러 주체들로 인해 형성되는 경험태 등으로 층위를 이룬다. 우한용, 「소설의 서사기능 상실과 회복의 논리」, 앞의 책, 458쪽.

무엇 때문에 내가 망설이고 있었는지 알 수 없다. 받아서 좋을 것인
가, 아니면 절대로 받아서는 안 될 것인가를 결정 짓지 못해서였을까.
혹은 그런 도덕적인 문제가 아니라 단순히 그 나이의 시골애답게 모
르는 사람에 대한 낯가림 때문에 그랬을까. 확실한 것은 별로 기억에
없다. 아무튼 나는 꽤 오래 시간을 끌었던 것 같다.
"싫어?"
사내가 재촉했다.
"싫단 말이지?"
사내는 몹시 섭섭한 표정을 지었다.(밑줄 인용자)[129]

이때의 '나'는 경험자아인 소년이다. 이 소설은 이 경험자아에 의해
서술되고 있는 듯하다. 그러나 이 소설을 서술하고 있는 주체는 사건에
개입하고 있는 주체임이 드러난다. 밑줄 친 부분은 경험자아를 회상하
는 서술자아("확실한 것은 별로 기억에 없다"고 말하는)임을 나타내는 징표
이다. 이 소설은 서술자아가 경험자아를 회상하면서 경험자아를 초점화
자로 내세운 서술 방법을 사용하고 있다. 그러니까 이야기를 하는 사람
과 보는 사람이 다를 수도 있고 같을 수도 있겠는데 이 경우는 후자의
예에 속한다.[130] 그런데 이 소설에서 '나'라고 하는 주체는 경험자아이
고 회상하는 주체가 서술자아라고 한다면 그것은 어디까지나 서사물 내
에서 이루어진 것이다. 자신의 사건을 자기 말로 할 경우 그 사건은 이

---

129) 윤흥길, 「장마」, 『문학과 지성』 11, 1973. 봄, 34~36쪽.
130) 주체 - 초점화자 - 는 그 지각 perception 이 제시를 지향하는 행위자이고, 대상-
초점화 대상 - 은 초점화자의 지각의 대상이다. S. 리몬-케넌은 초점화와 서술의
관계를 다음과 같이 공식화하고 있다. 1. 원칙적으로 초점화와 서술은 서로 다른
행위이다. 2. 이른바 <3인칭 의식의 중심>에서, 의식의 중심 - 또는 <반영자
reflector> - 은 초점 화자인 반면, 3인칭의 사용자는 화자(서술자아)이다. 3. 초
점화자와 서술은 1인칭 회상풍의 서사물에 있어서 상호 독립적이다. 4. 초점화의
문제에 관한 한, 3인칭 의식의 중심과 일인칭 회상풍 서사물 사이에는 차이가 있
다. 두 가지 모두에 있어서 초점화자는 재현된 세계 내의 한 작중 인물이다. 둘
사이의 유일한 차이는 화자(서술자아)가 누구냐 하는 것뿐이다. 5. 그러나 초점화
와 서술은 때로는 하나로 결합될 수 있다. S.Rimmon-Kenan, 앞의 책, 112쪽.

야기하는 시점에서 보아 이전에 일어난 사건이다. 그러므로 자신의 경험을 이야기하는 것은 주체의 분리 즉 경험자아와 서술자아의 분리는 필연적이다.

그렇다면 서술자아는 왜 경험자아의 사건에 개입하고 그 개입을 통해 어떤 기능을 수행하는가? 이 글에서 주목하는 것은 서술자아의 역할이다. 그것은 보여지는 나에 대하여 거리를 두고 어떤 태도를 취하느냐 하는 점이다.[131] 「장마」의 핵심은 할머니와 외할머니, 할머니와 나의 갈등이다.[132] 외할머니가 빨갱이를 저주한 행위에 대해 할머니가 분노를 하고, '내'가 낯선 사람에게 삼촌이 집에 왔었다는 사실을 말하자 할머니 또한 분노를 한다. 할머니에게 그것은 자신의 피붙이인 자식의 수난과 고통으로 이어지기 때문이다. 이야기의 결말에서는 할머니와 외할머니 그리고 나는 화해로 끝난다.

그러나 이야기를 회상하고 있는 서술자아에게는 할머니와 외할머니의 갈등과 화해도 중요하지만 자신의 과거 경험자아가 했던 행위와 그로 인한 가족의 수난과 고통이 더욱 문제적이다. 앞에서 인용한 부분은 바로 서술자아가 회상을 통해 경험자아의 세계에 개입한 부분이다. 그것은 자신이 어떤 낯선 사람의 꾐에 빠져 가족을 고통 속에 몰아 넣은 사건을 회상한 부분이다. 그 사건은 서술자아에게 커다란 상처를 준 사건이다. 그래서 서술자아는 초점화자를 내세워 자신의 과거 경험 세계를

---

131) 작품에 대한 평가가 경험자아에만 초점을 둘 경우 많은 한계를 드러낸다. 이러한 유형의 소설에 대한 종래의 평가가 유소년 화자가 지닌 시각의 한계에서 벗어나지 못하고 있다는 지적에서 크게 벗어나지 못하고 있는 것이 그것이다. 이런 평가는 표현 주체의 적극적인 이야기 창조 기능을 간과할 수 있다. 이 글이 기존의 논의와 확연히 차이가 나는 부분도 여기에 있다. 이야기하기의 적극적인 기능을 문제삼고 있는 것이다.

132) 이 점에서 주로 외할머니와 할머니의 갈등에 초점을 두고 이 작품을 평가해온 종래의 관점과는 판이하게 달라진다. 그렇게 본다면 이 이야기를 쓰고 있는 '나'의 실존적 행위를 간과할 수밖에 없는 것이다. 따라서 할머니와 외할머니, 나와의 관계를 주목할 필요가 있다.

서사화하면서 자신의 모습을 드러내게 된다. 무엇 때문에 자신이 망설이고 있었는지 확실한 것은 기억에 없었다고 고백을 하지만 그 일은 서술자아인 나에게 여전히 기억 속에 남아 자신의 정체성을 흔들고 있다.

아버지는 몹시 안타까워하는 눈초리로 나를 내려다보며 한참이나 무슨 말을 할 듯 할 듯하다가는 잠자코 도로 발을 떼기 시작했다. 대문간에서는 어머니와 고모 그리고 할머니들이 한 덩어리가 되어 자빠지고 고부라져 가며 통곡을 터뜨리고 있었다. 그제야 비로소 내게도 어떤 고통의 감정이 서서히 살아나기 시작했다. 날이 어둑해질 때까지 맥고자한테 나를 일러준 그 이북 아이를 찾아 동네 안팎을 무작정 뒤지고 다니는 동안, 그것은 일종의 배신감과 어울려 갈수록 무서운 분노로 변했고, 때로는 감당 못할 큰 슬픔이 되어 눈을 후비고 가슴을 찌르기도 했다. 맥고자의 그 사내는 나한테 그런 얘길 들었다는 걸 누구한테도 알리지 않겠다고 단단히 약속한 바 있었다. <u>그것은 그때 나이의 내겐 어른들에 의해서 기록된 최초의 치명적인 배신이었다.</u>(밑줄 필자)[133]

상기 인용 부분은 경험자아가 맥고자한테 삼촌이 다녀간 사실에 대한 발설로 인해 아버지가 끌려가게 된 사건을 다루고 있다. 그 사건은 어른들에 의한 '최초의 치명적인 배신'이었음이 서술자아의 회상을 통해 드러난다. 비록 할머니가 임종 직전에 자신의 행위를 용서하기는 했지만, 어른들에게 받은 상처는 쉽사리 지워질 수 없는 것이다.[134] 그것은 개인의 차원에서 멈추는 것이 아니라 이데올로기의 대립과도 무관하지 않다. 이러한 문제 제기를 통해 서술자아가 지향하고자 한 것은 작품의 결말("정말 지루한 장마였다")에서 암시하고 있는 것처럼 경험자아의 모습과 그가 겪었던 세계의 실상이다.

---

133) 윤흥길, 「장마」, 앞의 책, 42~43쪽.
134) 이런 점에서 「장마」는 나의 정체성과 가족의 뿌리를 흔들어 놓은 사건을 다룬 이야기이다.

이상에서 이 유형의 소설의 의미구조를 결정하는 하나의 요인은 경험자아와 서술자아 사이의 긴장에 있음을 알 수 있다.[135] 경험자아와 서술자아의 심리적 연결이 어떠한 해석을 거쳐 서술되고, 형상화되느냐 하는 점에서 동종서사 특유의 탁월한 형상화의 가능성을 찾을 수 있는 것이다. 이러한 긴장은 주체의 실존적인 문제가 발생할 때 극대화되는데, 그것은 이종서사와는 달리 서술자아와 경험자아가 한 사람의 의식에서 이루어지기 때문이다. 경험하던 당시와 서술행위가 이루어지는 시간 사이에 놓여 있는 시간적 간격이 두 자아 사이의 긴장을 유발시킨다.[136]

3) 시간 의식

자기의 경험을 이야기하는 행위는 자아가 스스로를 이해함으로써 자신의 정체성을 찾는 위엄 있는 사건이다. 이야기를 통한 자아정체성 형성은 칼빈 O. 슈라그가 언급하고 있듯이 이야기하는 경험의 영역에서 그 모습을 찾을 수 있다. 그것은 이야기가 우리의 존재에 대한 사고를 실제로 구성하는 것이기 때문이다. 이야기하는 자아는 이미 말해진 이

---

135) 서술자아와 경험자아의 긴장 속에서 이루어지는 글쓰기는 자신의 체험을 글쓰기로 행하는 경우에 해당한다고 볼 수 있다. 일기를 비롯한 경험담, 여행담 등은 기본적으로 이러한 내적 구조로 이루어진 것들이다. 그런데 이러한 구조는 서술행위가 어느 곳에 초점을 두느냐에 따라 그 양상이 달라진다. 즉, 서술적 자아에 초점을 둔 것과 체험적 자아에 초점을 둔 것, 그리고 체험자아와 서술자아의 관계에 초점을 둔 것 등으로 다양하게 서사화된다. F. K. Stanzel, 앞의 책, 70쪽.

136) 두 자아의 시간적 거리에 의한 긴장이 동종서사의 내적 구조를 특징짓는다. 이런 형식의 이야기는 슈탄젤이 간파한 바 있듯이 모든 동종 소설에 함축되어 있는 '나는 누구냐?'라는 질문, 즉 일인칭 서술상황 속에 숨어 있는 철학적인 심연을 노정하고 있다. 일인칭소설(자기서사)이라고 해서 모두 다 이 질문에 대한 응답의 형식으로 진행되는 것은 아니다. 그러나 거의 모든 일인칭소설은 의식적, 무의식적으로 이 질문에 관련되기 마련이다. 일인칭소설에서는 한 인간이 자신을 이해하고자, 정의하고자, 주위세계로부터 자신을 구분짓고자 하고 있다. Franz K. Stanzel, 앞의 책, 70쪽 참조.

야기 속에서 스스로를 발견도 하고, 형성 중인 이야기들 속에 참여함으로써 자아를 형성하기 위해 노력하는 이야기꾼이기에 이야기의 경험 영역에 연루되어 있는 것이다. 자아로 있다는 것은 자기의 삶의 이야기를 이야기할 수 있다는 것이고(실재 이야기이든 꾸며낸 이야기이든), 창발적 자아로서 일련의 의사소통적 실천에 참여한다는 것을 의미한다.137)

이야기 행위를 통해 작가는 이미 흘러가 버린 과거에 일어난 일을 다룬다. 그것은 서술자아에 의해 경험자아의 세계가 회상되는 형식이 된다. 내적 시간 의식의 과정이자 결과로서 경험들을 의미있게 구성하는 회상은 시간의 한 양태로서 인간의 내면을 발생시키는 요소이다.138) 오늘날 서사문학이 인간의 경험과 밀접하게 관련되어 있으며, 인식 주체의 지각과 경험의 장으로서 시간의식과 결부되어 있다는 점에서 그 중요성을 간과할 수 없다.139)

경험은 근본적으로 시간 구조를 지닌 것으로 그것을 드러내는 형식 가운데 하나가 이야기이다. 이야기들은 경험에 질적인 실체를 제공한다. 경험은 의식을 통해 이루어지는 바 의식은 시간적인 방식으로 대상을 붙잡는다. 그러므로 경험은 기억과 시간성이라는 두 차원에서 논의할 수 있다.140) 시간성은 경험의 통일성 속에 총괄적으로 간직된다.141) 이

---

137) C. O. Schrag, *The Self after Postmodernity*, 문정복·김영필 역, 『탈근대적 자아를 넘어서』, UUP, 1999, 46쪽.

138) 개별자이자 단독자인 개체가 가능한 것은 시간을 통해서이다. '나'라는 정체성은 시간 속에서만 파악되는 것이다. 이런 점에서 시간은 모든 개별적 대상성의 유일한 형식이다. 소광희, 「살아 있는 현재-후설의 후기 시간론」, 이영호 편, 『후설』, 고려대출판부, 1990, 144쪽.

139) 한국 근대 소설의 시간성에 대한 논의는 다음 참조. 김종욱, 「1930년대 한국 장편소설의 시간-공간 구조 연구」, 서울대박사학위논문, 1998. 노지승, 「이상 소설의 시간성 연구」, 서울대석사학위논문, 1998.

140) Stephen Crites, "The Narrative Quality of Experience", *Memory, Identity, Community*, SUNY, 1997, pp.32~44.

141) 아우구스티누스가 지적한 시간의 역설 - 아우구스티누스에 따르면 미래는 아직 오지 않았으며, 과거는 더 이상 존재하지 않으며, 현재는 남겨지지 않은 채 끝임없이 도망가 버린다. - 은 과거, 현재, 미래가 독자적인 형이상학적 양태가 아니

런 점에서 기억 없이는 경험은 어떤 결속성도 갖지 않는다고 할 수 있다. 기억이 없다면 의식은 상호간의 어떤 관련도 없는 연결되지 않는 순간적인 현재 속에 묶이게 된다.

이야기를 한다는 것은 기억 속에 있는 이미지들을 새로운 구성물로 재-결합하는 것, 즉 과거 경험을 재질서화하는 것이다. 기억을 통해서 우리는 사건들을 분명한 연쇄를 통해 차별화한다.142) 그러므로 기억의 분명한 방식 가운데 하나는 이야기하기이다. 회상은 이야기성의 가치 즉 사건에 상상적인 "일관성, 전체성, 완전성, 종결성" 등을 부여함으로써 사건을 가치화하려는 강력한 충동에서 기인한다.

우리의 이야기하는 능력이 사건들을 일정한 가치 질서에 연관된 것으로 기술하는 것과 관련된다면, '중심적 주체'를 전제로 한 회상은 이야기 형성에 핵심적인 역할을 한다. 서사적 회상은 주체의 내부와 외부의 균열을 메울 수 있다. 이러한 균열로 생긴 정체성의 위기는 삶 전체의 유기적 통일성을 과거의 삶의 흐름 속에서 발견할 때 지양될 수 있다. 루카치는 삶의 이원성으로 인한 삶의 균열은 회상을 통해 극복할 수 있다는 점을 강조한다. 소설에서 대상을 꿰뚫고 변화시키는 창조적 기억 곧 회상이 나타나기 때문이다.143) 회상은 내부와 외부 사이에 체

라 마음이나 체험의식 속에 불가결한 경험 양태로 고려될 때 해결된다. 소광희, 『시간의 철학적 성찰』, 문예출판사, 2001, 271~308쪽 참조.

142) 이야기가 주체의 의도적인 노력이 가해진 형상물이라는 점에서 기억이 줄거리 형성에 주도적인 역할을 할 때는 회상이라는 용어를 쓰도록 한다. 루이스 밍크는 재현 양상들간의 차이를 가져오는 정신적 요인을 기억과 회상간의 차이로 규명했던 바, 기억은 강제되지 않고 소환되는 과거의 사건을 말하고, 회상이란 일관성을 바라는 욕망에서 기록자의 노력이 가해진 기억을 말한다. 밍크가 분류한 바에 의하면 이야기는 회상의 매개에 의해서 이루어진다. Louis O. Mink, 앞의 글, 참조.

143) 소설에서만이 시간이 문제적인 것은 이런 의미와 관계되며, 이것은 자아의 정체성의 문제로 이어진다고 본다. 근대 사회의 내부와 외부의 균열, 주관과 객관의 고착화로 인한 자아 정체성의 위기는 이 글에서 주장하고 있는 이야기를 통한 자아 정체성 모색의 논리와 연결된다. 소설에서 대상을 꿰뚫고 변화시키는 창조적 기억 곧 회상이 나타나기 때문이다. G. Lukács, *Die Theorie des Romans*, 반성

험된 분열을 화해시키고 과거의 삶을 분산성으로부터 해방시키며 그것을 온전하고 분명한 것으로 보이게 해준다. B. 벤야민은 소설의 예술적 요소로서 지속적 기억인 회상을 강조한 바 있다. 그에 의하면 회상은 서사시의 몰락과 더불어 기억 속에서의 이야기의 근원적인 통일성이 사라지면서 이야기 속에 새로이 나타난 요소이다. 벤야민에게 이야기꾼은 회상을 통해 자신의 전생애를 거슬러 올라가 이야기할 수 있는 가능성이 주어져 있는 존재이다. 이야기꾼은 자신의 것이든 타인의 것이든 자기 경험의 원료를 유용하고, 독특한 방법으로 가공하는 것이 그의 임무이다. 이런 식으로 이야기는 고유한 역할을 수행했던 바, 벤야민은 이야기꾼을 교사나 현자와 동렬에 놓은 바 있다.144) 또한 아도르노는 회상이 가진 해방하는 힘에 주목한다. 그러나 그는 청년 루카치가 가졌던 호머의 그리스 서사시적 전체성에 대한 비전이나, 지금은 비극적으로 잊혀진 충만한 존재라는 하이데거의 개념이나, 인류의 타락 이전의 태고에서는 이름과 사물이 아담이 부른 것처럼 일치되어 있었다는 벤야민의 신념 등 어떤 반성 이전의 통일성의 복원에도 깊은 회의를 표명한 바 있다.145)

기억의 세계에는 감각이 포착한 것, 체험하고 사유한 것, 행위한 것이 유지된다.146) 인간은 오직 자신의 기억에 의해서만 자기의 역사 및 역사에 있어서 자기 자신을 만날 수가 있다. 그것은 기억 속에 보존되

완 역, 『소설의 이론』, 심설당, 1985, 제2장 환멸의 낭만주의 참조.

144) W. Benjamin, 「이야기꾼과 소설가」, 반성완 편역, 『발터 벤야민의 문예이론』, 민음사, 1996, 182쪽 참조.

145) M. Jay, *Adorno*, 최승일 역, 『아도르노』, 지성의샘, 1995, 3장 참조. 벤야민과 루카치의 회상 논의를 국내 소설과 관련하여 논한 글은 김윤식, 「박완서론-기억과 묘사」, 『작가와의 대화』, 문학동네, 1996, 참조.

146) H. 베르그송은 내면세계의 순수 지속(la durée pure)으로서의 기억을 강조하고 있다. 우리의 가장 먼 과거도 우리의 현재에 접목되어 있고 우리의 현재와 함께 유일하고 동일한 변화의 계속성을 이루고 있다. 그런 점에서 과거는 우리가 의식하든 의식하지 못하든 우리의 현재와 한몸을 이루고 있고, 우리의 현재에 끊임없는 울림을 보내고 있다. 김형효, 『베르그송의 철학』, 민음사, 1991, 49~50쪽.

어 있는 것을 다시 불러일으켜서 생생하게 의식시키는 힘 즉 상기(想起)
의 힘을 통해서 가능해진다. 아우구스티누스에게 있어 이 힘은 모든 정
신적 행위의 전제이며 자기 자신 및 타자에의 관계의 전제이기도 하다.
기억이 직관이나 기대와의 관계에서 특별히 중요한 의미를 갖는 것은
미래에 대한 기대나 현재의 직관의 근저가 되고 있다는 점이다. 기억에
보존되고 있는 것은 우리들이 이미 보고 느끼고 생각하는 것만이 아니
라, 지금 체험되거나 체험하고 있지 않는 것에 관한 모든 것들이다.[147]
기억 속에서 만나는 것들은 사물의 세계 속에 존재하는 대상으로서의
'나-그것'이 아니라, 우리들이 거기에 들어갈 수 있고 머무를 수 있는
관계의 세계인 '나-너'의 세계이다. 그러므로 과거의 '나'는 사물이 아니
라 마주할 수 있는 인격이다.[148] 또한 회상은 만난 실재, 곧 우리가 경
험한 타자를 새로운 타자로 인식하는 고백이기도 하다. 그 고백은 우리
를 우리가 스스로 경험한 자아이게 한다. 이런 점에서 회상은 실재와
자아가 모두 새로운 실재임을 인식하는 고백이라 할 수 있다. 회상은
현재의 실존적인 여백에 존재론적인 문자(ontological letters)를 충전함으
로써 새로운 미래를 현재화하는 존재론적 역할을 수행한다. 또한 회상
은 만남을 통해서 실존적인 현재를 새로운 시간지평으로 전이시킨다.[149]

　　삶의 통일성을 유지시키는 힘, 곧 자신의 근원을 집단 속에서 확인
할 수 있는 힘도 회상을 통해서 가능해진다. 그것은 자신의 정체성을

---

147) 아우구스티누스(Augustinus)에게 상기의 힘은 다른 능력과 연관된 하나의 능력이
　　 아니라, 오히려 그것에 의해 모든 다른 정신적 활동이 비로소 가능하게 되는 요
　　 인이다. 여기에 대한 논의는 Friedrich Kümmel, 권의무 역,『시간의 개념과 구
　　 조』, 계명대출판부, 1986, 제3장「Augustinus의 시간 분석에 있어서 '기억'이 가지
　　 는 의의」참조
148) 부버에게 있어서 인간이 타자 및 자기의 세계에 관련된 이중의 가능성은 '나-너'
　　 와 '나-그것(es)'이라고 하는 두 개의 대칭이 된 근본어로 나타내어진다. 부버에
　　 게 시간이란 만남, 현전(現前), 관계가 존재하는 한에 있어서만 존재한다. 여기에
　　 대한 논의는 Matin Buber, 김천배 역,『나와 너』, 대한기독교서회, 2000, 참조.
149) 정진홍,『종교문화의 인식과 해석: 종교현상학의 전개』, 서울대출판부, 1996,
　　 24~25쪽.

확인하는 것임과 동시에 이야기의 내용을 확보해 주는 것이다. 그것은 개인의 체험을 객관화함으로써 공적 차원으로 승화시키는 역할을 한다. 그러나 회상이 현재와 과거를 동일시하는 것은 아니다. 그것은 일종의 꿈과 같은 것이다. 몽자류(夢字類) 이야기를 통해 확인해 볼 수 있듯이 삶의 의미는 꿈을 깬 다음 깨닫게 되는 것이다. 특히 자아에 대한 확인은 꿈(과거와 현재의 동일시)만으로 이루어질 수 없다. 존재는 현재 속에서 과거와 미래와의 관계 속에서만 자아의 진정한 정체성을 모색할 수 있다.

경험에 형식을 부여하는 것은 시간성이다.[150] 기억에는 아직 과거, 현재, 미래 사이의 결정적인 구별이 있는 것은 아니다. 과거를 포함하고 있는 기억은 단지 경험의 한 양상일 뿐이다. 그러나 그것은 결코 현재와 미래로 지향된 것들로부터 고립되어 존재하지 않는다. 인간의 시간 경험에는 단지 현재만이 존재할 뿐이다. 그러나 현재는 늘 이들 간의 긴장 속에서만 존재한다. 그것들은 현재 자체 속에 분리할 수 없게 결합되어 있다. 세 가지 양상은 경험의 매 순간에 서로 관련되어 있다. 어떤 가능한 경험의 내적 형식은 모든 경험 순간 속에서 이런 세 가지 구별되는 양상의 결합에 의해 결정된다. 과거의 현재 – 기억, 현재의 현재 – 직관, 미래의 현재 – 기대.[151] 이들 양상들의 긴장된 통일은 그것의 표

---

150) 이야기는 시간과 밀접한 관련이 있다. 일찍이 바흐찐은 시간성과 그것의 윤리학, 역사, 인격의 개념과의 연관에 관심을 둔 바 있다. 특히 그는 서사 장르는 시간성의 특정한 양식을 암시적으로 나타내고 있다고 주장한다. 또한 리꾀르는 다음과 같은 가설을 제기한 바 있다. "인간 경험에 공통된 특성 – 그것은 모든 형태의 이야기하는 행위에 의해 드러나고, 결합되고 명료해진다 – 은 그 '시간적 특성'이다. 이야기하는 모든 것은 시간 속에서 일어나며, 시간이 걸리고, 시간적으로 전개된다. 그리고 시간 속에서 전개되는 모든 것은 이야기될 수 있다. 어쩌면 모든 시간적 과정은 그것은 어떤 식으로든 이야기될 수 있다는 한에서만 시간적인 것으로 인식될 수 있을 것이다." P. Ricoeur, 앞의 책, 9쪽.

151) 아우구스티누스에 의하면 과거, 현재, 미래는 함께 존재하는 존재 영역이나 세 가지로 구별되는 실제들이 아니라고 지적한다. 아우구스티누스, 지경자 역, 『고백록』, 홍신문화사, 1987, 288쪽.

현을 위해 서사 형식을 요구한다.

우리의 자아 정체성의 의식은 시간을 통한 경험의 연속성에 의존한다. 그것은 기억된 과거와 기획된 미래 사이의 틈을 연결하는 연속성이다. 그것이 암시적일지라도, 자의식적이지 않더라도, 우리 자신에 대한 의식은 모든 순간에 어느 정도 단일한 이야기로 통합된다.[152] 그러나 어떻게 현재가 그러한 긴장을 포함할 수 있는가? 그것은 의식의 현재 속에 집중되듯이 전체 경험이 서사 형식을 가짐으로써 그렇게 할 수 있다. 이야기만이 형식의 통일성 속에 완전한 체험의 시간성을 포함할 수 있다. 시간성은 이야기라는 상징적 매개를 통해 형상화된다.

자아 정체성은 시간의 흐름 안에서 형성된다. 자아 정체성에서 문제가 되는 시간성은 동일성으로서의 정체성에 관련된 시간성인 일련의 지금들의 연속보다는 과거와 미래가 현재와 중첩되어 있다는 사실과 관련된다.[153] 그러므로 자아정체성은 과거와 현재 그리고 미래 사이의 긴장 속에서 성립한다고 할 수 있다. 현재, 회상과 예상은 살아 있는 존재의 현재, 과거, 미래 지향이라는 가장 원초적인 구조를 나타낸다. 그러나 언어 체계에서 동사 시제의 분절 원칙이 체험된 시간의 체험을 토대로 하지 않는다는 견해를 들어 이야기 속에 표현된 그러한 시간 표현 방식은 시간 체험과 관계가 없다고 주장할 수 있다. 그리고 모든 이야기는 실재하지 않는 어떤 것이 마치 일어났던 것처럼(as if) 이야기된다는 점

---

152) 기억과 기대의 구별은 절대적이다. 현재는 단일한 차별화되지 않고 끊임없는 선을 따라 움직이는 무심한 지점이 아니다. 그러한 경험의 시간성도 아니며, 과거도 미래도 단순히 현재에서 만나는 것이 아니다. 기억과 예기, 과거의 현재와 미래의 현재는 현재 자체의 긴장된 양상들이다. 그것들은 현재와 그것에 의해서 질적으로 차별화되는 것 속에서 통일된 경험의 매순간의 긴장이다. 전 경험을 감싸는 이런 순간적인 현재 속에서 정확히, 기억된 과거는 고정된다. 이런 같은 현재 속에서 미래는 반대로 여전히 흐르고, 결정을 기다리고, 다른 시나리오에 대한 주제가 된다. 정확하게 경험 현재의 양상으로써 기억된 과거는 결정적이다.

153) 칼빈 O. 슈라그는 이를 '이야기적 시간성'이라 부르고, 이것은 자아를 이야기하는 동물로서 이해하는 것과 연결된다고 보았다. 칼빈 O. 슈라그, 앞의 책, 58쪽.

을 들어 그렇게 주장할 수도 있다. 그러나 그렇다고 실제의 시간이 완전히 배제되는 것은 아니다. 이점에 대하여 리꾀르는 시제가 모든 점에서 시간 경험과 단절되지 않는다고 주장한다. 리꾀르는 그 증거로 우선 수많은 현대 언어에서 시간과 시제를 동일한 언어로 지칭한다는 사실이나, 혹은 그 두 영역을 서로 다른 명칭으로 지칭할 경우 발화자가 쉽게 알 수 있는 의미론적 유연 관계를 유지하고 있다는 데 있다고 본다. 그리고 동사 시제의 유형학에서 재현적 특성을 보존하고 있다는 점이다. 통사론적인 구별에 부여된 신호와 유도 기능이 '세계에 대한 일차적인 도식적 구분'에 이르게 되기 때문이다.154)

시간 경험은 세계 경험이며, 서사는 세계 경험을 서술한다. 이야기 행위는 현존재가 사건들을 <지금, 이때>와 같은 경험적 시간 안에 위치시켜(시간내부성), 그것의 의미를 반복을 통해 되묻고 성찰(역사성)함으로써, 이를 통해 궁극적으로 현존재의 존재 의미를 지연하고 확장시키는 실존적 행위이다.155) 이러한 논의에 의하면, 인간 경험과 이야기행위의 핵심은 시간성에 있다.

이러한 점에서 볼 때 시간의식을 언술행위와 언술, 그리고 텍스트 세계의 관계에서 찾는 견해는 시사적이다. 그것은 각각 이야기하는 시간-이야기되는 시간-시간의 허구적 경험에 대응한다. 리꾀르는 즈네뜨의 논의를 비판하고 서술 행위의 차원을 강조하고, 경험 세계로서의 텍스트 세계를 강조한 바 있다.156) 즉 텍스트에 표현된 시간의 유희는 서

---

154) P. 리꾀르, 『시간과 이야기』 2, 앞의 책, 제3장 참조.
155) 시간은 우리에게 모든 가능한 의미의 조건들을 제공하기도 하고, 또한 모든 의미의 타락의 조건을 포함하기도 한다. 소설에서는 의미가 삶으로부터 분리된다. 그리하여 본질적인 것은 시간적인 것으로부터 분리된다. 그러므로 소설의 내적 행위가 시간의 힘에 대항하는 투쟁 이외에 어떤 것도 아니라고 말할 수 있다. J. M. Bernstein, *The Philosophy of the Novel*, The Harvester Press, 1984, 121쪽.
156) 이는 경험 세계를 형상화하는 이야기가 어떻게 자아의 성장으로 이어질 수 있는가를 해명하는 한 단서가 될 수 있다. 자신의 삶을 돌이켜 보고, 그것을 허구적으로 형상화하는 행위는 자아 성장에서 중요한 역할을 할 것이라 판단하기 때문이다.

술 행위의 시간성에서 비롯된다는 점과 그것은 이야기 대상으로서의 삶과 밀접하게 관련된다는 점이다. 이런 점에서 즈네뜨 논의의 한계를 지적할 수 있다. 이야기의 시간 차원을 논의하는데 즈네뜨는 복합적인 구조물로서의 이야기의 경계를 비교적 명쾌하게 정돈하고 있는 듯하다. 즈네뜨에게 서사는 이중적인 시간 즉 사건의 시간과 서사의 시간(기의의 시간과 기표의 시간)의 연속이다. 그는 이러한 이중성으로 인해 서사의 기능 중 하나가 어떤 시간 구도를 다른 시간 구도와 연결지어 만들어내는 것이라 강조한다. 그래서 그는 순서, 지속, 빈도를 다룬다. 그것은 사건과 그에 대응하는 담론 사이의 불협화음을 형성한다. 이 가운데 순서에 대한 중요성은 리꾀르가 적절하게 지적하고 있듯이 간과해 온 것이 사실이다. 그것은 작품 전체의 의미 작용에 따라 조직된 것으로 작품의 의미 형성에 밀접하게 관련되어 있다. 그럼에도 불구하고 즈네뜨의 이론은 '지속'의 개념이 갖는 모호함과 시간에 대한 연구가 담론과 스토리의 관계에 국한되어 언술과 언술 행위의 관계에서 나타나는 시간적 양상을 다루지 않은 점, 그의 논의가 텍스트 내적인 관계만 다룬다는 점, 시간체험이 다루어지고 있지 않은 점 등은 한계점으로 지적될 수 있다.[157]

이야기하는 시간과 이야기되는 시간은 이야기 고유의 주제 곧 인간의 변모와 그가 변해가는 과정과 일치한다. 이야기는 바로 그러한 시간상의 흐름 속에 존재하는 자아의 변화와 성장을 이야기 형식으로 담아낸다.

이 글에서는 서술자아의 시간과 경험자아의 시간을 이야기를 하는 데 걸리는 시간이나 이야기된 자연적인 시간으로 보지 않는다. 경험자아는 타자와의 관계 속에서 계열을 이루면서 의미망을 형성한다. 모든 사건은 다른 사건들과 연결되면서 의미를 형성한다. 가령 어떤 사람이

---

157) G. Genette, *Narrative Discourse*, 권택영 역, 『서사담론』, 교보문고, 1992, 참조.

절벽에서 죽었다면 의사는 그 사인을 진단함으로써 의무를 다하지만, 경찰은 그 사건이 일어나기 전의 여러 사건들과 관련지어 그 사건의 진상과 의미를 찾으려 할 것이다. 따라서 사건의 주체와 행위가 어떤 사건의 주체와 행위와 결합하느냐에 따라 의미가 달라진다.[158] 각각의 계열들은 의미소[159]를 지니고 있으며 그 계열들이 모여 경험자아의 시간적 의미를 드러낸다. 또한 서술자아 역시 그러한 시간적 의미를 지닌다. 경험자아의 시간적 의미는 서술자아의 그것과 만남으로써 이야기의 시간적 의미를 드러낸다. 이야기되는 시간 그 자체는 이야기되기 이전을 배경으로 한다. 우리의 사유 지평은 이야기를 통해 이야기되는 시간을 무관심에서 벗어나게 하는 것이다.

이야기의 대상은 주체의 관심에서 비롯된다. 이야기 대상은 화자에 의해 선택됨과 동시에 선택되지 않은 것의 배제를 수반한다. 또한 대상은 이야기 속에 온전하게 표현되지 않는다는 점에서 압축된 모습으로 드러난다. 그것은 동시에 표현되지 않은 것의 남겨두기이기도 하다. 그러므로 이야기를 하는 화자는 이야기 대상을 선택과 배제, 압축과 남겨두기를 통해 의미 영역 안으로 들어오게 한다. 그런데 이야기에 등장하는 세계는 시간성과 관련해서 볼 때 여러 양상으로 형상화된다. 그것은 서술자아와 경험자아의 관계, 이야기하는 시간과 이야기되는 시간의 관계에서 비롯된다.

---

158) 이정우, 『시뮬라크르의 시대』, 거름, 1999. '4. 계열화' 참조.

159) 사건의 계열들은 각각 최소한의 의미 단위로 묶일 수 있다. 그레마스는 우리가 의미단위를 따로 떼어서 인식하는 것이 아니라, 다른 의미단위들을 배경으로 해서 인식하며, 그 때문에 우리가 무엇을 인지하는 데 있어서는 분류작업이 그 기본전제가 된다는 사실에서 출발한다. '남성적'인 것과 '인간적인' 것은 '총각'의 의미관점 내지 의미요소들이며, '여성적'인 것과 '인간적'인 것은 '처녀'의 의미관점 내지 의미요소들이다. 단어들의 그러한 의미관점 내지 최소의미단위를 의소(Sem)라 부른다. 텍스트연관을 통해 단의화한 단어를 의미소(Semem)라 한다. 이러한 의소나 의미소들은 연구되는 대상어에 속하는 것이 아니라 메타어적 구성물에 속한다. 허창운 편저, 『현대문예학의 이해』, 창작과비평사, 1989, 118~129쪽 참조.

서술자아에 따라 자아와 세계에 대한 이해의 폭과 깊이가 다를 수 있음은 물론이다. 자기경험에 대한 이해는 자기에 대한 지평의 확장에 비례한다. 지평이란 과거와 현재, 경험세계와 현실세계가 만나 새로운 세계를 열어가는 것이다. 이해가 관계적 사유라는 것은 바로 이런 맥락에서이다. 이 글의 대상이 된 작품들은 서술자아가 자신의 유소년기의 경험과의 만남을 다루고 있다. 유소년기의 경험 세계는 경험자아를 포함한 여러 행위주체들의 행위 관계를 다룬 것이다. 이러한 경험자아의 경험은 현재의 서술자아의 개입에 의해 관계를 형성한다. 그러나 그 관계는 다양한 유형으로 나뉠 수 있다. 과거에 초점이 놓일 수 있고, 과거와 현재의 관계에 초점이 놓일 수 있다. 다음 예문을 보자.

① 땅으로부터 낮게 거물거물 어둠이 피어오르고 있었지만 개울의 다리께는 아직 하얗게 햇빛이 남아 있었다. 눈물이 어룽어룽한 눈에, 다리를 건너오는 사람들의 모습이 흐릿하게 비쳐들었다. 남자, 여자, 어른, 아이들의 모습이 어렴풋이 구별되었다. 어른들은 커다란 등짐을 지고 있었다. 나는 그들이 이 마을로 들어오는 피난민임을 알 수 있었다. 지난 겨우내 봄내, 앓는 아이를 업고 개울 아래로 지친 그림자를 떨어뜨리며 피난민 가족들은 물처럼 흘러 들어왔다. 오늘 어느 집인가 헛간을 치울 것이다. 우리도 지난해 그들처럼 초라하게 이곳으로 들어왔던 것이다.
저녁을 먹고 난 우리는 모두 툇마루에 나앉았다. 떠돌이 이발사가 들어왔기 때문이었다.
먼저 큰오빠가 목수건을 두르고 이발사 앞에 앉았다. 기계가 채칵 채칵 지날 때마다 새하얀 속살이 길을 냈다. 순식간에 하얀 알머리가 된 오빠는 민틋한 머리통을 쓸며 피식 쑥스럽게 웃었다.[160]

② 나는 그곳에서 유년시절과 50년대에 이르는 그 암울하고 스산했

---

160) 오정희, 「유년의 뜰」, 『문학사상』93호, 1980.8, 396쪽.

던 소년시절 모두를 보냈다. 물론 유아기 때는 그것을 깨닫지 못
한 터였지만, 뒤를 가릴 줄 알게 되고 말문이 트이기 시작하게 되
면서 나는 매우 혹독한 굶주림에 시달렸다. 어른들은 그때 벌써,
허기를 잠으로 때울 만치 일제 말기의 궁핍을 참아 가는 데 이골
이 나 있었다. 그러나 바깥세상에 굶주림이 기다리고 있다 해서
태어나는 아이들의 뱃구레가 삼가해서 작아지는 것은 아니었다.
(중략)
외로운 아이들은 소리에 민감하다. 어머니로부터 비롯되는 모든
소리는 내 가슴의 맥박보다 더욱 선명하고 진지하게 나를 지배하
고 있었다. 한밤중에 문득 잠에서 깨어났을 때, 어둠속에서 들려
오는 어머니의 숨소리 때문에 잠이 깬 것을 알게 되었고, 숨소리
가 아니더라도 방안을 채우고 있는 어둠의 빛깔로도 어머니가 방
안 어디쯤에서 잠들어 있다는 것을 짐작할 수 있었다.[161]

①과 ②의 차이점을 알아보자. ①에서 화자는 피난민임을 밝히면서
머리를 깎은 사건을 다루고 있다. 물론 이 소설은 유년기 경험자아가
초점화자로 이야기가 진행되고 있지만, 말투로 보아 서술자아의 개입이
있음을 알 수 있다. 서술자아가 경험자아의 지각과 감정, 정서 속으로
들어가 경험자아의 눈에 비친 세계를 서술하고 있는 것이다. 이는 경험
세계에 초점이 놓여 있는 서사이다. 경험자아의 시선에 따라 사건이 구
성된다. 그러니까 서술자아가 경험자아에 통합되는 양상을 보인다. 이
경우 경험자아가 겪었던 삶과 그 변화 양상이 서술자아의 주된 관심 대
상이 된다. 서술자아는 시간상으로 볼 때 경험세계의 시간에 한정된다.
이러한 유형은 회상된 과거의 세계가 형상화됨으로써 경험자아가 겪었
던 사건이 이야기로 구성된다. 이는 경험자아가 겪은 경험이 문제적이
라는 점을 강조한 의도에서 기인한다. 그러니까 경험자아의 경험이 현
재의 '나'의 존재를 규정하는 데 중요한 계기가 되었음을 드러내고자

---

161) 김주영, 『고기잡이는 갈대를 꺾지 않는다』, 민음사, 1988, 13~14쪽.

한 것이라 할 수 있다. 경험세계가 서술자아에 의해 추체험의 형식으로 주어짐으로써, 서술자아의 과거의 존재론적 근거가 드러난다. ②에서는 과거 경험을 회상하는 서술자아가 확연히 드러난다. 서술자아는 과거의 경험사건을 회상하기도 하고, 경험사건에 개입하기도 하도, 경험자아의 시각으로 사건을 서술하기도 한다. 이처럼 서술자아는 다양한 방식으로 경험사건을 서술한다. 이는 서술자아가 경험사건과 거리를 두고 관계를 형성해 감으로써, 서술주체의 시각에 따라 사건이 구성된다는 점을 보여준다. 이러한 유형은 과거의 회상 세계와 현재의 관계가 초점이 됨으로써 경험자아와 서술자아의 변화된 모습이라든가, 과거에 대한 서술자아의 시각과 판단 등이 이야기 세계의 의미를 형성한다. 이렇게 이야기하는 시간과 이야기되는 시간의 역동적인 관계를 통해 삶과 관련된 다양한 경험의 시간의식이 드러난다.

제3장 소설에 나타난 경험의 양상

유소년기 전쟁 경험을 다룬 소설들은 한국 전쟁의 자장 속에서 일어날 수 있는 사건들을 형상화하고 있다. 이 글에서 다루고 있는 소설들은 이른바 분단문학의 범주에서 논의되어 온 작품들로, 전쟁 경험 여부에 의한 세대론적 관점에서 보면 유소년기에 전쟁을 경험한 작가들의 작품이다.[162] 이들과 함께 우리 소설은 본격적인 내면 탐구의 길로 들어서게 됨으로써 지방성을 극복하고 보편성을 획득하게 된다.[163] 일반적으로 유소년 경험 소설에 나타나는 소위 '순진한 눈'은 전쟁과 전쟁 이전의 비극적인 경험 세계를 편견 없이 드러낼 수 있는 일종의 매개 장치이자, 분단 현실이 심화됨에 따라 검열이 강화되고 있는 시대적 상황에서 분단문제를 우회적으로 접근할 수 있는 방법의 하나로 평가된다. 그러나 여기에서 한 걸음 나아가 이러한 유형의 작품들에 대하여

---

162) 여기에 대한 대표적인 논의는 김윤식, 「6 · 25 전쟁문학」, 『운명과 형식』, 솔, 1992 참조.
163) 김윤식 · 정호웅, 『한국소설사』, 예하, 1995, 432쪽.

적극적으로 평가할 필요가 있다. 그것은 비극의 저장고로서의 성장 체험이 비극의 해명을 위한 존재론적인 거처이며, 분단인식에 있어서 유년기의 사건들의 해명 없이 세계의 인식이 불가능하다는 점, 무엇보다 비극을 인식하는 주체의 형성과정을 함축하고 있다는 점 등 때문이다. 이러한 점에서 이들 작품들은 '존재론적인 근원 탐사'로서 존재의 근원으로부터 시작되는 자아정체성의 확인 서사이자 분단문제를 인식하기 위한 불가피한 경로의 하나라 할 수 있다. 그러므로 이러한 유형의 소설들은 주체의 인식에 필요한 존재의 근원에 가해진 상처와 그것의 비극성을 객관화하려는 노력의 산물이라 할 수 있다.[164]

　　이야기란 진공 속에서 탄생되는 것이 아니라 작가가 겪은 경험과의 관계 속에서 생성된다는 점을 고려할 때, 작품에서 다루고 있는 경험의 양상들을 통해 주체가 겪은 삶의 모습을 짐작할 수 있다. 이 글에서 다루고자 하는 작품들은 죽음, 폭력, 가난 등과 관련된 경험들을 다루고 있다. 그것은 창작 주체에게는 정신적 외상의 원형으로 작용함으로써 글을 쓰게 하는 동인의 역할을 한다. 자신의 경험 사건을 창작하는 능력은 바로 이와 같은 경험들을 서사화하는 데서 출발한다고 할 때, 경험의 구체적인 양상을 살펴볼 필요가 있다.

제1절 이데올로기 대립 속의 타자들의 죽음과 공포

　　이 글의 대상 작품에서 다루고 있는 인물의 죽음은 혈연의 죽음과 혈연이 아닌 타자들의 죽음으로 대별된다. 혈연의 죽음은 아버지를 비

---

164) 유임하, 『분단현실과 서사적 상상력』, 태학사, 1998, 120쪽.

롯한 삼촌과 외삼촌, 아우 등의 죽음을 다루고 있고, 타자의 죽음은 빨치산을 비롯한 지주와 전쟁고아, 가출한 딸의 죽음 등을 다루고 있다. 한국전쟁의 역사적 상황을 고려할 때 당시의 역사적 현장에 살았던 세대들에게 죽음은 개인적 경험을 넘어 보편적인 경험이 될 수 있다.[165]

김원일의 「어둠의 혼」[166]에는 아버지의 죽음이라는 사건이 다루어지고 있다. 이 소설은 좌익운동을 하는 아버지가 경찰에 잡혀 총살을 당할 것이라는 소문으로 시작한다. 아버지는 37세의 나이로 일본 유학까지 다녀온 좌익운동을 하는 인물이다. 아버지는 이년 넘게 집에 돌아오지 않고 도피행각을 한다. 아버지는 통상적인 가장으로서의 자격을 상실한 것이다.[167]

---

165) 이재선은 전쟁이라는 재난 속에서 죽음과 상처, 가치의 붕괴체험, 희생과 안주(安住) 부재, 방향상실·분열·굶주림, 증오와 같은 일련의 피해나 정서적으로 손상된 삶의 상황과 조건에의 제시가 편재화하게 되고, 이로 인해서 상속된 현재까지의 이산과 분단의 비극적인 조건이 소설의 영역으로 거듭 받아들여지고 있다고 주장한다. 이재선, 『현대 한국소설사: 1945~1990』, 민음사, 1991, 82~83쪽.

166) 「어둠의 혼」은 분단문학과 성장소설의 관점에서 논의되어 왔다. 전자에 해당하는 논의는 다음과 같다. 김병익, 「6·25와 한국소설의 관점」, 『문학과 지성』, 문학과지성사, 1982; 김병익, 「분단의식의 문학적 전개」, 『상황과 상상력』, 문학과지성사, 1979; 이동하, 「분단 소설의 세 단계」, 『문학의 길, 삶의 길』, 문학과지성사, 1987; 류보선, 「분단문학의 새로운 지평을 위하여」, 『문학사상』, 1989.3. 이들은 「어둠의 혼」이 소위 순진한 눈 즉 유년의 화자가 등장하는 소설의 촉발 역할을 했음에도 불구하고, 그로 인한 분단극복 방법에 있어서 편향된 인식을 보여준다고 평가한다. 성장 소설 혹은 이니시에이션 소설의 측면에서 「어둠의 혼」을 연구한 논문은 다음 참조. 최현주, 「한국 현대 성장소설의 서사 시학 연구」, 전남대박사학위 논문, 1999; 남미영, 「한국 현대 성장소설 연구」, 숙명여대박사학위 논문, 1991. 이들 관점은 주인공이 시련을 거쳐 성숙한 인식에 도달한다고 평가한다. 그러나 이와는 대조적으로 현실인식의 한계와 상상력의 빈곤을 주장한 논자도 있다. 신희교, 앞의 글, 참조

167) 김원일 작품에서 아버지 부재에 대한 남다른 애착, 즉 아버지의 죽음, 그로 인한 부성의 상실 모티프는 그의 작품의 근본이다. 조남현, 「김원일론」, 『예술과 비평』 22, 1990.12, 257쪽.

느릅나무 밑, 거기에 가마니에 덮인 것이 눈에 들어온다. 이모부가 걸음을 멈춘다. 가마니 밑으로 발목과 함께 닳아빠진 농구화가 삐어져 나와 있다. 그러나 정갱이 부근부터 머리까지 가마니에 덮여 있다. 나는 숨을 멈추고 이모부의 허리를 꼭 잡는다. 온몸이 어들어들 떨린다.

"이거다. 이게 니 아버지의 시체다. 똑똑히 보았제. 앞으로는 절대 아버지를 찾아서는 안 된다. 알겠제."

이모부는 말한다. 그리고는 내 손을 놓고 가마니를 휠쩍 뒤집는다.

아, 나는 볼 수 있었다. 달빛 아래 희미하게 드러나는 아버지의 처참한 얼굴을. 반쯤은 피에 가려 있고 나머지 부분은 하얗게 바래 버린 찌그러진 얼굴, 죽은 아버지의 눈은 부릅뜨고 있었다. 턱은 퉁퉁 부어 있고, 입은 커다랗게 벌리고 있었다. 아버지가 저렇게 되다니. 나는 믿을 수가 없다. 아버지가 아닌, 다른 사람인 것만 같았다. 낡고 검은 국방복의 저고리 단추가 풀어진 사이로 보이는 아버지의 가슴, 나는 어릴 때 그 가슴에 안겨 얼마나 재롱을 떨었던가! 그런데 이제 아버지의 가슴은 그 무서운 보랏빛으로 변하고 말았다. 축 늘어진 어깨와 아무렇게나 내던져진 두 팔, 아버지는 분명 잠을 자고 있는 것이 아니었다.[168]

상기 인용문은 '아버지의 죽음'이라는 사건을 다루고 있다. 이 사건은 다른 사건과 변별되는 질적인 특이성을 지니고 있으며 동시에 다른 사건과의 연관성 속에 놓인다. 실질적으로 없는 것과 다름없었던 아버지, 아버지로 인해 가족들이 겪어야 했던 지난 시간이 아버지의 죽음이라는 사건과 만난다. 이제 '나'에게는 재롱을 부렸던 아버지의 가슴에는 '무서운 보랏빛'만이 감돌뿐이다. 아버지의 죽음을 대하는 '나'의 감정은 '절망감'이다. 이는 혈족에 대한 죽음의 충격에서 오는 감정적인 반응이라 할 수 있다. 아버지의 죽음이 관찰에 의해 묘사되는 부분에서도 화자의 감정이 개입하고 있음에서 확인할 수 있듯이, 그가 아버지의 죽음에 얼마나 커다란 절망감을 느꼈는지 짐작할 수 있다.[169] 그러므로

---

168) 김원일, 「어둠의 혼」, 앞의 책, 349~350쪽.

'나'는 아버지의 하는 일을 통해 확인한 죽음의 핏빛과 어머니의 피멍
든 얼굴을 통해 체득한 공포는 보라색으로 연상되는 '어머니의 젖꼭지'
마저 싫어하게 된다. 아버지의 죽음은 나의 고통이자 가족의 고통이었
으며, 그 시대 인간들의 고통과 연관되어 있다.[170] 즉 아버지의 죽음이
이데올로기 대립의 산물이라는 점에서 우리 근대사의 어두운 면을 담고
있을 뿐 아니라, 한 가장의 죽음이라는 점에서 가족사 속의 개인사에
연루되어 있는 것이다. 그러나 '나'는 이러한 사건이 개인사적인 절박한
경험에 사로잡힘으로써 역사적 사건 차원에서 바라보는 거시적인 시각
을 확보하지는 못했다는 한계에 놓여 있다.

　　좌익 운동을 하는 사람들이 일방적으로 당하는 「어둠의 혼」과는 달
리 『노을』에는 좌익에 동조하는 자들의 행위가 부각되어 있다. 갑수의
시선에 따라 제시되는 인민 재판과 도수장에서 벌어진 일들은 우리 근
대사의 불행한 사건들을 적나라하게 보여준다. 죽음으로 이어지는 학살
의 현장은 인민 재판장이나 도살장이다. 그곳에서 이른바 폭동의 세력들
에게 죽게된 사람들은 지주, 경찰, 국방 경비군을 둔 아버지 등이다. 이들
은 좌익과는 대립관계에 있는 인물들이다.

　　아버지는 도수장 안으로 들어갔다. 곧이어, "눈썹만 뽑아도 똥쌀 늠
　의 색끼, 인자는 니 차리다, 니가 녹신녹신하게 죽을 차리다! 니는 인밍재
　판이고 머고 필요가 없어. 최순사, 니 죄를 니가 알고 있겠제? 왜 니가 죽

---

169) 이렇듯 아버지의 죽음(타살)을 다룬 「어둠의 혼」은 아버지의 죽음을 예견하는 일
　　에서 시작하여 아버지의 죽음과 그에 대한 주인공의 반응으로 끝난다. 아버지의
　　타살이 비중 있게 다루어진 것이 이 소설의 특징이거니와 그것은 아버지의 죽음
　　의 의미와 그것을 통한 자아의 정체성을 탐색하는 데 기여하고 있다.
170) 사건이란 행위와 행위주체들을 포함한 의미있는 일이라 말할 수 있다. 의미있는
　　행동이란 욕망된 목표와 계획을 실현하기 위한 어떤 상황에의 반응이다. 이런 점
　　에서 서사는 욕망을 위해 갈등하고 투쟁하는 인간 경험의 재현적 기록이라 할 수
　　있다. 황국명, 「서사론의 요소와 그 시각」, 『현대소설연구』제8호, 한국현대소설학
　　회, 1998, 404~405쪽.

어야 하는가를 말이다.”하는 아버지의 악에 받친 외침이 들렸다. 도수장
안에서 살점 터지듯 비명이 터져 나왔다.[171]

　　이러한 고문과 학살 현장은 열네 살인 ‘나’의 시선에 의해 포착된
채 서술된다. 이들이 벌인 행위는 죽음을 둘러싼 광란과 살육이라는 점
에서 중년 갑수가 회상하는 것처럼 ‘온통 미쳐 버린’ 세상에서 벌어진
것들이었다. 그러나 그들의 이러한 행위에 대한 경험은 이데올로기의
대립 속에서 펼쳐진 우리 근대사의 한 모습이라는 점에서 개인 차원에
국한된 것이 아니라 그 시대의 역사 속에 살았던 모든 사람들의 그것에
해당한다.[172] 한편 일자무식의 백정으로 폭동에 가담했던 아버지 김삼
조는 패퇴하여 경찰에게 체포되기 직전 자살했다는 후문이 전해진다.
폭동이 일어나고 진압하는 과정에서 많은 희생자들이 발생했을 것이라
는 사실은 어렵지 않게 짐작할 수 있다. 그러나 여기에서 주목하고자
하는 것은 이러한 죽음들이 우리 역사 속의 사실로 자리잡고 있으며,
외관상 그러한 일들이 되풀이되지 않는 것처럼 보일지라도 여전히 우리
의 삶에 영향을 주고 있다는 점이다. 이 점이 『노을』에 형상성을 부여
하고 의미를 갖게 한다는 점에서 죽음이 작품에 기여하는 측면이다. 그
런데 김삼조의 행위와 죽음은 일자무식의 상태에서 벌어진 행위이자 그
최후라는 점에서 문제적이다. 폭동의 원동력인 공산주의 이념이나 사상
에 대하여 아버지를 비롯한 많은 희생자들은 거의 무지하다. 그들은
“사상가가 아니라 사상의 희생물일 뿐”[173]이었던 것이다. 그러므로 『노
을』의 죽음은 한국 전쟁의 와중에 살았던 인간들의 비극상을 보여준 전

---

171) 김원일, 「노을」, 『현대문학』 283, 1978.7, 243쪽.
172) 시대와 사회가 가령 식민지적 피폐라든가 6·25의 처참함에서처럼 개인의 역사
　　와 내면에 깊은 충격을 가할 때 그 체험은 우리의 현대사적 체험으로 발전하며
　　그 개별성은 집단의 그것으로 확대된다. 김병익, 「비극의 각성과 수용: 김원일의
　　『노을』, 『상황과 상상력』, 문학과지성사, 1982, 참조.
173) 김병익, 「비극의 각성과 수용」, 『김원일』, 삼성출판사, 1987, 434쪽.

형이다.

현기영의 「순이 삼촌」에서는 화자의 친척의 죽음이 그려져 있다. 순이 삼촌(제주에서는 먼 친척 어른을 남녀 구별 없이 흔히 삼촌이라 부름)은 환청 증세로 시달리는 신경쇠약 환자이다. 30년 전(1950년) 군 소개 작전으로 마을은 잿더미로 변하고, 많은 마을 사람들이 희생되었는데 그 가운데 두 아이를 잃고 유일하게 살아 남은 순이 삼촌은 그 후유증으로 시달리고 있었다. 마침내 순이 삼촌은 30여년 전 자신이 쓰러졌던 밭에서 자살하고 만다. 서술자아는 이를 두고 이미 삼십 년 전 그날 그 밭에서 죽은 것이라 생각한다.

> 그 죽음은 한달 전의 죽음이 아니라 이미 30년 전의 해묵은 죽음이었다. 당신은 그때 이미 죽은 사람이었다. 다만 30년 전 그 옴팡밭에서 구구식 총구에서 나간 총알이 30년의 우여곡절한 유예(猶豫)를 보내고 오늘에야 당신의 가슴 한복판을 꿰뚫었을 뿐이었다.[174]

서술자아는 순이 삼촌의 죽음에 대하여 이렇게 마무리한다. 그런데 서술자아는 순이 삼촌이 언제 죽었는지 정확히는 알 수 없는 이야기를 큰아버지로부터 전해 듣게 된다.

> 군인들이 이렇게 돼지 몰듯 사람들을 몰고 우리 시야 밖으로 사라지고 나면 얼마 없어 일제사격 총소리가 콩볶듯이 일어나곤 했다. 통곡소리가 천지를 진동했다. 할머니도 큰아버지도 길수형도 나도 울었다. 우익 인사 가족들도 모두 넋놓고 엉엉 울고 있었다.(중략) 길수형이 말했다.
> "그때 혼자 살아난 순이 삼촌 허는 말을 들으난, 군인들이 일주도로변 옴팡진 밭에다가 사름들을 밀어붙였는디, 사름마다 밭이 안 들어가젠 밭담 우에 엎디어전 이마빡을 쪼사 피를 찰찰 흘리멍 살려달렌 하던 모양입디다."[175]

---

174) 현기영, 「순이 삼촌」, 『창작과 비평 49호』, 1978, 가을, 297쪽.

순이 삼촌이 당하게 된 죽음의 현장은 당시 경험자아가 겪은 경험적 상황과 당사자인 순이 삼촌의 입을 통해 간접적으로 전달된다. 따라서 이야기는 순이 삼촌과 향리 사람들이 죽음에 이르는 역사적 정황과 사건 상황을 경험자아의 경험과 친척들의 증언을 바탕으로 생생하게 전달하는 데 중점이 놓인다. 이렇듯 친척의 자살을 다룬 「순이 삼촌」은 그녀의 죽음이 친척들의 입을 통해 전달되어 간접화되어 있지만, 순이 삼촌의 죽음은 이야기를 여는 실마리일 뿐 아니라 그녀의 죽음과 결부된 역사적 사건의 진상을 밝히는 중요한 사건으로 기능한다. 그렇기 때문에 순이 삼촌의 죽음은 한갓 개인적인 차원에 국한된 것이 아니라, 역사적 학살 사건으로 이어지는 매개 역할을 한다고 볼 수 있다.

윤흥길의 「장마」에서는 죽음이 더욱 간접화되어 있다. 국군 소위로 간 외삼촌의 죽음은 다음과 같은 외할머니의 중얼거림으로 시작한다. "내 말이 틀리능가 봐라. 인제 쪼매만 있으면 모다 알게 될 것이다. 어디 내 말이 맞는가 틀리능가 봐라."[176] 외할머니는 외할아버지의 죽음을 엄지손가락이 빠진 꿈을 통해 예견했듯이, 무쇠로 만든 쪽집게가 이를 부러뜨린 꿈을 통해 외삼촌의 죽음을 예견한다. 그 예견은 사실로 드러난다. 외삼촌의 전사 소식을 전해주는 장면은 전시에서 있을 법한 통상적인 절차에 해당한다.

> 한참만에야 구장어른이 입을 열었다.
> "들어가걸랑 빙모님께 말씀이나 잘 디려주게."
> 그러자 방수포를 쓴 어는 한쪽 사내가 뒤를 이었다. 그는 매우 내키지 않는 얘기인 듯 머뭇거려서 목소리가 굉장히 수줍게 들렸다.
> "뭐라고 말씀드려야 좋을 지 모르겠습니다만…… 괴롭기는 저희들도 매일반입니다. 어쩌다가 이런 일을 맡아 가지고 참…… 그럼 저희들은 이만

---

175) 현기영, 앞의 책, 283쪽.
176) 윤흥길, 「장마」, 『문학과 지성』 11호, 1973. 봄, 21쪽.

물러가 보겠습니다.”
　“살펴 가시오.”라고 아버지가 인사를 했다.[177)]

　이렇듯 외삼촌의 죽음은 전사 통지를 통해 간접화되고 있다. 이로 인해 화자에 의해 외할머니의 심리적인 미세한 변화와 어머니의 비통에 찬 울음이 포착된다. 삼촌의 죽음도 간접화되어 있다. 할머니는 점쟁이가 예언한 대로 삼촌이 살아 돌아 올 것이라 기대하고 있다. 그러나 삼촌이 돌아오기로 예언된 날, 삼촌은 오지 않고 대신 구렁이가 집안으로 들어온다. 이로 인해 할머니는 졸도하고, 외할머니는 구렁이를 삼촌의 현신으로 여기고 배웅을 한다.

　이렇듯 외삼촌과 삼촌의 죽음이 간접화된 것은 사건이 형성되고 해결하는 데 결정적인 역할을 한다. 외삼촌의 죽음을 계기로 외할머니와 할머니의 갈등이 심화되고, 삼촌의 죽음을 계기로 두 사람은 화해를 하게 된다. 따라서 「장마」는 인물의 죽음을 계기로 인물들의 갈등과 화해가 전경화된 소설이라 할 수 있다. 그런데 두 인물의 죽음은 한국 전쟁 속에서 국군과 빨치산으로 대별되는 민족 갈등의 결과라는 점에서 민족적 비극의 한 양상을 보여준다.

　김승옥의 「건」에서는 빨치산의 죽음이 등장한다. 화자와는 혈연적 관계가 없는 빨치산은 시가 전투에서 희생된 존재이다. 이 역시 이데올로기의 대립 속에서 파생된 죽음이라는 점에서 앞의 희생자들과 공통점을 지닌다. 화자에게 빨치산은 ‘땅에 뿌려진 피와 머리맡의 총만 없었다면 그것은 만취되어 길가에 쓰러진 한 거지의 꼬락서니’로 보인다. 그것은 ‘탱크를 닮은 괴물’도 아니고, ‘돌덩이처럼 꽁꽁 뭉친 그런 신념 덩어리’도 아니다. 그러므로 그것은 화자에게 ‘땅에 얼굴을 비비고 약간 괴로운 표정으로 죽은 한 남자가 내 앞에 그의 조그만 시체를 던져 주

---

177) 윤홍길, 앞의 책, 25쪽.

고 있을 뿐'이라는 생각을 갖게 한다. 그리하여 그 시체에 대한 애착을 갖는 환상에 빠지게 된다. 따라서 그는 빨치산의 죽은 모습을 관찰에 의해 객관적으로 치밀하게 묘사하거나 그에 대한 환상에 사로잡히게 된다. 이는 빨치산의 죽음을 통해 그들은 그야말로 자신들과 다름없는 평범한 인간이라는 사실을 확인한 데서 나온 생각이다. 그렇기 때문에 화자는 오히려 적벽돌에서 '무시무시한 의지(意志)'를 보게 되고 어지러움을 느낀다. 이렇듯 빨치산의 죽음에서 오는 어지러움과 방위대 본부 지하실의 파괴로 인한 순수한 동심의 파괴는 급기야 '형들'의 위악 행위에 가담하게 하는 원인을 제공한다. 이렇듯 어른들의 세계에서 벌어지는 전쟁과 그로 인한 죽음은 '나'에게 심리적인 충격을 주면서 윤리적인 판단이 거세된 행위로 이끌게 된다.

이동하의 「우울한 귀향」에서는 두 집안 가장의 죽음을 다루고 있다. 순임이네와 철이네는 서로 원수처럼 걸핏하면 싸움을 한다. '나'의 입을 통해 전해지는 철이네 아버지의 죽음은 사흘이나 지속된 싸움 끝에 순임이네 사랑채는 불타고 철이 아버지는 그 길로 앓다가 죽었다는 것이다. 그러나 왜 그들이 싸움을 계속하고 그러한 일이 벌어지는지는 당시에는 확실히 밝혀지지 않는다. 전쟁이 시작되기 전 두 집안의 싸움으로 철이네 아버지는 죽게 되었지만, 전쟁 중에 급기야 순임이 아버지도 죽게 된다. 순임이 아버지는 마을에서 가장 잘 사는 집안의 가장으로 순사도 함부로 못하는 구장이자, 소방대장이다. 그런 그가 전쟁의 외중에 좌익들에 의해 피살당한다.

산마루에 걸렸던 해가 희미한 빛을 거두어 막 떨어지려고 할 저녁 무렵에야 마을 사람 중의 한 무리가 마침내 그를 찾아냈다. 그를 보고 사람들은 다시 한 번 치를 떨었다. 마을에서 십리나 들어간 귀등골에 순임이 아버지는 있었던 것이다. 그는 맨발인 채로였다. 그리고 잠옷바람이었다. 또 흙투성이였다. 목덜미가 벌집처럼 뚫린 채 피가 덩어리로 쏟아져나와 부근의 눈을 진홍빛으로 물들이고 있기도 했다. 또, 기다란 죽창(竹槍)이 하나, 아직도 끝에 파란 잎을 단 채로 그의 목을 꿰뚫고 눈덮인 땅바닥에 푹 꽂혀 있었다.[178]

순임이 아버지는 좌익들의 활동으로 위기감을 느끼고 밤에 읍에 나가 잠을 자고 온다. 그러다가 그렇게 하지 못한 날에 좌익들에 의해 순임이 아버지는 피살되었다. 두 집안의 싸움과 가장을 죽음으로 이끈 원인에 대하여 순임이 아버지가 죽은 지 십여 년이 지난 후 철이의 입을 통해 확인할 수 있다. "반평생 종살이했던 상전한테서 몇 뙈기의 붙임을 얻어낸 아부지가 잘못했고, 그걸 도로 빼어간 순임이 아부지가 잘못했고, 그기 억울하다고 앙심을 품었던 우리 성이 잘못했을 뿐인기라." 이야기의 종말에 밝혀지는 이러한 정보로 보면 철이네는 순임이네의 종살이였고, 그 결과 소작할 꺼리를 얻게 되었고, 그것마저 순임이네가 도로 뺏어갔다는 것, 그로 인해 두 집안의 관계는 극도로 악화되었다는 것이다. 종살이로서의 한에다가 먹고 사는 일마저 박탈당한 한이 철이 아버지로 하여금 목숨을 건 싸움으로 이끌었고, 급기야 죽음에 이르게 하였다. 전쟁을 계기로 상황은 역전되어 순임이 아버지마저 죽음에 이르게 된 것이다. 전쟁을 전후한 시기에 이러한 일들은 우리 근대사를 장식한 비극적인 사건들이지만, 그 뿌리에는 주인과 노예(종), 지주와 소작의 관계가 놓여 있다는 것을 암시하고 있다는 점에서 주목할 대목이다.[179]

윤흥길의 「기억 속의 들꽃」은 한 소녀와 그의 부모의 죽음을 다루고

---

178) 이동하, 『우울한 귀향』, 앞의 책, 119쪽.
179) 그러나 유소년 화자가 등장하는 대부분의 이야기가 그렇듯이 그러한 관계가 '나'(윤)의 어린 시절의 기억에 의존한 단편적인 사건 제시 차원을 벗어나지 못하고 있다는 점에서 한계를 지닌다. 이에 대하여 김치수는 그러한 비극이 보다 큰 의미를 띠게 되는 것은 그것이 어린이의 눈에 비쳤던 6·25의 모습이었다는 데 있을 수 있다고 하면서 이 역사에 대한 허무감을 정신적 경험으로 소유하게 된 주인공이 인생을 비관적으로 바라보는 눈을 갖게 되었다고 본다. 김치수, 「방황·고민하는 젊은이에의 해답」, 『이동하』, 삼성출판사, 1987, 420~421쪽.

있다. 피난길에 공습을 받아 죽은 소녀의 부모의 죽음은 소녀(명선)의 입을 통해 간접적으로 밝혀진다. 이로 인해 소녀는 유독 비행기만은 병적으로 겁을 먹게 되었다. 그것은 결국 소녀의 목숨을 앗아가는 계기가 된다.

> 푸른 하늘 바탕을 질러 하얗게 호주기 편대가 떠 가고 있었다. 비행기의 폭음에 가려 나는 철근 사이에서 울리는 비명을 거의 듣지 못했다. 다른 것은 도무지 무서워할 줄 모르면서도 유독 비행기만은 병적으로 겁을 내는 서울 아이한테 얼핏 생각이 미쳐 눈길을 하늘에서 허리가 동강이 난 다리로 끌어내렸을 때 내가 본 것은 강심을 겨냥하고 빠른 속도로 멀어져 가는 한 송이 쥐바라숭꽃이었다.[180]

화자의 관찰적 시선에 포착된 명선이 죽는 장면이다. 소녀는 '내'가 지어낸 이 세상에는 없는 쥐바라숭꽃으로 등치됨으로서 순수한 존재가 된다. 그러나 명선은 부모를 앗아간 바로 그 전투기에 의해 죽음에 이르게 된다. 이렇듯 피난민 가운데 발견된 명선이 결말에 가서 죽음에 이르게 된 사건은 이 소설의 의미를 형성하는 데 기여한다. 그것은 전쟁에서 비롯된 비극적 죽음을 의미하기도 하지만, 전쟁 고아에 대한 인류적인 관심과 배려보다는 물질에 대한 탐욕에 일차적인 관심을 둔 어른들의 행위에서 비롯된 것이기도 하다.

오정희의 「유년의 뜰」에서는 피난지 주인집 딸인 부네의 자살을 다루고 있다. 주인집 외눈박이 목수로부터 사랑을 받고 자란 부네가 가출한 후 아이를 갖게 되었다거나 문둥병에 걸려 집에 갇혀 지내게 되었다는 풍문이 떠돈다. '나'에게 부네가 갇혀 지낸다는 방은 늘 관심의 대상이었다. 그러던 어느 날 할머니로부터 부네가 죽었다는 소식을 전해 든는다. 부네에 대한 이야기는 이야기의 전개 과정에서 삽화로서 제시되

---

180) 윤흥길, 「기억 속의 들꽃」, 『세계의 문학』 11호, 1979.3, 292쪽.

고 있다. 부네의 죽음이 의미있는 것은 '나'의 성장 과정에 영향을 주고 있는 사건이라는 점이다. 부네가 갇히게 된 동기나 부네의 행위 등에 대한 궁금증도 그렇거니와 무엇보다 부네를 통해 자신의 존재에 대한 인식을 시도하고 있다는 점 등에서 그렇다. 가령 '내 몸 가득히 서러움과 같은 욕정이 차 올라 해면처럼 부드러워지고 있음을 느낄 수 있었다'거나, '작고 주름진 가랑이를 물끄러미 보며 나는 까닭 없이 흐느꼈다'거나, '부네의 죽음은 소나무 속살의 희디흰 향기로 남아 오래도록 떠나지 않았다'고 한 것은 타자를 통한 자기 인식의 과정을 드러낸 것이라 할 수 있다.

요컨대 「어둠의 혼」을 비롯한 「순이 삼촌」, 「장마」, 『노을』 등에서는 가족 혹은 친척의 죽음이, 「건」을 비롯한 『우울한 귀향』, 「기억 속의 들꽃」, 「유년의 뜰」 등에서는 빨치산, 소녀 등의 타자들의 죽음이 등장한다. 이들의 죽음은 전쟁의 와중에서 발생한 타살 혹은 자살을 다루고 있으며(「순이 삼촌」의 죽음은 30여년 전에 이미 죽은 것이나 다를 바 없다거나, 「유년의 뜰」의 부네가 방안에 강제로 갇혀 지내게 된 점은 타살이나 다를 바 없을 것이다.), 그로 인해 경험자아는 공포, 서러움 등과 같은 심리적인 외상을 받게 된다. 인물들의 대부분은 전쟁 혹은 이데올로기의 대립 속에서 희생당한 주체들이며, 죽음은 경험자아를 비롯한 타자들의 삶에 깊숙이 각인되어 있음을 보여준다. 그러므로 이들의 죽음은 한국 전쟁을 전후한 근대사에서 발생한 비극적인 사건들과 밀접하게 관련된 것으로 개인사, 가족사, 민족사와 결부되어 있는 것이라 할 수 있다. 또한 그것은 사건 전개의 핵심 역할을 하고 있음을 확인할 수 있다.

제2절 권력 행위로서의 폭력과 주체의 수난

타자에 대한 물리적·정신적 타격을 가하는 폭력은 인물들이 겪은 주요한 경험 가운데 하나이다. 화를 내는 일, 가족 모임에서 어떤 물건을 집어던지는 일, 파업, 은행 강도, 전쟁, 살인, 학살, 고문 등은 모두 폭력과 관련된 것들이다. 폭력은 죽음을 수반하기도 하다는 점에서 폭력과 죽음은 맞닿아 있다. 중요한 것은 폭력을 포괄하는 중립적인 개념에서 볼 것이 아니라 그것을 만들어낸 사회와 사회 현상과의 관계 속에서 인식하는 일이다.[181] 여기에서는 이 글의 대상 작품들에 나타난 폭력의 양상을 살펴보고, 그것의 의미망을 조망해 보고자 한다.

폭력은 행사하는 주체와 그것을 받는 주체에 따라 개인적·집단적으로 행사될 수 있다. 폭력을 행하는 주체들은 국가 지배 권력이나 가족 혹은 공동체의 타자들로 구성된다. 폭력의 원인이나 거기에 대한 주체들의 대응 방식도 다양할 수 있다. 폭력을 둘러싼 인물들의 대응 방식이 복합적으로 연루되어 경험을 구성한다. 여기에서는 폭력을 행사하는 주체에 따라 국가 지배 권력, 가족, 그리고 그 밖의 타자들로 나누어 그 양상과 의미를 살펴보고자 한다.

첫째, 군인, 순사로 표상되는 국가 지배 권력의 폭력[182]과 그로 인한

---

181) Yves Michaud, *Violence et Politique*, 나정원 역, 『폭력과 정치』, 인간사랑, 1990, 9쪽.
182) 이른바 '국가폭력'의 규정은 다음과 같은 점을 고려한다. 첫째, 국가 기구나 요원에 의해 행해지는 문제행위가 '불법적인' 경우가 있는 반면에, 당시에는 합법적으로 인정되는 행위였으나 후에 시대정신이 바뀌면서 국민들에 의해 불법적이고 범죄적인 것으로 재규정되는 경우가 있을 것이다. 둘째, 공권력에 의한 직접적인 폭력행사가 있는 반면, 반독재 저항행위를 통제하고자 했던 제도적인 억압조치들도 있을 수 있다. 셋째, 국가폭력은 독재정권과 같이 국민적 저항을 받고 정당성이 취약한 정권 하에서 행해진 것만을 포함하는 것이 아니라, 절차적 정당성을 갖고 있다고 하는 민주 정부에서도 행해지는 행위를 포괄한다. 넷째, 국가폭력이라고 할 때 국가라는 주체-현실에서는 국가 기구 및 국가 요원으로 혹은 국가를

주체들의 수난 사건을 들 수 있다. 「순이 삼촌」에서는 30년 전 군 소개 작전으로 집단 학살당한 사람들과 잿더미로 변한 마을을 다루고 있다.[183] 그 역사적인 사건에 대하여 '나'의 경험과 가족들의 경험이 교직되면서 그 전말이 밝혀진다. 그 학살 사건은 군 집단이 양민 집단에 가한 집단적인 폭력 사건이라는 점에서 그것은 집단적인 차원에 속한다. 이때 희생당한 주민들은 큰 당숙이나 큰아버지의 기억에 의하면 '천명쯤 혹은 그 이상'에 해당한다. 이들의 기억에 의하면 30여 년 전 음력 섣달 열 여드렛날 국민학교 운동장에서 군인가족, 순경가족, 공무원가족, 대동청년단, 국민회 간부 등을 제외한 주민들이 학살된다.

> 장대 두 개가 서로 번갈아 가며, 사람들을 몰아갔다. 장대가 머리 위로 떨어질 때마다 사람들은 비명을 지르며 뒤로 나자빠지고 장대에 걸린 사람들은 빠져나오려고 허위적거렸다. 장대 뒤에서 빠져나오라는 사람들에게 몽둥이를 휘두르고 공포를 쏘아대자 사람들은 장대에 떠밀려 주춤주춤 교문 밖으로 걸어나갔다. 교문 밖에 맞바로 잇닿은 일주도로에 내몰린 사람들은 모두 한결같이 길바닥에 주저앉아 울며불며 살려달라고 애걸했다. 군인들의 바짓가랑이를 붙잡고 울부짖는 할머니들, 총부리에 등을 찔려 앞으로 곤두박질치는 아낙네들, 군인들은 총구로 찌르고 개머리판을 사정없이 휘둘렀다. 사람들은 휘둘러대는 총개머리판이 무서워 엉금엉금 기어갔다. 가면 죽는 줄 번연히 알면서 어떻게 제발로 걸어가겠는가. 뒤처지는 사람들에게는 뒤꿈치에다 대고 총을 쏘아댔다.[184]

구성하는 각종 법적·제도적 규정으로 나타나게 된다-가 행사하는 폭력이 일차적으로 포괄될 것이다. 자세한 것은 다음 참조. 조희연 편, 『국가폭력, 민주주의 투쟁, 그리고 희생』, 함께읽는책, 2002, 제1장.

183) 「순이 삼촌」은 1949년 1월 16일 제주도의 동쪽 마을 북촌리에서 500여명의 주민이 군인에 의해 남녀노소를 가리지 않고 학살된 소위 '북촌리 사건'을 주요 배경으로 하고 거기에 작가의 고향인 노형리의 체험을 함께 섞어 가공한 사실주의 기법의 작품이다.

184) 현기영, 「순이 삼촌」, 앞의 책, 283쪽.

주민들은 군인들의 총부리와 총개머리판에 강요된 죽음에 내몰린다. 그들은 폭력 앞에서 어떠한 저항도 하지 못하는 존재들이다. 공포는 그들을 죽음에 이르게 하는 유일한 통로이다. 군인들에 의한 이러한 폭력은 군인 외에는 금지할 방도가 없다. 대대장의 명령이 없었던들 그 행위의 중지는 없었을 것이다. 이 사건이 발발하게 된 원인을 화자는 남한만의 정부를 수립하는 5·10 선거 때 부락 출신 몇몇 공산주의 골수분자들의 선동에 부화뇌동하여 선거를 보이콧한 사건이 화근이 되어 군경측이 부락을 적색시하는 빌미를 제공한 데 있다고 본다. 그러나 화자에 의하면 작전 명령에 의해 소탕된 것은 거의 노인과 아녀자들이었으며, 도피자 중인 남자들도 공비는 아니다. 그들은 오히려 군경과 공비들에게 쫓겨 도망 다니는 존재들이라는 것이다. 그러나 그들의 무고한 죽음에 대한 책임은 지난 30여 년 간 단 한번도 고발된 적이 없었다. 그렇게 된 연유는 당시의 군경 간부들이 아직도 권력을 쥐고 있기 때문이라고 밝히고 있다. 요컨대 「순이 삼촌」은 한 인물의 죽음을 계기로 제주도 주민의 집단 학살을 밝히고자 한 소설이라 할 수 있다. 4·3사태로 표상되는 해방 후 일련의 사건들을 통해 주민들은 수난의 고통을 당해야 했다. 이 작품이 나온 1970년대 후반 상황을 볼 때 그 사건에 대한 어떠한 구체적인 언급도 금기시되었던 시절이다. 그러나 작가는 그 사건을 소설로 서사화했다.[185] 그러므로 「순이 삼촌」은 경험을 이야기하는 행위가 개인적 차원에만 국한되는 것이 아니라 사회역사적 상황과 연관되어 있다는 것을 여실히 보여준다.

「어둠의 혼」에는 좌익운동을 하는 남편으로 인해 지배 권력으로부터 폭력을 당하는 어머니가 등장한다. 지배 권력으로부터 여성 특히 어머니가 당하는 폭력은 전쟁을 배경으로 하는 작품들에 흔히 등장한다.[186] 지배 권력으로부터 어머니가 당하는 폭력은 대개 그것과 대립 관

---

185) 이 일로 인해 작품 속의 인물이 수난 당했듯이 실제 작가도 군(1979.11)과 경찰 (1980. 8)로부터 취조를 받았으며, 소설은 판매금지 처분을 받은 바 있다.

계에 있는 남편으로부터 기인한다.

열흘쯤 전이던가. 그때도 그랬다. 밤 열시쯤 되어서 내가 막 잠이 들려는 때였다. 담을 뛰어 넘어 왔는지 어쨌는지는 모르지만 순사 두 명이 방안으로 왈칵 들어왔다. 신을 신은 채였다. 순사들은 소스라쳐 일어난 어머니의 가슴에 총뿌리를 들이대며 소리쳤다. 배용범이 어디로 갔어? 이 방에 있는 걸 봤는데 금새 어디로 갔어? 이년아, 네 서방을 어디다 숨겼냐 이거야! 순사는 어머니의 멱살을 틀어잡기까지 하며 악을 썼다. 한 순사는 어머니의 허리를 모질게 걷어찼다.(중략) 순사들은 애꿎은 어머니만 데리고 지서로 돌아가 버렸다. 한사코 버티는 어머니의 머리채를 잡아끌며 순사들이 떠나자, 우리 세 오누이는 갑자기 밀어닥친 무섬기에 꽁꽁 묶이고 말았다.(중략) 어머니의 얼굴은 온통 핏멍이 들어 있었다.[187]

어머니의 '핏멍'이 상징하듯이 좌익운동을 하는 남편으로 인해 '나'의 가족은 늘 감시와 폭력의 대상이 된다. 여기에는 그 어떤 정당한 법적 절차가 개입하지 않으며, 어떠한 저항도 용납되지 않는다. 폭력의 일방성만이 인물들의 관계를 규정한다. 이로 인해 가족들은 폭력의 공포와 아버지와 순사에 대한 증오에 사로잡힌다. 따라서 공포와 증오라는 이러한 양가 감정은 주체가 성장하면서 갖게 된 주요한 감정의 양태라 할 수 있다.

『고기잡이는 갈대를 꺾지 않는다』에서도 형사들이 등장하여 시계포 주인과 장석도, 소년인 '나' 그리고 어머니에 대한 심문과 폭력이 서사화되어 있다. 마을에는 시계포가 있다. 시계포로 바뀌기 전에는 이발소

---

186) 「아베의 가족」, 「유년의 뜰」, 「어둠의 혼」, 「순이 삼촌」 등은 아버지의 부재에서 오는 어머니의 수난으로 연결된다. 이 같은 여성 수난은 첫째 여성의 정조가 유린되는 상황, 둘째 생활고에 따른 빈궁, 셋째 사상적 핍박에 의한 육체적·정신적 고통이 수반되는 양상을 보인다. 조건상, 「분단인식의 형상화 양상 연구」, 『현대소설연구』 제9호, 한국현대소설학회, 1998, 300쪽.
187) 김원일, 「어둠의 혼」, 앞의 책, 114쪽.

가 있었다. 그 이발소는 특히 장석도와 '나'의 관심과 특별한 경험의 대상이었다. 그런데 그 이발소 주인이 공산주의자였다는 것이 밝혀지면서 그것을 빌미로 그들은 취조를 받게 된다. 그들이 형사들로부터 심문 받는 과정은 언어적인 폭력과 신체적인 폭력으로 얼룩져 있다. 가령 시계포 주인을 두고 "이 짜식이 어따대고 대꾸야. 좃타 그래. 부리를 헐면 바른 대로 댈꺼지?"라고 한다거나, 장석도가 연행되는 장면을 "오래 기다리지 않아서 뒷짐 진 손에 수갑이 채인 삼손이 술청 밖으로 끌려나오는 모습" 등에서 부당하게 신체적인 구속을 받고 있는 인물을 볼 수 있다. 그리고 그 일과 연루된 '나'로 인해 어머니 역시 경찰서로 연행되는데, 그곳에서 당한 상황은 '나'의 눈과 입을 통해 제시된다.

> 경찰서로 연행되어 갔던 어머니는 곤욕을 치렀음이 틀림없었다. 그날 밤 어머니는 밤새워 앓는 소리를 하면서 잠을 이루지 못했고 때로는 숨죽여 울기까지 하였다. 어머니가 고통을 이겨내느라고 신음 소리를 삼킬 때마다 나는 아우의 손을 더듬어서 꼭 잡아 쥐곤 하였다.(중략) 어머니가 연행되어가서 어떤 고초를 겪은 것인지 알 수 없었고, 어떤 경위로 풀려나게 되었는지조차 알 수 없었다. 다만 한밤중의 신음소리로써 어머니가 치른 고초의 무게를 어렴풋이 짐작할 따름이었다.[188]

이렇듯 어머니는 당시의 지배 권력의 폭력에 수난을 당하는 존재이다. 그것은 이발소에서의 '나'의 행위를 빌미삼은 지배권력의 과잉된 폭력에 기인하기도 하지만, 근본적으로는 분단 현실에서 빚어진 사건이기도 하다. 그러나 지배 권력으로부터 당하는 어머니의 수난 현장은 직접적으로 제시된 것이 아니라 소년의 눈을 통해 간접적으로 제시된다.

지배 권력(순사)의 폭력이 어머니(여성)에게만 가해지는 것은 아니다.[189] 「장마」에는 '나'의 삼촌(빨치산)으로 인해 수난 당하는 아버지가

---

188) 김주영, 『고기잡이는 갈대를 꺾지 않는다』, 민음사, 271쪽.

등장한다. 그것의 직접적인 계기는 순사의 유혹에 넘어간 '나'의 삼촌의 행적에 대한 발설이지만 이 또한 분단 현실과 관련되지 않을 수 없다. 아버지는 죄인처럼 오랏줄로 포박된 채 순사에게 압송되어 고문을 당한다. 지배 권력의 폭력은 어른에게만 한정되는 것이 아니라 성장 과정에 있는 소년(녀)들에게도 가해진다. 삼촌의 친구를 가장한 맥고모자 순사가 초콜릿으로 '나'를 유혹하는 장면은 지배 권력이 어떻게 동심의 세계까지 유린하는지를 잘 보여준다. 그 사건을 계기로 '나'는 배신감, 증오와 분노의 감정을 갖게 된다.

둘째, 아버지의 부재와 그로 인한 대리 가장으로서의 가족 구성원의 폭력을 들 수 있다. 「유년의 뜰」은 아버지가 부재한 상황에서 어머니는 밥집에서 드난살이를 하게 되는데, 아버지의 공백을 '나'의 오빠가 하게 된다. 오빠는 언니(우리)에게 밤에 나가지 말라고 엄명을 한다. 그리고 어머니가 들어오지 않은 날은 공공연히 언니에게 매질을 가한다.

> 오빠의 매질은 무서웠다. 오빠는 작은 폭군이었다. 아버지가 떠난 이래 오빠는 은연중 가장의 위치로 부상했고, 더욱이 어머니가 읍내 밥집에 나가게 되면서부터, 그리고 수상쩍은 외박으로 우리에게서 비켜서고 있음을 시사하자 오빠는 암암리에 대행 가장의 위치를 수락하였음을, 공공연히 자행되는 매질로 나타냈다.[190]

화자에 의해 파악된 대리 가장으로서의 오빠의 행위는 어머니의 외박과 무관하지 않다. 아버지의 부재 속에서 어머니마저 드난살이를 하면서 외박을 함으로써 이제 집안을 이끌어갈 가장의 역할은 오빠에게 떠넘겨진다. '매질'로 나타난 오빠의 행위는 잔인성 혹은 폭력의 양태를

---

189) 서양사에서 폭력으로 수난 당하는 여성들에 대한 연구는 다음 참고. Cécile Dauphin, *De la Violence et des Femmes*, 이은민 역, 『폭력과 여성들』, 동문선, 2002.
190) 오정희, 「유년의 뜰」, 앞의 책, 402쪽.

떤다. 그것은 화자에 의하면 오빠 자신이 '가장임을 지나치게 의식하고 있어 언제나 침울하고 긴장으로 부자연스럽게 굳어' 있을 뿐 아니라, '그 긴장으로 억눌려져 자라지 못하는 욕망, 자라지 못하는 슬픔, 분노' 등에서 기인한 것이다. 때문에 화자에게는 오빠가 한없이 크고 당당하게 보일지라도 어린애처럼 연약해 보이기도 한다.

『마당깊은 집』에는 부재하는 아버지를 대신한 가짜 아버지의 역할을 맡고 있는 어머니와 그에 따른 아들의 억압 심리가 드러나 있다.[191] 어머니는 아버지가 부재하는 상황에서 가짜 아버지로서 '나'를 훈육하기도 하고, 장자로서 혹은 아버지로서의 집안 기둥의 역할을 강요하기도 한다. 어머니는 '내'가 살길은 공부를 열심히 해서 훌륭한 사람이 되는 것과 세상살이를 몸으로 겪어 경험을 많이 쌓는 것이다. 그러면서 그녀는 '나'에게 신문을 팔도록 한다. 이는 어머니가 '나'에게 후자의 길을 강요한 것을 의미한다.

> 어머니는 무슨 일이든 힘든 일은 내게 시키고 그 이유는 이 집안 떠맡을 장자란 데 있었다. 나는 장가를 간 뒤에까지 때때로 다리 밑으로 주워온 자식이 아니면, 아버지가 다른 여자로부터 나를 낳아 집으로 데려오지 않았을까 하는 의심을 잠재적으로 지니고 있었다. 매질만 해도 어머니는 내게만 유독 극악을 떨었고, 어렵고 힘든 일은 여투어두었다 내게 맡겼다. 나 혼자 진영에 떨어뜨려둔 것도 당신이 낳은 자식이 아니라 그랬던 것 같았고, 대구로 올라왔으나 학교에도 보내주지 않고 신문팔이를 시

---

191) 김주연은 어머니와 아들의 소외와 동화의 구조로 『마당깊은 집』을 분석한다. 김주연, 「문자 관계의 소외/동화의 구조」, 『마당깊은 집』, 문학과 지성사, 1990, 참조. 김현은 부재하는 아버지 대신에, 그는 그 자신이 아버지이자 아들이며, 어머니에게 있어서 그는 아들이며 동시에 남편이 된다고 분석한다. 김현, 「이야기의 뿌리, 뿌리의 이야기」, 『전체에 대한 통찰』, 나남, 1995, 참조. 한편 우찬제는 주인공의 억압된 가짜 아버지상보다는 주인공에게 비쳐진 진짜 어머니와 가짜 어머니 사이의 분열상이 더 문제적이라 주장한다. 우찬제, 「타자화된 자아의 글쓰기: 김원일의 『마당깊은 집』 다시 읽기」, 『마당깊은 집』, 문학과지성사, 1999, 참조

킨 일도 따지고 보면 서럽지 않을 수 없었다.[192]

  힘든 일, 매질, 신문팔이 등을 시킨 어머니의 행위는 일종의 심리적 육체적 폭력으로서 '나'로 하여금 고아 의식을 갖게 한다. 그리하여 '나'는 가출을 꿈꾸다 급기야 그것을 감행하게 된다. 그것은 아버지의 부재 상황에서 생존의 전선에 내몰린 가족을 이끌어가기 위한 장자로서의 '나'에 대한 어머니의 기대와 폭력에서 기인한다. 그것은 아버지 부재 속에서 어머니의 살아가고자 하는 의지와 노력만으로 생존을 해결할 수 없는 근대사의 어두운 단면이다.

  셋째, 가족에 대한 아버지의 폭력을 들 수 있다. 앞에서 다룬 작품들은 대부분 아버지 부재에서 오는 폭력의 양상들이다. 그러나 그와는 반대로 아버지가 존재한 상황에서 그가 가족들에게 폭력을 가하는 경우가 있다. 『노을』에서 '나'(갑수)는 아버지의 폭동 모의를 엿듣다 아버지로부터 정신을 잃도록 구타당한다. '나'는 동생 갑득이를 어머니가 와 있는 외가에 데려가기 위해 집에 들렀다가, 아버지를 포함한 장태문, 배도수 등의 모의를 엿듣게 된 것이다. '나'는 그 중의 한 사람에게 잡혀 밀정으로 오인받고 아버지로부터 구타당한다.

  "윤 주임의 끄나풀인지 몰라?" 누군가 말했다. 그러나 아버지가 미친 듯이 외쳤다. "단손에 내가 쥑여뿌리지예. 우리말을 엿들은 이상 내 새끼라도 살려 둘 수가 없심더."
  분명 아버지는 나를 죽인다고 말했다. 나는 그 말을 듣자 그만 깜빡 정신을 잃고 말았다. 그러나 곧 머리통을 내리치는 아버지의 주먹에 정신이 깨었으나 그것도 잠시였다. 꿈에서 본 윤 주임의 뭇매처럼 연이어 쏟아지는 아버지의 발길과 주먹다짐에 나의 머릿속은 다시 흐려지기 시작했다. 그래서 갑득이를 데리고 가겠다는 엄마와의 약속조차 깨어져 버리

---

192) 김원일, 『마당깊은 집』, 문학과지성사, 1999, 137~138쪽.

고 이제 나는 아버지의 손에 죽고 마는구나 하는 탄식만이 별 슬프지도
않게 기억 속에서 가물가물 사라지고 있었다.[193]

거사 모의를 들었다는 이유만으로 아버지는 나를 죽이려는 태도를
취한다. 그것은 혈연 관계보다 거사를 도모하는 것이 우위에 있음을 보
여준다. '내'가 그들의 모의를 엿듣게 된 것은 우연에 지나지 않는 데도
불구하고 모의 현장과 관련됨으로써 밀정으로 오인된 것이다. 아버지의
구타에 대한 나의 반응은 절망 속의 탄식으로 나타난다. 그것은 어머니
와의 약속을 지킬 수 없게 된 것과 아버지의 구타를 피할 수 없는 상황
에서 비롯된 것이다. 한편 백정인 아버지가 '나'에게 못 먹는 생피를 마
시게 하자, 그것을 만류하는 어머니에게 아버지는 구타를 한다. 절구공
이가 어머니의 등에 내리꽂히고 어머니는 마당으로 굴러 떨어진다. 아
버지의 폭력에 견디지 못한 어머니는 급기야 집을 나간다. 어머니에 대
한 폭력 행사는 그가 다른 인물들에게 행한 폭력과 더불어 그의 성격을
규정하도록 해준다. 즉 사람들은 잔인하고 흉포한 그를 두고 '개씹조'라
는 별명을 붙인다. 이처럼 인간성 혹은 타자에 대한 배려 부재는 '나'로
하여금 허깨비 아버지라는 평가를 내리게 한다. 화자는 아버지의 폭력
장면을 주관적인 개입 없이 제시함으로써 아버지의 폭력성을 극대화하
고 있다.

아버지가 가족을 버림으로써 가족이 고통을 당하는, 가족에 대한 아
버지의 폭력을 보이는 「술래 눈뜨다」 역시 이 유형에 속한다. '나'의 기
억에 의하면 해방이 된 이듬해 봄에 아버지는 어머니를 쫓아낸다. 그
해 가을에는 토지 개혁이 이루어지고 할아버지네는 몰락하게 된다. 그
때부터 어머니를 포함한 세 식구는 아버지를 찾아다니는 떠돌이 생활을
하게 된다. 일제하의 일본순사들에게 잡혀감으로써 "우리들 어린 가슴

---

193) 김원일, 『노을』, 『현대문학』 제280호, 1978.4, 95쪽.

에 뿌리내리기 시작한 귀중한 사랑의 씨앗을 짓밟아” 버리기도 한 바 있는 아버지가 급기야 해방이 되면서 가족을 버리게 된 것이다. 어머니는 이로 인해 자살을 시도한다. 또한 어머니는 아버지가 다른 여자와 함께 일본 유학을 갔을 때도 자살을 시도한 바 있다. 이렇듯 아버지가 어머니와 가족에게 주는 고통이 더욱 폭력적인 것은 아버지와 같이 살고 있는 여자가 다른 여자 즉 산 속에서 숨어지낼 때 만난 여자라는 점이다. 이로써 “우리들의 전부인 어머니”는 “한낱 한 남자에게 버림받은 천한 여자로 전락”하고 만다. 이 부분이 이 작품의 윤리적 차원을 문제 삼게 한다. 이 작품은 아버지의 이데올로기와 관련된 행위가 지닌 그 정당성은 차치하고 그의 행위가 갖는 윤리적인 물음을 제기하고 있다는 점에서 다른 작품과 변별되는 지점이다.

넷째, 타자들의 위악적인 폭력의 가능성이 인물에 의해서 매개되는 양상을 들 수 있다. 「건」에 등장하는 폭력의 희생자가 여성이라는 점에서 「어둠의 혼」, 『고기잡이는 갈대를 꺾지 않는다』 등의 작품들과 공통점이 있다. 그러나 그것은 이데올로기로 인한 지배 권력의 폭력 차원이 아닌 타자(‘나’의 형친구들)의 위악적 행위의 대상이 되고 있다는 점에서 차이가 있다. 또한 윤희에게 가해지는 타자들의 위악적 행위가 실현된 것이 아니라 그 가능성에 그칠 뿐이라는 점에서도 차이가 난다. 중요한 것은 그것이 위악적인 행위인 줄 알면서도 윤희 누나를 범하는 일에 가담하는 ‘나’의 행위이다. 폭력을 가하고자 하는 타자들과 그로 인해 고통을 당할 수난자의 매개 역할을 하는 자가 바로 ‘나’라는 점에서 이 소설의 특징이 있다. 그러니까 ‘나’는 폭력 행위에 능동적으로 가담하는 입장에 있다는 점에서 폭력 행위의 대상으로 존재하는 수동적인 입장을 다룬 여타의 작품들과 다른 점이다. 그러나 그것은 가능성으로 제시되어 있을 뿐 그 구체적인 장면은 다루어지지 않는다.

다섯째, 계급적 관계에 따른 폭력을 들 수 있다. 『우울한 귀향』에서는 지주와 소작인의 관계에서 결국은 두 집안의 가장과 가족의 죽음과 파멸로 이어지는 이야기가 전개된다. 지주인 순임이 아버지는 순사도 어떻게 할 수 없는 막강한 권력을 지닌 인물로 그 집 종살이를 했던 철이네와는 근본적으로 다른 계급에 속한다. 몇 마지기 안 되는 밭뙈기마저 빼앗아간 순임이 아버지는 그로 인해 철이네와는 원수지간이 된다. 그것은 철의 아버지의 죽음으로 끝나는 것이 아니라 철의 형과 순임이 아버지와 갈등은 지속된다.

> 짚으로 두껍게 짠 멍석이 하나 둘둘 말려 있었다. 거기에다 물을 퍼부었던 무양으로 멍석은 흠씬 젖은 채 퉁퉁 불어 있었다. 땅바닥에도 물이 흥건하게 괴어 있고 거기, 빈 통이 하나 굴러 있었다. 순임이 아버지가 팔을 걷어부친 채 서 있었다. 그 얼굴이 어무나도 무섭게 일그러져 있었다. 굳은 얼굴에 싯퍼런 안광이 소름끼치도록 번뜩였다.
>
> 그 앞에서 철이 엄마가 기진해 버렸다. 땅바닥의 질척한 물 위에 픽 쓰러진 그녀는 다시 일어나질 못했다.
>
> 허연 침을 입가로 흘리면서 그녀는 정신없이 중얼거리기만 했다.
>
> "살려주소, 살려주소, 내 아들 살려주소……"
>
> 철이가 달려갔다. 엄마를 부둥켜안으며 발을 동동 굴렀다.
>
> "엄마요 — 엄마요 — 성이 죽심더, 엄마요 —"[194]

순임이 아버지가 철이 형을 멍석마름한 장면이다. 철이 형과 싸움 상대가 되지 않는 권력을 쥔 순임이 아버지의 이 같은 행위에 대한 원인은 윤('나')의 눈에는 명확히 드러나지 않는다. 그러나 그의 누나의 입을 통해 전해지는 사건의 전말은 철이 형이 '남한테 뺏은 재산'이라 하면서 과수원 복숭아나무를 못쓰게 만든 사건에서 비롯된다. 이로 보면 순임이 아버지의 재산 축적은 남의 재산을 '뺏는' 것과 관련되어 있으며, 철이의 행동은 이에 대한 저항 행위에서 나온 것이라 할 수 있다.

---

194) 이동하, 『우울한 귀향』, 앞의 책, 93쪽.

이에 대하여 순임이 아버지는 자신의 권력을 이용하여 철이 형에게 멍석마름이라는 폭력을 가했던 것이다. 그러므로 『우울한 귀행』에서는 계급 관계에서 비롯된 이대에 걸친 갈등과 거기에서 파생된 폭력과 죽음을 다루고 있다.

요컨대 이 글의 대상 작품 가운데 「순이 삼촌」, 「어둠의 혼」, 『고기잡이는 갈대를 꺾지 않는다』 등은 국가 지배 권력의 폭력으로 인한 주체의 수난 사건을 다루고 있다. 「순이 삼촌」에는 집단적인 국가 권력이 개인과 집단에 가한 폭력적 사건이 등장하고, 「어둠의 혼」에는 가족 구성원으로 말미암아 폭력을 당하는 어머니가 등장한다. 『고기잡이는 갈대를 꺾지 않는다』에는 소년인 ‘나’의 행동으로 말미암아 수난당하는 장석도와 어머니가 그려진다. 「유년의 뜰」, 『마당깊은 집』에는 아버지의 부재 속에서 가족 구성원의 폭력이 서술된다. 「유년의 뜰」에는 아버지의 부재와 어머니의 드난살이 속에서 대리 가장의 중압감에 억눌린 인물의 폭력이, 『마당 깊은 집』에는 아버지 부재 속에서 어머니의 장자에 대한 폭력이 그려진다. 『노을』, 「술래 눈뜨다」 등에는 가족에 대한 아버지의 폭력을 다루고 있다. 『노을』에는 백정의 아버지로부터 폭동 모의를 들었다는 이유만으로 폭행을 당하는 ‘나’가 있고, 「술래 눈뜨다」에는 아버지가 존재함에도 불구하고 실질적으로 없는 것과 다를 바 없다. 그로 인해 가족들은 아버지를 끊임없이 찾아 다녀야하는 고통을 겪게 된다. 「건」은 타자들의 위악적인 폭력의 가능성이 ‘나’에 의해서 매개된다. 이데올로기나 지배 권력에 의한 폭력보다는 ‘나’의 형들의 위악적 행위에 의한 대상에 대한 폭력의 가능성이 제시되어 있다. 『우울한 귀향』에서는 계급 관계에서 기인한 폭력이 등장한다. 마을의 구장이자 소방대장이며 지주인 인물과 그로부터 수탈당한 집안의 인물 갈등이 다루어지는데, 권력을 배경으로 한 지주의 폭력이 서사화되어 있다. 폭력은 아버지가 존재하거나 부재하는 상황 속에서 가족이나 가족 구성원 외의 타자들에 의해 이루어진다. 경험자아가 직·간접적으로 겪은 폭력 사건은 어느 것이나 한국전쟁 혹은 거기에 관련된 이데올로기의 자장에서 벗어나지 않는다.

제3절 가난 속의 존재론적 괴로움과 성장의 제약

굶주림은 가난에서 기인한다. 가난은 주인공이 겪은 중요한 경험 가운데 하나로 작품을 형상화하는 데 기여한다. 가난은 전쟁 상황에서 아버지의 존재 유무와 관계없이 인물들이 겪어야 하는 괴로움이다.[195] 그러나 가난이 인물들에게 주는 양상과 의미에는 차이가 있다. 그것은 아버지가 부재하는 상황에서 가난이 존재를 규정하는 절대적인 조건으로 작용하는 양상과 그것이 그러한 상황 속에서 살아가는 존재들의 성장을 제약하는 양상, 그리고 아버지가 존재하는 상황 속에서 아버지로 인해 가난의 고통을 당하는 양상으로 대별할 수 있다.

가난이 타자에 대한 관심보다 존재의 상황을 규정하는 절대적인 조건으로 작용하는 경향으로 「어둠의 혼」과 「굶주린 혼」을 들 수 있다. 「어둠의 혼」에서는 좌익운동을 했던 아버지가 '닭을 채어가는 들개처럼 늘 어디론가 헤매고' 다님으로써 가정에서 정상적인 역할을 하지 못한다. '나'의 가족은 경제적인 능력을 상실하게 됨으로써 가난 속으로 빠진다. 「어둠의 혼」에서 가난이 문제되는 것은 그것이 '나'의 실존뿐 아니라 가족의 근원적인 상황을 규정하기 때문이다.

---

195) 그러나 아버지의 부재 가운데 인물들이 겪는 괴로움은 아버지가 있는 가운데 인물이 겪는 괴로움보다 훨씬 심각한 것이다.

산도둑 같이 국방복을 입고 문득 나타났다 잽싸게 사라져버리는 요술장이 아버지. 이제 아버지의 그 요술도 끝이 나고 말았다. 무엇을 위한 요술인지 알 수 없는 요술, 그 요술의 뜻을 내가 미처 깨치기도 전에 아버지가 죽는다는 게 슬플 뿐, 사실 나는 지금 그보다 더 큰 괴로움에 떨고 있다. 굶주림이다. 배가 고프다. 지독히 고프다. 그러나 아직 어머니는 안 온다. 보리쌀을 빌리러 나간지가 벌써 언젠데.(중략) 이 집 저 집 너무 많이 빌려다만 먹었는데 누가 또 빌려 줄려구. 어머니는 하는 수 없이 이모네집으로 터덜터덜 갔을 거야. 그럼 이모는 틀림없이 어머니한테 욕설을 퍼부을 거야.196)

'나'는 아버지의 죽음으로 인한 슬픔보다 굶주림에 더 괴로워하고 있다. 굶주림은 현재의 '나'의 존재를 규정하고 있다. 아버지가 없는 가난한 상황 속에서 어머니가 할 수 있는 것은 이웃 혹은 친척으로부터 양식을 빌려 먹는 것이다. 결국 현재의 굶주림은 '나'로 하여금 어머니를 찾아 나서게 하고, 아버지에 대한 기억과 상념을 가능케 하며, 아버지의 주검을 확인할 수 있게 한다. 이는 「어둠의 혼」의 줄거리 형성에 결정적인 역할을 한다는 점에서 이 작품을 이끌어가는 원천이 된다.

이동하의 「굶주린 혼」 역시 인물들이 겪는 가난한 삶이 작품의 기둥을 이루고 있으면서 줄거리 형성에 결정적인 역할을 한다. 이 작품 또한 전후 아버지 부재에서 오는 가난을 다루고 있다. 그러나 「어둠의 혼」과는 달리 이 작품의 아버지는 장물을 운반하다 잡혀 감옥에 갇혀 있는 상태로 그려지고 있다. 어쨌거나 아버지의 부재는 가족들을 가난으로 몰고 간다. 극빈자에게 지급되는 구호양곡에 의존하면서 어머니는 연약한 몸에도 불구하고 전쟁통에 한쪽 팔을 잃고 사는 외삼촌집에 양식을 빌리러 간다. 영양실조로 어지럼증에 걸린 '나'는 누나와 함께 시장이 파한 후 이삭줍기를 하고, 물로 빈속을 채우고, 급기야는 구걸 행위를

---

196) 김원일, 「어둠의 혼」, 앞의 책, 111~112쪽.

한다. 그리하여 '나'는 개에게 물린 대가로 받은 돈으로 포식을 하게 된 것을 '행운'으로 인식하기에 이른다. 누나가 민며느리로 팔려가게 된 것도 가난 때문이며, 어머니가 영양 실조로 죽음에 이른 것도 가난 때문이다.

절대적인 가난 속에서 성장의 제약을 받는 인물을 서사화하고 있는 작품으로 『고기잡이는 갈대를 꺾지 않는다』와 『마당깊은 집』을 들 수 있다. 김주영의 『고기잡이는 갈대를 꺾지 않는다』에서도 가난은 아버지 부재 속에서 인물들에게 커다란 영향을 줄 뿐 아니라, 그것이 주체가 성장하는 과정을 제약하는 요인으로 작용하고 있다는 점에서 특징적이다. "나는 그곳에서 유년시절과 50년대에 이르는 그 암울하고 스산했던 소년시절 모두를 보냈다. 물론 유아기 때는 그것을 깨닫지 못한 터였지만, 뒤를 가릴 줄 알게 되고 말문이 트이기 시작하게 되면서 나는 매우 혹독한 굶주림에 시달렸다"로 시작하는 이 작품은 당시의 가난을 이렇게 회상한다.

> 가난과 먼지는 하루종일 숨을 죽이고 가라앉아 있다가 어머니가 집으로 돌아오는 그 순간부터 발가벗은 몸뚱이로 우리들 앞에 다가왔다. 아우와 나는, 애옥살이에 지친 어머니의 행색에서 우리 식구가 가진 모진 가난을 확인하게 되었고, 어머니 또한 헐벗고 메마른 우리들의 모습에서 하루종일 잊고 있었던 뼈저린 가난을 확인하는 것이었다.[197]

가난으로 인해 '나'는 "닥치는 대로 아무것이나 주워먹었던" 것으로 기억한다. 술도가의 고두밥을 훔쳐먹고 자랐으며, 술비지로 아침을 대신하고 학교에 등교했을 때 교사로부터 술을 마셨다는 오해를 사 벌을 받기도 한다. 또한 이 시대 흔히 볼 수 있는 미군들에게 껌이나 초콜릿을 구걸하는 행위에 가담하기도 한다. 어머니 역시 끼니거리를 만들려

---

197) 김주영, 앞의 책, 111쪽.

고 가족들을 돌볼 겨를도 없이 품앗이를 나갔다. 어머니가 방아품을 팔고 있을 때 아우 또래의 아이를 업고 있었던 장면은 '나'에게 충격을 준다. 그것은 병추기인 아우를 업어주기에 인색했던 어머니가 남의 집에서 아우보다 건강하게 보이는 아우 또래의 아이를 업고 있었던 데 기인한다. 그리하여 '나'는 어머니에 대한 배반감을 느끼고, 어머니의 허상을 발견한다. 이렇듯 경험자아는 가난으로 인한 좌절과 굶주림 속에서 반성장의 삶을 살아 온 것이다.

『마당깊은 집』은 아버지의 부재 속에서 가난으로 인한 가족들의 수난을 서술하고 있다는 점에서 앞의 작품들과 공통점을 지닌다. 화자의 아버지는 상고를 나와 금융조합 서기를 지내다가 서울 수복 직전 가족과 헤어져 월북한다. 이 작품에서는 그의 아버지가 좌익이었음이 명확히 드러나진 않지만, 어쨌든 그는 월북한 것으로 되어 있는 것으로 보아 좌익이었음을 추측할 수 있다.[198) 아버지와 헤어진 후 대구 마당깊은 집에서 생활하게 된 가족은 어머니의 바느질로 연명을 하게 된다. 이 소설이 특이한 점은 아들에 대한 어머니의 적극적인 행위가 개입한다는 점이다. 이는『마당깊은 집』에 나타난 가난이『고기잡이는 갈대를 꺾지 않는다』보다 '나'의 삶에 영향을 주는 요인이 된다.

> 길남아, 내 말 잘 들거라. 니는 인자 애비 없는 이 집안의 장자다. 가난하다는 기 무신 죈지, 그 하나 이유로 이 세상이 그런 가람한테 얼매나 야박하게 대하는지 니도 알제? 난리 겪으며 배를 철철 굶을 때, 니가 아무리 어렸기로서니 두 눈으로 가난 설움이 어떤 긴 줄 똑똑히 봤을 끼다. 오직 성한 몸뚱이뿐인 사람이 이 세상 파도를 이기고 살라 카모 남보다 갑절은 노력해야 겨우 입에 풀칠한다. 니는 위채에 사는 학생들과 처지가

---

198) 김원일의 아버지는 경남도당 부위원장으로 지하 활동을 하다 서울에 상경, 한국전쟁 때는 성동구 임시인민위원회 위원장을 거쳐 서울시당 재정부 부부장으로 활동하다, 9월 서울 수복 때 월북한 것으로 되어 있다. 김원일,「자전 에세이1」, 권오룡 엮음,『김원일 깊이 읽기』, 문학과지성사, 2002, 참조.

　　다른 기라.(중략) 니는 니대로 우짜동 힘자라는 대로 노력해보는 길밖에
　더 있겠나.199)

　　어머니는 '나'에게 가난을 인지시키고, 살길을 모색할 것을 훈계한
다. 이러한 훈계가 '나'의 삶에 커다란 영향을 주고 있음을 알 수 있다.
'나'는 어머니로부터 아버지 없는 한 집안의 가장으로서 혹은 가짜 아
버지로서 집안을 떠맡을 것을 강요받는다. 그리하여 '나'는 학교에 진학
하지 못하고 신문팔이로서 거리로 내몰렸던 것이다. 이러한 어머니의
강압은 '나'로 하여금 고아의식을 갖게 하고 가출하게 한다. 가난은 경
험자아의 또래들과 같은 정상적인 아이로의 성장을 억압하고 생존의 거
리로 내몰았던 것이다.
　　『노을』에는 "무분별한 거칠은 성미와 난잡한 행실"을 보여주고 있
는 백정인 아버지가 등장한다. 열네 살인 소년 경험자아는 "같은 백정
이라도 삼촌네와 추 서방네는 보리밥이긴 하지만 그런 대로 삼시세끼밥
은 있는데 우리는 왜 늘 이렇게 허기가 질 정도로 주리고 살아야 하며
아버지는 왜 술과 노름과 계집질에서 손을 못 뗄까"라는 자조를 하게
된다. 경험자아는 가난의 원인이 술, 노름, 계집질로 이어지는 아버지의
난잡한 행실에 있다고 본 것이다. 그러한 아버지가 가족에게 일삼는 폭
력은 어머니와 누나를 가출하게 하고, '나'와 동생을 공포와 굶주림 속
에 몰아 넣는다. 그러나 한편으로 경험자아에게 아버지는 무능력한 "허
깨비"에 불과하다. 그런 까닭에 경험자아는 아버지에게 평소에도 "지랄
이니 하고 욕지거리를" 예사로 사용한다. 아버지는 공포의 대상이자 증
오의 대상인 것이다.
　　요컨대 아버지가 부재하거나 존재하는 상황 속에서 인물들이 겪어
야 하는 가난은 「굶주린 혼」, 「어둠의 혼」 등과 같이 인물을 규정하는

---

199) 김원일, 앞의 책, 31~32쪽.

절대적인 조건으로 작용하기도 하고,『고기잡이는 갈대를 꺾지 않는다』, 『마당깊은 집』 등과 같이 인물들의 자연스런 성장을 제약하기도 한다. 그리고『노을』과 같이 아버지가 존재하는 상황 속에서 아버지는 오히려 가족을 가난이라는 고통 속으로 몰아 넣는 인물이기도 하다.

제4절 타자를 통한 충격과 자기 인식의 단초

　　유소년기 경험을 다룬 소설들은 상당수가 성장소설이라는 범주에서 논의되어 왔다. 전쟁을 소년기에 경험한 세대들은 일련의 일인칭 소년 화자 시점이라는 형식을 내놓았다.[200] 시점을 소년의 '순진한 눈'에 고정시킴으로써 비극적 현실의 표면만을 제시할 수 있을 뿐, 이면에 있는 본질을 드러내기에는 부적절하다는 평을 받으면서도 이러한 한계를 극복할 수 있었던 것은 '자아의 상처'와 그 극복 가능성을 내재하고 있다는 점이다. 그러나 그러한 가능성에도 불구하고 자아에 상처를 준 폭력적인 현실과 정면으로 대결하지 못함으로써 그것은 한갓 가능성에 머무르고 만 것도[201] 사실이다. 그러나 이러한 평가와는 달리 전쟁의 자장

---

200) 여기에 해당하는 작품들은 김승옥의 「건」, 이청준의 「침몰선」, 김원일의 「어둠의 혼」, 윤흥길의 「장마」, 「양」, 이동하의 「굶주린 혼」, 「장난감 도시」, 전상국의 「술래 눈뜨다」, 한승원의 「석유등잔불」, 「폐촌」, 오정희의 「유년의 뜰」, 현기영의 「어떤 생애」 등을 들 수 있다. 이들 작품들 가운데 상당수는 이 글의 연구 대상과 겹친다. 그러나 이 글은 이런 소년 화자 시점만으로 된 작품을 대상으로 한 것이 아니라, 전쟁과 관련된 유소년기를 다룬 작품을 대상으로 한다는 점에서 이들 범주와는 차이가 있다.

201) 이 형식이 소년의 눈을 내세움으로써 이데올로기적 왜곡을 피하고 그 비극성이 가지는 압도적 무게를 생생한 실감으로 전면에 드러낼 수 있는 이점을 지니고 있는 효과적인 형식이지만, 어린 소년의 순진한 눈에 시점이 고정되어 있는 한

속에서 살아가는 자아의 경험과 상처 그리고 그것에서 야기되는 의식의
양태에 주목한다면 다른 측면에서 접근할 수도 있을 것이다. 그것은 글
쓰는 행위가 곧 세계에 대한 본질 탐구와 더불어 자기의 존재론적인 탐
구이기도 하다는 점에서 적극적인 의미를 부여할 필요가 있다. 또한 그
것은 거시적으로 보면 하나의 작품이란 작가의 일생 동안의 글쓰기 과
정에서 자신의 존재를 드러내는 흔적일 수 있기 때문이기도 하다. 이런
점에서 이 글의 대상 작품 가운데 타자를 통해 자아의 상처를 인식하고
그것을 어떤 정신적인 성장의 모습으로 그리고 있는 작품들은 자신의
정체성을 적극적으로 모색하고 있다는 점에서 주목할 만하다.

타자를 통한 충격과 그로 인한 자기 인식의 단초는 다양하게 이루어
진다. 자기 인식에 영향을 준 타자들은 아버지, 어머니, 형과 같은 가족
들과 거지와 실업자와 같은 인물들이다. 그들은 죽음, 위악적 행위, 훈
계 등으로 경험자아에게 충격을 준다.

「어둠의 혼」에는 아버지의 죽음이 주는 충격과 그를 통한 자아의 깨
달음이 이야기의 말미에 제시되어 있다.

서른 일곱으로 연기처럼 사라져 버린 아버지. 이제 내가 죽기 전 영
원히 만날 수 없게 된 아버지. 어린 나에게 너무나 큰 수수께끼를 남기고
죽어 버린 아버지의 일생을 더듬을 때 나는 알 수 없는 두려움 때문에 사
시나무처럼 떤다. 그와 더불어 나는 무엇인가 깨달은 듯한 느낌을 가지게
되었다. 그 느낌을 꼬집어 내어 설명할 수는 없었으나, 이를테면 살아 나
가는 데 용기를 가져야 하고 어떤 어려움도 슬픔도 이겨내야 한다는 그
런 내용의 것이었다. 모든 것이 안개 속 같은 신기한 세상, 내가 알아야
할 수수께끼가 너무나 많은 이 세상을 건너갈 때, 나는 이제 집안을 떠맡
은 기둥으로서 힘차게 버티어 나가지 않으면 안 된다. 이런 굳은 결심이

감각적 체험의 직접성을 넘어서지 못하는 한계를 지닌다. 이러한 한계는 소년이
겪게 되는 자아의 상처와 그 치유 과정을 통해 넘어설 수 있다고 본다. 김윤식·
정호웅, 『한국소설사』, 예하, 1995, 432~439쪽 참조.

나의 가슴속을 뜨겁게 적시며 뒤채이는 눈물을 달래고 있음을 느꼈던 것
이다.202)

　여기에서 주목할 점은 소년인 '나'의 깨달음이 아버지가 죽었다는
충격을 계기로 이루어진다는 점이다. 아버지의 죽음은 한 가족을 이끄
는 상징적인 존재의 죽음이라는 점에서 다른 타자의 죽음이 주는 충격
과는 다르다. 그것은 아버지의 삶이 주는 실존적인 충격뿐 아니라, 사회
와 가족 속에 위치한 아버지의 위상이 주는 충격이다. 요컨대 아버지의
죽음을 맞이한 경험은 '나'의 새로운 인식으로 이어진다는 점에서 자아
정체성에 새로운 계기가 되고 있다.
　경험자아의 입장에서 아버지의 일생을 생각해 볼 때 그것은 '두려
움'으로 요약되거니와 그와 동시에 '나'는 '무엇인가 깨달은 듯한 느낌'
을 갖게 된다. 그것이 느낌이기에 살아가는 데 용기를 갖는 것, 어떤 어
려움도 슬픔도 이겨내야 한다는 것, 집안을 떠맡을 기둥이 되어야 한다
는 것과 같은 결심의 차원에서 이루어진다.203)
　「건」에는 형과 형의 친구들의 위악적 행위가 주는 충격과 거기에 가
담하는 자아의 행위에 대한 판단이 서술되어 있다.

　바야흐로 나는 무서운 음모에 가담하고 있었다. 간단한 말을 전해주
는 그런 책임이 희박한 행위로서 가담하는 것이 아니었다.(중략) 아아, 모
든 것이 항상 그렇지 않았더냐. 하나를 따르기 위해서 다른 여러 개 위에
먹칠을 해버리려 할 때, 그것이 옳고 그르고를 따지기보다 훨씬 앞서 맛
보는 섭섭함. 하기야 그것이 '자라난다'는 것인지도 모른다. 미영아, 내게
응원을 보내라. 형들의 음모에 가담한다는 건 아주 간단한 일이다.204)

---

202) 김원일, 「어둠의 혼」, 앞의 책, 127쪽.
203) 이것은 개인적 차원에서의 깨달음에 관련되는 바 그것이 사회적 차원의 인식의
　　 결여라는 측면에서 그 한계를 비판한 글은 다음 참조. 신희교, 「성장소설과 상상
　　 력의 빈곤」, 『현대소설연구』 제6호, 한국현대소설학회, 1997.
204) 김승옥, 「건」, 『산문시대』1, 1962.6, 48~49쪽.

'나'는 형과 형의 친구들의 위악적인 행위에 가담하게 된다. '무서운 음모'라고 경험자아는 판단하고 있음에도 불구하고 자신이 그러한 행위에 가담하게 된 충격을 애써 외면하려 하지 않는다. 그렇기 때문에 '책임이 희박한 행위'가 아니라 적극적으로 그 위악한 행위에 가담하는 것이다. 그러므로 어릴 적 미영이와의 순수한 삶의 공간을 위악적 행위로써 먹칠하는 것은 경험자아에게는 '섭섭함'에 불과하다. 이를 두고 화자는 '자라난다'는 의미로 해석한다. 그러니까 그것은 순수한 세계가 위악적인 행위를 통해 파멸해 가는 세계, 그리고 거기에 가담하는 행위가 '자라난다'는 의미이다. 그것은 옳고 그름을 판단하는 차원 이전에 속한다.[205]

「유년의 뜰」에서는 자신의 존재에 대한 인식이 암시되어 있다. 그러나 그것이 자기에 대한 뚜렷한 인식이 아니라 막연한 감정 차원에서 이루어지고 있다.

> 나는 이러한 광경을 보며 주머니 속의 케익을 꺼내 베어 물었다. 그것을 다 먹고 났을 때 갑자기 욕지기가 치밀었다. 참을 수가 없었다. 나는 꾸역꾸역 토해냈다. 단 케익은 한없이 목을 타고 넘어왔다. 까닭모를 서러움으로 눈물이 자꾸자꾸 흘러내렸다.[206]

이 작품에 등장하는 '나'는 늘 먹을 것을 찾는다거나 훔치기도 한다. '나'는 먹는 것에 대한 강한 집착을 갖고 있는데[207] 인용 부분에서도 역시 '나'는 케익을 훔쳐먹고 있다. 그러나 아버지가 귀환하는 상황에서 그

---

205) 그러나 위악적인 행위에 가담하는 것과 그것에 대한 자아의 인식은 세계에 대한 글쓴이의 아이러니에 의한 태도의 산물이라 할 수 있다. 그것은 위악적인 세계 현실에서 진정한 가치의 실현이 불가능한 상황에서 글쓴이가 취할 수 있는 태도이자 방식이라 할 수 있다.

206) 오정희, 「유년의 뜰」 앞의 책, 423쪽.

207) 이에 대하여 정신적인 사랑과 존재에 대한 정체성의 부재에서 파생된 것이거나, 궁극적으로는 아버지의 부재로 인한 가족의 공허함에서 기인한 것으로 해석할 수 있다. 최현주, 『한국 현대 성장소설의 세계』, 박이정, 2002, 115쪽.

것을 토해낸다. 그리하여 '까닭모를 서러움'을 느끼게 되는데, 그것은 그 동안 아버지 부재에서 오는 존재론적인 공허함이 아버지의 귀환으로 인한 정신적인 충격으로 말미암은 실존적인 자각의 가능성을 보인 것이다.[208]

『마당깊은 집』에서는 어머니와 나무 패는 장정, 거리의 타자들이 자아의 인식에 영향을 주고 있다. 어머니는 아버지가 없는 상황에서 어려움을 극복하기 위해서는 오직 장남인 나에게 달려 있다고 강조한다. 어머니가 '나'에게 "질대(왕대)같이 얼렁 커서 뜬뜬한 사내 구실을 해야 한다. 그래야 혼자 살아온 이 에미 과부 설움을 풀 수 있다"는 말에 대하여 나는 이렇게 반응을 보인다.

> 어머니 말씀에 나는 아무 대답도 할 수 없었다. 내가 이 다음에 어른이 된다고 모든 경쟁 상대로부터 이긴다는 보장은 없었다. 나는 신문팔이와 신문 배달을 통해 세상살이의 어려움을 눈치로 터득했고, 사람과 사람의 관계가 얼마만큼 이기적이며 그 생존 경쟁에서 이이기가 얼마나 힘든지를 너무 일찍 알아버린 셈이었다. 어머니 말처럼 장차 내가 집안 의지기둥이 되려면 남을 딛고 일어서야 하는데, 그러자면 정직과 성실만으로는 어렵고 실력·체력·노력, 거기에 탐욕·교활·언변 따위까지 갖추지 않으면 안 되었다. 나는 도무지 어머니의 그 맺힌 한을 풀어드릴 수 없을 것 같았다. 내가 여자로 변할 수 없다면 어서 세월이 흘러 머리 허옇게 센 노인이 되고 싶다고 내가 생각하기 시작한 것도 그날 아침 어머니 그 말씀을 들었을 때부터였다.[209]

이 인용에 따르면 '나'는 세상사는 이치를 이미 터득하고 있는 셈이

---

208) 그렇다고 이것이 주변적 인물이던 '내'가 아버지의 귀환으로 자신의 정체성을 정립하게 된 계기가 된다거나(최현주, 앞의 책, 117쪽), 그러한 자기 탐색의 근저에는 가부장제의 허구성 및 그것이 여성에게 부과한 성역할 모델에 대한 회의와 환멸 등이 놓여 있다(김경수, 「여성성의 탐구와 그 소설화」, 『문학의 편견』, 세계사, 1994)고 보는 시각은 '성장'이라는 측면을 부각시키기 위한 지나친 평가라 판단된다.

209) 김원일, 『마당깊은 집』, 문학과지성사, 1988, 161쪽.

다. 장차 집안의 기둥이 되려면 남을 딛고 일어서야 한다는 생각은 그
가 경험을 통해 체득한 현실 인식인 것이다. 그래서 '나'는 장자로서 짐
을 벗기를, 시간이 빨리 갔으면 하는 생각을 한다. 이러한 인식을 갖게
된 데에는 그의 신문팔이와 신문 배달의 경험이 크게 작용하고 있다는
점이 주목된다. 실상 그는 그러한 일을 하면서 거리의 많은 일들을 경
험한다. 그 가운데 역 근처에 있는 거지아이와 실업자들을 통해 세상사
는 일이 얼마나 힘든가를 깨닫는다.[210] 이로써 자신을 이해하고 어머니
의 처지를 이해하게 된다.

『고기잡이는 갈대를 꺾지 않는다』는 소년의 성장 과정을 다루고 있
지만, 그 소년은 엄밀한 의미에서 정신적 위기의 상황에 빠지거나 별다
른 각성의 계기를 체험하지 못한다. 서구적 의미의 성장 소설에 따르면
이 작품은 함량 미달일 수밖에 없다.[211] 그러나 인간의 성장과정을 개
인과 사회 사이의 관계 맺음이라는 맥락에서 파악하면서 한 인간의 성
장과정에 작용하는 능동적 동인을 포괄적인 의미에서의 문화적 가치나
이념이 될 수도 있다는 가정[212]에서 출발한다면 타자의 충격을 통한 인
물의 자각을 논의해 볼 수 있을 것이다. 『마당깊은 집』이 어머니에게
장자가 느끼는 심리적 갈등과 그 상처를 안고 성장해 가는 인물을 그렸
다면, 『고기잡이는 갈대를 꺾지 않는다』는 아버지의 부재에서 야기되는
형제의 정신적인 방황에 주목하고 있으며, 그들의 방황을 인간 성숙의

---

210) 우찬제는 주인공의 거리의 체험을 거리의 학교 체험이라 부르고 그것을 통해 아
    이는 이미 아이일 수 없을 만큼 성장하게 된다고 해석한다. 우찬제, 「타자화된
    자아의 글쓰기」, 『마당깊은 집』, 문학과지성사, 1988, 290쪽.
211) 김병익은 성장소설이란 개념이 그 소설을 낳게 한 사회의 문화 이념과 밀착되어
    있음에 주목하고 우리에게 성장 소설이 발달하지 못한 이유를 우리의 문화사적
    특수성에서 찾고 있다. 즉 유교 문화의 영향으로 개인적 자아가 확고하게 정립되
    어 있지 못하다는 점, 내면적 성장과 발전을 유도할 문화요소나 시민 사회적 보
    편적 이념이 확립되어 있지 못하다는 점을 들고 있다. 김병익, 「성장소설의 문화
    적 의미」, 『지성과 문학-70년대의 문화사적 의미』, 문학과지성사, 1982, 참조.
212) 장경렬, 「반성장소설로서의 성장소설」, 『작가세계』, 1991. 겨울호 참조.

도정에서 겪게 되는 시련과 각성의 틀 속에서 서술하고 있다.[213) 이 가운데 '거울 속 여행'이나 '마루 밑의 미로' 찾기 등에서 현실 표상이 언제나 현실 자체와 일치하지 않는다는 점, 시각에 따라 대상이 규정된다는 것을 깨닫게 된다. 무엇보다 장석도라는 인물을 통해 순진한 인물이 어떻게 농락당하게 되는지를 파악하게 되고, 그가 고향을 떠날 수밖에 없게 되는 현실을 터득하게 된다. 그러나 이 작품에서 혼돈에 빠진 세계를 경험한다는 것이 곧 개인의 성장으로 이어진다고 보기에는 어렵다. 그의 회상된 이야기에는 혼돈의 각성이 그의 내면적 자아를 함양시키고 사회와 성숙한 관계를 맺도록 인도했다는 충분한 암시가 없는 것이다.[214)

요컨대 이 글이 다룬 대상 작품들 가운데는 타자들의 충격과 그로 인한 자기 인식의 단초를 보여준 작품들이 있다. 이는 이 글의 대상 작품들의 일부가 성장소설의 범주에서 논의되어 온 것과 일치하는 부분이기도 하다. 그러나 성장소설에 대한 논의가 서구적 기준을 두고서 이루어졌거나, 작품에 대한 과도한 평가에 치우쳐 있었다고 볼 수 있다. 어쨌든 가족들과 그밖의 타자들은 경험자아의 정신에 충격을 줌으로써 자기 인식이 가능하도록 영향을 주고 있음을 확인할 수 있다. 「어둠의 혼」에서는 아버지의 죽음, 「건」에서는 형과 그 친구들의 위악적 행위, 『마당깊은 집』에서는 어머니의 행위와 거지, 실업자와 같은 거리의 타자들, 『고기잡이는 갈대를 꺾지 않는다』에서는 장석도라는 인물 등이 그러한 역할을 보여준다. 이와 같은 인물이나 사건들은 경험자아에게 깊은 흔적을 남김으로써 정신적인 각성의 계기로 작용한다.

---

213) 황종연, 「성장소설의 한 맥락」, 『문학과 사회』 34, 1996. 여름, 686쪽.
214) 황종연, 앞의 글, 690쪽. 이런 점에서 이 작품이 혼돈의 현실에서 희망 없이 던져진 한 소년의 성장의 정지를 확인할 수도 있을 것이다. 장경렬, 앞의 글, 90쪽.

제4장

경험의 서사화 방법

제3장에서는 유소년기 소설에 나타난 경험의 양상을 살펴보았다. 유소년기 인물들이 겪은 경험들을 살펴본 결과 그 양상을 몇 가지 항목으로 정리할 수 있었다. 그것은 전쟁을 전후한 시기에 살았던 인물들의 개별적이면서도 보편적인 경험 양상을 반영한 것이라 할 수 있다. 여기에서 확인할 수 있는 것은 경험은 개별자의 독특한 차원에서 이루어지는 측면도 있지만, 사회·역사적 차원과 무관하지 않다는 점이다.

서사적 측면을 고려할 경우 인물들이 겪은 경험은 다양한 방법으로 형상화된다. 이번 장에서는 경험들이 어떻게 서사화되는지 작품의 예를 들어 구체적인 방법을 살펴보고자 한다.

제1절 사건으로서의 서사적 관계 형성

1) 인물과 행위의 관계 맺기

경험을 사건으로 구성하는 방법을 모색하는 데 있어서 일차적인 관건은 경험을 어떻게 바라보느냐는 문제이다. 경험은 직접적으로는 포착할 수 없고 지나간 사건으로서 반성적으로만 포착할 수 있다. 더욱이 경험의 의미에 대한 우리의 파악은 언제나 본래의 풍부함과 깊이를 결코 완전히 포착할 수 없는 지나간 어떤 것에 대한 것이다. 왜냐하면 경험은 삶의 총체성과 얽혀 있고[215] 그것을 포착하는 것은 기억과 관련되어 있기 때문이다.

경험을 기억함으로써 그것을 반성적으로 모으듯이, 경험은 해석학적 의미를 끌어 모은다. 문학적 행위뿐 아니라 명상, 대화, 몽상 등 그 밖의 해석적 행위를 통해 우리는 경험의 현상들에 의미를 부여한다. 가령 나의 아들과 산에 오르는 일은 나의 삶 속에서 행해지는 행위와는 다른 이야기를 가능케 한다. 그것은 다른 행위와 구별되는 나의 경험이다. 그것은 나의 삶 속에서 반성적인 창작 행위를 통해 통일되고 의미있는 일이 된다.[216] 또한 그것이 이 사건을 고유한 것으로 만들며, 그것으로 인해 그 사건은 '나의 아들과의 등산'이라는 사건이 된다. 경험을 사건으로 포착하는 구체적인 방법을 모색하기 위해 다음 예문을 보자.

---

215) Max van Manen, *Researching Lived Experience*, 신경림 · 안규남 역,『체험연구』, 동녘, 1994, 57쪽.

216) 분명 그것은 일상의 다른 많은 일처럼 경험 주체에게 그냥 흘러가버리는 일일 수도 있다. 경험에 통일성과 의미를 부여하는 일은 인간의 의식적인 행위를 통해서이다.

위가 바라고 혀가 요구하는 거의 모든 것들을 나는 취했다. 욕망은 끝이 없었다. 그것은 흡사 광기처럼 나를 온통 사로잡고 있었다. 제동을 걸 수 있는 방법이라곤 아무것도 없었다. 종당엔 분별심도 사라졌다. 미친 듯이, 흡사 열병 환자와도 같이 나는 이곳저곳을 기웃거리며 다녔고, 그것이 입으로 처분할 수 있는 것이면 가리지 않고 닥치는 대로 취했다.(중략)

그러나 나를 절망케 한 것은 터질 듯한 그 포만감이 아니었다. 이제는 물 한 모금, 콩 한 쪽도 더 받아들일 수 없는 절대 수위인데도 불구하고, 그러나 기이하게도 여전히 남아 있는 그 욕망이 문제였다. 그 돈은 계속 새로운 먹이를 요구하고 있었다. 퍼내도 퍼내도 결코 다함 없는 갈증이었다.

보리개떡 같은 꼴을 하고 나는 어기적거리며 집으로 향했다. 한쪽 발목엔 터질 듯한 포만감을, 또 한쪽 발목엔 바닥 모를 절망감을 쇳덩이처럼 질질 끌면서였다. 울음이 끓어올랐다. 누나와 어머니의 얼굴을 나는 떠올렸다. 이 장남감 같은 도시의, 저 우스꽝스런 상자 속에서 그들은 나의 귀가를 기다리고 있을 것이었다. 가슴이 빠개질 것 같았다.

나의 행운은 이제 바닥이 나 버렸다고 나는 생각했다. 최후에 나를 기다리고 있었던 것은 역시, 변함 없는 재난이었다. 속이 빈 반합과 다시 빈털터리가 되어 버린 주머니와 그리고, 여전히 게걸스럽게 껄떡거리고 있는 굶주린 혼 외에 다른 아무것도 나는 가진 것이 없었다.[217]

'나'는 자신을 '굶주린 혼'으로 성찰한다. '나'는 이 성찰을 통해 자신을 객관화시킬 수 있었다. 이 성찰이 있기까지 욕망의 포만감과 동시에 절망감을 느끼는 '나'가 있었다.[218] 그것은 구걸하고 개에게 물리고, 예상치 못한 돈을 획득하고 음식을 섭취하는 '나'의 행위를 통해 나타난 것이다. 그로 인해 그는 일생을 압축해 놓은 듯한 행운과 액운의 사

---

217) 이동하, 「굶주린 혼」, 앞의 책, 77쪽.
218) '나'는 이 사건 속으로 누나와 어머니를 끌어들인다. 그들은 경험자아에게 직접적인 영향을 끼치지는 않지만, 그들은 그에게 '가슴이 빠개질 것' 같은 고통을 갖도록 한다.

건을 경험하게 된다. 그렇다고 여기에서 논의된 것으로 앞에서 제시한 자신에 대하여 충분히 이해되는 것은 아니다. '내가 음식을 먹은 상황에서 포만감과 절망감을 느끼'는 것은 다른 사건과의 관계 속에 놓일 때 그 의미가 분명해지기 때문이다. 따라서 이야기 전체와의 관계 속에서 사건을 이해할 필요가 있다.

「굶주린 혼」은 전쟁이 끝난 후 가족에게 벌어진 일을 소년화자의 시각을 통해 서술하고 있다. 그것은 아버지가 장물 운반을 하다가 감옥으로 간 사이 민며느리로 팔려간 누이, 대리 가장의 역할을 떠맡은 '나', 자리에 누워 있던 어머니와 어머니의 죽음을 주요 사건으로 다루고 있다. 경험자아인 '나'는 언젠가 아버지가 돌아올 것을 기다리고 있다. 그러나 아버지를 감옥에서 면회한 후에 그는 그가 책임져야 할 어머니와 누나를 생각한다. 가장이 없는 집에 그는 자신이 대리 가장의 역할 즉 그의 가족에게 닥친 굶주림으로부터 벗어나게 해야 하는 책무가 주어진다. 그것은 '나'로 하여금 시장 바닥에서 푸성귀를 줍는 행위로 내몬다. 경험자아가 밥을 구걸하는 행위를 하는 것도 이러한 상황에서 나온 것이다.

> 배를 채운 대신에 누나와 내가 치른 대가는 결코 가벼운 것은 아니었다. 그날 하루종일 우리는 궤짝 같은 방을 단 한 발자국도 벗어나 보지 못했다. 소담스럽게 푸설푸설 떨어져 내리는 눈발이 우리를 유혹했지만 누나와 나는 꼼짝도 하지 않았다. 좁은 공간 속에 웅크리고 앉은 채 나는 참으로 오랜만에 아버지의 모습을 떠올렸다. 우리는 수인(囚人)이었다. 양심을 팔아먹은 아버지와 자존심을 거덜낸 그 아들은 똑같은 수인이었다.[219]

경험자아는 생존과 자존심의 싸움에서 생존에 짓밟힌 자신에 대하여 아버지와 다를 바 없는 수인이라 생각한다. 여기에 이르러 앞에서

---

219) 이동하, 「굶주린 혼」, 앞의 책, 74쪽.

제기한 문제들의 의미가 분명해진다. 그에게는 굶주림이라는 원초적인 생존권 문제가 있었고, 그의 포만감은 그가 부양해야 했던 가족으로 인해 절망감으로 변한 것이다. 이러한 자아를 두고 '굶주린 혼'이라 할 수 있다. 이처럼 사건은 그 사건과 의미상으로 연결되어 있는 다른 사건과의 관계를 통해 분명해진다.[220]

서술자아가 경험자아를 '굶주린 혼'이라 한 것은 자신의 과거 존재를 규정한 것이다. '굶주린 혼'으로서의 존재는 그것이 서술자아와 동일인인 이상 그의 존재론적인 뿌리이기도 하다. 이는 '나는 누구인가'라는 질문(서사적 문제의식)에 대한 서사적인 응답이라 할 수 있다. 작가가 현재의 자기가 있기까지 과거의 그러한 존재와 맞닿아 있다는 것을 의식함으로써 그것에 대면하여 자아정체성을 모색하려 했던 것이다.

이런 과정 속에서 그가 대면한 '굶주린 혼'으로서의 구걸행위는 경험자아인 '나'의 핵심 행위에 해당한다.[221] 이와 같이 사건을 파악하는 것은 특정한 상황 속에서 어떤 주체가 왜, 어떤 행위를 하는가를 사건들의 관계 속에서 이해하는 능력에서 나온 것이다. 그것은 아버지 부재로 인해 가족을 부양해야 했던 경험자아인 '내'가 심리적인 압박감에 싸여있던 상황 속에서 '구걸'이라는 '행위'를 하게 된 사건을 이해하는 것이다. 이러한 특정한 상황 속에서 일어나는 주체의 행위는 다른 주체의 행위와 관련되면서 주체와 행위의 관계망을 형성하는데, 한 편의 이야기는 바로 그러한 관계망의 설정 능력에서 창조되는 것이다. 이로 볼 때 '나'는 아버지 부재 상황에서 가족의 생존권을 도모하기 위해 내면

---

220) 따라서 이 서사물은 아버지의 부재와 그로 인한 가족의 수난의 사건을 다룬 것이라 할 수 있다. 가족들이 가난과 병으로 고통을 당한 것 즉 경험자아의 누이가 민며느리로 가고, 어머니가 죽게 된 것도 아버지의 부재와 관련된다. 그러므로 '나'의 구걸행위는 다른 사건들과의 관계 속에 놓일 때 그 의미가 선명히 드러난다. 그 사건은 경험자아가 겪은 핵심 모티프 가운데 하나라는 점에서 경험을 서사화하고 의미를 구성하는 데 중요한 역할을 한다.

221) 핵심 행위는 핵심 사건으로서의 모티프와 관련되는 바 모티프와 이야기 표현과의 관계는 제5장 2절 참조.

의 자존심에 맞서 누나와 함께 구걸이라는 행위를 했던 것이다. 주체와 관련된 이러한 행위가 다른 주체의 행위 즉 누나의 어쩔 수 없는 시집살이와 어머니의 죽음 등과 의미적 연관을 갖게 됨으로써 사건을 형성하게 된다.[222]

　　이만 서론하고 이제는 정말 하고자 했던 이야기를 늘어놓을 차례가 되었다.
　　국민학교 6학년 하반기의 어느 날이었다. 밤마다 된내기가 내려 식전에 보면 나무 밑에 가랑잎을 우북하게 쏟아 놓던 썰렁한 계절이었다.(중략)
　　선생이 말했다. 오늘부터 졸업할 때까지 한 반에서 공부를 하게 된 아이니 사이 좋게 지내라는 거였다. 선생은 새로 들어 온 아이의 좌석을 지정해 주었다. 내 옆자리였다. 한 책상 한 걸상을 쓰지 않을 수 없는 내 옆자리에 그 아이를 앉히던 것이다. 다른 아이들은 무심히 지나쳤다. 아니, 그 아이가 한 반이 된 게 신기한 표정을 짓는 아이도 있었다. 그런 애들은 모두 장터에 사는 애들이었다.
　　나는 무심할 수가 없었다. 선생이 그 아이를 내 옆자리에 앉힌 이유도 모르지 않았다. 단순히 중학교 입시 준비로 들온 아이므로, 학과 공부에 뒤쳐지지 않는, 특히 기억이 뛰어난 아이 곁에 앉혀야 그 아이에게 도움이 되리라는 것, 그것은 내 눈치로도 이내 알 수 있던 일이었다.(중략)
　　나는 그날부터 그 학교를 졸업하는 날까지 몇 달 동안, 새로 들온 아이에게 말마디 한 도막 건네려 하지 않았다. 새로 들온 아이도 마찬가지였다. 중학교에 입학하고 달포쯤 지난 어느 날, 군청에 무엇인가를 알아 볼 것이 있어 군청에 들렀던 나는, 애국지사의 아들로 대우받았던 그 아이가 입시에 실패하자 곧 군청 사환으로 특채된 사실을 발견하였다. 나와 그 아

---

222) 이는 단순한 일련의 행위 문장과 구별되는 이야기의 특성이다. 따라서 이야기는 행동의미론의 개념망을 넘어서서 통사적 특성들 즉 서술적인 담론 구성의 문제와 관련된다. 주체의 행위와 관련된 것들은 계열체적 질서에 속하고, 그것을 줄거리로 엮어 가는 것은 통합체적 질서에 속한다. 서사적 이해력이란 바로 행동의 의미론을 구성하는 개념망과의 친밀성과 이야기의 통사적 질서를 지배하는 구성 규칙들과의 친밀성을 의미한다. P. Ricoeur, 앞의 책1, 132쪽.

이는 부러 소 닭 보듯, 아니 냉연히 외면함으로써 경계를 풀지 않았다.[223)]

　인용한 부분은 '졸업하는 날까지 말 한 마디 하지 않은 사건'을 다루고 있다. 우리의 학창 시절을 돌이켜 보면 다른 학교에서 자기 학급으로 전학 온 학생을 종종 보아오곤 하였다. 그 경우 반 친구들은 전학 온 학생을 두고 무심히 지나치거나 호기심을 갖고 접근하였다. 대개의 경우 처음에는 서로 탐색을 하다가 친해지는 것이 일반적이다. 더군다나 전학 온 학생과 옆자리에 앉게 되는 경우 이내 친해지는 것이 보통이다. 경험자아인 '나' 역시 '무심'(無心)하지 않고 그 학생에 대하여 알아본다. 그러나 졸업하는 날까지 말 한 마디 하지 않고 지내는 사이가 된 것이다. 왜 그랬을까? 그 일 자체만으로 그 사건을 이해할 수 없다. 따라서 우리는 이 사건을 온전히 이해하기 위해서는 다른 사건들과의 관계 속에서 파악해야만 한다.

　이 서사물에서 서술자아는 앞에서 했던 많은 이야기들을 두고 도입글(서론)이라 한다. 그리고 나서 정말 하고자 했던 경험 이야기를 한다면서 이야기를 시작하고 있다. 이는 서술자아가 진정으로 하고 싶었던 이야기이자, 그가 그 자신의 정체성을 탐색하기 위해 대면했던 가장 중요한 사건 가운데 하나임을 밝힌 것이라 판단한다. 그렇다면 그가 대면한 경험이란 무엇인가. 그것은 경험자아인 '내'가 졸업하는 날까지 전학 온 친구와 말 한 마디 하지 않은 사건이다. 서술자아가 밝힌 진정으로 하고 싶은 이야기는 국민학교 6학년 하반기 어느 날 낯선 아이가 '나'의 학급에 나타나 '나'의 짝이 된 사건에서 시작한다. 짝이 된 그 아이에 대한 '나'의 관심은 그의 정체를 알게 되면서 원수의 관계에 있음이 밝혀지고 그것은 졸업할 때까지 말을 하지 않은 관계로 이어진다. 따라서 어떻게 해서 그들은 원수의 관계에 놓이게 되었는지를 밝히는 일이 이

---

223) 이문구, 「남의 하늘에 붙어 살며」, 『나』1, 청람, 1987, 148~150쪽.

야기에서 전개된다. 새로 들어 온 아이는 빨갱이들의 인민재판에서 타살된 전직 기관장의 아들이었다는 사실, 9·28 수복이 되자 그 식구들은 분풀이를 하기 위해 '나'의 집에 쳐들어와 당시에 열 살이었던 나를 찾았다는 사실, '내'가 달아나고 없자 그들은 '나'의 집 세간살이를 박살내고 곡식 따위를 약탈해 갔다는 사실, 그때 그 사람들 틈에 바로 '그 아이'가 끼어 있었다는 사실 등이 서술된다. 이로써 나와 그 아이와의 말 없이 지낸 사건은 이해가능한 사건이 된다. 이는 주체와 행위의 관계로 형성되는 경험 사건들의 여러 요소들의 관계망을 이해하고 그것을 재구성할 수 있는 능력에서 창출된 것이다. 그런데 그가 그 나이에 겪은 사건은 고통의 경험이었음이 밝혀진다.

> 그 아이와 한 자리에 앉아 조금도 굽죄거나 주눅들지 않고 버틴 그 몇 달 동안, 그것은 내가 이 나이 먹도록 두 번 다시 겪어 보지 못할 만큼 가장 참담한 고통이었으며 광야의 시련기였다. 뿐만 아니라 평생을 두고 내게서 떠나지 않고 나를 지배하게 된, 오늘날의 이 오죽잖고 시원찮은 성격으로 굳혀 준 결정적인 계기이기도 했다.224)

그 아이와 지낸 몇 달 동안이 '나'에게 가장 '참담한 고통'이자 '광야의 시련기'였으며, 오늘날의 '나'의 존재를 규정하는 결정적인 사건이었음이 밝혀진다. 이로써 '내'가 대면한 사건과 현재 '나'의 실존적인 토대가 어떤 것이었으며, '나'의 가장 중요한 정신적인 상처가 무엇인가가 밝혀진다.

이상의 논의를 통해 볼 때, 경험을 사건으로 구성한다는 것은 인물(행위주체)이 어떤 맥락적 상황에서, 왜(동기), 무엇을 향해(목표), 누구와 함께(혹은 맞서-타자와의 상호작용) 행위하는가에 대한 관계망을 서사화한다는 것을 뜻한다.225) 이는 인물과 행위 그리고 그들의 관계를 통해 사

---

224) 이문구, 앞의 글, 150쪽.

건이 구성되는 것을 의미한다. 사건은 이야기 주체의 문제의식에서 비롯되는 바, 중심 사건은 이야기의 구성과 의미 형성에 영향을 주면서 크고 작은 사건으로 분화되어 관계 속에 놓인다.

2) 경험을 줄거리로 구성하기

주체와 행위의 관계망으로 구성된 사건들은 줄거리를 통해 한 편의 이야기로 만들어진다. 앞에서 살폈듯이 주체들이 경험한 것들은 죽음, 폭력, 가난 등과 관련된 사건들이다. 물론 한편의 이야기 속에서는 이밖에 많은 사건들이 전개된다. 그런데 사건들은 이야기 속에서 보다 큰 사건 속에 포함되기도 하고, 사건은 여러 하위 사건들로 구성되기도 한다.226)

사건은 주체와 세계(타자)의 관계 속에서 형성된다 할 수 있다. 행위 목표를 향해 나아가는 주체는 줄거리가 구성되어감에 따라 세계와의 관계 속에 존재하게 된다. 그러므로 인물은 이야기의 처음, 중간, 끝에 따라 그 존재 양상은 달라질 수밖에 없다. 특히 이야기의 종결 부분은 이야기의 사건을 마무리하는 지점이라는 점에서 이야기의 의미를 형성하는 데 중요한 역할을 한다.

이 글의 대상 작품들은 자기의 경험을 사건으로서 다루되 과거의 유

---

225) 이러한 견해는 앞에서 확인한 바 있듯이 P. 리꾀르와 M. 존슨, G. 들뢰즈 등의 논의에서 공통적으로 언급된다.

226) 사건들의 결합 원리를 검토한 리몬-케넌은 시간적인 연속이 사건들의 결합원리라고 주장한 바 있다. 일반적으로 사건 결합의 주요한 두 원리를 인과 관계와 시간적인 연속에서 찾는다. 그녀는 인과율과 종지(즉, 완결감)가 이야기의 흥미있는 자질이며, 이야기로서의 질적 판단의 기초가 되는 자질이라는 것을 인정한다 하더라도, 일단 하나의 이야기를 형성하는 데 있어서 최소 요건으로서는 시간적 연속성만으로 충분하다고 주장한다. 이러한 주장의 근거로 인과 관계는 흔히 시간성과 겹쳐질 수 있다는 것과 인과율과 종지를 이야기의 필수 요소로 한다면 우리가 직관적으로 이야기라고 인정하는 많은 사건의 집합들이 이야기라는 범주에서 제외되지 않을 수 없다는 것을 들고 있다. S. Rimmon-Kenan, *Narrative Fiction*: Contemporary Poetics, 앞의 책, 33~38쪽.

소년 시절의 경험을 서사화한 것과 과거의 경험뿐 아니라 현재의 자아의 경험까지도 다루고 있다. 전자는 과거의 경험자아가 대면한 경험 사건 자체의 제시에 치중되어 있지만, 후자는 과거의 사건과 현재의 자아의 관계에 초점이 놓여 있다. 전자는 대개 역사적 사건에 대한 관심과 그 경과를 파헤치기보다는 어린 시절의 경험과 그로 인한 존재론적인 수난과 고통이 서사화되어 있다. 그러므로 자기 경험 사건을 부각시키는 방식으로 줄거리가 구성된다. 후자는 과거의 경험 사건을 다루되 현재의 자아의 존재 근거를 지속적으로 문제삼음으로써 과거 자신의 삶의 역사적 조건과 현재 자아의 존재론적인 뿌리를 탐색하는 방식으로 줄거리가 구성된다.

(1) 사적 경험의 전경화

이 유형에서는 자아가 경험하는 사건들이 주로 개인이나 가족과 관련된 영역에 국한된다. 따라서 역사적 사건이나 세계의 의미를 탐구하는 것보다 그것이 자아에게 주는 상처나 그로 인한 자기 인식에 초점이 놓여 있다. 설령 역사적 사건이 서사 속에 들어온다 해도 그것은 원경으로 물러나고 그로 인한 가족이나 나의 수난 경험이 전경화된다. 이 유형에 속하는 작품으로 「건」, 「장마」, 「어둠의 혼」, 「기억 속의 들꽃」, 「굶주린 혼」, 「유년의 뜰」, 「술래 눈뜨다」 등을 들 수 있다. 이야기에는 사건이 진행됨에 따라 자아와 세계의 갈등 양상과 그 지향점이 드러나기 마련이다. 그것들은 각각 행위주체에 따라 사건 계열을 형성하고 의미를 구현한다. 따라서 사건이 계열을 이루면서 서사화되는 측면에 초점을 두고 줄거리 구성의 방법을 살펴보고자 한다.

① 인물의 대립과 화해의 도식

이 유형은 이야기의 줄거리가 인물의 갈등으로 인한 대립으로 진행되다가 종국에 가서는 화해로 끝나는 구조로 되어 있다. 「장마」는 국군으로 간 외삼촌의 사망 소식이 전해지면서 시작한다. 이로 인해 외할머니의 빨갱이에 대한 저주가 이어지고, 빨치산을 둔 할머니와 급기야 갈등 관계에 놓인다. 우리 근대사에서 빚어진 이데올로기의 대립이 한 가족을 앗아가고 가족의 갈등과 고통으로 이어진 것이다. 빨치산을 둔 '나'의 가족들은 국가 지배 권력으로부터 폭력을 당하고, '나' 역시 '순사'에 의해 폭력의 대상이 된다. 따라서 「장마」는 이데올로기의 대립에서 파생된 근대사의 풍파 속에서 한 가족의 수난과 고통의 이야기라 할 수 있다. 그러나 「장마」는 인물의 대립과 갈등을 해소할 수 있는 장치를 마련하고 있는 바, 그것은 삼촌의 현신이라 믿는 구렁이를 외할머니가 맞이하고 배웅하는 의식을 통해서이다. 그리하여 할머니와 외할머니의 갈등은 해소된다. 작가는 국군과 빨치산으로 상징되는 이데올로기의 대립을 샤머니즘의 세계로 해결하고 있다. 할머니와 외할머니 사이에 형성되었던 감정의 골은 샤머니즘의 의식을 통해서 해소된다. 반근대적인 샤머니즘이 근대적인 이데올로기의 갈등을 해소하고 감싸는 놀라운 힘을 발휘한 것이다.[227] 이를 두고 많은 논자들은 이데올로기 갈등의 해소 방안에 주목한 바 있다. 이러한 해결의 모색은 내적 형식으로 형상화될 수밖에 없는데 작가의 역사에 대한 인식과 전망이 맞물려 있기도 하다. 전쟁 혹은 이데올로기의 대립이 근대적인 이성중심주의에서 비롯됐다는 비판적 입장에서 본다면 이러한 반근대적인 해결은 의미있는 방책이 될 것이지만, 근대적 이성의 합리적 힘을 믿는 입장이라면 그것은 전근대적인 방식에 지나지 않을 것이다.

할머니와 외할머니와의 갈등이 해소되면서 '나'의 삼촌에 대한 발설로 인해 빚어진 '나'와 할머니의 갈등도 해소된다. 그러나 문제는 가족적인 차원에서의 화해가 성립된다 할지라도,[228] 여전히 국가 권력의 포

---

227) 김윤식·정호웅, 앞의 책, 452쪽.
228) 이는 「장마」의 가족주의적 이데올로기의 한계로 지적되기도 한다. 최인자, 「성장소설의 가족이데올로기 비평」, 앞의 책, 127~140쪽.

악성이 존속하고 있다는 점이다. 언제든지 국가 권력으로부터 동심이 훼손되고, 그리하여 가족들이 수난과 고통을 당할 수 있는 상황에서 '나'와 할머니의 갈등의 해소는 비현실적일 수 있다.[229] 그러나 소년인 나의 행위에 대하여 할머니가 혹은 가족들이 할 수 있는 일이 무엇인지를 생각해봐야 할 것이다. 「장마」가 유소년기 경험 세계에 충실하게 이야기를 전개하고 있는 것도 바로 세계가 자아에게 주는 폭력성과 그로 인한 존재의 고통을 드러내기 위한 전략이라 할 수 있다.

② 사건을 통한 자아 각성의 종결 구조

이 유형은 경험자아의 삶 속에서 이루어진 가족의 붕괴나 위악적인 세계로 인해 자아가 고통을 겪으면서 실존적인 자각에 이르는 줄거리로 구성된 이야기이다. 여기에는 「유년의 뜰」, 「어둠의 혼」, 「건」 등이 있다.[230]

자아 각성이 자기 처지에 대한 실존적인 인식과 관련된 작품으로 먼저 「유년의 뜰」[231]을 들 수 있다. 「유년의 뜰」에는 한국전쟁의 와중에

---

229) 「장마」 역시 소년 화자를 등장시켜 분단문제를 다룬 다른 소설의 문제를 안고 있다. 「장마」는 초등학교 3학년인 '나'의 눈에 보이는 것을 그대로 이해할 뿐이다. 그는 그들이 겪고 있는 갈등의 근본 원인을 찾을 능력이 없다. 다만 그의 눈 앞에서 벌어진 사건들을 통해 자신에게 가해진 체험의 세계를 갖고 있을 뿐이다. 그러므로 소년화자의 '순진한 눈'이 갖고 있는 한계를 극복할 수 있는 방법은 상처받고 있는 성장기 소년의 체험을 보여주고 그것을 해결할 수 있는 전망을 내적 형식으로 획득하는 것이다. 졸고, 「분단 문제의 소설화 양상」, 『한국현대소설사』, 삼지원, 1999, 361쪽.

230) 아버지 찾기와 아버지 거부하기의 구조로 되어 있는 「술래 눈뜨다」의 종결 부분에서 서술자아는 경험자아의 행위에 대하여 의미를 부여한다. 즉 경험자아는 아버지가 살고 있다는 골목 입구에서 돌아선 채 바지에 오줌을 싸는 행위를 한다. 이에 대해 서술자아는 '그것은 우리를 거기에 보냄으로써 우리 남매에게도 이 세상에 아버지가 살아 있다는 것을 일깨우려는 어머니의 속셈이 터득되는 그런 조짐이었을 것'이라 추측한다. 이는 서술자아가 경험자아의 경험 속에서 그의 행위의 의미가 무엇인지를 경험의 서사 구성을 통해서 이야기하고 있다고 할 수 있다. 이런 점에서 「술래 눈뜨다」는 자아 각성의 구조라 할 수 있지만, 그러나 그 각성은 서술자아에 의한 추측에서 나온 것으로 '조짐'의 차원을 넘어서지 못하는 한계를 지닌다.

서 부재중인 아버지를 기다리며 외할머니, 어머니, 오빠, 언니 등과 함께 살아가는 노랑눈이의 눈에 비친 가족 수난의 삶이 형상화되어 있다. 결말에 가서는 전쟁이 끝나자 아버지는 "뙤약볕 아래 맥고모자를 쭈그러뜨려 쓴 남자가 거렁뱅이처럼 다리를 끌며" 나타나지만 이야기의 대부분은 아버지의 부재 속에서 이루어진다.[232] 노랑눈이의 눈에 비친 아버지의 부재로 인한 가족의 상황은 정상에서 일탈한 모습을 보이고 있다. 전통적으로 우리 사회는 가부장적 부부가족을 중심으로 가족을 형성해 왔다. 이런 제도 하에서 1950년을 전후한 한국 사회에서 가장으로서의 아버지는 사회적 생산에의 참여와 가족의 부양 의무와 함께 가족에 대한 지배 권력을 행사할 수 있었다.[233] 가장은 가족의 생존권과 질서 유지에 절대적인 영향력을 지녔다. 그러므로 아버지의 부재는 가족에게는 물질적인 결핍과 가족 질서의 붕괴를 가져올 가능성이 크다. 한

---

231) 「유년의 뜰」에 대한 기존의 연구는 주로 성장소설의 측면에서 이루어졌다. 이들 논의는 주로 결말 부분과 주인공의 각성을 단서로 성장소설로 다룬다. 그러나 김병익이 지적하고 있듯이 우리의 경우 개인적·내면적 성장을 유도할 문화요소가 희박하다는 점에서 서구적인 의미에서 성장소설로 보는 관점은 한계가 있다. - 김병익, 「성장소설의 문화적 의미」, 『세계의 문학』 6권 2호, 1987. 성장소설 혹은 이니시에이션 소설의 관점에서 「유년의 뜰」을 논한 논문은 다음 참조. 최현주, 유순자, 남미영 등의 앞의 글.

232) 오정희 소설에서는 아버지의 존재 자체가 없거나 무기력하게 제시된다. 남성들은 배경막 구실을 할 뿐 하나의 의미있는 행위항을 차지하지 못하는 것을 두고 부성거세현상과 관련지어 설명하기도 한다. 우찬제, 「텅 빈 충만」, 『오정희 문학 앨범』, 웅진출판, 1995.

233) 엥겔스는 『가족, 사유재산, 국가의 기원』에서 가부장적 부부가족의 특징을 다음과 같이 지적한다. (1)가부장적 부부가족은 사유재산의 발전과 함께, 그것을 확실히 자기 자신에 의해 태어난 아이에게만 배타적으로 물려주려는 요구와 함께 탄생했다. (2)이러한 가부장적 부부가족제도 하에서 결혼은 항상 정략 결혼적 성격을 지녔는데, 결혼의 목적이 사유재산을 보존하고 상속하기 위한 것이었기 때문이다. (3)여성은 반드시 정조를 지켜야 하는데, 사유재산을 상속할 아이가 다른 남자에 의해 생겨난 아이여서는 안 되기 때문이다. 반면, 적어도 관습적으로 다른 여자와 접촉할 권리가 남자에게 주어져 있었다. (4)여성의 가사노동은 공적 성격을 잃고 사적인 서비스가 되어 버린다. 여성들의 사회적 생산에의 참여가 배제된다. 이종영, 『생산양식과 존재양식』, 백의, 1995, 103~104쪽.

국전쟁은 수많은 가장으로서의 아버지를 전쟁의 희생물로 삼았으며, 그 결과 가족의 붕괴로 인한 수난과 고통은 전무후무한 일이 되었다.[234]

「유년의 뜰」은 가족이 벌이는 사건이 주축이다. 그것은 구체적으로 나와 아버지, 나와 어머니, 나와 할머니, 나와 오빠, 나와 언니, 나와 아버지 등의 계열로 구체화된다. 또한 이들은 각각 다른 계열의 주체들과 만남으로써 이야기의 줄거리를 형성해 간다.

이 작품에 등장하는 각 사건들은 보다 큰 사건으로 포섭되기도 하고 보다 작은 사건으로 분화되기도 한다. 가령 어머니가 화장을 하는 행위로서의 '화장'이라는 사건은 '빗질'이라는 사건과 '거울보기'라는 사건 등의 하위 사건을 거느리고, 그것은 어머니의 '바람피우기'라는 사건으로 포섭되기도 한다. 또한 그것은 '오빠가 영어책을 읽는' 사건과도 관계를 맺고 있다.

동종서사의 특성상 경험자아의 시선에 포착된 사건들이 서술되기 때문에 어떤 사건이든지 경험자아가 연루되지 않을 수 없다. '나'와 관련된 행위와 사건은 '어머니의 밥을 훔쳐먹기, 아버지를 감각적으로 기억하기, 아버지의 귀환에 불안과 두려움 갖기, 부네의 방을 보면서 서러운 느낌 갖기, 어머니의 지갑에서 돈을 훔치기, 아버지가 학교에 찾아오기, 서러움의 눈물 흘리기' 등이다. 그것은 '나와 어머니', '나와 부네', '나와 아버지'의 계열을 형성한다. '나와 어머니'의 계열에서는 밥과 돈을 훔치는 행위가 핵심이다. '나와 부네'의 계열에서는 골방에 갇힌 부네의 삶에 대한 '나'의 관심과 동정을 보여준다. "나는 잦아드는 부네의

---

234) 한국 근대사에 있어서 아버지란 존재들은 거의 부재했다고 할 수 있다. 일제 강점기와 한국전쟁을 거치는 동안의 아버지들의 모습이란 상황에 매몰되거나 상황으로부터 유리된 존재들이었다. 그 상황이란 이미 아버지들을 정상적인 가부장으로 존재하게 할 수 없는 불가항력의 것이었기 때문이다. 이러한 부권부재의 상황은 인류의 근대화 과정에서의 보편적인 양상이면서도 우리에게는 보다 복잡하면서도 특수한 문제이기도 하다. 갑작스런 근대화와 서구화의 물결, 일제의 강점과 수탈, 독재 권력의 등장 등은 아버지가 아버지로서 제대로 역할을 해낼 수 없는 우리만의 특수한 상황이었던 셈이다. 최현주, 앞의 책, 70~71쪽.

방을 보면서 이유를 알 수 없는 서러움이 가슴에 차 오르는 것을” 느끼고 “몸의 근육을 조금도 긴장시키지 않고 축 늘어뜨리고 불룩 튀어나온 배와 작고 주름진 가랑이를 물끄러미 보며 나는 까닭 없이 흐느”낀다. ‘나와 아버지’의 계열은 아버지는 감각 속에 남아 있는 확실히 기억할 수 없는 존재이다. 그러한 존재의 귀환을 ‘나’와 ‘우리’는 불안감으로 맞는다.

> 아버지는 내게 연약한 넓적다리, 혹은 발목을 잡던 악력(握力), 막연히 따스하고 부드러운 것, 보다 커다란 것, 땀으로 젖어 있던 등허리로 남아 있었다. 그러나 이 모든 기억 역시 내 상상이 꾸며 낸 더 먼 꿈속의 일은 아니었을까.[235]

> 창 밖으로 내다보이는 신작로 길, 뙤약볕 아래 맥고모자를 쭈그러뜨려 쓴 남자가 거렁뱅이처럼 다리를 끌며 지나갔다. 더위 때문인가, 아니면 낮술에 취해 있는 걸까, 벌건 얼굴의 키가 훌쩍 큰 남자였다. 어느 순간 나는 그와 눈이 마주친 것 같기도 했다. 그는 줄곧 무엇인가 찾아내려는 듯 열린 창문마다 찬찬히 살피며 걷고 있었던 것이다.[236]

나에게 ‘감각’으로만 남았던 아버지는 가족에게 초라한 모습으로 귀환하고 있다. ‘나’는 마침내 아버지의 귀환하는 모습을 보고, ‘까닭 모를 서러움’을 느낀다. ‘나와 아버지’의 계열을 통해 아버지에 대한 기억과 귀환, 그리고 나의 감정의 의미가 드러난다. 그러므로 각 계열들은 ‘훔치기’, ‘서러움’이라는 의미소를 지닌다. 소녀가 어머니의 돈과 밥을 훔치는 행위는 이러한 서러움의 대리 충족의 행위라고 해석한다면, 이들 전체를 아우르는 핵심 의미소는 ‘서러움’이라 할 수 있다. 이 작품이 어머니와 오빠 사이에 조성되는 긴장에서 출발해서 가족들의 일그러진 삶

---

235) 오정희, 「유년의 뜰」, 앞의 책, 413쪽.
236) 오정희, 「유년의 뜰」, 앞의 책, 422쪽.

을 지나 경험자아의 감정의 '서러운' 폭발로 끝맺는 것도 이것과 무관하지 않다.

이 이야기가 전개되는 추동력은 경험자아가 자신의 삶 속에서 우러나온 서러운 감정의 근원을 밝히고 자기 존재의 모습을 인식하는 데 있다. 이 이야기가 철저하게 과거 경험자아의 시간과 사건으로 채워진 것도 이와 무관하지 않다. 「유년의 뜰」에는 아버지의 부재로 피난민인 한 가족의 붕괴와 수난, 그로 인한 고통, 그리고 그것에 대한 실존적인 자각의 가능성이 사건 계열화를 통해 이야기된다.

「어둠의 혼」은 아버지가 경찰에 잡혀 죽게 될 것이라는 소문으로 시작하여, '나'의 아버지에 대한 기억, 어머니와 가족의 수난, '나'의 어머니 찾기, 아버지의 죽음 확인, 그리고 나의 각성으로 사건이 진행되어 있다. 아버지의 죽음과 관련된 시작과 끝 사이에 아버지에 대한 기억과 아버지 부재에서 오는 가족들의 수난과 고통의 사건들이 전개된다. '나'에게는 이 년 넘게 집에 없었던 아버지의 행위는 요술로 보인다. 화자는 그 요술을 깨닫기도 전에 아버지가 죽는다는 게 슬플 뿐, 굶주림이라는 더 큰 괴로움에 직면해 있다. 그래서 이 소설은 아버지(배용범)와 굶주림에 대한 이야기로 이어진다. 아버지와 굶주림의 계열이 '나'의 어린 시절의 이야기를 구성한다. 아버지로 인해 어머니를 비롯한 분임이, 나와 분선이 등 가족들은 폭력과 굶주림의 수난을 당한다. '나'는 식량을 구하러 간 어머니를 기다리다 굶주림에 지쳐 어머니를 찾아 나선다. 그러는 도중에 화자는 아버지와의 추억을 회상한다. 이야기의 결말에 이모부는 '나'에게 아버지의 시체를 확인시켜준다. 아버지의 시체를 보고 화자는 다음과 같은 두려움과 깨달음에 도달한다. 깨달음의 내용은 '안개 속 같은 세상', '수수께끼 같은 세상'을 살아가기 위해 필요한 용기와 극기이다. 따라서 수난과 고통의 의식에서 출발한 '내'가 도달한 지점은 용기와 극기의 필요성에 대한 깨달음이다. 이런 점에서 「어둠의 혼」은 고통 경험 사건에서 깨달음의 경험 사건에 이르는 줄거리를 가진 이야기라 할 수 있다.

「건」은 빨치산의 습격으로 인한 시가지의 풍경을 제시하는 데서 시작해서, 방위대 본부 지하실에 얽힌 추억, 빨치산 시체 확인과 느낌, 무서운 음모에 가담하는 일로 줄거리가 구성되어 있다. 이 소설이 자아 각성의 구조로 읽힐 수 있는 것은 음모에 가담하는 자기의 행위에 대하여 '자라난다'는 의미를 부여하고 있기 때문이다. 그러나 그것은 행위에 대하여 겉으로 표현된 성장의 의미보다는 그러한 위악적 행위에 가담할 수밖에 없는 자신의 존재론적인 상황을 제시한 아이러니라 할 수 있다.

③ 대상 추구와 거부의 대립적 구성

「술래 눈뜨다」는 '나'와 누나가 아버지를 찾아가는 장면에서 시작하여 아버지에 대한 회상과 아버지가 세 식구를 버린 일, 그리고 아버지가 사는 집근처에서 아버지를 만나는 일을 거부하는 일로 구성되어 있다. 「술래 눈뜨다」에서 '아버지 찾아가기'가 서사의 시작과 중간이라면 '아버지 찾기 거부하기'는 서사의 종결에 해당한다. 그것은 아버지로 인해 받을 수밖에 없는 고통스런 삶의 경험 곧 배신감으로 인한 고통의 이야기이다.

해방 후 좌우익의 갈등 속에서 붉은 완장을 찬 사람들에게 재산을 빼앗기고 아버지의 강압으로 할아버지 집에서 쫓겨나야 했던 나의 일가족은 산 속에서 숨어 살 때 만난 여자와 잠적한 아버지를 추적하는 떠돌이 생활을 시작한다. 아버지가 일본에서 돌아오기 전부터 어머니는 '너희들 아버지는 훌륭하신 분'이라는 말을 귀에 못이 박히도록 함으로써 '우리 남매는 아버지만 생각하면 저절로 가슴이 부풀어올랐다.' 아버지는 독립 운동을 하다 잡혀간 적이 있으며, 해방 후에는 좌익 활동에 뛰어든 인물이다. '아버지가 그처럼 어렵게 찾아낸 크고 위대한 것이 우리들에게서 아버지를 빼앗아갔던 것이다.' 그러던 그에게 어머니의 아버지 찾기라는 집념은 불가사의한 것이 된 것이다. 절대적인 존재였던 아버지로부터 가족이 쫓겨나야만 했던 소년주체가 느꼈던 것은 배신감이었다. 어머니에게 길들여진 인물들은 어쩔 수 없는 아버지 찾기에 나서고 종국에는 '아버지 찾기 거부하기'를 반복한다. 그것은 자신의 존재 근거, 즉 아버지의 존재 의미를 찾고 온전한 가족을 이루기 위한 필사적인 반복 행위이다. 이러한 보여지는 '나'로서의 경험자아의 행위는 보는 '나'로서의 서술자아를 통해 그 의미가 규정된다.

이 장에서 논의한 바를 정리하면 다음과 같다. 「장마」는 소년의 눈에 비친 인물들의 대립과 화해의 구조로 이야기가 전개된다. 인물들의 대립의 근원에는 이데올로기가 자리잡고 있으며, 그로 인해 가족들이 고통을 당하고 급기야 가족 내부의 갈등으로 비화되지만 그 갈등은 샤머니즘적인 방법으로 해소된다. 「유년의 뜰」, 「어둠의 혼」, 「건」 등은 아버지가 없는 상황에서 자아의 삶의 경험들을 줄거리로 삼고 있다는 점에서 공통점이 있다. 그러나 「유년의 뜰」에서는 아버지 부재 상황에서 그로 인한 고통 속에서 살아가는 가족들은 아버지의 귀환에 대한 두려움 속에서 아버지를 맞이한다. 「어둠의 혼」에서는 아버지의 부재 상황이 끝내는 죽음의 상황으로 변한다. 경험자아가 어머니를 찾는 것은 굶주림을 해결하기 위한 행위이지만 실상은 아버지를 찾아가는 행위라 할 수 있다. 「건」은 아버지가 존재하는 상황에서 경험자아가 위악적인 행위에 가담한다는 점에서 이들 작품과 구별된다. 이들 작품들이 자아의 각성으로 종결되는 것은 이들을 자아 각성의 플롯으로 읽을 수 있는 단서를 제공한다. 그러나 이들이 터득한 자아 각성이란 '서러움', '조짐', '깨달음'의 감정 차원을 넘어서지 못하고 있으며, 깨달음의 수준도 개인적 차원을 넘어서지 못함으로써 그 한계를 분명히 노정하고 있다 하겠다. 이러한 한계는 비록 자신의 경험을 유소년들의 순수한 눈으로 제시함으로써 얻을 수 있는 이점이 있다 해도, 경험자아가 아직 세상의 실상을 온전히 파악할 수 있는 성숙한 단계에 도달하지 못했다는 데서 기인한다. 경험과 그 경험을 서술하는 초점을 유소년에게 고정시킬 때 필연적으로 나타날 수밖에 없는 현상이다. 따라서 이러한 유형의 작품들을 평가하는 시각을 달리할 필요가 있겠는데 세계나 자아에 대한 유소년 인물들이 갖는 인식의 문제보다는 세계가 자아에게 가했던 위악성과 그로 인한 존재론적인 경험의 양상에 주목해야 할 것으로 판단된다. 이 유형의 소설들이 쓰여진 의도도 여기에 있다고 생각한다. 「술래 눈뜨다」는 아버지의 부재가 경험자아로 하여금 아버지를 찾아 나서게 하지만, 아버지를 찾는 문턱에서 아버지 찾기를 거부하는 대립적인 구조로 구성되어 있다.

(2) 서술자아의 개입과 경험의 객관화

앞에서 살펴 본 경험자아의 경험에 초점이 놓인 이야기와는 달리 경험자아와 서술자아의 역동적인 관계 속에서 경험 사건이 서술되는 유형이 있다. 이러한 유형은 경험자아가 현실 속에서 상처 입거나 각성하는 경험 세계 속의 자아에 초점이 놓이기보다는, 경험자아의 경험과 결부된 역사적 사건의 진실이나 세계의 실상과 현재의 자기 정체성이 과거와 연결되어 있음에 초점이 놓인다. 따라서 그러한 이야기 방식을 통해 세상의 실상과 존재의 의미에 대한 객관화를 시도하고 있다고 볼 수 있다. 이러한 유형에 속하는 작품으로 「순이 삼촌」, 『우울한 귀향』, 『노을』, 『고기잡이는 갈대를 꺾지 않는다』, 『마당깊은 집』 등이 있다.

① 여로형 구조를 통한 역사적 사건의 부각

이른바 귀향 형식으로 된 소설들은 현재의 인물이 어떤 계기로 고향에 가게 되면서 고향에서 이루어진 과거의 사건이 회상되는 형식으로 되어 있다. 고향에서 경험자아가 겪은 사건은 역사적으로 중요한 사건 현장의 실상을 보여준다. 귀향 자체가 여로의 형식으로 주어지기 때문에 공간 이동에 따른 사고의 자연스런 전개와 현재와 과거를 연결하는 매우 안정된 형식으로 작용할 수 있다. '여로형'은 소설의 본질을 반영하고 있는 것으로 가장 낯익고 안정된 형식이다.[237] 그렇기 때문에 우리 소설사에서 귀향 형식의 여로형 구조로 된 「순이 삼촌」, 『노을』, 『우울한 귀향』 등은 일정한 평가를 받고 있는 작품들이다. 『노을』은 귀향 형식으로 되어 있으면서 작품 구조가 과거와 현재의 병치로 되어 있어 독특한 구조로 되어 있다. 따라서 『노을』에 대한 논의는 항목을 따로 설정하여 논의하기로 하고 여기에서는 「순이 삼촌」, 『우울한 귀향』을 중심으로 살펴보고자 한다.

현기영의 「순이 삼촌」에서는 현재와 4·3무렵을 배경으로 나, 순이 삼촌, 길수, 현모 등의 이야기가 펼쳐진다. 이야기는 화자인 '나'가 할아버지 제사를 지내기 위해 8년 만에 고향으로 향하면서 시작된다. 그러니까 이 작품은 서울에서 제주로의 공간 이동 즉 귀향이라는 여로를 출발점으로 삼는다. 그의 고향으로 가는 행위는 "내게 고향이란 무엇이었나"를 묻는 것과 관련되어 있다.

> 내게 고향이란 무엇이었나. 나에게 깊은 우울증과 찌든 가난밖에 남겨 준 것이 없는 곳이었다. 관광지니 어쩌니 하지만 그것도 지역 나름이어서 나의 향리인 서촌(西村)은 이렇다할 관광자원도 없고 하늬바람이 몰아쳐 귤농사도 안 되는 한촌이었다. 적어도 내 상상 속에서 나의 향리는 예나제나 죽은 마을이었다. 말하자면 삼십 년 전 군 소개 작전에 따라 소각된 잿더미 모습 그대로 머리에 떠오르는 것이었다.[238]

서술자아에게 고향이란 '우울증과 찌든 가난'밖에 남겨 준 것이 없는 '죽은 마을'이었다. 군 소개 작전으로 '잿더미'로 변한 마을의 모습, 그것은 서술자아로 하여금 고향을 멀리 느껴지게 한 이유였다. 그러한

---

237) 김윤식·정호웅, 앞의 책, 446쪽. 이들은 「순이 삼촌」이 작품으로서 성공한 이유는 한 여인의 인고의 삼십 년을 견디는 모습을 통해 4·3사건의 아픔을 드러내었다는 점과, 그것은 소설 고유의 방법 곧 귀향 형식에 의거했다는 데 있다고 본다.
238) 현기영, 앞의 글, 266쪽.

고향을 찾아가는 행위가 비록 할아버지의 제삿날이라는 상황설정에서 시작되고 있지만 그것은 서술자아에 의해서 주도 면밀하게 계획된 것이다. 제주에 도착해서 서술자아는 친척들의 모습 속에서 8년이라는 시간의 흐름을 느낀다. 불현듯 떠오른 순이 삼촌을 계기로 그녀의 죽음이 확인된다. 순이 삼촌은 신경쇠약 증세를 앓다가 급기야 그것으로 인해 죽음(자살)에 이르게 된다. 자살의 근원적인 원인은 1949년 군에 의한 마을 소각과 집단 학살 사건이었다. 그녀는 학살당한 마을 사람들 속에서 살아남은 후 정신적 고통을 겪게 된 것이다. 그 사건이 있은 후 제사 때마다 마을 어른들은 소각 당시의 비참한 이야기를 되풀이했었다. 화자가 귀향한 그 날도 순이 삼촌의 죽음을 계기로 당시의 사건이 이야기된다.

> 우리는 한밤중의 그 지긋지긋한 곡성 소리가 딱 질색이었다. 자정 넘어 제사시간을 기다리며 듣던 소각 당시의 그 비참한 이야기도 싫었다. 하도 들어서 귀에 못이 박힌 이야기, 왜 어른들은 아직 아이인 우리에게 그런 끔찍한 이야기를 되풀이해서 들려주었을까?[239]

어른들이 소각 당시의 비참한 이야기를 왜 되풀이하는지를 어린 시절에는 알 수가 없었다. 이제 장년이 된 서술자아는 과거 비참한 역사를 반복하는 이유를 묻고 있다. 어른들이 했던 이야기를 이제 작가는 글쓰기를 통하여 반복하고 있는 것이다. 작가는 이 행위를 기록서사로 구성함으로써 구전으로 반복되고 있는 고향 어른들의 역사적 사건 서사를 객관화하고 있다.

「순이 삼촌」의 서술자아는 역사적인 사건 경험을 이야기함으로써 역사와 자신의 삶을 성찰하고, 역사 속의 사건의 진상을 밝혀내고자 한다. 그것은 순이 삼촌의 등장과 죽음을 계기로 시작된다. 제주도 부락민들이 5·10 선거 때 몇몇 공산주의자들의 선동에 선거를 보이콧했는데,

---

239) 현기영, 앞의 글, 278쪽.

이를 계기로 소개령이 내려 500여 명 이상의 양민들이 학살당했다는 이야기가 진행된다. 그 가운데 순이 삼촌도 끼어 있었는데 유독 순이 삼촌만 살아남아 그녀의 비극은 시작된다. 이렇듯 순이 삼촌을 계기로 풀어나간 고향에서 벌어진 역사적 사건은 경험자아들에 의해 그 실상이 드러나면서 객관화된다. 뿐만 아니라 그것을 계기로 자신은 '표절인생'을 살고 있으며, '자신의 인생'은 아니라는 인식으로 이어진다. 순이 삼촌을 중심으로 마을 사람들의 수난과 그에 대한 회상이 서술자아인 '나'의 정체성에 심각한 물음을 던지고 있음이 드러난다. 당시 일곱 살의 어린이가 겪은 참상이 현재의 나의 삶과 존재를 흔들어 놓고 있다. 서술자아는 일상 속에 묻힌 안정된 삶의 뿌리는 민족의 비극적 사건에 닿아 있음을 경험자아를 통해 확인하고 있다. 서술자아는 이야기 행위를 통해 역사적 사건과 그에 연루된 순이 삼촌의 죽음을 객관적으로 인식하게 된다. 작품 끝에서 '나'는 순이 삼촌의 죽음을 다음과 같이 정리한다.

> 그러나 오누이가 묻혀 있는 그 옴팡밭은 당신의 숙명이었다. 깊은 소(沼) 물귀신에게 채어 가듯 당신은 머리끄덩이를 잡혀 다시 그 밭으로 끌리어갔다. 그렇다. 그 죽음은 한 달 전의 죽임이 아니라 이미 30년 전 그 옴팡밭에서 구구식 총구에서 나간 총알이 30년의 우여 곡절한 유예(猶豫)를 보내고 오늘에야 당신의 가슴 한복판을 꿰뚫었을 뿐이었다.[240]

과거의 사건이 오늘에도 지속되고 있음을 서술자아는 인식하고 있다. 순이 삼촌의 죽음에 대한 인식이 자신의 삶과 무관할 수 없음을 인식한 것이다. 또한 나의 존재의 근거가 개인 차원에 멈출 수 없음은 집단 차원의 역사와 연결되는 부분이다. 서술자아는 현재의 존재 근원을 탐색하고, 지금의 '나'가 고립된 개인적 차원에서 형성된 것이 아닌 역사적 사건과의 관련 속에 있음을 확인하게 된다. 자아정체성이 구체적

---

240) 현기영, 앞의 글, 297쪽.

인 역사 속에서 이루어진 경험사건의 서사 구성에서 획득된다는 사실을
「순이 삼촌」은 말해주고 있다. 그것이 가능했던 것은 이 작품이 귀향
형식을 취함으로써 현재와 과거의 시공간을 넘나들며 사건을 구성하고
의미화할 수 있었기 때문이다.

　이동하의 『우울한 귀향』은 시골 출신 대학생이 어둡고 쓸쓸한 서울
생활을 떠나 고향 마을을 찾아가는 이야기에서 시작한다.[241] 새벽 서울
역에서 출발한 '나'는 기차로 열 시간 이상을 달려 '삼성'이라는 고향을
찾는다. 소설이 신춘문예에 당선되어 제법 유명세를 탄 '나'는 고향 친
구인 건호의 환대를 받는다. 그러나 그의 귀향은 "초라한 귀향"일 따름
이다. 그가 귀향을 하게 된 동기는 서울 생활에서 벗어나고 싶은 욕망
과, 서울에서의 고통스런 삶의 근원을 알아보고 싶다는 것 등이다. 이러
한 동기에서 출발한 이 소설은 과거를 회상하는 자아와 그의 추억 속에
떠오르는 과거의 인물들의 삶이 펼쳐진다. 그것은 순임·철이의 아버지
와 윤('나'), 순임, 철이 등에 대한 이야기이다. 현재의 서술자아의 이야
기와 서술자아의 회상 이야기가 교차로 전개되는 『우울한 귀향』은 어린
시절 10여 년의 기억을 더듬고 그것을 기록함으로써 "귀향의 의미"를
탐색하고자 한다. 경험자아 윤이 겪은 경험은 순임 집안과 철이네의 갈
등과 불화, 순임 아버지의 죽음과 철이 형의 은신, 삼촌의 입대와 귀대
로 이루어져 있다. 마을에서 두 채의 기와집 가운데 하나인 마을 한 복

---

241) 김치수는 『우울한 귀향』에서 과거의 추억을 되살리는 과정은 '잃어버린 시간'을
　　찾으려는 시간 속에 매몰된 나의 발견이라 생각할 수 있지만, 그러나 오히려 잃
　　어버린 시간은 과거의 아픔, 비극적인 과거의 삶에 지나지 않는다고 본다(김치
　　수, 「방황·고민하는 젊은이에의 해답」, 앞의 책, 419쪽). 유임하는 『우울한 귀
　　향』은 귀향 형식의 여로형 구조를 지닌 역사적 고통의 인식행로를 보여주고 있
　　는 작품으로 자아의 성장과 그에 따르는 '통과제의적 글쓰기'의 모습이 작품의
　　배면을 형성하고 있다고 본다(유임하, 앞의 책, 144~149쪽). 서준섭은 『우울한
　　귀향』이 본격적인 장편소설로서는 미흡한 점이 있지만, 자기인식의 방법으로서
　　의 소설 쓰기의 가능성을 보여준 작품으로 평가하고 있다(서준섭, 「이동하 또는
　　고단한 삶의 소설적 탐구, 『한국근대문학과 사회』, 월인, 2000).

판에 있는 집이 순임이네 집이다. 철이는 마을 앞 강 건너에 있는 물방 앗간에 산다. 순임이네와 철이네는 오래 전부터 싸워온 관계이다.

잘은 모르지만 원래부터 순임이네와 철이네는 사이가 좋지 않았다고, 서로 원수처럼 으르릉대고 걸핏하면 싸움을 했다고, 철이 아버지도 순임 이 아버지와 한번 대판으로 싸웠는데, 그때는 두 분이 어찌나 지독하게 싸웠는지 마을이 온통 수라장이 되었고 두 집 세간살이가 몽땅 부서졌다 고, 그렇게 사흘을 두고 싸운 나머지 순임이네는 사랑채를 불태워 버렸고 철이 아버지는 그 길로 시름시름 앓다가 끝내는 죽어 버렸다고, 누나는 그렇게 모호한 얘기들만 했던 것이다.[242]

이 장면은 철이 형이 순임이 아버지와 싸움을 벌인 일에 대하여 윤 의 누나가 한 이야기이다. 철이네와 순임이네 두 집안은 지주-소작 관계 이다. 철이네는 순임이네의 종으로 지내다가 분가하여 농사로 살아가지 만, 얼마 안 되는 밭마저 순임이네에게 빼앗긴다. 싸움의 실마리도 여기 에 있었다. 두 집안의 처절한 싸움은 결국 철이 아버지를 죽음에 이르 게 한다. 두 집안의 오랜 갈등은 전쟁을 전후해서 새로운 비극으로 치 닫는다. 순임이 아버지는 좌우익의 대립 속에서 결국은 죽는다. 그 결과 순임이가 중에게 시집을 가버리고, 철이가 마을을 떠나 버림으로써 두 가정은 파멸의 길로 들어선다. 윤이 선망의 대상으로 삼고 있었던 삼촌 도 강도질을 함으로써 윤의 기대를 저버린다. 결국 윤이 타자를 통해 확인한 것은 삶의 비극적인 모습이다. 그것은 곧 폭력이 지배하는 세계 에 대한 회상이며, 그때부터 그는 삶에 대한 희망 없이 살아가게 된 것 이다. 이 역사에 대한 허무감을 정신적 경험으로 소유하게 된 주인공은 인생을 비관적으로 바라보게 된 것이다.[243]

---

242) 이동하, 「우울한 귀향」, 앞의 책, 95~96쪽.
243) 김치수, 앞의 글, 420쪽.

한편 이 소설은 현재의 서술자아가 살고 있는 젊은이들이 왜 고민하고 방황하고 있는가에 대한 질문과 대답의 과정을 형상화한 것이라 할 수 있다. 나를 포함한 젊은이들의 정체성에 대한 응답을 과거에서 찾을 수 있다는 점을 이 소설은 말해준다. 그것은 잃어버린 시간을 회상하는 것과 관련된다. 서술자아는 이렇게 말한다.

> 이런 모든 일들은 오래도록 마을 사람들의 입에 오르내렸다. 그들은 흔히 <6·25가 있던 해에>, 혹은 <사변통에>, <그 북새통에> 하는 따위로 허두를 떼고는 그때의 갖가지 기억을 되살리곤 했다. 그러나 그 이야기들은 점점 빛을 잃고서 희미하게 꺼져들어 마침내는 하잘것없는 돌멩이 하나만큼의 무게도 지니지 못하게 되었다. 전쟁은 있었고, 그것이 있기 전에도 있었고, 또 그 전에도 있었다. 그러나 지금은 없는 것이다. 전쟁의 상흔은 군데군데 남아 있었지만, 그것은 이미 보이지 않는 저 깊숙한 수렁 밑바닥에 투영된 그림자일 뿐이었다. 그것을 다시 끄집어내어 침칠을 하려는 사람은 좀처럼 없었다.[244]

서술자아가 귀향을 통해 확인한 자신의 존재의 근원은 전쟁의 소용돌이와 무관하지 않음을 확인할 수 있었다. 그러나 사람들은 그들의 이야기로부터 점점 멀어져 '마침내는 하잘 것 없는 돌멩이 하나만큼의 무게도 지니지 못하게' 된 것이다. 자신의 존재론적인 근원 탐색이 '가장 긴 전쟁' 속에서 수난과 고통을 받았던 삶과 무관하지 않음을 보여준다. 그러나 고향 마을에서 벌어졌던 살육과 수난은 오랜 시간을 걸쳐 이어져 왔으며, 전쟁을 계기로 증폭되었을 뿐 아니라 변형된 형태로 잠복해 있다는 점을 주목할 필요가 있다. 이런 점에서 『우울한 귀향』은 귀향형식을 통해 민족사의 비극의 한 단면과 자아정체성의 근원을 탐색한 이야기라 할 수 있다.

---

244) 이동하, 앞의 책, 171쪽.

② 사건의 병치를 통한 정체성 확인

회상의 구조로 되어 있는 이야기는 필연적으로 회상하는 현재와 회상되는 과거로 분화된다. 더욱이 그 양상이 뚜렷할 경우에는 회상되는 이야기에 대한 회상하는 주체의 개입이 분명하게 나타난다.『노을』은 귀향 형식으로 되어 있으면서도 과거와 현재가 병치되어 이야기가 전개되고 있다는 점에서 특이한 구성으로 되어 있다.『노을』은 서술자아와 경험자아의 이야기가 교차되어 전개된다. 전 7장인 이 소설은 1, 3, 5, 7장은 중년화자인 '나'의 이야기로, 2, 4, 6장은 경험자아의 이야기로 구성되어 있다. 현재에서 과거를 회상하는 이러한 구조는 소시민으로서 과거의 기억을 잊어버리고자 하는 현재의 '나'와 해방공간에서 좌익에 가담하게 된 아버지와 가족, 그리고 동네 사람들의 삶을 체험한 과거의 '나'를 효과적으로 연결해 주고 있다.

『노을』은 주인공 갑수가 삼촌 별세 전보를 받고 귀향한 후 아버지 세대에 대한 이해와 분단 문제를 인식하여 가는 인물에 대한 이야기이다.『노을』의 1, 3, 5, 7장에 나타난 서술자아인 '나'의 이야기는 이렇다. 서울 낙성대 야산 20평 집에 살고 있는 '나'는 7월 하순 무더운 여름날 삼촌의 별세 전보를 받는다. 백정의 자식으로 태어난 '나'는 대입검정고시에 합격하고 회사 편집 보조원으로 있다가 정사원으로 발탁된다. 야간 대학을 다니다 마찬가지로 야간대학을 다니던 여자를 아내로 맞이한다. 서울 을지로 3가에 있는 우민출판사 편집부장직을 맡고 있는 '나'는 고향을 등진 지 29년 만에 부산을 거쳐 진영으로 향한다. 그곳에서 '나'는 마산에서 선생을 하고 있는 삼촌의 막내인 종호를 만나고 이중달의 유복자 치모를 만난다. 삼촌의 장사(葬事)를 치른 후 '나'는 한 달의 은폐 생활에서 태어난 동족상잔의 부산물인 치모와 대화를 나눈다. 그리고 치모와 '나'는 배주사의 아들인 배도수 집으로 가 배선생, 장태문, 이중달 등의 과거 행적에 대하여 대화를 나눈다. 그리고 그들은 아들을 만나기 위해 매일 빌고 있는 장태문의 어머니를 만난다. 치모는 통곡하는 그녀 앞에서 통일의 노래를 부른다. 그리고 '나'와 나의 아들 현구는 고향을 떠난다.

『노을』의 2, 4, 6장에 나타난 경험자아의 이야기는 이렇다. 국민학교 5학년인 소년의 눈에 비친 1948년을 전후한 고향집은 백정인 아버지의 폭력이 난무하고 어머니와 누나의 가출로 이어진 가난의 울타리였다. 한글도 제대로 깨치지 못한 아버지 '개삼조'(김삼조)는 인테리인 장선생과 배도수, 고추대장 이중달 등과 좌익활동에 가담하게 된다. 이들은 갑수집에서 거사를 모의한다. 그러나 이들이 일으킨 거사는 결국 토벌대에 의해 진압되고, 남은 생존자들은 산으로 도피하게 된다. '나'는 아버지를 따라 산으로 올라갔다가 북으로 가는 그들을 따라가지 않고 하산한다.[245]

현재의 나는 과거의 '나'가 경험한 비극적 사건들로 인하여 이러한 고향에서 겪은 과거를 잊고자 한다.

> 나는 고향을 버렸기 때문에 내려올 이유를 구태여 만들 필요도 없었다. 그러나 고향을 떠나 산 스물 아홉 해 동안 나는 하루도 고향을 잊어본 적이 없었다. 치모의 말처럼 고향을 잊으려고 노력해 온만큼 이곳은 나로 하여금 더욱 잊지 못하게 하는 어떤 힘을 지니고 있었다. 그것을 좌익 폭동의 상처라 해도 좋고 굶주림이라 해도 좋다. 그러나 그런 이유를 떠나서라도 고향은 오늘의 나를 있게 한 모태가 된 것만은 사실이었다. 인간은 누구나 두 군데의 고향을 가질 수 없으므로 나는 객지의 햇살과 비와 눈발 속에 떠돌면서도 뿌리만은 항시 고향에다 내리고 살아왔던 것이다.[246]

---

245) 서술자아에 의해 회상되는 경험자아의 세계는 아버지의 시대 속에서 이루어진 소용돌이가 어른들의 세대뿐 아니라 아이들의 세대까지도, 가족의 삶까지도 수난의 삶 속으로 떨어지게 하였다는 사실로 귀착한다.

246) 김원일, 『노을』, 『현대문학』 285호, 1978.9, 50쪽.

서술자아는 고향을 잊으려고 해도 그렇게 하지 못한다. 그것은 폭동의 상처와 굶주림에서 오는 고통에서 비롯된 것이라 판단할 수 있다. 자신의 존재의 근원이 바로 고향에서의 역사적인 수난사에 있음을 화자는 인식하고 있었던 것이다.

이런 점에서 본다면 귀향 과정에서 일어난 인식 자체가 역사에 대한 환멸에서 분단문제의 역사적 안목으로 이행되는 일련의 각성 과정이라는 데에 있다는 지적247)은 설득력이 있다. 그러나 서술자아의 분단 현실에 대한 인식은 사회역사적 관점에서는 미흡할 수 있다. 가령 현재의 '나'가 좌익분자 고추대장의 유복자 치모와 함께 배도수 집을 방문함으로써 화해를 모색한다거나, 장태문의 어머니 물금댁을 방문해서 '쉬 통일이 되겠'다는 말을 하는 경우가 그렇다. 이러한 화해는 「어둠의 혼」의 모습과는 다른데, 「어둠의 혼」에서 화자의 눈에 비친 노을은 "아버지의 하는 일을 떠올리게 해주고 어머니의 핏멍 든 얼굴을 생각나게" 하는 노을인데 반해, 『노을』의 중년 화자에 비친 노을은 "어둠을 맞는 핏빛 노을이 아니라 내일 아침을 기다리는, 오색 찬란한 무지갯빛"이다. 이처럼 '핏빛 노을'에서 '무지갯빛' 노을로 이어진 작가의 의식의 변화는 다분히 관념적인 수준을 벗어나지 못하고 있다고 지적될 수 있다. 분단문제에 대한 과학적 인식이나 전망은 단지 선언이나 관념의 토로에서 가능한 것이 아니기 때문이다. '개삼조'가 어떻게 좌익에 가담하게 되었으며, 왜 주인공은 화해를 모색해야 하는가, 분단문제의 진정한 근원은 무엇인가 등에 대한 문제를 정면으로 다루지 않는 한 그러한 한계를 벗어날 수 없다. 이러한 한계는 좌익을 바라보는 편향된 시각 즉 좌익을 인간성을 상실한 인물로 형상화한다거나, 민중의 위상을 지식인에게 이용당하는 존재로 본다거나, 폐쇄된 소년 화자의 시점 등으로는 극복할 수 없다는 지적으로 이어진다.248) 그러나 과거의 비극적인 사건들로부터

---

247) 유임하, 앞의 책, 155~156쪽.
248) 류보선, 「분단문학의 새로운 지평을 위하여-김원일論」, 『문학사상』, 1989.3.

자아정체성을 확인하고, 과거에 대한 인식을 새롭게 하고, 자신의 문제
가 주변에서 일어날 수 있는 모든 사람의 문제임을 인식하게 된 것은
이야기를 통해서 정립된 새로운 성과라 할 수 있다. 자신이 그토록 잊
고자 했던 고향에서의 삶을 귀향 형식의 여로형 구조를 통해 회상함으
로써 자아정체성을 이루는 근원이 고향에 있음을 확인하고, 고향에서
벌어진 역사적 사건을 객관화할 수 있게 된 것이다.

③ 경험의 의미화를 위한 이야기 차원의 분화249)

이 유형의 이야기에서도 서술자아의 현재와 경험자아의 과거의 이
야기가 이야기의 줄거리를 구성한다. 이 유형은 귀향형식이나 시간의
병치가 줄거리 구성의 주요한 장치로 쓰인다기보다 서술자아의 현재는
겉이야기로 구성되고 경험자아의 과거는 속이야기로 구성된다는 특징
이 있다. 물론 서술자아는 속이야기에서도 과거 경험 세계에 개입함으로
써 경험에 대한 다양한 반응을 보인다.

『고기잡이는 갈대를 꺾지 않는다』는 중년의 소설가인 '내'가 지난
여름의 일을 기억하면서 시작한다. 그것은 어느 날 윤성호라는 발신인
으로부터 어머니가 홀로 살고 있는 고향 마을의 사진을 받았는데 이를
계기로 서술자아는 과거 고향에서의 경험 세계로 들어간다.

> 나는 그곳에서 유년시절과 50년대에 이르는 그 암울하고 스산했던
> 소년시절 모두를 보냈다. 물론 유아기 때는 그것을 깨닫지 못한 터였지

---

249) 이야기 차원(narrative level)은 서사가 어떤 사건을 이야기하든 이 서사를 만들어
내는 서술 행위가 놓여진 차원보다는 이야기 구조에서 바로 한 단계 더 높은 것
과 관련된다. 이야기 속의 이야기는 중층 구조를 가진 여러 수준을 만들어내는
데, 이에 의해서 속에 든 이야기는 그것이 삽입된 이야기에 대해 종속 관계를 갖
는다. 이들을 분리시키는 것은 거리라기보다 서술하기 그 자체에 의해 재현된 일
종의 단층들, 즉 '차원'의 차이에 의해서이다. 첫번째 차원에서 수행되는 문학적
행위는 겉이야기(extradiegetic)라 하고, 첫번째 서사 안의 그것을 속이야기(intradiegetic)
라 한다. G. Genette, 앞의 책, 217~218쪽.

만, 뒤를 가릴 줄 알게 되고 말문이 트이기 시작하게 되면서 나는 매우
혹독한 굶주림에 시달렸다. 어른들은 그때 벌써, 허기를 잠으로 때울 만
치 일제 말기의 궁핍을 참아 가는 데 이골이 나 있었다.(중략) 내가 그러
했듯이, 우리들은 닥치는 대로 아무것이나 주워먹었다.250)

서술자아는 사진에 대한 이야기를 통해 자연스럽게 과거의 고향에
서의 자신의 삶의 이야기로 들어선다. 집근처의 풍경과 유년기의 삶에
대한 서술이 겉이야기에서 속이야기로 들어서는 부분에서 서술된다. 이
후에 고향에서 암울하고 스산했던 유소년 시절을 보낸 경험자아의 세계
가 펼쳐진다. 경험자아의 이야기는 어린 시절의 어느 날에서 시작하여
삼손이 마을을 떠나고 옥화가 죽은 대략 일년 정도의 기간에 일어난 일
이다. 경험자아가 겪은 사건들은 어머니의 품앗이와 외로움, 술도가 삼
손과 고두밥 이야기, 이발소 수채화 이야기, 거울의 발견, 이발소 주인
이 간첩으로 잡힌 일, 어머니가 경찰서에 잡혀 간 일, 옥화에 대한 이야
기, 교실 바닥 탐험 이야기 등이다. 이러한 사건들은 속이야기의 줄거리
를 구성하고 있다. 속이야기에는 서술자아가 곳곳에 개입함으로써 과거
의 경험에 대한 논평과 함께 유소년기 경험 세계가 아닌 다른 경험들을
삽입하고 있다. 그리고 삼손에 대한 후일담으로 유소년기 경험 세계에
서 벗어난다. 아우의 편지와 그의 죽음을 이야기하면서 경험자아의 시
점에서 과거의 유소년 시절을 이야기하는 것은 종료된다. 그리고 작가
후기에서 다시 서술자아는 이 이야기가 자신에게 사진을 보내 준 윤성
호 씨에 대한 회답이 되었으면 하는 바람을 서술한다.251) 이것은 경험
자아의 세계만으로 이야기가 구성되는 작품들과는 차이가 나는 지점이
다. 이 작품은 겉이야기에서 어떤 인간이 보낸 사진, 그 사진은 자신의

---

250) 김주영, 앞의 책, 13쪽.
251) 『고기잡이는 갈대를 꺾지 않는다』의 줄거리는 서술자아에 의해 현재의 자신의
    이야기와 과거 경험자아의 경험 사건의 세계가 분화되어 이야기의 구조를 결정
    하는 방식으로 구성되어 있음을 알 수 있다.

존재에 대한 질문의 역할을 하는데 그 물음에 대한 응답의 형식으로 제
시된 것이 속이야기라 할 수 있다. 따라서 자기 존재의 근원에 대한 탐
색을 통해 자기를 객관화하고, 정체성을 모색한 이야기라 할 수 있다.

『마당깊은 집』에는 1954년 4월 하순부터 1년 동안 대구 장관동에 살
았던 소년시절의 경험 세계가 이야기되어 있다. 이 소년시절을 회상하
는 서술자아는 중년의 문필가이다. 이 서술자아는 경험자아의 이야기를
회상하면서 그것을 현재의 '나'와의 관계 속에서 이야기를 진행한다.
1950년 서울 수복 직전 아버지와 헤어진 경험자아는 가족과 떨어져
1950년 11월 초 고향인 진영에 내려가 1954년 4월 하순에 대구에 있는
가족과 합류하기까지 볼목하니 노릇을 한다. 이야기는 진영에 있던 '내'
가 초등학교를 졸업하고 가족이 있는 대구로 오면서 시작한다. 이 소설
은 이렇게 시작하여, 마당깊은 집이 헐리는 이야기로 끝난다.

이 이야기 역시 성인이 된 서술자아가 유년기를 회상한 이야기이다.
그것은 자전적인 소설[252]로 상당부분 자신의 삶의 이야기를 담고 있다.
이 이야기는 「어둠의 혼」과는 달리 서술자아와 경험자아가 보다 분명하
게 나타난다. 뿐만 아니라 서술자아는 경험자아의 세계를 적극적으로
회상한다. 서술자아는 그 시절, 사람들의 모습을 선명히 기억하고 있음을
다음과 같이 밝히고 있다.

　　벌써 삼십 년 넘는 세월이 흘렀다. 우리 가족만 하더라도 그 사이에
　두 사람이 이 세상에 있지 않으니, 마당깊은 집에 살던 나이 많던 분들은
　얼추 세상을 떠났을 것이다. 그러나 살아 있는 사람들은 그 동안 어떤 모

---

252) 주인공을 비롯한 인물의 이름, 막내 아우의 사망 시기 등은 실제와 차이가 난다.
　　중학교에 입학한 시기도 1954년 6월인데 소설에서는 1955년 4월로 설정되어 있
　　다. 이에 대한 자세한 논의는 류보선, 「어둠에서 제전으로, 비극에서 비극성으로 -
　　김원일 문학이 걸어온 길」, 『작가세계』9, 1991년 여름호 참조. 이 소설을 자전적
　　소설로 보는 견해는 다음 참조. 김현, 『전체에 대한 통찰』, 나남, 1995; 우찬제,
　　「타자화된 자아의 글쓰기 - 김원일의 『마당깊은 집』 다시 읽기」, 『마당깊은 집』,
　　문학과지성사, 1999.

습으로 바뀌었는지, 이제는 길거리에서 만나도 알아보지 못할 많은 얼굴
이 떠오른다. 아니, 나이 많던 분들까지 그 시절 그 모습대로 고스란히 떠
오른다. 그만큼 당시 그 마당깊은 집에는 여러 가구가 휴전 직후의 어수
선한 세월을 함께 넘겼다. 내게는 그 집이 대구 생활의 첫 시작이었기에
비록 사람 수는 많지만 그 모습이 더욱 선명히 기억 속에 각인되었는지
도 모른다.253)

서술자아는 삼십 년도 더 지나간 시점에서 마당깊은 집의 시절을 회
상한다. 그 시절 사람들의 모습이 더욱 선명히 기억 속에 각인되어 떠
오른다는 점을 서술자아는 밝히고 있다. 이렇게 기억을 더듬어 과거 자
신의 삶의 모습을 이야기로 엮어간 것이 경험자아의 이야기이다. 기억
속에 각인된 경험들은 마당깊은 집에 사는 사람들과 그들의 삶, '나'의
신문 배달과 신문팔이, 어머니의 훈계와 매질, 가출, 동생 길수의 죽음,
미군들의 행태, 희망고아원 사건 등이다. 그런데 '나'의 과거 경험 사건
들은 끊임없이 현재의 서술자아에 의해서 조망되고 있다.

어머니는 무슨 일이든 힘든 일은 내게 시키고 그 이유는 이 집안 떠
맡을 장자란 데 있었다. 나는 장가를 간 뒤에까지 때때로 다리 밑에서 주
워온 자식이 아니면, 아버지가 다른 여자로부터 나를 낳아 집으로 데려오
지 않았을까 하는 의심을 잠재적으로 지니고 있었다.254)

내가 여자로 변할 수 없다면 어서 세월이 흘러 머리 허옇게 센 노인
이 되고 싶다고 내가 생각하기 시작한 것도 그날 아침 어머니 그 말씀
을 들었을 때부터였다. 군에 입대할 나이가 되었을 때는 그런 마음은
절정에 이르러 정말 여자로 태어나지 않았던 게 원망스러울 정도였다.
나는 삼 년 졸병 생활을 무사히 이겨낼 자신이 없었다. 입장 영장을 손

---

253) 김원일, 『마당깊은 집』, 문학과지성사, 1999, 16쪽.
254) 김원일, 앞의 책, 137쪽.

에 쥐자, 입대·제대·직장 구하기·결혼, 그래서 처자식 먹여 살리기의 뻔한 앞날이 떠올랐다.[255]

> 이제 자식들은 입시생이요 나 역시 직장을 그만둔 뒤 자유 문필업으로 생활을 꾸려나가므로 그런 휴가 타령도 지난 이야기가 되고 말았지만, 내가 직장 생황을 했던 오 년 전 그해 여름 휴가 때도 우리 식구는 대구로 내려갔다. 대학 동창생을 만나 낮술을 한잔하고 중앙통 길을 걷고 있었다.[256]

어머니의 '나'에 대한 가혹한 행위, 어머니의 나에 대한 기대 등은 서술자아에 의해 장가 간 뒤의 '나', 군에 입대 할 때의 '나' 등과 연루된다. 그리고 과거의 인물들도 문필가인 현재의 '나'에 의해 반추되고 있다. 따라서 『마당 깊은 집』은 서술자아에 의해서 과거와 현재가 분화되고 과거 경험 자아의 사건들은 지속적으로 반추되고 있음을 알 수 있다. 이는 경험 자아와 사건들을 객관화하는 기능을 수행한다. 경험 사건 자체에 함몰되지 않고 서술자아가 개입하여 그것에 의미를 부여하는 것은 '나'의 존재론적인 근거와 성장의 과정을 객관화하는 역할을 한다.

제2절 차이 속의 자아의 거리 설정

동종서사의 경우 이야기 속에 등장하는 인물이 자신의 이야기를 하기 때문에 서술하는 자아와 서술되는 자아로 분화되기 마련이다. 여기

---

255) 김원일, 앞의 책, 161쪽.
256) 김원일, 앞의 책, 251쪽.

에서는 서술자아와 경험자아의 관계에서 서술자아가 경험을 어떻게 바라보는가와 그것에 개입하는 정도에 따라 크게 두 유형으로 나누어 살펴보고자 한다. 첫째는 서술자아와 경험자아 거리 좁히기 유형을 들 수 있다. 이는 서술자아가 이야기 속에 흔적으로만 나타나는 경우와 서술자아가 이야기 속이나 끝에 명시적으로 등장하는 경우로 나뉜다. 이 유형은 서술이 경험자아에 초점이 놓임으로써 경험자아와 서술자아의 거리가 거의 무화된 양상을 보인다. 둘째로 서술자아와 경험자아의 거리 두기 유형을 들 수 있다. 이는 현재의 서술자아와 과거의 경험자아가 확연히 드러남으로써 경험에 대하여 거리를 두는 양상으로 나타난다. 이 두 양상에 따라 서사화 방법을 살펴보고자 한다.

1) 서술자아와 경험자아의 거리 좁히기

(1) 경험 자아의 시각 차용

이 글의 논의 대상 작품 가운데 「건」, 「장마」, 「기억 속의 들꽃」, 「어둠의 혼」, 「유년의 뜰」, 「술래 눈뜨다」, 「굶주린 혼」 등은 유소년화자의 시각으로 사건이 다루어지고 있다. 이들 작품은 서술자아가 경험자아의 세계에 흔적으로 나타남으로써 서술자아와 경험자아가 분리되지 않은 느낌을 준다. 즉 서술자아가 과거의 경험 현실에 몰입함으로써 과거와 현재의 거리를 약화시키고, 독자로 하여금 경험자아에의 감정이입을 촉진시키고, 감정적이고 감각적인 태도를 취하게 만드는 효과를 준다.[257] 상기 작품들은 사건들을 경험자아의 시각에 의해 서술함으로써 내적으로 초점화되어 있다.[258]

---

257) 황도경, 「유년의 기억 속에 투영된 삶의 정체성」, 『문체로 읽는 소설』, 소명출판, 2002, 230쪽.
258) 내적 초점화에 의한 서술은 재현되는 사건의 내부에서 이루어진다. 이 경우 대개 작중인물-초점화자의 형식을 취하게 된다. 초점화와 그에 수반되는 여러 국면에

　첫째, 여기에는 여러 방식이 있는데 그 가운데 이야기가 소년화자의 시각에 고정되어 있는 경우가 있다.

　　방위대 본부는 옛날 어느 굉장한 부호가 살던 저택인데 넓기도 넓지만 우선 나무가 많아서 먼 곳에서 보면 마치 숲이 울창한 공원 같은 느낌이 드는 아름다운 곳이었다. 재작년, 육이오(6·25)가 터져서 인민군이 진주했을 때, 인민군들이 군사 본부로 사용하며 여러 가지 시설을 해놓았는데, 인민군들이 쫓겨가고 그 뒤에 시 방위대가 생겨서 그 본부로 사용하게 된 것이지만 그러나 육이오 나기 전엔 그 집은 빈집으로서 우리 아이들의 놀이터가 되어 주었었다.[259]

　서술자아의 모습은 문장에 흔적으로 나타나 있을 뿐(어휘나 문장의 사용이 어린이의 수준을 넘어선다) 이야기 표면에 전면적으로 등장하지 않는다. 다시 말하면, 이야기를 회상하는 어른의 모습은 없고, 소년화자가 초점이 된 경험 세계가 주된 이야기 내용이다. 따라서 이 유형의 이야기는 초점화자로서 소년화자와 경험자아로서의 인물의 관계 속에서 의미를 형성해 나간다. 이는 비록 작품의 말투가 어른의 그것과 중첩되어 있기는 하지만 이야기 전체가 거의 경험자아로서의 소년의 세계에 관련되어 있음을 말해 준다. 이러한 유형의 이야기는 경험자아와 서술자아의 거리가 거의 무화됨으로써 이야기에 나타난 과거 경험자아가 겪은 사건 자체가 강조된다. 즉 경험자아의 경험 자체에 대한 관심, 사건의 긴장된 관계에 대한 관심, 경험의 순간에 지니게 되는 내적 세계 등에 초점이 놓인다. 이러한 유형의 소설에는 「장마」, 「기억 속의 들꽃」, 「굶주린 혼」 등이 속한다.

　둘째, 서술자아가 이야기 속이나 끝에 명시적으로 등장하는 경우가

　대해서는 다음 참조. G. Genette, 앞의 책, 제4장; S. Rimmon-Kenan, 앞의 책, 제5장.
259) 김승옥, 「건」, 앞의 책, 37쪽.

있다. 가령 다음과 같은 경우가 그러한 예이다.

　　횃 아 유 두잉? 당신은 무엇을 하고 있습니까? 아임 리딩 어 북, 나는
책을 읽고 있습니다. 횃즈 유어 프랜드 두잉? 당신의 친구는 무엇을 하고
있습니까?
　　석양이 오빠의 이마와 목덜미를 붉게 물들이며 방을 깊숙이 가로질
렀다.
　　<u>내가 기억하는 한의 그 시간은 늘 그랬다.</u>
　　함석 지붕이 흐를 듯 뜨겁게 달아오르고 저녁 햇빛이 칼처럼 방안에
깊숙이 꽂힐 즈음이면 어머니는 화장을 시작하고 오빠는 창가에 놓인, 붉
은 꽃무늬의 도배지 바른 궤짝 앞에 앉아 꼼짝 않고 소리 높이 영어책을
읽었다.(밑줄 필자)260)

　　이 작품은 오정희의 「유년의 뜰」의 시작 부분이다. 이 글의 앞부분
만 본다면 유년 화자의 목소리로 볼 수 있다. 그러나 '내가 기억하는 한
의 그 시간은 늘 그랬다'는 말에 이르면 이 발언이 소년 화자의 것인지
는 의문이다. 그것은 회상하는 자아, 이야기를 쓰고 있는 자아가 아니고
서는 해명할 길이 없다. 따라서 작가는 소년화자를 내세워 이야기를 만
들어 가지만, 또 다른 자아가 작품에 등장함으로써 이야기는 복잡하게
된다.

　　사건을 지각하는 것과 이야기를 하는 것은 다를 수 있다. 작중 인물
은 그 자신이 이야기의 서술에 참여할 수 있다는 것이다. 이런 식으로
이야기 속의 이야기는 중층 구조를 가진 여러 수준을 만들어 낼 수 있
다. 이 계층 구조에서 가장 상위 수준은 일차서사의 바로 상위에 위치
하면서 일차 서사의 서술에 직접 관계된다. 이는 스토리 외적 수준에
해당하겠는데 이 수준에 바로 종속되는 것이 스토리 수준으로, 그것은

---

260) 오정희, 「유년의 뜰」, 앞의 책, 392쪽.

스토리 외적 수준에 의해 서술되며 사건들 자체에 해당한다.[261]

이에 따르면 「유년의 뜰」에서 서술자아는 외적 이야기 수준에 속하고, 유년화자의 눈으로 전개되는 이야기는 일차서사에 속한다. 이 이야기는 기억하는 자아 즉 서술자아에 의한 경험자아의 이야기를 다루고 있다. 경험자아와 서술자아는 시간적으로 상당한 거리가 있다. 그런데 서술자아는 경험자아에 초점을 두고 이야기를 전개한다. 이 경우에도 서술자아가 이야기에 등장하는 경우는 미미하지만, 특정한 시점에서 이야기를 하는 서술자아의 시각이나 언어가 개입되기 마련이다. 이 작품도 경험자아의 이야기가 전면에 등장한다는 점에서는 앞에서 살펴본 형식과 크게 다르지 않다. 그러나 서술자아가 이야기에 등장하는 경우는 미미하지만 독자들은 서술자아의 개입 흔적을 확인할 수 있다. 따라서 독자들은 서술자아가 과거의 자신의 이야기를 하고 있다는 인상을 받고 그의 과거의 경험에 관심을 갖게 된다. 이는 현재의 나를 과거의 나 속으로 투사하여 전자를 후자에 재통합하는 방법이다.

한편, 유년화자가 초점화자인 경우 서술자아의 모습이 중첩되어 나타나는 경우가 앞의 유형이라면, 다음과 같은 경우에는 작품 말미에 서술자아가 자신의 목소리를 드러내는 경우도 있다. 그러나 이 경우도 작품의 대부분이 경험자아에 초점이 놓임으로써 서술자아와 경험자아의 거리는 거의 느껴지지 않는다. 이러한 유형으로 「어둠의 혼」을 들 수 있다.

모든 것이 안개 속 같은 신기한 세상, 내가 알아야 할 수수께끼가 너무나 많은 이 세상을 건너갈 때, 나는 이제 집안을 떠맡은 기둥으로서 힘차게 버티어 나가지 않으면 안 된다. 이런 굳은 결심이 나의 가슴속을 뜨겁게 적시며 뒤채이는 눈물을 달래고 있음을 느꼈던 것이다.

---

261) 여기에 대한 자세한 논의는 다음 참조. G. Genette, 앞의 책, 제4장; S. Rimmon-Kenan, 앞의 책, 제5장.

　　아버지가 죽은 그 해, 초여름에 육이오 사변이 터졌다. 그리고 이모부
는 그 전쟁이 소강 상태로 들어갔을 때 이미 땅 위에 계시지 않았다. 그
래서 나는 성년이 된 후까지 이모부가 왜 아버지의 시체를 어린 나에게 구
태여 확인시켜 주었느냐에 대해서는 여쭈어 볼 수도 없게 되고 말았다.[262]

　　인용된 부분은 「어둠의 혼」의 끝부분이다. 소년인 갑해의 시각에서
이야기가 만들어지지만, 이야기 속에는 또 다른 자아가 말미에 등장한
다. "그래서 나는 성년이 된 후까지~"라는 말은 그러한 자아가 존재함
을 암시한다. 이 말을 하고 있는 자아와 소년이 동일인물이고 보면, 그
둘은 서술자아와 경험자아의 관계에 놓인다. 서술자아가 이야기에서 문
체상으로만 나타난다는 점에서 앞의 「유년의 뜰」과 비슷한 유형에 속한
다 할 수 있지만, 작품 말미에 그의 존재가 확연히 드러나고 있다는 점
에서 차이가 있다.

(2) 경험자아의 경험 대상과의 심리적 거리 조정

　　경험자아는 경험 대상을 바라볼 때 중립적으로 바라볼 수 있고, 감
정이 연루된 시각으로 바라 볼 수 있다. 이는 경험자아의 심리적인 국
면에 해당하는 것으로 대상에 대한 자아의 태도에서 기인한다.

　　이 글의 작품에서 경험 자아가 대상이나 사건을 바라볼 때는 중립적
인 태도로 바라본다. 그러기에 관찰에 의한 객관적인 장면 제시가 많다.

　　한 사람이 땅바닥을 손발을 쭉 뻗고 엎드려 있었다. 얼굴은 이쪽으로
향하고 있고 방바닥에 한쪽 볼이 처박혀 있는데 마치 정다운 사람과 얼굴
을 비비는 형상이었다. 눈은 감겨 있었다. 머리맡에 총이 떨어져 있고 허
리에 찬 보따리가 풀어져서 그 속에 쌌던 밥이 흘러 나와 땅에 흩어져 있
었다. 가죽끈으로 구두를 다리에 칭칭 얽어매어서 신을 신고 있다기보다

---

262) 김원일, 「어둠의 혼」, 앞의 책, 351쪽.

는 신을 다리에 붙들어매어 놓은 듯했다.[263)

간밤에 죽은 빨치산이 죽어 있는 모습을 어떤 주관적인 감정의 개입 없이 제시하고 있다. 어른들의 이데올로기에 의한 싸움과 그로 인해 빨치산이 죽은 장면을 객관적으로 제시한 것은 그것이 자신과 어떤 감정적인 관계가 없는 타자의 죽음이기 때문이다.[264) 이 점은 「어둠의 혼」이 아버지의 죽음을 서술하고 있는 부분과 비교해 보면 분명해진다.

> 아, 나는 볼 수 있었다. 어둠 속에서 희미하게 드러나는 아버지의 처참한 얼굴을. 반쯤은 피에 가려 있고 나머지 부분은 하얗게 바래버린 찌그러진 얼굴. 죽은 아버지의 눈은 부릅뜨고 있었다. 턱은 퉁퉁 부어 있고, 입은 커다랗게 벌리고 있었다. 아버지가 저렇게 되다니. 나는 믿을 수가 없다. 아버지가 아닌, 다른 사람인 것만 같았다.[265)

경험자아가 자신의 아버지 시체를 바라본 부분이다. 혈육의 처참한 죽음을 대했을 때 어느 누구라도 자신의 감정을 드러내지 않을 수 없다. 경험자아는 작품 곳곳에서 아버지에 대한 애증을 표현하고 있다. 한편으론 아버지로 인해 굶주림에 시달려야 했지만, 다른 한편으론 죽게 된 아버지가 불쌍하다는 감정에 사로잡힌 것이다. 그러나 다음과 같은 경우는 혈육의 죽음에 대한 감정적인 반응이 곧바로 나타나지 않음을 보여준다.

> 정작 어머니의 죽음을 내가 실감한 것은 궤짝 같은 우리 방으로 돌아와서였다. 맨 먼저 내 눈에 띈 것은 오랫동안 어머니가 누워 계시던 그

---

263) 김승옥, 「건」, 앞의 책, 42쪽.
264) 경험자아는 붉은 벽돌로부터 무시무시한 어떤 의지를 느끼고, 종국에는 눈앞에 떠오른 시체에 애착을 느끼는 환상을 갖게 된다.
265) 김원일, 「어둠의 혼」, 127쪽.

아랫목이었다. 그리고 당신의 머리맡에 항시 놓여 있던 그 물대접이었다.
아무 것도 거기엔 없었다. 당신도 물대접도 보이지 않았다. 불시에 살을
맞은 것처럼 나는 가슴을 후벼파고 날아드는 통증을 느꼈다. 그것은 무슨
말로도 형용할 수 없는, 내 어머니의 부재감이었다.
　　벽에다 등을 기대고 나는 조그맣게 웅크리고 앉았다. 끓어오르는 울
음을 더 이상 참을 길이 없었다. 끌어안은 두 무릎 위에다 나는 얼굴을
묻었다. 그러나 눈물은 흘리지 않았다. 이제야말로 벙어리가 어떻게 우는
가를 알 것만 같았다.[266]

「굶주린 혼」에서는 영양실조로 죽은 어머니를 두고 ‘나’는 즉각적인
반응을 보이기보다, 어머니의 부재를 확인한 순간 감정적인 반응을 나타
낸다. 「건」에서도 다음과 같은 예문을 통해 확인할 수 있듯이 그것이 자
신과 직접 관련된 대상일 때에는 경험자아의 감정이 개입된다.

　　내가 가장 잊을 수 없는 것은 그때는 이미 거의 썩어 버린 다다미가
깔린 넓은 안방인 것이었다. 아니 안방이 아니라 안방의 동쪽 벽 아래에
깔린 다다미 한 장을 들어내면 나무로 된 마룻바닥이 드러나고 그 바닥
엔 위로 들어올리도록 된 문이 잇는데 그것을 열면 그 밑에 나타나는 어
두컴컴한 지하실인 것이다. <u>아아, 하루 종일 그 지하실에 틀어박혀 우리
들은 얼마나 가슴 뛰는 놀이들을 하였던가.</u>(밑줄-필자)[267]

이 인용문은 경험자아가 간밤에 빨치산의 습격으로 방위대 본부가
불에 타고 있음을 보고 서술한 부분이다. 방위대 본부 지하실은 어릴
적 미영이라는 소녀와의 잊을 수 없는 순수한 사연이 깃들어 있는 곳이
다. 화자는 그곳이 불에 타고 있음을 본 순간 자신의 감정을 노출시키
고 있다. 이렇듯 경험자아가 대상에 대하여 갖는 감정의 진폭은 경험

---

266) 이동하, 「굶주린 혼」, 앞의 책, 90쪽.
267) 김승옥, 「건」, 앞의 책, 38쪽.

대상과 그에 대한 자아의 심리적인 거리 조정에 의해 결정된다.

2) 서술자아와 경험자아의 거리 두기

(1) 서술자아와 경험자아의 시각 혼용

서술자아가 경험자아에 대하여 거리를 둠으로써 두 자아의 역동적인 관계가 드러나는 이야기 유형을 들 수 있다. 「순이 삼촌」, 『노을』, 『고기잡이는 갈대를 꺾지 않는다』, 『마당깊은 집』, 『우울한 귀향』 등은 이러한 유형에 속한다. 이 유형은 서술자아가 성인인 현재의 시점에서 과거 자신의 유소년기 경험자아의 성장과정을 거리를 두고 성찰하는 형식이다. 이때 서술자아는 자신의 현재와 경험자아 사이에 시간적 거리가 있음을 분명히 인식하고 있다.

> ① 그 사건은 당시 일 곱살 나이던 내게도 큰 충격을 주었다. 사건 바로 전 해에 폐병으로 시름시름 앓던 어머니가 돌아가시고 도피자라는 낙인을 받고 노상 마루장 밑에 숨어살던 아버지마저 일본으로 밀항해 가버려 졸지에 고아가 되어버린 나는 큰집에 얹혀 살고 있었다.(중략) 그 날 아침나절에 길수형과 나는 큰아버지를 도와 밭거름으로 쓰려고 밤사이 갯가에 올라온 듬북이나 감태 따위 해초를 한군데 모아놓는 일을 했다.[268]
>
> ② 멀고 먼 타관으로 떠나고 싶은 충동은 그 날도 마찬가지였다. 그러나 나는 어쩔 수 없이 아우가 기다리고 있는 집으로 돌아갔다. 설령 아우의 서릿발같은 저주가 기다리고 있다손 치더라도 지금 당장 가야할 곳은 그곳뿐이었다. 왜냐하면 나는 아우보다 세 살이나 손위인 형이었기 때문이었다. 비난의 표적이 될 각오를 단단히 하고 집으로 돌아갔지만 그러나 아우로부터는 아무런 일도 일어

---

268) 현기영, 「순이 삼촌」, 앞의 책, 278~279쪽.

> 나지 않았다.[269]
>
> ③ 지금 생각해보면, 어머니 그 말씀은, 입학기가 지난 뒤 나를 대구
> 로 불러 올렸을 때 이미 예정해둔 계산임이 분명하다.(중략) 어머
> 니는 그런 궁리를 해두었고, 내가 대구시로 나온 지 열흘쯤 지나
> 자 드디어 실행의 용단을 내렸음에 틀림없었다.
> 나는 돈 팔십 환을 주머니에 넣고 막막한 심정으로 집을 나섰다.
> "신문을 팔지 못하겠거덩 그 돈으로 차비해서 다시 진영으로 내
> 려가 술집 중노미가 되든 장돌뱅이가 되든 니 마음대로 해라." 어
> 머니의 아귀찬 마지막 말을 떠올리자, 나는 용기를 내지 않을 수
> 없었다.[270]

①은 서술자아인 '나'가 할아버지의 제삿날을 맞아 고향에 내려갔을 때 일곱 살 당시의 충격적인 사건을 회상하는 부분이다. 사건에 대한 서술은 서술자아의 회상에 의존하고 있기 때문에 '그 사건', '그날', '그때' 등의 지시어를 수반한 어휘를 통해 경험자아의 세계를 서술하고 있다. 과거에 대한 회상과 서술자아의 현재가 넘나들면서 서술되고 있다.

②에서는 서술자아의 시점과 경험자아의 시점이 섞여 있다. '그 날도', '왜냐하면 ~ 때문이었다' 등은 서술자아의 시점이 개입되었음을 나타내지만, '지금 당장 가야할 곳' 등은 경험자아의 시점이 개입되어 있음을 나타낸다. 그러나 '왜냐하면 ~ 때문이었다', '허기를 ~ 때문이었다' 등에서 알 수 있듯이 전반적으로 서술자아의 회상 시점이 작용하고 있다.

③에서는 회상자아가 삼십 년 전의 어머니의 행위에 대하여 논평을 한 다음에 과거 경험자아의 세계를 서술하고 있다. 여기에서도 경험자아의 시점(나는~)과 서술자아의 시점(지금 생각해 보면~)이 혼용되어 있다.

이 같은 유형의 이야기는 서술 자아와 경험 자아가 독특한 관계에

---

269) 김주영, 「거울 위의 여행」, 앞의 책, 29쪽.
270) 김원일, 앞의 책, 33~34쪽.

놓여 있다. 서로 다른 경향의 두 단계들이 서로 정면 충돌하는 것, 그리고 이 두 단계들 사이의 긴장을 고조시키거나 이완시키기 위하여 서술자아가 계속해서 행하는 변증법적 노력, 이것이 이런 종류의 내적 구조를 특징짓게 된다. 경험하던 당시와 현재의 서술행위 사이에 놓여 있는 시간적 간격, 즉 경험자아와 그것을 회상하는 서술자아의 거리가 긴장을 유발시킨다. 요컨대 동종서사는 '회상하는 자아(서술자아)와 회상의 대상이 되는 자아(경험자아)의 일인이역극'에서 그 구성원리를 찾을 수 있다.[271] 또한 이러한 유형은 소설에 있어서의 서술의 간접성을 작중 사건의 일부로 만들 수 있는 특성이 있다. 이는 서술자의 개성이나 작중 세계 내에서의 그의 입장, 그리고 사건들에 대한 그의 자세가 이야기의 대상이 될 수 있다는 것을 말한다.[272]

(2) 병치와 연상을 통한 경험의 결합

서술자아는 경험자아의 경험에 개입해서 그 세계를 이야기한다. 그런데 현재의 이야기는 서술자아의 시각에 초점화되어 있고, 과거의 이야기는 경험자아의 시각에 초점화되어 서술되는 경우가 있다. 이는 경험자아와 서술자아, 과거와 현재가 병치되어 이야기가 전개되는 방식이다. 『노을』[273]의 경우는 현재의 이야기와 과거의 이야기가 병치되어 구

---

271) 이런 점에서 이 긴장은 '실존적 첨예화' 가운데서 이루어진다. 슈탄젤, 앞의 책, 61~62쪽.

272) 앞의 예문에서 서술자가 경험한 사건에 대하여 논평한 부분이 그 예에 해당한다. 이것은 사건 자체에 대한 관심보다는 그 사건이 어떤 사람에게 어떻게 작용했는가에 대한 관심은 주석적 서술상황보다 일인칭 서술상황에서 더 잘 충족된다는 것이다. 이로 보면 슈탄젤이 주석적 소설의 작중 세계는 거리감을 두고 정관되는 세계이며, 일인칭소설의 그것은 회상 속에서 재체험되는 세계라고 한 점은 참고할 만하다. F. K. Stanzel, 앞의 책, 59~60쪽.

273) 『노을』은 이데올로기에 휩쓸린 사람들의 모습과 그 후유증의 치유 방식을 다루고 있는 소설이지 이데올로기 그 자체를 다룬 것이 아니다(홍정선, 「기억의 굴레를 벗는 통과 제의」, 『김원일 깊이 읽기』, 문학과지성사, 2002. 171쪽). 이런 점에서 보면 그것은 인물과 서술주체의 존재를 묻는 관점에서 접근할 수도 있다.

성되어 있다.

① 나는 무심결에 쇠전걸 뒤의 어두운 들판에 눈을 주었다. 들 저편
의 변전소에는 철탑마다 불이 환하게 켜져 있었다. 나의 시선이
그 변전소 오른쪽의 젖봉 아래를 더듬었다. 상것내도 아무 것도
눈에 보이지 않았다. 다만 끓고 있는 더위와 어둠이 거기에 묻혀
있을 뿐이었다. 그곳이다. 바로 거기, 스물 아홉 해 전에 도살장이
있었다. 그해 여름, 그렇다, 꼭 이맘때쯤 거기에 아버지와 삼촌과
추 서방이 소를 잡고 있었다.
"아버지, 빨리 가잖고 뭘 그렇게 보셔요." 현구가 내 팔을 끌었다.
그러나 나는 잠시 동안 그 어둠 속에서 무엇인가를 찾고 있었다.[274]

② 나는 접은 그 종이를 펴보았다. 그 종이에는 이렇게 쓰여있었다.
<김동지, 저녁 5시에 한얼학교 숙직실로 나와주시오.> 나는 그
쪽지를 통해 요즈음 장 선생과 아버지 사이에 무슨 일인가가 구체
적으로 진행되고 있음을 직감했다. 그리고 그 두 사람 사이에 주
신례 선생이 은밀히 감추어져 있고, 한얼고등공민학교로 나오라
는 말투로 보아서 야학당을 이끌어 나갈 낯선 도회지 청년들과도
그 일이 연결되어 있다는 확신도 내릴 수 있었다.[275]

①은 43세의 출판사 편집부장직을 맡고 있는 중년의 나(서술자아)가
삼촌의 부음을 받고 고향에 내려가 그곳 도살장을 매개로 어둡고 두려
운 과거를 회상하고 있는 부분이다. 여기에는 성인인 서술자아의 현재
의 시각이 뚜렷이 나타나 있다. ②는 14세의 초등학교 5학년생인 '나'의
눈에 비친 해방 전후에 고향에서 벌어진 일을 서술하고 있다. ①의 초
점화자가 성인인 '나'로서 서술자아와 일치한다면, ②의 초점화자는 소

---

274) 김원일, 『노을』, 「현대문학』 273호, 1977.9, 54쪽.
275) 김원일, 『노을』, 「현대문학』 278호, 1987.8.2, 220~221쪽.

년인 '나'로서 경험자아와 일치한다. 물론 ②의 경우에 서술자아와 경험자아의 거리가 무화되어 있긴 하지만 서술자아가 문체상의 흔적으로 남아 있다.[276]

이야기가 전개되면서 과거 경험자아의 경험과 관련된 사건들이 연상을 통해 결합되기도 한다. 이는 서술자아가 과거의 경험 사건을 서술하면서 그와 관련한 사건을 연상을 통해 서술하는 방식이라 할 수 있다. 가령 『마당깊은 집』에서 과거 경험자아가 겪은 사건이 현재와 연결된 서술을 볼 수 있다.

> 나는 중문을 거쳐 안마당으로 들어가며 사내에게, 칼자국 있는 사람을 본 적 없다고 하기를 잘했다고 생각했다. 전쟁 났던 해 구월 하순, 서울이 수복되고 어머니는 누나와 내게, 아버지에 대해서 누가 묻는다면 비행기 공습으로 돌아가셨다고 대답하라고 신신당부했다. 누가 우리 식구 서울 생활을 두고 무엇을 묻든 무조건 모른다고만 대답하라는 주의를 주었다. 그래서 나는 국군이 서울을 수복할 무렵부터 집과 발걸음을 끊어버린 아버지가 비행기 공습으로 돌아가셨다는 말을 결혼할 때까지 진실로 믿었다. 그 뒤부터 지금까지는 아버지가 정말 그렇게 돌아가셨는지, 납치, 아니면 단신 월북해버렸는지, 비명횡사했는지 확실히는 모르지만, 어쨌든 전쟁통에 행방불명되었다고 여기며 살아왔다.[277]

과거 경험자아가 낯선 사내에게 겪은 사건은 서술자아의 연상을 통해 어머니와 우리들의 관계로 결합된다. 이는 "본 적 없다"는 것과 "무조건 모른다"는 사건의 유사성을 토대로 한 이야기 방식이라 할 수 있다. 이처럼 사건의 유사성이 사건의 결합의 원리로 작용하는 예는 곳곳에서 확인된다.

---

276) 가령 쪽지를 보고 두 사람 사이를 추측한다거나, 말투나 사건의 상황을 판단하는 행위에는 서술자아의 목소리가 전제되어 있다고 볼 수 있다.
277) 김원일, 『마당깊은 집』, 문학과지성사, 1988, 50쪽.

밥 훔쳐먹은 이야기까지 했으니 한마디 더 보탠다면, 세 끼니 먹는 걱정을 하지 않게 된 지 오래인 지금도 나는 배를 가득 채워야 숟가락을 놓는 식사 습관을 버리지 못하고 있다. '위장을 늘 칠 할쯤만 채워라.' '과식이 모든 성인병의 주범이다.' '허리 둘레는 수명과 필연의 관계가 있다.' 모두 옳은 말인 줄 알지만 포식을 하지 않곤 밥을 먹은 것 같지 않고, 그렇게 맛 좋은 밥의 양조차 줄여가며 오래 살기보다는 차라리 수명이 얼마쯤 단축되는 쪽을 택하고 싶다는 마음은 지금도 변함이 없다.[278]

·이 부분에서도 경험자아가 밥 먹는 문제를 이야기하다가 현재의 밥 먹는 습관에 대한 이야기로 이어지고 있다. 과거에는 '배고픔-밥 훔쳐먹기'가 '포식-밥먹기'로 그 양상이 달라졌다는 점에서 차이가 있기는 하지만 '밥먹기'라는 유사성에 토대를 두고 있다는 점에서 공통점이 있다. 이러한 사건 전개의 방법은 『고기잡이는 갈대를 꺾지 않는다』에서도 확인된다.

「이것아, 어른들 말을 함부로 흉내내는 게 아니다」
「우리집 약될 게 밥밖에 더 있나」
「하기사 니 말도 옳다. 당약이니 명약이니 떠들어쌓더라만 천하의 당약이라면 밥밖에 더 있겠나」
내 나이 서른 다섯이 되던 봄에, 고향으로 찾아가던 내게 어머니는 어디서 소문을 들었던지 좋지 않은 기색으로 불쑥 이렇게 물었다.
「내가 듣자 하니 니가 요새 무슨 이박우책인가 그런 걸 쓴다고?」
「네?」
「옥류몽이며 장화홍련전 같은 거 쓰겠다고 설친다메?」
「예」
긴가민가하던 일이 사실로 확인된 순간, 어머니는 대뜸 혀를 찾다.(중략)
「밥 걱정은 이제 그만 두십시오. 요사이 이박우책 쓰는 사람이라 해

---

278) 김원일, 앞의 책, 74~75쪽.

　　서 주린 창자 뒤틀어쥐고 곤두박질하진 않습니다. 그 밥소리에 저도
　　신물이 납니다.」[279]

　　이 부분에서도 경험자아가 소년 때 겪은 밥에 얽힌 경험이 연상을
통해 서른 다섯 살 때의 사건으로 이어진다. 어머니는 여전히 밥의 중
요성을 강조하고 있다. 그래서 작가인 화자를 못마땅하게 여기지만, 화
자는 그러한 어머니를 못마땅하게 여긴다. 이 부분에서는 연상을 통해
결합된 사건이 서술자아의 요약이나 서술로 이어지지 않고 인물의 대화
를 통해 장면이 제시되고 있다.
　　다음은 사건에 대한 태도가 성장한 뒤의 유사한 상황에서도 문제시
되고 있는 경우이다.

　　어머니는 아이를 업고 있었다. 공단으로 지은 포대기이불로 싸 동인
어떤 아이를 업고 어머니는 방아품을 팔고 있는 중이었다. 내가 충격을
받은 것은 어머니 등에 있는 그 아이 때문이었다. 그 아이는 아우와 같은
또래인 상주댁집 아이였다.(중략) 우리들에게 항상 떳떳했고 당당했던 어
머니가 그때만은 주체할 수 없으리만치 절망적인 모습으로 가위가 질려
있었다. 우리는 곧장 발걸음을 돌렸다. 미련없이 돌아선다는 단호한 태도
를 보일 때의 발걸음은 어떠해야 하는 것일까. 성장한 뒤 나는 사랑하던
사람과 쓰디쓴 이별을 나눌 때 항상 그것을 생각해 보곤 하였다.[280]

　　어머니의 행위를 본 '나'의 태도에 대한 서술자아의 반응이 유사한
상황에 대한 연상을 유발하고 있다. 요컨대 경험자아의 경험과 그 이후
의 경험이 연상을 통해 결합하는 방식을 보여준다. 그 토대는 유사성에
있는 바, 그것은 서술자아에 의해 요약되거나, 장면으로 제시되거나, 유
사한 사건의 정황으로 서술되는 방식으로 전개된다.

---

279) 김주영, 『고기잡이는 갈대를 꺾지 않는다』, 민음사, 1988, 32~33쪽.
280) 김주영, 앞의 책, 65~66쪽.

(3) 개인적 · 역사적 사건 경험에 대한 논평

서술자아는 경험을 서술함에 있어서 자신의 시각으로 관찰한 것을 서술하기도 하지만, 경험에 대하여 논평(해석, 판단, 일반화)[281]하는 것이 일반적이다. 그것은 개인사적인 사건 경험과 역사적인 사건 경험에 대한 논평으로 나누어 살펴볼 수 있겠는데, 개인사적인 사건이 거시적으로 보면, 사회 · 역사적인 사건과 연루되어 있음을 알 수 있다.

다음은 서술자아가 역사적 경험 즉 제주 민간인 학살 사건을 다룬 사건에 대한 논평하고 있는 예이다.

> 작전명령에 의해 소탕된 것은 거개가 노인과 아녀자들이었다. 그러니 군경 쪽에서 찾던 소위 도피자들도 못 되는 사람들이었다. 그런 사람들에게 총질을 하다니! 또 도피 생활을 하느라고 마침 마을을 떠나 있어서 화를 면했던 남정네들이 군경을 피해 다녔으니까 도피자가 틀림없겠지만 그들도 공비는 아니었다. 사실 그들은 문자 그대로 공비에게도 쫓기고 군경에게도 쫓겨 할 수 없이 이리저리 피해 도망다니는 도피자일 따름이었다.[282]

서술자아는 작전 명령에 의해 소거 대상이 된 사람들은 군경의 의도와는 달리 노인과 아녀자가 대부분이었으며, 도피자들은 공비가 아니라 그야말로 도피자일 따름이라는 해석과 판단을 내리고 있다. 이와는 달리 개인사적인 사건에 대한 논평을 보여준 예는 다음과 같다.

---

281) 해석의 본질이 설명이라면, 판단은 도덕적 가치 판단에 기초해 있는 설명이고, 일반화는 이야기 속의 사건적 요소나 등장인물, 배경을 비허구적인 세계에 있는 실제의 어떤 것과 비교하는 것이다. 채트먼에 의하면 논평은 함축적이거나 맹백한 방식으로 이루어지는데 해석, 판단, 일반화와 함께 자의식적인 서술은 후자에, 아이러니는 전자에 해당한다. S. Chatman, *Story and Discourse: Narrative Structure in Fiction and Film*, 한용환 역, 『이야기와 담론: 영화와 소설의 서사구조』, 고려원, 1991, 274~310쪽.
282) 현기영, 「순이 삼촌」, 앞의 책, 285쪽.

나 역시 그 해는 참으로 <u>지긋지긋한 여름을 보내었다.</u> 허기·우울·
권태, 한마디로 <u>짐승만도 못한 삶을 증오했고,</u> 나는 고향에서의 주막 더
부살이 시절을 그리워하며 하루하루를 힘겹게 넘겼다. 나는 늘 가출할 생
각만 했다.(밑줄-필자)[283]

　　그해 여름을 넘길 동안 내가 했던 비행 한가지는 그 뒤 오랫동안 내
마음에 <u>부끄러운 기억</u>으로 남아 있었고, <u>그 추억만 떠올리면 괴로움과 연</u>
<u>민으로</u> 지금도 얼굴이 달아오른다.(밑줄 필자)[284]

　　경험자아가 겪은 삶의 시간을 서술자아는 "지긋지긋한 여름", "짐승
만도 못한 삶"이라고 논평한다. 또한 밥을 훔쳐먹은 일을 두고 "부끄러
운 기억"이라고 판단하고, 그러한 추억을 기억하는 '나'는 "괴로움과 연
민"에 빠지게 된다. 여기에서의 서술자아의 논평은 개인사와 관련된 삶
에 대한 것이다. 이러한 논평은 경험에 대하여 서술자아가 개입함에 따
라 자연스럽게 이루어진다. 다음의 예문은 '자전소설'이라는 표제가 붙
은 작품인데 여기에서도 그러한 방식의 서술이 보편화되어 나타난다.

　　6·25 전쟁은 어린 나에게 있어서는(그리고 서울에 있어서는) 죽음을
알게 한 것이었다. 신당동에는 수구문 시장이 있었고(지금은 퇴계로에 연
결되는 도로가 돼버렸지만) 아리랑 고개가 있었는데, 1950년 9월 27일 1백
50명 가량 그곳에서 몰사를 당했던 것이다. 시체는 바로 우리 집 앞에도
나뒹굴고 있었고, 그리고 조그만 영감님 하나가 죽어가고 있었으나 그것
이 아무렇게 느껴지지도 않았다.(중략) 4·19 때 경무대 앞에서 1백 20여
명이 총에 맞아 죽은 것을 아슬아슬하게 함께 겪은 것을 포함하여 나는
사람들이 죽어가는 현장에서 살아온 것이다. <u>죽음의 장소와 삶의 장소가</u>
<u>똑같다는 것은 철학을 이룰 만한 사실이 아닌가. 우리 이 시대는 '가난의</u>
<u>문화'와 '죽음의 문화'의 지배를 받는 시대라고 나는 나름대로 생각한 적</u>
<u>이 있다.</u>

---

283) 김원일, 『마당깊은 집』, 앞의 책, 71쪽.
284) 김원일, 위의 책, 72쪽.

　　<u>6·25에 대한 인식은 그 6·25 때 성인이었던 사람들과 소년이었던 사람들이 같을 수가 없을 것이다.</u>(밑줄 필자)[285]

　　박태순의 「유랑과 정처」라는 글인데, 이 글은 한국전쟁 와중에서 자신이 겪은 경험을 서술하고 있다. 당시의 어린 '나'는 시장에서 1백 50여 명이 몰살당한 사건, 을지로 6가에서 총살당하는 사건, 공습으로 죽은 사건 등을 경험하게 된다. 이는 성년이 된 나이인 4·19 때 겪은 죽음의 현장으로 이어진다. 이들의 공통점은 경험자아가 우리 근대 역사 속의 비극의 현장 한 복판에서 살아오면서 사람들이 죽어 가는 현장에 있었다는 점이다. 이러한 경험자아가 살아 온 과정을 서술자아는 '가난과 죽음의 문화'가 지배하는 시대였다고 논평한다. 박태순보다 십여 년을 앞서 태어난 고은은 「떠돌이 하루하루」에서 초등학교 4학년 때 겪은 전쟁을 회상한다.

　　4학년 때 6·25사변이 터져서 줄곧 3개월을 집에서 있었습니다. 나는 밤마다 부락 사람들과 함께 동원되어서 군산 비행장의 부역 일을 하러 갔다가 새벽에 돌아왔습니다. 그때 어린 내 또래의 인민군을 처음으로 보았던 것입니다.(중략)
　　<u>지금 생각하면</u>, 그때 마을 부자의 아들 김봉태가 나와 늘 1, 2등을 다투는 아이였는데, 그 애가 "너 나 좀 살려주라" 했을 때 나는 그 애가 죽는 것에도 아무런 가책도 일어나지 않았습니다. 물론 내가 그 애를 살려 줄 힘이 있는 것도 아니고, 나는 피학살 유가족도 아니었습니다. 그런 나더러 마지막 지푸라기를 잡는 셈으로 그렇게 하소연한 것이기는 하지만, <u>응당 그때 나는 그 애를 부여잡고 엉엉 울기라도 했어야 했지요.</u> 그런데 나는 밥도 잘 안 먹고 산에나 들판에나 정신 빼놓은 채 나가는 설미친 건달이었으니 <u>그 애한테 무슨 동정도 하지 못했던 것이어요.</u>(밑줄 필자)[286]

---

285) 박태순, 「유랑과 정처」, 『나』1, 청람, 1987, 73~74쪽.
286) 고은, 「떠돌이 하루하루」, 앞의 책, 48~49쪽.

이러한 서술은 앞의 글과 같이 경험 사실-논평의 구조로 되어 있다. 서술자아의 개입에 따라 과거 유소년기 경험이 사실적으로 서술되고 그 경험에 대하여 해석·판단·일반화하는 구조로 되어 있다. 밑줄친 부분은 서술자아의 개입이 두드러진 부분인데, 서술자아는 과거의 사건과 자신에 대하여 논평을 하고 있다. 동족 상잔의 한 복판에서 그 비극을 경험한 자신의 처지와 행위를 돌이켜 보고 피폐해질 수밖에 없는 자기의 모습을 서술하고 있다. 그렇게 함으로써 그가 겪은 사건의 참담함이 개인사뿐 아니라 우리 역사에 연루되어 있음을 증언하고 있다. 초등학교 4학년인 '나'는 당시 비행장 부역을 했으며, 남과 북의 점령에 따라 민간인들이 서로 학살하고 학살당하는 현장을 목격한다. 또한 같은 반 학우가 죽게 된 현장을 경험하게 된다. 학우의 죽음은 전쟁이라는 역사적 사건 속에서 '나'의 개인적인 체험과도 관련되어 있다. 그러나 개인이 겪은 사건은 인간의 역사 속에서 이루어지는 것이라 할 때 역사적 사건과의 관계 속에서 이루어진 사건이라 할 수 있다. 이러한 과거 경험자아가 겪었던 역사적·개인적 사건들은 서술자아의 개입을 통해 해석·판단·일반화되는 것이 일반적이다.

제3절 회상을 통한 시간 구성

이야기는 경험이 글쓴이에 의해서 새로운 구성물로 창조된 것이다. 그것은 과거의 경험을 질서화하는 것이며, 의미를 창조하는 행위이다. 그럼으로써 우리 자신과 세계에 대하여 묻고 대답하는 과정을 거치게 된다. 회상을 통해 경험자아가 경험한 것들이 서사화되면서 서술자아의 현재의 시각이 중첩되고 나아가 새로운 의미가 창조된다.[287] 시간의 측

면에서 보면 그것은 각각 경험자아의 시간과 서술자아의 시간, 그리고
시간의 허구적 경험에 해당한다.288) 시간의 허구적 경험은 이야기가 아
닌 '삶' 즉 경험에서 비롯된다는 점에서 '삶의 시간'과 무관한 것이 아
니다. 이야기되는 시간과 이야기하는 시간의 관계에서 비롯되는 이러한
시간 의식은 허구적 시간 의식 즉 삶의 시간 의식을 갖도록 한다. 따라
서 이야기는 삶의 세계에서 분리된 채로 고립되어 존재하는 것이 아니
다. 여기에서는 이야기에 구현된 시간 구성에 따라 삶의 세계와 관련된
이야기의 시간 의식을 살펴보고자 한다.

1) 경험의 반복을 통한 망각과의 대결

여기에서 살필 시간의식은 앞에서 살핀 초점화자인 유소년화자가
경험자아의 세계를 이야기하는 형식에서 나타난다. 현재의 서술자아는
경험자아에 중첩됨으로써 현재보다는 과거의 시간이 강조된다. 이는 서
술자아의 회상 행위보다는 회상의 내용이 이야기의 전면에 나타나는 형
식이다. 따라서 개인의 역사 속에서 이루어진 경험이 주된 이야기 대상
이 된다.

① 나는 눈을 감았다. 내 귀에 윤희 누나의 고맙다는 그리고 틀림없
이 그 집으로 가겠다고 전해달라는 말소리가 먼 하늘의 우뢰소리

---

287) J. Schramke, 원당희·박병화 역, 앞의 책, 202~203쪽. 이야기에서 회상이 지닌
중요성을 강조한 이론가는 루카치와 벤야민이다. 서사적 회상이야말로 내부와
외부 사이에 체험된 분열을 화해시키고 과거의 삶을 파편성으로부터 해방시키는
역할을 한다. 회상이 빛을 발하는 것은 환멸이 지닌 어두운 배경에서이다.

288) P. Ricoeur, 앞의 책2, 제3·4장 참조. 언술 행위-언술-텍스트 세계는 각각 이야기
하는 시간과 이야기되는 시간 그리고 이 두 시간들 간의 연접/이접에 의해 투사
된 시간의 허구적 경험이 대응한다. 리꾀르는 뮐러가 두번째 층위를 세번째 층위
와 충분히 구별하지 못하고 있으며, 주네트는 두번째 층위를 위하여 세번째 층위
를 배제하고 있다고 비판한다.

처럼 웅웅거렸다. 끝났다. 아주 쉽게 끝났다.

돌아오는 길에 나는 미영이네 집 앞에서 걸음을 멈추었다. 회색의 대문에 누렇게 빛이 바랜 종이조각은 여전히 붙어 있었다. 거미가 한 마리 그 종이 곁을 지나서 빠르게 위로 올라가고 있었다. 대문을 한 손으로 밀어 보았다. 안으로 잠겨있는지 열리지 않았다.[289]

② 명선이가 들꽃이 되어 사라진 후 어느 날 한적한 오후에 나는 그때까지 한번도 성공한 적이 없는 모험을 혼자서 시도해 보았다. 겁장이라고 비웃을 사람이 아무도 없으니까 의외로 용기가 나고 마음이 차갑게 가라앉는 것이었다. 나는 눈에 띄는 그 즉시 거대한 팽이로 둔갑해 버리는 까마득한 강바닥을 보지 않으려고 생땀을 흘렸다. 엿가락으로 흘러내리다가 가로지르는 선에 얹혀 다시 오르막을 타는 녹슨 철근의 우툴두툴한 표면만을 무섭게 응시하면서 한뼘 한뼘 신중히 건너갔다.[290]

①, ②는 유년화자인 '나'의 시각으로 경험자아의 세계를 서술하고 있다. 엄밀하게 보면 유년화자의 시각에는 성인인 서술자아의 시각에서 나오는 언어가 중첩되어 있는데, 이 작품들에는 전자에 충실한 서술이 이루어지고 있다. 따라서 회상 형식이 갖게 되는 시간성의 한 양태로서의 과거의 '나'와 현재의 '나' 즉 경험자아와 서술자아의 긴장과 변화 등의 존재론적인 변모가 여기에서는 잘 드러나지 않는다. 유년의 과거와 성년의 현재 사이의 시간적 간격이 전제되어 있으나 현재의 서술의 세계는 명시적으로 드러나지 않고 과거 유년 자아의 경험 세계를 중심으로 사건이 전개된다. 따라서 과거와 현재의 거리는 무화된다.

이러한 유형의 이야기는 서술자아의 현재적인 판단이나 이해보다는 경험자아의 경험 세계가 강조됨으로써 과거성이 강조된다. 이는 일상생활에서 어떤 일을 할 때 어느 정도의 시간이 필요한지를 셈하는 시간

---

289) 김승옥, 「건」, 앞의 책, 50쪽.
290) 윤흥길, 「기억 속의 들꽃」, 앞의 책, 292쪽.

성의 차원이 아니다.[291] 그것은 시간을 통해 존재하는 과거를 지닌 존재로 작가 자신을 인식하는 것과 관련된다. 그러니까 자신의 역사로서 과거의 경험 세계가 시간 경험에서 강조되는 것이다. 이는 현재에서 과거를 돌아봄으로써 경험 속의 사건들의 강조점의 변화를 모색한다거나, 과거 사건의 회상과 복구를 허용하거나,[292] 잃어버린 가능성들의 회복으로서의 반복이 시간 경험에서 강조된다. 「기억 속의 들꽃」이나 「건」은 이러한 특성으로서의 작가의 시간 의식으로 해석할 수 있다.[293]

「기억 속의 들꽃」에서는 경험자아가 만난 전쟁 고아 명선을 통해 어른들의 위악스러움과 전쟁으로 인해 수난받는 인간을 서술하고 있다. 전쟁 고아인 명선이 금가락지를 소유함으로써 '나'의 부모와 마을 사람들로부터(심지어 친척들로부터) 탐욕의 대상이 된다. 그들은 명선에게서 금가락지의 소재를 찾고자 한다. 아버지 역시 '나'에게 명선이 도망가지 못하도록 감시하는 임무를 부여한다. 한편 명선의 어머니는 피난 도중 공습으로 목숨을 잃게 되는데 명선 역시 전투기의 굉음 속에서 죽음을 맞이한다. 이 사건들이야말로 전쟁의 와중에서 벌어진 비극적인 사건들이다. 이야기에 제시된 비극적인 사건은 '내'가 관찰한 기억 속에 존재하는 사건이다. 그것은 역사 속에서 망각 속에 사라질 운명에 처해 있는 존재의 수난사이다.

「건」에서는 유년 인물의 시선에 포착된 이데올로기와 관련된 시대

---

291) 이는 하이데거가 말하는 시간성의 첫 수준에 해당한다. 이 수준에서는 누군가를 만나기 위해 시간을 정하고, '시간을 갖다', '시간이 걸리다', 그리고 '시간을 잃다'와 같은 표현을 한다. 이런 경험 속의 시간 조직은 단순히 선조적인 것으로써의 일상적인 시간 표상으로부터 빌려 온 것이다.

292) 이는 하이데거가 말한 시간 경험 가운데 두번째 수준인 역사성과 관련된다. 여기에는 두 가지 이외에도 탄생과 죽음 사이의 시간 연장의 자각이 포함된다. 하이데거의 역사성에 대한 논의는 다음 참조. M. Heidegger, *Sein und Zeit*, 이기상 역, 『존재와 시간』, 까치, 1999, 488~525쪽.

293) 물론 서술자아에 의해 회상되는 경험자아의 세계가 서술되는 이야기에서도 이러한 역사성으로서의 시간 경험을 논할 수 있다.

의 폭력으로부터 오는 경험자아의 절망감과 우울함을 서술하고 있다. 빨치산과 방위대 사이에 벌어진 전투는 시가지를 온통 피폐한 전쟁터로 만들었다. 그것은 유년의 소중한 추억이 담긴 장소마저 검게 그을리게 했다. 이렇듯 어른들의 이데올로기로 인한 싸움은 '나'와 가족과 공동체의 타자들의 삶을 제약하는 요인이다. 여기에서 오는 절망감과 우울함은 시대적인 맥락과 관련되어 있음을 암시한다. 그것은 환멸 즉 주체의 욕망이 세계로부터 제거된 세계 상태에서 비롯된 것이다. 이데올로기의 싸움터인 피폐해진 현실 속에서 의미를 찾고자 하는 '나'의 갈망은 최후의 보루로서의 유년시절의 상상적 추억의 근거마저 파괴됨으로써 여지없이 무너진다. 따라서 '나'는 현실의 어떤 세계에서도 의미를 찾지 못한다.

이들은 작가가 강조하고자 하는 사건들의 표상이자 작가가 반복하고자 하는 의미있는 과거 경험들이다. 그것은 '나'의 존재를 규정하고 있는 황량한 전쟁터의 세계와 그러한 상황에서 위악적 행위를 일삼는 인간들의 행위에 대한 망각과의 싸움의 결과이다.[294] 이러한 서사 행위가 미래를 위한 잠재성의 발판을 마련하는 것인지는 판단할 수는 없으나, 자신의 과거 경험을 반복함으로써 존재론적인 의식의 심화를 꾀하고 있음은 명백하다.

2) 경험 사건 부각으로서의 회상

여기에서 논의할 시간의식은 앞에서 살핀 유형 가운데 주로 유년의 초점화자에 의해 지각된 경험자아의 세계가 서술되지만 그것에 서술자

---

294) 이 유형은 과거의 경험 세계에 치중함으로써 경험의 개인적·역사적 국면을 강조한다. 따라서 과거 삶에 대한 추체험이 행위의 주된 양식이 될 수밖에 없다. 그리고 이 유형은 과거의 '나'와는 다른 현재의 '나'와 이들의 관계 속에서 창출되는 새로운 가능성으로서의 '나'에 대한 모색은 잠재적으로 존속될 수밖에 없다.

아가 개입함으로써 서술자아의 이야기하는 시간과 경험자아의 이야기
되는 시간이 혼용되어 있는 유형에 해당한다. 앞의 유형이 이야기되는
시간이 강조된 이야기하는 주체의 역사성이 주된 이야기 대상이라면,
이 유형은 이야기하는 시간과 이야기되는 시간 사이의 관계에서 비롯되
는 시간성이 강조된다.

① 주검(屍身)과 사귈 수 있는 사람은 없다. 주검은 언제나 낯설기 때
문이다. 설사 가족이나 이웃의 주검이라고 해도 그것은 마찬가지
이다. 나는 결코, <잠든 것 같은> 주검을 상상할 수가 없다. 잠은
이승의 것이다. 어쩌면 <죽음>조차도 이승에 속해 있는 그런 것
이다. 그러나 주검만은 결코 이승의 것일 수가 없다. 그것은 이승
밖의 어딘가로 떠나버린 사람들만이 남길 수 있는 그런 것이기 때
문이다.(밑줄 필자)[295]

② 누나는 내 물음에 대답하지 않았다. 안 한 것이 아니라 대답할 수
없었기 때문일 것이다. 열세 살 어린 누나가 그것을 어떻게 설명
할 수 있었겠는가. 훗날 나는 누나의 그 생각이 아버지를 용서하
려는, 그래서 그네의 가슴에서 아버지를 지워내지 않으려는 안간
힘 같은 것이었을 거라고 생각했다.(중략)
그 날도 우리는 아버지가 살고 있다는 그 골목 입구까지도 가지 않
은 채 돌아섰다. 재가 바짓가랑이 속으로 뜨거운 것을 줄줄 거침없
이 쏟아내고 있었기 때문이다. 그것은 우리를 거기 보냄으로써 우
리 남매에게도 이 세상에 아버지가 살아 있다는 것을 일깨우려는
어머니의 속셈이 터득되는 그런 조짐이었을 것이다.(밑줄 필자)[296]

③ 날이 어둑해질 때까지 맥고자한테 나를 일러준 그 이북 아이를 찾
아 동네 안팎을 무작정 뒤지고 다니는 동안, 그것은 일종의 배신
감과 어울려 갈수록 무서운 분노로 변했고, 때로는 감당 못할 큰
슬픔이 되어 눈을 후비고 가슴을 찌르기도 했다. 맥고자의 그 사

---

295) 이동하, 「어둠의 혼」, 앞의 책, 79~80쪽.
296) 전상국, 「술래 눈뜨다」, 앞의 책, 32~33쪽.

내는 나한테 그런 애길 들었다는 걸 누구한테도 알리지 않겠다고
단단히 약속한 바 있었다. <u>그것은 그때 나이의 내겐 어른들에 의
해서 기록된 최초의 치명적인 배신이었다.</u>(밑줄 필자)[297]

①은 경험 세계와 관련된 주검에 대한 서술자아 자신의 생각을 서술
하고 있는 부분이다. ②, ③ 역시 경험자아의 세계에서 벌어진 사건들이
유소년의 초점화자에 의해 서술되는 이야기인데 서술자아가 개입한 부
분이다. 서술자아는 ①처럼 어떤 관념을 드러낸다거나, ②, ③의 '훗
날~생각했다', '그것은~이었을 것이다', '그것은 그때~배신이었다'처
럼 경험세계에 대하여 논평을 함으로써 개입한다.[298] 이러한 예를 「어
둠의 혼」을 통해 살펴보기로 한다.

「어둠의 혼」은 성인인 서술자아가 과거의 유년기를 회상한 작품이
다. 이 이야기에서 회상하는 서술자아는 과거의 경험세계에 중첩되어
나타날 뿐 소년화자를 초점화자로 이야기가 진행된다. 다만 이야기의
끝에 서술자아의 목소리가 뚜렷이 나타날 뿐이다. 일반직으로 서술자아
가 경험자아의 삶을 회상하는 것은 과거의 삶을 반추하면서 그것의 의
미를 찾기 위함이다. 이는 그러한 과정을 통해서 궁극적으로 새로운 자
아를 모색하려는 의도에서 쓰여진 것으로 해석된다. 그러나 이 경우는
좀 다르다. 작품 말미는 이렇게 끝난다.

아버지가 죽은 그 해, 초여름에 육이오 사변이 터졌다. 그리고 이모부
는 그 전쟁이 소강 상태로 들어갔을 때 이미 땅 위에 계시지 않았다. 그
래서 나는 성년이 된 후까지 이모부가 왜 아버지의 시체를 어린 나에게 구
태여 확인시켜 주었느냐에 대해서는 여쭈어 볼 수도 없게 되고 말았다.[299]

---

297) 윤흥길, 「장마」, 앞의 책, 42~43쪽.
298) 이야기의 대부분은 유소년의 초점화자의 시각에서 경험자아의 세계에 맞추어 있다.
299) 김원일, 「어둠의 혼」, 앞의 책, 351쪽.

　　이 부분은 성인이 된 이후의 서술자아의 말이다. 서술자아의 의도는 육이오가 터진 것이나 이모부의 사망 사실에 있지 않다. 그것은 '이모부가 왜 아버지의 시체를 어린 나에게 구태여 확인시켜 주었느냐'에 있다. 이는 달리 말하면 아버지의 죽음이 의미하는 바가 무엇인가 하는 문제이다. 이 짧은 서술자아의 말을 통해 아버지의 죽음의 의미를 되새기게 된다. 그렇다면 회상을 통한 유소년기의 이야기는 아버지 삶, 죽음 등과 관련되어 있음을 알 수 있다. 현재에서 과거의 아버지의 죽음에 대하여 논평함으로써 과거의 경험 가운데 아버지의 죽음이라는 사건이 강조된다.

　　작품 끝에 등장하는 회상자아의 이야기 바로 앞까지는 유소년화자의 시각으로 이야기가 전개된다. 이야기는 화자의 아버지가 붙잡혔다는 소식에서 시작해서 배고픔에 지쳐 어머니를 기다리다 어머니를 찾아 나서, 아버지의 시체를 확인하고 깨닫는 것으로 끝난다. 화자에게는 이 년 넘게 집에 없었던 아버지의 행위는 요술로 보인다. 화자는 그 요술의 의미를 깨닫기도 전에 아버지가 죽는다는 것이 슬플 뿐, 굶주림이라는 더 큰 괴로움에 직면해 있다. 그래서 이 소설은 아버지와 그로 인한 가족의 수난에 대한 이야기로 이어진다.

　　아버지는 사람의 눈을 피해 숨어 다녔으며, 급기야 경찰에 잡혀 총살을 당하게 된다. 아버지로 인해 어머니를 비롯한 분임이, 나와 분선이 등 가족들은 폭력과 굶주림의 수난을 당한다. '나'는 식량을 구하러 간 어머니를 기다리다 굶주림에 지쳐 어머니를 찾아 나선다. 그러는 도중에 화자는 아버지와 있었던 일을 회상한다. 국민학교 이 학년 때 청개구리가 왜 뛰는지에 대한 궁금증, 해방되던 해 가을 추석날 달걀이 먼저인가 닭이 먼저인가에 대한 궁금증 등이 그것이다. 이는 아버지의 말에서 나타나 있듯이 이 세상은 수수께끼가 많다는 것을 말하기 위해 의도된 것이다. 그리고 그것은 아버지의 행위, 아버지는 왜 죽어야 하는지, 아버지는 왜 목숨을 걸고 도망다녀야 하는지에 대한 의문, 아버지가 어머니와 같은 사람에게 장가를 가게 된 의문 등과도 연결된다. 이야기의 결말에 이모부는 '나'에게 아버지의 시체를 확인시켜준다. 아버지의 시체를 보고 화자는 두려움에 떨게 된다.[300] 서술자아와 경험자아의 관계를 통해 볼 때 '내'가 겪은 수난과 그 원인은 여전히 해결되지 못한 것임을 암시하고 있다. 이로 볼 때 경험자아인 '내'가 도달한 깨달음은 의문의 해결로서의 그것이 아니라 다분히 심정적인 차원에서 이루어진 것이다. 따라서 「어둠의 혼」은 미래에 대한 선취로서의 새로운 가능성으로서의 시간의식보다는 경험자아가 겪은 아버지의 죽음과 가족의 수난사를 회상을 통해 부각시킨 이야기라 할 수 있다.[301]

3) 경험에 대한 관심과 미래의 가능성 탐색

여기에서는 앞에서 살핀 과거와 현재가 병치되어 서술된 작품들에 대한 시간의식을 다룬다. 그 유형의 특징은 경험자아의 세계는 서술자아의 회상을 통해 서술되는데 서술자아의 세계가 뚜렷이 부각되면서 경험자아의 세계와 병치된다는 데 있다.

①-1 아버지의 제삿날을 이틀 앞두고 있었기 때문에 나는 회사로부터
　　일만원을 가불했다. 퇴근 무렵, 지나던 길에 들렀다는 차 교수가
　　시원한 생맥주로 딱 한 병씩만 입가심을 하자는 제의를 차 한잔
　　으로 때우고 나는 정류소로 향했다. 여름이 들고부터 웬지 몸이

---

300) 「어둠의 혼」의 결말이 아버지의 시체를 확인하고 두려움에 떨던 '내'가 '안개 속 같은 세상', '수수께끼 같은 세상'을 살아가기 위해 필요한 것은 용기와 극기라는 깨달음으로 끝나는 것은 매우 작위적이라는 인상을 준다. 이는 경험자아의 이야기가 고통의 시간에서 깨달음에 이르는 시간의식을 형상화하였다고 말할 수 있겠는데, '나'의 고통과 두려움의 경험과 단층이 심하거니와 그 내용도 '용기'와 '극기'라는 막연한 관념을 넘어서지 못하고 있다.
301) 이런 점에서 「어둠의 혼」을 경험자아의 성장에만 초점을 두고 논의한 대부분의 성장소설 논의는 한계를 지닌다. 또한 이 유형의 이야기는 현재의 시간 의식이 나타나기는 하지만 여전히 과거에 중심이 놓여 있음으로써 미래의 시간 의식으로까지는 나아가지 못한다.

찌무룩하더니 그 좋던 술맛도 한물 가버렸고 퇴근 무럽만 되면 거미줄같은 피곤이 어깨와 다리를 감아왔던 것이다.302)

①-2 마당에 펴놓은 명석바닥에서 나는 눈을 떴다. 이미 날은 밝아 있었다. 옆자리를 보니 아버지가 누워있지 않았다. 잠시 곰곰이 생각해보아도 어젯밤에 아버지가 집에 왔는지 어쨌는지 잘 알 수가 없었다. 어젯밤, 분명 내가 잠이 들 때까지 옆자리에는 아버지의 목침만 댕그마니 놓여있었다. 그렇다면 갑자기 늦부지런해지지도 않았을텐데 새벽부터 어디로 갔을까. 소피라도 보러 갔을까. 그렇지 않을 것이다. 아버지는 어젯밤에 집에 오지 않은 것이 틀림없다. 삼촌이나 추서방으로부터 또 몇 푼돈을 뜯어내어 곱추집 노름판에, 붙어서 밤을 새웠겠지.303)

②-1 죽은 사람을 보자 나는 더럭 겁이 났다. 사람들이 뒤로 물러나 앞이 트였지만 길수형과 나는 장교가 권총을 빼들고 서 있는 조회대 뒤로 달려갈 엄두가 도무지 나지 않았다. 저쪽으로 가다간 저 사람이 틀림없이 총을 쏠테지. 우리는 어찌할 바를 모르고 발을 동동 구르기만 했다.(중략)

②-2 열한번째로 끌려가던 사람들은 그야말로 운수 대통한 사람들이었다. 때마침 대대장 차가 도착하여 총살 중지 명령을 내렸던 것이다. 이 불행한 사건에도 예외 없이 <만약>이란 가정이 따라왔다. 만약 대대장이 읍에서부터 타고 오던 찝차가 도중에 고장만 나지 않았더라면 한 시간 더 일찍 도착했을 터이고, 그렇게 되면 삼백명이나 사백명은 더 살렸을 것이다. 따라서 희생자는 백명 내외로 줄어들 것이고, 또 적에게 오염됐다고 판단된 부락을 토벌해서 백명의 이적행위자를 사살했다면 그건 수긍할 만한 일이었을지 모른다. 그러나 피살자 육백명이란 수효는 옥석을 가리지 않은 무차별 사격을 의미했다.304)

---

302) 김원일, 『노을』, 『현대문학』 273호, 1977.9, 40쪽.
303) 김원일, 『노을』, 『현대문학』 275호, 1977.11, 76쪽.
304) 현기영, 앞의 글, 282~284쪽.

①-1은 『노을』의 1장의 시작 부분이다. 여기에서의 '나'는 장년이 된 서술자아이다. 따라서 서술자아의 현재의 모습이 서술되고 있다. ①-2는 『노을』의 2장 부분이다. 이 부분은 과거 유년의 화자를 초점화자로 경험자아의 세계를 서술하고 있다. 여기에서의 '나'는 경험자아이다. 『노을』에서 ①-1의 유형이 1, 3, 5, 7장에 ①-2의 유형이 2, 4, 6장에서 반복된다. ②-1은 유소년을 초점화자로 과거 경험자아의 경험을 서술하고 있다. 따라서 유소년화자에 포착된 대상을 그의 언어로 서술하였다. ②-2는 현재의 서술자아의 시각에서 과거의 사건에 대한 논평이 서술되고 있다. 따라서 서술자아와 경험자아, 과거와 현재의 병치를 잘 보여준 예이다. 다만 ①-1,2는 현재와 과거가 장별로 분류되어 제시되어 있는데 반해 ②-1,2는 이야기가 진행되면서 과거와 현재가 넘나들고 있는 점에서 차이가 있다. 『우울한 귀향』, 『고기잡이는 갈대를 꺾지 않는다』, 『마당깊은 집』 등도 세세한 차이가 있지만 크게 보아 이러한 유형으로 분류할 수 있다.

『마당깊은 집』의 서술자아는 자신의 유소년기 과거를 회상하면서 과거 자신의 삶의 족적을 더듬는다. 그러면서 그에 대한 자신의 감정을 드러내기도 하고 논평을 하기도 한다. 그 결과 서술자아는 유소년의 초점화자를 통해 다음과 같은 말로 이야기를 맺는다.

그렇게 학교와 대구일보사로 맥빠진 채 나다니던 4월 하순 어느 날, 나는 마당깊은 집의 그 깊은 안마당을 화물 트럭에 싣고 온 새 흙으로 채우는 공사 현장을 목격했다. 내 대구 생활 첫 일년이 저렇게 묻히고 마는구나 하고 나는 슬픔 가득 찬 마음으로 그 광경을 지켜보았다. 굶주림과 설움이 그렇게 묻혀 내 눈에 자취를 남기지 않게 된 게 달가웠으나, 곧 이층 양옥집이 <u>초라한 내 생활의 발자취</u>를 딛듯 그 땅에 우뚝 서게 될 것이다.(밑줄 필자)[305]

---

305) 김원일, 앞의 책, 260쪽.

이렇듯 경험자아의 이야기만 놓고 본다면 그것은 굶주림과 서러움의 사건을 다룬 이야기이다. 그것은 '초라한 내 생활의 발자취'를 드러내는 것이다. 그리하여 경험자아인 '나'는 그러한 억압으로부터 탈출하고 싶은 욕망을 지닌 존재가 된다. 그러므로 경험세계는 굶주림과 서러움으로 인한 고통의 시간이자 그것으로부터 탈출하고 싶은 욕망의 시간이라 할 수 있다. 이러한 경험자아의 욕망이야말로 경험을 이야기로 전개하는 추동력이다. 그런데 그것은 서술자아에 의해 서술됨으로써 새롭게 구성된다. 서술자아가 뚜렷하게 자신의 목소리를 드러내고 있는 장면을 들어보면 다음과 같다.

① 벌써 삼십 년 넘는 세월이 흘렀다.(중략) 그 모습이 더욱 선명히 기억 속에 각인되었는지 모른다.[306]

② 그 뒤부터 지금까지는 아버지가 정말 그렇게 돌아가셨는지, 납치, 아니면 단신 월북해버렸는지, 비명횡사했는지 확실히는 모르지만, 어쨌든 전쟁통에 행방불명되었다고 여기며 살아 왔다.(50쪽)

③ 50년대 중반만 하더라도 도회지조차 가정용 연탄이 보급되기 전이라 가을이 깊어지면 나무전이 먼저 성시를 이루었다.(97쪽)

④ 1975년 4월 30일, 스무 해에 걸친 베트남 전쟁에서 미군이 개입 종지부를 찍고 사이공을 베트공에 넘겨준 날, 나는 텔레비전의 그 충격적인 화면을 보며, 문득 마당깊은 집 시절 주씨가 내게 남긴 말을 기억해냈다.(152쪽)

⑤ 지금 세상에는 그저 흔한 일로 여길 터이나 당시로서 남녀가 혼숙한 미성년자의 그런 비행은 혼인길이 막힐 만큼 대단한 사건이 아닐 수 없었다.(221쪽)

⑥ 따뜻한 볕 아래 앉아 사팔눈으로 골목길을 오가는 사람을 맹하니 보며 고구마를 거미손으로 떼어 오물오물 먹던 길수의 병든 병아리 같은 모습은 지금도 잊혀지지 않는다.(247쪽)

---

306) 김원일, 앞의 책, 16쪽. 이하 인용 쪽만 표시.

⑦ 자연 마당깊은 집 시절 이야기부터 화제에 올랐다. "준호아버지
   아시지요?" 민이형이 물었다. 나는, 물론 안다고 대답했다. "칠성
   시장에서 경북대학교로 가는 길목에서 서점을 한답니다."(352쪽)

①~⑦은 서술자아가 과거 경험자아와의 연관 속에서 인물이나 사건을 서술하고 있음을 보여준다. 이렇듯 경험자아와의 연관 속에서 서술자아가 관심을 둔 것은 세상일과 마당깊은 집에 살았던 사람 그리고 가족과 나에 대한 것이다.[307] 따라서『마당깊은 집』은 '나'의 차원과 관련시켜 볼 때 나의 존재의 근거는 무엇이며, 나는 어떻게 성장해 왔는가를 이야기한 것이고 세계의 차원에서 보면 타자와 세상에 대한 관심을 이야기한 것이다. 이런 점에서『마당깊은 집』은 경험하는 아이와 서술하는 어른 사이의 긴장이 텍스트의 틀과 결을 형성하는 중요 인자라 할 수 있겠다. 이로써 이 소설이 문제적 개인사 내지 가족사가 민족사의 테두리 안에서 의미의 마당을 효율적으로 마련하고 있다는 평가가 가능해진다.[308]

그렇다면 과거와 현재의 긴장을 통해 도달한 허구적 경험의 시간 의식은 무엇인가? 그것은 현재의 '나'(서술자아)가 있기까지의 과정 중의 또 다른 '나'(경험자아)와의 관계 속에서 자신의 정체성을 찾으며 성장해 가는 '나'에 대한 기획이라 할 수 있다. 과거의 '나'가 과거의 '나'로 멈출 수 없음이, 또한 현재의 '나'는 과거의 '나'와 타자들과의 관계 없이는 존재할 수 없음이 이야기를 통해 밝혀지고, 새로운 자아의 모습을 모색하는 가능성을『마당깊은 집』은 보여준다.[309]

---

307) 서술자아가 관심을 두었던 것은 그 외에도 이산 가족 찾기 문제, 정태와 관련된 주거 제한 조치를 받고 있는 비전향 장기수 문제 등이다.

308) 우찬제, 앞의 글, 280~292쪽.

309) 우리가 이야기를 하는 이유는 미래를 향한 우리의 예기, 현재의 우리의 관심, 과거를 강조하고 회상하는 우리의 능력을 연결하는 시간 구조에 뿌리를 둔다. 삶은 객관적인 차원 그 이상으로 경험되고 동시적인 '지금'의 연속 그 이상으로 경험된다. 시간적인 존재는 과거와 그 가능성을 이야기와 역사를 통해 끌어낸다. 이

① ㉠늘 코를 흘리고 다녔다. 콧물이 아니라 누렇고 차진 코여서 훌쩍거려도 잘 들어가지 않았다. 나만 아니라 그때 아이들은 다들 그랬다. 아이들이 아이들을 싸잡아서 코흘리개라고 부른 것만 봐도 알 수가 있다. ㉡여북해야 내가 엄마가 되고 나서 내 아이들에 대해 제일 이상하게 생각한 것은, 감기가 들지 않고는 절대로 코를 안 흘린다는 것이었다. 우리 아이들뿐 아니라 딴 아이도 안 흘렸다. 그래서 학교나 유치원 갈 때 가슴에 손수건 매다는 습관까지 없어져 버렸다. ㉢나도 이제는 요즘 아이들이 코를 안 흘리는 걸 이상해 하는 대신 그땐 왜 그렇게 코를 흘렸는지를 이상하게 여기에 되었다.310)

② 그들은 마치 나를 짐승이나 벌레처럼 바라다보았다. 나는 그들이 원하는 대로 돼 주었다. 벌레처럼 기었다. 정말로 그들에겐 징그러운 벌레를 가지고도 오락거리를 삼을 수 있는 어린애 같은 단순성이 있었다.(중략)
나는 밤마다 벌레가 됐던 시간들을 내 기억 속에서 지우려고 고개를 미친 듯이 흔들며 몸부림쳤다. 그러다가도 문득 그들이 나를 벌레로 기억하는데 나만 기억상실증에 걸린다면 그야말로 정말 벌레가 되는 일이 아닐까 하는 공포감 때문에 어떡하든지 망각을 물리쳐야 한다는 정신이 들곤 했다.(밑줄 필자)311)

③ 그때 문득 막다른 골목까지 쫓긴 도망자가 획 돌아서는 것처럼 찰나적으로 사고의 전환이 왔다. 나만 보았다는 데 무슨 뜻이 있을 것 같았다. 우리만 여기 남기까지 얼마나 많은 고약한 우연이 엎치고 덮쳤던가. 그래, 나 홀로 보았다면 반드시 그걸 증언할 책무가 있을 것이다. 그거야말로 고약한 우연에 대한 정당한 복수다. 증언할 게 어찌 이 거대한 공허뿐이랴. 벌레의 시간도 증언해야지.

런 점에서 이 유형의 작품들은 이러한 시간성의 가능성을 엿볼 수 있다. 자세한 것은 다음 참조. Donald E. Polkinghorne, *Narrative Knowing and the Human Sciences*, SUNY, 1988, '이야기 속의 시간' 참조.
310) 박완서,『그많던 싱아는 누가 다 먹었을까』, 웅진출판, 1992, 13~14쪽.
311) 박완서, 앞의 책, 273쪽.

> 그래야 난 벌레를 벗어날 수가 있다.
> 그건 앞으로 언젠가 글을 쓸 것 같은 예감이었다. 그 예감이 공포
> 를 몰아 냈다. 조금밖에 없는 식량도 걱정이 안 됐다.312)

인용문은 박완서의 『그많던 싱아는 누가 다 먹었을까』라는 작품으로 ①은 작품의 첫 부분이고, ②, ③은 끝부분이다. 이 작품은 인물의 출생부터 한국전쟁(1951년 1·4 후퇴)까지의 시기를 다루고 있다.313) '박적골'에서 아버지의 부재 속에서 어린 시절을 보낸 '나'는 어머니의 근대지향적인 담대함으로 말미암아 마침내 서울에 입성을 하고 초, 중, 고, 대학생으로 성장해 간다. 그리고 대학생 때는 한국전쟁으로 인한 수난을 당한다.314) 이러한 성장과 수난의 시간을 서술자아는 회상을 통해 서술하고 있다.

①에는 어린 시절 코흘리개로 지낸 시간을 다루고 있다. ㉠에서 서술자아는 경험자아가 '늘 코를 흘리고 다녔다'고 회상하고 거기에 대하여 논평을 하고 있다. ㉡에 오면 엄마가 된 후의 자녀들과 당시의 자신의 모습을 비교하고 있다. ㉢은 현재의 입장에서 과거에 대한 생각을 드러내고 있다. 여기에서 알 수 있듯이 과거의 경험자아에 대한 서술은 현재의 '나'와의 관계 속에서 회상되고 있다. 이것은 작품 전체의 주된 서술 방법이다. 그러니까 과거의 시간을 현재화하고, 그것을 현재와의 관계 속에서 의미를 드러내는 방식이라 할 수 있다. 그렇다면 경험자아

---

312) 박완서, 앞의 책, 286~287쪽.
313) 박완서의 생애를 출생에서 한국전쟁기인 1953년, 그 후 결혼한 기간, 1970년 『나목』을 발표한 뒤 작가 생활을 시작한 시기로 나눈다면『그많던 싱아는 누가 다 먹었을까』는 첫 시기를 다룬 작품에 해당한다.
314) 박완서 문학의 공통점으로 어머니, 오빠 등의 가족 이야기가 중심을 이루고, 그로 인한 어머니와 서술자의 성격이 두드러지게 서술되고 있다는 점, 그리고 한국전쟁이 가족에게 준 고통과 상처를 부각시키고 있다는 점 등을 들 수 있다. 이 작품에서도 가족 이야기가 중심을 이루면서 후반부에는 전쟁이 준 수난과 고통이 부각되어 있다.

가 겪은 과거의 시간은 어떤 시간인가. 유년기 고향에서의 삶과 초, 중, 대학생 시절의 서울에서의 도시 경험 그리고 대학 시절의 전쟁 경험이 자아의 경험 내용이다. 요컨대 고향 경험, 도시 경험, 전쟁 경험이 과거 시간의 중심 내용이다.315) '나'는 고향 박적골을 떠나 서울 현저동의 셋방에 머물면서 사대문 안 초등학교에 진학한다. 어머니는 삯바늘질로 가족을 부양하면서도 자녀에 대한 교육 열정은 대단하다. 중등학교를 거치면서 '나'는 도시 생활에서의 환멸과 고향에 대한 그리움, 그리고 고향에서의 안온함을 경험한다. 해방 후 좌우익의 대립에서 오빠의 영향으로 민청조직 활동을 하기도 한다. 오빠의 좌익 활동으로 여러 번 이사를 가는 등 가족이 고통을 당한다. 오빠의 전향으로 잠시 집안의 평화가 온 듯했으나 전쟁이 발발한다. 수복 후 빨갱이 집으로 찍혀 문초를 당한다. 이 때의 시간을 '나'는 ②, ③에서 '벌레의 시간'이라 칭한다. '나'의 글쓰기는 이 벌레의 시간을 이야기함으로써 즉 망각을 물리침으로써 벗어나는 것이다. 서술자아는 그 벌레와 같은 시간들을 망각해버린다면 정말로 벌레가 될지도 모른다고 인식하고 망각과 싸운다. 그 결과가 '나'의 이야기 쓰기로 나타난다. 이 이야기를 두고 서술자아는 기억의 한계를 벗어나지 못하였다고 말하고 있지만 그것이야말로 보통 사람의 한계라 성찰한다. 이는 과거에 대한 벌레의 시간 의식이 현재의 증언의 시간 의식과 만남으로써 새로운 가능성의 시간 의식을 창출하는 시간이다. 그것은 ③에서 드러나듯이 앞으로 벌레의 시간을 계속해서 증언하겠다는 의식으로 나타난다.316) 그렇게 함으로써 '나'는 벌레로부터 벗어날 수 있기 때문이다. 그것은 공포의 시간에서 벗어나기이다. '나'는 글쓰기로서 미래에 대한 시간의식을 선취함으로써 현재와 과거를 넘어서고자 한다.

---

315) 이 가운데 고향 경험과 도시 경험이 전쟁 경험에 비해 많은 분량을 차지한다. 이 같은 현상은 작품의 제목이 암시하듯이 고향과 도시의 삶이 이 작품을 구성하는 중심 내용임을 말해 준다.

316) 실제로 박완서는 전쟁경험과 결혼 이후를 다룬 『그 산이 정말 거기 있었을까』를 쓴다.

제5장

경험의 서사화의 교육적 설계

이번 장에서는 앞에서 논의한 바를 토대로 그 교육적인 설계로 확장해 보고자 한다. 교육적인 설계는 넓은 의미의 교육과정의 일환으로서 교육의 이념이나 목적, 목표, 내용, 방법, 평가 등을 유기적으로 설정해 보는 일이다. 이 가운데 교수·학습 방법이나 평가는 다른 자리에서 논의하는 것이 생산적일 것이라 판단하면서, 여기에서는 주로 이념과 목표, 그리고 교수학습의 내용을 논의하고자 한다.

제1절 이념과 목표

문학교육학계의 안팎에서 문학의 위기를 논한 지 오래다. 현대 사회 상황에서 문학이 처한 여러 위기 징후들과 함께 문학계 내부에서 문학

을 삶과 유리시키는 행위들은 문학을 위기로 몰아가는 원인으로 작용한
다. 문학이 시대 상황과 삶에서 유리되었을 때 문학의 위기를 불러오듯
이 문학이 교육의 본질과 시대적 요구, 수요자의 요구에 부응하지 못할
때 문학교육의 위기는 도래한다. 그러므로 문학교육을 왜 하는지, 무엇
을 어떻게 해야 하는지를 심도 있게 논의해야 한다. 문학교육의 이념과
목표를 제삼 확인하고 구체적인 방안을 모색하고자 하는 것도 여기에
있다.[317]

문학교육은 가치성, 실천(활동)성, 창조성과 관련된 인간을 길러내는
데 있다고 볼 수 있다. 문학교육은 가치가 배제된 중립적인 교육일 수
없다는 점에서 진선미라는 보편적인 가치를 전제로 한다. 또한 지식에
만 그치지 않는 실천을 강조한다는 점에서 삶의 실질적인 차원과 관련
된다. 그리고 문학의 속성이 일반적으로 규범성보다는 창조성에 비중이
있다고 본다면 그러한 속성을 적극적으로 반영하는 인간 형성을 전제로
한 것이다.[318] 문학교육이 이처럼 방향성이 분명하게 설정되고, 그 실천
적 차원이 강조되는 것이라면 교육적 차원에서 무엇이 중요한지 그 경
중을 가리고, 그것을 체계적인 교육안으로 마련하는 일이 매우 긴요하
다 하겠다.

이 글의 논의 방향과 관련해 볼 때 최근에 일련의 연구자들이 내놓
은 서사에 대한 교육과정적 관심과 그 업적은 중요한 의미를 지닌다.
교육과정은 교육목표를 달성하기 위하여 선택된 교육내용과 학습활동
을 체계적으로 편성·조직한 계획을 말한다. 이에 비추어 보면 서사교
육의 교육과정 체계는 서사교육의 이념과 목표, 교육과정의 내용, 교재

---

317) 정보화 시대에 살고 있는 오늘날 문학에 대한 인식의 변화와 그 대응 논리에 대
한 논의는 다음 참조. 우한용, 「정보화시대 문학의 사회적 기능」, 『국어국문학』
제121호, 국어국문학회, 1998. 이야기 체험의 변화 양상과 문학교육과정론적 의
미와 지도 방향에 대한 논의는 다음 참조. 박인기, 『문학교육과정의 구조와 이
론』, 서울대출판부, 1996, 227~242쪽.
318) 여기에 대한 자세한 논의는 김대행 외, 앞의 책, 참조.

및 교수 학습 방법, 서사교육의 평가 등으로 이루어진다.[319]

  서사교육의 이념은 여러 관점에서 검토될 수 있다. 우한용은 서사교육의 이념적 지향을 서사적 존재로서의 자아확립, 세계 발견 능력의 고양, 세계 해석 능력의 함양, 세계 창조/재생산의 체험 확충 등을 들고 있다.[320] 이 논의는 서사교육을 자아, 세계, 표현과 이해의 측면에서 전반적으로 문제삼고 있다는 점에서 그 포괄성이 인정된다. 한편 김상욱은 서사교육의 이념은 주체형성에 있다고 본다. 이때 주체는 담론주체로서 이야기를 구성하는 주체일 뿐 아니라 이야기를 동일시와 거리두기로 읽어낼 줄 아는 주체, 나아가 이데올로기와 대면할 줄 아는 주체를 말한다.[321] 그의 주장은 이데올로기까지 포괄하는 주체를 상정하고 있다는 점에서 장점을 갖는다. 문영진은 이념으로서 비판적 주체성을 제시하고, 이를 실천할 수 있는 목표로 '비판적 문용력(reflexive literacy)'를 제안하고 있다.[322] 이는 변화하는 조건에 단지 적응하는 능력만이 아니라 동시에 자신의 운명을 스스로 결정할 수 있는 인간이 필요하다는 인식에서 출발한 것이다.

---

319) 이 가운데 이념은 서사교육이 지향하는 인간형과 관련되고, 목표는 도달해야 할 구체적인 능력이다. 교육과정의 내용은 학습 목표의 형태로 제시되는 구체적인 내용 항목들이며, 교재는 교육과정 내용을 구체화한 것임과 동시에 학습자에게 교육과정의 내용을 전달하는 수단으로서의 역할을 수행한다. 또한 교수 학습 방법은 교육과정의 내용을 교재를 매개로 학습자에게 효과적으로 교수학습하기 위한 모든 활동들을 의미하며, 평가는 교육과정 전반의 평가와 함께 구체적인 활동의 결과를 측정하는 것까지 포함하는 개념이다. 이들 이념과 목표, 내용과 교재, 방법과 평가 등의 체계는 서사교육뿐만이 아니라 모든 교과교육에 공통적으로 요구되는 항목들이다. 김상욱, 「서사교육의 교육과정」, 우한용 외, 앞의 책, 222~223쪽.
320) 우한용, 「서사의 위상과 서사교육의 지향」, 우한용 외, 앞의 책, 29~33쪽. 우한용의 논의는 문학교육이 지향하는 인간상과 밀접하게 관련되어 있다. 이에 대한 논의는 다음 참조. 우한용, 『문학교육과 문화론』, 서울대출판부, 1997, 제3·4장.
321) 김상욱, 앞의 글, 212~250쪽. 이러한 그의 구상은 문학교육 이념으로서의 주체형성으로부터 비롯한 것이다. 자세한 것은 다음 참조. 김상욱, 『소설교육의 방법 연구』, 서울대출판부, 1996, 제1장.
322) 문영진, 앞의 글, 184~195쪽.

오늘날은 자아정체성이 혼란에 빠지기 쉬운 위험사회이다.[323] 그러므로 현대에 사는 사람들은 안정적이고 정상적인 삶을 영위하는 데 많은 위협을 받고 있다. 그러한 위협은 인간의 존재론적인 안전감을 손상시킴으로써 자아정체성에 심각한 위기를 불러온다. 그러므로 "나는 누구인가"라는 질문에서 출발하는 자아정체성 형성이 성공적으로 완수되지 않을 때 정신병자로 전락할 가능성이 커지거나, 개인의 성장, 주체성 확립, 전인적 인격자로부터 멀어질 수밖에 없다. 이런 점에서 서사의 본질적 측면을 주목할 필요가 있다.

서사는 "나는 어디에서 와서, 누구와 더불어 어떻게 살고 있으며, 어디로 가고 있는가?"에 대한 응답 과정의 산물이라는 점에서 자신의 정체성을 찾는 것이야말로 서사의 본질 가운데 하나이다. 주목할 것은 자아정체성은 개인이 소유하고 있는 어떤 독특한 특성이나 그 집합이 아니라, 사람에 의해 그녀 또는 그의 전기의 견지에서 성찰적으로 이해되는 것으로서의 자아라는 점이다. 정체성은 행위자에 의해 성찰적으로 해석되는 연속성 속에서 발생하며, 사람됨의 인지적 구성 요소를 포함하고 있다. 이때 사람이 된다는 것은 성찰적 행위자가 된다는 것과 자아와 타인 모두에 대해 적용되는 사람에 대한 개념을 가진다는 것이기도 하다. 그러므로 변화 속에서 '주격의 나'를 사용할 수 있는 능력은 사람됨에 대한 성찰적 관념의 가장 기초적인 특징을 이룬다.[324]

여기에서 서사교육의 이념과 거기에 부합하는 인간상을 구체화할 수 있겠는데, 그것은 '자기 정체성의 정립'이라는 이념과 함께 성찰 행위를 통해 자기 존재를 인식하고 자기 이해에 도달함으로써 궁극적으로 자기 정체성을 확립한 주체로 제시할 수 있다. 물론 이러한 이념과 주체는 그 자체로 완결성을 지닌 것이 아니라, 다른 많은 이념과 주체 가

---

323) A. Giddens, 앞의 책, 참조.
324) A. Giddens, 앞의 책, 110쪽. P. 리꾀르는 이것을 공유적 자아라는 개념으로 설명하고 있다.

운데 하나이다. 실제로 교육 목적 상 지향태로서 여러 이념과 주체가 제시될 수 있겠는데, 중요한 것은 선언적인 의미보다는 교육이론에서 제시하고 있는 이념과 교육 과정에 제시된 이념, 그리고 교과의 목표와 교수·학습, 평가 등이 유기적으로 연관되어 실천 가능해야 한다는 것이다.

문학교육의 목표[325]라는 거시적인 범주에서 서사교육[326]의 목표를 살펴볼 때 몇 가지 고려할 사항이 있다. 서사는 서사 자체를 넘어 그것을 생산하고 소통시키고 수용하는 서사현상 속에서 볼 때 그 역동적인 모습이 드러난다. 그러나 서사 현상 자체가 곧바로 교육으로 이어지는 것은 아니다.

교과의 범주에서 서사교육의 현상을 살펴볼 경우 우선 고려해야 할 것은 그 현상에 포함되는 주된 요소들이다. 그것은 학습의 주체인 학습자, 생산과 수용의 대상인 서사물,[327] 그것을 가르치는 교사[328] 등이다. 교사는 학습자로 하여금 그 목표를 달성할 수 있도록 학습자를 안내하는 역할을 한다는 점에서 중요한 요소이기도 하지만, 무엇보다 서사교육의 핵심은 학습자와 서사물이라 할 수 있다. 그러므로 서사교육의 핵심은 학습자와 서사물과의 관계에 있다고 할 수 있다. 그것은 학습자가

---

325) 왜 문학(국어)교육을 하는가? 이에 대하여 언어 능력의 증진, 개인의 정신적 성장, 개인적 주체성 확립, 문화계승과 창조 능력 증진, 전인적 인간성 함양 등을 들 수 있다. 논자들은 이 가운데 문학교육의 최종 목표를 전인적 인간성 함양에 두고 있다. 이는 문학교육의 목표를 개인의 지적·정서적 성장에 있음을 분명히 한 것이다. 김대행 외, 앞의 책, 제2장 문학교육의 목표 참조. 문학교육의 목표의 변천사에 대한 논의는 다음 참조. 김창원, 「문학교육 목표의 변천 연구」1, 『국어교육』 제73·74호, 1991.

326) 문학교육이 문학을 가르치고 배우는 일체의 활동을 포함하고 있듯이, 서사교육은 서사를 가르치고 배우는 일체의 활동을 포함하는 용어이다.

327) 서사라는 개념이 주는 다양한 내포로 인해, 우리가 대하는 구체적인 작품에 상응하는 개념을 서사물이라 명명한다. 문맥에 따라 혼동의 여지가 없을 때는 서사라는 용어도 사용한다.

328) 교사는 교육에서 중요한 주체라는 점을 간과할 수 없다. 종래의 논의는 대부분 텍스트와 그 학습자를 중심에 놓고, 교사를 부차적인 차원에서 다루고 있는데 교사의 위상에 대한 근본적인 성찰이 있어야 할 것이다.

서사물을 생산하고 수용하는 문제로 집약된다.

학습자가 서사물을 생산하고 수용하는 데는 많은 변인이 작용한다. 거기에는 학습자의 서사일반에 대한 지식, 태도와 가치관, 상황맥락 등이 복합적으로 작용한다. 그런데 문제는 학습자가 그것을 어떻게 생산하고 수용하느냐에 달려 있다. 그리고 그것은 교육 목표와 학습자의 발달을 전제해야 한다.

이야기를 생산하고 수용하는 서사활동이 서사교육에서 핵심 교육 영역이라 할지라도 그것이 서사교육의 목표로 곧바로 이어지는 것은 아니다. 서사활동은 그 자체가 실천이자 목표 달성을 위한 수단에 가깝다. 그러므로 서사교육의 목표는 사고, 지식, 활동, 경험, 태도 등을 포괄하는 것에 두어야 할 것이다.[329]

삶 속에서 인간은 주변세계로부터 끊임없이 정보를 수용 해석하고 동시에 이 정보를 토대로 자기 조정의 과정을 거치게 된다. 따라서 인간 활동의 효율성은 세계의 무질서, 혼돈을 극복하고, 의식적 혹은 무의식적으로 고도의 조직성과 질서를 구성할 수 있느냐에 달려있다. 따라서 그것은 인간의 생명활동 속에서 중요한 역할을 한다. 이런 점에서 모든 인식은 내적 질서를 발견하는 것과 관련된다. 그리하여 그 결과 드러나는 조직성은 인간이 그것을 전유한다는 사실과 그것이 이제 인간에게 이해되고 접근 가능하게 되었다는 것을 말해준다. 또한 그것이 인간 자신의 능력과 재능에 상응한다는 것을 암시한다. 경험을 구성하는 행위도 경험으로부터 질서를 만들어내는 행위이며 그것은 그것을 만들어낸 인간의 재능과 능력을 나타낸다.

경험을 서사화하는 행위는 언어나 문자 등의 매체를 통해 의미를 가진 서사를 창조하는 행위이다. 그것이 창조하는 행위인 한 서술행위 주

---

329) 이러한 것을 고려하여 서사교육의 목표를 서사능력의 신장에 둔다. 서사능력은 좁게는 서사물을 구성하고, 소통시키고, 수용하는 것과 관련된 일체의 능력을 말하고, 넓게는 서사적인 자기의 삶을 능동적으로 영위할 수 있는 능력을 말한다.

체의 의식과 가치가 개입하기 마련이다. 또한 그것은 소통을 전제로 하는 한 개인의 차원에 머물 수는 없고 공적 차원으로까지 확대된다. 이런 점에서 비단 창작 행위뿐 아니라 글을 쓴다든가 말을 하는 행위는 단순히 문자를 구성하는 능력이 아니라 사물을 가치와 의미의 질서 속에 조직하는 것[330]이고 그것은 공적인 행위에 속한다는 것을 항상 의식하고 그 일을 실천하는 것은 중요한 의미를 지닌다.

경험을 서사화하는 능력은 서사 구성 능력에 속한다. 그것은 경험을 토대로 사건을 구성하는 능력에 해당한다. 그런데 경험을 서사화하는 능력은 사람마다 다르다. 그렇기 때문에 서사물은 깊이와 넓이, 관점이 다르게 나타난다. 물론 서사물은 시대와 지역에 따라 공통된 성질을 가질 수 있고, 실제로 그렇기도 하다. 이는 서사를 구성하는 능력이 선천적인 측면과 후천적인 측면을 아울러 가지고 있음을 의미한다.

서사교육의 이념과 관련해 볼 경우, 서사교육의 목표를 구체화 할 필요가 있겠는데 그것은 '자기 이해 능력의 신장'[331]으로 제시할 수 있다. 자기 이해는 자아와 세계에 대한 성찰에서 비롯된다. 그것은 '나는 누구인가'에 대한 서사적인 질문과 응답 과정에서 구체화되는데, 이는 나와 세계에 대한 서사적 문제의식에서 비롯된다. 경험의 서사화와 관련해 볼 때, 이 서사적 문제의식에 포착된 창작 대상은 글쓰는 주체의 실천적·서술적 이해 능력, 상징적 능력, 시간적 이해 능력 등에 의해 구체화된다.[332]

---

330) 김종철, 「글쓰기교육의 문화적 척도」, 이상익 외, 『고전산문교육의 이론』, 집문당, 2000.

331) 문학교육의 목표를 '자기 이해'에 두고 여러 원리와 방법을 모색하고 있는 논의는 다음 참조. 우한용, 「문학교육의 윤리적 연관성에 대한 연구」, 『사대논총』55집, 1997; 류홍렬, 「문학교육에서 욕망의 이해에 관한 연구: 욕망의 중개를 중심으로」, 서울대석사학위논문, 1999. 그리고 P. Ricoeur, 앞의 책, 참조. 표현 행위가 자신을 형성하는 것이라는 측면에서 고백적 글쓰기를 논의한 글은 다음 참조. 이형빈, 앞의 글.

332) 이는 P. 리꾀르가 mimesis1에서 강조한 것으로, 이야기능력뿐 아니라 이야기의

제2절 내 용

교육 내용은 이념, 목표, 방법, 평가와 연관을 지니고 있어야 한다. 따라서 교과의 교육 내용은 교과의 특성을 반영하고, 목표 달성에 기여해야 하며, 학생들의 행동 변화나 능력의 함양에 기여할 수 있어야 한다.[333] 그렇다면 교육 내용 범주를 설정하는 문제는 중요한 과제가 아닐 수 없다. 우선 경험의 서사화와 관련된 교육 내용을 구안하는 데 있어서, 그동안의 논의를 검토해 보고자 한다.

국어교육학계에서 교육 내용과 관련된 본격적인 논의는 미흡한 편이다. 교육 내용에 대한 논의는 대게 문학교육 목표와 관련해서 단편적으로 이루어져 온 것이 실상이다.[334] 김상욱은 "문학교육의 목표는 문학텍스트의 생산과 수용의 전 과정에 관한 학습자의 문학능력을 증진시키는 것으로 규정"[335]하면서, 문학능력에는 언어능력, 의사소통능력, 사회언어적 능력, 전략적 능력 등이 포함된다고 주장한다. 최근에는 교육 내용 범주를 개념, 원리, 활동으로 정하고 발달 단계를 고려하여 '활동,

---

넓이와 깊이, 이야기의 특성 등을 결정하는 토대가 된다. 이들은 각각 구조적인 것, 상징적인 것, 시간적인 것으로 이야기 발생의 중요한 관점을 제공한다. 자세한 것은 다음 책 참조. P. 리꾀르, 앞의 책, 1999, 128~147쪽.

333) 현재의 표현·이해교육이 상당한 수준에 도달했음에도 불구하고 만족스럽지 못한 것은, 지식만을 강조하거나 지식 없이 기능만을 강조하거나 또는 전략을 적극적으로 교육 내용에 반영하지 못한 것 등에도 원인이 있을 것이지만(이도영, 「언어 사용 영역의 내용 체계에 대한 연구」, 서울대박사학위논문, 1998, 170쪽), 무엇보다 전체적인 틀과 구체적인 가르칠 '내용', 그리고 그 이념에 대한 철학적인 성찰이 미흡한 데 있다고 판단된다.

334) 언어 사용 영역 전공자들은 학문 내적인 발전 논리와 학문 외적인 요구에서 교육 내용 범주에 대한 논의를 진행해 왔다. 이에 대해 이도영은 언어 사용 영역의 내용 체계에 대하여 폭넓게 검토한 바 있다. 그는 언어 사용 영역의 내용은 기능, 전략, 지식을 아울러 포함해야 한다고 주장한다. 이도영, 앞의 글, 참조

335) 김상욱, 앞의 책, 25쪽.

개념+활동, 원리+활동, 개념+원리+활동' 등으로 활동을 중심에 두고 내용을 구안할 것을 제안한 바 있다.336) 그런데 활동만으로 내용이 성립될 수 있을지는 의문이며, 정의적인 영역 예컨대 태도와 같은 범주 처리에 대한 논의가 뒤따라야 할 것이다. 김창원은 문학능력을 인간의 행동특성과 관련하여 문학적 소통능력(문학 표현과 이해), 문학적 사고력(상상력을 포함하여), 문학지식(개념적·절차적·전략적인), 사전문학 경험, 문학에 관한 가치와 태도로 범주화하여 접근하고 있다.337) 따라서 그에 의하면 문학능력은 의사소통능력·사고·지식·경험·가치 및 태도의 종합이라 할 수 있다. 문학능력을 이렇게 다층적으로 본 것은 진일보한 견해라 할 수 있다. 그러나 범주 설정 기준을 보다 명확히 하고 단순화할 필요가 있다. 또한 문학교육의 내용구성을 장르적 범주, 수용적 범주, 주제적 범주, 속성적 범주 등으로 접근한 논의 논자들이 밝혀 놓았듯이 전반적인 내용 범주의 체계를 염두에 둔 것이 아니라, 이론적 논의를 위해 구분, 제안된 성격이 강하다.338) 한편 인식 작용의 결과물인 지식을 경험적 지식과 개념적 지식으로 나누고 전자를 서사적 지식과 후자를 논리적 지식과 연관시킨 논의는 서사와 직접적으로 관련된 지식의 문제를 검토하고 있다는 점에서 시사하는 바가 있지만, 이것을 곧바로 내용 범주로 삼기에는 무리가 따른다.339) 그리고 이성영은 국어교육

---

336) 김상욱, 앞의 책, 제6장 참조. 그는 이 글에서 현행 7차 교육과정에 제시된 내용 범주 즉 본질, 원리, 태도, 실제의 문제점을 지적하고 있다. 본질과 원리의 구분이 명확치 않다는 점, 태도가 정의적 활동으로만 규정되어 있다는 점, 듣기, 말하기, 읽기, 쓰기의 영역 구분이 자의적으로 분할되어 있다는 점 등이 그것이다.

337) 김창원, 「문학교육과정의 구성원리」, 『문학교육과정론』, 삼지원, 1997, 110쪽.

338) 최현섭 외, 『국어교육학개론』, 삼지원, 2002, 438-443쪽. 실제로 문학교과서나 문학교재를 구성 조직할 때는 위의 범주를 효과적으로 절충하고 조화롭게 재구성하는 전략을 가져야 하고, 아울러 문학을 가르치는 주체(교사), 문학을 배우는 주체(학생) 모두에 관여하는 문학교육내용이 지니는 특질 등을 교육현상 속에서 종합적으로 고려하는 과정을 거쳐야 한다고 주장한다.

339) 문영진, 「서사의 교육적 작용」, 우한용 외, 앞의 책, 202~204쪽. 우리가 무엇인가를 안다는 것은 그것을 논리적으로 혹은 서사적으로만 인식한다는 것을 의미

에서 언어관과 문학교육과 국어교육의 관계를 검토한 후 국어교육의 내용은 언어 사용의 기능이나 전략이 되어야 한다고 주장한다. 그리하여 국어교육의 내용구조는 언어 사용의 효과를 직접적으로 결정하는 언어 사용의 내면적인 모습인 만드는 과정 기제를 중심으로 설정되어야 한다고 보았다.[340] 그러나 이 논의는 언어 기능에 치중하고 있어서 국어교육 전반의 내용이 어떤 모습이어야 할 것인가를 살피는 데는 미흡하다고 판단된다.[341]

국어과 교육에서 내용 범주에 대한 본격적인 논의는 김대행에서 이루어졌다. 그는 교육학의 내용논의에 대한 비판적인 검토를 거친 후 국어교육 내의 내용 연구에 대한 과제를 제시한 바 있다. 그가 검토한 국어교육 내용 논의는 기능에 집중되어 있거나 지식에 대한 편향된 시각을 갖고 있으며, 태도나 경험에 대한 관심이 결여되거나 부족하다고 지적한다. 그리하여 국어교과학의 연구 과제는 일차적으로 '수행, 지식, 경험, 태도'의 내용 목록을 작성하고 그것을 교육의 위계에 알맞게 배치함으로써 구조화하는 일이라고 주장한다.[342] 이 논의 가운데 '경험'은 본격적으로 언급된 교육 내용 범주로서 앞으로의 논의에 생산적으로 기여할 것으로 보인다. 그러니까 언어의 표현과 이해 활동을 통해 학습자로 하여금 어떤 언어적 경험을 갖게 하는지가 중요한 만큼 마땅히 내용 범주로 분류되어야 한다. 이는 그동안 국어교육이 제자리를 찾지 못하는 이유 가운데 하나가 기능 및 전략 위주의 내용관에 있다고 판단한다

하지는 않는다. 료따르는 단지 과학적인 지식(인식: connaissance)에 국한하지 않고, 행할 줄 앎(savoir-faire), 생활할 줄 앎(savoir-vivre), 경청할 줄 앎(savoir-écouter)과 같은 개념들을 포함시키고 있다. 그러나 이는 일반적으로 태도와 관련해서 논의되는 것으로, 료따르의 논의는 태도가 지식 혹은 지식이 태도와 별개로 존재하는 것이 아님을 인식케 한다. Jean-François Lyotard, *La Condition Postmoderne*, 이현복 역, 『포스트모던적 조건』, 서광사, 1992, 참조.

340) 이성영, 『국어교육의 내용 연구』, 서울대출판부, 1996.
341) 김대행, 「內容論을 위하여」, 앞의 책, 13쪽.
342) 김대행, 위의 글, 참조.

면 그 중요성이 부각된다. 서두에서 언급했듯이 국어교육의 질적 발전은 내용을 고려한 방법적 측면을 고려해야 할 터인데, 이는 궁극적으로는 삶의 질과 관련되는 것이며, 국어교육과 관련해서는 언어가 담고 있는 내용의 질의 문제와 직결되는 문제이기도 하다.

이상을 비판적으로 종합해 볼 때, 교육의 내용 범주는 '지식, 활동, 경험, 태도'로 설정해 볼 수 있다. 지식은 일단 개념적·방법적·조건적 지식343) 등을 아우르는 범주라 할 수 있다. 그러나 지식의 범주를 설정하기는 그렇게 쉬운 것 같지 않다. 우리가 "A는 X를 안다"고 할 때 대상 X가 어디에 있는가에 따라 다음과 같은 목록을 제시할 수 있다.344)

① 사람, 장소, 사물에 대한 직접적 지식. A는 서울을 안다.
② 절차와 방법에 관한 지식(knowledge how). A는 자전거를 탈 줄 안다.
③ 명제에 관한 지식(knowledge that). A는 고양이가 매트 위에 있다는 것을 안다.
④ 내용에 관한 지식(knowledge what). A는 비가 오는 원인이 무엇인지를 안다.
⑤ 사람에 관한 지식(knowledge who). A는 누가 그 게임에서 이겼는지 안다.
⑥ 사물에 관한 지식(knowledge about). A는 자동차에 관해 안다.
⑦ 수단과 방법에 관한 지식(knowledge of the way). A는 시내로 가는 길(방법)을 안다.
⑧ 품성과 방법에 관한 지식(knowledge how to be). A는 성실해지는 법을 안다.

---

343) Jones, B. F. et al은 지식을 선언적 지식, 절차적 지식, 조건적 지식으로 분류하고 선언적 지식은 '무엇'에, 절차적 지식은 '어떻게'에, 조건적 지식은 '언제, 왜'에 해당한다. 이도영은 그의 논의를 받아들여 '개념적 지식, 방법적 지식, 조건적 지식'을 제안한다. 그러나 이도영의 내용 범주에는 '태도'가 빠져 있음으로써 한계를 드러낸다. 이도영, 앞의 글, 138쪽.

344) C. M. Hamm, *Philosophical Issues in Education: An Introduction*, 김기수·조무남 역, 『교육청학탐구』, 교육과학사, 1996, 121~122쪽.

이 목록은 계속해서 진술될 수 있다. 그러나 코넬 햄이 지적하고 있듯이 모든 X가 방법적 지식이나 명제적 지식으로 환원될 수 있다. 그가 지적하고 있는 것은 이때 지식의 분류보다 중요한 것은 지식이 단지 어떤 일을 할 줄 아는 기법에 지나지 않는다면, 그것은 훈련의 차원이지 교육으로 보아서는 안 된다는 점이다. 따라서 어떤 종류의 학습을 교육이 되게 하는 것은 바로 명제적 지식의 습득이라 주장한다. 그러나 이러한 주장을 모든 교과에 일률적으로 적용할 수는 없고, 국어교육의 특성상 균형적인 지식의 학습이 무엇보다 중요하다.

지식을 논함에 있어서 빠뜨릴 수 없는 관점은 폴라니의 '인격적 지식'이라는 개념이다. 그는 지식의 암묵적 차원을 강조함으로써 종전의 인식론에서 발견하기 어려운 새로운 관점을 제공한다. 그에 의하면 기술적인 언어나 상징으로 표현되는 명시적인 지식이라는 것도 실상은 명시화할 수 없는 암묵적인 인식에 토대를 두고 있는 것이다. 이 암묵적 지식의 토대를 갖춘 지식이 바로 인격적 지식이라 부른다. 인격적 지식은 개인의 마음이나 뇌 등 어딘가에서 진행되고 있는 개념적 조직으로서 우리는 그 틀을 통해서 세계를 바라보고 그것을 사실로서 경험한다.[345]

이상의 논의를 통해 볼 때, 우리에게 중요한 것은 명제적·방법적·조건적 지식뿐 아니라 인격적 지식을 아우르는 범주이다. 이 글에서 경험을 서사화하는 행위와 관련하여 다루고 있는 서사적 문제의식과 행위 세계에 대한 이해는 인격적 지식의 차원과 깊게 관련되어 있고, 경험의 서사화 방법은 방법적 지식의 차원과 깊이 관련되어 있다.

활동은 듣고, 말하고, 읽고, 쓰는 구체적인 수행의 측면과 관련된 범주이다.[346] 이는 지식, 경험, 태도가 복합적으로 작용한 실천적 국면에

---

345) 장상호, 『학문과 교육 상: 학문이란 무엇인가』, 서울대출판부, 1998, 360~373쪽.
346) 활동의 측면을 중시하여 국어과 교육의 목표를 '국어 활동 능력'의 신장에 둔 논자는 그의 입장을 다음과 같이 정리한다. 첫째로 국어활동은 문학적 목적으로의 국어 활동과 의사소통적 목적으로의 국어 활동으로 구분할 수 있다는 점, 둘째로 국어 활동 능력을 구성하는 요인에는 지식 요인과 기능 요인과 태도 및 가치관

해당한다.[347] 경험은 표현과 이해를 통한 언어적 의미의 질적인 깨달음과 관련된 범주이다. 이는 표현과 이해 주체의 경험의 질과 관련될 수밖에 없으며, 표현의 차원에서는 경험의 서사화를 통한 언어적 형상화 과정을 통해 매개되는 것이고, 이해의 차원에서는 텍스트의 이해 과정을 통해 매개되는 것이다.[348] 경험을 표현의 차원에서 볼 때 그것은 주로 '무엇'의 문제와 관련된다.[349] 다시 말해 언어적으로 형상화된 내용을 말한다. 이는 작가의 경험의 질과 형상화 능력에 크게 의존한다. 따라서 교육적인 안목에서 경험의 질적 차원을 제고하고 그것을 형상화하는 능력을 발달시키는 방향으로 나가야 할 것이다.[350]

태도는 지식의 학습, 활동의 방향, 의미의 경험 등과 관련된 일체의 심리적·물리적 요인과 그 결과를 말한다.[351] 그것은 지식을 학습하고 그것을 실제로 행하는 데 영향을 줄 뿐 아니라, 활동 과정에도 영향을 준다. 뿐만 아니라 표현과 이해 과정에서 겪게 되는 경험 세계에도 영향을 준다. 이 글에서는 경험의 서사화 행위를 통해서 형성되는 태도 문제를 교육적인 의의와 관련하여 상론해 보고자 한다.

'지식, 활동, 경험, 태도'는 각기 고유한 범주적 특성을 지니면서 동시에 상호 밀접한 관계 속에서만 존재한다. 지식은 활동, 경험, 태도와,

---

요인이 있다는 점, 셋째 국어 활동 요인을 구성하는 지식 요인은 언어 자체에 관한 개념적 지식과 언어의 사용(표현 및 이해)에 관한 절차적 지식으로 구성된다는 점 등. 이 견해는 활동 속에 지식, 기능, 태도 범주를 포함하고 있다. 박영목, 「국어과 교육의 목표와 내용」, 『함께여는 국어교육』, 1998. 봄, 53쪽.

347) 활동의 구체적인 방법에 대한 논의는 다음 참조. 졸고, 「서사표현교육의 방법과 실제」, 『창작교육, 어떻게 할 것인가』, 푸른사상, 2001.

348) 경험과 관련하여 정전과 그 교육에 대하여 새롭게 검토할 필요가 있다.

349) 경험의 양상에 대해서는 제3장 참조. 여기에서는 시대적 맥락에서 개인이 처해 있는 상황과 그것을 풀어 나가는 삶의 자세를 눈여겨 볼 필요가 있다.

350) 서사 능력의 신장이라는 관점에서 경험과 서사 표현의 관계를 논한 글은 다음 참조. 졸고, 「국어교육과 평가의 질: 서사 능력과 관련하여」, 『국어교육학』 제16집, 국어교육학회, 2003.

351) 7차 교육과정의 내용 체계에서는 각 영역 곧 듣기, 말하기, 읽기, 국어지식, 문학의 태도 영역에 일률적으로 '동기, 흥미, 습관, 가치'를 설정하고 있다.

활동은 지식, 경험, 태도와, 태도는 지식, 활동, 경험 등과 분리되어 이루어질 수 없다.[352] 따라서 내용 범주 설정과 그것의 구체적인 실현을 매개하는 교육과정의 상세화, 이를 바탕으로 한 교재 제작에 대한 검토가 심도 있게 논의되어야 한다. 교육과정 내용 범주가 일대일 대응의 형식으로 교재에 반영되어야 하는 것은 아니기 때문이다.[353]

1) 서사적 문제의식

문제의식은 작가의 관심구조이자 제재와 주제의식이 보다 조화롭게 만날 수 있도록 해주는 계기이며, 주제의식에 보다 잘 어울리는 제재의 출현을 가능하게 해준다. 또한 그것은 한 작가의 주제의식의 깊이와 높이와 넓이를 가늠할 수 있게 해주는 준거가 되기도 한다.[354] 서사적 문제의식이란 이야기를 표현(창작)·이해(수용)하는 것과 관련된 문제의식이라 할 수 있겠는데, 그것은 이야기를 표현하고 이해하는 과정에서 이야기에 부분적·전체적으로 작용하여 이야기의 형상화와 의미 형성에 영향을 주는 묻고 답하는 정신적 힘이라 규정할 수 있다.[355] 그것은 이야기의 표현과 이해와 관련된 문제를 인식함으로써 이야기의 내용을 생

---

352) 지식, 수행, 경험, 활동의 상관적 관계에 대해서는 다음 참조. 류수열, 『판소리와 매체언어의 국어교과학』, 역락, 2001, 251~259쪽.
353) 이런 점에서 인지적 영역과 정의적 영역을 분리하여 교재화하는 것은 바람직하지 않다고 판단된다. 인지적 영역이 주된 내용으로 제시되고, 그것을 통해 교육적으로 의도하는 정의적 영역이 달성될 수 있도록 하는 통합적인 교재화 및 교수-학습 방안이 모색되어야 할 것이다.
354) 조남현, 『소설원론』, 고려원, 1985, 176~177쪽. 그런데 이 견해는 문제의식을 표현 과정의 측면에서만 설명하고 있다. 이 글은 '문제의식'을 표현 뿐 아니라 이해의 과정에서도 작용하는 개념으로 본다.
355) 이와 관련하여 문영진은 '서사적 문제틀'이라는 개념을 도입한 바 있다. 문제틀은 주제와 유사한 것이라 할 수 있지만 소통적 계기가 강조된 것으로, "작품으로 구체적으로 실현된 창작 의도를 통해서 구성되어 작품의 전체적인 의미를 관통하는 가상적인 질문과 대답의 체계"이다(문영진, 앞의 글, 192~193쪽).

성, 조직, 표현하는 데 작용하고, 표현된 이야기의 의미를 깨닫는 데 작용한다. 서사적 문제의식은 작가의 서사적인 관심 속에서 배태되는 것으로 그 속에서 이야기의 대상이 포착되고, 그것이 주제의식과의 관계 속에 놓일 수 있도록 해준다. 이러한 서사적 문제의식은 묻고 답하는 과정에서 구체화됨으로써 그것은 궁극적으로 이야기를 형상화하는 힘으로 작용한다.

서사적 문제의식은 일반적으로 '나'와 '세계'에 대한 관심에서 출발한다. 일상 생활 속에서 갖게 되는 '나'와 세계'와 관련된 구체적인 관심과 물음은 '나는 누구인가?', '세계는 무엇인가?'라는 관심과 물음으로 귀결된다. 그 사이에는 수많은 다양한 관심과 물음 그리고 거기에 대한 응답 과정이 존재한다. 이러한 문제의식은 크게 주체가 의식의 대상을 자아 내부에 두느냐, 외부에 두느냐에 따라 나뉠 수 있다. 전자는 자아 정체성과 후자는 세계 인식과 관련된다.[356] 그것은 '이야기를 왜 하는지'에 대한 문제의식을 드러내는 것이다. 그것은 이야기를 하는 원동력이며, 이야기의 주제를 선명하게 하고, 이야기의 구성 요소를 결정하는 데 중요한 작용을 한다.

그렇다면 경험과 관련해서 그러한 문제의식이 어떤 의미를 가질 수 있을까. 고도의 정보화 사회로 진입해 들어가고 있는 오늘날은 인간 관계의 상품화에서 문화적 체험의 상품화로 변화되어 가고 있다.[357] 타인의 경험까지도 상품화되는 인간 소외의 심화는 삶의 의미의 상실로 보

---

356) 그러나 이것은 자기에 대한 물음과 응답은 세계에 대한 그것 없이는 불가능하다는 것과 반대로 세계에 대한 물음과 응답 역시 그러하다는 점에서 절대적인 구분이 아니다. 이러한 문제의식은 이야기의 동기와 밀접하게 관련되어 있다. 이야기를 하는 동기는 다양할 수 있다. 이야기의 동기는 이야기의 기능과도 밀접하게 관련된다. 그런데 문제의식과 동기는 이야기를 형상화하는 데 있어 중요한 요인이라는 점에서 교육적으로 다루어져야 한다. 이야기의 교육적 기능에 대하여는 다음 참조. 졸고, 「서사교육의 의의, 범주, 기능」, 앞의 책, 73~85쪽.

357) J. Rifkin, *The Age of access: the new culture of hypercapitalism, where all of life is a paid-for experience*, 이희재 역, 『소유의 종말』, 민음사, 2001, 6·8장.

여질 수도 있다. 그러나 동시에 인간은 본능적으로 삶에서 의미를 추구하는 창조물이다. 우리는 일상 삶 속에서 생존과 번영을 위해 우리의 삶을 의미있게 엮어가야만 한다. 말하자면, 우리는 현재 상황을 비판하고, 특정한 문제를 해결하고, 미래를 예견하고, 우리의 정체성을 변형시키기 위해 서사적인 통일성을 구성해야 한다. 이렇게 함으로써 우리는 우리의 목표를 추구하면서 삶을 질서화하고 창조한다. 그것을 가능케 하는 것은 성찰적 삶일진데, 우리의 삶의 이야기는 바로 그러한 삶의 과정 속에서 나온다.

삶의 이야기는 우리에게 인간 존재로서 직면한 기본적인 상황 속에서, "나는 왜 여기에 있는가?", "이런 상황에서 나는 무엇을 해야 하는가?", "세계는 지금 무엇이 문제인가?" 등과 같은 물음을 하도록 요구하는 상황에 대한 반응으로써 나온다. 삶의 이야기는 따라서 우리가 우리의 삶을 구성하는 가운데 수행하는 과업이다. 그리고 그것들은 실천적이고 도덕적인 숙고와 우리의 현재 정체성의 문제를 해결하는 것에 의해 동기화된다.[358] 따라서 우리가 이러한 서사적 문제의식을 갖고 살아간다는 것은 그것이 언어적인 이야기로 형상화되든 그렇지 않든 간에 삶을 의미있게 살아가려는 출발이 된다.

2) 행위 세계의 이해

그런데 이러한 문제의식이 곧바로 이야기를 할 수 있는 능력으로 이어지는 것은 아니다. 그렇다면 그것이 이야기로 전이(轉移)되기 위해서 필요한 능력은 무엇인가? 여기에 대하여 언어적 요인, 사회·문화적 요인, 개인적 심리 요인 등을 들 수 있다.[359]

---

358) Mark Johnson, *Moral Imagination; Implications of Cognitive Science for Ethics*, The University of Chicago Press, 1993, 178쪽.
359) 이삼형 외, 『국어교육학』, 소명출판, 2001, 197쪽.

<언어 요인>
① 음성 언어나 문자 언어를 다룰 수 있는 능력
② 언어 규범이나 장르별 관습, 문체를 고려하는 능력
<사회문화적 요인>
③ 청자나 독자를 고려하는 능력
④ 사회적 가치, 문화적 배경을 고려하는 능력
<개인적 심리 요인>
⑤ 지식, 기억, 연상 등 기본적인 사고 능력
⑥ 분석, 조직, 통찰, 창조 등의 고등 사고 능력.

이것은 일반적인 표현 능력을 구성하는 요인으로 이야기를 하는 데에도 적용될 수 있다. 그러나 그것은 표현 일반과 관련된 것이기 때문에 이야기 능력을 신장시킬 수 있는 일과 직접적으로 관련된 것들을 고려할 필요가 있다.

여기에서 서사 표현은 행위에 대한 전이해(das Vorverstandnis)에 뿌리를 두고 있다는 논의는 주목할 만하다.360) 이야기하기의 핵심이 행위의 모방에 있음을 전제로 한다면, 인간 행위에 대한 전이해는 실제의 이야기 행위에 결정적인 영향을 줄 것이다. 리꾀르는 행위의 세계에 대한 전이해를 행위의 이해 가능한 구조들과 그 상징적 표현 능력, 그리고 그 시간적 특성에서 살핀 바 있다. 그것은 다음과 같이 요약된다. 1. 줄거리가 행동의 모방이라면 그에 선행하는 능력, 즉 행동 일반을 그 구조적 특성들을 통해 확인하는 역량이 요구된다. 2. 모방하는 것이 행동의 절합된 의미 작용을 만들어내는 것이라면 행동의 상징적 매개 능력이 요구된다. 3. 행동의 상징적 절합은 시간적 특성을 지닌 이야기될 수

---

360) 선이해의 개념은 리꾀르가 하이데거 등의 견해를 받아들여 창안한 것이다. 하이데거는 해석하는 일은 본질적으로 선취(Vorhabe), 선견(Vorsicht), 선파악(Vorgiff)이 들어 있으며, 의미는 그것을 통해 구조화된 기투에 의해 발생한다고 주장한 바 있다. M. Heidegger, *Sein und Zeit*, 이기상 역, 『존재와 시간』, 까치, 1999, 206~211쪽 참조

있는 역량을 지녀야 한다.361) 이는 각각 구조적인 것, 상징적인 것, 시간적인 것과 관련된다.

첫째는 줄거리 구성에 의해 생겨나는 이해 가능성으로 행위의 영역과 물리적 운동의 영역을 구조적으로 구별하는 개념망을 의미있게 사용할 수 있는 능력과 관련된다. 그것은 단순히 물리적인 운동과는 구별되는 행동의 '무엇, 왜, 누가, 어떻게, 누구와 함께, 누구에 맞서'와 같은 개념망을 전체적으로 통제하고, 각각을 전체의 부분이라는 명목으로 통제하는 능력이다. 이렇게 물리적 운동의 영역과 구별된 행동의 영역은 언어를 통해 줄거리로 구성됨으로써 이야기의 영역으로 들어서게 된다. 이는 행동의미론의 개념망을 넘어서서 이야기로 구별되는 담론적 특성들이 추가됨으로써 서술적인 담론으로 구성되게 됨을 의미한다.362)

자신의 경험을 대상으로 하는 표현은 자기에 대한 전이해를 전제로 한다. 표현은 무에서 이루어지는 것이 아니라, 자신의 과거 경험과 현재의 상황 속에서 자신에 대한 전이해 속에서 이루어진다. 그런데 자기에 대한 이해는 전이해를 바탕으로 한 이야기의 형식을 통해서 이루어진다. 그것은 자아를 서사의 형식으로 사유하는 것이다.

이해란 언어의 일정한 구조를 통해서 이루어진다. 즉 대상에 대한 이해는 의식이 일정한 구조를 지닌 언어 질서로 표현되는 과정에서 형성된다. 이때 이해는 특정한 해석을 전제로 한다. 그러므로 표현이란 자기와 세계에 대한 이해에 기반한 특정한 해석 행위의 과정이자 그 결과라 할 수 있다.

역사 속에 존재하는 주체는 행위주체이다. 주체는 행위를 떠나서는 이해할 수 없으며, 주체가 자신의 모습을 가장 잘 드러내는 것도 행위

---

361) P. Ricoeur, *Temps et récit* I, 앞의 책, 128~147쪽 참조.
362) P. 리꾀르는 이를 각각 실천적 이해력, 서술적 이해력이라 한다. 이들은 전제와 동시에 변형의 관계이다. 서술적 이해력은 행동의 의미론을 구성하는 개념망과의 친밀성에다 이야기의 통사적 질서를 지배하는 구성 규칙들과의 친밀성이 결합되어 나타난다.

를 통해서이다. 주체가 자신의 경험을 특정한 행위로 성격 규정한다는 것은 하나의 서술형식을 통해 그것을 규정한다는 것을 의미한다. 가령 내가 정거장에서 버스를 기다린다고 하자, 그때 나의 옆에 서 있던 청년이 나에게 갑자기 다음과 같은 말을 한다고 하자. "일반적인 야생오리의 이름은 히스토리쿠스 히스토리쿠스 히스토리쿠스입니다." 그가 발언한 문장의 성립 여부를 따진다면 아무런 문제가 없다. 문제는 그가 한 이러한 발언에 어떻게 대답하는가 하는 점이다. 어떤 구체적인 맥락에 대한 이해가 없이는 그 청년의 발화에 대하여 우리는 이해할 수 없다. 따라서 언어행위는 하나의 이야기 속에 편입되어 자기 자리를 찾음으로써만 이해가능해진다는 것은 명백하다.363) 예컨대 결혼이라는 사건은 당사자로서의 주체를 포함하고 있으며, 그 주체들의 행위를 포함하고 있다. 이러한 결혼이라는 사건은 개인의 역사뿐 아니라 공동체의 역사와 관련된 맥락 속에 놓여야 보다 잘 이해될 수 있다. 또한 특정한 사건 속의 나의 행위 역시 이야기 형식을 통해 개인사나 공동체의 역사 속에 놓일 때, 보다 잘 이해 가능하게 된다. 그러므로 자기를 이해하기 위해서는 그것들이 하나의 이야기 속에 편입되어 자기 자리를 찾을 때 가능해진다. 한국전쟁을 소년시절에 보낸 작가들이 자신의 정체성을 찾기 위해서는 개인사와 역사가 마주치는 지점에서 자신을 둘러싼 세계와의 관계들을 줄거리가 있는 이야기의 형식에 담아내야 했던 것이다. 『마당깊은 집』의 서술자는 자신의 존재론적 물음에 답하기 위해 한국전쟁 직후의 마당깊은 집 시절로 달려간다. 그곳에서 그는 소년시절을 아비 없는 자식으로서, 어머니의 혹독한 질책 속에서, 배고픔 속에서 고통의 나날을 보낸다. 그것은 30년이 넘는 세월이 지났음에도 저자의 마음에 각인된 소년 시절의 삶의 모습이었던 것이다. 이와 같은 이야기가 가능하기 위해서는 이야기로 형상화될 수 있는 역량인 전이해와 저자

---

363) A. MacIntyre, *After Virtue*, 이진우 역, 『덕의 상실』, 문예출판사, 1997, 308~309쪽.

자신의 삶에 대한 이해가 필수적이다. 그것은 개인의 이야기 능력을 나타내는 것이다. 그러므로 우리가 자기 자신을 이해하기 위해서는 전이해에 뿌리를 둔, 적어도 자신의 삶의 행위에 대하여 개인적, 공동체적 사적 맥락 속에서, 그것이 이야기라는 형식 속에서 이해될 때야 더욱 분명해진다.364)

둘째는 이야기를 한다는 것은 실천 영역의 상징적 능력과 연결된다. 이러한 특징은 행위와 행위-능력, 행위-능력-지식의 어떠한 양상들이 시적 전이에 속하는지를 제어한다. 행동이 이야기될 수 있다는 것은 그 행동이 기호, 규칙, 규범을 통해 연결되었기 때문이다. 이런 점에서 행동은 언제나 상징적으로 매개된다.365) 상징성은 행동에 통합됨으로써 인간들이 해석할 수 있는 의미 작용을 지니게 된다. 그러므로 이러한 상징적 행동은 텍스트가 되기 전에 어떤 짜임새를 갖게 됨으로써 이야기의 상징적 매개가 된다. 따라서 이야기를 하기 위해서는 이러한 상징적 매개를 확인하고 그것을 어떤 규칙에 의해 표현할 수 있는 능력이 요구되는 것이다.366)

---

364) 표현자에 따라 자기와 세계에 대한 이해의 폭과 깊이가 다를 수 있음은 물론이다. 자기를 이해한다는 것은 결국 자기에 대한 지평의 확장에 비례한다. 가령 6·25라는 사건을 경험한 주체가 자신을 이해하는 지평은 달라질 수 있다. 어떤 이는 자신의 경험과 관련해서 자기가 보고, 느끼고, 생각한 것들을 중심으로 이해할 것이고 어떤 이는 그것을 자신의 현재의 상황과 나아가 미래와 관련지어 이해할 것이다. 또한 과거의 경험 자아에 초점을 둔다거나 경험 자아를 현재의 자아(서술자아)와의 관계 속에서 이해할 수도 있을 것이다. 어쨌든 자신을 바라보는 이해 지평은 다양한 양상으로 나타날 것이다. 이러한 방식으로 이해 가능하게 만드는 것은 행위 자체가 역사적인 성격을 가지고 있기 때문이다. 어떠한 개인의 행위도 시간의 흐름에서 벗어날 수 없으며, 그것을 이해하는 주체를 떠날 수는 없는 것이다.

365) P. Ricoeur, 앞의 책, 133쪽.

366) 에른스트 캇시러는 이성이란 말은 풍부하고 다양한 인간의 문화 생활의 여러 형태를 전체적으로 이해하는 데는 부적당하므로 인간을 이성적인 동물로 정의하기보다는 상징적 동물로 정의하는 것이 바람직하다고 주장한다. 사실 인간 문화 생활의 여러 형태는 다름 아닌 상징적 형태이다. 그것은 문학, 언어, 신화, 예술, 종교 등으로 구성된다. 또한 그것들은 상징적인 우주를 구성한다. 이것들은 상징의

의미는 상징적 매개를 통해 발생한다. 그것은 문화적 약호를 통해 이루어지며, 그 약호는 삶에 형태와 질서, 방향을 부여한다. 이와 같은 맥락에서 J. 크리스테바는 심도 있게 검토한 바 있다. J. 크리스테바는 의미발생의 국면을 제노-텍스트(géno-texte)와 페노-텍스트(phéno-texte)라는 개념을 사용하여 설명한 바 있다. 페노-텍스트는 의사소통을 주관하고, 언어학이 언어능력과 언어수행으로 설명하는 언어활동에 해당한다. 페노-텍스트는 하나의 구조로서 의사소통의 법칙을 따르고, 언술 행위 주체와 수신자를 상정한다. 반면에 제노-텍스트는 페노-텍스트의 심층에 자리잡고 있는 기반으로 모든 세미오틱적인 과정들(욕동들, 그것들의 배치, 욕동들이 신체에 드러내는 분할, 그리고 개체를 둘러싸고 있는 생태 체계와 사회 체계, 즉 주변 대상들, 부모와의 전오이디프스 단계의 관계)을 포함할 뿐 아니라, 쌩볼릭의 분출(대상과 주체의 출현, 범주성과 관련된 의미핵의 형성, 즉 의미론적이고 범주적인 영역)을 포함한다. 제노-텍스트는 비록 그것이 언어를 통해서 탐지될 수 있는 것이라 해도, 언어학적이 아니다. 그것은 하나의 과정이고 그 속에서 사회조직과 가족구조, 담론의 장르, 정신구조, 언술 행위의 모형들을 분절한다.[367] 이렇게 해서 표현된 서술적 담론의 특징은 '나' 혹은 '저자'로 명명되는 하나의 중추점에, 즉 가족

그물을 짜고 있는 가지각색의 실이며, 인간 경험의 거미줄이다. 인간은 한갓 물리적인 우주에 살고 있는 것이 아니라 이 같은 상징 속에서 살고 있다고 할 수 있다. 사고와 경험에 있어서 인간의 진보는 모두 이 그물을 개량하고 또 강화하는 것이다. 인간은 사물들 자체와 만나는 대신, 언어·이야기·시·종교·신화를 통하지 않고는 아무 것도 볼 수 없고 알 수 없게 되었다. 그러므로 상징의 한 형식인 이야기는 인간의 상징적 교환을 이루는 매우 중요한 매개로 자리 잡았다. 이야기 없는 세계는 상상할 수 없게 된 것이다. Cassirer, E., *An Essay on Man*, 최명관 역, 『인간이란 무엇인가-문화철학서설』, 서광사, 1988, 51쪽.

367) J. Kristeva, *Revolution du langage poetique*, 김인환 역, 『시적 언어의 혁명』, 동문선, 2000, 97~101쪽. 이렇게 해서 그녀는 네 가지 의미 실천을 상정한다. 서술적 담론(narration), 메타언어적 담론(métalanguage), 관조적 담론(comtemplation), 텍스트(text). 서술적 담론에는 신화이야기, 서사시, 현장 취재 기사, 소설, 연대기 등이 해당한다.

내에서의 아버지 역할의 투사에 집중되고자 한다. 그 점은 중추이지만 이동이 가능해 유동적이며, 자기 앞에 복수로 나타나는 저자인 '나' 속에서 자신을 알아보게 되어 있는 한 수신자를 상정한다. 따라서 이러한 언술행위의 모태는 주체의 공간을 구조화한다고 말할 수 있다. 서술적 담론 속의 사회 조직은 가족 구조에 의해 지배되고 조절되며, 결국은 가족 구조로 환원되거나 그것을 통하여 관찰된다는 것이다.[368]

그러므로 이야기가 행위들의 의미작용을 정교화하는 것이라면 그것은 상징적 매개를 형상화하는 능력을 필요로 한다.[369] 이야기하는 행위 역시 상징행위에 속한다. 이런 점에서 그것은 문화 행위에 해당한다. 상징행위이자 문화행위인 이야기 행위는 이들에 의하면 상징을 생산하는 능력과 직결된다. 상징을 이용한 가능세계를 모색하는 것은 인간의 언어운용 방식과 연관되는 사항이기도 하고, 인간의 본질을 규명하는 데에 기본요건이 되는 사항이기도 하며, 이야기의 능력을 가늠하는 것이기도 하다.[370]

---

368) J. Kristeva, 앞의 책, 101~121쪽. 마르트 로베르는 소설의 유형을 프로이트가 말하는 가족소설을 바탕으로 업둥이 유형과 사생아 유형으로 분류한다. 사생아의 방법이 사실주의적인 방법으로서 세계를 정면으로 공격하면서도 세계를 도와주는 것이고, 낭만주의 및 상징주의적인 방법으로서 나르시스적인 업둥이의 방법이 지식도 없고 행동 능력도 없어서 세계와의 싸움을 교묘하게 피하는 것이라고 주장한다. 마르트 로베르는 사생아의 방법에 속하는 작가로 빅토르 위고, 톨스토이, 도스토예프스키, 프루스트, 포크너, 디킨스 등의 사실주의적 작가들을 들고 있고 업둥이의 방법에 속하는 작가로 세르판케스, 노발리스, 카프카, 멜빌 등의 낭만주의 및 상징주의 작가들을 들고 있다. M. Robert, *Roman des origines et origines du roman*, 김치수·이윤옥 역, 『기원의 소설, 소설의 기원』, 문학과지성사, 1999, 39쪽.

369) P. Ricoeur, 앞의 책, 2000, 54쪽.

370) 우한용, 앞의 책, 1997, 152쪽. 이야기를 통해 상징을 만들어 내는 힘은 이야기 표현 주체의 이야기 표현 능력과 직결된다. 물론 이야기 표현의 상상력 혹은 형상화의 상상력이 없다면 상징의 형상화는 불가능하다 할 것이다. 이야기를 표현한다는 것이 상징을 생산한다는 것이라고 한다면 그것은 상징적 상상력의 힘이 있기에 가능한 것이다. 한편 벵상 데꽁브는 서양의 플라톤에서 헤겔에 이르는 철학 즉 진리에 대한 믿음은 기나긴 '탈신비화' 즉 신비화하고, 우화를 만들고 신

셋째, 이야기 능력은 행위의 시간적 특성에 대한 전이해 능력과 관련된다. 인간의 행동은 시간적인 구조로 되어 있다. 중요한 것은 일상적 실천이 미래의 현재, 과거의 현재, 현재의 현재를 서로의 관계에 따라 정돈하는 방식이다. 그것은 이야기의 가장 기초적인 도입부를 구성하는 것은 바로 이러한 실천적 연결이기 때문이다.[371]

형식과학과 계몽주의에 의해 구성된 현실의 객관적인 관점에서는, 세계가 현재 순간을 이루는 시간 수준을 통해 의미 없는 대상으로 채워진 공간으로 그려진다. 여기에서는 본래적인 경험의 의미는 사라지고 형식 논리에 따라 사물은 조직된다.

그러나 본래적인 인간 경험은 해석학적으로 조직되고, 풍부한 의미를 지닌다. 이러한 인간의 시간 의식에 대해서는 훗설, 베르그송, 아우구스티누스, 하이데거 등에 의해 심도 있게 논의되어 왔다. 훗설에 의하면 인간의 의식 속에서 이루어지는 내적 시간 경험은 현재의 지평 속에서 근원인상(Urimpression), 파지(Retention), 예지(Protention)를 갖는다. 자아는 선행과 퇴행 속에서 지금 현전하면서, 그것을 넘어서 과거와 미래의 지평 속에 있다. 이런 점에서 자아-삶은 삼중적 삶이다. 이미 있었던 삶·있게 될 삶·지금 있는 삶이 그것이다. 베르그송은 자아는 지속이

을 생산해 내는 힘의 쇠퇴에 다름이 아니었다고 본다. 그 결과 인류는 로고스 즉 이성의 노예로 전락하고 말았다고 진단한다. 서양의 관점에서 세계는 단일한 '로고스'에 제시된 진리였다. 이 '로고스'로부터 벗어나는 길이 '로고스logos' 자체가 '뮈토스muthos'였음을 제시함으로써 가능하다고 한 것은 이야기가 지닌 상징적 힘을 인식한 것이라 할 수 있다. 이런 점에서 이야기는 인류의 구원의 상징으로 상승할 수 있다. Descombes, V., *Le Meme et lautre: quarante-cinq ans de philosophie francaise(1933-1978)*, 박상창 역, 『동일자와 타자: 현대 프랑스철학』, 인간사랑, 1999, 229쪽.

371) P. Ricoeur, 앞의 책, 1999, 140쪽. 리꾀르는 행동의 시간구조를 '미래의 현재 – 이제부터…… 내일, 과거의 현재 – 이제 막…… 지금, 현재의 현재 – 지금'이라는 말로 나타내고 있다. 시간과 이야기에 대한 리꾀르의 논의는 이야기 형식이 인간의 시간 경험을 반영하기 위해 언어를 조직하는 방법을 탐구한다. 이야기를 서술하는 활동과 인간 경험의 시간적인 특성은 단지 우연적인 것이 아니라 초문화적인 필연성의 형식을 제시하고 있다는 것이 리꾀르의 근본적인 가정이다.

며, 흐름이고, 창조적이며, 생산적인 과정이라고 주장한다. 그에게 시간
은 동시적인 순간에 위치하지 않는다. 시간은 그것이 새로운 미래를 생
산하듯이 과거를 담고 있는 강력한 움직임이다. 아우구스티누스는 일상
의 시간 표상은 무언가가 일어났을 때 시간을 정의하는 데는 충분하지
만, 그것은 경험 속의 실제 지금으로써 현재의 중심성, 인간 욕망의 지
향으로써 현재에 존재하는 미래 기대, 혹은 현재 속에 과거를 모으는
능력을 설명하지는 않는다고 비판한다.[372] 하이데거의 통찰에 의하면
경험이 각기 동시에 진행하는, 대여섯 개의 멜로디로 이루어진 심포니
로 유추되는 층들로 조직된다. 그것은 인간 의식에서 일상적인 대상들
과 시간의식과의 관계에 따라서 범위가 설정되는 세 차원으로 이루어진
다. 시간 경험의 각 수준에서 세계와의 상호작용은 다르게 해석된다.[373]
이러한 하이데거의 사유는 현재의 우리 존재가 존재와 존재의 의미에 대
한 물음을 제기할 수 있는 역량을 통해 구성되는 장소라는 전제에서 나
온다.[374] 그것은 마음씀의 시간적인 특성 즉 내적 시간성으로 드러난다.

  의식은 자아에 있어서 의식된 존재이지만, 시간은 그 중에서도 반성
을 통해 현시되는 자아의 구조를 의미한다. 자아의 구조는 이러한 시간

---

372) 훗설과 아우구스티누스의 시간론은 다음 참조. 소광희,『시간의 철학적 성찰』,
    문예출판사, 2001. 베르그송의 시간론은 다음 참조. 김형효,『베르그송의 철학』,
    민음사, 1991.
373) 첫 수준은 일상 인식에 가장 가깝다. 다른 두 개는 의식에 깊숙히 감추어져 있고
    그것들을 인식에 가져오는 성찰을 요구한다. 첫 수준은 우리가 시간을 셈하고,
    얼마나 많은 시간이 우리가 무엇을 할 때 사용할 수 있는가를 계산하는 것과 관
    련된다. 그러나 이런 경험 속의 시간 조직은 단순히 선조적인 것으로써의 일상적
    인 시간 표상으로부터 빌어온 것이다. 둘째 수준은 인간 경험은 특정한 시간에
    의해 사물이 수행되는 일상의 일에서 시간을 통해 존재하는 과거를 지닌 존재로
    자신을 인식하는 것으로 이동한다. 셋째 수준에서 인간의 독특한 시간 경험은 가
    장 분명히 나타난다. 여기에서 인격적 유한성의 시각으로부터 시간을 자각하게
    된다. 과거, 현재, 미래가 우리의 한 존재의 측면들이라는 것을 알게 되며, 행했
    던 것, 행하고 있는 것, 행할 것을 포함하고 있는 존재라는 것을 인식한다. D. E.
    Polkinghorne, 앞의 책; M. Heidegger, 앞의 책, 참조.
374) P. Ricoeur, 앞의 책, 140쪽.

성의 지평 즉 대상에 대한 자아의 지향적 관계 내지 현실적 관심을 드러낸다.[375] 그것은 자아와 세계에 대한 의미 부여이자 해석과 관련된다. 따라서 이야기는 이러한 인간의 시간 의식이 구체화됨으로써 그것이 가장 잘 현시되는 대표적인 양식이라 할 경우 시간의식의 능력이 요구된다. 이러한 까닭에 우리가 시간을 의식하고 그것에 의미를 부여하는 능력은 이야기를 창작하는 능력의 초석이 된다.

3) 경험의 서사화 방법

① 사건과 줄거리 구성하기

경험에 서사의 형식을 부여하는 것은 이야기될 만한 가치가 있는 사건을 시간적인 계기가 있는 줄거리로 엮어내는 일이다. 그것은 대상에 대한 의미 부여와 어떤 의도 등에 의해 동기화되고 형상화된다.[376] 사건은 어떤 구조 안에서, 어떤 장 안에서 일정한 의미를 가지고 발생한다.[377] 그리하여 그것은 서사행위주체에 의해서 형상화된다.

사건은 일어난 일을 말하기 때문에 이야기를 구성하는 데 있어서 경험 가운데 어떤 사건을 서사화할지를 구상해야 한다. 물론 사건의 설정은 서사적인 문제의식에서 비롯된다. 가령 「어둠의 혼」의 경우 '아버지

---

375) 소광희, 앞의 책, 538~539쪽.

376) J. Bruner, *The Culture of Education*, Harbard University Press, 1996, 제7장.

377) 이는 문제장을 말한다. 문제장은 문제설정들이 앞으로 발생할 창작 사건에서 창작 행위의 논리적 구조가 되어 잠재적인 에네르기를 가진 가능성의 장으로 존재하는 것을 말한다. 이 개념은 레비-스트로스, 라캉, 알튀세 등의 '구조', 푸코의 '언표장', '에피스테메', 들뢰즈의 '형이상학적 표면', 부르디외의 '장' 등의 개념과 관련된 것으로 결국 이 개념들은 들뢰즈의 객관적 선험의 여러 변형태이다. 이정우, 『삶, 죽음, 운명』, 거름, 1999, 23쪽. '잠재적으로 존재함'을 들뢰즈는 문제설정(la Problématique)이라 한다. 이것은 어떤 문제가 현실적인 것의 경계에 위치하여 언제라도 현실화될 수 있는 형태로 존재함을 의미한다. G. Deleuze, *Logigue du Sens*, 이정우 역, 『의미의 논리』, 한길사, 1999, 125쪽.

는 나에게 어떤 존재였는가?' 좀더 구체적으로 '아버지의 죽음이 나에게 의미하는 바가 무엇이었는가?' 등과 같은 서사적인 문제의식은 그것이 서사화되는 과정에서 사건으로 구체화된다. 이러한 서사적인 문제의식은 '아버지의 죽음'이라는 사건 구상으로 이어진다. 물론 이 사건을 서사화하기 위해서는 이 사건과 연루된 인물들과 행위, 그리고 사건이 일어난 시·공간적 배경이 요건으로 갖추어져 있어야 한다. '아버지의 죽음'이라는 사건은 그 하위 사건으로 '아버지의 잡힘', '아버지의 처형', '아버지의 죽음 확인' 등으로 세분될 수 있다. 따라서 하나의 사건은 상·하위 차원의 사건과의 관계로 구성되며, 그것을 구성하는 인물과 행위 등의 관계로 구성된다.

사건 구성 방법과 관련하여 참조할 수 있는 이론은 모티프(主旨: motif)[378]이론이다. 이야기의 모티프는 인물이 놓여 있는 상황, 인물 자체의 내력, 세계를 바라보는 관념에 따라 상황 모티프, 인물 모티프, 관념 모티프로 나뉘어질 수 있다. 상황 모티프는 주인물이 다른 인물들, 혹은 설정된 환경과 특정한 관계 속에 놓여져 있으면서 얽혀 있는 관계의 그물을 풀어 나가는 경우를 일컫는다. 부친 살해 모티프, 가족의 재결합 모티프, 구혼시험 모티프 등이 여기에 속한다. 인물 모티프는 주인물 자체가 지닌 독특한 내력과 성격에 의해서 소설의 구도가 결정되는 경우이다. 요부(妖婦) 모티프, 고등 사기꾼 모티프, 노름꾼 모티프, 소년 영웅 모티프 등이 여기에 속한다. 관념 모티프는 작가가 소설 내에서 구축하고자 하는 관념 혹은 세계관으로 주제와 같은 개념이다. 가면의 생·자기 분열·성숙·황금시대라는 주제 등이 여기에 속한다. 상황 모티프에서 인물 모티프로 인물 모티프에서 관념 모티프로 갈수록 이야기는 더 추상화된다.[379] 이는 중심 사건과 구성의 차이에서 기인한다고 볼 수

---

378) 모티프는 작품에서 더 해체할 수 없는 부분의 주제이다. 서사를 연구하는 대부분의 연구자들은 모티프를 가장 중요한 최초의 서사 단위로 간주한다. Thomashevsky, "Thematics", 김치수 역, 「테마비평론」, 『현대문학』, 1980.12, 316쪽.

있다. 그것은 인물에 초점이 놓이는가, 아니면 인물과 타자(상황)와의 관계에 초점이 놓이는가, 혹은 이야기의 관념에 초점이 놓이는가 하는 문제이다.[380)

모티프들은 생산적 계기로서 의미를 함유하며, 그것을 중심으로 만들어진 텍스트 영역의 구조와 주제에 영향을 미친다.[381) 그렇기 때문에 모티프들은 여러 사건들을 잠재적으로 거느리면서 그것들이 구체적으로 형상화되는 과정에서 구속력을 지닌다. 그것은 아직 일어나지 않은 사건 발생의 가능성으로서의 순수 사건이자, 동시에 오랜 시간을 통해 이야기에 실현된 근본적인 불변적 이야기 요소이기도 하다. 따라서 모티프는 인간의 서사적 사고의 틀이라 할 수 있다. 이 틀 속에서 다양한 이야기 구성의 변이와 창안이 이루어져 왔다.

그러나 모티프는 추상적인 사건 발생의 가능성의 장을 제공하기 때문에 그것만으로 사건 구성이 이루어질 수는 없다. 따라서 서사적 문제의식에서 출발한 이야기 구성의 단초를 모티프와 관련해서 더욱 구체화

---

379) 류철균, 「한국현대소설 창작론」, 서울대박사학위논문, 2001, 115~117쪽; 이재선 편, 『문예주제학이란 무엇인가』, 민음사, 1996. 류철균은 『세계문학의 모티프』, 『문학주제와 모티프 사전』에서 232가지 모티프를 정리한 뒤 설문조사를 통해 210가지 모티프를 각각 70개의 상황모티프, 인물모티프, 관념모티프로 정리하였다. 류철균, 위의 글, 119~120쪽, 참조.

380) 모티프의 위계화를 고려할 경우, 모티프의 소재적 내용이 "의미심장한 상황으로부터 유래된 경험 내용의 모티프"(상황모티프)에서 "어떤 인물의 이야기로 구체화된 모티프"(인물모티프)로, 그리고 텍스트에서 발전된 정신적 표상으로서의 모티프(관념모티프)로 발전한다는 논의(이재선 편, 앞의 책, 153쪽; 류철균, 앞의 글, 121쪽)을 받아들인다면 '상황모티프→인물모티프→관념모티프' 순으로 교육 내용을 위계화할 수 있다.

381) 이재선 편, 앞의 책, 145쪽. 모티프는 구체적 맥락으로부터 분리되나 전통 속에서 지속적으로 존속될 수 있는 텍스트의 요소이자, 사건에 직접적인 영향을 미치며 주제를 보여준다. 또한 모티프는 텍스트 구도에 있어서 구체적 핵심, 이념 및 문제 등의 주제, 정신적 영역 등으로 청취자의 기억과 더불어 집단 의식에 보존되며, 이로 인하여 후대에 새롭게 되살아나거나 변형될 수 있다. 모티프가 주제에 관여하는 양상은 다음 참조. 조남현, 「반복 모티프의 주제 관여 양상」, 『한국 현대문학사상 논구』, 서울대출판부, 1999.

할 필요가 있다. 가령 "어린 시절 우리는 왜 아버지를 찾아 나서야만 했는가?"라는 서사적 문제의식을 갖고 경험을 서사화하고자 할 때 그것은 '아버지 찾기'라는 상황모티프와 관련하여 구체적인 사건 구성 요소들과 관련 사건들을 설정할 필요가 있다.

앞에서 사건 구성의 핵심 요소로 인물과 행위 그리고 그들의 관계를 들었다. 그것은 구체적으로 '누가, 왜, 무엇을, 어떻게, 누구와 함께, 누구에 맞서' 등의 개념 요소들로 구성된다. 이야기는 인물(들)(누가)이 어떤 동기에 의해서(왜), 어떤 목표를 향해(무엇을), 타자들과의 관계(누구와 함께, 누구에 맞서) 속에서의 행위(어떻게)로 형상화된다. 예컨대 전상국의 「술래 눈뜨다」의 경우 '나'와 '누나'는 어머니의 아버지에 대한 용서와 나와 누나의 아버지에 대한 배신감 속에서 아버지를 찾기 위해 길을 떠난다. '나'와 '누나'의 길 떠남이라는 행위는 아버지를 찾으려는 욕망에 의해 추동된다.382) 그리하여 그것은 '아버지 찾기'라는 사건으로 구체화된다. 그런데 앞에서 살폈듯이 사건들은 계열로 구성되면서 의미를 형성한다. 즉 '아버지 찾기'라는 사건은 '나/누나'와 '어머니'라는 사건 계열과 '나/누나'와 '아버지'라는 사건으로 계열화되면서 의미를 형성한다. 이 사건 계열들이 이야기의 처음, 중간, 끝으로 이어지는 줄거리를 구성한다. 그것은 줄거리 구성에 따른 사건들의 배열로 구체화된다. 그것은 이야기의 줄거리 구조를 형성하는데 경험자아의 경험을 서사화한 것과 그것뿐 아니라 서술자아의 경험까지도 다룰 경우에는 다른 방식으로 형상화된다. 전자는 경험 사건 자체의 제시에 치중되어 있지만, 후자는 과거의 사건과 현재의 자아의 관계에 초점이 놓인다. 따라서 어린 시절의 경험과 그로 인한 존재론적인 수난과 고통, 자기 인식 등 자기 경험을

---

382) 그레마스는 사건들에 등장하는 가능한 행위자(actant)를 주체, 객체, 발신자, 수신자, 지원자, 적대자 등 6개 항으로 정리한 바 있다. 서사물에 등장하는 행위자들은 이들 주체들의 관계망을 통해 사건을 형성한다. 그는 '소통', '욕망', '시련'이라는 '행위영역'을 설정하고 행위주에게 사건 주체로서의 의미를 부여한다. 이는 사건 전개의 추동력을 제공한다. A. J. Greimas, 앞의 책, 참조.

부각시키는 방식(사적 경험의 전경화)으로 줄거리를 구성할 때 쓸 수 있는 방법이다. 줄거리 구성 방법으로 인물 간의 갈등을 중심으로 한 대립 구조, 인물의 심리적인 변화 구조, 인물의 욕망 추구와 좌절의 구조 등을 들 수 있다. 후자는 과거의 경험 사건을 다루되 현재의 자아의 존재 근거를 지속적으로 문제삼음으로써 과거 자신의 삶의 역사적 조건과 현재 자아의 존재론적인 뿌리를 탐색하는 방식(서술자아의 개입과 경험의 객관화)으로 줄거리를 구성할 때 쓰일 수 있는 방법이다. 줄거리 구성 방법으로 여로형 구조, 시간과 사건의 병치 구조, 이야기 차원의 분화 구조 등을 들 수 있다.

이상의 논의를 통해 볼 때 이야기의 사건과 줄거리 구성은 서사적 문제의식으로부터 중심 사건(모티프)이 결정되고 그 중심 사건에 따라 여러 요소들이 결정된다. 사건들은 '누가, 왜, 무엇을, 어떻게, 누구와 함께, 누구에 맞서' 등의 개념망 속에서 실현되며, 의미의 계열을 형성한다. 인물과 행위의 의미 계열들 속에서 구성되는 사건들은 이야기의 줄거리를 이루면서 서사화된다. 따라서 이야기의 사건과 줄거리 구성 방법으로 서사적 문제의식으로부터 중심 사건 정하기, 중심 사건을 구체화할 수 있는 구성 요소와 개념망 정하기, 중심 사건을 구성하는 하위 사건 정하기, 사건을 계열화하기, 사건을 줄거리에 따라 구조화하기 등의 방법을 구안할 수 있다.

② 자아의 관계 설정하기

앞에서 경험과 그것을 서술하는 행위 사이에 놓여 있는 시간적 거리와 서술 상의 차이에서 경험자아와 서술자아 사이의 긴장이 유발된다는 점을 살폈다. 그것은 서술자아와 경험자아의 거리가 좁거나 거의 무화된 유형과, 서술자아와 경험자아의 거리가 두드러지게 드러나는 유형으로 유형화되었다. 전자는 거의 서술자아의 개입 없이 경험자아에 초점을 두고 서술할 때 적합한 방법이고, 후자는 과거의 경험과 그 경험을 서술하는 현재의 관점과 경험을 다룸으로써 서술자아와 경험자아를 역동적으로 서술할 때 적합한 방법이다. 전자는 과거의 경험자아가 겪었던 경험 사건이 주된 이야기 대상이고 경험자아의 시각에 포착된 인물과 세계를 서술한다. 이는 과거 경험 세계에서 펼쳐진 자아의 삶, 현상, 사실, 사건 등에 초점을 둔다. 과거와 현재의 시간적인 거리를 드러내기보다 과거의 시간에 벌어진 경험자아와 연루된 일에 충실하다. 후자는 서술자아가 성인인 현재의 시점에서 과거 자신의 유년기 경험자아의 성장과정을 거리를 두고 성찰하는 방식이다. 이때 서술자아는 자신의 현재와 경험자아 사이에 시간적 거리가 있음을 분명히 인식하고 있다. 이는 서술자아가 경험자아에 대하여 거리를 둠으로써 두 자아의 역동적인 관계가 드러나는 이야기 방식이라 할 수 있다. 그런데 이러한 방식이 유소년기의 경험자아를 서사화하는 것에만 한정되는 것은 아니다. 즉 유소년기에 한정될 필요는 없는 것이다. 서술자아와 경험자아의 시간적인 거리와 그로 인해 발생하는 긴장은 시간 거리의 정도와 서술 방식에 따라 다양하게 발생할 수 있다. 따라서 이것은 경험을 서사화하는 전략에 따라 선택될 문제이다.

자아의 관계를 설정하는 방법은 이야기의 대상 즉 경험자아와 서술자아 그리고 그와 관련된 사건을 어떠한 방식과 태도로 서사화하느냐는 문제와 관련된다. 이에 따라 앞에서 논의한 것들을 바탕으로 각 유형에 따른 서술 방법을 구체화하면 다음과 같다.

'서술자아와 경험자아의 거리 좁히기'는 '경험자아의 시각 차용하기'와 '경험자아의 경험 대상과의 심리적 거리 조정하기'라는 방법으로 구체화할 수 있다. '경험자아의 시각 차용하기'는 사건이 경험자아인 유소년화자의 시각으로 제시된다. 즉 사건들을 경험자아의 시각으로 서술함으로써 내적 초점화시키는 방법이다. 여기에는 '이야기를 경험자아의 시각에 고정시키기', '부분적으로 서술자아를 개입시키기' 등의 방법을 들 수 있다. 서술자아가 이야기에 개입하는 후자의 경우 서술자아의 개입은 극히 일부분에 나타나고 전반적인 이야기의 진행은 경험자아의 시각에 따라 이루어진다. '경험자아의 경험 대상과의 심리적 거리 조정하기'는 경험 대상을 바라보는 심리적인 태도와 관련된다. 여기에는 '중립적 태도로 바라보기', '감정이 연루된 태도로 바라보기' 등을 들 수 있다. 후자는 감정이 연루된 호의적·비판적·냉소적인 태도 등의 다양한 방법으로 구체화할 수 있다. 따라서 전자에는 관찰에 의한 객관적인 장면 제시 즉 보여주기 기법이, 후자에는 화자의 어조가 드러나는 말하기 기법이 있다.

'서술자아와 경험자아의 거리 두기'는 '서술자아와 경험자아의 시각 혼용하기', '경험에 대하여 논평하기'라는 방법으로 구체화할 수 있다. '서술자아와 경험자아의 시각 혼용하기'는 경험자아의 과거와 서술자아의 현재를 넘나들면서 서술함으로써, 서술자아의 시점과 경험자아의 시점이 혼용되어 서술되는 방식을 말한다. 여기에는 '병치'와 '연상'의 방법이 있다. 병치는 현재의 이야기와 과거의 이야기가 병치되도록 구성하여, 현재의 이야기는 서술자아의 시각에 과거의 이야기는 경험자아의 시각에 초점화한다. 연상은 과거 경험자아의 경험과 관련된 사건들이 서술자아의 연상을 통해 결합되도록 한다. 이때 과거와 현재의 유사성의 원리를 활용하여 과거와 현재의 사건과 태도 등을 서술자아의 요약, 장면 제시, 사건 정황의 서술 등의 방법으로 서사화하도록 한다. '경험에 대하여 논평하기'는 대상에 대한 태도를 드러내는 방법으로 개인사적인 사건 경험과 역사적 사건 경험에 대하여 '해석하기', '판단하기', '일반화하기'라는 방법으로 구체화할 수 있다.

③ 시간 구성하기

시간의 문제는 근대 이전의 문학에서도 문제적이었지만, 시간은 소설의 세계에 독특한 방식으로 진입함으로써 오늘날 시간과의 투쟁을 대표하는 장르가 되었다. 소설의 시간은 영원성으로부터 분리되어 시간적 연속의 의미가 불변하는 패러다임에 의해 더 이상 지지될 수 없다. 형식, 의미, 본질 등 모든 것은 시간 속에서 이루어지며 동시에 시간에 의해 규정되는 부식의 법칙에 종속된다. 시간은 모든 것들을 가능케 하고 부패시키는 성질을 동시에 갖고 있지만, 오늘날의 경우 시간은 후자에 치우쳐 있다. 따라서 시간은 시간의 힘들에 저항하는 것이 더이상 그 힘을 발휘할 수 없을 때 구성적이게 된다. 이런 의미에서 이야기의 생산성 즉 창작의 의의가 부각된다. 그러므로 앞에서 논의한 바 있는 이야기가 지닌 삶을 통일시키는 힘, 자아와 세계의 의미를 추구할 수 있도록 하게 하는 힘은 시간성의 문제와 깊이 연관되어 있다.

자연의 시간은 우리의 의미 – 형식부여 – 에 의해 매개되기 전까지는 어떤 의미도 갖지 않는다. 의미는 경험에 형태를 부여하는 어떤 것이며, 시간적인 차원을 갖고 있다. 따라서 경험의 시간을 구성하는 방법을 구안하는데 있어서 이러한 경험에 대한 의미 부여를 고려할 필요가 있다.[383]

의미의 시간적인 차원은 의식의 시간의 흐름 즉 시간성의 문제이다. 경험의 서사화를 규정하는 시간은 회상에 있음을 앞에서 살폈다. 회상 속에서 경험은 시간성을 획득한다. 그것은 시간이 대상에 의해서 규정되는, 단순히 선조적인 것으로써의 일상적인 시간 표상이 아니라, 시간을 통해 존재하는 과거를 지닌 존재로 혹은 미래의 가능성을 지닌 자신으로 인식하는 시간의식이다. 그러므로 시간의식과 관련한 시간 구성의 방법은 이들이 나타나는 양상을 고려할 때 경험의 역사성을 전경화시키는 방법과 경험의 시간성을 확장하는 방법을 들 수 있다. 전자는 자신의 역사로서의 시간 경험이 강조된다. 이는 경험자아의 경험이 강조되고, 경험자아의 시각으로 이야기가 서술되는 담론적 특징을 갖는다. 후자는 역사로서의 시간 경험뿐 아니라, 과거·현재·미래가 우리의 한

---

383) 소설의 시간적인 의미와 형식으로서의 시간 논의는 다음 참조. J. M. Bernstein, 앞의 책, 제4장.

존재의 측면들이라는 것을 알고, 행했던 것, 행하고 있는 것, 행할 것을 의식하고 있는 시간 경험에 해당한다. 이는 경험자아와 서술자아의 관계가 강조되고 서술자아의 시각에 의해 이야기의 의미가 조정되는 담론적 특징을 갖는다.

경험의 역사성을 전경화시키는 방법은 '경험의 반복을 통해 망각과 대결하기'와 '경험 사건 전경화로서의 회상하기', '경험 속에서 잃어버린 가능성들을 회복시키기', '탄생과 죽음 사이의 시간 연장을 자각하기'라는 방법으로 구체화할 수 있다. 망각과 대결로서의 시간의식이 강조되는 '경험의 반복을 통해 망각과 대결하기'는 서술자아의 회상 행위보다는 회상의 내용이 이야기의 전면에 나타나는 형식으로 현재보다는 과거의 시간이 강조되는 경우에 이용할 수 있는 방법이다. 이는 망각하기 쉬운 과거 사건을 회상을 통해 표현함으로써 역사적 사건을 환기하고 자신의 존재를 확인하는 활동에 이용할 수 있다. 경험 사건의 전경화를 통한 존재와 세계의 의미를 초점화하는 시간의식이 강조되는 '경험 사건 전경화로서의 회상하기'는 경험자아의 세계가 주로 서술되지만 그것에 서술자아가 개입함으로써 서술자아의 이야기하는 시간과 경험자아의 이야기되는 시간이 혼용되어 있는 유형에 이용할 수 있다. 이는 경험 속의 사건 가운데 자신의 성장에 영향을 준 중요한 사건 중심으로 이야기를 표현하는 활동에 쓰일 수 있다. 또한 '경험 속에서 잃어버린 가능성들을 회복시키기'의 방법을 들 수 있다. 이는 과거의 단순한 반복 행위만의 서사행위가 아니라 경험을 중심으로 잠재태로 남아 있는 흘러간 사건들을 실현 가능했던 사건으로 이야기하는 것이다. 그리고 인간을 유한한 존재 즉 '탄생과 죽음 사이의 시간 연장을 자각하기'의 방법을 들 수 있다. 이는 사물이 되어 가는 것에 관심을 두는 것과 함께 자신의 실존적인 시간의식의 폭을 넓히는 방법으로 이용될 수 있다.

경험의 시간성을 확장하는 방법은 '경험에 대한 관심과 미래의 가능성 탐색하기'라는 방법으로 구체화할 수 있다. 이 방법은 회상 속에 서술되는 경험자아의 세계와 서술자아의 세계가 뚜렷하고, 두 자아의 관계가 역동적인 이야기에 적용될 수 있다. 경험자아의 세계는 서술자아의 관심에 의해서 포착되고 그 관심은 과거에 한정되는 것이 아니라 현재의 존재를 새롭게 규정하고, 나아가 미래의 가능성을 열기도 한다.

여기에 제시된 방법은 특정한 범주나 항목에 한정되는 것도 아니며, 특정한 담론 방식에 국한되는 것도 아니다. 중요한 것은 제시된 시간 의식 즉 탄생과 죽음 사이의 시간 의식, 망각과의 대결의 시간 의식, 경험 사건을 전경화하는 시간 의식, 잃어버린 가능성을 회복시키는 시간 의식, 미래의 가능성을 여는 관심의 시간 의식 등을 중심으로 이야기를 구성하는 요소와 서술 방법 등을 유기적으로 구상해 내는 것이다.

제3절 문제의식과 이해에 토대를 둔 서사 교육

서사 능력을 신장시키기 위해서는 표현 교육만으로 성취될 수 있는 것은 아니다. 앞에서 살펴보았듯이 표현은 이해와 밀접하게 관련되어 있다. 이해는 이해를 가능하게 해주는 전이해에 뿌리를 두고 있고, 전이해는 다시 이해에 뿌리를 두고 있다. 따라서 이해는 그 과정에서 이해를 가능케 하는 질적인 전이해의 축적을 통해서 가능해진다.

사회를 구성하는 개인들의 의식은 각기 독립된 개인의식이다. 그러나 그것은 결코 고립되어 있는 것이 아니라 사회적·역사적으로 성숙한 의식이다. 그것은 생활세계에서 축적된 경험을 그 구성요소로 한다. 이 사회적 소여성(所與性)이 자연과 사회의 출발점이 되는 선이해로서 기능한다.384) 인식 대상에 대한 인식관심 역시 선이해에서 비롯된다. 인간의 모든 사유가 대상과 그것을 보는 자와의 관계에 비롯된다면, 선이해 능력은 사유를 규정하는 중요한 요소가 된다.

선이해-이해의 이러한 변증법은 넓게 보면, 이해의 과정과 결과의 순환이라 할 수 있겠는데 중요한 것은 이러한 이해 능력이 표현 능력과 갖는 관계이다. 이해와 표현 중 어느 쪽이 우선인가 하는 문제는 차치하고, 이해 능력과 표현 능력은 밀접하게 관련되어 있다고 가정할 수 있다.[385] 따라서 표현이나 이해 어느 한쪽에 치중하는 교수-학습보다는 이들을 연관 속에서 이루어지도록 하는 것이 바람직하다.

여기에 대한 논의는 염은열과 최미숙에 의해 본격적으로 제기된 적이 있다. 염은열은 기행가사를 자료로 내용 생성 방식이 대상 인식에 달려 있으며, 대상 인식이 선행 표현이나 대상에 대한 인식의 깊이 및 관습 등에 대한 지식에 기반하고 있음을 살피고 표현 행위가 가능하기 위해서는 표현 주체가 선행 표현 및 당대의 관념에 대해 알고 있어야 한다고 한다. 따라서 표현 교육이 이해 교육에 기반하여 이루어질 수밖에 없다고 주장한다. 내용 생성의 핵심인 표현 지식은 표현 자료를 통해 발견되고 표현활동으로 실현되어야 한다는 방안을 제안한다.[386] 이 논의는 선행 표현의 방법과 관념에 대한 지식에 치중하고 표현 자료에 대한 구체적인 논의가 없는 데 반해, 최미숙은 표현 내용과 긴밀한 관련을 지닌 표현 방법을 위해 읽기를 토대로 한 표현 교육을 지향할 필요가 있다고 주장한다. 논자는 '이해'라는 용어가 자칫 텍스트에 대한 이해의 차원에 국한될 우려를 피하고, '읽기'라는 용어가 지닌 능동적인 국면을 활용하고자 하는 의도에서 읽기에 토대를 둔 표현 교육을 주장한다. 따라서 논자는 읽기의 대상을 확장하여 서적, 편지, 카드 등뿐 아니라 우리의 사회와 문화 등 어떤 것이든 읽기의 대상이 될 수 있다고

---

384) 차인석, 「사회인식의 선이해 구조」, 『사회인식론』, 민음사, 1992, 139~140쪽.
385) '읽기-쓰기, 읽기-말하기, 듣기-쓰기, 듣기-말하기' 즉 이해 능력과 표현 능력과의 상관성의 실체가 명확하게 밝혀지지는 않았다. 다만 이들 영역들은 상호 관계 속에서 교수-학습되어야 효과적이라는 논의의 수준을 벗어나지 못하고 있다.
386) 염은열, 앞의 글, 5장 4절 참조.

본다. 대상에 대한 이해, 해석, 판단, 평가 등을 포괄하는 읽기의 과정 혹은 그 결과를 언어로 드러내는 표현 행위는 내용과 긴밀하게 관련된 표현 교육 논의에 기여할 것으로 본다.[387] 이 논의는 읽기의 긍정적인 측면을 부각시키고 읽기의 대상을 확장한 점, 그리고 그것을 통해 표현과 그 내용과의 긴밀성을 확보하고자 한 점 등은 표현교육 논의에 시사하는 바가 크다.

그런데 교과 학문을 염두에 둘 때 '읽기'라는 용어가 지닌 함의를 명확히 할 필요가 있다. 영역 구분으로서의 '읽기'와 논자가 말한 '읽기'의 관계가 분명치 않다. 논자가 말하는 표현은 읽기의 상대항으로써의 쓰기라는 의미에 가깝다. 그렇다면 듣기와 말하기와의 관계는 어떠해야 하는가 라는 질문도 가능하다. 어쨌든 여기에 대한 논의가 좀더 진척이 되어야 하겠는데, 이해라는 용어를 언어 텍스트 차원에 한정하지 않고 듣고 읽는 활동을 통해 접하게 되는 모든 대상에 적용되는 개념으로 확장할 필요가 있다.[388] 따라서 이해는 어떤 현상의 원리나 과정을 깨닫는 것, 기호가 갖는 의미를 파악하는 것 등을 아우르는 것으로 여기에는 대상에 대한 해석, 판단, 평가 등이 포함되는 개념이다. 따라서 이해라는 개념은 '어떤 대상을 파악하거나 깨닫는다는 것'의 함의를 어디까지 설정할 것인가 하는 문제와 관련되어 있다.[389]

앞에서 검토한 바 있듯이, 대상을 이해한다는 것은 대상을 전체적인

---

387) 최미숙, 앞의 글, 58~59쪽.

388) 듣기가 들리기(hearing)-듣기(listening)-깨닫기(auding), 읽기가 축어적인 재인과 회상-재조직-추론-평가-감상을 포괄하고 있듯이 이해 영역인 듣기와 읽기는 단순히 문장의 의미를 이해하는 차원이 아니라 이해, 해석, 평가, 내면화 등을 아우르는 개념이다. 그러나 논자와 논의 패러다임에 따라 시각의 편차가 있다는 점에서 보다 많은 논의가 필요하다. 최현섭, 앞의 책, 제4부 2·4장 참고.

389) 김중신은 국어교육에서 '표현과 이해'라고 할 때의 이해는 'comprehension' 즉 어떤 기호나 기호 결합체가 갖는 의미를 파악하는 개념으로 사용된 것이라 밝히고 있다. 그는 이해라는 개념이 대상, 과정, 주체에 따라 다양하게 논의되어 왔다는 것을 밝히고 개념 설정의 가능성을 모색하고 있다. 김중신, 「국어교육 연구에서의 '이해' 영역에 관한 연구」, 『국어교육학연구』 14호, 2002.6.

연관 속에서 파악하는 것이다. 그것은 대상과 연관되는 사회·역사·문화적인 맥락뿐 아니라 개인사적인 맥락에서도 그 의미를 파악해내는 것이다. 이해하는 능력은 주체에 따라 정도의 차이가 있는 것은 당연한데, 그것이 우리의 삶 속에서 이루어지는 측면을 주목할 필요가 있다.

서사는 매일매일 상황 속에서 가능한 행위를 탐구하는 수단을 제공한다.390) 이 같은 상황은 아주 어릴 때부터 예컨대 부모의 물음과 같은 서사적 응답의 형식에서 나온다. 어릴 때부터 우리는 우리 행위에 대한 우리 부모의 질문에 따라 우리 자신의 이야기를 구성하는 법을 터득해 간다. 그러면서 자신이나 타자의 물음에 대하여 이야기하는 법을 배운다. 왜라고 물었을 때 거기에 따른 대답의 차이가 있듯이, 이들 물음에 대한 응답에도 차이가 있다. 그것은 사고 방식과 깊이뿐 아니라 이야기하는 방식과 깊이의 차이를 말해준다. 우리는 어린이에서 어른에 이르기까지 삼라만상에 대한 물음과 그 응답을 찾는 과정에서 서사적 통일성을 구성하고자 한다.

이야기를 구성하는 과정에서 형성되는 이와 같은 '서사적 문제의식'은 자신과 세계에 대한 물음에서 시작해서 이야기로 구체화되는 거멀못의 역할을 한다. 서사적 문제의식은 자신이 접하고 있는 모든 것들 즉 언어적·비언어적 텍스트, 자신과 타인들의 삶, 사회·문화적 현상 등으로부터 시작된다. 이러한 문제의식이 점차 표현하고자 하는 이야기의 문제의식으로 이동하면서 구체화된다. 주체는 그것을 통해서 '무엇을', '왜' 이야기를 해야 하는지를 사유하게 된다.

이 점은 표현교육 논의에서 강조할 필요가 있다. 오늘날 표현교육이 답보 상태를 벗어나지 못하고 있다는 지적 즉 '왜, 무엇을'이라는 부분을 괄호로 묶고 '어떻게'에 해당하는 부분에 지나치게 치중한 결과라는 지적과 관련되기 때문이다. '무엇을' '왜' 써야 하는지에 대한 숙고는 표

---

390) Mark Johnson, *Moral Imagination; Implications of Cognitive Science for Ethics*, The University of Chicago Press, 1993, 171쪽.

현 교육의 질을 담보할 수 있는 가능성을 제공한다. 이 글이 고통과 관련된 경험에 주목하고 그것이 자기 정체성에 대한 문제 의식의 산물이라는 점을 주목하고 있는 것도 이 때문이다. 그 누구도 대신해 줄 수 없는 고통과 그로 인한 수난의 경험은 체험과 이야기의 질과 깊이 관련되어 있다.391) 왜냐하면 존재가 겪었던, 겪고 있는, 겪을 고통은 존재로 하여금 이야기를 하도록 끊임없이 요구하기 때문이다.392) 이런 점에서 정보화 시대인 오늘날 체험의 질을 어떻게 확보할 것인가라는 문제가 당면과제 중 하나이다.

체험의 질이 곧바로 표현 능력으로 이어지는 것은 아니다. 서사적 문제의식이 서사화되는 과정에서 주체의 (전)이해 능력이 신장되고 그것이 서사물로 실현되는 과정이 포함되어야 한다. 앞에서 살핀 바와 같이 (전)이해 능력은 구조적인 것, 상징적인 것, 시간적인 것으로 구성된다. 전이해 능력은 대상을 서사적으로 이해하는 토대가 되고, 그것은 다시 이해의 토대가 된다. 전이해-이해의 변증법적인 발전에 힘입어 서사적 구성 능력의 토대는 강화된다. 그리하여 그것은 구체적인 작품으로 실현되는 것이다. 앞에서 논의한 경험을 서사화하는 여러 방법은 작품을 통해서 귀납적으로 추출한 것이지만, 그 구체적인 실현태를 보여준 것이다.

그러므로 표현 능력이 언어적, 사회·문화적, 개인 심리적인 요소가

---

391) 가령 '폭력'을 당한 경험은 폭력과 관련된 당사자들, 폭력에 가담한 자들과 이를 말린자들, 폭력이 이루어진 상황과 그 이유, 나와 우리의 수난사, 나아가 폭력의 역사 등과 관련된 사유들을 펼쳐나가게 한다. 물론 고통의 질과 사유의 폭과 깊이는 사람마다 다를 수 있다. 그렇기 때문에 체험과 이야기의 질은 달라진다.

392) 이런 점에서 표현의 능동성만을 강조하는 제반 논의들에 시사하는 바가 크다. 능동성은 구성주의와 같은 방법적인 작위성을 강조하는 이론의 특성 가운데 하나이다. 그러나 체험의 질이 확보되지 않은 그것은 한계가 분명하다. 가령 사랑하는 사람과의 헤어짐이라는 이야기는 타자와의 관계 속의 산물인 사랑의 아픔이라는 사건이 이야기를 하게끔 한 것은 아닐까. 여기에 대한 자세한 논의는 이 글 제2장 2절을 참고할 것.

복합적으로 작용한 결과라 할 경우, 서사 표현 능력의 신장은 이러한 이해 능력과 서사적 문제의식을 어떻게 신장시키느냐는 문제와 직결된 다고 판단한다. 따라서 서사 표현 능력을 신장시키기 위해서는 삶의 질 적 경험을 확보하는 방안과 함께, 서사적인 문제의식을 갖고 그것을 이 야기로 구체화할 수 있는 능력과 함께 반대로 서사물을 통해서 그것에 담겨 있는 서사적 문제의식과 그 구체적인 표현 방법을 이해하는 행위 등을 동시에 고려해야 한다.[393] 이야기 능력이 언어적 · 비언어적인 텍스 트들을 이해하고 표현하는 능력에 국한되지 않고, 자신의 삶 속에서 서사 적 국면과 관련한 상황들을 구현해 나가는 능력으로까지 확장되어야 한 다는 논리도 여기에 있다. 그것은 이야기와 삶의 경계가 넘나드는 지점으 로서 이야기 교육에서 반드시 고려해야 할 사항이기도 하다.

---

[393] 따라서 국어교육은 '이것이 무엇이다'라는 것을 가르치는 인식 중심적인 교육에서 '이것은 왜 이것인가?'라는 질문에 대한 답변을 스스로 찾아가는 존재 중심적인 교육으로의 전환이 필요하다는 주장은 설득력을 지닌다. 김중신, 앞의 글, 41쪽.

제6장 경험의 서사화의 교육적 의의

　이번 장에서는 이 글의 주제와 관련된 교육적 의의를 논의해 보고자 한다. 경험을 서사화하는 일은 지식, 활동, 경험, 태도 등이 복합적으로 작용하는 행위이다. 자신의 경험을 서사화한다는 것은 '자신의 경험'과 그것을 작품으로 '서사화하는 경험' 양 측면에 연루되어 있다. 그리고 그것이 표현 행위인 한 활동으로 드러나며, 그 과정에서 서사에 대한 개념적·방법적·조건적·인격적 지식이 개입한다는 점에서 지식과 관련되어 있다. 뿐만 아니라 서사 행위는 경험 대상의 선택과 그것에 대한 가치 평가, 그리고 서사 행위를 통해 형성되는 효과 등과 관련되어 있다는 점에서 태도의 문제이기도 하다. 따라서 이번 장에서 논의하게 되는 교육적 의의는 교육 내용 범주로서의 태도 범주의 내용을 논의하는 일이기도 하다. 태도 범주는 경험과 지식, 활동과 밀접하게 관련되어 있음은 물론이다.

제1절 교육적 효과

교육이 인간의 성장을 전제로 한다거나 문학교육의 목표 가운데 하나가 개인의 정신적 성장에 있듯이, 자기를 이야기로 구성한다는 것은 자기이해를 통한 자아정체성을 도모하는 데 있다. 자기가 누구인가를 이해한다는 것은 '나는 누구인가'에 대한 서사적 응답의 과정 속에서 이루어진다. 그러한 과정에서 자아정체성이 형성되는 것이다. 이야기를 통해 자기를 안다는 것은 자기에 대한 해석·평가이자, 자아를 형성해 가는 것이기 때문이다. 그것은 모든 인간적 능력의 발전을 그 자체 목적으로 삼는 창조적 가능성의 개발이기도 하다. 그렇게 함으로써 인간이 현재의 상태에 안주하지 않고 끊임없이 자신을 이해하고 형성해 나가는 운동 속에 놓이게 된다.

근대 이후에 사는 인간은 자아와 세계의 화해 불가능한 관계 속에 놓였다. 이 속에서 나는 누구인가 곧 자기에 대한 이해를 도모함으로써 자기 정체성을 모색하는 것은 어떤 의미가 있는가?

근대성의 본질적 특성은 자본주의적 근대화 속에서 전통적이고 관습적인 삶의 형식들이 파괴된 결과 나타난 개인의 해방과 방향감각상실, 환희와 고뇌를 동시에 겪은 경험에 있다. 즉 전자본주의적 사회질서에서 자아가 해방되었지만 그와 동시에 곤경에 빠지게 된 것이다.[394] 근대 이후의 사회는 인간의 소외와 물화가 빠른 속도로 진행되고 있다. 특히 오늘날은 상업주의에 대하여 예술이 견지했던 비판적 거리가 대단히 약화되었다. 이는 예술을 체제 내로 흡수해서 타락시키는 기존 질서의 힘이 매우 강력해졌음을 반증하는 것이기도 하다. 그러므로 자기를

---

394) Marshall Berman, *All That is Solid Melts into Air: The Experience of Modernity*, 윤호병·이만식 역,『현대성의 경험: 견고한 모든 것은 대기 속에 녹아버린다』, 현대미학사, 1982, 참조.

표현하고 자기를 이해해 나가는 법을 배우게 되면 타인을 이해하는 능력도 확대될 것이고 그럼으로써 자아가 성장해 나갈 것이라는 논리는 설득력이 없어 보인다. 이런 점에서 M. 버만이 제기한 모더니즘적 특성을 통한 미적 돌파구 역시 어려움에 직면하게 된다. 따라서 근대 자유주의의 이상들을 실현하는 방향으로 근대 자유사회를 개량하는 것이 현재 당면한 중요한 과제라고 볼 수 있다. 그러나 이것은 인간이 지닌 반성적 사유의 힘을 경시한 견해라 비판받을 수 있다. 당면한 문제를 정치적인 차원에서만 해결하려고 할 때 그것은 또다른 이데올로기로 빠질 가능성이 크다. 이야기가 지닌 반성적 사유의 힘을 경시할 수 없으며, 그것이야말로 자아정체성을 도모할 수 있는 중요한 도구이기 때문이다.

현대의 소비 사회는 삶의 모든 물질적 정신적 영역을 상품화한다. 우리의 삶은 점점 표준화 되고, 그것은 우리에게 아주 자연스러운 것으로 된다. 경험 역시 상품화 됨으로써 자아정체성을 찾기 어렵게 만든다. 또한 오늘날은 제반 영역들이 분화됨으로써 인간의 삶을 철저히 분절화시키며, 삶에 대한 통제력을 박탈한다. 자신의 삶에 대한 통제력을 시장과 기계에 넘겨준 상황으로 볼 때 자아정체성을 찾으려는 노력은 고통 속에서 이루어지는 자아의 성찰적 기획이 될 것이다.[395]

현대 사회는 대중 사회의 후기 산업 사회적 특성을 넘어서 전자 기술이 고도로 발달하는 정보화 사회로 전환되고 있다. 이것을 가능하게 하는 것은 자연적 인격과 인공적 기계를 구분하기 어렵게 만드는 인공지능의 대두, 인간의 생활 세계를 급진적으로 뒤바꾸는 가상 현실의 등장이다. 인격체가 유전인자와 환경의 산물이고 그 정체성이 인간에 관한 새로운 인식 및 파격적으로 제시된 새로운 환경과 무관하지 않다면 정보화와 자아의 정체성은 새롭게 제기된 철학적 과제가 아닐 수 없다. 더욱이 현대 사회의 전형적 인간상인 대중은 대중 매체의 영향으로 이

---

395) A. Giddens, 앞의 책, 참조.

미 자아 개념의 형성과정에서부터 오류를 범하였고, 자기 합리화를 신봉하는 경향에서 그 차질이 더욱 심해짐으로써 자아를 인식하는 것이 더욱 어렵게 되었다. 결국 이러한 관점은 대중매체가 만들어낸 '의사 환경' 속에서 대중인이 인식하는 자아란 결국 '의사 자아(pseudoself)'일 수밖에 없다는 진단에 이른다.[396] 그러므로 이러한 진단에 의하면 어떻게 의사 자아를 극복하고 진정한 자신의 모습을 찾을 것인지가 중요한 과제가 된다.

자아의 정체성을 논의할 때 자의식이 중요한 요소로 작용한다는 것은 일반적으로 알려진 사실이다. 의식이란 일종의 가상 현실이라 할 수 있다. 인간의 의식은 경험 현실을 넘어서 허구적인 관념의 세계를 만들어 낼 수 있다. 그러므로 그것은 경험적 내용을 개념화 혹은 추상화하여 표상하는 일종의 기호의 세계 혹은 관념의 세계라 할 수 있다.

정보 사회와 표현의 관계 즉 이야기를 통해서 자아정체성을 찾는 것은 어떤 의미가 있을까? 여기에 답하기 위해서는 정보 사회인 오늘날 이해인문학에서 표현인문학으로의 전환을 주장하고 있는 논의를 주목할 필요가 있다. 이들에 의하면 소위 이해인문학은 인간의 문자 사용의 온 역사를 관통한 인간의 노력의 산물이다. 억압이 압도적인 인간의 조건이었기 때문이다. 따라서 고전 읽기를 중심으로 한 자유 경험의 확장을 꾀한 것은 자연스러운 귀결이었다. 그러한 상황에서 보통 사람의 자유 경험의 확장은 글읽기가 아니고 이야기를 듣는 것에서 이루어졌을 것이다. 그러나 정보 사회인 현대의 인간 조건 상황에서 이러한 소극적 자유의 형식으로서의 이해는 적합하지 않다. 그러므로 적극적 자유로서의 표현은 현재의 인류가 누릴 수 있는 특권이면서 역사적 발전의 한 귀결이다.[397] 그렇다면 왜 인간은 표현을 하는가?[398]

---

396) 엄정식, 『자아와 자유』, 길, 1999, 39~49쪽.
397) 정대현 외, 『표현 인문학』, 생각의 나무, 2000, 275~280쪽.
398) 표현인문학을 주장한 논자들은 중용에 제시된 '성기성물(成己成物)'의 개념을 들

자아는 더 이상 데카르트적 의미의 경험에 귀속하는 실체인 형이상학적 의미의 사물은 아니다. 자아는 오히려 주어진 기호 영역 내에서 기능하는 기호론적(semiosis)인 존재이자, 상징적인 존재이다. 기표활동의 물질 주체이자 그 활동의 생산을 통해서만 자아는 자신의 존재를 표현할 수 있다. 서사와 관련해 볼 때 우리가 공적인 역사적 존재와 상황 맥락의 의미를 획득하는 것은 바로 서술행위나 서술된 존재 속에서이다.

우리는 어떤 동기에 의해서 이야기를 한다. 그것은 우리의 존재에게 혹은 존재가 요구하는 그 무엇이 우리로 하여금 이야기를 하게 하는 것이다. 이러한 요구가 존재하는 이유는 우리가 의미와 그 표현에 필연적으로 연루되어 있는 언어적 동물이라는 사실이다. 우리는 우리의 삶을 해석하고 우리의 삶을 이야기로 표현한다. 그것은 우리가 끊임없이 삶의 의미를 찾고 그것을 표현하기 위한 욕망에 사로잡혀 있기 때문이다. 모든 표현 뒤에는 그러한 기본적인 욕망이 있다.[399]

오늘날 해체주의의 자아 논의에도 불구하고, 분열된 자아의 통일성을 지향하는 욕망 즉 인간은 근본적으로 자신의 정체성을 지향하는 욕망을 지닌 존재라 할 수 있다. 이런 점에서 리꾀르의 서사적 정체성 논의를 참고할 만하다. 그러나 리꾀르 식의 플롯만들기 차원과 함께 자기를 이해하는 것, 궁극적으로 자기 정체성을 정립하는 차원으로 나가야 한다.

자아는 타자와의 관계 속에서 형성된다. 나에게 반응하는 타자, 내가 반응하는 타자, 내 안에 또 다른 나로서의 타자, 이들은 대화와 성찰

어 그 의미를 설명한다. 그것은 "자신을 이루는 것과 만물을 이루는 것은 서로 맞물려 있다."는 뜻이며, "표현없이 자기 이름이 없고 만물의 이름이 없이 자기 이름이 없다면 이것이야말로 표현인문학이 추구해온 가치의 내용"이라는 것이다. 정대현 외, 위의 책, 315쪽.

399) 물론 그것은 언어적인 것에 국한되는 것은 아니다. 가령 라캉의 의식·무의식적 욕망의 투사로서의 이야기는 존재론적 문제를 해결하고자 하는 응답의 형식이라 할 수 있다. 제임슨(F. Jameson)은 이야기는 모순된 욕망의 무의식적 해결이라고 보고 있다.

을 통하여 자기 이해로 이어진다. 인간은 근본적으로 타자를 통해 자기를 이해한다. 인간 정신 형성의 근원을 추적한 라캉의 거울 단계에서 확인할 수 있듯이 그것이 오인에서 비롯한 것임에도 불구하고 항상 타자와의 관계 속에서 자아는 형성된다.[400] 자신이 절대적 이상으로 삼고 있는 이상화된 나(ideal ego) 혹은 자아 이상(ego ideal)[401]으로부터 벗어나 진정한 자기의 정체성을 형성하기 위해서는 자기 성찰이 필요하다. 그것은 구심력으로 작용하는 독백의 세계가 아니라 원심력으로 작용하는 대화의 세계를 통해 가능하다.[402]

그런데 우리의 이야기행위는 우리의 신체와 분리된 행위가 아니다. 그것은 순수한 언어 행위에 속하는 것은 아니다. 이야기를 통한 매개된 자기이해는 다양한 자아와 의미를 갖는 영혼의 신체를 창조한다.[403] 그것은 이야기 행위가 그 행위 자체에서 벗어나 인격과 연관될 수 있는 가능성을 제공한다. 단지 이야기 행위가 이야기할 수 있는 능력 즉 언

---

400) 라캉의 거울단계는 다음과 같은 단계를 거친다. 1. 자기와 거울 속에 반영된 자기를 구별하지 못하는 단계, 2. 자기와 거울 속에 반영된 자기를 구별하는 단계, 3. 타자의 영상과 구별되는 자기의 영상임을 아는 단계. 이러한 단계는 자기 의식의 성장 단계를 보여준다는 점에서 시사하는 바가 크다. 자기에 대한 인식이 전무한 상태에서 자기를 알고, 나아가 타자와의 관계 속에서 자기를 아는 것은 자아의 발달 단계를 보여준다.

401) 라캉에게 이상화된 자아는 주체가 자신을 대상들에 투사하여 그것들과 동일시하는 방향으로 움직이는 방식으로 정의된다. 반면에 자아 이상형은 외부 대상들이 내향 투사될 때 나타난다. A. Easthope, *The Unconscious*, 이미선 역, 『무의식』, 한나래, 2000, 107쪽.

402) 그의 언술 이론은 발화주체와 수화자와의 관계 속에서 발화주체는 발화행위 과정을 통해서 다시 주체들과 관계 속에 놓이게 됨을 밝혀준다. 이러한 분석은 주체들의 대화적 관계를 통해 우리의 자아가 성장할 수 있는 메커니즘을 밝히는 단서를 제공한다. M. M. Bakhtin, *Problems of Dostoevsky's Poetics*, 김근식 역, 『도스또예프스키의 시학』, 정음사, 1988 참조.

403) 스키마를 이성의 차원에서 바라보는 관점을 비판하고 마음의 이성과 감성, 신체의 역동성을 강조한 M. 존슨에 의하면 신체는 서술의 장소(site of narration)이자 인격적 서사의 주체를 위한 귀속 장소(site of ascription)이다. 마음과 신체의 관계는 M. Johnson, *The Body in the Mind*, 이기우 역, 『마음 속의 몸』, 한국문화사, 1992 참조.

어 능력에만 한정되는 것은 아님은 분명하다. 이야기 행위를 통해 자아를 발견하고 형성해 나가는 과정이 자아의 성장으로 이어질 수 있는 대목이다.

제2절 경험의 사건 구성과 서사적 사고력 신장

인간은 그것이 시간적으로 멀리 떨어져 있는 과거 어린 시절의 것이든 시간적으로 가까운 것이든 누구나 자신의 과거 경험을 지니고 있다. 그리고 실제로 우리는 일상 생활에서 자신의 경험을 이야기하면서 살고 있는 것도 사실이다. 나를 이야기하는 행위가 자기를 이해하고 그럼으로써 종국에는 자기 성장으로 이어진다 할 때 자기 경험을 이야기하는 방법을 알고 그것을 실천할 수 있는 능력을 갖게 되는 것은 대단히 중요한 일이라 하겠다.

경험은 인간에 의해서 의미있는 것이 되며, 인간의 행동은 바로 이러한 의미 충만함으로부터 생긴다. 이와 관련하여 폴킹혼(D. E. Polkinghorne)은 다음과 같이 정리한 바 있다.

첫째, 인간 경험은 비물질적인 의미와 개인적이며 문화적인 사고의 영역 속에 싸여있다. 그것은 개인에 고정되지 않는다. 그것은 우리가 자신의 사고를 다른 사람에게 전달하는 만큼 개인을 초월하고, 다른 사람의 표현에 청자와 보는자로서 참여하듯이 다른 사람들의 것을 경험한다. 둘째, 인간 경험은 개인이 조직하는 인지 도식과 그/녀의 감각 장치에 대한 환경의 충격 사이의 상호작용으로 구성된다. 경험은 해석적으로 기억, 지각, 그리고 기대와 연결된 의미 영역에 의해 생산된 통합된 구성이다. 셋째, 인간 경험은 우리가 물질 영역과 같은 양식에 따라 구성되지 않는다.

경험은 은유적인 과정을 통해 그 자신을 연결하고 확장한다. 그리고 그것
들이 더 넓은 전체와 관련을 가지는 위치에 따라 항목들을 평가한다. 의
미의 영역은 조직의 새로운 형식이 출현하고 새로운 의미 체계가 발달할
수 있는 열린 체계이다.[404]

인간의 경험은 물질계와는 달리 문화적 현상이자, 환경과의 상호 작
용의 산물로서 의미 영역을 형성한다는 점이다. 이야기는 이러한 경험
이 의미있게 만들어진 형식 가운데 하나라 할 수 있다. 이야기에 나타
난 의미는 인간 경험들을 시간의 계기 즉 관계를 통해 조직하는 인지적
과정의 산물이다. 이를 두고 서사적 사고와 그 산물이라 할 수 있다.
경험 속에 나타나는 행위는 어떤 서사적 구조를 수반할 필요가 없는
산만하고, 고립된 단위로 나타난다고 보기 쉽다. 그러나 우리 행위는 대
부분의 경우 분자적이고 개별적으로 일어나는 것이 아니다. 오히려 그
것은 시간이 흘러감에 따라 주체와 연관된 행위들로 연결된다. 이러한
행위 가운데 하나가 이야기 행위이다. 이야기는 경험에 서사 형식을 부여
하는 행위라 할 수 있다. 브루너(J. Bruner)는 서사적 사고를 통해 경험에
서사 형식을 부여하는 근본적인 방식으로 다음 아홉 가지를 들고 있다.

1. 구성된 시간 구조(A structure of committed time): 서사는 시계나 메
트로놈에 의해서 시간을 분할하는 것이 아니라 처음, 중간, 끝을 지닌 중
요한 사건들의 전개에 의해서 그렇게 한다. 2. 특이성(Generic paticularity):
서사는 특이한 것들을 다룬다. 3. 합리적인 행위(Actions have reasons): 사람
들이 서사 속에서 행하는 것은 요행이 아니라 원인과 결과에 의해서 엄
격히 결정된다. 이것은 신념, 욕망, 이론, 가치, 혹은 다른 "의도적인 상
태"들에 의해서 동기화된다. 4. 해석학적 구성(hermeneutic composition): 서
사의 이해와 의미는 대상에 대한 해석에서 나온다. 5. 함축된 전범성

---

404) Donald E. Polkinghorne, *Narrative Knowing and the Human Sciences*, SUNY,
1988, 15~16쪽.

(implied canonicity): 서사는 전범을 따르기도 하지만, 이야기할 만한 가치가 있도록 하기 위해서는, 관습과 전범을 벗어나야 한다. 6. 다의성 (ambiguity of reference): 서사는 명확하게 대상을 지시하기보다는 풍부한 함축적 의미를 지닌다. 7. 중심적인 갈등(the centrality of trouble): 서술할 가치 있고 구성할 가치 있는 이야기들은 전형적으로 분규를 낳는다. 8. 소통성(inherent negotiability): 우리들 각자는 자신의 서사를 말한다. 그로 인해 차이가 존재하지만 소통하는데 지장이 없다. 9. 서사의 역사적 확장성(The historical extensibility of narrative): 삶은 자족적인 이야기는 아니다. 플롯, 인물, 배경은 계속적으로 확장한다.[405]

또한 창작 행위는 경험에 대한 인식과 태도를 드러내는 일이라 할 수 있다. 그것은 경험 세계를 사건의 관계 속에서 사유하는 사고구조와 직결된다. 일어난 일로서의 사건은 변화, 생성, 운동의 속성을 지닌다. 단독적인 존재의 상태나 사실을 생각하는 것은 상태(狀態)나 사고(事故)의 범주에 속한다. 그러나 그것이 다른 상태나 사실과 연관지어 사고될 때 사건이 된다. 이러한 사고 방식은 '……임(être, be)'과 '……됨(devenir, becoming)' 즉 상태와 변화의 차원과 관련된다. '임'이 사물의 상태를 나타낸다면, '됨'은 어떤 상태에서 다른 상태로의 변화를 나타낸다. 전자는 과거 혹은 현재의 한 때에 한정됨에 반해 후자는 시간의 계기성이 개입하게 된다. 그러므로 사건은 시간의 계기성이 개입된 상태, 상황, 일의 변화를 나타낸다. 서사적 사고[406]란 바로 이러한 사건적 사고를

---

405) Jerome Bruner, *The Culture of Education*, Harbard University Press, 1996, 제7장 참조.

406) 경험을 질서화하고 현실을 구성하는 변별적인 두 사고 방식이 있다. 하나는 논변 (argument)의 방식이고 다른 하나는 서사(narrative)의 방식이다. 각각은 독특한 조작 원리와 범주를 갖는다. 좋은 서사와 잘-구성된 논변은 다르다. 둘 다 설득의 수단으로 사용될 수 있지만 논변은 진실이, 서사는 그럴듯함(lifelikeness)이 핵심이다. 논증이나 서사의 진술이 인과성을 내포할 수 있다. 그러나 두 양식에 내포된 인과성의 유형은 다르다. 말하자면 전자는 논리적인 명제인 "x라면, y이다 (if x, then y)"로, 후자는 "왕이 죽자 왕비도 죽었다(The king died, and then the

말한다.

이러한 서사적 사고의 산물인 서사물은 우리 삶 곳곳에 퍼져 있으며, 그것은 우리의 성장에 커다란 영향을 준다. 아동기에는 부모로부터 많은 이야기를 듣게 되고 실제로 경험한 것을 이야기로 표현하기도 한다. 그리고 제도적인 교육을 통해서 결국 혼자 읽(듣)고 쓸(말할) 수 있는 능력을 획득하게 된다. 이런 점에서 행위 주체와 행위의 관계를 통해서 경험을 재구성할 수 있는 능력의 근본이 되는 서사적 사고력의 신장은 그 교육적 의미가 크다 하겠다.

서사적 문제의식에서 출발한 이야기는 행위주체와 관련된 여러 개 념망들을 어떻게 엮어지느냐에 따라 어떤 줄거리가 구성되고 어떤 이야기가 되는지가 결정된다. 물론 그것은 경험에 대한 전이해 능력에 바탕을 둔 서술주체의 이해 능력, 의미 부여 능력의 영향을 직접적으로 받는다.

자기 경험을 서사화하기 위해서는 일차적으로 경험을 관계적으로 이해하는 것이 필수적이다. 이해(Verstehen)란 "인간 표현의 심리적-정신적인 의의를 그 개별적인 연관 전체 안에서 파악하는 것"[407)]이다. 이 정의에 의하면 대상을 연관된 전체 안에서 파악하는 것이 이해의 핵심이다. 서사야말로 이러한 관계적 사유를 보여주는 대표적인 양식이다. 서사는 시간의 계기를 통해 사건들의 관계를 형성함으로써 대상을 이해가

---

queen died.)"와 같은 문장으로 나타낼 수 있다. 전자는 보편적인 진리 조건을 탐색하고, 후자는 두 사건 사이의 그럴 듯한 특별한 관계를 탐색한다. Jerome Bruner, *Actual Minds, Possible Worlds*, Harvard University Press, 1986, 11쪽.

407) 막스 뮐러·알로이스할더, 강성위 역, 『철학소사전』, 이문출판사, 1995. 255쪽. 하이데거는 이해란 근원적이고, 다른 모든 존재 방식을 다 꿰뚫고 있는 현존재의 실현방식이라고 한다. 실존적-존재론적으로 제시된 것으로서의 이해에 들어맞는 것은, 폐기할 수 없는 해석학적 순환구조이다. 즉 모든 이해에는 필연적으로 '미리 이해된 것'(前理解)이 깔려 있고, 이 '미리 이해된 것' 안에는 현존재에게 고유한 역사적인 제약과 또 현존재에게만 고유한 세계 경험이 내포되어 있다. 또한 이해는 동시에 계획의 성격을 띠고 있다. 그의 이해 속에는 현존재가 동시에 자기의 미래의 가능성을 열어 보인다.

능하게 해주는 방식이자, 이해에 기반하지 않은 서술이란 사실상 불가능하기 때문이다.

이야기의 줄거리 구성은 행위의 세계에 대한 이해에 뿌리를 두고 있듯이 자기경험의 서사화는 자기 행위에 대한 이해에 뿌리를 두고 있다.[408] 인간 행위에 대한 이해는 단지 물리적인 운동과는 구별된다. 따라서 행동의 영역과 물리적 운동의 영역을 구조적으로 구별하는 개념망을 의미있게 사용할 수 있는 능력이 요구된다. 특정한 맥락 속에서 이루어지는 행동은 목적, 동기, 지향점 등을 지니며, 행위주체의 책임문제와 관련된다. 또한 행위는 주체들 속에서 이루어진다는 점에서 주체들 간의 협력이나 투쟁을 반영한다. 이 모든 것들을 전체적으로 통제하고, 각각을 전체의 부분 속에서 통제하는 것은 서사적 이해 능력과 직결된다.

가령 앞에서 살펴본 작품 가운데 "나의 행운은 이제 바닥이 나버렸다고 나는 생각했다. 최후에 나를 기다리고 있었던 것은 역시, 변함없는 재난이었다"[409]는 말이 있다고 하자. 그가 발언한 문장의 성립에는 아무런 문제가 없지만, 중요한 것은 그가 이러한 발언을 통해 행하는 것이 무엇인가를 어떻게 이해할 것인가 하는 점이다. 어떤 구체적인 맥락에 대한 이해가 없이는 발화에 대하여 우리는 이해할 수 없을 것이다. 우리는 여러 가능성을 추측할 수 있을 것이다. '나의 행운이란 무엇인가?', '변함없는 재난이란 무엇인가?', '나'의 발화 이전과 이후에 '나'에게 어떤 변화가 일어났을까? 등. 이것들은 하나의 이야기 속에 편입되어 자기 자리를 찾음으로써만 이해가능해진다.[410] 서사는 이러한 이해 즉

---

408) 역사 속에 존재하는 주체는 행위주체이다. 주체는 행위를 떠나서는 이해할 수 없으며, 주체가 자신의 모습을 가장 잘 드러내는 것도 행위를 통해서이다. 주체가 자신의 경험을 특정한 행위로 규정한다는 것은 하나의 서술형식을 통해 그것을 규정한다는 것을 의미한다. 리꾀르는 행동의 세계에 대한 전이해를 행동의 이해가능한 구조들과 그 상징적 표현 능력, 그리고 그 시간적 특성에서 살피고 있다. P. Ricoeur, 앞의 책, 1999, 128~147쪽.

409) 이동하, 「굶주린 혼」, 앞의 책, 77쪽.

410) Alasdair MacIntyre, 앞의 책, 308~309쪽.

관계적 사유에서 출발한다. 그러므로 자기경험을 서사로 구성하기 위해서는 그것들이 하나의 이야기 속에 편입되어 자기 자리를 찾을 때 보다 잘 이해될 수 있다. 한국전쟁을 전후해서 유년시절에 보낸 작가들이 자신의 정체성을 찾기 위해 개인사와 역사가 마주치는 지점에서 자신을 둘러싼 세계와의 관계들을 줄거리가 있는 서사 형식에 담아냈던 것이다. 또한 『마당깊은 집』의 서술자아는 자신의 존재론적 물음에 답하기 위해 한국전쟁 직후의 마당깊은 집 시절로 달려간다. 그곳에서 그는 소년시절을 아비없는 자식으로서, 어머니의 혹독한 질책 속에서, 배고픔 속에서 고통의 나날을 보낸다. 그것은 30년이 넘는 세월이 지났음에도 저자의 마음에 각인된 소년 시절의 삶의 모습이었던 것이다. 이와 같은 서사가 가능하기 위해서는 자신과 공동체의 삶에 대한 이해가 필요하다. 그것은 서술행위에 심대한 영향을 미칠 것은 틀림없다. 그러므로 자기경험을 서술하기 위해서는 적어도 자신의 삶의 행위에 대하여 개인적, 공동체적 맥락 속에서, 그것이 이야기라는 형식 속에서 이해될 때라야 더욱 분명해진다.

어떤 사건 대상을 이해한다는 것은 대상을 고립된 상황에서 파악한다는 것이 아니다. 사건과 사건의 관계 속에서 사건을 이해하고 해석한다는 것을 말한다. 그러므로 사건을 서술한다는 것은 이와 같은 사건에 대한 이해와 해석이 전제되어야 한다.

서사는 사건의 관계를 이해하고 해석하는 주체에 따라 그 폭과 깊이가 달라지는 것은 분명하다. 가령 유년기 소설에서 자주 등장하는 아버지의 죽음은 서술주체에 따라 다르게 파악된다. 죽음이 일상인의 죽음과 같이 개인적 차원에서 파악될 수 있으며, 역사적인 차원과 관련되어 파악될 수도 있다. 이렇게 사건을 관계 속에서 파악하는 관계적 사유야말로 서사적 사유의 핵심이다. 이러한 능력과 서술능력의 필연적인 연관성을 가정할 수는 없지만 그것이 서술행위에 커다란 영향을 줄 수 있다는 것은 명백하다.

이런 점을 간과하고 표현교육이 기능이나 전략을 교수-학습하는 수준에 그칠 때 교육 목표를 달성하는 데 한계가 있을 것임은 어렵지 않게 예상할 수 있다. 따라서 이 점과 관련해서 표현교육은 삶 속에서 서사적 문제의식과 실천적·서술적 이해력을 증진시킬 수 있는 방안을 강구해야 한다. 이런 점에서 서사물을 통한 사건의 이해교육은 경험을 서사화하는 표현교육과 연계되어야 하며, 삶 속에서 인간의 행위를 서사적 사고로 이해할 수 있는 능력을 기를 수 있도록 해야 한다. 결국 서사와 삶의 넘나듦을 통해 표현능력을 신장시킬 수 있는 방안을 강구해야 한다.

제3절 자아의 대화적 관계를 통한 자기 성찰 능력 함양

차이 속의 자아의 관계 설정을 통한 창작 활동은 자기 성찰을 가능케 한다. 자기의 경험을 다루는 서사는 서술자아에 의해 회상되는 자기 경험세계를 다루고 있다.[411] 이때 자아는 '보는 나'와 '보여지는 나', '현재의 나'와 '과거의 나'로 분화되는데 그것은 나의 자기의식이 없이는 불가능하다. 나의 자기의식은 자기 반성에서 발생한다.[412] 자기 반성은

---

411) 이로써 회상은 소설 구성에 있어서 핵심적 지위에 놓인다. 따라서 회상은 서사의 내용을 확보할 수 있는 매개이면서, 동시에 이야기를 과거와 현재로 갈라 놓는 역할을 한다.

412) 나라는 존재는 나의 자기반성으로 존재한다. 반성(Reflexion)이란 내가 나를 거울에 비추어 보는 것을 말한다. 그 거울은 내 마음에 있으므로 나라는 존재, 나의 됨은 내가 나를 내면의 거울에 비추어 봄으로써 형성된다. 다른 말로 하면 내가 나를 돌이켜 생각함으로써 내가 된다. 이로 보면 나라는 존재는 관계를 통해 형성된다는 점이다.

내가 남이 아닌 나 자신을 다시 의식함을 말한다. 그러나 자기의식이 일인칭인 나의 순수한 자기반성이라 하더라도, 그것은 오직 나에 대한 의식만으로는 발생할 수 없다. 다시 말해 자기의식은 언제나 나 아닌 타자(또다른 나를 포함한)에 대한 의식을 전제하는 것이다. 이런 점에서 자기의식은 동시에 타자의식이기도 하다.

'나'는 경험의 질료에 형식과 통일성을 부여하여 그것을 규정된 대상, 즉 경험을 서술하는 근원적 원리이다. 이런 까닭에 자기 자신은 고정되어 주어질 수 없는 것이다. 그러므로 '나'는 '나'를 매개 없이 직접 의식할 수 없으며 오직 나에 의해 결합된 타자들을 통해서만 의식할 수 있을 뿐이다.

그런데 타자로서의 나는 수동적인 사물이 아니다. 반성의 대상인 나는 어떤 경우에도 사물적 대상으로 고찰될 수 없는 주체이다.[413) 그것은 살아 있는 인격으로서의 관계 속에 존재한다. 이런 점에서 서술자아에 의해 이야기에 등장하는 회상되는 주체는 사물적 대상이 아니라, 현재화된 살아 활동하는 인격적 주체가 된다. 그러므로 의식되는 나는 대상적 사물에 대한 의식이 아니라 생각하는 나의 자기의식, 즉 자기 자신에 대한 반성적 의식인 것이다. 내가 나 자신에게 타자화될 때, 타자는 마주서 있는 나이다.

자기의식 속에서 내가 나를 의식할 때 나는 나를 생각한다. 생각되는 나는 생각하는 나 자신이다. 나는 나를 생각하고, 생각하는 나는 나 자신에 의해 다시 생각된다. 그러므로 자아는 고정된 주체 객체가 아닌 과정 속의 주체이다. 이야기는 이러한 과정 속의 주체를 상징의 형식으로 형상화하여 보여준다. 우리의 이러한 자아의 모습은 이야기라는 형

---

413) 철학사에서 자기의식의 사물적 이해는 불가피한 오류인지도 모른다. 모든 존재자는 자동적으로 어떤 객관적 사물(res)로서 이해되었던 것이다. 이런 존재 이해에서 존재에 대한 어떤 인격적 이해도 끼여들 여지가 없다. 자세한 것은 김상봉, 『자기의식과 존재사유』, 한길사, 1998, 제7장 참조.

식의 창조를 통해 보다 분명하게 확인할 수 있다.

이야기 속에 등장하는 '나', '너', '그', 그리고 이야기를 듣는 주체는 더욱 복합적으로 분화된다. 이야기 속에서 복합적으로 분화되어 관계를 이루고 있는 주체들은 이야기 행위의 주체에 의해서 형상화된다. 언어활동은 주체가 복합적으로 분화되어 자아를 인식하고 복수주체들 사이에서 의미공유와 행동적 실천을 이루어내는 과정과 그 결과[414]이기 때문이다.

이야기 행위에서 "나는 이런 사람이"라고 고백하는 주체, "너는 나 외의 다른 사람을 섬기지 말라"고 명령하는 주체, "그는 그녀에게 말하지 말라고 말한다(생각한다)"라고 말하는 바로 그 주체가 문제된다. 고백하고, 명령하고, 제시하는 주체는 그가 발화한 상황과 말(이야기)과의 관계 속에 놓인다. 이런 과정에서 언어활동의 주체는 분화되고, 주체들 사이에서 의미를 공유하고 행동적 실천을 갖게 되는 것이다.[415] 어떤 주체가 행하는 언어활동인가 하는 점이 문제되는 국면이다.

실재의 나와 이야기 속의 나의 역동적 관계에 주목할 때, 이야기 속에 등장하는 '나'는 엄밀한 의미에서 실재 나의 타자이다. 이는 이야기가 지닌 독특한 특성에서 비롯한다. 실재를 기록하는 자서전이 아닌 이야기인 이상 자아의 발견과 형성, 창조 기능이 강조될 수밖에 없다.[416]

---

414) 우한용, 「언어활동으로서의 문학」, 앞의 책, 231쪽.

415) 김현이 분석 심리학을 원용하면서 언급하고 있듯이 한 작가는 본래적 자아(집단 무의식) - 현실적 자아(집단(group)적 자아) - 창조적 반성적 자아를 소유하고 있다고 볼 수 있다. 창조적 반성적 자아가 이야기를 표현할 때 이야기는 다시 서술자아와 경험자아 등으로 분화된다. 이처럼 이야기 속의 자아는 타자들과 대화적 관계 속에 놓인다. 김현, 『한국문학의 위상』, 문학과지성사, 1983 참조.

416) 이런 점에서 소설텍스트에 zero화된 작가, 발화주체와 청자의 역동적 관계가 더욱 주목된다. 여기에 대하여는 다음 참조. Julia Kristeva, *Le Text du Roman*, Paris: Mouton, 1976. 이는 창조된 것이 아닌 근원적 저자, 근원적 저자에 의해 창조된 저자의 형상인 이차적 저자의 논의와 관련된다. M. 바흐찐은 소설 장르에는 저자의 어떤 내재적인 위치라는 것이 애초에는 없으며, 작품의 구성과정 속에서 그를 만날 뿐이라고 말한다. M. Bakhtin, 앞의 책, 참조.

'나는 누구인가'에 대한 응답으로서의 이야기를 주목할 경우 이야기는 <나는 내가 누구인가를 너에게 말한다>는 형식으로 말해질 수 있다. 말하는 나, 대상화된 나는 각각 서술자아와 경험자아로 나타나며, 청자로서의 '너'는 명시적으로 드러날 수도 있고 그렇지 않을 수도 있다.417) 이로써 나는 과거의 나와 현재의 나, 그리고 미래의 나의 역동적 관계 속에서 존재하는 모습을 드러낸다. 그러므로 나의 존재에 대한 물음은 나의 삶, 체험, 삶의 역사와 깊이 연루되어 있다. 「건」, 「장마」, 「어둠의 혼」, 「기억 속의 들꽃」, 「굶주린 혼」, 「유년의 뜰」, 「술래 눈뜨다」 등은 주로 경험자아를 전경화하여 서술자아의 목소리와 시각을 개입시킴으로써 자신의 삶을 성찰하고, 「순이 삼촌」, 『노을』, 『우울한 귀향』, 『고기잡이는 갈대를 꺾지 않는다』, 『마당깊은 집』 등은 경험자아와 서술자아의 관계를 통해 자신과 세계를 성찰한다. 이처럼 자신의 삶에 대한 성찰은 역사적 사건과 결부됨으로써 세계에 대한 성찰과 맞물리게 되는 것이 일반적이다. 인물들이 겪은 죽음과 고통, 폭력과 수난, 가난과 괴로움, 그리고 타자들로 인한 충격 등은 개인적 체험이면서 동시에 전쟁이라는 상황 속에서 겪었던 우리 공동체의 역사적 경험이기도 하다.

이러한 경험에 대한 글쓰기 행위는 "도대체 나에게 무슨 일이 일어났단 말인가?"에 대한 질문과 그 응답 과정의 산물이다. '나'와 '우리'에게 벌어진 일이 무엇이며, 그 의미가 무엇인가를 탐구하는 글쓰기는 '서사적 문제의식'을 통해 이루어진다. 이야기는 그것에 의해 포착된 대상을 주제의식이라는 통일된 관념 하에서 줄거리로 엮어 간다. 그것은 주체와 대상 사이의 끝임 없는 대화의 과정 속에서 이루어진다. 또한 그것은 그 속에서 살아 온/가는/갈 '나'와 '우리'의 삶을 끊임없이 반추한다는 점에서 성찰의 과정이기도 하다. 따라서 자기 성찰이 의미있는 교육 목적418)과 내용이라 할 경우 그 교육적 의의는 크다 하겠다.

---

417) M. 바흐찐은 청자(수신자)를 주목한 이론가이다. 그에 의하면 어떤 발화이든지 발화자는 명시적이든지 암시적이든지 늘 수신자를 지향하고 있다.

제4절 경험의 시간 구성과 자아정체성 형성

경험의 시간 구성과 관련해 볼 때 먼저 시간이 갖는 의의를 살펴 볼 필요가 있다. 시간은 무엇보다 자아의 본성을 이해하는데 근본적이다. 우리의 행위뿐 아니라 전 생애는 시간에 연루되어 있으며 그것에 의해서 형성된다. 모든 것은 시간 속에서 변한다. 우리가 지각하는 세계뿐 아니라 우리의 경험 등 모든 것들은 시간에 의해서 형성되고 틀지어진다. 플라톤에서 헤겔, 하이데거에 이르는 일련의 서양 철학자들은 이점을 인식해 왔다. 철학사에 있어서 존재라는 개념은 시간과의 관계 속에서 논의되어 왔다. 가령 하이데거에게 시간은 존재의 열림에서 근본적인 것이다. 칸트에게 시간은 감각적 세계의 절대적이며 일차적인 형성 원리일 뿐 아니라 모든 의식과 이해의 선구조이다. 그에게 시간은 단순히 중요한 의미있는 실제가 아니라 근본적이고 기본적인 것에 해당한다. 시간 없이는 인식도, 외적 세계도, 과학적 지식도, 의식도, 논리나 사고도 가능하지 않다. 이로 보면 시간은 자아에게서 근본적임을 알 수 있다.

또한 시간은 인간의 사고에 영향을 준다. 지적 양식들은 암시적으로나 명시적으로 특정한 시간 의식에 의존한다. 인간의 여러 특성 가운데, 시간성은 중심적인 역할을 한다. 수세기 동안 인간 존재에 대한 논의는 시간의 본성에 대한 신념과 연결되어 왔다. 시간은 사건들이 필연적이든지 우연적이든지 간에 우리가 우리 자신과 우리의 삶을 생각하는 방식에 영향을 준다. 이러한 가능성들의 각각은 도덕이나 정치 양 측면에서 인간 자유의 개념들과 연관되어 왔다. 따라서 시간은 윤리학, 심리

---

418) 반성적 사고가 중요한 교육 목적이 되어야 한다는 주장은 J. Dewey, 임한구 역, 『思考하는 方法』, 법문사, 1979, 참조.

학, 정치학, 역사 등과 밀접하게 관련되어 있다. 그러므로 시간은 인간
이 자신들의 삶과 행위의 의미를 축적했던 가장 중요한 방식들에 대한
물음을 담고 있다.

그리고 이야기하는 행위는 시간적인 특성을 갖게 된다. 이야기하는
모든 것은 시간 속에서 일어나며, 시간이 걸리고, 시간적으로 전개된다.
시간적 과정은 그것은 어떤 식으로든 이야기될 수 있는 한에서만 시간
적인 것으로 인식될 수 있다. 이점에서 시간 경험은 세계 경험이며, 이
야기는 세계 경험을 이야기하는 것이다.[419]

무엇보다 이야기행위 측면과 관련하여 이야기의 시간 구성은 자아
정체성 형성과 밀접하게 관련되어 있다. 자아(self)는 마음, 영혼, 정신,
의식, 이성, 인격 등과 관련된 용어로 학문의 체계에 따라 차이가 있지
만 대체로 자기 자신과 타자와의 관계 속에서 형성되는 역동적인 성격
을 지닌 심리 체계라 할 수 있다.[420] 정체성(identity)은 확인하다(identify)
의 명사형인 확인(identification)의 의미를 갖는 동시에 주체성, 신분, 정
체, 본성의 의미도 내포하고 있다. 서양의 철학자들의 논의를 살펴 볼

---

419) P. 리꾀르는 인간 경험에 공통된 특성 − 그것은 모든 형태의 이야기하는 행위에
   의해 드러나고, 결합되고 명료해진다 − 은 그 '시간적 특성'에 있다고 주장한다.
   P. Ricoeur, 앞의 책2, 9쪽.

420) 프로이트를 위시한 정신분석학에서 자아(ego)는 우리가 정신 혹은 마음을 통칭하
   는 자아(self)와는 다르게 쓰인다. 정신분석학에서는 정신을 이드(id), 자아(ego),
   초자아(superego)로 나눈다. 이드는 쾌락 원칙에, 초자아는 도덕 원칙에 지배받는
   다. 자아는 현실원칙에 지배받는다. 자아는 환경과의 상호작용을 통해서 후천적
   으로 발견된다. 또한 자아는 이드, 초자아, 자아를 통괄하는 역할을 한다. 사르트
   르를 대표로 한 실존주의에서는 인간의 본질을 규정하기가 어렵다고 본다. 다만
   매 순간 결단을 내리는 행위를 통해 이해할 수 있는 존재일 뿐이다. 라캉 등의
   후기 구조주의자들은 주체를 언어, 법, 문화 등을 통해 산출된 소산으로 본다. 심
   리학자인 로저스(Rogers)는 자아를 대인 관계의 결과로 발달되는 사회적 산물로
   서 일관성을 추구하는 것으로 본다. 콤브스(Combs)와 스닉(Snygg)은 사람들이 그
   들 스스로를 보는 방식과 그들의 세계를 보는 방식이 행동의 결정적 요소가 되
   며 그것은 자아와 직결된다고 본다. 또한 자아란 믿음들의 복합적이고 역동적인
   체제이기도 하다(W.W. Purkey, *Self Concept and School Achievement*, 안범희 역,
   『자아개념과 교육』, 문음사, 1995, 26쪽.).

때, 데카르트는 사유에서 자아정체성의 본성을 찾았으며 그것은 존재와 동치된다. 로크는 그것을 자기 의식 곧 자기 존재에 대한 관심에서 찾고 있다. 그리고 사르트르와 하이데거의 논의는 현상학적 자아론으로 집약된다. 하이데거에 의하면 인간의 실체는 실존이며, 그것은 자아의 본질이자 현존재의 본성이라는 것이다. 여기에서 실존은 과거를 초탈하여 존재 가능성인 미래를 향하여 현재의 존재를 기투하는 시간적인 지평구조를 가진 것으로 본다. 따라서 실존의 본성은 존재를 추구하는 자기 초월적인 탈자이다. 그러므로 하이데거에게서 자아의 본성은 실존 행위 속에 자아정체성을 확보하려는 지향성(존재에의 관심)에 있다. 사르트르 역시 자아의 본성을 존재의식(자기 의식)에서 찾고 있다. 여기에서 자아의 본성은 논자마다 차이가 있기는 하지만 대체로 사유, 자기의식, 지향성 등과 관련된 개념임을 알 수 있다.[421]

따라서 자아정체성(self-identity)은 자신과 타자와의 관계 속에서 형성되는 역동적인 성격을 지닌 심리 체계로서 자아의 주체·정체·본성을 의미한다. 이러한 자아의 정체성 해명 문제는 주체의 존재론적 신분을 묻는 물음이기도 하다. 이는 신분이 확정된 자아나 인격 발견의 문제가 아니라 자아의 존재 구성을 통해 자기를 이해하는 문제에 속한다.

소외되고 파편화된 삶 속에서 자신의 정체성을 모색하는 것은 많은 어려움이 따른다. 따라서 삶 속에서 자아 성찰을 통해 그것을 어떤 통일된 형식으로 담아낼 필요가 있다. 삶을 통일된 줄거리로 엮어내는 이야기가 지닌 힘을 고려해 볼 때 이점에서 이야기가 갖는 자아정체성 형성의 기능을 강조할 필요가 있다. 이야기가 지닌 장르상의 특성을 바탕으로 자기가 살아(가는) 온 삶의 이야기를 줄거리에 담아 낸다는 것은 자신의 자아에 대한 반성 작용을 통해 질서를 잡아가는 과정이기 때문이다.

---

421) 신오현, 「자기동일성의 문제」 『자아의 철학』, 문학과지성사, 1995, 참조.

　　이런 점에서 이야기하는 주체, 행위하는 주체에 논의를 주목할 필요가 있다. 리꾀르가 자아 정체성 문제에 대한 실마리로 제시한 이야기의 중요성은 바로 그것이 우리가 일상적 삶의 이야기를 엮어가는 방식에서 이해되기 때문이다. 그에게서 딜타이적 의미에서의 이야기 행위는 삶의 연계의 핵심 개념이다. 이러한 관점은 서술된 삶과 역사를 삶 자체와 대등하게 놓는 관점에 놓인다. 매킨타이어는 만약 개인과 그가 담당하는 역할 사이에 명백한 구분이 이루어지고, 또 개별적 삶의 상이한 역할 실행들 사이에서 구분이 이루어져 삶 자체가 서로 상관없는 일화들의 연속으로 나타나게 된다면, 인간 삶의 통일성은 사라지게 된다고 주장한다. 그래서 그는 삶의 서사적 단일성을 강조한다. 그것은 서사의 시작과 중반과 끝과 같이 탄생과 삶과 죽음을 결합시키는 서사의 통일성 속에 자신의 통일성의 기반을 두고 있는 자아 개념으로 이어진다.[422]

　　또한 인물의 정체성이 구축되거나 위기에 처하는 것은 바로 이야기 주체의 행위를 통해서 드러나게 되는 것인 바, 그것은 주체의 정체성 형성의 과정, 결과, 양상과 관련되기 때문이다. 따라서 자아정체성은 서사 행위를 통해 적극적으로 성취해야 할 성질의 것이지 자연스럽게 주어지는 것은 아니다. 그러므로 그것은 자신의 존재론적인 문제에 대한 해결을 시도하면서 자아정체성을 모색하는 능동적인 행위에 속한다.[423]

---

422) Paul Ricoeur, 앞의 책, 1999; Alasdair MacIntyre, 앞의 책, 1997, 참조.
423) 리꾀르는 이야기를 통해 형성되는 정체성을 서사적 정체성(narrative identity)이라 규정한다.(P. Ricoeur, "L'identité narrative", 앞의 책) 자아정체성의 문제는 이야기와 결부되어 서사적 정체성의 문제로 전이된다. 힌치맨(L. P. Hinchman)에 의하면 서사적 정체성과 관련된 두 가지 관점이 있다. 하나는 서사적 자아가 그것을 구성하는 서사에 앞서, 이미 "그 자체로" 존재하는 서사-이전 정체성과 일치하는가 혹은 그것을 발전시키고 결속하는가를 문제삼는 관점이다. 전자에는 리꾀르(P. Ricoeur), 브루너(J. Bruner), 커비(A. Kerby) 등의 논자들이 있다. 커비(A. Kerby)에 의하면 삶 그 자체는 서사적 구조를 함축하고 있으며, 그것은 시간성에 뿌리를 둔 전(의사)-서사에 해당한다. 따라서 개인은 정체성을 양식화하는 과정에서, 경험의 시간성을 서사로 정교화하고 발달시킨다. 반면에 자아정체성은 우리가 자아 정체성을 형성하는 이야기들을 만들 때, 카오스 즉, 잡다하고 무질서

그런데 시간 속에 존재하는 인간은 시간의 흐름 속에 이미 자신의 존재를 흘려 보내고, 도래하지 않은 미래를 향해 현재를 산다. 흘러가 버린 과거는 오로지 주체의 기억 속에서만 존속할 수 있다. 현재와 미래 역시 주체의 의식적 행위 속에서만 현재화될 수 있다. 그러나 그것은 어떤 줄거리를 형성하지 못하고 파편적으로 나타날 가능성이 크기 때문에 자신에 대한 이해가능성으로부터 멀어질 수 있다. 따라서 기억을 통해 과거를 현재화하고 그것을 현재와 미래와의 연관 속에서 파악함으로써 자신을 보다 잘 이해할 수 있는 장치가 필요한데 그것이 바로 이야기라는 것이다. 이로써 이야기 행위와 관련한 시간 의식의 측면에서 자아정체성을 살펴볼 수 있게 된다.

이런 점에서 앞에서 살펴 보았듯이 일련의 서사학자들이 관심을 두고 있는 언술 행위와 언술의 관계는 이야기의 시간성과 자아 정체성을 이해하는 고리가 될 수 있다. 이는 다른 말로 하자면 언술 행위와 언술의 이중화에 의한 시간적 유희와 그 기능이라 할 수 있다.[424] 이야기한다는 사실과 이야기된 내용은 현재화 행위를 통해 서로 구별된다. 서사의 시간은 경험된 시간, 즉 기억과 행동의 시간 등과 결코 완전히 단절

한 인상, 감각, 기억, 내적 상태로부터 질서를 창조함으로써 형성된다는 관점이 있다. 이 관점에서는 주로 커모드(F. Kermode), 화이트(H. White), 밍크(L. Mink) 등이 논의를 진행하고 있다. 노비츠(D. Novitz)는 정체성들은 예술 작품처럼 구성되며, 삶의 가공되지 않은 자료는 연쇄적이고, 의미있는 방식에서 조직되어야 한다고 주장한다. Lewis P. Hinchman ed., *Memory, Identity*, Community, SUNY, 1997, 18~29쪽 참조.

424) 벤베니스트는 '서술'과 '담론'으로 구분한 바 있다. 이야기는 화자가 연루되어 있지 않은 서술이고, 반면에 담론은 화자가 연루되어 있는 서술이다. 전자는 실제적이거나 허구적인 과거라는 관념에는 담론에서와는 달리 화자 자신의 언술 행위에 자기 지시성이 연루되지 않는다는 특성 때문이다. 그러나 이야기 내에서의 담론의 역할에 주목한다면, 벤베니스트가 분리한 서술이건 담론이건 화자의 개입 없이는 사실상 불가능하다. 가령 역사 이야기에서 화자가 부재하는 것은 이 화자가 이야기에 존재하지 않게 보이려는 전략이라 볼 수 있다. 따라서 이야기 속의 담론 차원에서 보자면 '서술'이든 '담론'이든 언술 행위와 언술의 관계를 주목하지 않을 수 없다.

되지 않는다. 가령 과거 시제는 먼저 과거를 이야기하며, 그 다음에 은유적 치환을 통해 그 자체로서의 과거와, 직접적인 관계는 아니라 하더라도 우회적인 관계를 갖는 허구 세계로 들어감을 알린다.

또한 이야기하는 모든 행위는 그 자체로서는 '이야기'가 아닌 무엇인가를 이야기하기이다. 리꾀르는 이야기되는 것은 그 자체가 이야기 속에서 실제로 제시되는 것이 아니라 단순히 재현되고 복원될 따름이며, 이야기되는 것은 삶의 시간성이라는 점을 강조한다.[425] 즉 텍스트에 표현된 시간의 유희는 이야기 대상으로서의 삶의 시간성과 관련된다는 점이다. 이러한 생각은 결국 이야기는 이야기를 의미있게 하는, 더 이상 이야기의 시간성이 아니며 궁극적으로 그 시간성을 지배하는 시간성 곧 서술행위 자체의 시간성을 이야기의 시간성에 통합해야만 하는 것이라는 견해에 도달한다.[426]

이야기되는 시간 그 자체는 이야기되기 이전을 배경으로 한다. 우리의 사유 지평은 이야기를 통해 이야기되는 시간을 무관심에서 벗어나게 하는 것이다. 이야기의 대상이 되는 것은 관심에서 비롯된다. 그것을 통해 과거 경험은 현재화된다. 또한 그것은 이야기하는 시간과 복합적인 관계 속에 놓임으로써 아직 도래하지 않은 미지의 가능한 시간을 창출해낸다. 나의 경험을 서사화하는 것은 이처럼 죽어 있는 과거로서가 아니라 관심을 통해 현재 속에서 의미화하는 것이다. 현재의 '나'는 과거의 '나'를 현재의 관점에서 의미화하기도 하고 자신을 돌이켜 보기도 하면서 새로운 삶의 시간을 창조한다. 이렇게 이야기를 하는 것은 과거, 현재, 미래가 이야기를 하는 자아의 이야기 행위로 실현되면서 "나는 누구인가"라는 물음에 대한 응답 즉 자아 정체성 형성에 기여하는 것이다.

---

425) P. Ricoeur, 앞의 책, 160쪽. 리꾀르의 논의가 언술행위-언술-텍스트의 세계를 시간과의 관계 속에서 논의하기 위해 과도하게 대입하는 데서 비롯되는 문제점이 있다 해도, 그가 즈네뜨의 논의를 비판하고 언술 행위의 차원을 강조하고, 경험 세계로서의 텍스트 세계를 도입한 점은 주목할 만하다.

426) P. Ricoeur, 김한식 · 이경래 역, 앞의 책, 제3 · 4장 참조.

제5절 경험에 대한 가치 부여와 삶의 가치 지향

이야기는 사건 주체로서의 행위자에 초점을 둘 경우 일차적으로 '누구의 이야기인가'가 문제된다. 그런데 경험자아의 세계에 대하여 서술자아가 개입함으로써 사건에 대한 의미나 평가가 달라진다.

자아는 삶 속에 형성되는 것이며, 삶에 대한 태도를 반영하고 있다. 자아는 '나는 누구인가'를 묻고 그것에 대하여 응답하면서 자신을 발견하고 형성해가고자 한다. 야스퍼스가 존재의 추구는 정체성의 추구라고 한 것도 이런 맥락에서다. 그러한 과정 속에서 자아의 삶에 대한 가치 부여의 문제가 대두한다.

이야기를 한다는 것은 개념적인 지식보다 나와 나의 삶에 대한 주체의 주관적인 의미있는 행위에 속한다. 키에르케고르(Kierkegaard)는 '주관적 진실(subjective truth)'이라는 개념을 통해 해석학적인 통찰을 제공하고 있다. 주관적 진실은 삶에 대한 태도 혹은 삶-가치(life-value)와 관련된다. 삶-가치는 누군가 그것을 실제로 행하는 것에 대해 그 실존적, 행위적으로 충분히 관심을 두는 삶에 있어서 태도나 의미를 말한다.[427] 이는 삶과 대상이 나의 시각에 의해 해석된 것이라는 관점에 선다. 이점과 관련하여 마르틴 하이데거(M. Heideger)에 의하면 본다는 것은 이런저런 것'으로서' 삶을 '보는' 방식에 해당한다. 그것은 관심의 다른 이름이며(seeing=caring), 대상에 대한 이해의 차원과 연루된다. 이렇듯 나의 시각을 통과한 삶의 가치들은 구체적인 일상 세계, 시간적 활동을 통해서 창발한다. 그리고 새로운 삶의 가치들은 삶과의 적극적이고 심오한 대화 속의 가능성들로써 나타난다.

이러한 삶의 가치 문제는 삶의 방향성과 이야기의 방향성을 결정한

---

427) Paul Brockelman, *Time and Self*, The Crossroad Publishing Company, 1985, 54쪽.

다는 점에서 윤리의 문제와 관련된다. 일상의 삶 차원에서 윤리를 문제 삼은 엘로스(William J. Ellos)의 논의, 아리스토텔레스의 반전의 원리, 리 꾀르의 부조화의 조화, 푸코의 자기에 대한 배려와 서사행위, 헤이든 화 이트의 서사의 원리 등은 이야기의 차원에서 윤리 문제를 다루고 있다. 여기에서 윤리는 인간이 바람직한 삶을 지향하기 위해 행하는 성찰과 가치 추구뿐 아니라 그와 관련한 문학적 행위와 그 결과 등을 포괄하는 의미로 쓰인다.

엘로스(William J. Ellos)는 인간 활동 역시 윤리의 영역이라는 점에서 이 모든 것에 즉각적인 윤리적 차원이 존재한다고 보았다.[428] 그러나 삶이 이야기로 성립되기 위해서는 성찰(reflection)과 조직화(organization) 의 순간들을 요구한다. 그러므로 작가는 다른 것을 경시하거나 무시함 으로 어떤 특정한 특질들에 집중함으로서 가장 문제적인 인간 상황들의 일부를 조직하거나 이해하기 위해 시도한다는 것이다.

서사는 표현 주체에 의해서 선별되고 조직화된 것이다. 성찰을 통해 선별되고 조직화되는 과정에 윤리적 가치화가 개입한다면, 한 편의 서 사를 표현하는 과정도 예외일 수는 없다. 비극을 인간 활동의 모방으로 본 아리스토텔레스는 윤리적 형상화의 문제를 주목한 사람 중의 하나이 다. 물론 비극이라는 한정된 대상을 전제로 한 것이지만, 거기에는 그것 과 관련된 본질적인 문제가 놓인다. 아리스토텔레스가 플롯의 기교에 대단한 관심을 두기는 했지만, 그가 강조한 것은 진정한 인간 활동의 형상화에 있었다. 인간 행위의 두드러진 자질들을 선택, 조직하는 플롯 은 이미 그 과정에 작가의 윤리적 관점이 게재되어 있는 것이며, 또한 그것의 상연은 수용의 차원에서 윤리의 문제가 대두되는 것이다.

이야기의 성립에 주목한 헤이든 화이트는 "과연 도덕화하지 않고서 도 이야기가 가능한 것일까?"라고 묻고, 그것은 불가능하다는 결론에

---

428) W. J. Ellos, *Narrative Ethics*, Avebury, 1994, 96쪽.

이른다. 그는 이야기의 본질에 대하여 의문을 제기한다는 것은 문화 자체의 본질과 함께 인간 본성 자체에 대해서도 숙고할 것을 요구한다고 전제하고 이야기의 본질 가운데 하나는 바로 즉 윤리적 가치화에 있다고 본다.[429]

서사행위는 그것이 패턴으로 형성되어 관습으로 정착되기도 하고 그 패턴을 깨기도 하는 과정에 있는 문화적 행위에 속한다. 서사 문화(narrative culture)는 집단 차원에서 개인들에게 영향을 주고, 개인들은 문화 속에서 그것과 상호작용을 통해 창조적인 활동을 하게 된다.

표현과 관련해 볼 때 주체의 윤리적 관점에 따라 이야기의 구성과 인물의 성격 등의 양상이 달라질 것은 분명해 보인다. 그러므로 이야기에서 윤리 문제는 주체의 삶에 대한 태도가 이야기 형상화 과정에 어떻게 반영되고 있는가를 중시한 것이다. 이는 이야기를 표현하는 주체가 이야기를 표현하는 과정에서 윤리적 관점이 어떻게 형상화되어 있는가를 강조한 개념이다.[430]

주체가 경험 사건을 인식하고 가치를 판단하는 행위 역시 윤리의 문제와 관련되어 있다. 이러한 윤리적 결단이 서사를 구성하고 수용하는 과정에 어떻게 관련될 수 있을 것인가를 해명하는 것은 이야기능력을 해명하는데 매우 중요한 문제이다. 왜냐하면 그것은 경험세계를 인식하는 행위와 서사를 생산하는 행위 그리고 서사를 수용하는 행위에서 본질적인 요건이 되기 때문이다.

인간이 경험세계를 가치평가하듯, 서사 주체는 이야기에서 리얼리티를 가치화하려고 한다는 것은 분명해 보인다. 그러므로 이야기는 인물

---

429) "실제 사건들을 이야기로 제시하는 것을 가능케 하는 것은 역사를 쓰고 있는 자가 속해 있는 문화나 그룹에 대한 중요성을 기준으로 하여 사건들에 등급을 매기려는 필요나 충동이다." 헤이든 화이트, 전은경 역, 앞의 책, 1997, 191쪽.

430) 이것은 우한용 교수가 제안한 '윤리적 형상화'의 개념과 통하는 개념이다. 우한용, 「문학교육의 윤리적 연관성에 대한 연구」, 『사대논총』 제55집, 서울대학교 사범대학, 1997.

이나 사건의 단순한 나열이 아니라, 이야기를 표현하는 주체와 타자와의 상호관계 속에서 직조되는 가치화와 관련될 때 이야기도 윤리의 문제를 갖는다. 연보 혹은 연대기가 이야기가 될 수 없다는 것은 이러한 사실을 뒷받침해 준다.

예컨대『마당깊은 집』에 등장하는 인물들 즉 주인공네 식구들, 연백에서 피난 온 경기댁네, 퇴역 장교 상이군인인 준호네, 평양에서 피난 온 평양댁네, 김천에서 내려온 김천댁네 등은 작가에 의해 선택된 인물들인데 이는 작가의 선택 행위의 산물로서 가치화를 전제로 한 것이다. 이들은 대부분 전쟁으로 인해 삶의 근원으로부터 뿌리를 뽑힌 당대 사회역사적 상황을 반영하고 있는 인물들이다. 또한 이들은 '내'가 살아온 과거의 시공 속에 '나'에게 영향을 주었던 인물들이다. 이들 한 가운데는 '나'라는 인물이 존재하며, 저자의 서술행위는 이러한 '나'라는 인물에 대한 가치 부여 행위이다. 이들의 삶은 이야기 주체의 시각에 의해 처음, 중간, 끝이라는 줄거리를 구성하면서 형상화된다. 이들이 펼쳐가는 이야기가 「마당깊은 집」이라면 서사 주체의 이들에 대한 윤리적 가치화가 전제되지 않는다면 불가능하다 할 것이다. 그러므로 경험 사건에 대한 윤리적 가치화는 이야기 생산에 중요한 원리가 된다.

그렇다면 서사행위 주체가 서사를 통해 윤리적 형상화를 구현하는 이유는 무엇인가? 이는 달리 말하면 서사 전체를 구성하고 통제하는 힘의 근원은 무엇인가 하는 물음이다. 그것은 일종의 윤리적 결단 행위라 할 수 있다. 윤리적 결단은 더 나은 삶에의 신념이 없다면 불가능하다. 이런 점에서 윤리는 보편성을 갖는 것이다. 그 보편성은 초월적 세계 곧 그것이 어떤 종류의 세계이든지 간에 일종의 유토피아를 상정하는 것과 관련되어 있다.[431]

---

431) 우한용, 앞의 글, 27쪽.

학문에 종사하는 이들에게는 학문적, 실용적인 기준으로 볼 때 촌각(寸刻)을 다투는 시급한 과제가 있기 마련이다. 특히 학문의 정체성을 모색해 가는 도정에 있는 신생 학문들에게는 그 일로 인해 매우 초조해지지 않을 수 없다. 그러나 그렇다고 해서 일이 저절로 해결되는 것은 아니다. 화급한 과제를 해결하기 위해서 모래 위에 집을 지을 수는 없기 때문이다. 학문적 기초를 다져 나가는 것도 소홀히 할 수 없는 이유가 여기에 있다. 그러므로 학문적 터닦이를 다부지게 해가면서 긴급을 요하는 당면 과제들을 해결해 나가는 일이 무엇보다 중요한 때이다.

이런 점에서 볼 때 표현 혹은 창작교육도 예외는 아니다. 인문학 쪽에서 볼 때 창작에 대한 연구가 상당히 진행되었다고는 하나 그 역시 많은 한계점을 지닐 수밖에 없고, 더욱이 여러 변수가 작용하는 국어교육학 쪽의 연구 상황 역시 그보다 나은 것은 없다.

논의를 좁혀 서사교육으로 관심을 돌려보면, 해결해야 할 과제가 너무도 많다. 그것은 주로 교육적인 관점에 입각해서 서사교육의 범주에 포착되는 많은 요소들을 검토하고 그것을 교육과정의 틀로 입안해내는 일과 관련되어 있다.

인간은 삶 속에서 이야기를 끊임없이 해왔고, 하고 있고, 앞으로도 계속할 것이다. 마치 물과 물고기의 관계와 같은 삶과 서사의 관계는 그 중요성이 매우 자명한 듯해 보여도, 그러한 현상과 학문적 성취는 별개의 문제일 수 있다. 그러나 그러한 자명성이 필요 조건으로서 학문적 정당성을 확보해 준다는 점에서 커다란 의미를 지닌다.

이런 점에서 인간이 이야기를 하고 그것을 수용하는 활동은 인간의 삶 속에 커다란 결(texture)로서 자리한다. 그리고 그 결이 원활하게 짜여지고 인간 삶을 풍요롭게 하는 데 기여할 수 있도록 교육적인 배려를 학문적으로 그리고 실천적으로 모색하는 일은 매우 중요한 과제이다.

이 글은 그러한 일 가운데 하나를 논의해 본 것이다. 세상의 많은 이야기들은 자신의 경험과 관련되어 있고, 또 누구나 자기의 경험을 이야기하면서 살아간다. 그러한 현상을 교육적인 관점에서 해석해 보고, 그 방안은 무엇이고 의의는 무엇인지를 따져본 것이 이 글이다. 논의 된 것들을 정리하면 다음과 같다.

제2장에서는 경험의 서사화의 특성과 경험의 서사화에 관여하는 요소 등을 검토해 보았다. 경험의 서사화의 특성으로 첫째, 자기 경험을 이야기의 대상으로 삼고 있다는 점, 둘째 특정한 경험을 선택하고 배열하는 것은 서술자아에 의해서 이루어진다는 점, 셋째 이야기하는 '나'(서술자아)와 이야기되는 '나'(경험자아)로 주체가 분화되어 이야기가 구성된다는 점, 넷째 자신의 경험을 이야기하는 것은 경험에 대한 실제성과 주관성을 동시에 보여준다는 점, 다섯째 자신의 경험을 이야기하는 행위는 회상을 통해 이루어진다는 점, 여섯째 서술자아의 서술행위의 동기가 자신의 존재론적 요구에서 생겨난다는 점, 일곱째 자신의 존재론적인 관심이 역사적 사건과 밀접하게 관련되어 있다는 점 등이다.

경험의 서사화에 관여하는 요소는 서사 대상, 서사 주체, 시간 의식 등을 들었다. 서사 대상으로서의 자기 경험은 경험자아인 '나'와 타자들의 관계 속에서 형성되는 사건들이다. 이 글에서 대상으로 삼은 작품들에 나타난 사건들은 주로 전쟁과 관련된 경험들이라는 점에서 수난과 그로 인한 고통 경험과 관련되어 있음을 밝혔다. 개인적·집단적 차원에서 이루어지는 사건들은 무의식에 위치하면서 주체로 하여금 끊임없이 자신의 실존을 문제삼게 해준다. 따라서 그것은 이야기 발생의 중요한 요인으로 작용하며, 이야기는 이러한 주체의 상처받은 수난을 표현하는 효율적인 매체라 할 수 있다.

동종서사에서 서사 주체는 이야기하는 자아(서술자아)와 이야기되는 자아(경험자아)로 분화된다. 이때 서술자아는 경험자아에 대하여 거리를 두고 자신을 성찰함으로써 자아정체성을 정립하고자 한다. 상처받은 존재로서 주체들은 그 상처의 근원에 대하여 묻도록 요구받는다. 이로서 주체는 자신의 경험 세계와 대면하고 그것을 객관화한다.

시간의식은 의식에 주어진 경험들을 의미있게 구성하는 의식작용이다. 이야기는 이야기를 하는 주체의 시간의식에 따라 다른 양상과 구조를 갖는다. 그러나 회상은 이들 시간의식의 근저에 놓인다. 왜냐하면 회상 속에서 현재와 미래의 시간성이 드러나기 때문이다.

이러한 논의를 바탕으로 제3장에서는 주요 경험의 양상을 살펴 본 결과 죽음, 폭력, 가난, 충격 등이 핵심 경험 사건임을 밝혔다. 먼저 죽음과 관련된 경험에서 가족 혹은 친척의 죽음과 빨치산, 소녀 등의 타자들의 죽음이 등장한다. 이들의 죽음은 전쟁의 와중에서 발생한 타살이나 자살의 결과로, 그로 인해 경험자아는 공포와 서러움 등과 같은 심리적인 외상을 갖게 된다. 인물들의 대부분은 전쟁 혹은 이데올로기의 대립 속에서 희생당한 주체들이며, 죽음은 경험자아를 비롯한 타자들의 삶에 깊숙이 각인되어 있음을 보여준다. 폭력과 관련된 경험에는 국가 지배 권력과 가족 구성원이나 가족 구성원 외의 타자들에 의한 폭력으로 수난당하는 인물들을 다루고 있다. 경험자아가 직·간접적으로 겪은 폭력 사건은 한국전쟁과 그 이데올로기의 자장에서 벗어나지 않는다. 그러한 상황 속에서 인물들이 겪어야 하는 가난은 인물의 존재를 규정하는 절대적인 조건으로 작용하기도 하고, 인물들의 성장을 제약하기도 하고, 가족을 고통 속으로 몰아 넣기도 한다. 그리고 가족들과 그 밖의 타자들 즉 가족의 죽음과 그들의 행위, 타자들의 위악(僞惡)적 행위, 거지나 실업자와 같은 거리의 타자들은 경험자아에게 깊은 충격을 줌으로써 정신적인 각성의 계기를 제공하기도 한다.

제4장에서는 경험의 서사화 방법을 '사건으로서의 서사적 관계 형성, 차이 속의 자아의 거리 설정, 회상을 통한 경험의 시간 구성' 등의 측면에서 논의하였다. '사건으로서의 서사적 관계 형성'에서는 사건과 줄거리 구성 방법을 살폈다. 사건은 이야기 주체의 문제의식에서 비롯되는 바, 그것은 인물과 행위 그리고 그들의 관계를 통해 구성된다. 즉 인물(행위주체)이 어떤 맥락적 상황에서, 왜(동기), 무엇을 향해(목표), 누구와 함께(혹은 맞서-타자와의 상호작용) 행위하는가에 대한 관계망을 서사화한다는 것을 의미한다. 이야기를 구성하는 중심 사건은 이야기의 구성과 의미 형성에 영향을 주면서 크고 작은 사건으로 분화되어 계열 속에 놓인다. 경험의 줄거리 구성 방법에서는 경험자아에 초점이 놓여 있는 경우와 서술자아와 경험자아의 관계에 초점이 놓여 있는 경우로 나누어 살폈다. 전자는 어린 시절의 경험과 그로 인한 존재론적인 수난과 고통이 서사화된 '사적 경험의 전경화'(인물의 대립과 화해의 도식, 사건을 통한 경험자아의 각성의 종결 구조, 대상 추구와 거부의 대립적 구성) 방법으로, 후자는 과거 자신의 삶의 역사적 조건과 현재 자아의 존재론적인 뿌리를 탐색하는 '서술자아의 개입과 경험의 객관화'(여로형 구조를 통한 역사적 사건의 부각, 사건의 병치를 통한 정체성 확인, 경험의 의미화를 위한 이야기 차원의 분화)의 방법으로 정립할 수 있었다.

자기의 경험을 서사화하는 것은 글쓴이가 과거의 나와 그 세계를 돌이켜본다는 점에서 이야기하는 자아와 이야기되는 자아의 분리가 이루어진다. 이로써 자기 경험과의 거리 조정이 이루어지는데, 그것은 서술자아와 경험자아의 거리 좁히기, 서술자아와 경험자아의 거리 두기라는 두 유형으로 분류된다. 전자는 유년화자를 초점화자로 서술자아는 경험 세계에 흔적으로 나타남으로써 서술자아와 경험자아가 분리되지 않은 양상을 보인다(「건」, 「장마」, 「기억 속의 들꽃」, 「어둠의 혼」, 「유년의 뜰」, 「술래 눈뜨다」, 「굶주린 혼」). 구체적인 서사화 방법으로 '경험 자아의 시각 차용, 경험자아의 경험 대상에 대한 심리적 거리 조정' 등을 들었다. 후자는 서술자아가 경험자아의 세계에 대하여 거리를 둠으로써 두 자아의 역동적인 관계가 드러나는 유형이다(「순이 삼촌」, 『노을』, 『고기잡이는 갈대를 겪지 않는다』, 『마당깊은 집』, 『우울한 귀향』). 구체적인 서술 방법으로 '서술자아와 경험 자아의 시각 혼용, 병치와 연상을 통한 경험의 결합, 개인적·역사적 사건 경험에 대한 논평' 등을 들었다.

또한 경험을 서사화하는 것은 회상을 통해서 이루어지는 데 과거의 경험은 현재, 미래와의 관계에서 의미를 확보한다는 점에서 시간적 특성을 갖는다. 이야기에 구현된 시간의식의 양상에 따라 다음과 같이 분류하였다. 경험 속에서 이루어진 망각할 수 없는 사건들을 반복함으로써 경험의 의미를 드러내는 유형(「건」, 「기억 속의 들꽃」), 서술자아의 회상을 통해 경험자아가 겪은 사건을 부각시키고 있는 유형(「굶주린 혼」, 「술래 눈뜨다」, 「장마」, 「어둠의 혼」), 과거 경험과 현재에 대한 관심뿐 아니라 이를 통해 미래에 대한 가능성까지 탐색하는 유형(『마당깊은 집』, 『고기잡이는 갈대를 꺾지 않는다』, 『노을』, 『그많던 싱아는 누가 다 먹었을까』)을 제시하였다.

제5장에서는 앞에서 논의한 것을 토대로 교육적인 설계를 구안하여 보았다. 여기에서 중점을 둔 것은 교육의 내용 범주이다. 그것을 지식, 활동, 경험, 태도 등으로 설정해 보고 그 구체적인 내용을 살펴보았다. 그 동안 연구자들은 활동의 방법이나 기술 등에 관심을 집중해 왔다. 그러나 가르쳐야 할 내용에 대한 천착 없이 활동 방법이나 기술, 교재 제작, 평가 등에 대한 연구는 그 의의가 반감될 수밖에 없다. 이런 점에

서 내용 범주를 확정하고 그 요소들을 확정해 나가는 일은 시급한 과제라는 의미를 지닌다.

내용 범주와 그 요소들을 탐구하는 일은 국어교육을 풍요롭게 하는 방향으로 자리잡아야 한다. 가령 지식의 범주에는 개념적·방법적·조건적 지식뿐 아니라 인격적 지식도 고려해야 한다. 활동의 범주에서는 전략이나 기술의 발휘가 아니라 활동의 본질이 무엇이며, 그것을 살리면서 교육적 의도를 성취하는 효과적인 방법은 무엇인지를 다양하게 구안해내야 한다. 경험의 범주와 관련해서, 교육적 경험의 의미가 무엇인지를 다시금 정립해 볼 때이다. 이는 정전에 대한 논의와 함께 언어적 표현과 내용의 국어교육적 의미를 논의하는 일이기도 하다. 태도 범주 역시 종전의 동기, 흥미, 가치 등 획일적 분류 차원을 넘어서 각 영역의 특성을 고려한 본질적인 교육 내용 요소를 탐구해야 할 것이다. 이 때 주의할 점은 각 범주들의 상호 관련성과, 교육과정을 상세화하고 교재화할 때 교육과정의 내용 범주를 일대일 대응 식으로 단순 대입하지 않아야 한다는 점이다.

이 글에서는 경험의 서사화의 이념과 목표, 교육 내용 그리고 교육의 방향을 살폈다. 경험의 서사화의 이념으로서 '자기 정체성의 정립'을 들었고, 여기에 부합하는 인간상으로 성찰 행위를 통해 자기 존재를 인식하고 자기 이해에 도달함으로써 궁극적으로 자아정체성을 확립한 주체를 설정하였다. 이에 따라서 '자기 이해 능력의 신장'이라는 목표를 제시하였다.

교육 내용에서는 내용 범주로서의 지식에 중점을 두었다. 먼저 서사적 문제 의식을 들었다. 서사적 문제의식은 글쓴이의 서사적인 관심 속에서 배태되는 것으로 그 속에서 이야기 대상이 포착되고, 그것이 주제의식과의 관계 속에 놓일 수 있도록 해줌으로써, 궁극적으로 이야기를 형상화하는 힘으로 작용한다. 이러한 문제의식이 곧바로 이야기를 할 수 있는 능력으로 이어지는 것은 아니다. 그것이 이야기로 전이되기 위해서는 행위에 대한 (전)이해 능력이 필요하다. 그것은 행위의 구조적 특성과 상징적 매개 능력, 그리고 시간적 특성을 이해하는 것으로 구성된다. 이러한 (전)이해 능력은 이야기 생산을 가능하게 하는 토대이다.

그리고 방법적 지식 가운데 하나로 제시된 '사건과 줄거리 구성하기'는 서사적 문제의식으로부터 중심사건 정하기, 중심 사건을 구체화할 수 있는 구성 요소와 개념망 정하기, 중심 사건을 구성하는 하위 사건 정하기, 사건을 계열화하기, 사건을 줄거리에 따라 구조화하기 등으로 구체화하였다. 또한 '자아의 관계 설정하기'는 '서술자아와 경험자아의 거리 좁히기'와 '서술자아와 경험자아의 거리 두기'로 구성된다. 전자에 '경험자아의 시각 차용하기'와 '경험자아의 경험 대상과의 심리적 거리 조정하기'라는 방법을 들었는데, 이는 각각 '이야기를 경험자아의 시각에 고정시키기', '부분적으로 서술자아를 개입시키기' 등과 '중립적 태도로 바라보기', '감정이 연루된 태도로 바라보기' 등의 방법으로 구체화하였다. 후자는 '서술자아와 경험자아의 시각 혼용하기', '경험에 대하여 논평하기'라는 방법을 들었는데 이는 각각 '병치', '연상' 등과 '해석하기', '판단하기', '일반화하기' 등의 방법으로 구체화하였다.

시간구성하기 방법으로 경험의 역사성을 전경화시키는 방법과 경험의 시간성을 확장하는 방법을 들 수 있다. 전자는 '경험의 반복을 통해 망각과 대결하기', '경험 사건 전경화로서의 회상하기', '경험 속에서 잃어버린 가능성들을 회복시키기', '탄생과 죽음 사이의 시간 연장을 자각하기'의 방법으로 구체화하였다. 후자는 '경험에 대한 관심과 미래의 가능성 탐색하기'라는 방법으로 구체화하였다.

경험의 서사화 능력을 신장시키기 위해서 표현 교육은 이해 교육과 긴밀하게 연관되어야 한다. 대상을 이해한다는 것은 대상을 전체적인 연관 속에서 파악하는 것으로, 대상과 연관되는 사회·역사·문화적인 맥락뿐 아니라 개인사적인 맥락에서도 그 의미를 파악해내는 것이다. 그것은 '무엇을', '왜' 이야기해야 하는지를 사유하는 서사적 문제의식을 매개로 이야기로 구체화된다. 서사적 문제의식은 자신이 접하고 있는 모든 것들 즉 언어적·비언어적 텍스트, 자신과 타인들의 삶, 사회·문화적 현상 등으로부터 시작해서 점차 표현하고자 하는 이야기의 문제의식으로 구체화된다. 이때 중요한 것은 삶의 질적 경험을 확보하는 것이라는 점을 논의하였다. 따라서 서사 표현 교육은 이러한 서사적 문제의식과 이해, 나아가 삶의 질적 경험에 토대를 두고 이루어져야 한다.

제6장에서는 경험의 서사화의 교육적 의의를 논의하였다. 그것은 서사적 사고력 신장, 자기 성찰 능력 함양, 자아정체성 형성, 삶의 가치 지향 등으로 구체화하였다. 이는 경험의 서사화 행위가 갖는 태도 형성의 차원과도 관련된다. 경험을 서사화하는 행위는 문제의식과 이해를 바탕으로 이야기 대상들을 시간적인 계기 속에서 관계를 형성할 수 있는 능력인 서사적 사고력을 신장시켜줄 뿐 아니라, 경험을 이야기하는 것이 자아와 타자에 대한 물음과 응답의 과정을 통해 자기를 돌이켜 보는 과정이라 할 때 그것은 자기 성찰 능력을 함양하는 의의를 지닌다. 그리고 회상을 통해 과거를 추체험하고, 미래와의 관계 속에서 자신을 기획하는 것은 자기 정체성을 형성하는 데 중요한 역할을 할 뿐 아니라, 이야기 행위는 본질적으로 윤리적 결단과 결부됨으로써 삶의 가치 지향과 관련되어 있음을 밝혔다.

이 글은 경험의 서사화 문제를 내용과 경험의 질과의 상관성을 중시하고, 서사적 문제의식과 이해에 토대를 둔 서사 교육이 이루어져야 한다는 측면에서 논의하였다. 그리고 그 교육적 내용 범주와 의의를 살폈다. 이를 바탕으로 더욱 정교한 방법과 내용을 정립하고 교육과정에 필요한 제반 요소들을 마련하는 것이 과제이다. 아울러 이 글에서 다루지 못한 논의들을 더욱 확장시키고 심화시켜나가는 것도 해야할 일이다.

이 일이 중요한 것은 삶·서사·교육이 인간이 잘 사는 일과 관련되기 때문이다.

참고문헌

1. 자료

김승옥, 「건」, 『산문시대』 제1호, 1962.

윤흥길, 「장마」, 『문학과 지성』 제11호, 1973.

김원일, 「어둠의 혼」, 『월간문학』 제50호, 1973.

김원일, 『노을』, 『현대문학』 제273-285호, 1977.9-1978.9.

현기영, 「순이 삼촌」, 『창작과 비평』 제49호, 1978.

이동하, 『우울한 귀향』, 『제3세대 한국문학-이동하』, 삼성출판사, 1983.

윤흥길, 「기억 속의 들꽃」, 『세계의 문학』 제11호, 1979. 3.

이동하, 「굶주린 혼」, 『한국문학』 제78호, 1980.

오정희, 「유년의 뜰」, 『문학사상』 제93호, 1980.

전상국, 「술래 눈뜨다」, 『술래눈뜨다』, 청아, 1982.

김주영, 『고기잡이는 갈대를 꺾지 않는다』, 민음사, 1988.

김원일, 『마당깊은 집』, 문학과지성사, 1988.

조선작, 「試寫會」, 『세대』 제101호, 1971.12.

오정희, 「중국인 거리」, 『문학과지성』, 1979.

윤흥길, 「羊」, 『장마』, 민음사, 1980.

이문구, 「남의 하늘에 붙어 살며」, 『나』 1, 청람, 1987.

고은, 「떠돌이 하루하루」, 『나』 1, 청람, 1987.

박태순, 「유랑과 정처」, 『나』 1, 청람, 1987.

박완서, 『그많던 싱아는 누가 다 먹었을까』, 웅진출판, 1992.

2. 국내논저

구인환 외, 『문학교육론』, 삼지원, 2001.

권명아, 『가족이야기는 어떻게 만들어지는가』, 책세상, 2000,

권오룡 엮음, 『김원일 깊이 읽기』, 문학과지성사, 2002.

권택영, 『소설을 어떻게 볼 것인가』, 문예출판사, 1996.

김광억 외, 『문화의 다학문적 접근』, 서울대출판부, 1998.

김대행, 「고전표현론을 위하여」, 『국어교과학의 지평』, 서울대출판부, 1995.

김대행, 「국어과교육의 목표와 영역」, 『선청어문』 25호, 서울대학교국어교육과, 1997.

김대행, 「서사와 소설의 거리」, 한국서사문학사의 연구 I, 중앙문화사, 1995.

김대행, 「내용론을 위하여」, 『국어교육연구』, 제10호, 서울대국어교육연구소, 2002

김대행, 『국어교과학의 지평』, 서울대출판부, 1995.

김동환, 『한국소설의 내적 형식』, 태학사, 1996.

김병익, 「6·25와 한국소설의 관점」, 『문학과 지성』, 문학과지성사, 1982.

김병익, 「분단의식의 문학적 전개」, 『상황과 상상력』, 문학과지성사, 1979.

김상봉, 『자기의식과 존재사유』, 한길사, 1998.

김상욱, 「서사교육의 교육과정」, 『서사교육론』, 동아시아, 2001.

김상욱, 「소설 담론의 이데올로기 분석 방법 연구」, 서울대박사학위논문, 1995.

김상욱, 『소설교육의 방법 연구』, 서울대출판부, 1996.

김성재 외, 『매체미학』, 나남, 1998.

김성진, 「문학교육에서 비평활동에 관한 연구」, 『국어국문학』 제130호, 2002.

김성진, 「서사활동과 서사문화의 창조」, 『서사교육론』, 동아시아, 2001.

김윤식, 「6·25와 소설의 내적 형식」, 『우리소설과의 만남』, 민음사, 1986.

김윤식, 『작가와의 대화』, 문학동네, 1996.

김윤식, 『한국 근대소설사 연구』, 을유문화사, 1996.

김윤식·정호웅, 『한국소설사』, 예하, 1995.

김재현 외, 『하버마스의 사상』, 나남출판사, 1996.

김종철, 「글쓰기교육의 문화적 척도」, 『고전산문교육의 이론』, 집문당, 2000.

김중신, 「국어교육 연구에서의 '이해' 영역에 관한 연구」, 『국어교육학연구』

제14호, 2002.6.

김중신, 「서사 텍스트의 심미적 체험의 구조와 유형에 관한 연구」, 서울대박사
　　　　학위논문, 1994.

김중신, 「자아 성장과 문학 교수·학습 방법」, 구인환 외,『문학 교수·학습 방법론』,
　　　　삼지원, 1998.

김중신,『문학교육의 이해』, 태학사, 1997.

김창원, 「술이부작에 관한 질문 : 창작개념의 확장과 창작 교육의 방향」,『문학
　　　　교육학』 제3호, 1998.

김형석,『윤리학』, 철학과현실사, 1992.

김형효,『베르그송의 철학』, 민음사, 1991.

김혜영, 「글쓰기 과정에 나타난 장르의 선택 조건과 변용 가능성」,『국어교육』
　　　　제108호, 2002.6.

김혜영, 「서사의 본질」,『서사교육론』, 동아시아, 2001.

김혜영, 「한국 모더니즘소설의 글쓰기 방법 연구」, 서울대박사학위논문, 2000.

남미영, 「한국 현대 성장소설 연구」, 숙명여대박사학위 논문, 1991.

노진한, 「박지원 글을 통해 본 사유와 표현의 관계」,『화산 김은전 교수 정년
　　　　퇴임 기념 논문집』, 1996.

도정일, 「서사이론-무엇을 하자는 것인가」,『포에티카』 3호, 1997.

도정일, 「친숙한 것의 재발견」,『포에티카』 제4호, 민음사, 1997.

류보선, 「분단문학의 새로운 지평을 위하여-김원일論」,『문학사상』, 1989.3.

류보선, 「분단문학의 새로운 지평을 위하여」,『문학사상』, 1989. 3.

류수열,『판소리와 매체언어의 국어교과학』, 역락, 2001.

류철균, 「한국현대소설 창작론」, 서울대박사학위논문, 2001.

류홍렬, 「문학교육에서 욕망의 이해에 관한 연구 : 욕망의 중개를 중심으로」,
　　　　서울대석사학위논문, 1999.

류홍렬, 「서사현상의 구조와 체계」,『서사교육론』, 동아시아, 2001.

류홍렬, 「컴퓨터 게임의 서사적 특성」,『문학교육학』 제5호, 2000. 여름.

문영진, 「서사 교육의 방향 설정에 관한 일 연구」,『국어교육학연구』 제13호, 2001.

문영진, 「서사현상의 구조와 체계」,『서사교육론』, 동아시아, 2001.

문영진, 「한국 근대 소설의 신체성 중심의 읽기에 대한 연구」, 서울대박사학위
　　　　논문, 1998.
박삼서, 『국어교육과 생활·문화·철학』, 국학자료원, 2003.
박아청, 『아이덴티티론』, 교육과학사, 1996.
박영목, 「국어과 교육의 목표와 내용」, 『함께여는 국어교육』, 1998. 봄.
박인기, 「문학교육과 자아」, 『문학과 교육』 제8호, 1999. 여름.
박인기, 「문학교육과정의 구조에 관한 연구」, 서울대박사논문, 1994.
박인기, 『문학교육과정의 구조와 이론』, 서울대학교출판부, 1996.
백승균 외, 『해석학과 현대철학』, 철학과현실사, 1996.
서유경, 「공감적 자기화를 통한 문학교육 연구: 심청전의 이본 생성을 중심으로」,
　　　　서울대박사학위논문, 2002.
서준섭, 「이동하 또는 고단한 삶의 소설적 탐구」, 『한국근대문학과 사회』,
　　　　월인, 2000.
소광희, 『시간의 철학적 성찰』, 문예출판사, 2001.
소흥렬, 『윤리와 사고』, 이대출판부, 1989.
손봉호, 『고통받는 인간』, 서울대출판부, 1999.
신오현, 『자아의 철학』, 문학과지성사, 1996.
양정실, 「서사교육의 평가」, 『서사교육론』, 2001.
양정실, 「서사적 시각의 소설 이해 기능에 관한 연구」, 서울대석사학위논문, 1997.
양호환, 「내러티브의 특성과 역사학습에서의 활용」, 『사회과교육』 2집, 서울대
　　　　사회교육연구소, 1998.
엄정식, 『자아와 자유』, 길, 1999
염은열, 「대상 인식과 내용 생성의 관계에 대한 표현교육론적 연구-기행가사를
　　　　중심으로」, 서울대박사학위논문, 1999.
염은열, 『고전문학과 표현교육론』, 역락, 2000.
오영환, 『화이트헤드와 인간의 시간경험』, 통나무, 1997.
우찬제, 「텅 빈 충만」, 『오정희 문학 앨범』, 웅진출판, 1995.
우한용 외, 『문학교육과정론』, 삼지원, 1997.
우한용 외, 『서사교육론』, 동아시아, 2001.

우한용, 「문학교육의 윤리적 연관성에 대한 연구」, 『사대논총』 제55집, 1997.

우한용, 「소설의 서사기능 상실과 회복의 논리」, 『현대소설연구』 제8호, 한국
　　　현대소설학회, 1998.

우한용, 「언어활동으로서의 문학」, 『국어교육연구』 제6집, 서울대국어교육연구소,
　　　1999.

우한용, 「정보화시대 문학의 사회적 기능」, 『국어국문학』 제121호, 국어국문학회,
　　　1998.

우한용, 「창작교육의 이념과 지향」, 『문학교육학』 제2호, 한국문학교육학회,
　　　1998. 여름.

우한용, 『문학교육과 문화론』, 서울대출판부, 1997.

우한용, 『한국현대소설구조연구』, 삼지원, 1990.

유순자, 「6·25전쟁과 이니시에이션 소설 연구」, 강원대석사학위 논문, 1997.

유영희, 「이미지 형상화를 통한 시 창작교육 연구」, 서울대박사학위논문, 1999.

윤여탁, 『시교육론』2, 서울대출판부, 1998.

윤여탁, 『시교육론』, 태학사, 1996.

윤효녕, 「데리다 : 형이상학 비판과 해체적 주체 개념」, 『주체 개념의 비판』,
　　　서울대출판부, 1999.

이대규, 『국어교육의 이론』, 교육과학사, 1998.

이돈희, 『교육적 경험의 이해』, 교육과학사, 1994.

이동하, 「분단 소설의 세 단계」, 『문학의 길, 삶의 길』, 문학과지성사, 1987.

이삼형 외, 『국어교육학』, 소명출판, 2001.

이재선, 『문예주제학이란 무엇인가』, 민음사, 1996.

이재선, 『현대한국소설사』, 민음사, 1992.

이정우, 『삶, 죽음, 운명』, 거름, 1999.

이정우, 『시뮬라크르의 시대』, 거름, 1999.

이종영, 『지배양식과 주체형식』, 백의, 1994.

이지호, 「연암박지원의 글쓰기 방법론 연구: 『열하일기』를 중심으로」, 서울대
　　　박사학위논문, 1997.

이지호, 『글쓰기와 글쓰기교육』, 서울대학교출판부, 2001.

이진경, 「들뢰즈 : ‘사건의 철학’과 역사유물론」, 『탈주의 공간을 위하여』, 푸른숲, 1997.

이진경, 『근대적 시·공간의 탄생』, 푸른숲, 1997.

이진우, 『도덕의 담론』, 문예출판사, 1997.

이형빈, 「고백적 글쓰기의 표현 방식 연구」, 서울대석사학위논문, 1999.

임경순, 「서사교육의 목표 설정」, 『선청어문』 제26호, 서울대국어교육과, 1998.

임경순, 「서사교육의 필요성과 목적, 그 구안에 대한 연구」, 『국어교육』 제98호, 한국국어교육연구회, 1998.

임경순, 「서사표현의 방법과 실제」, 『창작교육 어떻게 할 것인가』, 푸른사상, 2001.

임경순, 「소설의 담론 윤리적 특성에 대한 연구」, 『문학교육학』 제2호, 한국문학교육학회, 1998. 여름.

임경순, 「이야기 생산 능력에 대한 연구」, 『국어국문학』 제122호, 1998.

임경순, 「자아정체성 형성과 이야기 교육」, 『문학교육학』 제5호, 한국문학교육학회, 2000. 여름.

임경순, 「자아정체성 형성으로서의 문학사 교육」, 『선청어문』 제28집, 2000.3.

임경순, 「초점화를 통한 소설교육 연구」, 『국어교육』 제95호, 한국국어교육연구회, 1997.

장경렬, 「반성장소설로서의 성장소설」, 『작가세계』, 1991, 겨울.

장상호, 『인격적 지식의 확장』, 교육과학사, 1994.

전정구, 「문학생산과 문학소비 환경의 변화」, 『국어국문학』 제121호, 국어국문학회, 1998.

정대현 외, 『표현 인문학』, 생각의나무, 2000.

정래필, 「플롯구성을 활용한 이야기 쓰기 교육 연구」, 서울대석사학위논문, 2001.

정정순, 「장르 개념을 활용한 쓰기 교육」, 『선청어문』 제28호, 2000.

조남현, 「6·25의 소설화 방법」, 『동서문화』, 1988.6.

조남현, 『소설원론』, 고려원, 1985.

조남현, 『한국 현대문학사상 논구』, 서울대출판부, 1999.

조동일, 『문학연구방법』, 지식산업사, 1991.

조희연 편, 『국가폭력, 민주주의 투쟁, 그리고 희생』, 함께읽는책, 2002.

차인석, 「사회인식의 선이해 구조」, 『사회인식론』, 민음사, 1992.

최미숙, 「경험의 재구성으로서의 글쓰기에 관한 연구」, 『국어교육연구』 제3집, 서울대 국어교육연구소, 1996.

최미숙, 「표현교육 연구의 반성과 제언」, 『국어교육학연구』 제14집, 2002.6.

최미숙, 「한국 모더니즘시의 글쓰기 방식에 관한 연구-이상과 김수영을 중심으로」, 서울대박사학위논문, 1997.

최병우, 「문학교육과 매체의 확장」, 『문학교육의 탐구』, 국학자료원, 1996.

최병우, 「소설에 있어 시점의 유형」, 『국어교육』 제61-62호, 1987.

최병우, 「한국 근대 일인칭 소설 연구」, 서울대박사학위논문, 1992.

최병우, 『한국 현대소설의 미적 구조』, 민지사, 1997.

최선호, 「전후 성장소설의 유년 주인공과 서술시점 연구」, 한남대석사학위논문, 1995.

최인자, 「장르의 역동성과 쓰기 교육의 방향성」, 『문학교육학』 제5호, 2000.

최인자, 「현대소설의 담론 생산 방법 연구-반담론과 문학교육의 연관성을 중심으로」, 서울대대학원 박사학위논문, 1997.

최인자, 『국어교육의 문화론적 지평』, 소명출판, 2001.

최인자, 『서사문화와 문학교육론』, 한국문화사, 2001.

최현섭 외, 『국어교육학개론』, 삼지원, 2002.

최현주, 「한국 현대 성장소설의 서사 시학 연구」, 전남대박사학위 논문, 1999.

추돌란, 「전쟁 체험의 이니시에이션 소설 연구」, 건국대석사학위논문, 1995.

황도경, 「유년의 기억 속에 투영된 삶의 정체성」, 『문체로 읽는 소설』, 소명출판, 2002.

황패강, 「서사문학 연구의 제문제」, 『한국서사문학사의 연구』 I, 중앙문화사, 1995.

3. 외국논저

Arendt, H., *The Human Cindition*, 이진우 · 태정호 역, 『인간의 조건』, 한길사, 1996.

Bakhtin, M. M., *Problems of Dostoevsky's Poetics*, 김근식 역, 『도스또예프스키의 시학』, 정음사, 1988.

Bakhtin, M. M., *The Dialogic Imagination*, 전승희 · 서경희 · 박유미 역, 『장편소설과 민중언어』, 창작과비평사, 1988.

Barthes, R., "Introduction à l'analyse structurale des récits", *Communication*, No.8, Paris. 김치수 편저, 『구조주의와 문학비평』, 기린원, 1989.

Beck, U., *Rissikogesellschaft*, 홍성태 옮김, 『위험사회: 새로운 근대(성)을 향하여』, 새물결, 1997.

Benjamin, W., 반성완 역, 『발터 벤야민의 문예이론』, 민음사, 1996.

Bergson, H., *Matiére et Mémoire*, 홍경실 역, 『물질과 기억』, 교보문고, 1991.

Berman, M., *All That is Solid Melts into Air* : The Experience of Modernity, 윤호병 · 이만식 역, 『현대성의 경험 : 견고한 모든 것은 대기 속에 녹아버린다』, 현대미학사, 1982.

Bloom, B. S., *Taxonomy of Educational Objectives, I . Cognitive Domain*, 임의도 외 역, 『교육목표분류학』, 배영사, 1966.

Broad, C. D., *Kant : An Introduction*, 하영석 · 이남원 역, 『칸트 철학의 분석적 이해』, 서광사, 1992.

Callinicos, A., *Making History : Agency, Structure and Change in Social Theory*, 김용학 역, 『역사와 행위』, 사회비평사, 1997.

Cassirer, E., *An Essay on Man*, 최명관 역, 『인간이란 무엇인가-문화철학서설』, 서광사, 1988.

Chatman, S., *Story and Discourse : Narrative Structure in Fiction and Film*, 한용환 역, 『이야기와 담론 : 영화와 소설의 서사구조』, 고려원, 1991.

Cohan, S. & Shires, L., *Telling Stories : A theoretical analysis of narrative fiction*, 임병권 · 이호 역, 『이야기하기의 이론: 소설과 영화의 문

화 기호학』, 한나래, 1997.

Descombes, V., *Le Meme et lautre : quarante-cinq ans de philosophie francaise*, (1933-1978), 박상창 역,『동일자와 타자: 현대 프랑스철학』, 인간사랑, 1999.

Deleuze, G., *Qu'est-ce que la philosophie*, 이정임 · 윤정임 역,『철학이란 무엇인가』, 현대미학사, 1991.

Deleuze, G., *Proust et les Signes*,『프루스트와 기호들』, 민음사, 1998

Deleuze, G., *Logique Du Sens*, 이정우 역,『의미의 논리』, 한길사, 1999.

Deleuze, G., *Le Bergsonisme*, 김재인 역,『베르그송주의』, 문학과지성사, 1996.

Doll, W. E., *A Post-Modern Perspective on Curriculum*, 김복영 역,『교육과정과 포스트모더니즘의 시각』, 교육과학사, 1993.

Durand, G., *L'imagination symbolique*, 진형준 역,『상징적 상상력』, 문학과지성사, 1983.

Eagleton, T., *The Ideology of Aesthetic*, 방대원 역,『미학사상』, 한신문화사, 1995.

Easthope, A., *The Unconscious*, 이미선 역,『무의식』, 한나래, 2000.

Evans, D., *An Introductory Dictionart of Lacanian Psychoanalysis*, 김종주 외 역, 『라캉 정신분석 사전』, 인간사랑, 1998.

Eliade, M., *Symbolism, the Sacred, and the Arts*, 박규태 역,『상징, 신성, 예술』, 서광사, 1991.

Frye, N., *The Educated Imagination*, 이상우 역,『문학의 구조와 상상력』, 집문당, 1992.

Genette, G., *Narrative Discourse*, 권택영 역,『서사담론』, 교보문고, 1992.

Genette, G., 석경징 외 역,『현대 서술 이론의 흐름』, 솔, 1997.

Giddens, A., *Modernity and Self-Identity*, 권기돈 역,『현대성과 자아정체성』, 새물결, 1991.

Greimas, A. J., *Du Sens*, 김성도 역,『의미에 관하여』, 인간사랑, 1997.

Habermas, J., *Moralbewußtsein und Kommunikatives Handeln*, 황태연 역,『도덕의식과 소통적 행위』, 나남출판사, 1997.

Hamlyn, D. W., *Experience and The Growth of Understanding*, 이홍우 외 역,

『경험의 이해와 성장』, 교육과학사, 1991.

Hamm, C. M., *Philosophical Issues in Education : An Introduction*, 김기수 · 조무남 역, 『교육청학탐구』, 교육과학사, 1996,

Heidegger, M., *Was heißt Denken*, 권순홍 역, 『사유란 무엇인가』, 고려원, 1993.

Heidegger, M., *Sein und Zeit*, 이기상 역, 『존재와 시간』, 까치, 1999.

Horkheimer, M. & Adorno, *Th. W., Dialektik der Aufklärung*, 김유동 · 주경식 · 이상훈 역, 『계몽의 변증법』, 문예출판사, 1996.

Jameson, F., *The Political Unconscious*, Methuen, 1981.

Jay, M., Adorno, 최승일 역, 『아도르노』, 지성의샘, 1995.

Johnson, M. L., *The Body in the Mind*, 이기우 역, 『마음 속의 몸』, 한국문화사, 1992.

Kant, I., *Kritik der reinen Vernunft*, 전원배 역, 『순수이성비판』, 삼성출판사, 1983.

Kant, I., *Kritik der Urteilskraft*, 이석윤 역, 『판단력비판』, 박영사, 1996.

Kermode, F., *The Sense of an Ending: Studies in the Theory of Fiction*, Oxford University Press, 조초희 역, 『종말의식과 인간적 시간』, 문학과지성사, 1993.

Kristeva, J., *Revolution du langage poetique*, 김인환 역, 『시적 언어의 혁명』, 동문선, 2000.

Lukács, G., *Die Theorie des Romans*, 반성완 역, 『소설의 이론』, 심설당, 1985.

Lyotard, J-F, *La Condition Postmoderne*, 이현복 역, 『포스트모던적 조건』, 서광사, 1979.

MacIntyre, *A., After Virtue*, 이진우 역, 『덕의 상실』, 문예출판사, 1997.

Maclean, Marie, *Narrative as Performance : the Baudelairean experiment*, 임병권 역, 『텍스트의 역학: 연행으로서의 서사』, 한나래, 1997.

Marshall B., *All That is Solid Melts into Air: The Experience of Modernity*, 윤호병 · 이만식 역, 『현대성의 경험: 견고한 모든 것은 대기 속에 녹아버린다』, 현대미학사, 1982.

Martin. L. H. ed., *Technologies of The Self*, 이희원 역, 『자기의 테크놀로지』,

동문선, 1997.

Ong, W. J., 『구술문화와 문자문화』, 이기우 외 역, 문예출판사, 1995.

Peters, R. S., *Ethics and Education*, 이홍우 역, 『윤리학과 교육』, 교육과학사, 1994.

Powell, M. A., *What is Narrative Criticism*, 이종록 역, 『서사비평이란 무엇인가?』, 한국장로교출판사, 1992.

Prince, G, *Narratology : The Form and Function of Narrative*, 최상규 역, 『서사학』, 문학과지성사, 1988.

Prince, G., *A Dictionary of Narratology*, 이기우 · 김용재 역, 『서사론사전』, 민지사, 1992.

Purkey, W. W., *Self Concept and School Achievement*, 안범희 역, 『자아개념과 교육』, 문음사, 1995.

Reichenbach, H., *The Philosophy of Space and Time*, 이정우 역, 『시간과 공간의 철학』, 서광사, 1986.

Ricoeur, P., "L'identité narrative", 김동윤 역, 「서술적 정체성」, 『현대 서술이론의 흐름』, 솔, 1997.

Ricoeur, P., *Interpretation Theory*, 김윤성 · 조윤범 역, 『해석이론』, 서광사, 1994.

Ricoeur, P., *La Symbollique du Mal*, 양명수 역, 『악의 상징』, 문학과지성사, 1995.

Ricoeur, P., *Temps et récit Ⅰ*, 김한식 · 이경래 역, 『시간과 이야기1』, 문학과지성사, 1999.

Ricoeur, P., *Temps et récit Ⅱ*, 김한식 · 이경래 역, 『시간과 이야기2』, 문학과지성사, 2000.

Rifkin, J., *The Age of access : the new culture of hypercapitalism, where all of life is a paid-for experience*, 이희재 역, 『소유의 종말』, 민음사, 2001.

Rimmon-Kenan, S., *Narrative Fiction: Contemporary Poetics*, 최상규 역, 『소설의 시학』, 문학과지성사, 1986.

Robert, M., *Roman des Origines et Origines du Roman*, 김치수 · 이윤옥 역, 『기원의 소설, 소설의 기원』, 문학과지성사, 1999.

Rorty, R., *Contingency, Irony, and Solidarity*, 김동식 · 이유선 역, 『우연성 · 아

이러니・연대성』, 민음사, 1996.

Ryle, G., *The Concept of Mind*, 이한우 역, 『마음의 개념』, 문예출판사, 1994.

Schrag, C. O., *Radical Reflection and The Origin of the Human Sciences*, 문정복・정연홍 역, 『근원적 반성과 인간 과학의 기원』, 형설출판사, 1997.

Schrag, C. O., *The Self after Postmodernity*, 문정복・김영필 역, 『탈근대적 자아를 넘어서』, UUP, 1999.

Schramke, J., *Zur Theorie des modernen Romans*, 원당희・박병화 역, 『현대소설의 이론』, 문예출판사.

Stanzel, F. K., *Typische Formen des Romans*, 안삼환 역, 『소설 형식의 기본 유형』, 탐구당, 1990.

Stanzel, F. K., *Theorie des Erzählens*, 김정신 역, 『소설의 이론』, 문학과비평사, 1990.

Todorov, T., *Mikhail Bakhtin, The Dialogical Principle*, 최현무 역, 『바흐찐 : 문학사회학과 대화이론』, 까치, 1987.

Todorov, T., *The Poetics of Prose*, 신동욱 역, 『산문의 시학』, 문예출판사, 1992.

Toolan, M. j., *Narrative : A Critical Linguistic Introduction*, 김병욱・오연희 역, 『서사론』, 형설출판사, 1993.

Touraine, A., *Critique De La Modernité*, 정수복・이기현 역, 『현대성 비판』, 문예출판사, 1995.

White, H., *"The Value of Narrativity in the Representation of Reality"*, 전은경 역, 「리얼리티 제시에서의 서술성의 가치」, 『현대서술이론의 흐름』, 솔, 1997.

Zima P. V., *Ideologie und Theorie : eine Diskurskritik*, 허창운・김태환 역, 『이데올로기와 이론』, 문학과지성사, 1996.

中島義道・양억관 역, 『시간을 철학한다』, 한뜻, 1997.

Baldick, C., *The Concise Oxford Dictionary of Literary Terms*, Oxford University Press, 1986.

Berger, A. A., *Narratives in Popular Culture, Media, and Everyday Life*, SAGE Publications, 1997.

Bernstein, J. M., *The Philosophy of the Novel*, The Harvard Press, 1984.

Bremond, C., *"The Logic of Narrative Possibilities"*, New Literary History 3, 1980.

Bruner, J., *Beyond the Information Given*, W · W · Norton & Company: NewYork · London, 1990.

Bruner, J., *Acts of Meaning*, Harvard University Press, 1990.

Bruner. J., *Actual Minds, Possible Worlds*, Harvard University Press, 1986.

Bruner. J., *The Culture of Education*, Harbard University Press, 1996.

Ellos W. J., *Narrative Ethics*, Avebury, 1994.

Gary S. M. & Caryl E., *Creation of Prosaics*, Stanford University Press, 1990.

Gerrig, R. J., *Experiencing Narrative Worlds*, Yale University Press, 1993.

Greimas, A. J., "Reflections on Actantial Models", *Structural semantics : an attempt at a method*, trans. Danial McDowell, et al., University of Nebraska Press, 1983.

Hawthorn, J., *A Concise Glossary Contemporary Literary Theory*, Edward Arnold, 1994.

Hernadi, P., "On the How, What, and Why of Narrative", W. J. T. Mitchell ed., *On Narrative*, The University of Chicago Press, 1980.

Hinchman., L. P. ed., *Memory, Identity, Community*, SUNY, 1997.

Holquist, M., *Dialogism*, Routledge, London and New York, 1990.

Jameson, F., *The Political Unconscious*, Methuen, 1981.

Johnson, M., *Moral Imagination; Implications of Cognitive Science for Ethics*, The University of Chicago Press, 1993.

Kristeva, J., *Le Text du Roman*, Paris: Mouton, 1976.

Lanser S. S., *The Narrative Act: Point of View in Prose Fiction*, Princeton University Press, Princeton: New Jersey, 1981.

Lauritzen, C. & Jaeger, M., *Integrating Learning Through Story*, Delmar Publishers, 1997.

Marian Whitehead, *The development of Language and Literacy*, London: Hodder & Stoughton, 1996.

Mink, L. O., "Everyman His or Her Own Annalist", *On Narrative*, Mitchell, W. J. T., edited, The University of Chcago Press, 1981.

Morson, G. S. & Emerson, C., *Creation of Prosaics*, Stanford University Press, 1990.

Nash, C. ed., *Narrative in Culture*, Routledge, 1990.

Polkinghorne, D. E., *Narrative Knowing and the Human Sciences*, SUNY, 1988.

Ricoeur, P., *From Text To Action*, Northwestern University Press, 1990.

Ricoeur, P., *Soi-même comme un autre*, aux Éditions du Seuil, Paris, 1990.

Ricoeur, P., *Temps et récit III*, aux Éditions du Seuil, Paris, 1985.

Schafer, R., "Narration in the Psychoanalytic Dialogue", *On Narrative*, The University of Chcago Press, 1981.

Scholes, R. & Kellogg, R., *The Nature of Narrative*, London : Oxford Uni. Press, 1978.

Siebers, T., *Ethics of criticism*, Cornell Uni. Press, 1988.

Singer, A., *The Subject as Action*, The University of Michigan Press, 1996.

Tuner, M., *The Literary Mind*, Oxford University Press, 1982.

Vygotsky, L. S., Hanfmann, E., ed., *Thought and Language*, The M. I. T. Press, 1972.

Whitehead, M., *The development of Language and Literacy*, London: Hodder & Stoughton, 1996.

임경순(林敬淳) ————————————————————————

- 전북 김제 출생. 김제고등학교를 나와 서울대학교 국어교육과 및 동 대학원 석
 사과정 국어교육과(교육학석사)와 박사과정 국어교육과(교육학박사)를 졸업하였
 다. 원촌중·전농중·경복고 교사, 해군 O.C.S. 80차를 거쳐, 서울대 등에서 강
 의하였다. 현재는 서울대학교 국어교육연구소 선임연구원으로 있으며 여러 대
 학에 출강하고 있다.
- 주요 공저로 『서사교육론』, 『고등학교 문학』 교과서, 『창작교육, 어떻게 할 것
 인가』, 『문학의 이해』, 『한국현대소설사』 등이 있으며, 주요 논문으로 「경험의
 서사화 방법과 그 문학교육적 의의 연구」, 「자아정체성 형성과 이야기교육」, 「국
 어교육과 평가의 질」 등이 있다.

서사표현교육론 연구

인 쇄   2003년 11월 6일
발 행   2003년 11월 13일
저 자   임 경 순
펴낸이   이 대 현
편 집   조 혜 진
펴낸곳   도서출판 **역락** / 서울 성동구 성수2가 3동 301-80
        (주)지시코 별관 3층(우133-835)
Tel 대표·영업 3409-2058 편집부 3409-2060 FAX 3409-2059
E-mail yk3888@kornet.net / youkrack@hanmail.net
등 록   1999년 4월 19일 제2-2803호

정가 15,000원
ISBN 89-5556-246-2-93810

*잘못된 책은 교환해 드립니다.

의존문법의 이해

의존문법의 이해

칼레비 타르바이넨 저

이 점 출 역

도서출판 역락

역자서문

이 책은 칼레비 타르바이넨(Kalevi Tarvainen)의 저서 『Einführung in die Dependenzgrammatik』(1981) 이외에 네 편의 논문, 즉 「Zur Eignung der Dependenzgrammatik für Deutsch als Fremdsprache aus kontrastiver Sicht」(1983), 「Zu Kasustheorie und Dependenz (1) und (2)」(1987/4 und 1987/5), 「Braucht die Valenzgrammatik Objekte und Adverbiale」(1988)을 번역한 것이다.

이 책과 논문들에서 저자는 독일어 통사론을 떼니에르(Tesnière), 헬비히(Helbig), 엥엘(Engel) 및 필모어(Fillmore)의 이론을 바탕으로 의존문법(Dependenzgrammatik)/결합가 이론(Valenztheorie)의 관점에서 기술하고 있다. 의존문법은 문장성분들 사이의 지배와 의존 관계를 연구하는 문법이론으로서 1959년 떼니에르가 체계적으로 연구한 이후로 특히 독일, 동구 및 북구에서 활발히 논의되고 있다. 의존문법은 현재 독일에서 가장 널리 보급된 문법연구 방향 중의 하나이며, 독일어와 영어, 프랑스어, 이탈리아어, 스페인어, 러시아어, 핀란드어, 헝가리어 등의 대조문법 기술과 외국어 수업을 위한 응용언어학적인 연구에도 도입되었다. 동사가 문장을 구성하기 때문에 의존문법은 동사를 문장의 구조적 중심으로 간주하며, 특히 어휘부를 강조하여 많은 결합가 사전이 편찬되었다. 독일의 응용언어학 분야에서, 특히 외국어 수업의 실용적인 목적을 위해서 발전한 의존문법을 우리도 역시 '외국어로서의 독일어' 수업에서 직접 활용할 수 있을 것이며 또한 한·독 대조문법 연구에서도 이용할 수 있을 것이다.

결합가 이론의 발전경향을 크게 두 단계로 구분하여 생각할 수 있다. 첫 번째 단계는 결합가 개념의 의미화 경향이다. 통사론 중심에서 의미론 중심으로 언어학의 관심이 이동하였으며, 또한 동사에만 국한했던 결합가 기술이 다른 품사들(명사, 형용사)에도 확대 적용되었다. 두 번째 단계는 결합가 개념의 화용화 경향이다. 결합가 개념이 논리·의미적 측면으로부터 의사소통적·화용적 측면으로 확대되었다. 좀 더 구체적으로 말하면 결합가 개념은 최근 수 십 년 동안 다양한 측면으로 확대되었다. 결합가 개념이 60년대에는 주로 통사적 층위에 한정되어 연구되었으나, 70년대에는 논리·의미적 층위로 그리고 80년대에는 다시 의사소통적·화용적 및 인지적 층위로 확대되었다. 이러한 결합가 이론의 발전은 소위 '의사소통적·화용적 전환'의 영향으로 생겨났다고 볼 수 있다. '의사소통적·화용적 전환'이란 체계 중심의 언어학으로부터 의사소통 중심의 언어학으로의 방향전환을 의미한다.

다른 한편으로 의존문법/결합가 이론은 오늘날 결합가 사전과 밀접한 관련이 있다. 결합가 사전은 외국어로서의 독일어를 배우는 이들이 올바른 문장을 생성해낼 수 있게 해 주는 중요한 수단이 된다. 결합가 사전은 최초의 결합가 사전이라고 할 수 있는 헬비히/쉥켈(Helbig/Schenkel 1969)의 『독일어 동사의 결합가와 분포에 관한 사전』, 엥엘/슈마허(Engel/Schumacher 1976)의 『독일어 동사의 결합가 소사전』(=KVL) 그리고 통사론 중심의 KVL과는 달리 의미론 중심으로 구성된 가장 방대한 슈마허(Schumacher 1986)의 『동사장』(Verben in Feldern)이 대표적인 결합가 사전이라고 말할 수 있다. 그리고 다른 언어들과의 대조적인 결합가 사전으로서는 랄/랄/쪼릴라(Rall/Rall/Zorilla 1980)의 『독일어-스페인어 결합가 사전』, 엥엘/자빈(Engel/Savin 1983)의

『독일어 - 루마니아어 결합가 사전』, 라스쯔로/스짜니(László/Szanyi 1984)의 『독일어 - 헝가리어 결합가 사전』, 비앙코(Bianco 1996)의 『독일어 - 이탈리아어 결합가 사전』 이외에 현재 『독일어-중국어 동사의 대조 결합가 사전』 편찬작업이 진행중이다. 그밖에 일련의 대조문법서, 예컨대 엥엘/미키츠(Engel/Mikic 1983), 엥엘/므라쪼비츠(Engel/Mrazovic 1986)의 독일어 - 세르보크로아티아어 대조문법과 스타네스쿠(Stanescu 1988), 엥엘/이스바체스쿠(Engel/Isbacescu 1993)의 독일어-루마니아어 대조문법 등이 출간되었다. 이러한 일련의 대조문법서들은 대부분 엥엘의 의존문법적 기술방법을 토대로 기술되었으며, 독일의 학자들과 해당 국가의 학자들이 일정기간 동안 공동으로 연구한 결실이다.

이 역서는 2부로 구성되어 있다. 제1부에서는 저자의 책 『의존문법 개론』(1981)을, 제2부에서는 저자의 가장 최근의 논문 4편을 연대순에 따라 번역하였다. 제1부의 『의존문법 개론』(1981)은 1991년에 이미 역자가 번역하여 한신문화사에서 출간한 바 있다. 그 동안 이 역서에 대해 특히 국어학자들이 많은 관심을 보여주었기 때문에 역자가 다시 이 역서에서의 몇 가지 오류를 수정하고 국어학자들을 위해서 모든 독일어 예문들을 한국어로 번역하였다. 그밖에 저자의 논문들 중에서 우리의 관심을 끄는 4편의 논문을 번역하여 다 함께 한 권의 책으로 묶은 것이다. 역자는 오랫동안 의존문법에 관심을 가지고 몇 권의 저서와 역서를 펴낸 바 있다. 의존문법에 관심이 있는 분들을 위해서 역자의 저서와 역서를 여기에 소개한다. 저서로는 『결합가 이론과 격이론』(중앙대학교 출판부 1996), 『의존문법과 생성문법』(한국문화사 1997)이 있고, 역서로는 『독일어 의존통사론』(타르바이넨 1986, 한국문화사 2001), 『현대 독일어 통사론』(엥엘 1994, 한국문화사 2002)이 있다.

　이 책의 특징은 대조적인 언어 연구 방법에 따라 독일어, 영어, 프랑스어, 핀란드어 등 여러 언어들의 예문을 대조시켜 의존문법의 통사구조를 기술하고 있다는 점이다. 따라서 의존문법의 기술방법을 우리 국어에 적용시켜, 국어의 통사구조를 의존문법의 이론으로 기술하는 데 좋은 길잡이가 되리라고 본다. 우리는 이 책이 외국어로서의 독일어를 배우는 한국인들이 독일어 문장을 보다 쉽게 이해할 수 있는 방법론을 제시해 줄 것이며, 또한 한국어 현상을 체계적으로 기술하고자 하는 국어학자들에게도 언어분석의 새로운 가능성을 제시해 줄 것으로 믿는다.

　이 역서의 출판을 맡아 주신 역락출판사 이대현 사장님과 편집부원 여러분께 감사드리며, 자료 정리와 교정을 도와준 중앙대학교 대학원 박사과정에 재학중인 이영미 선생에게 감사한다. 이 역서가 관련분야의 연구에 조그마한 보탬이 될 수 있다면 역자로서는 더 이상의 기쁨이 없을 것이다. 이 역서는 의존문법에 관한 전반적인 이론과 예문들을 제시하고 대조문법에 대한 방법론을 기술한 책으로서, 독어학을 전공하는 독어학도들, 의존문법에 관심이 있는 국어학자들과 특히 독일어 교사들에게 좋은 지침서가 되리라고 본다. 역자가 평소에 관심을 가져온 분야라서 번역을 시도해 보았으나 미흡한 점이 많으리라고 본다. 잘못된 부분은 앞으로 수정 보완해 나갈 것이므로 독자 여러분의 아낌없는 조언과 질정을 바란다.

2003년 1월 15일 역자 씀

차 례

의존문법의 이해

차 례

의존문법의 이해

차 례

의존문법의 이해

차 례

의존문법의 이해

차 례

의존문법의 이해

차 례

의존문법의 이해

제 1 부 의존문법 개론

Einführung in die
Dependenzgrammatik

Kalevi Tarvainen

Max Niemeyer Verlag
Tübingen 1981

저자서문

의존문법(Dependenzgrammatik) 혹은 종속문법(Abhängigkeitsgrammatik)은 문장성분들 간의 종속관계를 연구한다. 의존문법은 문장에 들어 있는 상이한 등급의 요소들 중에서 어떤 것이 지배요소이며, 그리고 이 지배요소에 결합되어 있는 하위요소는 어떤 것이 있는가를 조사하고자 한다. 그 밖에 의존문법은 상이한 문장성분들을 언어학적 조작을 통해서 명시적이며 가능한 한 모순 없이 정의하고자 한다.

의존문법은 종종 화학을 원용하여 결합가 이론(Valenztheorie)이라 일컫기도 한다. 어떤 면에서 의존문법은 언어의 화학이다. 화학 원소가 보다 큰 결합을 이루는 것과 마찬가지로 언어요소도 결합하여 보다 큰 단위를 이룬다. 화학은 화학적 결합을 연구하고, 의존문법은 언어적 결합, 특히 문장을 연구한다.

이 책의 과제는 독일어 독자들에게 의존문법의 기본 개념을 제시하며, 그리고 동사에서 출발하여 몇몇 언어들에 적합한 의존통사론(Dependenzsyntax)의 기초 사상을 기술하는 데 있다. 대부분의 예문들은 독일어에서 나왔지만, 부분적으로는 대조적인 방식에 따라 영어나 핀란드어의 예문들도 나타난다. 핀란드어로 쓴 필자의 책『의존문법 개요』가 기술의 바탕이 되긴 하였지만, 이번 독일어 판은 핀란드어로 쓴 책을 증보시킨 완전 개정판이다.

이 책을 기술하는 데 나의 친구들과 동료들이 도와주었다. 무엇보다도 이 책의 여러 곳을 내용적으로 보충해 주고 수정해 준 헬버트 블루메(브라운쉬바이크 공과대학) 박사의 이름을 들고 싶다. 특히 그의 대조적인 새로운 예문(무엇보다도 덴마크어와 스웨덴어 예문)들은 많은 도움이 되었으며, 그밖에도 그는 이 책의 문체를 마무리 손질해 주었다. 또한 마리아-레나 피투라이넨 박사(탐페레 대학), 키외스티 이트코넨 교수(이베스킬레 대학), 아티 옌티 교수(탐페레 대학) 등이 이 책의 원고를 읽고 나에게 좋은 제안을 해 주었다. "게르만 언어학 시리즈"의 발행인들, 특히 헬무트 헨네 교수의 여러 가지 좋은 충고에 감사한다. 마이야-레나 펠톨라 부인은 나의 원고를 세심하게 정서해 주었다. 나를 도와 준 모든 분들께 진심으로 감사한다. 하지만 잘못된 점과 불충분한 점이 있다면 그것은 전적으로 필자의 책임이다.

1980년 9월, 이베스킬레에서
칼레비 타르바이넨

약어표

Ablat.	= Ablativ(Finnisch)	탈격(핀란드어)
Abstr.	= Abstraktbezeichnung	추상명사
Akk.	= Akkusativ	대격(=4격)
Allat.	= Allativ(Finnisch)	목표격(핀란드어)
+Anim	= belebtes Wesen	유정물
−Anim	= unbelebtes Wesen	무정물
Dat	= Dativ	여격(=3격)
E	= Ergänzung	보충어(=보족어)
Elat.	= Elativ(Finnisch)	출발격(핀란드어)
Freq	= sich wiederholend	반복 자질
Gen.	= Genitiv	속격(=2격)
Hum	= menschliches Wesen	인간
Hum Inst	= eine aus Menschen bestehende Institution	인간의 공공기관
Illat.	= Illativ(Finnisch)	향격(핀란드어)
Iness.	= Inessiv(Finnisch)	처격(핀란드어)
Inf.	= Infinitiv	부정사
Inf_{zu}	= Infinitiv mit *zu*	zu−부정사
N	= Substantiv(Nomen)	명사
Nom.	= Nominativ	주격(=1격)
NP	= Nominalphrase	명사구
NS	= Nebensatz	부문장
NS_{dass}	= Nebensatz mit *dass*	dass−문장
Partit.	= Partitiv(Finnisch)	부분격(핀란드어)
$Pron_{Indef}$	= Indefinitpronomen	부정대명사

pS	= Substativ mit Präposition	전치사+명사
pSa,d...	= Substantiv mit Präposition+Akkusativ, Dativ	4격/3격전치사+명사
pS$_{auf, mit}$...	= Substantiv mit Präp. *auf, mit*	전치사 auf/mit+명사
S	= Satz	문장
Sa	= Substantiv im Akkusativ	대격 명사
Sablat	= Substantiv im Ablativ(Finn.)	탈격 명사(핀란드어)
Sallat	= Substantiv im Allativ(Finn.)	목표격 명사(핀란드어)
Selat	= Substantiv im Elativ(Finn.)	출발격 명사(핀란드어)
Sillat	= Substantiv im Illativ(Finn.)	향격 명사(핀란드어)
Spartit	= Substantiv im Partitiv(Finn.)	부분격 명사(핀란드어)
Translat.	= Translativ(Finnisch)	전환격(핀란드어)
V	= Verb	동사
VP	= Verbalphrase	동사구
1+(1)=2	= 한 의무적 보충어, 한 수의적 보충어, 전체 결합가 2	
3. Inf.Elat./Illat.	= 제3 부정사의 출발격/향격(핀란드어)	
(...)	= 수의적 결합가 혹은 수의적 보충어	
〔...〕	= freie Angabe	임의첨가어(=자유진술어)
/	= Alternative	양자 택일
≒	= nicht gleichbedeutend	의미가 다른
*	= ungrammatisch	비문법적
(*)	= zwischen grammatisch und ungrammatisch	문법적과 비문법적의 중간
———	= syntak. und semant. Konnexion	통사·의미적 연결
——×——	= Konnexion der freien Angabe	임의첨가어의 연결
....	= logisch-semantische Konnexion	논리·의미적 연결
∿∿∿∿	= formale Konnexion	형식적 연결

1
서 론

    빈의 철학자이며 언어이론가인 칼 뷜러(Karl Bühler)가 1934년에 의존 문법 혹은 그 핵심인 결합가 이론의 기본 사상을 다음과 같이 공언하였다: "모든 언어에는 친화력이 있다. 부사는 자신의 동사 및 유사하게 다른 것들을 찾는다. 이것은 또한 다음과 같이 표현될 수도 있다: 한 특정 품사의 단어들은 하나 혹은 여러 개의 **빈자리**(Leerstelle)를 자기 주위에 열어 놓고 있으며, 이 빈자리는 특정한 다른 품사의 단어들에 의해 채워져야 한다."[1] 즉 언어는 상이한 품사에 속하는 언어 요소들의 규칙적인 공동 출현 (Miteinandervorkommen)을 표현한다. 이를테면 문장 *Der Mann liebt seine Frau.*(그 남자는 자기 부인을 사랑한다)에서 주격 요소 *der Mann*과 대격 요소 *seine Frau*가 공동 출현하여 동사 요소 *liebt*와 결합되어 있다. 언어 요소들의 이와 같은 규칙적인 공동 출현에서 모든 요소들이 규칙 순서나 도식(Diagramm)에서 단지 한 번만 나타나도록 기술하는 표현 원칙을 **상호 공기**(相互共起:Konkomitanz)라고 일컫는다.[2] 특히 변형생성문법

---

1) Bühler(1965:173).
2) Engel(1977:27).

에서 알려져 있는 이와 대조되는 표현 원칙인 **성분 구조**(Konstituenz)는 규칙순서나 도식에서 언어 요소들의 반복적인 표현을 그 특징으로 한다〔"다시 쓰기 규칙(=재서 규칙) rewrite rule"〕.

상호 공기는 오직 언어 요소들의 공동 출현만을 언급할 뿐, 출현하는 요소들의 가능한 계층(Hierarchie)에 대해서는 진술하지 않는다. **의존**(Dependenz)이란 개념이 비로소 이와 같은 계층적인 관점을 통사론으로 끌어들인다. 즉 동사(여기서는 *liebt*)가 문장의 최상위 요소, 즉 **지배소**(Regens)로 간주되며, 주격 명사와 대격 명사는 종속적인 규정어(Bestimmung) 혹은 **의존소**(Dependens)로서 이 지배소에 종속한다. 따라서 의존은 "방향이 설정된(gerichtet)" 상호 공기이다.

동사 *lieben*은 또한 화학 원소의 원자와도 비교될 수 있다. 화학적 결합 H_2O, 즉 물을 형성하기 위해서는 산소 원자가 두 개의 수소 원자를 요구하는 것처럼, 언어적 결합인 문장을 형성하기 위해서는 동사 *lieben* 역시 "결합가에 결속된(valenzgebunden)" 두 개의 보충어(=보족어, Ergänzung), 즉 특정 명사의 주격과 대격을 요구한다(동사 *lieben*의 결합가(Valenz)는 다음과 같이 표현된다: $lieben_2 \rightarrow$ Nom., Akk.).

따라서 의존문법은 종종 결합가 문법(Valenzgrammatik) 혹은 결합가 이론(Valenztheorie)이라 일컬어지기도 한다. 그러나 실제로 결합가 이론은 의존문법의 - 비록 가장 중요한 부분이긴 하지만 - 한 부분이다. 결합가 이론은 지배소 및 지배소의 결합가에 결속된 보충어를 포함한다. 그러나 이들 이외에도 소위 **임의 첨가어**(=자유 진술어, freie Angabe), 다시 말해서 지배소의 주변(Umgebung)에 등장하지만 지배소에 의해 "요구"되지는 않는, 즉 결합가에 결속되어 있지 않은 의존소도 의존문법의 대상 영역에 속한다. 예컨대 문장 *Der Mann liebt seine Frau immer.*(그 남자는 자기 부인을 항상 사랑한다)에서의 *immer*는 임의 첨가어이다.

역시 1934년에 결합가 이론의 원래의 창시자로 간주되는 프랑스인 루시앙 떼니에르가 그의 최초의 의존 연구로서 구조 통사론에 관한 논문 한 편을 발표하였다. 그는 1953년에 구조문법의 개요를 다룬 소책자에서 "결합가(Valenz: 프랑스어로 valence)"라는 단어를 처음으로 사용하였다(Tesnière 1953).

이 소책자에 이어 떼니에르의 사후인 1959년에 학문적인 결합가 이론에 대한 실질적인 토대로 간주되는 그의 방대한 주저 『구조 통사론의 원리』 (Éléments de syntaxe structurale)가 출간되었다. 그러나 "결합가"라는 용어 및 결합가 이론의 가장 중요한 다른 개념들은 1949년에 이미 네덜란드인 드 그로트(de Groot)의 저서 『구조 통사론』(Structurale Syntaxis)에서 명백히 나타난다. 그러나 이 책은 처음에 네덜란드어로 쓰여졌기 때문에 대부분의 지역에서, 특히 독일에서는 떼니에르에 바탕을 두고 있는 그 이후의 의존문법의 발전에 아무런 영향을 주지 못했다.

떼니에르의 결합가 개념은 1960년경에 헨니히 브링크만(Hennig Brinkmann)과 요하네스 에르벤(Johannes Erben)에 의해 독일어 문법에 도입되었다. 파울 그레베(Paul Grebe)가 1959년에는 아직 "결합가"라는 개념을 명시적으로 사용하지는 않았지만, 우리는 그의 두덴 - 문법(1959년)에서도 역시 의존문법의 기본 사상들을 접할 수가 있다. 1965년에 게르하르트 헬비히(Gerhard Helbig)가 그의 최초의 결합가 연구를 발표하였다. 그는 구 동독의 주도적인 결합가 이론가로서 1969년에 - 볼프강 쉥켈(Wolfgang Schenkel) 과 함께 - 결합가 이론을 토대로 한 최초의 사전인 『독일어 동사의 결합가와 분포에 관한 사전』(Wörterbuch zur Valenz und Distribution deutscher Verben)을 출간하였다. 1960년대 말경에는 유르겐 헤링어(Jürgen Heringer)와 울리히 엥엘(Ulrich Engel)이 그들의 최초의 의존 연구를 발표하였다. 엥엘의 『현대 독일어 통사론』(Syntax der deutschen Gegenwartssprache 1977)이 최초의 체계적인 의존문법을 기술하고 있다. 울리히 엥엘과 헬무트 슈마허 역시 구 서독에서 나온 최초의 결합가 사전인 『독일어 동사의 결합가 소사전』(Kleines Valenzlexikon deutscher Verben 1976)을 출간하였다.

상기의 학자들은 무엇보다도 동사 결합가를 연구하였다. 그러나 결합가 이론은 형용사나 명사가 지배소인 경우까지 확대되었다. 형용사 결합가와 명사 결합가는 특히 카알-에른스트 좀머펠트(Karl-Ernst Sommerfeldt)와 헬버트 슈라이버(Herbert Schreiber)에 의해 연구되었다. 이들은 또한 최초의 『독일어 형용사의 결합가와 분포에 관한 사전』(Wörterbuch zur Valenz und

Distribution deutscher Adjektive 1974)과 『독일어 명사 결합가와 분포에 관한 사전』(Wörterbuch zur Valenz und Distribution der Substantive 1978)의 저자이기도 하다. 볼프강 토이버트(Wolfgang Teubert)도 그의 박사학위 논문인 『명사의 결합가』(Valenz des Substantivs 1979)에서 명사 결합가를 연구하였다.

의존문법은 특히 독일에서 특이한 하나의 현상이며 독일어 연구에 집중되었다. 주로 독일 학자들이 프랑스와 영어도 연구하였다. 즉 빈프리트 부세는 프랑스인 장-뻬에르 뒤보와 함께 『프랑스어 동사 사전』(Französisches Verblexikon 1977)"을 편찬하였으며, 특히 루돌프 에몬스는 영어의 결합가 문법을 연구하였다(1974, 1978). 영어권의 학자들로서는 예컨대 찰스 필모어, 존 앤드슨 그리고 로빈슨을 들 수 있는데, 이들은 위에서 언급한 독일의 주로 형태·통사적 의존문법에 의미적이며 심층 구조적인 이론을 병행시켰다. 독일인 클라우스 헤거와 빌헬름 본찌오, 벨기에인 자크 레로와 몇몇 러시아 학자들도 의존문법의 의미론 및 심층 구조적인 면을 강조하였다.

전반적으로 의존문법과 결합가 문법에 대한 문헌들은 아주 방대해졌다. 그밖에 이전의 많은 학자들도 의존문법과 결합가 문법의 선구자로서 언급될 수 있다. 예를 들면 18C의 마이너(Meiner)는 1면적-의존 술어("절대 동사"), 2면적-의존 술어("상대 동사"), 3면적-의존 술어를 구분하였다. 의존 사상과 결합가 사상에 대한 역사 그 자체는 고대로까지 소급될 수 있다. 그러나 협의의 학문적인 의존문법의 역사는 대략 40여 년이 되었다. 위에서 두 번이나 언급한 1934년도 역시 의존문법의 선사 시대(Vorgeschichte)에 속한다.

이 책의 기술은 주로 표층 구조적 혹은 형태·통사적 의존문법에 한정한다. 그러나 표층의 결합가 현상들은 의미적이며 개념·논리적인 요인들에 바탕을 두고 있기 때문에 종종 심층 구조도 고려해야 한다. 이 책은 여러 가지 이론들을 분석하기보다는 이들의 통합을 추구한다. 특히 떼니에르, 헬비히, 엥엘의 이론이 그 바탕이 된다. 전문가라면 어떤 이론이 필자로부터 비롯되었는지를 쉽게 확인할 수 있을 것이다.

2

문장의 기본관계와 그 표현

문장이란, 요소들 보다 정확히 말해서 단어들의 구조화된 집합이다. 이 단어들은 다시 하나 혹은 여러 개의 형태소(Morphem)로 구성된다. 이 요소들 사이에는 특정한 기본관계들이 지배한다. 의존문법에 따르면 문장의 기본 관계는 연결(Konnexion)이며, 이 연결은 상호 공기와 의존의 원칙에 따라 표현된다.

2.1 연결 - 상호 공기, 의존 - 결합가

연결(Konnexion)[3]이란 개념은 루시앙 떼니에르에 의해 의존문법에 도입되었다. 연결이란 문장성분들 간의 내적인 관계(innerer Zusammenhang)를 의미한다. 이를테면 떼니에르에 의하면, *Karl spricht.*(카알은 말한다)란 문장은 둘이 아니라 세 가지 성분, 즉 1)요소 *Karl*, 2)요소 *spricht*, 3)이

---

3) Tesnière(1965:11)；Engel(1977:20).

둘 사이의 구조적 관계인 연결로 구성된다. 울리히 엥엘[4])에 의하면 이 관계가 공기 관계(Vorkommensbeziehung)이며, 연결은 부류 및 개별 요소들의 규칙적인 공동 출현을 표현한다. 즉 요소 *spricht*와 *Karl*(혹은 *der Mann*)은 같이 출현하지만, *dem Mann*과 *spricht*는 같이 출현할 수 없다 (**Dem Mann spricht*). 이 때 발화의 연속체 안에 있는 요소들의 배열이나 직선적인 배열은 무시된다. 이를테면 문장 *Karl spricht.*(카알은 말한다)와 *Spricht Karl?*(카알이 말하느냐?)에서 *Karl*과 *spricht* 사이의 연결은 동일하다. 즉 연결은 어순(Wortfolge)과는 무관하다.

연결은 여러 가지 수단들, 예를 들면 성분구조(Konstituenz)와 **상호 공기**(Konkomitanz)[5])를 통해서 기술할 수 있다(대체로 도식의 형태로 기술한다). 상호 공기적 도식에서는 모든 요소들이 단지 한 번만 표현된다(성분구조 도식에 대해서는 아래 참조). 우리가 *Karl spricht.*라는 문장을 기호(Symbol)를 사용해서 기술하면(V=*spricht*; *Karl*=E), 상호 공기적 기술(=상호 공기)은 다음과 같은 형태가 된다.

$$E \text{——————} V$$
$$(\textit{Karl}) \qquad\qquad (\textit{spricht})$$

이 도식(Diagramm)이 의미하는 바는 E(*Karl*)와 V(*spricht*)가 공동 출현할 수 있다는, 즉 E와 V 사이에 연결이 있다는 것이다. 상기 요소들의 수평적인 상호 공기 배열을 수직적인 배열로 바꿀 수 있다.

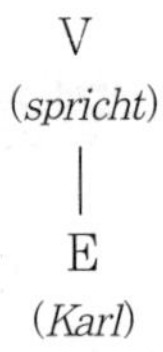

---

4) Engel(1977:20).
5) Engel(1977:27).

수직선상에 있는 요소들의 배열은 구속력이 있게 규정된다. 이 배열에 따르면 몇 개의 요소(기호)들에는 최상위나 차상위의 위치가 할당되고, 다른 요소들은 다만 하위의 위치만을 할당받는다. 이를테면 상기 동사 *spricht*(=V)에는 보다 상위의 위치가, 명사 *Karl*(=E)에는 보다 하위의 위치가 할당되었다. 따라서 이러한 수직적 기술 방식은 의존(Dependenz)이라고 일컫는 방향이 설정된 상호 공기(gerichtete Konkomitanz)를 나타낸다. 엥엘6)에 따르면 "상호 공기가 특정한(도식에서:수직적인) 방향을 취했을 때"의존이 나타난다. 엥엘은 이러한 방향이 "결코 자연발생적이거나 혹은 어떤 방식으로든 언어를 통해 결정된 것이 아니라" 문법가들의 자의적인 결정에 따른 것이라고 강조하고 있다. 즉 위에서 명사 *Karl*에 보다 상위의 위치가, 동사 *spricht*에 보다 하위의 위치가 할당될 수도 있다. 그러나 의존문법에서는 도식의 최상위 위치가 동사에 할당되도록 그렇게 결정되었다. 이것은 부분적으로 문법적으로 올바른 문장을 형성하기 위해서는 동사 - 형용사 및 명사와는 달리 - 가 언제나 하나의 결합가를 소유한다는, 다시 말해 특정 수의 다른 요소나 보충어를 요구한다는 사실과 연관된다.

보다 상위에 설정된 범주는 보통 "지배 범주"로 간주되어 지배소(Regens: 복수 Regentien)로 일컬어지고, 보다 하위에 설정된 요소는 "피지배 요소" 혹은 "종속 요소"로 간주되어 의존소(Dependens:복수 Dependentien)로 표현된다. 위의 문장 *Karl spricht.*에서 *spricht*는 지배소이고, *Karl*은 그 의존소이다. 즉 의존소는 지배소에 종속하거나 혹은 지배소의 지배를 받는다. 의존문법에서의 연결은 지배소와 의존소 사이의 의존 관계나 종속 관계를 표현한다고 말할 수도 있다.

문장에서는 또한 상이한 등급(Grad/Rang)의 여러 가지 연결들이 나타날 수도 있다. 다시 말해서, 문장에서는 연결들의 계층(Hierarchie)이 존재할 수 있다. 문장 *Karl spricht sehr gutes Deutsch äußerst schnell.*(카알은 아주 좋은 독일어를 매우 빨리 말한다.)에는 세 가지 상이한 등급의 연결이 있다. 이 연결을 구성성분 수형도(Baumgraph)나 의존 수형도(Dependenz - stemma)로 기술할 수 있는데, 이 때 단어 자체를 성분으로 사용하거나(실

---

6) Engel(1977:30).

제 수형도:reales Stemma), 혹은 예를 들면 에스페란토어 품사의 어미에 따르거나(O=명사, A=형용사, I=동사, E=부사), 혹은 문장성분(Satzglied)에 따라서 특정한 범주 기호를 사용한다(잠재 수형도:virtuales Stemma)[7].

실제 수형도 :

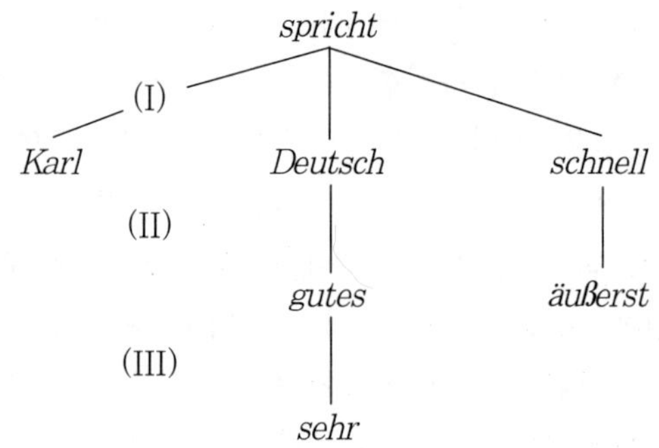

잠재 수형도 :

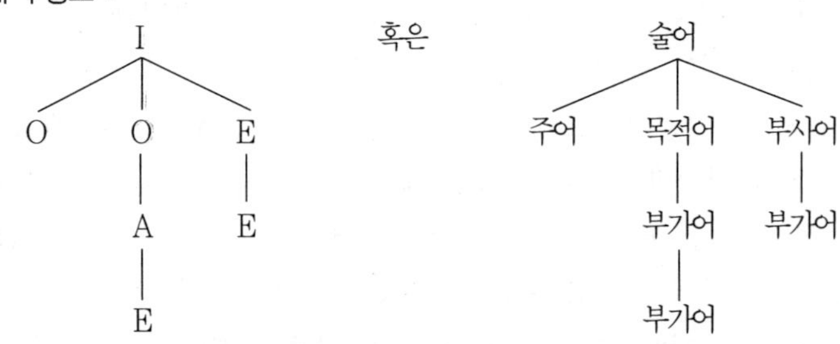

제1등급의 연결(I)은 동사 *spricht*와 단어 *Karl, Deutsch, schnell* 사이에 있다. 제2등급의 연결(II)은 명사 *Deutsch*와 형용사 *gutes* 사이에, 그리고 단어 *schnell*과 *äußerst* 사이에 존재한다. 끝으로 제3등급의 연결(III)은 부사 *sehr*를 그 관계어(Bezugswort)인 *gutes*와 결합시킨다.

교점(Knoten:불어 nœud)의 계층은 문장에서의 연결의 계층에 상응한다. Tesnière에 따르면 교점이란 예컨대 동사와 그 의존소들로 형성된 하나의 다발(Bündel)[8]이다.

---

7) Tesnière(1965:65).

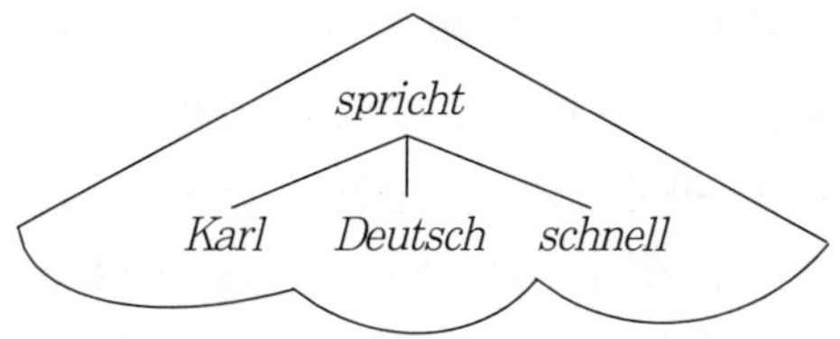

하지만 종종 다발의 지배소, 즉 위의 경우에서 동사(*spricht*)를 "교점"이라고 일컫는다. 동사 교점(Verbknoten) *spricht*는 그 의존소 *Karl, Deutsch, schnell*을 지배하며, 우리의 예문을 하나의 단위로 묶어준다. 동사 교점은 전체 문장의 교점, 즉 문장의 중심 교점(Zentralknoten)이다. 그러나 중심 교점에 종속하는 하나의 의존소(예컨대, *Deutsch*)는 자기 자신의 "종속 요소 (Untertan)"인 *gutes*를 지배할 수 있으며, 이 종속 요소가 다시 자신의 의존소인 *sehr*를 취할 수 있다. 그래서 문장에는 동사 교점 이외에도 명사 교점, 형용사 교점, 부사 교점이 생겨난다. 예를 들면, 우리의 문장에서 (*gutes*) *Deutsch*는 명사 교점(Substantivknoten), (*sehr*) *gutes*는 형용사 교점(Adjektivknoten), (*äußerst*) *schnell*은 부사 교점(Adverbknoten)이다(여기서 *schnell*은 부사로 간주된다:영어 *rapidly*를 비교).

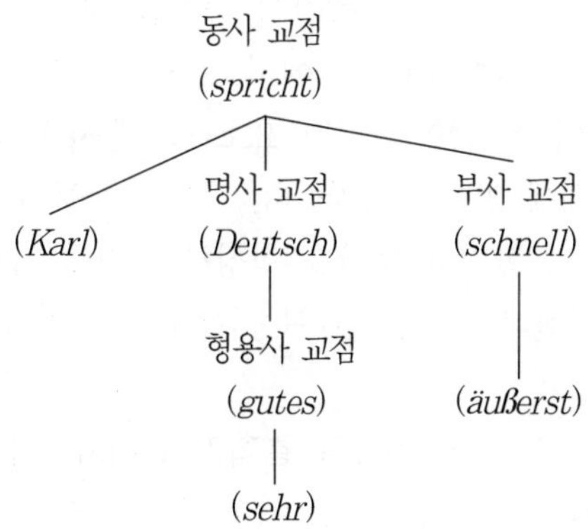

동사 교점은 항상 지배소이고, 명사 교점, 형용사 교점, 부사 교점은 의존소인 동시에 지배소가 될 수도 있다[9]. 그래서 *Deutsch*는 동사 교점

---

8) Tesnière(1965:14).

*spricht*의 의존소인 동시에 하나의 명사 교점을 형성하여 형용사 *gutes*의 지배소가 되며, *gutes*는 다시 명사 *Deutsch*의 의존소인 동시에 부사 *sehr*의 지배소가 된다. 동사 교점은 언제나 지배소인 술어(Prädikat)로 구성된다. 하지만 의존소가 될 수 있는 동사 교점도 있다. 즉, 술어의 의존소로서 기능을 하면서 동시에 지배소가 될 수 있는 부정사 교점(Infinitivknoten)이 존재한다. 예를 들면, 문장 *Er beschließt, das Buch zu lesen*(그는 그 책을 읽기로 결정한다)이 그 경우이다.(이와는 달리, 문장 *Er wird morgen kommen.*(그가 내일 올 것이다)에서는 부정사가 술어, 즉 동사 교점 *wird kommen*의 일부이다)[10].

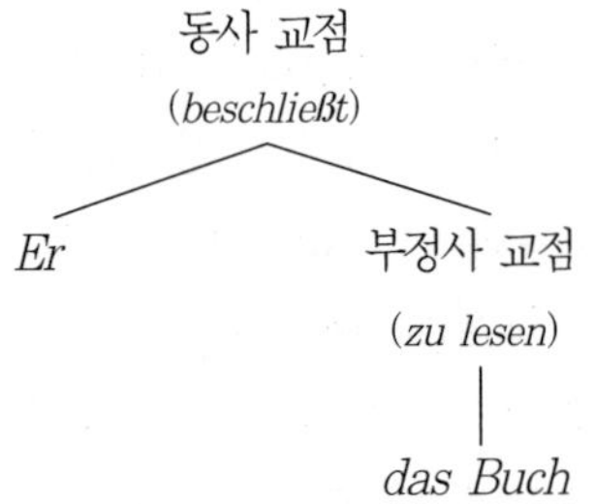

　　모든 의존소들이 문장에 대해 똑같이 중요한 것은 아니다. 동사(술어)의 의존소들이 가장 중요하며, 이들 중에서도 또한 문장 구조와 관련하여 다양한 등급의 요소들이 존재한다. 몇몇 요소들은 동사에 의해 요구되며, 다른 요소들은 동사의 주위에 임의로 등장한다. 우리의 예문에서 동사 *sprechen*은 문법적 및 내용적으로 완전한 문장을 형성하기 위해 자신의 보충어로서 두 개의 의존소를 요구한다: 누가 말하는가(*Karl*)와 (그가) 무엇을 말하는가(*Deutsch*).

　　여기서 우리는 동사 *sprechen*의 **결합가**(Valenz)가 2→Sn,Sa라고 말할 수 있다(*sprechen*₂→Sn, Sa). *sprechen*₂→Sn,Sa가 의미하는 바는, 동사 *sprechen*이 자기 주위에 두 개의 빈자리를 열어 놓고 있는데, 이 빈자리는 특정한 형태(여기서 Sn=주격 명사; Sa=대격 명사)를 취하는 다른 품사

---

9) Tesnière(1965:13).
10) Tarvainen(1979:178,190f.).

(S=명사)의 단어들로 채워질 수 있거나 혹은 채워져야 한다는 것이다. 결합가에 결속된 이러한 단어들이 보충어(Aktant/Ergänzung)라고 일컬어지는데, 위의 문장에서 *Karl*과 *Deutsch*가 보충어이다.

이 두 보충어는 *Karl*이 의무적(=삭제/생략할 수 없는)이고, *Deutsch*가 수의적(=특정한 조건하에서 삭제할 수 있는)이라는 점에서 서로 구분된다. 의무적 보충어(obligatorische Ergänzung)는 삭제할 수 없다. 왜냐하면 의무적 보충어 없이는 문장이 비문법적이기 되기 때문이다(**spricht Deutsch*, **spricht*). 이와 반대로, 수의적 보충어(fakultative Ergänzung)는 삭제할 수 있다. 문장에 의해 전달되는 정보는 변화하고 축소되지만, 문장은 이 보충어 없이도 문법적으로 올바르다: *Karl spricht.*는 결합가상으로 완전하지는 않지만 문법적인 문장이다.

보충어의 수의성(Fakultativität)은 대체로, 문장에서 동사의 내용(동사적인 상태로서)을 특별히 강조할 수 있기 때문에, 결합가에 따라 요구되는 보충어(예를 들면, 목적어)가 전면에 나타나지 않을 수 있다는, 다시 말해서 표현되지 않을 수 있다는 사실에 근거한다: *Karl spricht* 'is speaking'. 물론 *sprechen*의 두 번째 보충어는, 동사가 '구두로 (독일어로) 말한다(*sich mündlich (auf Deutsch) äußern*)'라는 구체적인 의미로 나타나는 경우에만 수의적이라는 사실이 첨부되어야 한다. 동사가 '말할 수 있다(*sprechen können*)'라는 의미를 지니면 목적어는 의무적이다: *Karl spricht Deutsch* '*Karl kann Deutsch sprechen*'.

여기서는 구분할 수 있는 한 동사의 부분의미가 문제되는데, 결합가는 이 부분의미에 결부되어 있음에 틀림없다. 또 다른 예를 들어보면 동사 *leiten*이 있다.

Kupfer leitet (*den Strom*). (*den Strom*은 수의적이다)
(구리가 전류를 전도한다)
Der Dekan leitet die Versammlung. (*die Versammlung*은 의무적이다)
(학장이 회의를 주재한다)
Die Post leitet den Brief nach Jyväskylä. (모든 보충어가 의무적이다)
(우체국이 편지를 이베스킬레로 보낸다)

특히 헬무트 헨네가 보충어의 출현이나 비출현을 종종 설명해 주는 동사
들의 이러한 체계적인 다의성(Mehrdeutigkeit)에 대해 주목하였다. 그는 예
로서 동사 *lesen*을 들고 있다11).

수의적 보충어의 자리가 비어 있는 경우, 그 보충어는 또한 상황 문맥
(Situationskontext)으로부터 이해될 수도 있다. 그래서 결합가의 관점에서
완전한 문장은 *Ich verteile die Hefte an die Schüler.*(나는 학생들에게
노트를 나눠준다)이지만, 교실에서 *Ich verteile die Hefte.*라는 말을 아무런 문
제 없이 사용할 수 있다.

우리가 든 예문은 보충어 *Karl*과 *Deutsch* 이외에 규정어(Bestimmung)
*schnell*을 내포하고 있다. 이 규정어는 동사에 의해 논리·의미적으로 요
구되는 결합가에 따르는 보충어가 아니라 소위 **임의 첨가어**(=자유 진술어,
freie Angabe)이다. 임의 첨가어는 동사의 결합가에 결속되어 있지 않으며
동사의 주위에 임의로 출현한다. 임의 첨가어는 원래 전체 문장에 관련되
며 "*das Sprechen des Deutschen*(독일어를 말하는 것)"이 어떻게 일어나
는지를 표현해 주는 하나의 독립적인 서술어(敍述語:Prädikation)이다: *Er
spricht Deutsch. Es geschieht(ist) schnell.*

임의 첨가어는 동사(예컨대, 대격 지배 동사)들의 한 하위부류(Subklasse)에
종속하는 것이 아니라 동사들의 전체부류(Gesamtklasse)에 종속한다. 임의
첨가어는 특정한 동사(예:대격 지배 동사)들에 한정되어 있는 보충어처럼 하
위부류에 특수한(subklassenspezifisch) 성분이 아니다. 임의 첨가어는 보충
어처럼 동사의 **하위범주화**(Subkategorisierung)12)에 영향을 주는 것이 아
니라(대격 지배 동사; 여격 지배 동사 등), 다음 문장의 *heute*처럼 상이한 결
합가를 갖는 동사들에서 추가 규정어(Zusatzbestimmung)로서 출현할 수 있다.

> *Heute* schläft er. (schlafen$_1$→Sn)
> (오늘 그는 잠을 잔다.)
> *Heute* hat er mich gesehen. (sehen$_2$→Sn,Sa)
> (오늘 그는 나를 보았다.)

---

11) Henne(1976:128).
12) Helbig/Schenkel(1973:35f.).

우리의 예문에서 반드시 다루어야 할 요소로서 다음 세 가지가 더 있다: *gutes, sehr, äußerst*. 이들은 동사에 종속하는 것이 아니라 동사의 의존소에 종속한다. 형용사 *gutes*는 명사에 종속하고(*gutes Deutsch*), 부사 *sehr*는 형용사에 종속하며 (*sehr gutes*), 부사 *äußerst*는 부사(형용사)에 종속한다(*äußerst schnell*). 이들은 하위 등급의 의존소이며, 전체 문장구조에 대한 이들의 영향력은 크지 않다. 이들은 동사가 아닌 관계어에서의 임의 첨가어이다.

그래서 문장의 중심 교점 혹은 동사는 결합가에 결속된 규정어뿐만 아니라 임의 규정어, 다른 말로 표현하면 보충어와 첨가어를 갖는다. 명사 교점, 형용사 교점, 부사 교점에 종속하는 의존소는 우리의 예문에서처럼 대개 임의 첨가어이다. 다시 말해서, 이들은 지배소의 의미를 바탕으로 지배소에 의해 요구되지는 않는다. 그러나 의미에 합당한 보충어를 요구하는 형용사와 명사도 있다: *schuldig des Diebstahls*(절도죄를 짓는); *Teilnahme am Wettbewerb*(경기에 참여). 우리는 이와 같은 경우를 **형용사의 결합가**(Valenz des Adjektivs) 및 **명사의 결합가**(Valenz des Substantivs)라고 일컬을 수 있다. 형용사의 보충어는 의무적 혹은 수의적이 될 수 있는 반면에, 명사의 경우에서는 보통 수의적인 보충어만을 가정한다.

> Er ist *seinem Vater* ähnlich. (*seinem Vater*는 형용사 *ähnlich*의 의무적 보충어)
> (그는 자기 아버지와 닮았다)
> Er ist *(des Diebstahls)* schuldig. (*des Diebstahls*는 형용사 *schuldig*의 수의적 보충어)
> (그는 절도죄를 짓는다)
> Seine Teilnahme *(am Wettbewerb)* war mir eine Überraschung.
> (*am Wettbewerb*는 명사 *Teilnahme*의 수의적 보충어)
> (그가 경기에 참가한 것은 나에게 놀라운 일이었다)

부사(Adverb)도 결합가를 가질 수 있는가 하는 것은 아직 밝혀지지 않은 문제이다. 아마도 *mitten*과 같은 부사의 경우에서는 부사의 결합가에 관해 이야기할 수 있을 것이다. 하지만 *mitten*은 보통 하나의 보충어와 결합된다: *mitten im Walde*(숲 한 가운데서).

전치사에 결합가를 부여할 수 있는가 하는 것도 역시 흥미 있는 문제이다. 엥엘은 전치사구(Präpositionalphrase)에서 전치사를 지배소로 간주하고 있으며, 이 때 명사는 자신의 의존소와 더불어 이 지배소에 종속한다. 그리하여 엥엘에 의하면 전치사구 *auf dem neuen Dache*의 의존 도식은 다음과 같은 형태로 나타난다.

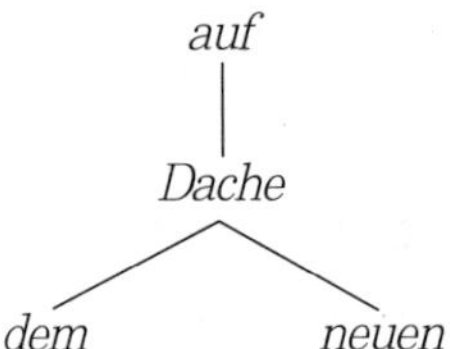

이러한 견해에 따르면 전치사는 결합가를 소유할 것이다. 전치사가 항상 보충어를 필요로 한다는 사실 역시 이러한 견해를 뒷받침 해준다: *für*+Akk.; *vor*+Akk./Dat. 그러나 우리는 전치사에서는, 예컨대 동사와 형용사의 경우와는 다른 종류의 결합가에 관해서 언급하고자 한다. 말하자면 전치사는 대체로 언어외적인 지시대상(Referent)을 가지지 않으며, (핀란드어와 같은) 몇몇 언어에서는 전치사가 어미에 해당하는 문법적 보조사(grammatisches Hilfswort)이다. 전치사의 경우에는 아마도 **문법적 결합가**(grammatische Valenz)라고 말할 수 있을 것이다.

연결을 상이한 등급(제1, 2등급 등)으로 나누는 이외에 또한 상이한 종류(Art)로도 나눌 수 있다.

1) 일반적으로 문제가 되는 것은 **구조적/통사적 연결**(strukturelle/syntaktische Konnexion)과 이에 상응하는 **의미적 연결**(semantische Konnexion)이다. 이들은 수형도에서 실선의 가지(Kante)로 표현된다.

2) 하지만 순수 형식적인 보충어도 있는데, 이들은 외부 세계의 어떤 지시대상과도 관련되지 않으며, 지배소(동사)에 대한 이들의 관계는 순전히 구조적이다. 이러한 순수 통사적인 관계를 형식적 연결(formale Konnexion)이라고 일컬을 수 있다. 형식적 연결은 예를 들면, 동사와 비인칭 주어 대명사 사이에서 나타난다(*es regnet*, 스웨덴어 *det regnar*, 영어 *it rains*, 프랑스어 *il pleut*). (이 연결은 ～～～～ 로 표현된다.)

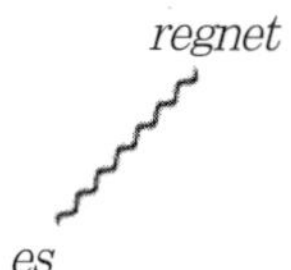

3) 어떤 구조적 연결에도 상응하지 않는 순수 의미적 연결이 있다. 이를테면 주격 술어보충어(Subjektsprädikativ)가 동사에 대해서는 구조적 연결을 갖지만, 그밖에 자신과 관련되는 주어에 대해서는 하나의 추가적인 의미적 연결을 갖는다. 이와 같은 부가적인 연결을 논리·의미적 연결(logisch-semantische Konnexion)이라고 명명할 수 있다[13](이 연결은 점선으로 표현된다).

수많은 언어들(독일어에서는 그렇지 않지만)의 형용사적 술어보충어(adjektivisches Prädikativ)에서는 이 논리·의미적 연결이 언어 요소들(굴절 형태소:Flexionsmorphem)을 통해서도 표시된다(일치:Kongruenz).

---

13) Tesnière(1965:85)에서는 "선행 지시적 연결(anaphorische Konnexion)"이라고 칭함.

프랑스어 : Le garçon est sage. - Les garço*ns* sont sage*s*.
스웨덴어 : Pojken är snäll. - Pojk*arna* är snäll*a*.
독일어　 : Der Junge ist artig. - Die Jungen sind artig.
　　　　　　(그 소년은 얌전하다 - 그 소년들은 얌전하다)

명사적 술어보충어(substantivisches Prädikativ)에서는 독일어도 일치를 나타낸다.

Er ist *ein netter Mensch.* (그는 멋진 사람이다)
Sie sind *nette Menschen.* (그들은 멋진 사람들이다)

2.2 의존과 성분구조[14)

문장에서 형태소에 이르기까지의 형태·통사적 구조에 대한 가장 중요한 표현방법은 의존(Dependenz)과 성분구조(Konstituenz)이다. 의존문법은 문장의 구성성분(Konstituente)들에서 출발하여 이들의 상호관계를 기술한다. 구성성분구조문법은 한 구성성분의 그 상위 범주(Oberkategorie)에 대한 관계를 기술한다. 최상위 범주가 "문장(Satz)"이다.

의존문법의 관점에서 문장은 여러 단계(Stufe)들로 이루어진 계층적인 구조를 나타낸다. 이 때 각 단계에서 한 요소가 지배적인 것으로, 즉 지배소(Regens)로 간주되며, 나머지 요소들은 의존소(Dependens)로서 이 지배소에 종속한다. 문장의 의존구조는 수형도(Baumgraph), 즉 의존 수형도(Dependenzstemma)로 기술될 수 있다.

---

14) Schumacher(1974b:1 - 1f.).

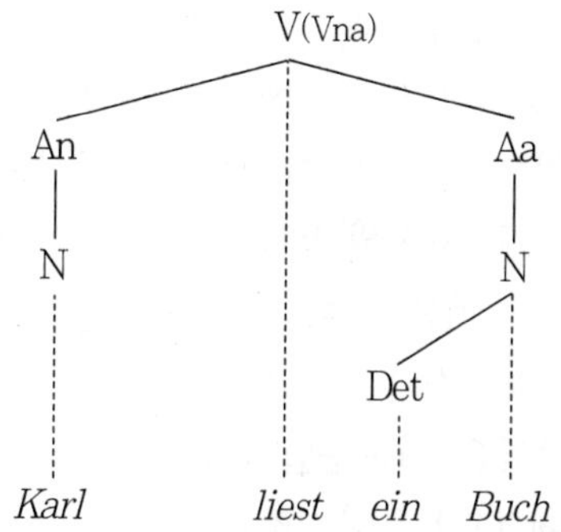

의존 수형도의 가지(Kante)는 종속관계를 표현한다: An과 Aa(=의존소)는 Vna(=지배소)에 종속하거나 혹은 두 개의 보충어, 즉 주격 명사와 대격 명사를 위한 결합가에 합당한 빈자리를 열어 놓고 있는 동사들의 하위부류에 종속한다. 위 예문의 하위 단계에 있는 Aa(*ein Buch*)의 경우에서 명사(*Buch*)는 지배소이고, 관사(*ein*)는 그 의존소이다.

이에 반해, 구성성분구조문법은 전체 문장을 (즉 문장의 한 성분이 아니라) 계층적인 통사구조의 최상위 요소로 간주한다. 문장은 구성성분들로 분할되며, 이 구성성분들은 다시 하위의 구성성분들로 나뉜다. 모든 분지 단계에서 단위들은 각각 차상위 단계의 직접 구성성분(unmittelbare Konstituente)이 된다. 이 때 개별 요소들은(예를 들면, NP) 여러 차례 표현될 수 있다. 구성성분구조는 종종 의존 수형도와 유사한 수형도로 표현된다.

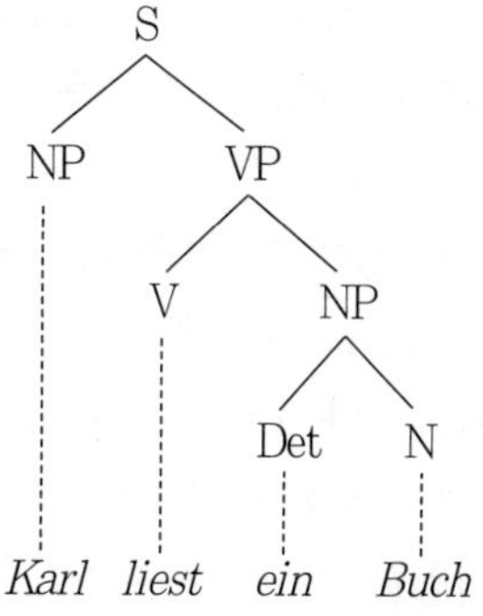

가지는 다음과 같이 해석될 수 있다 :
S는 NP와 VP로 구성된다. 혹은
S를 NP와 VP로 확장하라.

그러나 두 수형도는 언뜻 보기에만 유사하다. 가장 중요한 차이점은 수형도의 가지(Kante)가 두 기술에서 아주 다른 관계를 표현하는 데 있다. 즉, 구성성분구조문법의 수형도 규칙은 상위범주에 대한 구성성분이나 문장성분들의 관계를 기술하는데, 이들 중 최상위 범주가 문장(S)이다. 이에 반해, 의존문법은 문장의 범주에서 출발하는 것이 아니라 구성성분 자체에서 출발하여, 이들의 상호 관계, 즉 지배소와 그 의존소 사이의 관계를 기술한다. S, NP, VP 등의 상위 범주들은 의존문법적인 기술방식에서는 단지 함축적으로만 표현될 뿐, 수형도에 나타나지는 않는다.

구성성분구조는 종종 상자도식(Kastenschema)으로나 괄호(Klammer)로 표현된다.

S			
NP	VP		
	V	NP	
		Det	N
Karl	liest	ein	Buch

[Karl] [{liest} {(ein)(Buch)}]

따라서 성분구조의 중요한 특징은 **부분 - 전체 - 관계**(Teil - Ganzes - Relation)이며, 또 다른 특징은 **선형성**(Linearität)이다. 즉 문장은 단어 연쇄(Wortkette)로 표현되는데, 이 때 문법은 분할로 인해 생겨나는 성분들을 등가로 간주한다. 이에 반해, 의존문법에서는 주된 관계가 종속 관계(Abhängigkeitsverhältnis)이며, 이 때 몇몇 요소들은 지배소로, 다른 요소들은 그 의존소로 나타난다.

의존과 성분구조가 한 문법의 **기저부**(Basisteil)를 기술하는 데 상보적인(komplementär) 원칙인지 혹은 대안적인(alternativ) 원칙인지에 관해서는 의견이 분분하다. 바움게르트너(Baumgärtner)와 헤링어(Heringer)는 이들을 상보적 기술 방식으로 간주하는 반면에, 엥엘은 이들을 상호 배제하는 대안으로 보고 있다.15) 그러나 분명한 사실은 이 원칙들 중 그 어느 것도

---

15) Baumgärtner(1970:52f.); Heringer(1970:42f.); Engel(1972a:111f. und 1974:58f.).

단독으로는 하나의 완전한 구조 기술을 행할 수 없다는 것이다. 완전한 구조 기술을 위해서는 최소한 - 더욱이 두 경우에서 - 아직도 **변형부**(Transformationsteil)가 필수적이다. 변형부가 위의 두 기술 원칙들 중의 어느 하나의 특성으로 간주될 수는 없다.

3
결합가의 개념

결합가는 언어의 상이한 층위(Ebene)에서 관찰될 수 있다. 결합가는 형식적/통사적 범주나 혹은 내용적/논리·의미적 범주로 간주될 수 있다. 이러한 결합가의 상이한 층위는 밀접한 관계를 맺고 있지만, 동형(isomorphisch)으로 상호 일치하는 것은 아니다. '도와준다'라는 독일어 동사 *helfen*과 *unterstützen*은 동일한 논리·의미적 결합가를 가지고 있다. 즉 두 동사는 모두 두 개의 보충어를 요구하는데, 그 중 하나는 도와주는 사람을 나타내고, 다른 하나는 도움을 받는 사람을 나타낸다. 논리학의 용어를 사용하면, '도와준다'라는 동사의 논리적 술어(logisches Prädikat)가 두 개의 논항(Argument) x와 y를 요구한다고 말할 수 있다: *helfen*(x,y). 이 경우 통사적 층위에서 볼 때, 문법적 술어(동사)는 논리적 술어에 해당하고, 논항의 통사적 대응물은 보충어이다(주어, 목적어). 그러나 이러한 통사적 결합가의 관점에서 두 동사는 서로 구별된다. 즉 두 동사에서 하나의 보충어만이 그 형태에서 동일하고(x=주격), 다른 보충어(y)는 *helfen*에서는 여격이지만, *unterstützen*에서는 대격이다.

Der Mann hilft *mir*. - Der Mann unterstützt *mich*.
(그 남자가 나를 돕는다 - 그 남자가 나를 돕는다)

우리가 *Das Medikament hilft zuverlässig.*(그 약은 확실히 효과가 있다)와 같은 가능한 문장을 제외한다면, 동사 *helfen*과 *unterstützen*에서 두 보충어는 의무적이다. 그러나 보충어의 종류(예:대격 - 전치사구)에서뿐만 아니라 보충어의 의무적 출현과 수의적 출현에서도 구별되지만, 논리·의미적 결합가는 동일한 동사들도 존재한다.

Er erwartet *den Freund*.   (y=대격이며 의무적)
Er wartet (*auf den Freund*).   (y=전치사구이며 수의적)
(그는 그 친구를 기다린다)

결합가에서는 두 가지 상이한 층위 이외에도 원칙적으로 상이한 방향(Richtung)이 구별될 수 있다.

1) 일반적으로 결합가란 특정한 의미와 형태의 보충어를 요구하는 상위 단어(지배소)의 능력을 의미한다. 따라서 결합가란 지배소로부터 발산하는 하위 종속시키는 힘이다. 문장 *Der Junge ist seinem Vater ähnlich.*(그 젊은이는 자기 아버지와 닮았다)에서 형용사의 결합가는 $ähnlich_1 \rightarrow Sd.$이다. 즉, 형용사 *ähnlich*는 여격 명사를 보충어로서 요구한다. Helbig에 의하면, *ähnlich*는 결합가 보유어(Valenzträger)이고, *seinem Vater*는 결합가 동반어(Valenzpartner)이다. 이 책에서 결합가로 간주되는 이런 종류의 결합가를 **능동적 결합가**(aktive Valenz) 혹은 **원심적 결합가**(zentrifugale Valenz)라고도 일컬을 수 있다.16)

2) 또한 **수동적 결합가**(passive Valenz)에 관해서도 언급할 수 있다. "수동적/구심적(zentripetal) 결합가란 [⋯] 상위 단어에 연결되어, 이 상위 단어의 빈자리를 차지하는 하위 단어의 능력이다."17) 이 견해에 따르면

---

16) Stepanowa/Helbig(1978:144).

*seinem Vater*가 수동적 혹은 구심적 결합가이며 *ähnlich*의 빈자리를 채운다.

3) 결합가의 방향에 대한 세 번째 견해는 형용사 결합가(Adjektivvalenz)[18]에 대한 연구에서 인식될 수 있다. 통합소(Syntagma) *der seinem Vater ähnliche Junge*(자기 아버지와 닮은 그 젊은이)에서 하위 요소인 seinem Vater 이외에 상위 요소인 *Junge*(＝관계어:Bezugswort)도 결합가 동반어(＝보충어)로 간주된다. 이 견해에 따르면 형용사 *ähnlich*의 결합가는 두 가지 방향을 가진다고 볼 수 있을 것이다. 즉 *ähnlich*로부터 오는 방향과 *ähnlich*로 가는 방향이 그것이다.

der seinem Vater *ähnliche* Junge

(자기 아버지와 닮은 그 소년)

3.1 논리·의미적 결합가

논리·의미적 층위에서 예컨대 술어(＝P) *überzeugen*과 *zeigen*의 결합가를 다음과 같이 기술할 수 있다(x,y,z는 논리적 논항을 나타낸다).

überzeugen → Px,y,z : Er hat mich davon überzeugt.
                          x   y   z
zeigen → Px,x,y : Er zeigte mir den Weg.
                     x   y   z

헬비히[19]에 따르면, 논리·의미적 결합가(logisch-semantische Valenz)에 대한 이러한 기술은 "이미 통사적으로 굴절된/파괴된(gebrochen) 결합가 구

---

17) Stepanowa/Helbig(1978:144).
18) Sommerfeldt/Schreiber(1974); Helbig(1976:133). 결합가의 방향에 대해서는 Admoni (1970:78f.); Abramow(1967a:155f.).
19) Stepanowa/Helbig(1978:141).

조"를 나타내는 반면에, 완전한 논리·의미적 의미는 여러 단계로 구성되어 있다.

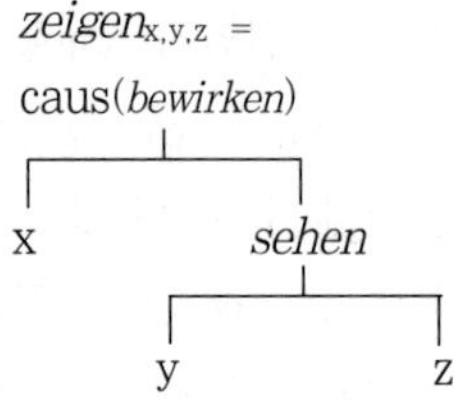

논리·의미적 결합가는 결합가 문법에 대한 연구 내에서 특히 빌헬름 본 찌오에 의해 연구되었다.[20] 그에 의하면, 한 단어의 의미는 언어적 실재(sprachliche Realität)를 반영하는, 예를 들면 현실세계(Wirklichkeit)에서 나타나는 현상들 간의 적법한 관계를 반영하는 개념적인 핵을 내포하고 있다. **논리·의미적 결합가**(logisch‑semantische Valenz)란 의미(Bedeutung)가 그 개념적인 내용을 바탕으로 관계·논리적인 의의(意義, Sinn/sense)에서 빈자리를 소유하는 의미의 특성을 말한다. *helfen*이라는 개념에 적용할 경우 이것이 의미하는 바는, 현실세계에서 그에 상응하는 사태(Sachverhalt)가 두 개체(Größe) 사이의 관계, 즉 도와주는 사람과 도움을 받는 사람과의 결합이다. 따라서 **술어**(Prädikat) *helfen*은 해당 **논항**(Argument)을 통해 채워져야 하는 두 개의 빈자리를 갖는다. 논리·의미적 빈자리의 존재는 단어 의미에 따르기 때문에 언어 형태는 결합가와 비 연관적(irrelevant)이다. 따라서 논리·의미적 결합가는 특정한 품사와 결부되어 있지 않다. 그래서 동사 *helfen*과 명사 *Hilfe*는 동일한 논리·의미적 결합가를 갖는다. 두 경우 모두 누군가가 다른 누군가를 도와준다는 의미이다: *Der Sohn hilft seinem Vater.*(*helfen*은 술어, *der Sohn*과 *seinem Vater*는 논항); *die Hilfe des Sohnes für seinen Vater*(*Hilfe*는 술어, *des Sohnes*와 *für seinen Vater*는 논항). 이 관계를 수형도로 다음과 같이 표현할 수 있다.

---

20) Bondzio(1971:88f.).

단어의 의미는 의미성분(semantische Komponente)의 다발로 구성되어 있다. Bondzio에 의하면 의미성분은 두 그룹으로 구분될 수 있다. 즉 결합가와 관련하여 연관적인 성분은 기능어(Funktor), 비 연관적인 성분은 수식어(Modifikator)라 일컫는다. 기능어는 *existieren*(존재하다), *bewirken* (야기하다), *haben*(소유하다), *sehen*(보다)과 같은 일반적인 술어이다. 즉 위에서 다루었던 *zeigen*의 의미는 두 개의 2항(zweistellig) 기능어(*bewirken*과 *sehen*)로 나뉘어질 수 있다: "x bewirkt:y sieht z"($zeigen_{x,y,z}$). *geben* 동사에서 기능어는 *bewirken*과 *besitzen*(*haben*)이다: "x bewirkt:y hat z"($geben_{x,y,z}$: *Er gibt mir das Buch*).

기능어란 결합가를 소유하는 바로 그 성분이다. 다시 말해서 기능어가 원래의 결합가 보유어(Valenzträger)이다. 수식어는 기능어나 결합가 보유어를 수식하는 임무만을 맡는다. 동사 *geben*은 아무런 수식어도 갖지 않는다. *geben*과 동일한 기능어 구조를 가지고 있는 동사 *leihen*은 하나의 수식어('특정한 시간 eine bestimmt Zeit')를 가지며 *leihen*의 전체 의미구조는 다음과 같다: "x bewirkt:y hat z eine bestimmte Zeit". *geben*과 *leihen*의 의미 차이는 결합가와 관련해서는 비 연관적이지만, 결국 *leihen*의 수식어로 소급된다.

결합가 보유어의 논리·의미적 결합가 구조는 또한 논항의 의미 종류를 의미격(semantischer Kasus) 혹은 심층구조 격(=심층격:Tiefenkasus)을 이용하여 기술함으로써 표현할 수도 있다.[21]

> *geben* : A + D + O (행위자격 + 여격 + 대상격)

우리는 이러한 심층격을, 특정한 통사적 혹은 표층구조적 문장성분 (Satzglied)에 해당하는 심층구조적 혹은 논리·의미적 문장성분이라고 일

---

21) Stepanowa/Helbig(1978:141).

컬을 수 있다: 예를 들면, A+D+O=주어+여격 목적어+대격 목적어(*Er gibt mir das Buch. 그가 나에게 그 책을 준다*).

"심층격(Tiefenkasus)"에 대한 논의에서는 심층격의 수와 분류에서뿐만 아니라, 심층격의 이론적 위상(심층격이 어느 정도로 보편적인가?)에 대해서도 일치된 견해가 없기 때문에, 이 개념을 문장의 실제 기술에 적용하는 데에는 많은 경우에서 어려움이 뒤따른다.

결합가 사전(Valenzwörterbuch)에서는 보충어의 의미 종류가 보통 심층격으로 기술되지 않고, +Hum(=인간), -Anim(=무정물)과 같은 의미 자질(semantisches Merkmal)로써 표현된다. 여기서 중요한 것은 결합가 보유어(예:동사)와 보충어의 연결을 위한 의미 제약(semantische Restriktion)이 있다는 사실이다. 예컨대 우리가 다음과 같이 말할 수는 없다: *Er gibt dem Tisch einen Apfel*(그는 책상에게 사과 하나를 준다). 동사 *geben*의 의미 성분은 명사 *Tisch*의 의미 요소와 양립할 수 없거나 혹은 조화될 수 없다. 즉 명사 *Tisch*에는 동사 *geben*의 결합가 동반어가 보통 취해야 하는 의미성분 +Anim(=유정물)이 결여되어 있다. 양립가능성(Kompatibilität=Verträglichkeit)[22]은 결합가 보유어와 임의첨가어 간의 관계에까지 확대된다. 예컨대 *Karl stirbt manchmal.*(카알은 가끔 죽는다).이라고 말할 수는 없다. 왜냐하면 부사 *manchmal*의 의미자질 +Freq(=반복)는 동사 *sterben*의 의미 성분과 양립할 수 없기 때문이다. 헬비히[23]는 보충어와 첨가어가 그 지배소에 대해 갖는 의미적인 양립 가능성을 (협의의) 의미적 결합가(semantische Valenz)라고 일컫는다.

논리·의미적 결합가는 언어외적인 개념 범주이다. 다른 언어들에서 *geben*의 대응물, 예컨대 영어의 *give*, 스웨덴어의 *giva*, 프랑스어의 *donner*, 핀란드어의 *antaa*도 역시 독일어 동사 *geben*과 동일한 기능어 구조를 갖는다.

---

22) Engel(1972b:43).
23) Helbig/Schenkel(1973:40).

3.2 통사적 결합가

통사적 결합가(syntaktische Valenz)란 결합가 보유어가 그 품사에 따라서 그리고 해당 굴절 수단을 통해서 그 보충어의 통사적 기능(예:문장성분 기능)과 형태론적 형식을 결정하는 사실을 의미한다. 그래서 독일어 동사 *danken*은 결합가에 결속된 보충어로서 1격 주어, 여격 목적어 및 *für*를 갖는 전치사 목적어를 요구한다: *Der Junge dankt dem Vater für das Geschenk*(그 소년은 선물에 대해서 아버지에게 감사한다). 이에 반해, 영어 동사는 주어 이외에 대격(명사에서는 기본형과 동일함)과 *for*-구조를 요구한다: *The boy thanked his father (him) for the gift.* 다시 말해서, 통사적 결합가는 - "보편적인(universal)", 즉 개별언어를 초월하는(übereinzelsprachlich) 논리·의미적 결합가와는 반대로 - 언어마다 다른 개별언어적인 범주(einzelsprachliche Kategorie)이다. 그밖에 통사적 결합가는 또 다시 논리·의미적 결합가와는 반대로 동일한 언어에서도 품사에 따라 상이하다. 그래서 명사 *der Dank*는 동사처럼 여격이 아니라 전치사 보충어를 요구한다(*für*-구조는 불변이다): *Der Dank des Jungen an den Vater für das Geschenk* (선물에 대해 아버지에게 하는 그 소년의 감사).

문장의 통사적 결합가 관계에서 특징적인 점은 동사 교점(Verbknoten)이 문장의 구조적 중심(지배소)으로 간주된다는 사실이다. 동사의 의존소(그들 중에는 경우에 따라서 다른 결합가 보유어들도 있다)들은 동사에 종속된다. 이런 사실은 동사에서 결합가가 가장 뚜렷하며, 동사가 예컨대 형용사보다는 전체적으로 더 많은 통사적 결합가를 보유한다는 사실에 기인한다. 동사는 의무적이든 수의적이든 간에 특정한 보충어를 요구하며, 이들과 함께 문장의 골격(Satzgerüst)을 형성한다. 동사를 모든 다른 문장성분들과 구별시켜 주는 활용(Konjugation), 서법(Modus), 시제(Tempus), 동사의 태(Genus verbi:능동과 수동) 등이 동사의 구조적 특성에 속한다.

그러나 동사를 문장의 구조적 중심(strukturelles Zentrum)으로 보는 이러한 견해가 자명한 것은 결코 아니다. 이러한 견해는 전통적인 문장 분석과 변형생성문법적인 문장 분석에서 벗어날 뿐만 아니라, 문장 요소들의 의사소통적 정보에 따르는 문장 구분에서도 벗어난다. 전통적인 문장 구분은 문장의 기본 관계로서 주어 - 술어의 관계에서 출발하기 때문에, 주어와 술어가 문장의 핵(Satzkern)을 형성하는 주 문장성분으로 간주된다. 일반적인 전통적 견해에 따르면, 주어와 술어는 병렬적으로 배열되어 있지도 않고, 또한 종속적으로 배열되어 있지도 않다. 이들은 상호 연관되어 있으며 (zugeordnet), 다시 말해서 상호 의존한다: *Der Vater liest*(아버지가 읽고 있다). 그러나 주어-술어 관계가 문장의 구조적 최소 성분(strukturelles Minimum)을 형성하기에 항상 충분한 것은 아니다. *Er unterstützt mich jetzt.*(그가 지금 나를 돕는다)라는 문장의 구조적 최소 성분은 *Er unterstützt.*(주어 - 술어)가 아니라, *Er unterstützt mich.*(주어 - 술어 - 목적어)이다(*jetzt*는 구조적으로 필수적이 아니다).

결합가에 따라서 특정한 수와 종류의 보충어(주어도 보충어에 속한다)를 요구하는 동사를 문장의 중심에 두는 견해가 비로소 문장의 구조적 최소 성분을 조사할 수 있다. 문장의 구조적 최소 성분이 주어-술어 관계가 될 필요도 없으며, 또한 무조건 의사소통적으로 가장 중요한 문장성분을 포함할 필요도 없다. 그래서 *Der Junge sah seinen Freund gestern.*(그 소년은 어제 자기 친구를 보았다)이라는 문장에서 주어 - 술어 부분은 *Der Junge sah.*이고, 결합가에 따른 구조적 최소 성분은 *Der Junge sah seinen Freund.*이지만, 의사소통적으로 가장 중요한 성분은 통사적으로 임의첨가어인 부사 *gestern*이 될 수도 있다.[24]

---

24) Helbig/Schenkel(1973:24f.).

4

동사의 결합가

4.1 동사 결합가의 개념

결합가란 문법적으로 완전한 문장을 형성하기 위해서 특정한 수와 종류의 보충어를 요구하는 동사의 능력을 말한다. 그래서 동사 *unterstützen*은 주격과 대격의 명사 혹은 대명사를 요구한다. 이들은 동사의 특정한 하위부류, 좀더 정확히 말해서 주격과 대격을 지배하는 동사에 종속할 수 있는 문장성분들이다: *unterstützen*~Nom.+Akk.~. 이 말이 의미하는 바는 동사의 결합가에 결속된 보충어는 동사의 하위부류에 특수한(subklassenspezifisch) 규정어라는 것이다. 다시 말해서 보충어는 동사들의 한 특정 부류를 특정 짓는다.

4.1.1 보충어와 그 기술

동사(형용사, 명사)의 결합가에 결속된 규정어(Bestimmung)는 Ergänzung(보충어)이라는 명칭 이외에 Aktant(프랑스어로 actant)라고 일컬어지기도 한다.

"actant"라는 단어는 Tesnière가 프랑스어 명사 acteur(배우:`Schauspieler`)에 의식적으로 관련시켜 만들었다. 떼니에르에 의하면 문장은 소규모의 연극 (kleines Schauspiel)과 비교될 수 있는데, 이 때 동사는 연극의 진행(Prozess, procès 事行)에 해당되고 보충어(Aktant:독일어로 `Mitspieler`)는 배우에 해당된다. 보충어의 수와 종류는 동사에 의해 결정된다. 문장에는 보충어 (Aktant, Ergänzung, Mitspieler) 이외에 **임의첨가어**(freie Angabe; Tesnière 에서는 상황어(circonstant ⟨ circonstance `Umstand`))가 올 수도 있다. 임의 첨가어와 동사의 결합은 아주 약하기 때문에, 임의첨가어는 의미 제약의 한계 내에서 모든 문장에 거의 임의적으로 첨가될 수 있거나 혹은 생략될 수 있으며, 그 수에 있어서도 동사에 의해 한정되어 있지 않다.[25]

보충어는 **의무적 보충어**(obligatorischer Aktant)와 **수의적 보충어**(fakultativer Aktant)로 구분될 수 있다. 의무적 보충어는 일반적으로 대화(Dialog)를 제외한 모든 문장에서 어떤 경우에도 필수적(notwendig)으로 나타난다. 의무적 보충어가 없으면 그 문장은 비문법적이 된다. 수의적 보충어는 문장이 비문법적이 되지 않고서도 생략될 수 있다.

Der Lehrer verteilt jetzt die Bücher an die Kinder.(선생님이 지금 학생들에게 책을 나누어 준다)라는 문장에서 보충어는 *der Lehrer, die Bücher, an die Kinder*이며, *jetzt*는 임의첨가어이다. 명사 *der Lehrer* 와 *die Bücher*는 의무적 보충어이고, 이에 반해 *an die Kinder*는 수의적 보충어이다(**verteilt die Bücher an die Kinder. *Der Lehrer verteilt an die Kinder.* 그러나 *Der Lehrer verteilt die Bücher.*는 가능하다).

동사 *verteilen*의 전체 결합가(Gesamtvalenz)는 3이며, 의무적 결합가는 2이고 수의적 결합가는 1이다. 다시 말해서 이 동사는 의무적으로 두 개의 보충어를 요구하며, 그밖에 역시 동사의 하위부류에 특수한 분포 (Distribution=`자리배치 Stellenplan`)에 속하는 또 하나의 수의적 보충어를 필요로 한다. 그래서 결합가는 숫자로 표현될 수 있는데, 이 때 의무적 결합가는 괄호 없이, 수의적 결합가는 소괄호 안에, 전체 결합가는 이들의 총계로 표시된다: $verteilen_{2+(1)=3}$[26].

---

25) Tesnière(1965:102); Helbig/Schenkel(1973:33f).

임의첨가어 *jetzt*는 *verteilen*의 결합가에 결속된, 하위부류에 특수한 분포에 속하는 것이 아니라, 다른 결합가를 갖는 동사에서도 출현할 수 있다. 예를 들면 *Sie schläft* [*jetzt*]: *schlafen*$_1$.(예문에서 임의첨가어는 대괄호로 표시된다.) 한 문장에서 상이한 의미를 갖는 여러 개의 임의첨가어가 올 수도 있다: *Er wartet* (*auf mich*) [*jetzt*] [*auf der Straße*]. (*jetzt*는 임의의 시간첨가어이고, *auf der Straße*는 임의의 장소첨가어이다).

verteilen$_{2+(1)=3}$이라는 표기는 다만 양적인 결합가(quantitative Valenz)만을 표현한다. 다시 말해서 이 표기는 동사가 몇 개의 보충어를 가지며, 이들 중 몇 개가 의무적이고 몇 개가 수의적인가를 표현한다. 그러나 동사 결합가에 대한 우리의 정의에는 질적(qualitativ)인 면도 역시 포함된다. 다시 말해서 보충어는 특정한 형태와 특정한 의미를 갖는다. 또한 숫자 대신에 우선 문법 종류를 표현하고, 다음에 함축적으로 보충어 수를 표현하는 문법적인 약어(Abkürzung)로써 결합가를 표현할 수도 있다: *verteilen*$_{Sn, Sa, (pS)}$ (Sn=주격 명사, Sa=대격 명사, pS=전치사 지배 명사). 양적인 표기법과 질적인 표기법을 상호 결합하여 *verteilen*의 통사적 결합가를 다음과 같이 표기할 수 있다: *verteilen*$_{2+(1)=3 \rightarrow Sn, Sa, (pS)}$.

그러나 동사는 종종 아주 상이한 종류의 보충어를 가지기 때문에, 동사의 결합가 관계는 단순한 공식을 사용하기보다는 보충어의 의미 종류도 표현할 수 있는 여러 단계로 구성된 어휘항목(Wortartikel)을 통해 보다 잘 기술될 수 있다. 이 때 제1단계에서는 보충어의 수와 문법 종류 혹은 통사적 결합가를 표현할 수 있다(상기의 *verteilen*의 경우에서처럼). 제2단계에서는 예문을 통해서 보충어의 여러 가지 결합 가능성을 진술할 수 있다.

  Sn, Sa   : *Der Lehrer verteilt die Bücher.*
  Sn, Sa, (pS) : *Der Lehrer verteilt die Bücher an/auf/unter die Schüler.*

제3단계에서는 보충어의 의미 종류를 진술할 수 있을 것이다.

---

26) 보충어를 의무적 보충어와 수의적 보충어로 구분하는 것은 Helbig로 소급된다: Helbig(1965:21); Helbig/Schenkel(1969:38 und 1973); Tarvainen(1973:11). 다른 학자들도 후에 이 구분을 수용하였다.

Sn -1. Hum   (*Der Lehrer* verteilt die Bücher.)

    2. Hum Inst   (*Die Gemeinden* verteilen die Lohnsteuerkarten.)

Sa -1. ±Anim   (Der Lehrer verteilt *die Schüler.*)

                  (Der Tierpfleger verteilt *die Pferde.*)

                  (Die Mutter verteilt *das Obst.*)

pS   (*an*/*auf*+Akk.)

    1. ±Anim   (Sie verteilten das Essen *an*/*auf die Kinder.*)

                  (Sie verteilten die Futterrationen *an*/*auf die Tiere.*)

                  (Sie verteilten die Fahnen *auf die Häuser.*)

   (*unter*+Akk./Dat.)

    1. +Anim   (Sie verteilten das Essen *unter die Kinder/den Kindern.*)

    2. Hum Inst   (Sie verteilten die Aufgaben *unter die Betriebe/den Betrieben.*)

여기서 특기할 만한 사실은 *unter*를 지배하는 전치사 목적어에서는 *an*/*auf*에서와는 달리 의미 자질 - Anim(예:*die Häuser*)이 불가능하다는 것이다. 또 다른 예로서 우리는 '대답한다'라는 동사들, 즉 *antworten, beantworten, erwidern, entgegnen* 등의 결합가 항목(Valenzartikel)을 제시할 수 있다.

ANTWORTEN

Ⅰ. *antworten*$_{1+(1.2.3)=4}$ –Sn, (Sd), (NS$_{dass}$/Pron$_{Indef}$), (pS$_{auf}$)

Ⅱ. Sn   –Der Lehrer antwortet.

  Sn, (Sd)   –Der Lehrer antwortet mir.

  Sn, (NS$_{dass}$)   –Der Lehrer antwortet, dass er komme.

  Sn, (Pron$_{Indef}$)   –Der Lehrer antwortet nichts.

  Sn, (pS$_{auf}$)   –Der Lehrer antwortet auf meine Frage.

  Sn, (Sd), (pS$_{auf}$)   –Der Lehrer antwortet mir auf meine Frage.

  Sn, (Sd), (NS$_{dass}$)   –Der Lehrer antwortet mir, dass er komme.

  Sn, (Sd), (Pron$_{Indef}$)   –Der Lehrer antwortet mir nichts.

  Sn, (pS$_{auf}$), (NS$_{dass}$) –Der Lehrer antwortet auf meine Frage, dass er komme.

Sn, (pS$_{auf}$), (Pron$_{Indef}$)   –Der Lehrer antwortet auf meine Frage nichts.

Sn, (Sd), (pS$_{auf}$), (NS$_{dass}$)   –Der Lehrer antwortet mir auf meine Frage nichts.

Sn, (Sd), (pS$_{auf}$), (Pron$_{Indef}$)   –Der Lehrer antwortet mir nichts auf meine Frage.

III. Sn, Sd –1. Hum   –*Der Lehrer* antwortet *den Schülern.*

2. Hum Inst   –*Das Ministerium* antwortet *der Regierung.*

pS$_{auf}$ –1. Abstr   –Der Lehrer antwortet *auf die Frage.*

2. –Anim   –Der Lehrer antwortet *auf den Brief.*

ERWIDERN/ENTGEGNEN

I. *erwidern*$_{2+(1,2)=4}$ – Sn, NS$_{dass}$/Pron$_{Indef}$, (Sd), (pS$_{auf}$)
entgegenen

II. Sn, NS$_{dass}$ –Der Lehrer erwidert, dass er komme.

Sn, Pron$_{Indef}$ –Der Lehrer erwidert nichts.

Sn, NS$_{dass}$, (Sd)   –Der Lehrer erwidert mir, dass er komme.

Sn, Pron$_{Indef}$, (Sd)   –Der Lehrer erwidert mir nichts.

Sn, NS$_{dass}$, (pS$_{auf}$)   –Der Lehrer erwidert auf meine Frage, dass er komme.

Sn, Pron$_{Indef}$, (pS$_{auf}$)   –Der Lehrer erwidert auf meine Frage nichts.

Sn, NS$_{dass}$, (Sd), (pS$_{auf}$)   –Der Lehrer erwidert auf meine Frage, dass er komme.

Sn, Pron$_{Indef}$, (Sd), (pS$_{auf}$)   –Der Lehrer erwidert mir nichts auf meine Frage.

III. Sn   Hum   –*Der Lehrer* erwidert, dass er komme.

Sd   –1. Hum   –Er erwidert *dem Lehrer,* dass er komme.

2. Hum Inst   –Er erwidert *dem Gericht,* dass er unschuldig sei.

pS$_{auf}$ Abstr   –Er erwidert *auf die Frage,* dass er komme.

BEANTWORTEN

I. $beantworten_{2+(1)=3}$ - Sn, Sa, (Sd)
II. Sn, Sa   -Der Lehrer beantwortet die Frage.
    Sn, Sa, (Sd)   -Der Lehrer beantwortet mir die Frage.
III. Sn, Sd -1.Hum   -*Der Lehrer* beantwortet *dem Schüler* die
                                    Frage.

         2.Hum Inst   -*Die Regierung* beantwortet *dem
                                     Ministerium* die Frage.

     Sa   -1. Abstr   -Der Lehrer beantwortet *die Frage.*
             2. -Anim   -Der Lehrer beantwortet *den Brief.*

각각 동일한 논리·의미적 결합가를 나타내는 위의 세 개(혹은 네 개) 동사의 어휘항목을 비교해 보면, 이들의 통사적 결합가는 보충어의 수(의무적 보충어의 수와 수의적 보충어의 수 및 전체 보충어의 수)와, 보충어의 문법적 형태에서 많은 차이점을 나타낸다는 사실을 알 수 있다. 동사 *beantworten, erwidern/entgegnen*의 의무적 결합가가 2라는 사실은 이들이 동사를 의무적으로 타동사로 만드는 전철(Vorsilbe)를 가지고 있다는 사실에 기인할 수 있을 것이다.[27]

동사 *antworten, erwidern, entgegnen, beantworten*은 보충어의 의미 자질과 관련해서는 인식할 만한 어떤 차이점도 나타내지 않는다. 그러나 다른 동사들에서는 차이가 나타난다. 예를 들면, 독일어와 덴마아크어의 정상적인 표현 방법에서 동사 *essen*이나 *spise*의 경우에 보충어 Sn은 의미 자질 [+Hum]을 제시해야 하지만, *fressen*과 *œde*의 경우에 Sn은 [−Hum]을 요구한다. (다른 언어들에서는 이런 종류의 명시화가 없다: 불어 *manger*, 영어 *eat*, 스웨덴어 *äta*, 핀란드어 *syödä*는 사람뿐만 아니라 동물의 경우에도 사용된다.) 또 다른 예를 들어 보면, 스웨덴어와 덴마크어에서는 독일어 *schneiden*(자르다)에 상응하는 동사에서 pS의 의미 자질에 따라 서로 다른 동사가 선택되어야 한다.

---

27) Helbig/Schenkel(1973:106ff.); Fabricius-Hansen(1979).

스웨덴어 : Man *klipper* med en *sax.*
덴마크어 : Man *klipper* med en *saks.*
스웨덴어 : Man *skär* med en *kniv.*
덴마크어 : Man *skærer* med en *kniv.*

이에 반해 다른 언어에서는 이러한 구분이 없다.

독일어　 : Man *schneidet* mit einer *Schere*/einem *Messer.*
프랑스어 : On *coupe* avec des *ciseaux*/un *couteau.*
핀란드어 : *Leikataan saksilla/veitsellä.*

4.1.2 보충어의 구분 기준

결합가 이론에서 이론적으로 가장 어려운 문제는 보충어를 임의첨가어와 어떻게 구분할 수 있는가 하는 것이다. 신뢰할만한 표층구조상의 방법을 찾는 것은 어려운 일이다. 의무적 보충어를 찾는 것이 가장 쉽고, 임의첨가어를 수의적 보충어와 명확히 구분하는 것이 가장 어렵다. 이러한 문제는 실제에 있어서도 특정한 부사규정어, 특히 방법규정어(Artbestimmung)에서는 어렵다. 이를 테면 *Wir fangen die Sache geschickt an.*(우리는 그 일을 숙련된 솜씨로 시작한다)이라는 문장에서 형용사 *geschickt*는 엥엘/슈마허(1978)의 결합가 사전에 따르면 수의적 보충어이지만, 헬비히/쉥켈(1973)의 사전에서는 *anfangen*에 어떤 방법보충어(Artergänzung)도 존재하지 않는다.[28] 목적어는 항상 보충어이기 때문에 목적어에서는 실제로 별 문제가 없다(전치사 목적어와 부사보충어의 구분에서는 물론 어려움이 종종 뒤따를 수 있다). 술어보충어(Prädikativergänzung) 역시 술어첨가어(Prädikativangabe)와 쉽게 구분할 수 있다.

헬비히에 의하면, 의무적인 문장성분은 소위 삭제검사(Weglassprobe, Eliminierungstest)를 통해 조사될 수 있다.[29] 삭제검사에서는 한 문장성분

---

28) Piitulainen(1980:167,175).
29) Helbig/Schenkel(1973:23).

이 삭제된 후에 남아 있는 잔여 문장이 아직도 문법적인가 혹은 이미 비문법적인가 하는 것이 관찰된다. 잔여 문장이 여전히 문법적이면, 삭제된 문장성분은 통사적으로 의무적이 아니다. 이와 반대로 잔여 문장이 비문법적이 되었을 경우, 삭제된 문장성분은 문장의 문법성에 대해 의무적이다.

삭제검사는 우선 의무적 문장성분과 임의첨가어만을 포함하고 있는 문장에서 적용될 수 있다.

> Er wohnt jetzt in Bonn — *Er wohnt.
> (그는 지금 본에 살고 있다)   *Er wohnt jetzt.
>   *wohnt jetzt.
>   Er wohnt in Bonn.

이 문장에서 문장성분 *er*와 *in Bonn*은 삭제될 수 없다. 왜냐하면 이들이 삭제되면 그 문장은 비문법적이 되기 때문이다. 이러한 보충어들은 의무적이다. 이에 반해 부사 *jetzt*는 삭제될 수 있다. 즉 이 부사는 문장의 문법성에 대해 중요하지 않은 임의첨가어이다. 따라서 우리는 삭제검사를 통해서 임의첨가어와 의무적 보충어를 구분할 수 있다(임의첨가어로서의 그 위상은 다른 방법으로 조사되어야 한다). 하지만 우리는 한 문장성분의 "의무성(Obligatorik)"을 판단하는 경우에도 역시 결국 자신의 언어 직관(sprachliche Intuition), 즉 자신의 언어에서 무엇이 일상적이며 가능한가에 대한 자기 자신의 판단에 의존한다는 사실에 대해서 분명히 인식해야 한다. 이러한 방법에 내재해 있는 주관적인 동기는 물론 보완적인 방법을 도입함으로써, 특히 제보자 질문(Informantenbefragung)이나 텍스트 자료(Textkorpora)의 연구를 통해서 감소될 수 있다.

우리는 보충어만 있는 문장에서도 삭제검사를 적용할 수 있다.

> Er wartet auf mich — Er wartet.
> (그는 나를 기다린다)   *wartet auf mich.
>   *wartet.

이 문장에서 *er*는 의무적 보충어이다. 왜냐하면 *er*를 삭제하면 그 문장은 비문법적이 되기 때문이다. 이에 반해, 목적어 *auf mich*는 그 문장이 비문법적이 되지 않고서도 삭제될 수 있다. 따라서 우리는 삭제검사를 통해서 임의첨가어와 의무적 보충어를 구분할 수 있을 뿐만 아니라, 수의적 보충어와 의무적 보충어도 구분할 수 있다. 그러나 삭제검사를 적용하여 임의첨가어를 수의적 보충어와 구분함으로써 의무적 보충어와 수의적 보충어를 하나의 통사 단위로, 즉 결합가에 결속된 동사 보충어30)로 증명하는 것은 불가능하다. 삭제변형(Eliminierungstransformation)을 적용한 후에는 두 그룹의 동사 규정어, 즉 한편으로는 의무적 보충어와, 다른 한편으로는 수의적 보충어와 임의첨가어가 생겨난다. 모든 보충어(의무적 보충어와 수의적 보충어)와 임의첨가어 간의 경계를 어떻게 설정할 수 있는가 하는 문제는 여전히 남아 있다. 이 문제를 해결하기 위해서 특히 다음과 같은 구분 기준 (Unterscheidungskriterium)들이 제안되었다.

1. Helbig31)는 의무적 보충어와 수의적 보충어를 심층구조에서는 서로 구분될 수 없는 **긴밀한 동사 보충어**(enge Verbergänzung)로 간주한다. 이에 반해 표층구조에서는 이 그룹을 구분할 수 있으며, 삭제검사를 통해 이들의 경계를 설정할 수 있다. 임의첨가어는 긴밀한 동사 보충어와 대조를 이룬다. 임의첨가어는 - 동사의 주위에 등장하고 동사의 의존소로 간주되지

---

30) Tarvainen(1973:10).
31) Helbig/Schenkel(1973:34f.). 참고로 역자가 이것을 여기에 소개한다: Helbig는 수형도를 통해 결합가 관계가 심층구조적으로 제약되어 있다는 것을 증명하려고 시도한다. 이 때 그는 결합가 현상의 기술을 위해 변형생성문법의 수형도를 의존문법에 도입한다.

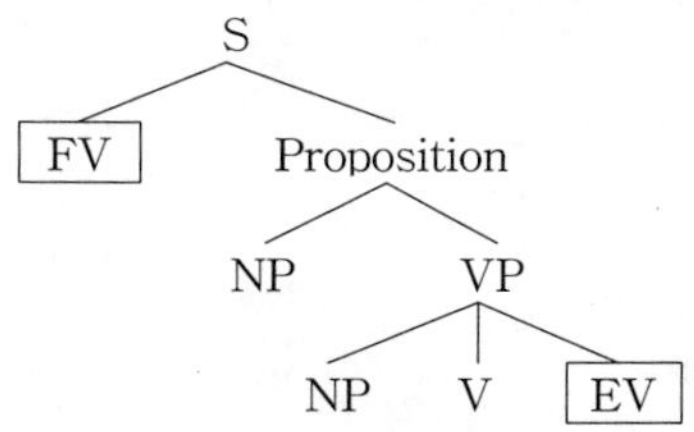

FV : freie Verbergänzung(임의 동사 보충어)＝Angabe(첨가어)
EV : enge Verbergänzung(밀접 동사 보충어)＝Ergänzung(보충어)

만 - 원래 전체 문장의 직접 구성성분이며, 긴밀한 동사 보충어처럼 동사의 하위범주화에 영향을 주지 않는다는 점에서 이들과 구분된다. 헬비히에 의하면, 임의첨가어는 이미 심층구조에서 긴밀한 동사 보충어나 혹은 결합가에 결속된 동사 보충어와 구분된다. 따라서 임의첨가어는 심층구조적인 수단을 통해서 독자적인 고유한 그룹으로 정의되어야 한다. 헬비히에 의하면, 이러한 가능성은 임의첨가어가 완전한 문장으로 환원될 수 있으며, 완전한 문장의 축소(Reduktion)로 간주되는 사실에 있다. 임의첨가어를 보유하고 있는 하나의 문장은 논리적으로 두 개의 서술문(Prädikation)으로 나뉠 수 있다.

> *Die Kinder spielen hinter dem Hause.* ←
> (아이들이 집 뒤에서 놀고 있다)
> Die Kinder spielen. *Das Spielen ist (geschieht) hinter dem Hause.*
> (아이들이 놀고 있다. 노는 것이 집 뒤에서 일어난다)

이와 같이 한 문장을 두 개의 서술문으로 환원시키는 것은 의무적 보충어로만 구성된 문장에서는 불가능하다. 그래서 형식상 위의 문장과 유사한 문장 *Der Obstgarten liegt hinter dem Hause.*(과수원이 집 뒤에 있다)는 두 개의 서술문으로 나뉠 수 없다.

> *Der Obstgarten liegt. Das Liegen ist (geschieht) hinter dem Hause.

이 경우에는 논항 *Obstgarten*(x)와 *Haus*(y) 사이에 관계 R(*liegt*)이 있는 관계 형식문 R(x,y)가 고려된다. 이에 반해, 수의적 보충어를 보유하고 있는 하나의 문장은 종종 두 개의 문장으로 나뉠 수 있다.

> Er wartete *auf seinen Freund.* ←
> (그는 자기 친구를 기다렸다)
> Er wartete. Das Warten betraf *seinen Freund.*
> (그는 기다렸다. 그 기다림은 그의 친구에 관련되었다)

따라서 이러한 방법을 통해서도 (수의적) 보충어를 임의첨가어와 아주 확실하게 구분할 수는 없다. 수의적 보충어에서도 논리적으로는 의무적 보충어에서와 유사한 관계가 존재한다: R(x,y) = *warten*(er, sein Freund). 실제로 임의첨가어만이 문장으로 환원될 수 있다면(=풀어쓰기/동의구문/의역 검사 'Paraphrasetest'를 통해서), 수의적 보충어는 "부정추리(ex negativo)"에 의해서 다음과 같이 규정될 수 있을 것이다: 삭제검사가 의무적 보충어를 골라내고 그리고 풀어쓰기 검사가 임의첨가어를 분리한 이후에, 남아 있는 보충어가 바로 수의적 보충어가 될 수 있을 것이다.

Helbig에 의하면, 임의첨가어가 어떤 종류의 문장으로 환원될 수 있는가 하는 것은 별로 중요하지 않다. Helbig 자신은 문장이 두 개의 주문장 형태의 서술문으로 나뉘어지는 위의 경우들 이외에, 시간 표시 부문장에 해당하는 임의 장소첨가어(freie Ortsangabe)와 임의 시간첨가어(freie Zeitangabe)에 대한 예들을 제시하고 있다.

> Er aß sein Brot *in der Schule*. ←
> (그는 학교에서 빵을 먹었다)
> Er aß sein Brot, *als er in der Schule war*.
> (그는 학교에 있을 때 빵을 먹었다)
>
> Er besuchte uns *am Nachmittag*. ←
> (그가 오후에 우리를 방문했다)
> Er besuchte uns, *als es Nachmittag war*.
> (그가 우리를 방문했는데 그때는 오후였다)

이에 대한 대조로서 의무적인 장소 보충어는 시간 표현 부문장으로 환원될 수 없다는 사실이 언급된다.

> Mein Freund wohnte in Dresden. ←
> (내 친구는 드레스덴에서 살았다)
> *Mein Freund wohnte, als er in Dresden war.

상기의 문장 *Er wartete auf seinen Freund.*(그는 자기 친구를 기다렸다)도 시간 표현 부문장으로 환원될 수 없다. 왜냐하면 이 문장 구조는 출발 문장과 그 내용이 다르기 때문이다: *Er wartete, als sein Freund da war.*(그는 자기 친구가 왔을 때 기다리고 있었다). 따라서 이제는 마치 수의적 보충어 *auf seinen Freund*가 이러한 부문장 변형을 통해서 임의첨가어 *in der Schule*(예:*Er aß in der Schule.*)와 구분될 수 있는 것처럼 보인다. 그러나 이제 우리가 명심해야 할 것은 수의적 보충어를 갖는 해당 문장이 두 개의 주문장 형식의 서술문으로 환원될 수 있다는 사실이다. 하지만 이것은 또한 위에서(보충어가 아니라) 임의첨가어의 특성으로 표현되었다.

> Er wartete auf seinen Freund. ←
> Er wartete. Das Warten betraf seinen Freund.

임의첨가어에 해당하는 문장의 종류를 연구하는 것이 가장 중요한 것처럼 보인다. 이런 연구를 통해서 우리는 아마도 임의첨가어에 해당하는 문장과 수의적 보충어가 환원될 수 있는 문장을 구분할 수 있을 것이다. 이것이 성공할 경우에 비로소, 이 유망한 방법은 보충어와 임의첨가어 간의 경계 설정의 문제점에 대한 최종적인 해결책으로 간주될 수 있을 것이다. 헬비히가 주장하는 것처럼 이 방법이 심층구조적인가 하는 것도 역시 의심스럽다. 어떤 종류의 문장이 심층구조에서 "적격인지(wohlgeformt)"를 알기가 어렵다. 임의첨가어가 완전한 서술문(Prädikation)으로 환원된다면, 서술문은 어쨌든 표층구조적인 문장이다. 하지만 심층구조가 이 문장의 토대가 되어 있는 것은 당연하다.[32]

헬비히의 방법이 아직은 보충어와 첨가어 간의 경계 설정의 문제점에 대한 최종적인 해결책으로 간주될 수는 없지만, 거의 모든 첨가어 그룹들이 (비록 개개의 첨가어 전부는 아니지만) 완전한 문장으로 환원될 수 있다는 사실

---

32) Helbig의 심층구조는 많은 비판을 받았다: Ballweg/Hacker/Schumacher(1972:105); Emons(1974:72); Korhonen(1977:132f.). 임의첨가어와 보충어의 구분에 대한 다른 시도들은 다음을 참조하기 바람: Brinker(1972:186f.); Andresen(1973:49); Heringer(1970:77); Ballweg/Hacker/Schumacher(1972:107f.); Öhlschläger(1970:13).

을 확정할 수 있다. 대부분의 경우에 이러한 문장들은 주문장 형식의 서술문인데, 이들의 주어로는 첫 번째 서술문의 전체 내용을 지시하는 대명사(독일어 *es*, 영어 *it*, 핀란드어 *se*)가 사용되고, 술어로는 동사 *geschehen*(happen 등)이 사용된다.

  a) 임의의 장소첨가어와 시간첨가어를 찾아내는 일이 가장 쉽다.

> Ich sah ihn *hier/gestern.* ←
> (나는 그를 여기서/어제 보았다)
> Ich sah ihn. *Es geschah hier/gestern.*
> (나는 그를 보았다. 그 일은 여기서/어제 일어났다)

> I saw him *here/yesterday.* ←
> I saw him. *It happened here/yesterday.*

> Näin hänet *täällä/eilen.* ←
> Näin hänet. *Se tapahtui täällä/eilen.*

  임의첨가어가 시간첨가어(Zeitangabe)이면, 두 번째 서술문의 술어로서 몇몇 경우에는 동사 *dauern*(영어 *take*, 핀란드어 *kestää*)도 사용될 수 있는데, 이 동사는 *geschehen* 동사와 똑같이 일반적인 성격을 가진다.

> Die Kinder spielten *den ganzen Tag.* ←
> (아이들이 온종일 놀았다)
> Die Kinder spielten. *Es dauerte den ganzen Tag.*
> (아이들이 놀았다. 그것이 온종일 지속되었다)

> The children were playing *the whole day.* ←
> The children were playing. *It took the whole day.*

> Lapset leikkivät *koko päivän.* ←
> Lapset leikkivät. *Sitä kesti koko päivän.*

b) 원인첨가어(Begründungsangabe)도 종종 하나의 완전한 문장으로 환원될 수 있다.

> Der Mann ermordete seine Frau *aus Eifersucht.* ←
> (그 남자는 자기 부인을 질투심에서 살해했다)
> Der Mann ermordete seine Frau. *Es geschah aus Eifersucht.*
> (그 남자는 자기 부인을 살해했다. 그 일은 질투심에서 일어났다)
>
> The man murdered his wife *for (out of) jealousy.* ←
> The man murdered his wife. *It happened for (out of) jealousy.*
>
> Mies surmasi vaimonsa *mustasukkaisuudesta.* ←
> Mies surmasi vaimonsa. *Se tapahtui mustasukkaisuudesta.*

c) 방법첨가어(Artangabe)는 일반적으로 해당 형용사 술어보충어를 포함하는 하나의 문장으로 환원될 수 있다.

> Die Kinder spielten *freudig.* ←
> (아이들이 즐겁게 놀았다)
> Die Kinder spielten. *Es (Das Spielen) war freudig.*
> (아이들이 놀았다. 그것(노는 것)이 즐거웠다)
>
> Lapset leikkivät *iloisesti.* ←
> Lapset leikkivät. *Se oli iloista.*

d) 소위 술어첨가어(Prädikativangabe)도 술어보충어가 있는 하나의 문장으로 환원될 수 있다.

> *Als reicher Mann* kam er zurück. ←
> (그는 부자가 되어 돌아 왔다)
> Er kam zurück. *Er war ein reicher Mann.*
> (그는 돌아왔다. 그는 부자였다)

He came back *as a rich man.* ←
He came back. *He was a rich man.*

Rikkaana miehenä hän tuli takaisin. ←
Hän tuli takaisin. *Hän oli rikas mies.*

e) 독일어의 임의 여격(freier Dativ)도 종종 하나의 완전한 문장으로 환원될 수 있다.

Er wäscht *seinem Vater* das Auto. ←
(그는 자기 아버지를 위해 자동차를 닦는다)
Er wäscht das Auto. *Es geschieht für seinen Vater.*
(그는 자동차를 닦는다. 그것은 자기 아버지를 위한 일이다)

2. 브링커(Brinker)에 의해 도입된 독일어에서의 소위 *und zwar* - 검사
(und zwar-Probe)[33]는 상기의 서술문 검사(Prädikationsprobe)와 아주 유
사하다. 이 검사에 의하면 첨가어는 *und zwar*의 삽입을 통해 잔여문장
(Restsatz)에 연결될 수 있으나, 보충어에서는 이런 연결이 대개 불가능하다.

Ich sehe meinen Freund *in Berlin/morgen.* ←
(나는 내 친구를 베를린에서/내일 만난다)
Ich sehe meinen Freund, *und zwar in Berlin/morgen.*
(나는 내 친구를 더욱이 베를린에서/내일 만난다)

Er ermordete seine Frau *aus Eifersucht.* ←
(그는 자기 부인을 질투심에서 살해했다)

Er ermordete seine Frau, *und zwar aus Eifersucht.*
(그는 자기 부인을, 더 정확히 말해서 질투심에서 살해했다)

---

33) Brinker(1972:190f.).

Er wohnt in Berlin. ←
(그는 베를린에서 살고 있다)
*Er wohnt, und zwar in Berlin.

그러나 보충어와 첨가어를 구분하기 위한 이러한 조작적인 기준도 역시 수의적인 보충어에서는 소용이 없다는 사실을 확정하지 않을 수 없다. 즉, 이러한 조작적인 기준은 종종 수의적인 보충어에서도 적용될 수 있다.

Er wartet *auf seinen Freund.* ←
Er wartet, *und zwar auf seinen Freund.*

3. 위에서 논의된 일반적인 기준들 이외에 보충어와 첨가어를 구분하기 위한 개별 언어적인 기준들도 존재한다. 그래서 독일어의 몇몇 경우에는 보충어와 첨가어 간의 차이점을 문장의 어순(Wortstellung)에서 관찰할 수 있다.34)

a) 두 가지 부사규정어들 중에서 결합가에 결속된 부사규정어(=부사보충어)가 일반적으로 임의 부사규정어(=부사첨가어)보다 뒤에 온다.

Du hast das Buch { *am Vormittag* { *auf den Schrank* gelegt.
　　　　　　　　　 부사첨가어　　　　 부사보충어

(*)Du hast das Buch auf den Schrank am Vormittag gelegt.
(Helbig에 의하면 이 문장은 "약간 변칙적"이다)

b) 임의 부사첨가어(freie Adverbialangabe)는 제한된 범위 내에서 독일어에서 특징적인 **문장 틀**(Satzrahmen)(예:*hat...gelegt*) 밖의 문미(Satzende)에 올 수 있다. 이에 반해 부사보충어(Adverbialergänzung)에서는 - 예컨대 격목적어에서 - 문어의 경우 이것이 불가능하다.

---

34) Helbig/Schenkel(1973:47f.).

(*)Du hast das Buch auf den Schrank gelegt *am Vormittag.*
(이 문장은 적어도 문법적인 문장에 근접한다)
*Du hast das Buch am Vormittag gelegt *auf den Schrank.*
*Du hast am Vormittag auf den Schrank gelegt *das Buch.*

c) 문장 부정어(Satznegation) *nicht*의 위치도 역시 부사규정어가 결합
가 결속적인지 혹은 임의적인지를 반영한다.

Er wohnte nicht *in Berlin.* (부사보충어)
(그는 베를린에서 살지 않았다)
*Er wohnte *in Berlin* nicht.

Er traf sie nicht *in Berlin.* (부사첨가어)
Er traf sie *in Berlin* nicht.
(그는 그녀를 베를린에서 만나지 않았다)

따라서 문장 부정어 *nicht*는 대체로 부사보충어 앞에 오지만, 부사첨가
어의 경우에는 그 앞에도, 뒤에도 올 수 있다.

지금까지의 논의에서 명백하게 밝혀진 것은 임의첨가어와 수의적 보충어
를 정확하게 구분할 수 있는 아주 확실한 조작적인 기준들을 발견하는 것
이 현재로서는 불가능하다는 사실이다. 이 점에서 우리는 전과 마찬가지로
우리의 직관을 증거로 내세울 수밖에 없다. 실제로 이러한 "언어 능력
(Sprachkompetenz)"도 가끔 도움이 된다. 왜냐하면 보충어의 구분에 대한
문제는 실제적인 문제라기보다는 이론적인 문제이기 때문이다. 극히 일부
의 경우에서만 - 예컨대 방법규정어(Artbestimmung)에서처럼 - 수의적 보충
어를 임의첨가어와 구분하는 것이 실제로 아주 어렵다. 중요한 것은 수의
적 보충어 역시 형태적으로나 의미적으로 동사에 의해 선택되므로 모든 문
장에서 - 원칙적으로 임의첨가어처럼 - 임의로 첨가될 수 없다는 사실이다.
수의적 보충어는 의무적 보충어와 마찬가지로 동사의 특정한 하위부류에
종속한다. 다시 말해서, 이들은 동사의 하위부류에 특수한 문장성분
(verbsubklassenspezifisches Satzglied)이다.

4.1.3 결합가의 변화

문장의 실제 발화에서 동사의 결합가는 해당 동사의 잠재적인 (어휘적) 결합가에 비해 대체로 변화하는데, 즉 수의적 보충어가 생략/삭제됨으로써 결합가가 감소(Reduzierung)된다. 특정한 문맥에서는 의무적 보충어도 생략될 수 있다. 몇몇 경우에는 결합가의 증가(Erhöhung)에 관해서도 말할 수 있다. 결합가는 또한 특정한 문법 범주를 통해서도 영향을 받을 수 있다.

4.1.3.1 결합가의 감소

1. 수의적 보충어의 생략은 일반적으로 해당하는 문장 발화가 들어 있는 문맥(Kontext)으로부터 설명될 수 있거나 혹은 특정한 의미적인 상(seman-tisches Aspekt)으로 소급될 수 있다.[35]

a) 동작(Tätigkeit)의 완료(Vollzug)가 아니라 진행(Verlauf)만을 생각할 경우에 수의적 보충어는 종종 생략된다. 독일어에서는 가끔 아주 유사한 두 개의 동사가 있는데, 이들 중 하나는 감소된 결합가를 통해 동작의 진행을 표현할 수 있으며, 다른 하나는 언제나 완료를 표현한다.

> Er *aß*. (〈 Er aß Brot.) - He was eating.
> (그는 먹고 있었다)
> Er *verzehrte* das Brot.
> (그는 그 빵을 다 먹었다)

> Sie *warteten*. (〈 Sie warteten auf den Zug.) - They were waiting.
> (그들은 기차를 기다리고 있었다)
> Sie *erwarteten* den Zug.
> (그들은 기차를 기다렸다)

감소된 결합가가 있는 이러한 표현들에서는 목적격 표현이 중요하지 않거나 언어 외적인 문맥에 의해 이해될 수 있다.

---

35) Korhonen(1977:179f.).

 b) 사건(Geschehen)의 양태(Art)를 (다른 사건의 양태와 대조하여) 강조하거나 혹은 사건을 보편타당한 것으로 표현하고자 할 경우에도 수의적 보충어는 생략될 수 있다. 그러면 수의적인 2가의 동사에서 전달의 강조점은 동사로 옮겨진다.

> Der Mann ist *geflogen*. (und nicht gefahren)
> (그 남자는 (차를 타고 간 것이 아니라) 비행기를 타고 갔다)
> Der Bauer *pflügt*. (d.h. er mäht oder sät nicht)
> (그 농부는 (풀을 베거나 씨를 뿌리는 것이 아니라) 쟁기질을 한다)
> Vater *raucht*. 'Vater ist Raucher'
> (아버지는 담배를 피우신다. '아버지는 애연가이다')

 c) 수의적 보충어는 또한 문장 외부의 언어적 문맥을 통해서도 보충될 수 있는데, 이 때 문장 경계를 넘어서지 않을 수 없다. 이 경우에 수의적 보충어는 대개 다음 두 문장이 보여주는 바와 같이 사전에 언급된 내용(Vorerwähntheit)이다.

> Fritz will den Hund füttern. Er bringt das Fleisch.
> (프리츠는 개에게 먹이를 주려고 한다. 그는 고기를 가져온다)

 두 번째 문장에서 하나의 보충어(여격 목적어: *dem Hund*)가 비어 있다. 이 보충어는 - 물론 형태론적으로는 다른 형태이지만 - 이미 앞 문장에 존재하기 때문이다. 따라서 수의적 보충어는 문장 의무적(satzobligatorisch)이 아니라, 텍스트 의무적(textobligatorisch)이라고 말할 수 있다.

 d) 동사가 행위자격(Agens) 표현과 목적격(Ziel) 표현 이외에 여격(Partner)표현을 취하는 경우, 여격 표현은 종종 생략될 수 있지만 목적격 표현은 의무적이다.

> Er bringt (seinem Freund) eine Tafel Schokolade.
> (그는 (자기 친구에게) 초콜릿 한 장을 가져온다)

소위 수동태 동사(passivisches Verb)에서도 역시 행위자격 표현이 생략될 수 있다.

> Sie bekommt (von ihrem Freund) ein Buch.
> (그녀는 (자기 친구로부터) 책 한 권을 받는다)

따라서 여기서 결합가의 감소(Reduzierung)는 수의적 보충어의 의미와 그리고 결합가 보유어(Valenzträger), 즉 동사의 의미에 대한 이들의 관계에 기인한다.

e) 위에서 다룬 수의적 보충어의 감소에 대한 논의에서 특징적인 것은 동사의 개념적 의미나 외연적 의미가 불변임에도 불구하고 전체 문장의 내용이 변한다는 사실이다.

> Er wartet auf mich. ≠ Er wartet.
> (두 문장에서 문제가 되는 것은 'warten'이다.)

그러나 문장의 의미가 전혀 변하지 않는 가운데 보충어가 생략될 수 있는 경우도 있다.

> Die Henne legt Eier. = Die Henne legt.
> (암탉이 알을 낳는다)
> Die Pilze riechen schlecht. = Die Pilze riechen.
> (버섯에서 나쁜 냄새가 난다)

이 경우에 특정한 동사의 특정한 보충어는 자주 생략되기 때문에 시간이 지나면서 동사의 의미에 동화되어, 동사가 어느 정도 새로운 의미와 새로운 결합가를 가지게 되었다. 따라서 문맥과 상관없이 보충될 수 있는 원래의 의무적 보충어가 생략되어 수의적이 되었다. 여기서 생략(Ellipse)에 관해 언급하는 헬비히에 의하면, 생략된 보충어는 언제나 함께 고려(mitgedacht)된다.36) 하지만 생략된 원래의 보충어가 더 이상 그 자체로서 보충될 수 없어서 동사가 명백히 하나의 새로운 의미를 갖게 된 경우들도 있다.

> Der Bauer *legt Bohnen*.
> (농부가 콩을 심는다)
> 'Legt Bohnen in den Erdboden und bedeckt sie mit Erde'.
> (원래는 'in den Erdboden legen 땅 속에 묻다', 비교: Er legt ein Buch auf den Tisch. 그는 책을 책상 위에 둔다)

2. 수의적 보충어가 일반적으로 언어 문맥이나 상황 문맥으로부터 보충될 수 있을 경우, 즉 텍스트나 혹은 상황문맥에 의무적(textobligatorisch/situationskontextobligatorisch)인 경우, 수의적 보충어는 고립된 문장에서 생략될 수 있다. 이에 반해 의무적 보충어는 고립된 문장에서 필수적이다. 따라서 의무적 보충어는 문장에 의무적(satzobligatorisch)인 것으로 간주할 수 있다. 그러나 아주 특정한 조건하에서는 의무적 보충어 역시 생략될 수 있다.37)

a) 의무적 보충어가 대화에서는 생략될 수 있다. 즉 질문에 있는 보충어를 대답에서 무조건 반복할 필요는 없다. 대개 주어와 술어보충어가 생략되지만 목적어도 생략될 수 있다.

> Kommt dein Freund zum Vortrag mit? - Kann kommen.
> (너의 친구가 강연회에 오니? - 올 수 있어)
> Ist er älter als sein Nachbar? - Ist er.
> (그가 자기 이웃사람보다 나이가 많니? - 그가 많아)
> Erwartet sie ein Kind? - Ja, sie erwartet.
> (그녀가 임신중이니? - 그래, 임신중이야)

예를 들면 핀란드어의 몇몇 경우에는 의무적 보충어가 생략될 수 있지만, 독일어에서는 의무적 보충어가 생략될 수 없으며, 보충어가 반복되거나 혹은 명사적 대명사(substantivisches Pronomen)로 대치되어야 한다.

---

36) Helbig/Schenkel(1973:53); Korhonen(1977:184f.).
37) Korhonen(1977:182).

Hän antoi minulle kirjan. - Antoiko hän sinullekin?
Er gab mir ein Buch. - *Gab er auch Dir?
(그가 나에게 책 한 권을 주었다 - *그가 너에게도 주었니?)
(Gab er auch Dir eins? '그가 너에게도 한 권 주었니?')

b) 주어 위치가 비인칭 주어 *das*로 채워져 있으면, 의무적 보충어가 종종 생략될 수 있으나, 인칭 주어에서는 의무적 보충어의 생략이 불가능하다.

Das nützt/das schadet. (그것은 도움이 된다/손해가 된다)
*Der Mann nützt/der Mann schadet.

c) 특정한 동사에서 빈자리를 어느 정도 채워 주는 첨가어나 부정어가 문장에 있을 경우 의무적 보충어는 보다 쉽게 생략될 수 있다.

Er hilft nie/immer/gern. (그는 결코/항상/기꺼이 돕는다)
?Er hilft.

In diesem Haus entscheide ich.
(이 집에서 나는 결정을 내린다)
?Ich entscheide.

4.1.3.2 결합가의 증가

결합가 관계의 고찰에서 소위 **전체 결합가**(Gesamtvalenz), 즉 보충어의 전체 수에서 출발할 경우에는 결합가 변화란 결합가 감소(Valenzreduzierung)만을 의미할 수 있을 것이다. 이에 반해 가장 자주 등장하는 결합가 구조로 이해될 수 있는 소위 **기본 결합가**(Grundvalenz)를 출발점으로 할 경우에는 결합가 증가(Valenzerhöhung)에 관해서도 말 할 수 있을 것이다.[38]

1. 술어보충어(Prädikativ)를 요구하는 몇몇 3가 동사에서 변화(Entwicklung)의 출발점이 되는 보충어는 일반적으로 기본 결합가에 속하지 않는다.

---

38) Korhonen(1977:194f.); "기본 결합가"에 대해서는 Ehnert(1974) 참조.

Ihr Gefühl entwickelte sich vom Mitleid zur Liebe.
(그녀의 감정은 동정심에서 사랑으로 변했다)

기본 결합가의 관점에서 볼 때, *vom Mitleid*(동정심에서)는 아마도 결합가의 확대로나 혹은 증가로 간주될 수 있을 것이다.

2. 형식적 주어(formales Subjekt)로서 비인칭 대명사 *es*를 갖는 몇몇 비인칭 동사에서 대격 명사가 부가되어 결합가가 확대될 수 있다.

Es regnet *dicke Tropfen/Bindfäden*. (비가 억수같이 온다)
Es hagelte *Taubeneier*. (비둘기 알만한 우박이 내린다)

3. 소위 내적 목적어(inneres Objekt=내용의 대격 'Akkusativ des Inhalts')에서도 결합가는 증가한다.

Er schläft *den Schlaf des Gerechten*.
(그는 편안히/깊은 잠을 잔다)
Es tanzt *einen Walzer*.
(그는 왈츠를 춘다)
Er schwitzt *Blut*.
(그는 피땀을 흘린다)

4.1.3.3 문법 범주가 결합가에 미치는 영향

동사의 결합가는 우선 동사 자체에 의해 결정된다. 그래서 양적 결합가는 주로 동사의 의미에 의해 결정된다. 동사의 조어(Wortbildung)도 역시, 예컨대 독일어에서 전철(*be-*, *er-* 등)도 결합가에 영향을 줄 수 있다. 이를 테면 *warten*의 결합가는 $1+(1)=2 \rightarrow Sn+(pS_{auf})$이지만, *erwarten*의 결합가는 $2 \rightarrow Sn$, Sa이다.

Er wartet (*auf seinen Freund*).
Er erwartet *seinen Freund*.
(그는 자기 친구를 기다린다)

이와 같은 정상적인 결합가 요인 이외에 동사의 결합가에 영향을 줄 수 있는 또 다른 범주들이 존재한다.[39]

1. 수동 변형에서 의무적 결합가는 일반적으로 한 단위가 감소되지만 전체 결합가는 불변이다. 즉 능동문의 의무적인 1격 주어(Nominativsubjekt)가 수동문에서는 수의적인 행위자격이 된다.

> Er las das Buch. →
> Das Buch wurde (von ihm) gelesen.
>
> He read the book. →
> The book was read (by him).

핀란드어에서는 보통 행위자격이 존재하지 않기 때문에 전체 결합가 역시 감소된다.

> Hän luki kirjan. 'Er las das Buch.' (능동 $1+(1)=2$)
> Kirja luettiin. 'Das Buch wurde gelesen.' (수동 1)

2. 주어의 수(Numerus)도 역시 종종 동사의 결합가에 영향을 미칠 수 있다. 단수에서 복수로의 변화는 의무적 결합가를 감소시킬 수 있다.

> Die KPD vereinigte sich mit der SPD.
> (독일 공산당이 사민당과 통합하였다)
> (sich vereinigen$_2$→Sn, pS$_{mit}$)
>
> Die Parteien vereinigten sich (miteinander/mit einerdritten).
> (sich vereinigen $_{1+(1)}=_2$→Sn, (pS$_{mit}$))
> (두 정당은 (서로/제3의 정당과) 통합하였다)

---

39) Helbig/Schenkel(1973:58f.).

3. 목적어의 수도 역시 이와 유사하게 결합가를 감소시킬 수 있다.

Man vereinigt den Turnverein mit dem Ruderverein.
(우리는 체조협회와 보트클럽을 통합한다)
(vereinigen$_3$ - Sn, Sa, pS$_{mit}$)

Man vereinigt die beiden Sportvereine (miteinander/mit einem dritten).
(vereinigen$_{2+(1)=3}$ - Sn, Sa, (pS$_{mit}$))
(두 스포츠 단체를 (서로/제3의 단체와) 통합한다)

4. 동작태(Aktionsart)가 질적 결합가에 영향을 줄 수 있다. 예를 들어 완료태(perfektive Aktionsart)가 지속태(durative Aktionsart)로 변하면, 대격 목적어가 전치사 목적어로 변화할 수 있다.

Er liest (ein Buch). - lesen$_{1+(1)=2}$ - Sn, (Sa) (완료태)
(그는 (책을) 읽는다)
Er liest (in einem Buch). - lesen$_{1+(1)=2}$ - Sn, (pS$_{in}$) (지속태)
(그는 계속해서 책을 읽는다)

5. 결합가는 재귀대명사화(Reflexivierung)를 통해 변화할 수 있다.

Im Sessel wird gesessen. (gesessen werden$_1$→pS)
(안락의자에 앉는다)
Im Sessel sitzt es sich bequem. (sich sitzen$_{2+es=3}$→pS, es, Adj.)
(안락의자에 앉으면 편안하다)

여기서 수동형 동사의 결합가는 1이고, 수동형 재귀동사의 결합가는 2+es인데, 이 때 형용사와 es는 의무적이 되었다.[40]

---

40) Jäntti(1979:367f.)

4.2 문장의 구조적 중심으로서의 동사

결합가에 따라서 특정한 보충어를 부여받는 동사가 문장의 구조적 중심
으로서의 기능을 수행한다.

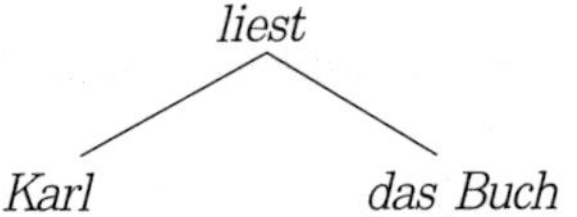

그러나 문장의 구조적 중심으로서의 동사에는 정동사뿐만 아니라 다른
동사 형태들도 포함될 수 있다.

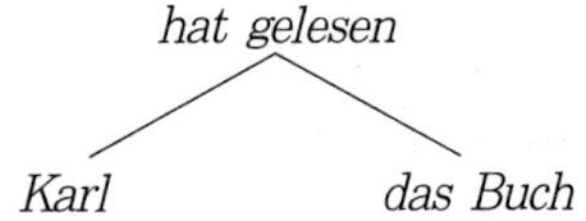

문장의 구조적 중심으로서의 동사는 항상 하나의 어휘적 내용('*lesen*')과
특정한 문법적 내용을 갖는다. 예를 들면, *hat gelesen*은 동사적 개념
'*lesen*'을 표현할 뿐만 아니라, 시제를 나타내는 문법적 범주도 표현한다.
문장의 중심으로서의 동사는 "문법적 술어(grammatisches Prädikat)"라고
일컫는다. 이 술어는 다음과 같이 정의될 수 있다.

술어(Prädikat)란 하나의 어휘적 동사 내용을 표현하며, 그 동사 내용을
1)서법(Modus), 2)시제(Tempus), 3)동사의 태(Genus verbi:능동과 수동)와
관련하여 실현시키는 정동사이거나 혹은 정동사가 있는 동사군이다. 몇몇
언어에서는 상(Aspekt)이나 동작태(Aktionsart)의 표현도 술어가 해야 할
문법적 과제에 속한다. 인칭과 수도 역시 술어에 의해 표현되지만 보통 주
어와 함께(=Kongruenz, 일치) 표현된다.[41]

동사군이 실제로 단지 하나의 어휘적 동사 내용을 갖는지, 혹은 다수의
동사 내용을 갖는지 하는 것은 대치 검사(Substitutionsprobe, Ersatzprobe)

---

41) Tarvainen(1976b:283f.).

를 통해서 검증할 수 있다: 술어의 기본형태(직설법 현재)는, 그것과 동일한 동사적 내용을 갖는 모든 형태 및 통합소(Syntagma)가 조사될 때까지, 동일한 동사의 다른 형태나 혹은 동일한 동사를 갖는 동사적 통합소로 대치된다. 예를 들면, *lesen*의 다음과 같은 동사 형태와 통합소가 술어(Prädikat)이다.

> Karl *liest - las - lese - läse - hat gelesen - hatte gelesen - würde lesen - würde gelesen haben - dürfte lesen - dürfte gelesen haben - kann gelesen haben* 등.

이러한 대치에서 동사적인 문장 내용은 변하지 않았다. 다수의 단어로 구성된 동사적 통합소인 "바꿔쓰기(Umschreibung)"에서도 언제나 '*lesen*'이 문제된다. 그러나 문장을 *Karl hat lesen können.*(카알은 읽을 수 있었다)이라는 형태로 변형하면, 우리는 이 문장에서 두 개의 동사 내용, 즉 '*imstande sein/in der Lage sein*'(할 수 있다)과 '*lesen*'(읽다)을 갖게 된다. 이러한 대치에서는 동사적인 문장 내용이 더 이상 불변적인 것이 아니라, 이 문장은 개념적인 의미 보유어로서 두 개의 동사, 즉 *können*과 *lesen*을 제시한다. 따라서 위의 문장에서 전체 동사 복합체(Verbalkomplex) *hat lesen können*이 구조적 중심으로 간주될 수 없으며, 동사적 통합소 *hat können*이 술어가 되고, 부정사 *lesen*은 보충어로서 이 술어에 종속한다.

이에 반해 *Karl kann das Buch gelesen haben.*(카알은 그 책을 읽었을 것이다)이라는 문장에서는 보통 동사 내용 '*lesen*'만이 표현되고, *kann*은 "가능성(추측)의 서법 형태소(Modusmorphem des Potentials)"로 간주될 수 있다: '*Karl hat wohl gelesen*'. 이 경우에는 전체 통합소 *kann gelesen haben*이 술어가 된다.

문장의 구조적 중심인 술어를 조사할 경우에 화법/서법동사(Modalverb)가 있는 동사적 통합소에서 어휘적 사용(예:*hat lesen können*, 읽을 수 있었다)과 순수 문법적 사용(예:*kann lesen haben*, 읽었을 것이다)을 구별하는 것이 중요하다.[42] 화법동사가 어휘적으로 사용되면, 화법동사가 의미 보유어

---

42) Tarvainen(1976a:10f.).

(예:*können* 'imstande sein/in der Lage sein', 할 수 있다)가 되어 술어를 형성한다. 그러나 화법동사가 문법적으로 사용되면, 화법동사가 단독으로 문장의 구조적 중심을 형성하는 것이 아니라 화법동사와 본동사(Hauptverb)가 다 함께(예:*kann lesen haben*) 술어를 형성한다. 이 때 본동사가 의미 보유어이고 화법동사가 (분석적인) 서법 형태소이다. 두 문장 *Karl kann das Buch gelesen haben.*(카알은 그 책을 읽었을 것이다)과 *Karl hat das Buch lesen können.*(카알은 그 책을 읽을 수 있었다) 간의 통사적 차이는 물론 이들의 의존 도식에서도 표현된다.

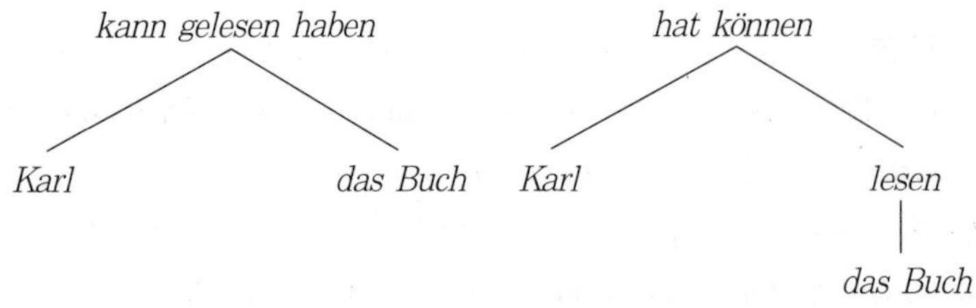

완료형의 통합소 *kann gelesen haben*과 *hat lesen können*에서 화법동사의 상이한 사용은 또한 형태론적으로도 표현된다. 서법 형태소로서의 *können*은 과거 시제에서도 변함없이 *kann*으로 나타나며, 과거는 완료부정사(예:*gelesen haben*)를 통해서 표현된다. 이에 반해 어휘적인 완전동사(Vollverb) *können*에서는 완료형 *hat...können*이 가능하다. 예컨대 *dürfte gelesen haben*(읽었을 것이다)과 *hätte lesen dürfen*(읽어도 되었다)도 이와 유사하게 행동한다. 그러나 *kann*과 *dürfte*가 현재 부정사와 결합되면, 이들의 순수한 문법적 사용과 개념적인 의미 보유어, 즉 "완전동사"로서의 어휘적 사용을 구분할 수 있는 아무런 형태론적 기준도 존재하지 않는다. 그래서 문장 *Mein Bruder dürfte kommen.*은 중의적이다: 1) *'Mein Bruder hätte die Erlaubnis zu kommen.'* (술어로서 *dürfte* *'Erlaubnis haben'*+보충어로서 부정사 *kommen*) (내 형은 와도 된다-허가), 2) *'Mein Bruder kommt vielleicht.'* (술어로서의 *kommen*에 대한 분석적인 서법 "가능성"(추측)의 형태로서 *dürfte kommen*) (내 형은 아마도 올 것이다-추측).

핀란드어에서는 분석적인 과거 시제(예컨대 완료형)에서도 화법동사의 문법적 사용과 어휘적 사용 간에 아무런 형태론적 차이가 존재하지 않는다. 그래서 *Kalle on voinut lukea kirjan.*이라는 문장은 중의적이다: 1) 'Karl kann das Buch gelesen haben', 2) 'Karl hat das Buch lesen können'.

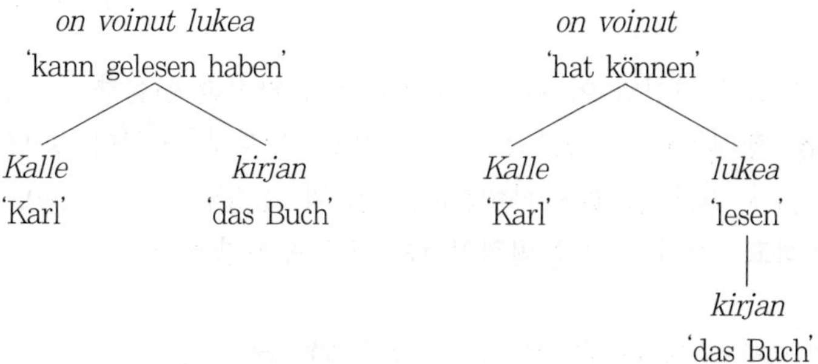

따라서 부정사는 술어의 일부가 될 수 있을 뿐만 아니라 보충어가 될 수도 있다.

Karl *dürfte* heute das Buch *lesen.* 'liest wohl' (부정사는 술어의 일부이다)
(카알은 오늘 아마도 그 책을 읽을 것이다)

Karl *dürfte* das Buch lesen, er will aber nicht.
(부정사는 술어 *dürfte*의 보충어이다)
(카알은 그 책을 읽어도 되지만 읽으려고 하지 않는다)

부정사가 술어의 일부인 경우 부정사에 종속하는 규정어는 술어 자체의 의존소가 된다. 부정사가 보충어인 경우 부정사의 규정어는 술어 자체의 의존소가 아니다. 왜냐하면 이 규정어는 술어(화법동사)의 의존소로서 기능을 하는 부정사에 종속하기 때문이다. 우리는 부정사의 이러한 규정어를 2등급의 보충어나 첨가어라고 일컬을 수 있다(예를 들면, 부정사의 목적어).

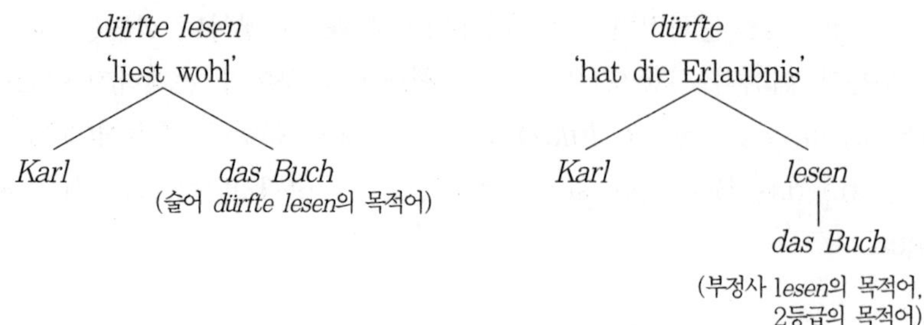

화법동사는 또한 자신의 어휘적인 의미를 거의 완전히 상실하여 다만 문법적인 서법 형태소로만 나타날 수도 있다. 그래서 독일어 화법동사 *mögen*은 - 'gern haben'(좋아하다)이라는 내용과 접속법(Konjunktiv) *möchte*를 제외하고 - 거의 오직 문법적인 과제만을 수행한다.

> Er *mag* etwa 40 Jahre alt *gewesen sein.* (가능성=추측)
> (그는 대략 40세쯤 되었을 것이다)
> Was auch *geschehen mag/möge,* (양보)
> (무슨 일이 일어나더라도)
> Diese Frage *mag/möge* er mit sich selbst *erörtern.* (명령)
> (그는 이 문제를 자기 자신과 논의하기 바란다)

영어의 *may*도 역시 주로 문법적인 조동사이며 독일어 *mögen*과 거의 동일한 기능을 갖는다.

> He *may have missed* the train.   (가능성)
> It is true whatever he *may say.*   (양보)
> *May* they *live* long.   (명령)

핀란드어에서도 역시 몇몇 화법동사들은 서법 형태소로서 거의 문법적으로만 사용된다(예: *taitaa, saattaa* 'mögen, können':가능성). 그 반면에 다른 화법동사들은 - 대부분의 독일어 화법동사와 마찬가지로 - 문법적으로뿐만 아니라 어휘적으로도 사용될 수 있다(예: *voida* 'können':위와 비교).

이와 같은 문법적인 화법동사 구성을 "분석적인 화법동사 서법(analytischer

Modalverbmodus)"이라고 일컬을 수 있으며, 서법체계 내에서 전통적인 서법(직설법, 접속법, 명령법)과 병행시킬 수 있다.

화법동사의 서법은 또한 시제 계열소(Tempusparadigma)를 가질 수 있다.43) 가능성(추측)을 표현하는 영어의 *may*는 두 개의 시제를 갖는다.

He *may lose* his way. (현재)
He *may have lost* his way. (완료)

독일어 화법동사 *mögen*으로 형성되는 가능성은 네 개의 시제를 갖는다: *mag sein* 'ist wohl'(현재); *mochte sein* 'war wohl'(과거); *mag gewesen sein* 'ist wohl gewesen'(현재완료); *mochte gewesen sein* 'war wohl gewesen'(과거 완료).

Mein Bruder *mag* zu Hause *sein*.
(나의 형이 집에 있을 것이다/있을지 모른다)
Mein Bruder *mochte* zu Hause *sein*.
(나의 형이 집에 있을지 몰랐다)
Mein Bruder *mag* zu Hause *gewesen sein*.
(나의 형이 집에 있었을 것이다/있었는지 모른다)
Mein Bruder *mochte* zu Hause *gewesen sein*.
(나의 형이 집에 있었는지 몰랐다)

영어에서는 *-ing-*형태로 형성되어 있으며 지속적 동작태/상(durative Aktionsart/Aspekt)을 표현하는 술어가 특징적이다.

He *is examining*.
He *was examining*.
He *has been examining*.
He *had been examining*.
He *would have been examining*.

---

43) Tarvainen(1976aa:22); Tarvainen(1979:24f.).

4.3 동사의 보충어

동사의 보충어에는 주어(Subjekt), 목적어(Objekt), 부사보충어(Adverbialergänzung), 술어보충어(Prädikativergänzung)가 있다. 그러나 일부 학자들에 의하면, 주어는 동사의 보충어가 아니라 술어와 동급인 문장의 주성분(Hauptglied)이다. 술어보충어 역시 항상 보충어로 간주되지는 않고 술어의 일부로 간주된다. 하지만 많은 학자들은 주어와 술어보충어도 동사의 보충어로 간주한다.44)

동사 보충어는 두 가지 주요 그룹, 즉 완전 보충어와 순수 형식적 보충어로 나뉠 수 있다. 완전 보충어(Vollaktant)는 의미 보유어(Bedeutungsträger)이다. 다시 말해서, 완전 보충어는 대치될 수 있으며 하나의 계열소를 형성한다. 계열소 성분들 중의 하나는 일반적으로 지시 기능을 갖는 단어, 즉 대용어(Anapher)이다. 대용어는 특히 특정한 대명사, 대명사적 부사(Pronominaladverb:PA) 및 부사이다.45) 명사적인 문장성분을 대용어로 대치하는 것을 대용화(Anaphorisierung)라고 일컫는다. 상이한 문장성분(예를 들면, 목적어와 부사보충어)을 상호 구분하고자 할 경우에 대용화가 중요한 역할을 한다. 따라서 완전 보충어는 대치될 수 있으며 대용화될 수 있는 복합체라고 간단히 말할 수 있다(이것은 첨가어에서도 적용된다).

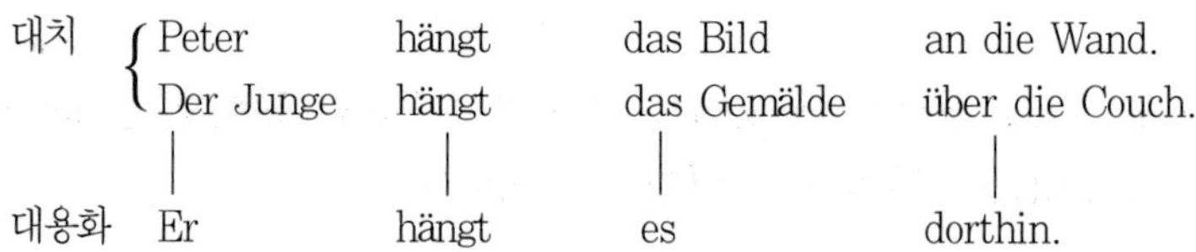

순수 형식적 보충어(formaler Aktant), 예를 들면 형식적 주어 *es*(영어 *it*)는 의미 보유어도 아니고, 다른 어떤 것과도 교환될 수 없으며, 하나의 단일 원소적인 대치 부류를 형성한다. 하지만 순수 형식적 보충어는 동사

---

44) Helbig/Schenkel(1973:26f.;40f.;55f.); Tarvainen(1973:19f.).
45) "대용어"란 명칭은 Bühler와 Tesnière에서 등장하는데, 이들로부터 Engel이 이 용어를 보다 일반적으로 사용하였다. Engel(1970:366; 1972b:27; 1977:291).

에 의해 보충어로서 요구되며, 따라서 결합가에 결속된 요소로 간주되어, 형식적 보충어라고 일컬어질 수 있다.

> *Es* regnet
> *It* is raining.

순수 형식적 보충어는 보충어의 일부(Aktantenteil)로서도 기능을 할 수 있으며, 부정사 형태나 문장 형태의 문장성분 앞에서 동사의 격지배 (Rektion)를 표현할 수 있다.

> Er schafft *es*, die Arbeit zu beenden.
> (그는 그 일을 마무리한다)
> Wir bereiten die Studenten *darauf* vor, dass sie in der Praxis bestehen.
> (우리는 학생들이 실습에서 합격하도록 준비시킨다)

전체 보충어는 형식어(Formwort)와 부정사(부문장)로 구성된다. 그래서 예컨대 첫 번째 문장에서의 목적어는 *es, die Arbeit zu beenden*이다.

독일어와는 반대로 다른 게르만어에서는 이처럼 동사의 격지배를 형식적 보충어로 표시하는 일이 덜 빈번하게 나타난다.

> 스웨덴어 : Han undvek Ø att tala om saken.
> 독일어 : Er vermeidet *es*, über die Sache zu sprechen.
>   (그는 그 일에 대해 말하는 것을 회피한다)

> 스웨덴어 : Hon avstrår Ø, från att delta i exkursionen.
> 독일어 : Sie verzichtet *dar*-auf, an der Exkursion teilzunehmen.
>   (그녀는 연수여행/소풍에 참여하는 것을 포기한다)

완전 보충어들 중에서 명사적(그리고 부사적) 보충어가 가장 큰 그룹을 형성하는데, 이들은 명사, 대명사, 형용사 및 부사로 구성된다.

> Ich denke *an meinen Freund/an ihn*.
> (나는 내 친구/그를 생각한다)

Die Jungen sind *faul/so*.
(그 젊은이들은 게으르다/그렇다)
Ich wohne *in München/dort*.
(나는 뮌헨에서/거기에서 살고 있다)

보충어들은 또한 몇 가지 특수한 형태를 나타내기도 한다. 그 첫 번째 그룹은 부정사, 분사, 동명사로 구성되며 동사적 보충어(verbaler Aktant)라고 일컬을 수 있다.

Er weigert sich *zu kommen*. (부정사)
(그는 오기를 거부한다)
Aufgeschoben ist nicht *aufgehoben*. (분사)
(연기하는 것이 포기하는 것은 아니다)
He enjoys *singing*. (동명사)

대부분의 경우 동사적 보충어는 명사적 보충어를 대신한다.

He enjoys *singing*. - He enjoys *a song*.

몇몇 동사에서는 동사적 보충어가 보충어가 될 수 있는 유일한 가능성을 나타내기도 한다.

Er weigert sich *zu kommen*.
He can *sing*.

완전 보충어의 두 번째 특수 형태는 문장 형태의 보충어(satzförmiger Aktant)인 부문장이다.

Ich weiß, *dass er kommt*.
Ich know *that he'll come*.

문장 형태의 보충어는 동사적 보충어와 등가가 될 수 있다.

Er beschuldigt mich, *dass ich ihn verraten habe.*
Er beschuldigt mich, *ihn verraten zu haben.*
(그는 내가 그를 배반했다고 나에게 책임을 돌린다)

일반적으로 문장 형태의 보충어는 명사적 보충어를 대신한다.

Ich sehe, *dass der Junge kommt.*
(나는 그 소년이 오는 것을 본다)
Ich sehe *den Jungen.*
(나는 그 소년을 본다)

4.3.1 완전 보충어

4.3.1.1 주어

전통적인 견해는 정동사 이외의 문장성분들 중에서 주어에 특수지위 (Sonderstellung)를 부여하였다. 다시 말해서 이 견해에 따르면 주어는 술어와 동급이다: 주어와 술어는 상호 의존하는 문장의 주성분이다. 이 주어 - 술어 관계(Subjekt - Prädikat - Beziehung/Nexus)가 문장의 골격을 형성한다. 따라서 전통적인 견해에 따르면, 주어는 술어의 보충어로서 소위 술어 결합체(Prädikatsverband)[46]의 일부를 형성하는 목적어와는 달리 술어의 보충어가 아니다.

Der Vater liest.

(*Vater*는 *liest*에 의존하고, *liest*는 *Vater*에 의존한다)

Der Vater liest ein Buch.
주어 - 술어 - /보충어 관계

---

46) Duden(1973:479).

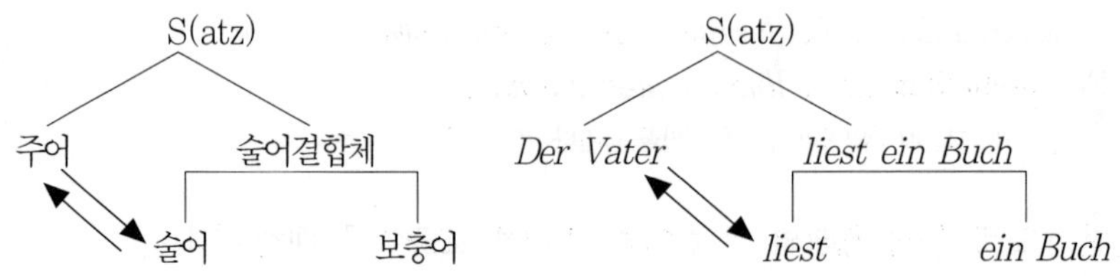

변형생성문법에서도 역시 다른 문장성분들과 비교해 볼 때 주어에 특수 지위가 부여된다. 주어는 NP(=명사구)로서 일반적으로 술어 결합체(=VP, 동사구)와 대립된다.

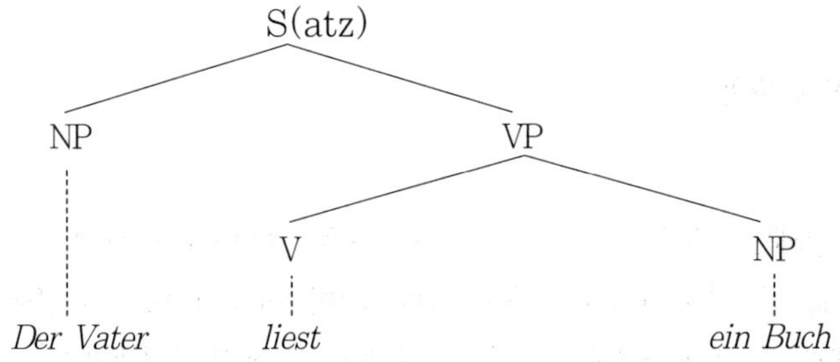

결합가 이론에서는 주어가 일반적으로 특수 지위를 갖지 않으며, 대부분의 결합가 이론가들은 주어를, 예컨대 목적어와 같이 술어동사의 결합가에 결속된 보충어로 간주한다.

결합가 이론의 이러한 견해에 대한 이유를 제시하면 다음과 같다.

1. 몇몇 언어에서는 주어가 없기 때문에 전통적인 의미에서의 주어-술어 관계가 없는 문장들이 있다.

Heute wird getanzt. - Tänään tanssitaan.
(오늘 춤을 춘다)
Mich friert. - Minua palelee.
(나는 춥다)

2. 주어와 목적어가 동일한 논리·의미적 지위를 가질 수 있다: *Ich friere.*와 *Mich friert.*(첫 번째 문장에서의 주어와 두 번째 문장에서의 목적어는 "상태보유자(Zustandsträger)"이다).

3. 주어는 의미적으로 술어에 종속한다. 즉 동사는 주어의 내용을 목적어의 내용과 동일한 방법으로 규정한다:*Der Tisch* schreibt einen Brief.(주어는 술어와 양립할 수 없다);*Der Junge schreibt *den Tisch.*(목적어는 술어와 양립할 수 없다).[47]

하지만 많은 언어에서 주어는 한 가지 점에서 특수 지위를 가지고 있다: 주어는 술어가 인칭과 수에서 일치하는 유일한 문장성분이다. 그밖에 주어가 없어도 되는 언어에서도 주어는 술어의 다른 보충어, 예를 들면 목적어와 부사보충어보다도 훨씬 더 많은 술어에서 등장한다는 사실을 간과해서는 안 된다. 주어와 술어의 일치에 대한 예를 들어보면 다음과 같다.

독일어 : Das Kind *spielt* - Die Kinder *spielen.*
         Ich *spiele.* - Du *spielst.*
영어   : The child *is playing.* - The children *are playing.*
         I *am playing.* - You *are playing.*
핀란드어 : Lapsi *leikkii.* - Lapset *leikkivät.*
         Minä *leikin.* - Sinä *leikit.*

많은 유럽의 언어들은(이제 더 이상) 동사 활용을 하지 않기 때문에 이들 언어에서도 일치는 더 이상 존재하지 않는다.

---

47) Engel(1972b:9); Tarvainen(1976b:292).

스웨덴어 : Barnet *leker*. - Barnen *leker*.
　　　　　Jag *leker*. - Du *leker*.
덴마크어 : Barnet *leger*. - Børnene *leger*.
　　　　　Jeg *leger*. - Du *leger*.

다른 언어들에서는 일치규칙에서 벗어나는 체계화된 예외 현상들이 발견된다: 이를테면 핀란드어에서는 술어가 복수의 부분격 주어(Partitivsubjekt)와는 일치하지 않고 단수로 오는 반면에(*Lapsia*(부분격 복수) *leikkii*(단수) 'Kinder spielen'), 복수의 1격주어와는 일치한다(*Lapset*(복수) *leikkivät*(복수) 'Die Kinder spielen').

다른 언어들에서는 주어가 집합개념(Kollektivbegriff)을 표현하는 경우에 일치 규칙에 대한 붕괴현상이 별로 체계화 되어 있지 않다. 이 경우에 프랑스어는 독일어보다 형식적인 일치를 덜 고려한다: 프랑스어 *La plupart*(단수) *des spectateurs n'avaient*(복수) *pas payé.*와 독일어 *Der größte Teil*(단수) *der Zuschauer hatte*(단수) *nicht bezahlt.*(대부분의 관중들은 지불하지 않았다)를 비교하기 바람. 그러나 독일어에서도 체계화 되지 않은 불안정한 현상이 존재한다: *Eine große Anzahl von Zuschauern war/waren gekommen.*(다수의 관중들이 왔다)

주어와 술어 사이에 일치현상이 존재하는 경우 주어는 순전히 형식적으로 정의될 수 있다. 예를 들면, 독일어와 영어에서도 우리는 주어를 다음과 같이 정의할 수 있다(이 때 주어의 정상적인 형태는 주격의 대명사로 대치될 수 있거나 혹은 대용화될 수 있다는 사실에서 출발한다):

주어(Subjekt)란 술어동사의 결합가에 부합하여 요구되는 1격의 명사나 대명사 내지는 이들의 등가어(예를 들면, 성분문이나 부정사)이며, 술어의 수와 인칭은 일치의 의미에서 주어에 의해 결정되고, 주어는 1격의 인칭대명사나 혹은 지시대명사로 대용화될 수 있다(인칭대명사의 1인칭과 2인칭은 제외하고).

　　Das Kind spielt auf dem Hof(*Es/Das* spielt).
　　(그 아이가 안마당에서 놀고 있다)

Die Kinder spielen auf dem Hof(*Sie* spielen).
(아이들이 안마당에서 놀고 있다)
Ich spiele auf dem Hof.
(나는 안마당에서 놀고 있다)
The child is playing in the yard(*He/Sie* is playing).
The children are playing in the yard(*They* are playing).
I am playing in the yard.

Dass du gekommen bist, freut uns alle(*Es* freut uns).
(네가 왔다는 사실이 우리 모두를 기쁘게 한다)
Seinen Ausführungen zu folgen war schwer(*Es* war schwer).
(그의 상론은 이해하기가 어려웠다)

That sie is still alive is a consolation(*It* is a consolation).
To rob one's parents is unforgivable(*That/it* is unforgivable).

여러 언어들마다 정상적인 유형에서 벗어나는 형태의 주어가 존재한다. 이를테면 독일어에서는 특이한 속격 주어(Genitivsubjekt)가 있으며, 핀란드어에서는 주어를 주격 주어와 부분격 주어(즉, 전체 주어(Total - /Nominativsubjekt)와 부분 주어(Partial - /Partitivsubjekt))로 나누는 것이 이 언어의 특징이고, 영어에서는 동사적 주어로서 *-ing*-주어가 있다.

Hier ist *unseres Bleibens* nicht. (속격 주어)
(우리는 여기에 머무르고 싶지 않다)
Pihalla leikkii *lapsia*. 'Auf dem Hofe spielen Kinder.' (부분격 주어)
(앞마당에서 몇 명의 아이들이 놀고 있다)
(비교 : *Lapset* leikkivät. 'Die Kinder spielen.' (주격 주어))
(그 아이들은 놀고 있다)
Eating people is wrong. (*ing*-주어)

문법적 주어(grammatisches Subjekt)는 표층구조의 현상이며, 그 배후에는 논리·의미적 구조나 혹은 심층구조("심층구조격 Tiefenstrukturkasus")의 여러 가지 관계가 은폐되어 있다.

1. 주어가 능동적인 행위자(Täter)를 표현한다.
   ("능격 Ergativ" 혹은 "행위자격 Agentiv")

   Der Mann schlug den Hund. (그 남자가 개를 때렸다)
   The man stroke the dog.
   Mies löi koiraa.

 2. 주어가 상태보유자(Zustandsträger)를 표현한다.
    ("주격 Nominativ" 혹은 "여격 Dativ")

    Der Mann schläft. (그 남자는 잠을 잔다)
    The man is sleeping.
    Mies nukkuu.

3. 주어가 사건(Geschehen)에 의해 영향을 받는 사물을 지칭할 수 있다.
   ("대상격 Objektiv")

   Der Fenster zerbrach. (비교 : Ich zerbrach *das Fenster*)
   (창문이 부서졌다 - 내가 창문을 부수었다)
   The window broke.
   Ikkuna särkyi.

4. 주어가 어떤 일이 일어나는 장소를 표현할 수 있다("장소격 Lokativ").

   Helsinki ist windig. (Es ist windig *in Helsinki.*)
   (헬싱키에서는 바람이 많이 분다)
   Helsinki ist windy.
   Helsinki on tuulinen.

5. 주어가 도구나 수단을 지칭할 수 있다("도구격 Instrumental").

   Bomben haben die Stadt zerstört.
   (비교:Der Feind hat die Stadt *mit Bomben* zerstört.)

(폭탄이 도시를 파괴했다 - 적이 도시를 폭탄으로 파괴했다)
Bombs destroyed the town.
Pommit hävittivät kaupungin.

주어는 또한 행위 그 자체를 표현하거나("술어 Prädikat") 혹은 순수 형식적이 될 수도 있다.

Gestern ist hier *ein Mord* geschehen. (비교:Man hat jemanden ermordet.)
(어제 여기서 살인사건이 일어났다 - 누군가가 어떤 사람을 살해했다)
There happened *a murder* here yesterday.
Eilen täällä tapahtui *murha*.
Es regnet. - *It* rains. - (*Se*) sataa.

독일어의 대명사 *es*가 단지 문두에서만 가능한 경우, *es*는 동사가 아니라 어순(Wortstellung)에 의해서 요구되며, 주어가 아니라 **문법적 첨가어**(grammatische Angabe)로 간주되어야 한다.

Es kommen heute Gäste. (Heute kommen Gäste.)
(오늘 손님들이 온다)
Es wurde gestern getanzt. (Gestern wurde getanzt.)
(어제 춤을 추었다/무도회가 있었다)

4.3.1.2 목적어와 부사보충어[48]

1. 목적어와 부사보충어의 본질에 대하여

전통적인 논리·문법적 문장 분석에 따르면, 목적어(Objekt)란 동사 행위의 목적/목표(Ziel der Verbalhandlung)를 표현하는 동사의 규정어이다. 이에 반해 부사보충어(Adverbialergänzung)는 예컨대 시간, 장소, 방법 등을 표현하는 상황 규정어(Umstandsbestimmung)이다. 이러한 내용적인 정의는 부정확하다. 왜냐하면 장소의 부사보충어도 역시 행위의 목표로 간주

---

48) Tarvainen(1976b:293f. und 301; 1979:91f. und 123f.); Helbig/Schenkel(1973:43f.); Engelen(1975 Bd.1 110f. und 131).

될 수 있기 때문이다.

> Er fährt *nach München.* (그는 뮌헨으로 간다)
> (뮌헨이 여행의 목적지이다)

하지만 목적어와 부사보충어는 또한 순수 통사적으로도, 다시 말해서 통사적인 조작을 통해서도 정의될 수 있다. 그러면 이렇게 순수 문법적으로 정의된 목적어의 배후에서 우리는 여러 가지 내용을 찾아낼 수 있다(Er tötete *den Mann.* (그가 그 남자를 죽였다) "피동 목적어 affiziertes Objekt": Ich schreibe *einen Brief.* (내가 편지 한 통을 쓴다) "달성/결과 목적어 effiziertes Objekt" 등). 목적어는 일차적으로 통사 범주(대격, 여격 등)인데, 그 배후에는 가끔 정확히 조사하기 어려운 여러 가지 내용들이 은폐되어 있다. 이에 반해 부사보충어는 조작을 통해 통사적으로 정의될 수는 있지만, 일차적으로 명백한 의미 범주(시간, 장소 등)이다.

우리는 술어의 규정어로서 둘 다 동일한 전치사 구조를 갖는 두 개의 독일어 문장을 논의의 출발점으로 삼을 수 있다.

> Mein Bruder denkt *an den Rhein.*
> (내 형은 라인강을 생각한다)
> Mein Bruder fährt *an den Rhein.*
> (내 형은 라인강변으로 간다)

술어를 제외하고는 두 문장이 형태론적으로 완전히 일치한다. 하지만 전치사구 *an den Rhein*이 첫 번째 문장에서는 목적어(=전치사 목적어 Präpositionalobjekt) 이고, 두 번째 문장에서는 부사보충어(Adverbialergänzung)이다. 우리가 *an*-구조를 다른 전치사 구조로 대치하여 대명사/대명사적 부사 혹은 부사로 대용화(대용화=대명사나 부사로 대치하는 것)하면 문장들 간의 통사적인 차이를 조사할 수 있다.

Er denkt *an den Rhein*. (목적어) - Er fährt *an den Rhein*. (부사어)

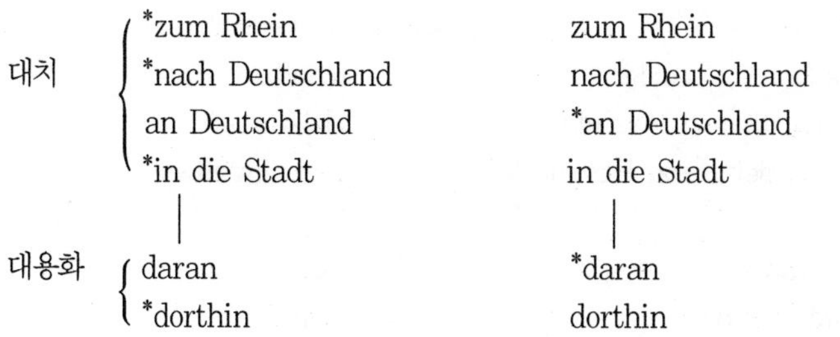

전치사 목적어에서의 전치사는 동사에 의해서 결정되며(*denken*+*an*+대격), 대용어는 대명사적 부사이거나(*daran*) 혹은 사람을 표현하는 경우에는 전치사와 결합된 대명사이다(Er denkt an seine Mutter/*an sie*. 그는 자기 부인/그녀를 생각한다). 부사보충어에서의 전치사는 일차적으로 동사가 아니라 명사에 의해서 결정되며(*nach* Deutschland 독일로; *in* die Stadt 시내로), 대용어는 부사(*dorthin* 거기로)이다.

전치사 목적어와 전치사적 부사보충어 간에 존재하는 독일어에서와 동일한 차이가 예를 들면 영어에서도 역시 해당 전치사 구조들 간에서 관찰될 수 있다.

He looked *at the seaside*. (목적어) - He lived *at the seaside*. (부사어)

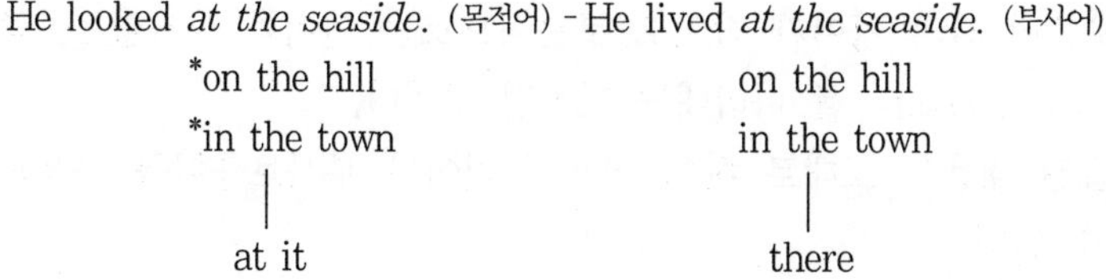

*look*에서의 전치사는 *at*이고 *live*에서의 전치사는 명사에 따라 변한다(*at* the seaside/*on* the hill/*in* the town). 대용어가 좌측 문장에서는 *at it*이고 우측 문장에서는 *there*이다. *at the seaside*가 *looked*에서는 목적어이고, *lived*에서는 부사보충어이다.

위에서 언급된 사실은 핀란드어에서도 적용된다. 핀란드어에서는 전치사 구조만이 처격(Lokalkasus)으로 대체된다.

Hän kertoo *kaupungista*. (목적어) - Hän tulee *kaupungista*. (부사어)
('Er erzählt von der Stadt.')   ('Er kommt aus der Stadt.')

   *maalta 'vom Lande'   maalta
   Helsingistä 'von Helsinki'   Helsingistä
   *Pieksämäeltä 'von Pieksämäki' Pieksämäeltä
     | |
   siitä 'davon'   *siitä
   *sieltä 'von dort'   sieltä

동사 *kertoa*의 보충어는 명사와 상관없이 항상 출발격(Elativ)으로 나타난다(*kaupungista*). 따라서 격은 동사에 의해 결정된다. *tulla*에서 보충어의 격은 일차적으로 명사에 종속하며 명사에 따라서 바뀔 수 있다: *kaupungista*(출발격 Elativ) - *maalta*(탈격 Ablativ). 목적어 *kaupungista*의 대용어는 대명사 *siitä*이지만, 부사보충어 *kaupungista*의 대용어는 부사 *sieltä*이다.

따라서 여러 언어들에서 한편으로는 그 형태가 동사에 종속하는 동사의 규정어가 있는가 하면, 다른 한편으로는 그 형태가 일차적으로 동사에 종속하지 않는 규정어도 있다. 전자는 목적어이고 후자는 부사보충어이다. 목적어와 부사보충어 간의 차이가 적어도 부분적으로는 언어와 상관없는, 즉 일종의 "보편성(Universale)"를 나타내는 것처럼 보인다.

위에서 언급된 내용을 토대로 하여 이제 목적어와 부사보충어를 다음과 같이 정의할 수 있다.

1) **목적어**(Objekt)는 술어동사에 의해 요구되는 보충어이며, 그 형태(예를 들면, 격이나 전치사 결합)는 동사에 의해 결정되고, 해당 격을 갖는 대명사나 혹은 해당 전치사를 갖는 대명사로 대용화될 수 있다.

2) **부사보충어**(Adverbialergänzung)는 술어동사에 의해 요구되는 보충어이며, 그 형태(예를 들면, 격이나 전치사 결합)는 동사가 아니라 명사에 의해 결정되고, 부사로 대용화될 수 있다.

목적어는 하나의 중요한 형태론적 범주이다. 따라서 독일의 언어내용학파(inhaltbezogene Grammatik)가 시도했던 바와 같이 개별 목적어에 하나의 정확한 내용을 부여한다는 것은 아주 어려운 일이다: 목적격(Zielgröße＝대격 목적어), 향격(Zuwendgröße＝여격), 소유격(Anteilgröße＝속격), 처격(Lagegröße＝전치사 목적어). 특히 대격 목적어는 직접목적어로 표현되며, 여격 목적어는 간접목적어로서 이에 대립된다(Er gab *mir* das Buch; 영문법에서도 인칭 목적어가 간접목적어로 일컬어진다: He gave *me* the book. - He gave the book *to me*.). 그러나 의미가 유사한 동사에서 대격 목적어와 여격 목적어가 동일한 내용을 가지고 있는 경우들이 있다.

> Er unterstützt *mich*. - Er hilft *mir*.
> (그가 나를 돕는다 - 그가 나를 돕는다)

표층구조의 목적어에서 몇 가지 "목적격(objektiv)" 내용 영역을 다음과 같이 구분할 수 있다.

1) 목적어가 동사 행위(Verbhandlung)에 의해 영향을 받는 대상을 표현한다("피동 목적어 affiziertes Objekt"〔라틴어 afficere 'einwirken'〕; 대격).

   > Er tötete *den Mann*. (그가 그 남자를 죽였다)
   > He killed *the man*.
   > Hän tappoi *miehen*.

2) 목적어가 동사 행위에 의해 산출되는 대상을 표현한다("달성/결과 목적어 effiziertes Objekt"〔라틴어 efficere 'hervorbringen', 'bewirken'〕; 대격).

   > Ich schrieb *einen Brief*. (나는 편지 한 통을 썼다)
   > I wrote *a letter*.
   > Kirjoitin *kirjeen*.

3) 목적어가 주어의 향진(Zuwendung)을 표현할 수 있다.
   (독일어에서는 일반적으로 여격)

Er näherte sich *dem Mann*. (그가 그 남자에게 접근했다)
He approached *the man*.
Hän lähestyi *miestä*.

4) 목적어가 위치나 방향을 규정할 수 있다(전치사 목적어).

Die Truppen fliehen *vor dem Feind*.
(그 부대는 적 앞에서 도망을 간다)
Er hat sich *an mich* gewendet.
(그가 나에게 문의했다)
The people revolted *against their rulers*.

그러나 이러한 의미에서 "목적격" 내용을 목적어의 형태적인 구조를 보고
서는 인지할 수 없는 경우들이 많이 있다.

1) 목적어가 심층구조적인 주어의 역할을 할 수 있다.

Mir (*mich*) graut, wenn ich an morgen denke.   (상태보유자)
(내가 내일을 생각하면 겁이 난다)
Minua pelottaa, kun ajattelen huomista.

2) 목적어(대격)가 장소("장소격 Lokativ")나 혹은 시간("시간격 Temporal")
을 표현할 수 있다.

Sie bewohnt *ein altes Haus*.(=wohnt *in einem alten Haus*)
(그녀는 오래된 집에서 살고 있다)
Sie verbrachten *einige Tage* an der See.
(그들은 바닷가에서 몇 일을 보냈다)
They spent *some days* at the seaside.
He viettivät *muutaman päivän* rannikolla.

3) 목적어가 도구("도구격 Instrumental")를 표현할 수 있다.

> Die Jungen spielen *Ball*. (=*mit einem Ball*)
> (소년들은 공놀이를 한다/공을 가지고 논다)
> Pojat pelaavat *palloa*. (*pallolla*)

4) "내용이 없는 기능동사 inhaltsleeres Funktionsverb"에서 대격 목
   적어인 동사적 명사(Verbalsubstantiv)는 과정 (사건) 그 자체를 표현
   한다.

> Er hält morgen *eine Rede/eine Vorlesung*.
> (그는 내일 연설/강의를 한다)
> He will give *a talk*/a *lecture* tomorrow.

5) 목적어는 또한 순수 형식적이 될 수도 있다(독일어 es).

> Ich habe *es* eilig. (나는 바쁘다)
> Er wird *es* weit bringen. (그는 성공할 것이다)

목적어와는 달리 부사보충어는 명백한 내용 범주, 예를 들면 장소보충어
("장소격 Lokativ")이다.

> Er wohnt *in München*. (그는 뮌헨에서 살고 있다)

2. 여러 가지 목적어에 대하여

술어동사가 목적어에 부여하는 형태는 여러 가지가 있을 수 있다. 독일
어의 명사적 목적어는 대격, 여격, 속격 혹은 전치사격으로 나타난다. 부정
사 목적어와 성분문 목적어는 대부분의 경우 명사적 목적어, 특히 대격 목
적어 및 전치사 목적어와 등가어(Äquivalente)이지만, 몇몇 동사에서는 이
들이 목적어가 될 수 있는 유일한 성분들이다. 독일어에서는 형태에 따라
다음과 같은 목적어들이 구분될 수 있다.

대격 목적어 :   Ich schreibe *einen Brief.*
(나는 편지 한 통을 쓴다)

여격 목적어 :   Ich helfe *meinem Bruder.*
(나는 내 형을 돕는다)

속격 목적어 :   Wir gedachten *des Verstorbenen.*
(우리는 고인을 추모했다)

전치사 목적어 :

    an :   Ich dachte *an meine Mutter.*
(나는 내 어머니를 생각했다)
Er schreibt *an einem Buch.*
(그는 책을 집필하고 있다)

    auf :   Er wartete *auf einen Freund.*
(그는 친구를 기다렸다)
Das beruhte *auf einem Irrtum.*
(그것은 과오에 기인했다)

    aus :   Der Roman besteht *aus drei Teilen.*
(그 장편소설은 3부로 구성되어 있다)

    bei :   Ich bleibe *bei meiner Meinung.*
(나는 내 의견을 고집한다)

    für :   Ich interessiere mich *für moderne Malerei.*
(나는 현대 미술에 관심이 있다)

    gegen :   Er wehrte sich *gegen die Vorwürfe.*
(그는 비난에 대해 저항했다)

    in :   Er hat sich *in das Mädchen* verliebt.
(그는 그 아가씨에게 반했다)
Ich übe mich *im Schwimmen.*
(나는 수영연습을 한다)

    mit :   Mein Bruder begann *mit dem Vortrag.*
(내 형이 강의를 시작했다)

    nach :   Er fragte *nach dem Weg.*
(그가 길을 물었다)

    über :   Mein Bruder dachte *über seine Erlebnisse* nach.
(내 형은 자신의 체험에 대해 심사숙고 했다)

    um :   Mein Bruder sorgt sich *um seine Zukunft.*
(내 형은 자신의 장래를 걱정한다)

von : Wir sehen *von weiteren Maßnahmen* ab.
(우리는 다른 조치들을 취하지 않는다)

vor : Er fürchtet sich *vor der Prüfung*.
(그는 시험을 두려워한다)

zu : Ich forderte ihn *zur Mitarbeit* auf.
(나는 그에게 그 일에 참여할 것을 요구했다)

부정사 목적어 :

ohne *zu* : Mein Bruder muss *gehen*.
(내 형이 가야 한다)
Ich sah *ihn kommen*.
(나는 그가 오는 것을 본다)

mit *zu* : Mein Bruder weigerte sich *zu kommen*.
(내 형이 오기를 거부했다)

성분문 목적어 : Er antwortete, *dass er nicht komme*.
(그는 오지 않겠다고 대답했다)
Er fragte, *ob ich komme*.
(그는 내가 오는 지를 물었다)

영어에서는 단 하나의 격 목적어(Kasusobjekt)만 존재하는데, 그것은 명사의 기본형이며 인칭대명사의 경우에는 대격이다.

Ich know *the man/him*.

영어에서 전치사 목적어(Präpositionalobjekt)의 수는 대략 독일어만큼 많다.

about : We spoke *about the matter*.
after: Will you look *after this matter*?
at : I look *at the girl*.
for : The farmers are praying *for rain*.
from : English differs *from German* in having no gender for
nouns.
in : Do you believe *in God*?
into : We must inquire *into the matter*.
of : Think *of the expenses*!

> *on* :   Italy depends *on foreign countries* for oil.
> *to* :   Don't listen *to him*.
> *upon* :   I called *upon him* yesterday.
> *with* :   He doesn't like to part *with his money*.

독일어에서와 마찬가지로 영어에서도 동사적 목적어와 문장 형태의 목적어가 있다. 소위 *-ing*-목적어가 영어에서 특징적이다.

부정사 목적어 :
> ohne *to* :   The child can *speak*.
> mit *to* :   He likes *to talk*.
>   He wants *her to come*.
> *ing*-목적어   :   He likes *talking*.
>   He saw *her coming*.
> 성분문 목적어 :   Everybody hoped *that he would sing*.
>   I don't know *if* (*whether*) *he is at home*.
>   I don't know *where he lives*.

프랑스어에서도 영어에서와 마찬가지로 단 하나의 격 목적어만 존재하며 전치사 목적어의 수는 적은 편이다.

> Il a donné toute *sa fortune*.
> (그는 그의 전 재산을 기증했다)
> Il parlait *à son voisin/de Jean/de lui*.
> (그는 그의 이웃에게 말했다/쟝에 대해/그에 대해 말했다)
> Il parlait *de son voyage*.
> (그는 그의 여행에 대해서 이야기했다)
> Je parlais *avec mon grand-père*.
> (나는 나의 할아버지와 이야기했다)
> Je compte *sur Pierre/sur lui*.
> (나는 삐에르/그를 믿는다)

전통문법에 의하면 핀란드어에서는 속격이나 주격의 형태를 취하는 대격 목적어와 부분격 목적어(Partitivobjekt)가 있다.

Minä noudan *lääkärin*. (속격의 대격 목적어)
('Ich hole den Arzt.') (나는 그 의사를 불러온다)

Lääkäri noudetaan. (주격의 대격 목적어)
('Der Arzt wird geholt.')(그 의사가 불려온다)

Minä kunnioitan *lääkäriä*. (부분격 목적어)
('Ich ehre den Arzt.')(나는 그 의사를 존경한다)

그러나 가끔 독일어의 전치사 목적어에 해당하는 처격 목적어(Lokalkasusobjekt)가 이러한 전통적인 목적어에 추가될 수 있다(핀란드에서는 전치사 목적어가 드물다).

Minä puhun *lääkäritä*. (출발격 목적어)
('Ich spreche von dem Arzt.')
(나는 의사에 대해서 이야기한다)

Minä rakastuin *tyttöön*. (향격 목적어)
('Ich verliebte mich in das Mädchen')
(나는 그 소녀한테 반했다)

Minä soitan *lääkärille*. (목표격 목적어)
('Ich rufe den Arzt an.')
(나는 의사에게 전화한다)

Olen välttynyt *vahingoilta*. (탈격 목적어)
('Ich bin von Schäden verschont worden.')
(나는 손해를 입지 않았다)

핀란드어에서도 동사적 목적어와 문장 형태의 목적어가 있다. 핀란드어의 부정사 목적어에서 특징적인 점은 - 명사적 목적어에서와 마찬가지로 - 상이한 격 형태들이다(핀란드어의 부정사는 특정한 격으로 변화할 수 있다). 그밖에 핀란드어에서는 분사 목적어(Partizipobjekt)도 존재한다.

부정사 목적어 :

    제1부정사   : Minä alan *lukea*. 'Ich beginne zu lesen.'
    제3부정사 향격   : Minä rupean *lukemaan*. 'Ich beginne zu lesen.'
                       (나는 읽기 시작한다)
    제3부정사 출발격 : Hän kieltäytyi *tulemasta*. 'Er weigerte sich zu kommen.'
                       (그는 오기를 거부했다)

성분문 목적어 :

    Minä näin, *että mies tuli*. 'Ich sah, dass der Mann kam.'
    (나는 그 남자가 온 것을 보았다)
    Minä kysyin häneltä, *tuleeko hän*. 'Ich fragte ihn, ob er komme.'
    (나는 그에게 그가 올 것인지를 물었다)
    Minä kysyin, *mikä hänen nimensä oil*. 'Ich fragte ihn, wie er heiße.'
    (나는 그에게 그의 이름이 무엇인지를 물었다)

분사 목적어 :

    Minä tiedän *hänen*(논리적 주어) *tulevan*(분사). 'Ich weiß, dass er komme.'
    (나는 그가 온다는 사실을 알고 있다)
    Tiedän *hänen tehneen sen*. 'Ich weiß, dass er es gemacht hat'
    (나는 그가 그것을 했다는 사실을 알고 있다)
    Tiedän *asiasta puhutun*.(수동 분사).
    'Ich weiß, dass von der Sache gesprochen worden ist.'
    (나는 그 문제에 대해서 논의되었다는 사실을 알고 있다)

하나의 동사는 그 형태가 동사에 의해 결정되는 두 개의 보충어와도 결
합될 수 있다. 다시 말해서, 하나의 동사가 두 개의 목적어를 요구할 수 있
다. 이 경우에 두 목적어가 의무적/수의적이 될 수 있거나, 혹은 하나의 목
적어는 의무적이고 두 번째 목적어는 수의적이 될 수도 있다.

    Er gab *mir das Buch*. - geben$_3$=Nom.,Akk.,Dat.
    (두 목적어가 의무적)
    Er schrieb (*mir*) (*einen Brief*). - schreiben$_{1+(1)+(1)}$=Nom.,+(Akk.)+(Dat.)
    (두 목적어가 수의적)

Er sagte *(uns) seine Meinung.* - sagen$_{2+(1)}$=Nom.,Akk.,(Dat.)
(대격 목적어는 의무적, 여격 목적어는 수의적)

독일어에는 다음과 같은 목적어의 결합 가능성이 존재한다.

대격+여격 :	Er berichtete *mir den Vorgang.*
	(그는 나에게 그 과정을 보고했다)
대격+대역 :	Er lehrte *mich Französisch.*
	(그는 나에게 프랑스어를 가르쳐 주었다)
대격+속격 :	Er beschuldigt *den Mann eines Diebstahls.*
	(그는 그 사람에게 절도죄를 씌운다)
대격+전치사구조 :	Er schrieb *einen Brief an seinen Sohn.*
	(그는 자기 아들에게 편지를 썼다)
여격+전치사구조 :	Ich danke *dir für deine Hilfe.*
	(나는 너에게 너의 도움에 대해 감사한다)
두 전치사 목적어 :	Er rächte sich *an ihm für diese Schmach.*
	(그는 이 모욕에 대해 그에게 복수했다)
대격+부정사 :	Ich lehrte *ihn lesen.*
	(나는 그에게 읽는 법을 가르쳤다)
여격+부정사 :	Ich helfe *meinem Freund, ein Zimmer zu finden.*
	(나는 내 친구가 방을 구하는 데 도와 준다)
대격+성분문 :	Er fragte *mich, ob ich komme.*
	(그는 나에게 내가 오는지를 물었다)
여격+성분문 :	Er antwortete *mir, dass er nicht komme.*
	(그는 오지 않을 것이라고 나에게 대답했다)

영어에서는 명사의 격이 적기 때문에 목적어 결합의 수가 독일어만큼 그렇게 많지 않다.

기본형+기본형(대격+대격) :	I gave *the girl a doll.*
기본형(대격)+전치사구조 :	I gave *a doll to the girl.*
	We reminded *him (John) of the argument.*
기본형(대격)+부정사 :	I told *John (him) to come.*
기본형(대격)+성분문 :	John assured *Mary (her) that he was honest.*

전치사구조+성분문　　　: John mentioned *to me that he was right.*
두 개의 전치사 목적어　　: I shall speak *to him about the matter* tomorrow.

핀란드어의 두 가지 목적어에서 특징적인 것은 여러 가지 격 형태(소위 처격도 포함하여)들이 가능하며, 직접목적어에서 대격과 부분격이 특정한 규칙에 따라서 상호 교체된다는 점이다.

탈격+부분격/대격　　: Kalle pyytää minulta *kirjaa/kirjan.*
　　　　　　　　　　　Karl bittet mich um ein Buch/um das Buch.'
　　　　　　　　　　　(카알이 나에게 책 한 권/그 책을 부탁한다)
목표격+부분격/대격 : Kalle antaa *minulle kirjoja/kirjan.*
　　　　　　　　　　　'Karl gibt mir Bücher/das Buch.'
　　　　　　　　　　　(카알이 나에게 책들/그 책을 준다)
부분격+출발격　　　: Kalle kiittää *minua kirjasta.*
　　　　　　　　　　　'Karl dankt mir für das Buch.'
　　　　　　　　　　　(카알이 나에게 그 책에 대해 감사한다)
목표격+출발격　　　: Kalle kertoo *minulle kirjasta.*
　　　　　　　　　　　'Karl erzählt mir von dem Buch.'
　　　　　　　　　　　(카알이 나에게 그 책에 대해서 이야기한다)
대격/부분격+향격　: Äiti totuttaa *lapset/lapsia siisteyteen.*
　　　　　　　　　　　'Die Mutter gewöhnt (die) Kinder an Sauberkeit.'
　　　　　　　　　　　(어머니가 (그) 아이들에게 청결을 익히도록 한다)

3가 동사에서는 대격 목적어(핀란드어에서는 부분격도 포함)가 부사보충어나 술어보충어와 결합할 수도 있다.

대격 목적어(핀란드어에서는 부분격도 포함)+장소보충어 :

　　　　　　　　　　　Er legte *das Buch auf den Tisch.*
　　　　　　　　　　　He put *the book on the table.*
　　　　　　　　　　　Hän pani *kirjan/kirjoja pöydälle.*

대격 목적어(핀란드어에서는 부분격도 포함)＋목적격 술어보충어 :

> Er nannte *mich einen Faulenzer.*
> Er called *me an idler.*
> Hän minitti *minua laiskuriksi.*

3. 부사보충어에 대하여

부사보충어의 형태(예를 들면, 격이나 전치사 결합)는 일차적으로 동사가 아니라 명사구의 의미에 의해 결정된다.

> Er wohnt *in* München. (그는 뮌헨에서 살고 있다)
> *auf* dem Lande. (시골에서)
> *am* Rhein. (라인강변에서)
> *bei* seiner Schwester. (자기 누님 집에서)

부사보충어의 형태는 일차적으로 그 안에 포함된 명사에 의해 결정되지만, 위치동사(Lageverb)와 방향동사(Richtungsverb)가 상이한 격(전치사)을 요구하는 경우에는 동사에 의해 결정된다.

> Ich wohne *in der Stadt.* - Ich fahre *in die Stadt.*
> (나는 도시에서 살고 있다 - 나는 도시로 간다)
> Ich wohne *bei meinen Eltern.* - Ich fahre *zu meinen Eltern.*
> (나는 부모님 집에서 살고 있다 - 나는 부모님한테로 간다)
> Asun *kaupungissa*(처격) - Matkustan *kaupungkiin*(향격)

목적어는 항상 결합가에 결속된 보충어이다. 부사보충어는 (결합가에 결속된) 보충어가 될 수도 있고 (임의)첨가어가 될 수도 있다. 따라서 부사보충어(Adverbialergänzung)를 부사첨가어(Adverbialangabe)와 구분하는 것이 중요하다. *Ich wohne in München.*(나는 뮌헨에서 살고 있다)이라는 문장에서의 *in München*은 부사보충어이지만, *Ich habe ihn in München gesehen.*(나는 그를 뮌헨에서 보았다)이라는 문장에서의 *in München*은 부사첨가어이다. 부사첨가어는 동사에 의해 요구되지 않으며, 동사의 자리배치

(Stellenplan)에 속하지 않는 임의첨가어이다. 부사첨가어는 대체로 하나의 완전한 문장으로 환원될 수 있으며 하나의 독립적인 서술문(Prädikation)을 형성한다.

> Ich habe ihn *in München* gesehen. →
> (나는 그를 뮌헨에서 보았다)
> Ich habe ihn gesehen. *Es geschah in München.*
> (나는 그를 보았다. 그것은 뮌헨에서 일어났다)

부사보충어는 하나의 문장으로 환원될 수 없으며 술어의 논항을 형성한다: *wohnen*(x, y), 이 때 *wohnen*은 술어이며, x(=*Er*)와 y(=*in München*)는 그 논항이다.

부사보충어는 의무적이 되거나 혹은 수의적이 될 수 있다.

> Er wohnt *in München.* (의무적)
> (그는 뮌헨에서 살고 있다)
> Der Zug fährt (*von München*) ab. (수의적)
> (기차는 (뮌헨에서) 출발한다)

부사보충어는 또한 목적어와 함께 등장할 수도 있다.

> Er legt *das Buch auf den Tisch.*
> (그는 그 책을 책상 위에 놓는다)

목적어와는 달리 부사보충어는 명백한 내용적 범주이다: 장소보충어, 시간보충어, 양태보충어 및 이유보충어.

1. **장소보충어**(Raumergänzung)는 부사보충어 중에서도 가장 큰 그룹을 형성한다. 장소보충어는 정적인 부사보충어 혹은 상황보충어(Situativergänzung, 의문문:wo?)와 지시적 부사보충어 혹은 방향보충어(Direktivergänzung, 의문문:wohin?, woher?)로 구분할 수 있다. 정적인 부사보충어는 대체로 의무적이지만, 지시적 부사보충어는 종종 수의적이다.

Er wohnt *in München*. (정적인 부사보충어)
He lives *in Munich*.
Hän asuu *Münchenissä*.

Er fährt *nach München*. (지시적 부사보충어)
He is going *to Munich*.
Hän matkustaa *Müncheniin*.

2. 시간보충어(Zeitergänzung)는 - 대체로 의무적이며 - 아주 드물다. 일반적으로 시간규정어는 임의첨가어이다.

Unser Urlaub dauert *fünf Tage*.
Our holidays last *five days*.
Lomamme kestää *viisi päivää*.

3. 양태/방법보충어(Artergänzung, Modalergänzung)는 사건의 방법을 표현한다. 양태보충어는 거의 언제나 의무적이지만 극소수의 동사에서, 특히 행태(Benehmen)를 나타내는 동사에서 등장한다.

Er benimmt sich *schlecht*. (그는 버릇없이 행동한다)
He behaves *badly*.
Hän käyttäytyy *huonosti*.

4. 이유/원인보충어(Begründungsergänzung)(예를 들면, 원인보충어와 목적보충어)는 극히 드물다. 원인규정어는 대체로 임의첨가어이다.

Der Mann ging *fischen* (목적보충어)
The man went *fishing*.
Mies meni *kalastamaan*.

부사보충어의 형태는 다양하다. 독일어에서는 다음과 같은 형태의 그룹을 구분할 수 있다.

1. 전치사 구조

Er befindet sich *in Frankfurt*. (그는 프랑크푸르트에서 머물고 있다)
Er lebt *auf dem Lande*. (그는 시골에서 살고 있다)

2. 독립적인 부사나 혹은 대용어가 될 수 있는 부사

Die Sitzung dauerte *lange*. (독립적인 부사)
(회의가 오래 지속되었다)
Er wohnt *dort*. (대용어)
(그는 거기서 거주한다)

3. 대격 명사나 속격 명사

Die Sitzung dauerte *eine Stunde*.
(회의가 한 시간 동안 지속되었다)
Er ging *seiner Wege*.
(그는 묵묵히 자신의 길만을 간다)

4. 불변화 형용사

Er benimmt sich *schlecht*.
(그는 버릇없이 행동한다)

5. *wie* - 구조

Mein Bruder benahm sich *wie ein Lump/wie toll*.
(나의 형은 불량배/미친 사람처럼 행동했다)

6. 부정사

Er geht *einkaufen/schwimmen/tanzen*...
(그는 쇼핑하러/수영하러/춤추러 간다)

7. 부문장(성분문)

Die Sitzung dauerte, *bis wir alle müde waren.*
(회의는 우리 모두가 지칠 때까지 지속되었다)
Horst wohnt, *wo gestern der Waldbrand war.*
(호르스트는 어제 산불이 난 그 곳에서 살고 있다)

4.3.1.3 술어보충어

술어보충어(Prädikativergänzung)[49]는 통사적으로는 동사가 요구하지만, 동시에 주어나 목적어에 대해 추가적으로 순수 논리·의미적인 연결을 가지며 이들과 관련되는 점에서 주어, 목적어 및 부사보충어와는 다르다.

Mein Bruder ist *ein Künstler/faul.*
(내 형은 예술가이다/게으르다)
Ich nannte meinen Bruder *einen Künstler/faul.*
(나는 내 형을 예술가라고 말했다/게으르다고 말했다)

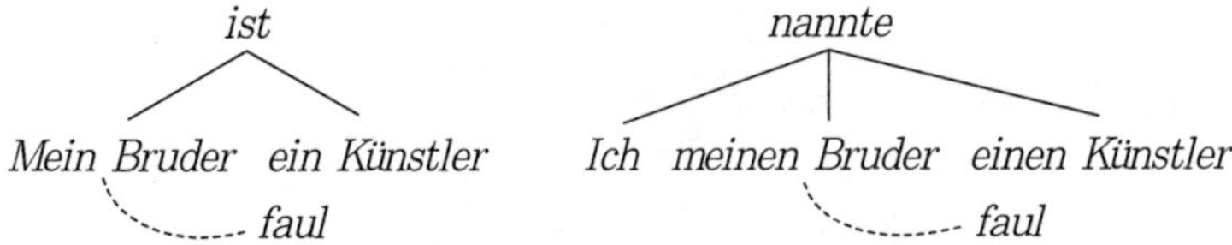

명사적 술어보충어는 많은 언어에서 주어 및 목적어와 수에서 일치할 수 있기 때문에, 이들에 대해 형태·통사적인 관계도 갖는다. 몇몇 언어에서는 형용사적 술어보충어도 주어와 일치한다(프랑스어와 핀란드어에서).

Der Mann ist *ein guter Lehrer/gut.* (그는 좋은 선생이다/선량하다)
Die Männer sind *gute Lehrer/gut.* (그들은 좋은 선생이다/선량하다)
(명사는 일치하지만 형용사는 일치하지 않는다)

Ich nannte *den Mann einen Faulenzer/faul.*
(나는 그 남자가 게으름뱅이라고/게으르다고 말했다)

---

49) Tarvainen(1976b:293f. und 1979:128f.); Engelen(1975 I:148f.).

Ich nannte *die Männer Faulenzer/faul.*
(나는 그 남자들이 게으름뱅이라고/게으르다고 말했다)

The man is *a good teacher/good.*
The men are *good teachers/good.*

Ce livre est *nouveau.* (이 책은 새것이다)
Ces livres sont *nouveaux.* (이 책들은 새것이다) (수의 일치)

La petite fille est *gentille.* (손녀는 얌전하다)
Le petit fils est *gentil.* (손자는 얌전하다)
(프랑스어의 형용사 술어보충어는 수에서뿐만 아니라 성에서도 주어와 일치한다)

Poika on pieni. 'Der Junge ist klein.'
Pojat ovat *pieniä.* 'Die Jungen sind klein.' (수의 일치)

전통적으로 뿐만 아니라 오늘날에도 여전히 많은 문법에서는 술어보충어가 술어의 비 동사적인 한 부분으로 간주된다.

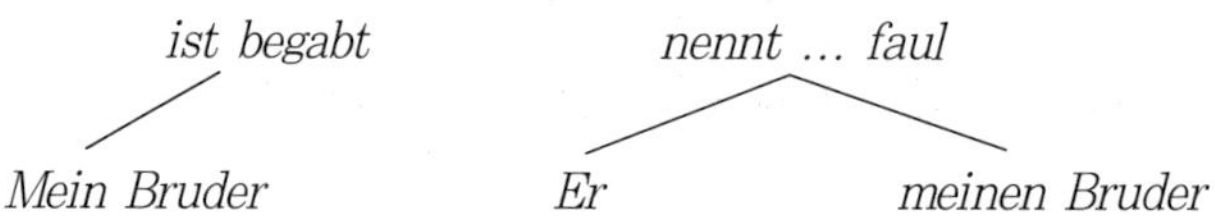

이와 같은 독일의 전통적인 견해는 특히 가장 중요한 술어동사(prädikatives Verb)인 *sein*(영어 *to be*, 불어 *être*, 핀란드어 *olla*를 비교)이 "의미가 없는" 연사/계사/연계사(Kopula)이므로 독립적인 술어가 아니라 술어보충어가 원래의 의미보유어라는 사실로 소급된다. 그러나 술어보충어를 하나의 고유한 문장성분으로 간주하여 이 문장성분에 주어와 동일한 등급을 부여해 주는 기준들이 존재한다.

1. 동사 *sein*(*to be* 등)이 완전히 의미가 없는 것은 아니다. *sein*은 하나의 일반적인 의미, 즉 '상태, 동일성(Zustand, Identität)'를 가지고 있다. *sein*은 또한 계열소(Paradigma)의 한 구성성분이기 때문에 다른 술어동사

와 비교하여 하나의 고유한 의미를 가지고 있음에 틀림없다.

> Er *ist* fleißig.
> *wird*
> *scheint*
> *bleibt*

연사동사는 또한 다른 술어와 동일한 문법적 기능(예를 들면, 서법과 시제)을 갖는다.

> Er *ist/war/wäre/ist gewesen* - fleißig.

*sein*이 조동사로 사용되는 경우 이와 같은 기능을 모두 다 갖는 것은 아니다.

> Er *ist* gekommen.
> *Er *ist* gekommen *gewesen*.
> (이와 같은 완료형이 표준 독일어에서는 불가능하다. *ist gekommen*은 이미 변형된 시제이기 때문이다.)

위에서 언급한 사실은 *sein*(그리고 *werden* 등)이 술어로, 술어보충어가 하나의 독립적인 문장성분으로 간주될 수 있다는 것을 말해 준다.

2. 술어보충어는 어느 정도 대용화될 수 있다(술어보충어는 예컨대 술어의 일부인 과거분사가 아니다).

> Mein Bruder ist *ein Künstler/faul*.
>   *es*   *so*
> Mein Bruder is *gekommen/*so*.
> You are young, and *so* am I; Is he *a teacher*? *That* he is.

3. 다른 문장성분들(예컨대 목적어와 부사보충어)과 그리고 대체로 술어의 일부에도 적용될 수 없는 그러한 명사 변형(Nominaltransformation)이 술어보

충어에서는 적용될 수 있다.

> Mein Bruder ist *ein Künstler*. − Mein Bruder, *ein Künstler* (동격)
> (나의 형은 예술가이다 − 예술가인 나의 형)
> Mein Bruder ist *faul*. − mein *fauler* Bruder (형용사 부가어)
> (나의 형은 게으르다 − 나의 게으른 형)
> (비교 : Mein Bruder hat gefragt. − *mein gefragter Bruder;
> 그러나 : mein *nach Hause gekommener* Bruder 집으로 돌아온 나의 형).

위에서 이미 언급한 바와 같이 술어보충어는 그 논리·의미적 관계어 (Bezugswort)에 따라서 주격 술어보충어/주격 보어(Subjektsprädikativ)와 목적격 술어보충어/목적격 보어(Objektsprädikativ)로 구분된다. 주격 술어 보충어는 주어에 관련되고, 목적격 술어보충어는 목적어에 관련된다.

> Mein Bruder ist *ein Künstler*. (주격 술어보충어)
> Ich nannte meinen Bruder *einen Künstler*. (목적격 술어보충어)

술어보충어는 그 기본어의 품사에 따라서 명사적 술어보충어와 형용사적 술어보충어로 구분된다.

> Mein Bruder ist *ein Künstler*. (명사적 술어보충어)
> Mein Bruder ist *faul*. (형용사적 술어보충어)

명사적 주격 술어보충어의 주 형태는 주격 명사(영어에서는 기본형의 명사) 이고, 명사적 목적격 술어보충어의 주 형태는 대격 명사(영어에서는 기본형의 명사)이다. 형용사적 술어보충어의 주 형태는 기본형의 형용사("순수 형용사") 이다. 술어보충어는 이와 같은 정상적인 형태 이외에 많은 다른 실현형태 를 갖는다. 예를 들면, 독일어의 주격 술어보충어는 아주 많은 형태를 보여준다.

> Mein Bruder ist *ein großer Künstler*. (주격 명사)
> (내 형은 위대한 예술가이다)
> Mein Bruder ist *begabt*. (기본형의 형용사)
> (내 형은 재능이 있다)

Er gilt *als/für dumm.* (*als* - 구조 또는 *für* - 구조)
(그는 바보로 간주된다)
Er wurde *zum Dieb.* (*zu* - 구조)
(그는 도둑이 되었다)

Zeus verwandelte sich *in einen Schwan.* (*in* - 구조)
(제우스는 백조로 변했다)
Er ist *von hohem Stande.* (*von* - 구조)
(그는 높은 신분의 출신이다)

Der Ring ist *aus Gold.* (*aus* - 구조)
(그 반지는 금반지다)
Er ist *hohen Mutes*(=*froh*). (속격 명사)
(그는 기쁘다)

Die Mühe war *umsonst.* (부사)
(그 노력은 헛된 것이었다)
Er heißt *wie sein Vater.* (*wie*-구조)
(그의 이름은 자기 아버지와 같다)

Sein Ziel war, *Politiker zu werden.* (부정사)
(그의 목표는 정치가가 되는 것이었다)
Er bleibt, *wie er war.* (성분문)
(그는 이전 그대로이다)

영어에서도 주격 술어보충어는 독일어에서보다는 적지만 많은 형태를 가
지고 있다.

He is *a teacher.* (기본형의 명사)
He is *old.* (기본형의 형용사)
He looks *like an honest man.* (*like* - 구조)
He is *alive/at liberty.* (부사 혹은 "부사적인" 전치사 구조)
The water turned *into ice.* (*into* - 구조)
To be a member of the Space Club is *to be one of the most privileged
citizens of the world.* (부정사)

His favourite pastime is *playing practical jokes.* (*-ing*-형태)
The assumption is *that things will approve.* (성분문)

이 모든 형태들이 - 목적격 술어보충어에서도 여러 가지 형태들이 있다 - 술어보충어로 수용된다면, 술어보충어가 순수 형태적으로는 거의 정의될 수 없다는 사실이 분명하다. 술어보충어를 정의할 때의 기본원칙은 역시 논리·의미적이다. 즉 술어보충어는 주어나 목적어와 관련되며 이들과 논리·의미적 연결을 갖는다. 이러한 연결이 술어보충어와 목적어를 구별한다. 왜냐하면 순수 형태적으로 정의하면 술어보충어는 종종 목적어로 간주될 수 있기 때문이다. 그러나 술어보충어의 형태는 적어도 몇 가지 경우에서는 분명히 동사에 의해 결정된다: *Ich halte ihn für einen Faulenzer.* (나는 그를 게으름뱅이로 간주한다)(논리·의미적으로는 술어보충어이지만 순수 형태적으로는 전치사 목적어이다). 하지만 논리·의미적인 원칙 이외에 또한 순수 문법적인 원칙도 중요하다. 즉 술어보충어가 주어나 목적어와 일치하는 경우가 많다. 이 두 원칙에 따라서 술어보충어를 다음과 같이 일반적으로 정의할 수 있다.

술어보충어(Prädikativergänzung)란 주어나 목적어와 관련되며, 특정한 경우에는 - 특히 명사에서는 - 이들과 일치할 수도 있는 명사적 구조나 혹은 형용사적 구조이다.

술어보충어는 술어첨가어(Prädikativangabe)와 구별되어야 한다. 술어보충어는 술어의 결합가에 결속된 보충어인 반면에, 역시 주어나 목적어에도 관련되는 술어첨가어는 술어의 주위에 임의로 등장하는 임의첨가어이다. 이들의 차이점은 의존 수형도를 통해서도 표현될 수 있다. 즉 술어첨가어는 수형도 상에서 술어보충어보다 높은 위치에서 대괄호로 표시되며, 동사에 대한 이들의 연결은 ————×———— 로 표현된다.

Karl ist *gesund.* (술어보충어)
(카알은 건강하다)
Karl kam *gesund* an. (술어첨가어)
(카알은 건강하게 돌아왔다)

Der Mann nannte *Karl faul.* (술어보충어)
(그 남자는 카알이 게으르다고 말했다)
Der Mann traf Karl *verärgert* an. (술어첨가어)
(그 남자가 카알을 만났을 때 카알은 화가 나 있었다)

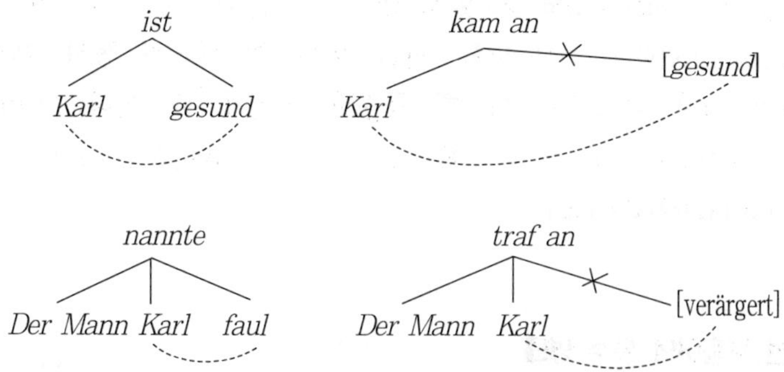

주격 술어보충어는 일반적으로 동사 *sein*(영어 *to be*, 스웨덴어 *vara*, 프랑스어 *être*, 러시아어 *byt'*)과 결합되며, 1격의 명사와 기본형의 형용사도 역시 대개 *sein*과 함께 등장한다. 여기서는 '동일성'과 '상태'라는 표현이 문제된다. 따라서 아마도 주어와 유사한 중립적인 격인 1격/주격(Nominativ)이 *sein*의 명사적 술어보충어의 형태가 될 것이다. 우리는 아마도 술어보충어의 격이 주어를 통해 조정된다고 말할 수 있을 것이다. 1격의 주격 술어보충어가 독일어 문법에서는 또한 "대등 주격(Gleichsetzungsnominativ)"이라고 명명되었다.

하지만 1격 술어보충어(Prädikativsnominativ)는 다른 동사들에서도, 예를 들면 독일어 *werden, bleiben, scheinen, heißen*에서, 영어 *to become, to remain* 등에서도 등장한다(핀란드어에서는 1격이 - 부분격과 더불어 - *olla* 'sein'에서만 가능하다). *sein*(*to be* 등)과는 달리, 이러한 동사들은 단지 일반적인 '동일성', '상태' 이상의 의미를 지니고 있다. 예를 들면 *bleiben*은 '특정한 상태에 머무르다(in einem bestimmten Zustand verharren)'를 의미하며, *werden*은 '특정한 상태로 되다(in einen bestimmten Zustand kommen)'를 의미한다: *Wir wollen Freunde bleiben*(우리는 계속 친구로 남고자 한다); *Er ist ein berühmter Gelehrter geworden*(그는

유명한 학자가 되었다). 이러한 추가적인 의미는 술어보충어가 중화된 상태격 (Zustandskasus)인 1격 대신에 종종 다른 형태로 나타나는 사실에서도 표현될 수 있다. 그래서 *werden*에서는 1격 이외에 상태의 변화를 잘 표현해 주는 *zu*도 역시 나타난다: *Er ist zum Dieb geworden.*(그는 도둑이 되었다)('변화 Werden'을 표현하는 다른 술어동사로서는 *sich entwickeln zu*(발전하다), *sich verwandeln in*(변화다) 등이 있다). 핀란드어에서는 이러한 동사들에서 언제나 하나의 격이 나타나서 이러한 특수한 의미가 표현된다: *tulla ministeriksi* 'Minister werden'(전환격:Translativ), *pysyä minsterinä* 'Minister bleiben'(상태격:Essiv)

4.3.2 완전 보충어의 특수 형태

4.3.2.1 동사적 보충어

동사적 보충어는 부정사와 분사로 구성되며, 영어에서는 *-ing*-형태로 구성되기도 한다. 이들은 특히 목적어로 사용되지만, 또한 주어와 술어보충어, 부사보충어로도 사용된다.

1. 화법동사의 원래의 목적어로 등장하는 부정형 불변화사(Infinitivpartikel :독일어 *zu*, 영어 *to*, 스웨덴어 *att*)가 없는 부정사가 동사적 보충어의 기본형으로 간주될 수 있다.

> Er kann *lesen.*
> He can *read.*
> Han kann *läsa.*
> Hän osaa *lukea.*

b) 몇몇 언어에서는 목적어로서의 부정사 앞에 전환적 불변화사(translativische Partikel)가 오는데, 이 경우에 부정사는 대개 명사적 목적어를 대신한다.

Die Hausfrau beginnt *zu arbeiten.*
(대격 목적어의 등가어 : Die Hausfrau beginnt *ihre Arbeit.*)
(그 가정주부는 자기 일을 시작한다)

Er befleißigte sich, *höflich zu sein.*
(속격 목적어의 등가어 : Er befleißigte sich *großer Höflichkeit.*)
(그는 아주 겸손/자제하려고 노력했다)

Er fürchtet sich, *zum Zahnarzt zu kommen.*
(전치사 목적어의 등가어 : Er fürchtet sich *vor dem Zahnarzt.*)
(그는 치과의사를 두려워한다)

He began *to work.* (He began *the work.*)

극소수의 경우에서만 *zu*-부정사가 동사의 목적어가 될 수 있는 유일한 성분이다.

Er weigerte sich, *mir zu helfen.*
(그는 나를 도와주기를 거절했다)

영어와 핀란드어에서는 부정사 앞에 의문사가 올 수도 있는데, 이 때 부정사 목적어는 간접목적어에 해당된다.

He wondered *what to do.*
Hän ei tiennyt *mitä vastata.*
'Er wusste nicht, was er antworten sollte.'
(그는 어떻게 대답해야 할지를 몰랐다)

부정사는 "논리적 주어(logisches Subjekt)"로서 명사나 대명사의 대격을 취할 수 있다(부정사를 갖는 대격: Accusativus cum Infinitivo＝AcI-구조).

Ich sehe *ihn kommen.* (나는 그가 오는 것을 본다)
Did you see *him go out?*
I wish *him to go.*

핀란드어에서는 격(출발격과 향격) 변화하는 제3부정사 역시 종종 게르만어의 "정상적인" 부정사에 상응한다.

Hän kieltäytyi *tulemasta*. (제3부정사의 출발격)
'Er weigerte sich zu kommen.' (그는 오기를 거부했다)

Hän suostuu *tulemann*. (제3부정사의 향격)
'Er will kommen.' (그는 오려고 한다)

c) 부정사는 주어나 술어보충어로 나타날 수도 있다.

Sehen heißt *glauben*.
To see is *to believe*.
Dieses Buch zu lesen ist schwierig.
(이 책을 읽는 것은 어렵다)

핀란드어에서는 부정사 주어(Infinitivsubjekt)가 문장을 시작할 수 없다 (부정사 대신에 종종 - *minen*으로 끝나는 소위 동사적 명사가 사용된다).

On vaikeaa *lukea tämä kirja*.
(**Lukea tämä kirja* on vaikeaa;
독일어와 비교: Es ist schwierig, dieses Buch zu lesen.)
(이 책을 읽는 것은 어렵다)

Tämän kirjan lukeminen on vaikeaa.
원래는 : 'Das Lesen dieses Buch ist schwierig.'
(이 책을 읽는 것은 어렵다)

d) 부정사가 부사보충어로 나타나는 경우는 드물다. 독일어에서는 부사보충어로서의 부정사가 *gehen, fahren, reiten, führen, schicken*과 같은 동사에서 등장하며 **목적보충어**(Finalergänzung)를 나타낸다.

Sie gehen *baden/spielen/einkaufen.*
(그들은 수영하러/놀러/쇼핑하러 간다)
Die Mutter schickte das Kind *Milch und Butter holen.*
(어머니는 우유와 버터를 가지러 아이를 보냈다)

이 경우에 핀란드어에서는 대부분의 이동동사와 결합될 수 있는 제3부정사가 나타난다.

Minä tulen/menen/ajan/ratsastan *auttamaan häntä.* (향격)
'Ich komme/gehe/fahre/reite ihm helfen.'
(나는 그를 도우러 온다/간다/차 타고 간다/말 타고 간다)

핀란드어에서는 제3부정사의 출발격도 역시 가능하다.

Hän tulee *kalastamsta.*
'Er kommt vom Fischen.'
(그는 낚시에서 돌아온다)

2. 핀란드어에서 특징적인 것은 목적어 역할을 하며 부문장을 대신하는 분사구문이다.

Tiedän *hänen*(논리적 주어) *tulevan.*(제1분사)
'Ich weiß, dass er kommt.' 원래는: 'Ich weiß ihn kommen.'
(나는 그가 온다는 사실을 알고 있다)

Tiedän *hänen tulleen.*(제2분사)
'Ich weiß, dass er gekommen ist.'
(나는 그가 왔다는 사실을 알고 있다)

이러한 구조는 독일어의 부정사를 갖는 대격 구조(=AcI - 구조)에 해당되지만, 독일어에서(*sehen, hören, spüren, fühlen*)보다는 훨씬 더 많은 동사들에서 등장한다(예를 들면, *tietää* 'wissen 알다', *luulla* 'glauben 믿다').
독일어에서는 분사가 다만 주어와 술어보충어로서만 가능하다.

Aufgeschoben ist nicht *aufgehoben*.
(연기는 중지가 아니다)

3. 영어에서는 부차적인 형태로서나 혹은 부정사 대신에 소위 *-ing*-형태 (=동명사:Gerundium)가 특히 주어, 목적어, 술어보충어 및 부사보충어로서 등장한다.

Have you finished *reading the paper*. (목적어)
Seeing(주어) is *believing*. (술어보충어)
Reading the paper seems to suit him. (주어)
I'll go *shopping*. (부사보충어)
I don't come *swimming and sailing with you*. (부사보충어)

부정사와 마찬가지로 *-ing*-목적어도 역시 논리적 주어를 소유할 수 있다.

Would you mind *his/him opening the window*?
Do you remember *me asking you that before*?

이 구조는 핀란드어의 분사구문에 해당되며(비교:*Tiedän hänen tulevan*.), 이러한 분사구문에서처럼 독일어의 AcI - 구조보다는 훨씬 더 많은 동사들에서 등장한다.

4. 동사가 특정한 전치사를 요구하는 경우(전치사 목적어), 목적어가 동사적 보충어이면 여러 언어들 간에 차이점이 존재한다. 독일어에서는 부정사 구조 앞에 형식어(Formwort=Korrelat 상관사)로서 보통 동사의 격 지배를 나타내는 대명사적 부사(Pronominaladverb)가 등장한다. 대명사적 부사는 의무적이 될 수도 있고 수의적이 될 수도 있다.

Der Lehrer achtet *darauf, verständlich zu sprechen*.
(그 선생은 이해할 수 있도록 말하는 데에 유념한다)
Die Mutter beauftragt die Kinder (*damit*), *die Wäsche zu waschen*.
(어머니는 아이들에게 빨래를 하도록 부탁한다)

영어에서는 목적어가 *-ing*-형태이며, 그 앞에 전치사가 형식어 없이 온다.

> He is thinking *of buying a car.*
> I insist *on being allowed to go.*

독일어의 몇몇 동사에서는 부정사 목적어가 대격 목적어를 대신하는 경우에도 형식어가 나타날 수 있다. 이 때 형식어는 의무적인 *es*이거나 수의적인 *es*이다.

> Ich schaffe *es, die Arbeit zu beenden.*
> (나는 그 일을 끝낸다)
> Wir lehnen *es* ab, *ihm nochmals Geld zu leihen.*
> (우리는 그에게 다시 돈을 빌려주기를 거부한다)
> Ich wage (*es*) nicht, *meinen Vater zu fragen.*
> (나는 아버지에게 감히 질문하지 못한다)
> Er behauptet (*es*), *mich zu lieben.*
> (그는 나를 사랑한다고 주장한다)

이러한 경우에 영어와 핀란드어에서는 형식어가 사용되지 않는다.

> He preferred *not to come.*
> Hän piti parempana *olla tulematta.*

주어로 사용되는 부정사 구조도 형식어(예를 들면 *es, it*)를 통해 지시할 수 있다.

> *Es* ist nützlich, *fremde Sprachen zu lernen.*
> (외국어를 배우는 것은 유익하다)
> *It's* useful *to learn foreign languages.*
> *It's* been a pleasure *meeting you.*

4.3.2.2 문장형태의 보충어

동사적 보충어가 언어마다 다른 범주인 반면에, 문장형태의 보충어

(satzförmiger Aktant)는 서로 비슷하다. 문장형태의 보충어는 *dass*(*that*, *att*, *että*) - 문장과 간접의문문이며, 단지 예외적으로만 다른 부문장이 나타난다. 문장형태의 보충어는 대개 목적어와 주어이지만, 술어보충어와 부사보충어로서도 등장할 수 있다.

1. *dass* - 문장과 간접의문문이 목적어로 사용되는데, 이들은 일반적으로 명사 목적어를 대신한다.

> Ich sah, *dass er kam.* (대격 목적어의 등가어 : Ich sah *ihn.*)
> Ich saw *that he was coming.*
> Näin, *että hän oli tulossa.*
>
> Er fragte, *ob der Mann gekommen sei.*
> (전치사 목적어의 등가어 : Er fragte *nach dem Weg.*)
> (그는 그 남자가 왔는지를 물었다 - 그는 길을 물었다)
> He asked *if the man came.*
> Hän kysyi, *tuliko mies.*
>
> Der Boxer rühmt sich, *dass er unschlagbar sei.*
> (속격 목적어의 등가어 : Er rühmt sich *seines Erfolges.*)
> (그 복서는 패배하지 않은 것을 자랑한다 - 그는 자기 성공을 자랑한다)

일반화하는 부문장(verallgemeinernder Nebensatz)만이 독일어의 여격 목적어에 상응할 수 있다.

> Ich helfe, *wem ich will.* (Ich helfe *ihm.*)
> (나는 내가 돕고자 하는 사람을 돕는다 - 나는 그를 돕는다)

몇몇 동사에서 독일어의 *dass* - 목적어는 부정사 목적어로, 핀란드어의 *että* - 목적어는 분사 목적어로 대체될 수 있다.

> Er bestreitet, *dass er den Mann kennt.*
> Er bestreitet, *den Mann zu kennen.*

(그는 그 남자를 알고 있다는 사실을 부인한다)

Hän kieltää, *että hän tuntisi miehen.*
Hän kieltää *tuntevansa miehen.*

2. *dass* - 문장, 간접의문문, 일반화하는 부문장은 주어로서도 등장한다.

Dass du hier bist, freut mich.
(네가 여기 있다는 사실이 나를 기쁘게 한다)
Minua ilahduttaa, *että olet täällä.*

That she is still alive is a consolation.

Ob es gelingt, ist unsicher.
(그 일이 성공할 지는 불확실하다)
On epävarmaa, *onnistuuko se.*

Whether we need it is a different matter.
Wer der beste ist, gewinnt. (최우수자가 이긴다)
Kuka on paras, se voittaa.

3. 주어로 사용되는 동일한 부문장 유형이 술어보충어로 나타날 수도 있다.

Meine Annahme ist, *dass er kommt.*
(나의 가정은 그가 온다는 것이다)
Olettamukseni on, *että hän tulee.*
The assumption is *that the things will approve.*

Die Frage ist nicht, *wer geht,* sondern *wer bleibt.*
(문제는 누가 가느냐가 아니라 누가 남느냐이다)
Kysymys ei ole, *kuka menee,* vaan *kuka jää.*
The problem ist not *who will go* but *who will stay.*

Er ist jetzt, *was er sein kann.*
(그는 지금 최상의 상태이다)
Hän on nyt, *mitä hän voi olla.*
He is now *what he can be.*

als ob(*as if, kuin*) - 문장도 술어보충어로 나타날 수 있다.

Er sieht aus, *als ob er krank wäre.*
(그는 마치 아픈 것처럼 보인다)
Hän näyttää siltä, *kuin hän olisi sairas.*

4. 일반화하는 장소문과 *bis*(*until*) - 시간문이 부사보충어로 나타난다.

Er geht, *wohin ich gehe.*
(그는 내가 가는 그곳으로 간다)
Hän menee, *minne minä menen.*
Stay *where you are.*

Die Sitzung dauerte, *bis wir alle müde waren.*
(회의는 우리 모두가 지칠 때까지 지속되었다)
Istuntoa kesti, *kunnes kaikki väsyimme.*
I shall stay *until I'll have finished the work.*

5. 동사적 보충어와 마찬가지로 문장형태의 보충어도 형식어(상관사)를
요구할 수 있다.

a) 독일어에서 전치사 목적어를 대신하는 부문장의 상관사로서는 대명사
적 부사가 오고, 대격 목적어로 사용되는 부문장의 상관사로서는 *es*가 나
타난다.

Der Lehrer achtet *darauf, dass niemand abschreibt.*
(선생님은 아무도 커닝하지 못하도록 유념한다)

Er fragte (*danach*), *ob er reisen sollte.*
(그는 그가 여행을 떠나야 하는지를 물었다)
Er schafft *es*, *dass er die Arbeit abschließt.*
(그는 그 일을 끝마친다)
Alle haben (*es*) gesehen, *dass er krank war.*
(모든 사람들은 그가 아팠다는 사실을 알았다)

영어에서는 형식어가 나타나지 않는다. 전치사 목적어의 등가물로서 사용되는 간접의문문 앞에 전치사만이 올 수 있는데, *that*-문장 앞에서는 이 전치사마저 삭제된다.

He objected *to what had been decided.*
He objected *that they had already met.*

b) 일반화하는 부문장 앞에도 상관사가 올 수 있는데, 목적어문, 주어문, 술어보충어문 앞에서는 중성 대명사 (*das*)가 올 수 있고, 부사보충어문 앞에서는 부사가 올 수 있다.

Er tut (*das*), *was ich verlange.*
(그는 내가 요구하는 일을 해준다)
(*Das*), *was er tut*, ist richtig.
(그가 하는 일은 옳다)
Er ist jetzt *das*, *was er sein kann.*
(그는 지금 최상의 상태이다)
Er geht (*dorthin*), *wohin ich gehe.*
(그는 내가 가는 그곳으로 간다)
Er fährt *dorthin*, *wo ich im letzten Jahr war.*
(그는 내가 지난해에 있었던 그곳으로 간다)

4.3.3 순수 형식적인 보충어와 보충어 부분

예를 들면, 비인칭 주어 *es*[50] (영어 *it*, 스웨덴어 *det*)와 영어의 *there*는 순수 형식적인 보충어(rein formaler Aktant)에 속하고, 독일어의 대명사적 부사는 형식적인 보충어 부분(formaler Aktantenteil)으로서 사용될 수 있다.

1. 결합가 연구자들은 소위 형식적 주어 *es*(예:*Es* regnet. 비가 온다)와 형식적 목적어 *es*(예:Er meint *es* gut. 그는 좋은 뜻으로 말한다)가 동사의 결합가에 결속된 보충어로 간주될 수 있는가에 대해 의견이 분분하다. 몇몇 학자들은 이러한 비인칭 주어 *es*를 항상 보충어로 간주하는 반면에, 다른 학자들은 예컨대 주어 *es*(영어 *it*, 스웨덴어 *det*)가 명사로 대치될 수 있을 경우에만 보충어로 간주한다. 그래서 *Es* klopft.(노크소리가 난다)라는 문장의 독일어 *es*는 그것이 명사로 대치될 수 있기 때문에(*Der Mann* klopft. 그 남자가 노크한다) 보충어이다. 이에 반해 문장 *Es* regnet.(비가 온다)에서의 *es*는 대치가 불가능하기 때문에 보충어가 아니다.

하지만 문장 *Es klopft.*와 *Es regnet.*는 두 문장에서 대명사 *es*가 삭제될 수 없다는 점에서 하나의 동질적인 그룹을 형성한다. 정동사를 문장의 구조적 중심으로 이해한다면, *klopft*뿐만 아니라 *regnet*도 역시 언제나 하나의 구조적 빈자리를 자기 주위에 열어 놓고 있는 것처럼 보인다. 비록 여기서 구조 층위와 의미 층위가 전혀 일치하지 않거나(예:*Es* regnet.), 혹은 다만 간접적으로만 일치하지만(예:*Der Mann* klopft.), 이 빈자리를 *es*로 채우는 것이 문장의 문법성에 대한 전제조건이 된다. 비록 문장 *Es* klopft.에서의 *es*는 대치될 수 있고(예:*Der Mann* klopft.), 문장 *Es* regnet.에서의 *es*는 대치될 수 없지만, 두 문장에서 문장의 문법성을 파괴하지 않고서는 *es*를 삭제할 수 없다.

우리가 동사의 보충어를, 비록 그 의미적 대응물은 없지만 그 존재가 해당 문장의 문법성에 필수적인 하나의 "자립적인(selbständig)" 단어로 이해한다면, 날씨를 표현하는 비인칭 동사(예:*Es* regnet.)에서의 삭제할 수 없는 *es*도 역시 의무적 보충어로 간주해야 한다. 이와 같은 비인칭 주어 *es*는 지시적 의미를 가지고 있는 완전 보충어(Vollaktant)와는 반대로, 다만 형식적이고 순수 통사적인 기능만을 가지고 있는 **형식적 보충어**(formaler

---

50) Tarvainen(1973:26f.).

Aktant)라고 명명할 수 있다.

  날씨를 표현하는 비인칭 동사(Witterungsimpersonalia)를 0가(nullwertig)로 간주하려면, *es*는 해당 개념을 표현할 수 있기 위해서 이미 부정사(예: *regnen, schneien, donnern, blitzen* 등)가 전제로 하고 있는 동사의 한 구성 성분(Bestandteil)으로 간주되어야 한다. 독일의 결합가 이론가들도 그렇게 생각하는 것처럼 보이며, 그리고 *es*를 동사와 분리할 수 없는 것으로 간주하고 있는 것처럼 보인다. 동사가 부정사로 오는 경우에도 대부분의 경우에서 *es*가 실제로 존재한다: Hast du *es* schon blitzen sehen?(너는 벌써 번개 치는 것을 보았니?) 그러나 다른 한편으로는 부정사에서 *es*가 삭제될 수 있는 경우들도 있다: Gott lässt (*es*) regnen.(하느님이 비를 내리게 한다). 그밖에 날씨를 표현하는 비인칭 동사가 경우에 따라서는, 특히 비유적인 의미나 전용된 의미에서는 주어로서 명사를 취할 수도 있다.

  Die Blüten schneiten von den Bäumen. (비유적 의미)
  (꽃잎이 나무에서 눈처럼 내린다)
  Die Motoren donnern. (전용된 의미)
  (모터가 우뢰 같은 소리를 낸다)

  이 모든 것들은 *regnen*(비가 온다), *schneien*(눈이 온다), *donnern*(천둥 친다), *blitzen*(번개 친다) 등의 어휘소(Lexem)들이 *es* 없이 단독으로 비유적으로나 전용되어 사용될 수도 있는 고유의미를 지닌 동사로 간주될 수 있음을 말해준다. 따라서 *es*는 예를 들면 소위 분리 동사의 분리 전철(비교: Er steht *auf*.≠Er steht.)과 유사한 동사의 의미 성분을 형성하지 않는 순수한 통사적 보충어(rein syntaktischer Aktant)로 볼 수 있다.

  날씨를 표현하는 비인칭 동사에서의 형식적 주어(formales Subjekt)는 항상 의무적인 형식적 보충어이다. 그러나 독일어에서는 *es*가 문중에서 수의적인 경우들도 있다: Mich friert (*es*). (문두에서는 es가 다만 어순 때문에 의무적이다: *Es* friert mich. 나는 춥다). *es*가 문두에서만 일상적이고 필수적이며, 문중에서도 가능한 이러한 경우에 우리는 대명사 *es*를 아마도 수의적인 형식적 보충어로 인정할 수 있을 것이다. 그러나 이와 같은 순수 형태·통사적인 수의성(Fakultativität)의 경우에 유의해야 할 점은, 수의적인 *es*가 삭제되더라도 문장의 내용은 변하지 않는다는 사실이다(Mich friert *es*.=Mich friert. 나는 춥다). 그 반면에 원래 수의적인 보충어가 삭제될 경우에는 동사 내용 그 자체는 변하지 않지만(예:*schreiben*), 문장 내용은 변한다(*Er schreibt einen Brief.* 그는 편지 한 통을 쓴다≠*Er schreibt.* 그는 쓰고 있다). 그러나 *es*가 단지 문두에서만 가능하다면(*Es* kommt mein Freund. - Mein Freund kommt. 내 친구가 온다; *Es* wurde ihm geholfen. - Ihm wurde geholfen. 그를 도왔다), *es*는 보충어가 아니다. 왜냐하면 *es*는 순수 형식적으로도 동사가 아니라 문장의 어순(Wortstellung)에 종속하기 때문이다: *es*는 독일어 서술문의 어순에 의해 요구되는 자리메꿈어(Platzhalter)이다. 스웨덴어의 형식적 주어 *det*는 이 경우에 문중에서도 등장할 수 있으며, 독일어 *es*보다는 형식적 보충어에 더욱 가깝다.

스웨덴어 : *Det* bor ingen här.
독 일 어 : *Es* wohnt niemand hier.
　　　　　　(여기에 아무도 살고 있지 않다)

스웨덴어 : Bor *det* ingen här?
독 일 어 : Wohnt Ø niemand hier?

스웨덴어 : Där kommer *det* en bil. = Där kommer en bil.
　　　　　　'Dort kommt ein Auto.'
　　　　　　(저기 자동차 한 대가 온다)

비인칭 목적어(unpersönliches Objekt) *es*도 역시(예:Der Lehrer meint *es* gut. 선생님은 좋은 뜻으로 말한다) 명사로 대치될 수 없기 때문에, 헬비히는 이것을 보충어로 간주하지 않는다. 그러나 우리는 형식적 주어에서와 마찬가지로 비인칭 목적어에 대해서도 순수 형식적 보충어의 값을 부여할 수 있을 것이다. 그러나 동사와 비인칭 목적어 *es*의 결합은 술어와 형식적 주어의 결합보다 더욱 긴밀하기 때문에, *es*는 아마도 동사의 구성성분으로 간주될 수 있을 것이다.

핀란드어에서는 대개 형식적 *es*에 해당하는 대응물이 없다.

> *Es* regnet. - Sataa. (비가 온다)
> Ich meine *es* gut. - Tarkoitan (-) hyvää.
> (나는 좋은 뜻으로 말한다)

이에 반해 일상어에서는 종종 형식적 주어가 나타난다.

> Kyllä *se* sataa. 'Es regnet ja.' (정말로 비가 온다)

몇몇 언어에서는 *es*, *det*, *it* 등의 대명사 이외에 다른 형식적 보충어도 등장한다. 영어에서 특징적인 것은 형식적 보충어 *there*인데, 이에 해당하는 대응물이 다른 게르만어에서는 대체로 존재하지 않는다.

> *There* are some books on the table.
> Are *there* any books on the table?

덴마크어 *der*가 영어 *there*와 그 기능면에서 비교될 수 있다.

> *Der* bor en bager på Nørregade.
> 'Es wohnt ein Bäcker auf der Norderstraße.'
> (노르더 거리에 한 빵집주인이 살고 있다)

여기서 특히 네덜란드어 대응물 *er* 'da, es'도 언급할 수 있는데, 이 *er*는 - 스웨덴어 *det*와 비교하여 - 문중에서 자주 사용되기 때문에 눈에 띈다.

> Is *er* nog keen krant gekomen?
> 'Ist noch keine Zeitung gekommen?'
> (아직도 신문이 오지 않았니?)

> Ieder burger moet weten, was *er* in de wet geschreven staat.
> 'Jeder Bürger muss wissen, was im Gesetz geschrieben steht.'
> (모든 시민은 법에 무엇이 기록되어 있는지 알아야 한다)

Hij ziet *er* goed uit.
'Er sieht gut aus.' (그는 선량하게 보인다)

2. 독일어의 대명사 *es*는 의무적이든 수의적이든 간에 종종 부정사 목적어나 부문장 목적어를 지시한다.

Ich schaffe *es, die Arbeit zu beenden.*
(나는 그 일을 끝낸다)
Alle haben (*es*) gesehen, *dass er krank war.*
(모든 사람들은 그가 아팠다는 사실을 알았다)

대명사적 부사도 유사하게 사용된다.

Der Lehrer achtet *darauf, dass niemand abschreibt.*
(그 선생님은 아무도 커닝하지 못하도록 하는 데 유념한다)

Er fragt (*danach*), *ob er reisen solle.*
(그는 그가 여행을 떠나야 하는지를 묻는다)

이 모든 경우에서 보충어는 형식어(예:*es*, 대명사적 부사) 및 부문장이나 부정사로 구성된다. 형식어(Formwort)는 보충어의 순수 형식적인 부분(형식적인 보충어 부분: formaler Aktantenteil)이고, 부정사와 부문장은 보충어의 내용적인 부분이다.

es, die Arbeit zu beenden
(es), dass er kommt
darauf, dass niemand abschreibt
(darauf), ob er reisen solle

순수 형태·통사적으로 볼 때, 형식어는 관계어(Bezugswort)이며 부정사나 부분장은 이 관계어에 대한 부가어(Attribut)이다. 동사는 통사적으로 어쨌든 형식어를 요구하므로 문장은 부정사나 부문장 없이도 문법적이 될 것이다.

Er schafft *es*.
Der Lehrer achtet *darauf*.

그렇다면, 대명사는 다르게 이해될 수 있을 것이다. 즉, 대명사는 더 이상 순수 형식적인 것이 아니라, 앞에서 언급된 관계어를 지시할 것이다.

대명사 *es*는 - 영어의 *it*와 마찬가지로 - 목적격 술어보충어가 목적어와 관련되는 경우에도 형식적인 목적어 부분으로서 사용될 수 있다.

Ich hielt *es* für meine Pflicht, *Sie zu warnen*.
(나는 당신들에게 경고하는 것을 내 의무로 생각했다)
I think *it* difficult *to understand him*.
Sie made *it* a condition *that she should take the cure*.

술어보충어가 있는 문장에서 *es*가 문두에 와서 부정사나 부문장을 지시하는 경우는 대명사 *es(it)*의 결합가 결속성에 대한 하나의 특수한 경우를 나타낸다.

Es ist schwer, *ihm zu helfen*.
(그를 돕는 것은 어려운 일이다)
It's useful *to learn foreign languages*.

여기서 *es(it)*는 *sein(to be)*의 보충어의 한 부분이 될 수 있다: *es* Inf.(*es...ihm zu helfen*). 하지만 대명사는 또한 어순(Wortstellung)에 의해 요구되는 자리메꿈어(Platzhalter)로 간주될 수도 있을 것이다. 그러나 독일어에서 *es*가 문중에 나타나면, *es*는 형식적인 보충어 부분으로 간주되어야 한다: Schwer ist *es*, *him zu helfen*.

부사도 역시 형식적인 보충어 부분으로 나타날 수 있다. 이 때 부사와 부문장이 다 함께 부사보충어를 형성한다.

Er geht (*dorthin*), *wohin ich gehe*.
(그는 내가 가는 그곳으로 간다)

핀란드어에서는 형식적인 보충어(독일어 *es*와 비교)가 거의 나타나지 않지만, 형식적인 보충어 부분은 종종 나타난다.

Valmistaudun *siihen*, että hän tulee. (향격)
'Ich bereite mich *darauf* vor, dass er kommt.'
(나는 그가 온다는 사실에 대비하고 있다)

Meen (*sinne*), minne hän menee.
'Ich gehe (*dorthin*), wohin er geht.'
(나는 그가 가는 그곳으로 간다)

5

형용사의 결합가[51]

5.1 형용사 결합가의 개념

동사와 마찬가지로 형용사도 역시 의무적 보충어나 수의적 보충어로 채
워지는 빈자리를 자기 주위에 열어 놓을 수 있다.

〔Der Sohn〕 ist *seinem Vater* ähnlich. (의무적 보충어)
(그 아들은 자기 아버지와 닮았다)
〔Der Mann〕 ist *des Diebstahls* schuldig. (수의적 보충어)
(그 남자는 절도죄를 짓고 있다)

위에 예문에서 *seinem Vater*와 *des Diebstahls*는 형용사 *ähnlich*와
*schuldig*의 의존소이다. 즉, 형용사와 그 보충어 사이에는 형용사가 지배
소인 통사적인 관계가 성립한다. 따라서 우리는 **형용사 결합가**(Adjektivvalenz)
를 형용사로부터 발산하는 힘으로 이해할 수 있는데, 이 때 형용사의 보충

---

51) Erben(1972:288f.)；Sommerfeldt/Schreiber(1971:227f.) und (1974:27f.)；Helbig
(1976 :133f.).

어는 항상 형용사의 통사적인 의존소가 되어야 한다.

> *ähnlich*
> ↓ - 형용사의 결합가
> *seinem Vater* (형용사의 보충어)

그러나 형용사의 결합가에 대한 다른 견해들도 존재한다.

1) 문장의 주어는 술어적인 형용사의 (의무적) 보충어로 이해된다. 우리는 이것을 수형도로 설명할 수 있다.

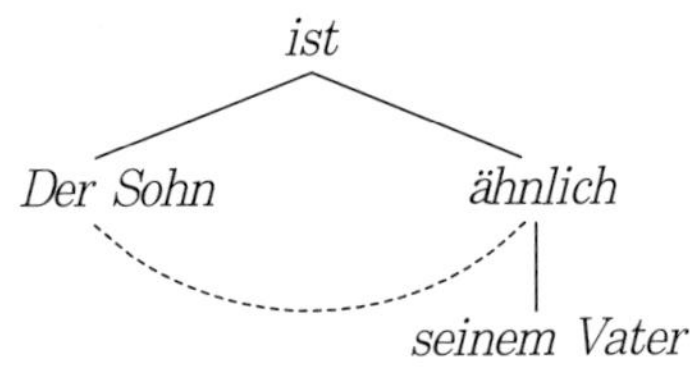

이 문장에서 동사 *ist*와 주어 *der Sohn* 및 형용사 *ähnlich* 사이에는 제1등급의 연결이 있는 반면에, *ähnlich*와 *seinem Vater* 사이의 연결은 제2등급의 연결이다. 이 때 *ähnlich*가 지배소이고 *seinem Vater*가 의존소이다. Sommerfeldt/Schreiber와 Helbig에 의하면, 형용사 *ähnlich*는 두 개의 통사적 보충어, 즉 형용사의 의존소인 *seinem Vater*와 주어 *der Sohn*을 갖는다. 그러나 연사동사(Kopulaverb) *ist*가 결합가 보유어(Valenz-träger)로 이해되면, 형용사 *ähnlich*는 주어 *der Sohn*에 대한 어떤 통사적 연결도 가질 수 없다. 왜냐하면 주어는 이미 동사 *ist*의 통사적 보충어이기 때문이다. 주어가 동시에 두 개의 통사적 지배소를 가질 수는 없다(동사와 형용사). 형용사 *ähnlich*는 주어 *der Sohn*에 대한 연결(Konnexion)을 갖지만 이것은 순수 논리·의미적 연결이다(즉 ┈┈┈┈). 따라서 주어는 다만 형용사 *ähnlich*(혹은 전체 통합소 *ähnlich sein*)의 논리·의미적 보충어로 간주될 수 있을 뿐이다.

Der Sohn ist seinem Vater ähnlich.
(그 아들은 자기 아버지와 닮았다)

ähnlich (*sein*) - *der Sohn, sein Vater* ← Pxy
P(술어)   x   y

논항

주어도 역시 형용사의 보충어라는 견해는 모순이 많다. 그렇다면 하나의 보충어(예:*seinem Vater*)는 논리·의미적 및 통사적이고, 다른 보충어 (예:*der Sohn*)는 단지 논리·의미적일 뿐이기 때문이다(예를 들면, Helbig와 같이 동사 *sein*을 독립적인 동사로서 동사적 결합가 보유어로 간주하는 경우).

2) 형용사가 부가어로 오는 경우, Sommerfeldt/Schreiber는 형용사의 관계명사 역시 형용사의 보충어로 간주한다. 이것도 역시 수형도로 설명할 수 있다.

〔Der Sohn ist〕 ein seinem Vater ähnlicher Mann.
(그 아들은 자기 아버지와 닮은 남자이다)

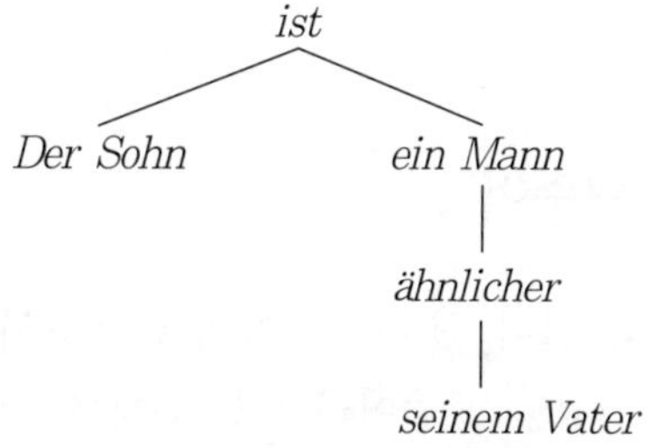

형용사 *ähnlich*는 명사 *ein Mann*의 의존소인 동시에 명사 *seinem Vater*의 지배소이다. 결합가를 형용사와 그 의존소 간의 의존관계, 즉 형용사로부터 발산하는 힘(결합능력:Fügungspotenz)으로 이해한다면, 형용사 *ähnlich* 는 보충어로서 *seinem Vater*만을 가질 수 있다. Sommerfeldt/Schreiber 는 명사 *ein Mann*도 역시 *ähnlich*의 보충어로 간주한다. 그렇다면 결합가는 형용사로부터 발산하는 힘뿐만 아니라 형용사로 발산해 오는 힘으로도 이해된다. 따라서 결합가는 두 가지 방향, 즉 형용사로부터 오는 방향과 형용사로 향하는 방향을 가진다.

ein seinem Vater ähnlicher Mann

그래서 형용사 결합가에서는 두 가지 상이한 견해가 존재한다. 우리는 - 또한 Erben과 마찬가지로 - 형용사의 종속적인 규정어, 즉 형용사의 통사적 의존소만을 형용사의 보충어로 간주한다. 다른 학자들 - Sommerfeldt/Schreiber와 Helbig - 에 의하면, 형용사의 논리적 관계어, 즉 형용사적 술어보충어를 갖는 문장의 주어 혹은 부가적 형용사의 명사적인 관계어도 형용사의 보충어로 간주될 수 있다. 동사 *sein*이 술어로 간주되는 경우, 결합가의 관찰에서 통사적 층위와 논리·의미적 층위가 상호 혼합되었다. 전체 통합소인 동사＋형용사(예:*ist ähnlich*)가 술어로 이해되는 경우, 주어도 역시 형용사적 술어의 통사적 보충어로 간주될 수 있다. 그런 경우에도 부가적 형용사의 관계어는 형용사의 통사적 보충어로 이해될 수 없다.

5.2 형용사의 보충어

위에서 기술한 바와 같이 형용사 결합가를 형용사로부터 발산하는 종속시키는 힘으로 이해한다면, 보충어의 수는 0에서 3까지 변화한다(0가 형용사는 보충어를 갖지 않는다). 보충어는 의무적 혹은 수의적이 될 수 있다.

$krank_0$: Der Mann ist *krank*. (그 남자는 아프다)
$ähnlich_1$: Der Mann ist *seinem Vater ähnlich*.
      (그 남자는 자기 아버지를 닮았다)
$schuldig_{(1)}$: Der Mann ist (*des Diebstahls*) *schuldig*.
      (그 남자는 절도죄를 짓고 있다)

dankbar(1)+(1)=(2) : Der Mann ist (*der Frau*) (*für das Geschenk*) *dankbar*.
(그 남자는 부인에게 선물에 대해 감사한다)

의무적인 2가 형용사는 드물다. 독일어의 형용사 *bewusst*는 두 개의 의무적 보충어를 취할 수 있는데, 그 중 하나는 여격의 재귀대명사이다.

Ich bin *mir keiner Schuld bewusst*.
(나는 아무런 책임도 의식하고 있지 않다)

3가 형용사는 아주 드물다. 가끔 독일어의 재귀대명사가 세 번째 보충어로서 사용될 수 있다.

(*sich*) (*mit dem Vertragspartner*) (*über die Bestimmungen*) *einig*.
(계약당사자와 결정에 대해 합의하다)

술어보충어로서 하나의 보충어를 취하는 형용사는 목적어에도 관련될 수 있다.

Er nennt *mich des Diebstahls schuldig*.
(그는 나에게 절도죄가 있다고 말한다)

동사에서 파생된 형용사(Deverbativ)가 보충어를 취하는 형용사가 될 수 있다. 그러면 동사의 통사적 결합가는 형용사 파생에서 한 단위가 감소된다. 왜냐하면 형용사는 동사의 주어에 대해 통사적으로 이에 종속하는 어떤 대응물도 갖지 않기 때문이다.

bedürfen₂ - *Der Patient* bedarf *der Ruhe*.
bedürftig₁ - Der Patient ist *der Ruhe* bedürftig.
(그 환자는 휴식이 필요하다)

wohnen₂ - *Er* wohnt *in München*.
wohnhaft₁ - Er ist *in München wohnhaft*.
(그는 뮌헨에서 거주하고 있다)

논리·의미적 결합가는 동사의 경우와 형용사의 경우에서 동일하다.

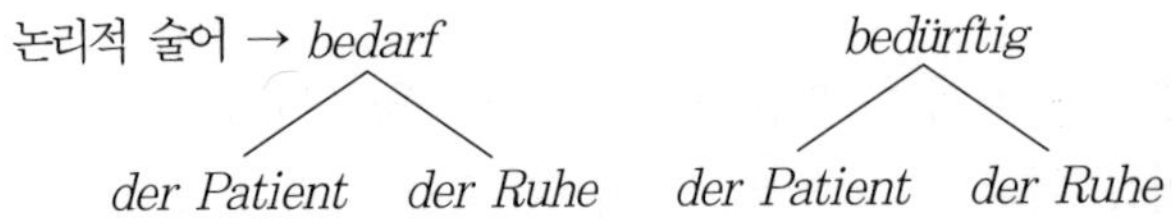

형용사의 보충어는 두 가지 그룹, 즉 목적어류의 보충어와 부사어류의 보충어로 나뉠 수 있다. 우리는 이들을 아마도 형용사의 목적어(Adjektivs-objekt)와 형용사의 부사보충어(Adjektivsadverbial)라고 명명할 수 있을 것이다. 형용사의 목적어 형태는 형용사에 의해 결정되는 반면에, 형용사의 부사보충어 형태는 그 안에 포함된 명사에 의해 결정된다. 형용사의 목적어에 대한 대용어(Anapher)는 대명사적 부사나 대명사이고, 형용사의 부사보충어에 대한 대용어는 부사이다.

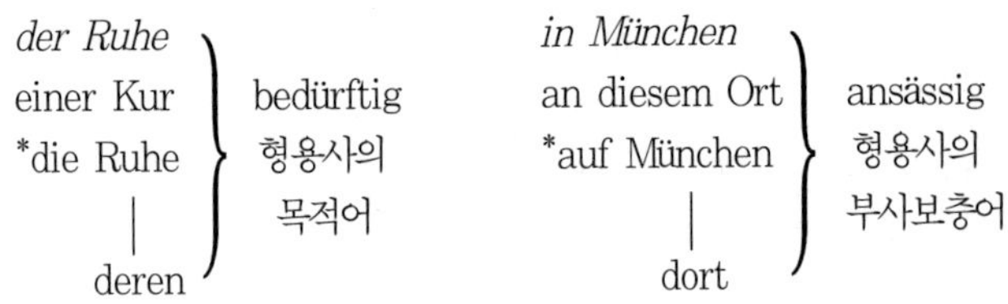

형용사의 부사보충어는 드물다.

Er war *in Ostpreußen* begütert.   (그는 동프로이센에 부동산을 가지고 있었다)
     in Magdeburg beheimatet.   (그는 막데부르크 출신이었다)
     in München wohnhaft.   (그는 뮌헨에서 살았다)
     in Zürich heimatberechtigt. (그는 취리히에 시민권이 있었다)

독일어 형용사의 목적어는 그 형태에 관한 한 술어동사의 목적어와 비교될 수 있다. 즉 격 목적어와 전치사 목적어가 나타나는데, 이들이 몇몇 경우에서는 부정사와 부문장으로 대치될 수 있다. 형용사 목적어를 다음과 같이 구분할 수 있다.

여격 목적어 :　Ich bin *diesem Mann* fremd.

　　　　　　　(나는 이 남자를 모른다)

속격 목적어 :　Er ist *des Diebstahls* schuldig.

　　　　　　　(그는 절도죄가 있다)

대격 목적어 :　Ich bin *alle Sorgen* los.

　　　　　　　(나는 모든 걱정에서 벗어난다)

전치사 목적어 :

　　an 　　: Er ist *an dem Mädchen* interessiert.

　　　　　　(그는 그 소녀에게 관심을 가지고 있다)

　　auf 　: Sie war eifersüchtig *auf ihre* Schwester.

　　　　　　(그녀는 자기 동생을 시기했다)

　　gegen 　: Ich bin misstrauisch *gegen meinen Freund.*

　　　　　　(나는 내 친구를 신뢰하지 않는다)

　　in 　　: Er war *in das Mädchen* verliebt.

　　　　　　(그는 그 소녀에게 반했다)

　　　　　　Er ist gewandt *in seinem Auftreten.*

　　　　　　(그는 그의 행동에서 세련되다)

　　mit 　: Ich bin *mit den Einwohnern des Hauses* bekannt.

　　　　　　(나는 그 집의 거주자들을 알고 있다)

　　nach 　: Sie war gierig *nach Obst.*

　　　　　　(그녀는 과일을 탐냈다)

　　über 　: Er ist *über seinen Erfolg* froh.

　　　　　　(그는 자신의 성공에 대해 기뻐한다)

　　um 　: Die Eltern waren *um ihr Kind* besorgt.

　　　　　　(부모님은 그들의 아이를 걱정했다)

　　von 　: Der Mann ist *von Vorurteilen* frei.

　　　　　　(그 남자는 선입견이 없다)

　　vor 　: Sie ist krank *vor Sehnsucht.*

　　　　　　(그녀는 그리움 때문에 병이 났다)

　　zu 　: Er ist *zu dieser Aufgabe* fähig.

　　　　　　(그는 이 과제를 할 수 있다)

부정사 목적어 :　Er ist fähig, *sich so zu verhalten.*

　　　　　　(그는 그렇게 행동할 수 있다)

성분문 목적어 :　Er ist würdig, *dass er ausgezeichnet wird.*

　　　　　　(그는 표창을 받을만하다)

동사보다는 훨씬 드물지만 형용사도 역시 두 개의 목적어를 요구할 수 있다.

> Er ist *dem Wirt zwei Mark* schuldig.
> (그는 집주인에게 2마르크의 빚이 있다)
> Ich bin *dem Freund für die Hilfe* dankbar.
> (나는 그 친구의 도움에 대해 감사하고 있다)
> Ich bin *mir keiner Schuld* bewusst.
> (나는 어떤 책임도 의식하고 있지 않다)

형용사의 보충어가 부정사나 성분문이면, 그 앞에 형식어(상관사)가 올 수 있다.

> Ich bin (*es*) gewohnt, *ohne Pause durchzuarbeiten*.
> (나는 쉬지 않고 일하는 데 버릇이 되어 있다)

이러한 경우에 전체 보충어는 형식어(Formwort)와 부정사로 구성된다: (*es*), *ohne Pause durchzuarbeiten*.

독일어의 형용사에는 세 가지 격 목적어(속격, 여격, 대격)가 존재한다. 영어의 격 목적어(명사의 기본형 혹은 인칭대명사의 경우에는 대격)는 아주 드물다. *like*와 *worth*에서만 격 목적어가 나타난다.

> He is *like his brother/like me*.
> The car is *worth a thousand pounds*.

형용사에 의해 요구되는 영어의 전치사 목적어 수는 독일어 형용사의 전치사 목적어 수보다 훨씬 적다.

> *about*   : She was shocked *about his reaction*.
> *at*   : She was bad *at mathematics*.
> *in*   : She is interested *in languages*.
> *of*   : She was aware *of his difficulties*.
> *on/upon* : He was insistent *on his rights*.

to   : He is subject *to criticism*.
with   : This plan is not compatible *with our principles*.

영어에서는 부정사 목적어(Infinitivobjekt)를 요구하는 많은 형용사들이 존재한다. 예를 들면 다음과 같은 유형들은 독일어에서는 어떤 부정사 대응물도 가지고 있지 않다.

He is splendid *to wait*.
He is slow *to react*.

핀란드어에서 특징적인 것은 다양한 격 목적어(Kasusobjekt)인데, 이들은 특히 독일어의 전치사 목적어에 상응하며 또한 격 목적어에도 상응할 수 있다.

tietoinen *asiasta* 'sich der Sache bewusst' (출발격)
(그 일을 의식하고 있는)
perehtynyt *asiaan* 'mit der Sache vertraut' (향격)
(그 일에 친숙한)
uskollinen *ystävälleen* 'ihrem Freund treu' (목표격)
(그녀의 친구에 충실한)
isänsä kaltainen 'seinem Vater gleich' (속격)
(자기 아버지와 닮은)
kilometrejä pitkä 'Kilometer lang' (부분격)
(1킬로미터의 길이)

6

명사의 결합가[52]

6.1 명사 결합가의 개념

명사의 경우에서 결합가 연구자들은 지금까지 거의 전적으로 동사에서 파생된(deverbativ) 명사와 형용사에서 파생된(deadjektiv) 명사, 즉 동사 파생어와 형용사 파생어의 결합가만을 연구해 왔다. 이들의 결합가는 다소간 이들의 토대가 되는 동사와 형용사의 결합가를 반영하며, 모든 연구자들에 의해 통사적 결합가로 간주된다. 동사와 형용사에서 파생되지 않은 명사들도 통사적 결합가, 즉 보충어를 취하는가 하는 문제는 아직 최종적인 해결을 보지 못한 문제이다. 예를 들어, 헬비히에 의하면 부가어와 그 관계어 간의 관계는 단지 의미적인 반면에, 토이버트에 의하면 동사나 형용사에서 파생되지 않은 많은 명사들도 통사적 보충어를 허용한다.

1. 동사에서 파생된 명사(deverbatives Substantiv)의 결합가는 동사의 동사적인 의미에 의해 결정되기 때문에 명사의 보충어는 동사의 특정한 보

---

52) Sommerfeldt/Schreiber(1975:112f.)und(1978); Teubert(1979); Hartmann(1979).

충어에 상응한다. 그래서 부가적인 통합소 *der Dank des Jungen an den Vater*(그 소년의 아버지에 대한 감사) 안에 있는 전치사구 *an den Vater*는 *Der Junge dankt dem Vater.*(그 소년은 아버지에게 감사한다)라는 문장 안에 있는 목적어 *dem Vater*에 상응하고, 속격 부가어 *des Jungen*은 주어 *der Junge*에 상응한다. 이와 같은 사실은 두 구조의 수형도를 통해서도 나타난다.

해당하는 동사의 보충어는 의무적이지만, 동사에서 파생된 명사의 보충어는 대개 수의적이다. 즉, 동사에서는 주어가 의무적이지만 명사 *der Dank*에서는 *des Jungen*이 수의적이다.

> *Der Dank des Jungen an den Vater* kam zu spät.
> (아버지에 대한 그 소년의 감사가 너무 늦게 표현되었다)
> → *Der Dank an den Vater* kam zu spät.
> → *Der Dank* kam zu spät.

대부분의 학자들의 견해에 의하면, 명사는 결코 의무적 보충어를 취하지 않는다.

2. 형용사에서 파생된 명사(deadjektivisches Substantiv)의 보충어는 해당 형용사의 특정한 목적어와 그리고 술어보충어를 갖는 해당 문장의 주어에 상응한다.

> *Sein Stolz auf seine Heimat* ist groß.
> (그는 자기 고향에 대한 자부심이 크다)
> ← *Er* ist stolz *auf seine Heimat.*
> (그는 자기 고향을 자랑한다)

3. 동사와 형용사에서 파생되지 않은 명사의 부가어는 대개 명사에 대한
부가적인 서술문을 나타내는 임의첨가어이다.

Die *schönen* Rosen sind verwelkt.
(아름다운 장미가 시들었다)
← Die Rosen sind verwelkt. *Sie waren schön.*
(장미가 시들었다. 장미는 아름다웠다)

그러나 토이버트에 의하면 많은 부가어들도 역시 보충어이다. 예를 들
면, 관계적 개념에서의 소유의 속격(possessiver Genitiv)(예:der Vater *des*
Mannes 그 남자의 아버지), 몇몇 부분의 속격과 동격(예:ein Glas *guten*
Weins/guter Wein 좋은 포도주 한 잔)도 역시 보충어이다. 중요한 것은 동사
와 형용사에서 파생되지 않은 명사의 보충어에서도 논리적인 의미에서 명
사적 술어의 논항(Argument)이 문제되며, 명사적 구조가 명사의 의미에 따
르는 동사적 구조로 환원될 수 있다는 사실이다.

die Milch bayrischer Kühe (보충어)
(바이에른 소가 생산한 우유)
← *Die Kühe* geben *Milch.* (소가 우유를 생산한다)

이에 반해, 첨가어에서는 동사적 변형에서 생겨나는 동사적 구조가 관계
명사의 의미와는 상관이 없다. 즉, 이 동사적 구조는 명사적 술어의 논항이
아니라 관계명사에 대한 부가적인 서술문을 나타낸다.

Sie fordern *einen Tisch zum Skatspielen.* (첨가어)
(그들은 스카트 놀이에 사용할 탁자를 요구한다)
← Sie fordern *einen Tisch, der zum Skatspielen geeignet ist.*
(그들은 스카트 놀이에 적합한 탁자를 요구한다)

6.2 동사에서 파생된 명사의 결합가

동사에서 파생된 명사에 대한 보충어 부가어(Aktantenattribut)는 해당 동사의 문장성분에 따라서 네 개의 그룹으로 나뉠 수 있다.

1. 목적어와 유사한 부가어(objektähnliches Attribut). 이들은 동사의 목적어에 상응한다.

> mein Dank *an diesen Mann* (이 남자에 대한 나의 감사)
> ← Ich danke *diesem Mann*. (나는 이 남자에게 감사한다)
> kiitokseni *tälle miehelle*
> ← Kiitän *tätä mies*

2. 부사보충어와 유사한 부가어(adverbialähnliches Attribut). 이들은 동사의 부사보충어에 상응한다.

> meine Reise *nach Italien* (이태리로의 나의 여행)
> ← Ich reise *nach Italien*. (나는 이태리로 여행한다)
> matkani *Italiaan*
> ← Matkustan *Italiaan*.

3. 동사의 술어보충어와 유사한 부가어(prädikativähnliches Attribut). 이들은 동사의 술어보충어에 상응한다.

> die Ernennung des Politikers *zum Botschafter*
> (그 정치인의 대사로의 임명)
> ← Der Politiker wird *zum Botschafter* ernannt.
> (그 정치인이 대사로 임명되었다)

4. 주어와 유사한 부가어(subjektähnliches Attribut). 이들은 문장의 주어에 상응한다.

die Ankunft *des Zuges* (기차의 도착)
← *Der Zug* kommt an. (기차가 도착한다)
junan tulo
← *Juna* tulee.

특히 전치사 부가어(핀란드어에서는 대개 처격 부가어)인 보충어들이 중요하며 언어학적 관심의 대상이다. 이들은 독일어에서 주어와 유사한 *durch* - 부가어 및 몇몇 술어보충어와 유사한 부가어를 제외하고는 두 가지 주요 그룹, 즉 목적어와 유사한 부가어와 부사보충어와 유사한 부가어로 나뉠 수 있다. 목적어와 유사한 부가어에서 전치사나 혹은 피란드어에서의 격은 명사에 의해 결정되며 - 목적어에서 동사에 의해 결정되는 것과 같이 - 대용어는 대명사적 부사 혹은 전치사를 갖는 대명사(핀란드어에서는 격 대명사)이다.

seine Freude *an der modernen Musik* (현대음악에 대한 그의 만족)
|
daran
hänen ilonsa modernista *musiikista* (출발격)
|
siitä

부사보충어와 유사한 부가어에서 전치사 혹은 핀란드어에서의 격은 부가적 명사 자체에 의해 결정되며 - 동사의 부사보충어에서 부사적 명사에 의해 결정되는 것과 같이 - 대용어는 부사이다.

eine Reise *nach* Italien (이태리로의 여행)
in die Stadt (도시로의 여행)
aufs Land (시골로의 여행)
|
dorthin

matka Itali*aan* (향격)
kaupun*kiin* (향격)
maa*lle* (목표격)
|
sinne

동사의 다양한 문장성분(Satzglied)에 대한 부가어적 대응물은 다음과 같다.

1. 독일어와 핀란드어에서의 소위 주격적인 속격(subjektiver Genitiv)과 그리고 독일어에서의 *durch* - 부가어가 문장의 주어에 상응한다.

> die Ankunft d*es Zuges* (기차의 도착)
> ← *Der Zug* kommt an. (기차가 도착한다)
> *junan* tulo
> ← *Juna* tulee.

> die Belagerung der Stadt *durch den König* (왕의 도시점령)
> (여기서 문장은 이미 목적격적인 속격(예:*der Stadt*)을 포함하고 있기 때문에 주격적인 속격이 불가능하다)
> ← *Der König* belagert die Stadt.(왕이 도시를 점령한다)

2. 목적어에는 다음과 같은 대응물이 있다.

a) 대격 목적어의 대응물은 대개 소위 목적격적인 속격(objektiver Genitiv) 이다

> die Zerstörung/der Zerstörer *Karthagos* (카르타고의 파괴/파괴자)
> ← Man zerstörte *Karthago*.(사람들이 카르타고를 파괴했다)
> (핀란드어에서도 이에 상응한다)

> beim Lesen *des Buches* (그 책을 읽을 때)
> ← Man liest *das Buch*. (사람들은 그 책을 읽는다)

독일어의 몇몇 명사에서는 전치사 부가어가 대격 목적어에 상응한다(핀란 드어에서는 여기서 처격 부가어도 역시 부분격 목적어의 대응물로서 나타난다).

> die Liebe *zu dem Kind* (그 아기에 대한 사랑)
> ← Sie liebt *das Kind*. (그녀는 그 아기를 사랑한다)
> rakkaus *lapseen* (향격 부가어)
> ← Hän rakastaa *lasta*. (부분격 목적어)

b) 독일어의 여격 목적어와 속격 목적어는 명사적 변형에서 전치사 부가어(Präpositionalattribut)로 변화한다.

> mein Dank *an diesen Mann* (이 남자에 대한 나의 감사)
> ← Ich danke *diesem Mann*. (나는 이 남자에게 감사한다)
> das Beschuldigen des Angeklagten *wegen Diebstahls*
> (피고에게 절도죄를 씌우는 일)
> ← Der Richter beschuldigte den Angeklagten *des Diebstahls*.
> (재판관은 피고에게 절도죄를 씌웠다)

핀란드어에서는 독일어 여격 목적어에 상응하는 부분격 목적어(Partitivobjekt)가 목표격 부가어(Allativattribut)로 된다.

> Kitokseni *tälle miehelle* 'mein Dank an diesen Mann'
> ← Kiitän *tätä miestä* 'Ich danke diesem Mann.'

c) 전치사 목적어에서의 전치사는 명사적 변형에서 대개 변화하지 않는다.

> der Kampf des Volkes *um die Freiheit*
> (자유를 얻기 위한 그 민족의 투쟁)
> ← Das Volk kämpfte *um die Freiheit*.
> (그 민족은 자유를 얻기 위해 투쟁했다)

> die Freude des Herrn Meier *über mein Kommen*
> (내가 온 것에 대한 마이어 씨의 즐거움)
> ← Herr Meier freut sich *über mein Kommen*.
> (마이어 씨는 내가 온 것을 기뻐한다)

d) 일반적으로 부정사 부가어와 부문장 부가어는 부정사 목적어와 부문장 목적어에 상응한다.

> die Behauptung des Mannes, *den Beschluss erfüllt zu haben/dass er den Beschluss erfüllt hatte* (그 결정을 이행했다는 그 남자의 주장)
> ← Der Mann behauptete, *den Beschluss erfüllt zu haben/dass er den*

Beschluss erfüllt hatte. (그 남자는 그 결정을 이행했다고 주장했다)

3. 독일어의 형용사적 술어보충어는 명사화에서 그대로 보존되지 않고 동사적 명사(Verbalsubstantiv) 안으로 들어가며, 이들과 함께 합성어(Zusammensetzung)를 형성한다.

> das *Gelb*werden der Blätter (나뭇잎의 노란 단풍)
> ← Die Blätter werden *gelb.* (나뭇잎이 노랗게 단풍이 든다)

> das Sich-*dankbar*-Erweisen des Herrn Schulze(슐쩨 씨의 사의 표명)
> ← Herr Schulze erweist sich *dankbar.*
>   (슐쩨 씨는 사의를 표한다)

명사적인 주격 술어보충어와 대격 술어보충어는 대개 부가적으로 사용될 수 없으며, *als* - 구조와 *zu* - 구조는 부가적인 사용에서 그대로 보존된다.

> die Bezeichnung des Autos *als Kiste*
> (자동차를 상자로 표현하는 것)
> ← Das Auto wird *als Kiste* bezeichnet.
>   (자동차는 상자로 표현된다)
> der Aufstieg des Sportlers *zum Weltmeister*
> (그 운동선수의 세계 선수권자로의 승급)
> ← Der Sportler steigt *zum Weltmeister* auf.
>   (그 운동선수는 세계 선수권자로 승급한다)

4. 부사보충어는 명사적 변형에서 변하지 않으며, 해당 부사보충어와 유사한 부가어로 된다.

> die Reise *nach Italien/dorthin*
> (이태리로의/그곳으로의 여행)
> ← Er reist *nach Italien/dorthin.*
>   (그는 이태리로/그곳으로 여행한다)

부사보충어와 유사한 부가어는 일반적으로 장소 부가어(Lokalattribut)이다.

6.3 형용사에서 파생된 명사의 결합가

형용사에서 파생된 명사들의 통사적인 결합가는 이들의 토대가 되는 형용사의 결합가보다 한 단위가 더 많다.

Der Mann ist stolz *auf seine Heimat.*
(그 남자는 자기 고향을 자랑한다)
← der Stolz *des Mannes auf seine Heimat*
   (그 남자의 자기 고향에 대한 자부심)

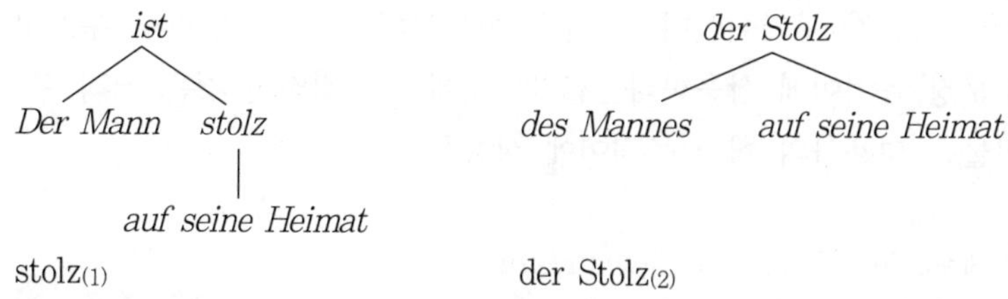

형용사의 결합가에 따른 보충어(예:*auf seine Heimat*)는 명사에서 그대로 보존되고, 다만 형용사에 대한 논리·의미적 연결만을 갖는 기저문장의 주어가 첨가된다. 그래서 형용사에서 파생된 명사의 통사적 결합가는 형용사의 논리·의미적 결합가에 상응한다. 형용사의 오직 논리·의미적 파트너 역할만 하는 주어가 명사적인 파생에서도 파생명사의 통사적 보충어가 된다.

이것은 0가 형용사에서 파생된 명사에서도 적용된다. 이 때 해당 명사는 결합가 1을 갖는다.

Die Natur ist schön. - $schön_0$
(자연은 아름답다)
→ die Schönheit *der Natur* - die $Schönheit_{(1)}$
   (자연의 아름다움)

형용사에서 파생된 명사의 보충어는 주어와 유사한 보충어 및 목적어와 유사한 보충어이다. 즉, 이들은 형용사적 술어보충어를 갖는 해당 문장의 주어 및 형용사의 목적어에 상응한다.

1. 형용사에서 파생된 명사에 대한, 주어와 유사한 부가어의 형태는 속격(영어에서는 *of* - 속격도 가능)이며, 이 속격은 1격 주어에 상응한다.

> der Stolz *des Mannes* ← *Der Mann* ist stolz.
> (그 남자의 자부심 - 그 남자는 거만하다)
> *miehen* ylpeys ← *Mies* on ylpeä.
> *the man's* pride (the pride *of the man*)
> ← *The man* is proud.

2. 독일어에서 목적어와 유사한 부가어는 전치사 부가어, (드물게는)부정사 부가어, 부문장 부가어이다. 이들은 형용사의 전치사 목적어, 부정사 목적어, 부문장 목적어에 상응한다. 핀란드어에서 특징적인 것은 처격 부가어이며, 이들은 형용사의 처격 목적어에 상응한다.

> der Stolz des Mannes *auf seine Heimat*
> (그 남자의 자기 고향에 대한 자부심)
> ← Der Mann ist stolz *auf seine Heimat*.
>   (그 남자는 자기 고향을 자랑한다)

> miehen ylpeys *kotiseudustaan* (출발격)
> ← mies on ylpeä *kotiseudustaan*

> seine Fähigkeit, *einen großen Betrieb zu leiten*
> (큰 기업체를 운영할 수 있는 그의 능력)
> ← Er ist fähig, *einen großen Betrieb zu leiten*.
>   (그는 큰 기업체를 운영할 수 있다)

> sein Ärger, *dass er dazu unfähig ist*
> (그가 그 일을 할 수 없다는 사실에 대한 그의 분노)
> ← Er ist verärgert, *dass er dazu unfähig ist*.
>   (그는 그가 그 일을 할 수 없다는 사실에 대해 분노한다)

전치사 부가어는 가끔 형용사의 격 목적어에 상응할 수도 있다.

seine Dankbarkeit *gegen seinen Vater*
(자기 아버지에 대한 그의 감사)
← Er ist *seinem Vater* dankbar.
(그는 자기 아버지에게 감사한다)

부가어가 전치사 부가어(형용사의 전치사 목적어)에 상응하는 부정사나 부
문장이면, 그 앞에 격 지배를 나타내는 형식어나 상관사가 나타날 수 있다
(독일어에서는 대명사적 부사, 핀란드어에서는 부문장 앞에서만 나타나는 처격 대명사).

sein Stolz *darauf, dass er einen solchen Sohn hat*
(그가 그러한 아들이 있다는 사실에 대한 그의 자부심)
hänen ylpeytensä *siitä*(출발격), *että hänellä on sellainen poika*
sein Ärger 〔*darüber*〕, *es nicht geschafft zu haben*
(그것을 끝내지 못했다는 데 대한 그의 분노)

6.4 동사와 형용사에서 파생되지 않은 명사의 결합가

동사에서 파생된 명사의 통사적 결합가는 그것의 토대가 되는 동사의 통
사적 결합가에 근거하는 반면에, 형용사에서 파생된 명사의 통사적 결합가
는 일부는 형용사의 통사적 결합가에, 일부는 형용사의 의미적 결합가에
근거한다. 이에 반해 다른 명사의 결합가는 그 자신의 명사적인 의미에서
기원할 수 있다. 몇몇 학자들에 따르면, 이러한 결합가는 통사적 결합가와
는 아무런 상응관계가 없는 단지 논리·의미적인 결합가 관계일 뿐이다.
그래서 *der Sohn des Mannes*(그 남자의 아들)라는 통합소 안에 있는 부
가어 관계는 단지 "친족 관계(Verwandtschaftsverhältnis)", 즉 순수 논리·
의미적 관계일 뿐이다. 그러나 부가어 관계는 항상 통사적 연결이다. 즉
*der Sohn*은 지배소이고 *des Mannes*는 의존소이다. 이 책에서는 토이버
트에 기대어 많은 "구체"명사도 통사적 결합가를 갖는다고 가정한다. 독일
어에서는 아마도 다음과 같은 그룹들이 구분될 수 있을 것이다.

1. 부분의 속격(partitiver Genitiv) (혹은 대치 구조)

die Hälfte *meines Vermögens/von meinem Vermögen*
(내 재산의 절반)
eine Schar *spielender Kinder/spielende Kinder*
(한 무리의 노는 아이들)
ein Glas *guten Weins/guter Wein*
(좋은 포도주 한 잔)

2. 소위 긴밀한 동격(enge Apposition)

Professor Schmidt (슈미트 교수)
Karl *der Große* (카알 대제)
die Stadt *Jyväskylä* (이베스킬레 시)
ein Glas *guter Wein* (좋은 포도주 한 잔)
(비교 : 부분의 속격)

3. 토이버트에 따라서 여러 가지 의미 그룹으로 나뉠 수 있는 다른 경우들은 다음과 같다(이 그룹들 중의 많은 것은 위에서 통사적으로 정의된, 동사에서 파생된 명사들의 보충어에서도 증명될 수 있다).[53]

a) 행위자 보충어(Agentivergänzung)

Die Milch *bayrischer Kühe*(바이에른 소가 생산한 우유)
(동사에서 파생된 명사 : *die Ankunft des Mannes*)

b) 대상 보충어(Objektivergänzung)

Die Galapremiere *des Films* (그 영화의 축제 초연)
(동사에서 파생된 명사 : *beim Lesen des Buches*)

---

53) Teubert(1979:88f.).

c) 경험자 보충어(Experientivergänzung)

die Not *der unterentwickelten Länder*(저개발 국가의 고난)

d) 설명 보충어(Explikativergänzung)

das Gebiet *von Uljanovsk*(울야노브스크의 지역)

e) 인칭 보충어(Personenergänzung)

Peters Vater(페터의 아버지)

f) 주제 보충어(Themaergänzung)

meine Biographie *über Robert Bosch*
(로베르트 보쉬에 대한 나의 전기)
(동사에서 파생된 명사 : *der Bericht über seine Reise*)

g) 동반 보충어(Beteiligtenergänzung)

seine Ehe *mit der Frau* (그의 부인과의 결혼)

h) 사물 보충어(Sachergänzung)

der Vorrat *an Erdöl* (석유의 비축)

i) 상황 보충어(Situativergänzung)

der Botschafter *in Moskau* (모스크바 주재 대사)
(동사에서 파생된 명사 : *sein Aufenthalt in Moskau*)

j) 방향 보충어(Direktivergänzung)

ein Taxi *zum Bahnhof* (역으로 가는 택시)
(동사에서 파생된 명사 : *seine Fahrt zum Bahnhof*)

특히 신체 부분(Körperteil)의 표현에 사용되며, 종종 임의 여격(freier Dativ)으로 간주되는 소유의 여격(Pertinenzdativ)[54] (possessiver Dativ, sympathetischer Dativ, Dativus possessivus라고도 칭함)은 "구체"명사에 대한 보충어들 중에서 하나의 특수한 경우를 형성한다.

Ich klopfte *dem Mann* auf die Schulter.
(나는 그 사람의 어깨를 가볍게 두드렸다)

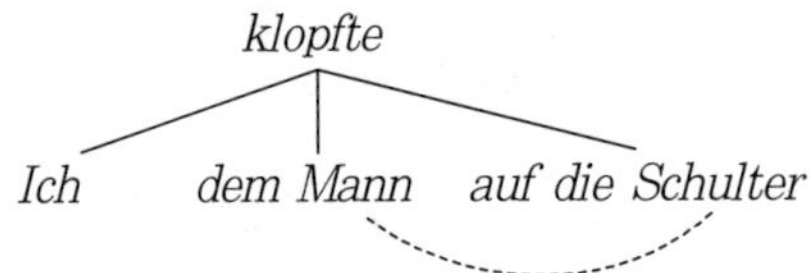

동사의 관점에서 볼 때, 소유의 여격도 역시 실제로는 임의적이다. 동사 *klopfen*이 여격 *dem Mann*을 요구하는 것이 아니라, 부사보충어 *auf die Schulter*를 요구한다(비교:*Ich klopfe auf den Tisch.*(나는 책상을 친다)를 비교). 그럼에도 불구하고 여격은 이 문장에서 의무적이다. 왜냐하면 명사 *auf die Schulter*가 이 여격을 요구하기 때문이다. 즉 문장 *Ich klopfe auf die Schulter.*는 문법적이라고 볼 수 없다. 소유의 여격은 일반적으로 부가어가 아니라 하나의 고유한 문장성분으로 간주된다. 왜냐하면 소유의 여격은 다른 문장성분과 마찬가지로 문장에서 자신의 위치를 바꿀 수 있기 때문이다.

Ich klopfe *dem Mann* auf die Schulter.
Dem Mann klopfe ich auf die Schulter.

---

54) von Polenz(1969:146f.)﹔Engelen(1975 Bd.1)﹔Helbig/Buscha(1972:496f.)﹔Duden
(1973:521f.).

소유의 여격이 하나의 문장성분(Satzglied)으로 간주된다면, 이것은 다른 명사적 문장성분에 대해 논리·의미적 연결을 가지며, 이 명사적 문장성분의 결합가에 결속된 규정어, 즉 보충어로 간주될 수 있다(명사보충어:Nomenergänzung).

7
임의첨가어

임의첨가어(freie Angabe)는 동사뿐만 아니라 명사, 형용사, 부사에서도
등장한다.

> Ich habe ihn *gestern* gesehen. (동사에서의 임의첨가어)
> (나는 그를 어제 보았다)
> Er ist ein *reicher* Mann. (명사에서의 임의첨가어)
> (그는 부유한 사람이다)
> Er ist *sehr* reich. (형용사에서의 임의첨가어)
> (그는 매우 부유하다)
> Er kommt *sehr* bald. (부사에서의 임의첨가어)
> (그는 매우 빨리 온다)

첨가어는 관계어(Bezugswort)의 주위에 임의로 등장하며, 관계어의 결합
가에 결속되어 있지 않고, 관계어의 하위범주화(Subkategorisierung)에 영
향을 주지 않는다. 동사에서의 임의첨가어는 소위 임의 문장성분(freies
Satzglied)인 반면에, 명사, 형용사, 부사에서는 소위 문장성분의 규정성분
(Bestimmungsteil)이거나 부가어(Attribut)이다. 임의 문장성분과 명사의 부

가어는 그 형태와 내용에서 여러 가지 그룹을 갖는 반면에, 형용사와 부사에서의 첨가어는 그 형태와 내용에서 아주 통일적이다.

7.1 동사에서의 임의첨가어(임의 문장성분)[55]

7.1.1 임의 문장성분의 본질

주어, 목적어, 부사보충어, 술어보충어는 결합가에 결속된 문장성분들이다. 즉, 이들은 동사 하위부류의 특수한 분포에 속하는 술어의 보충어들이다. 임의 문장성분은 술어의 주위에서도 역시 등장하지만 결합가에 의해 동사에 결속되어 있지 않다. 이 말이 의미하는 바는, 임의 문장성분의 통사적 사용 가능성은 거의 무제한적이며, 이들은 상이한 결합가를 갖는 동사들에서 "추가규정어(Zusatzbestimmung)"로서 등장할 수 있다는 것이다.

〔Heute〕 arbeitet er. - arbeiten₁

(그는 오늘 일한다)

Er hat mich 〔heute〕 gesehen. - sehen₂

(그는 오늘 나를 만났다)

〔Mir〕 sind die Blumen vertrocknet. - vertrocknen₁

(내 꽃이 시들었다)

Man hat 〔mir〕 das Buch zerrissen. - zerreißen₂

(사람들이 내 책을 찢었다)

임의첨가어의 존재는 문장의 문법성과 관계가 없다. 문장에서 첨가어를 삭제하더라도 그 문장은 여전히 문법적이다.

Er aß sein Brot *in der Schule*. - Er aß sein Brot.

(그는 그의 빵을 학교에서 먹었다 - 그는 그의 빵을 먹었다)

---

54) Tarvainen(1979:143f.).

수의적 보충어를 삭제해도 그 문장은 문법적이다.

Er wartete *auf seinen Freund.* - Er wartete.
(그는 자기 친구를 기다렸다 - 그는 기다렸다)

하지만 수의적 보충어는 동사의 하위범주화에 기여하는 반면에(*warten*은 *auf*+대격 지배 동사이다), 임의첨가어는 동사의 하위범주화에 기여하지 않는다 (임의첨가어가 있음에도 불구하고 *essen*은 대격 지배 동사이다).

임의 문장성분은 동사의 결합가에 따른 분포에는 속하지 않지만 의사소통상 중요할 수도 있다. 문장 *Er aß sein Brot in der Schule.*에서 부사첨가어 *in der Schule*가 의사소통상 가장 중요한 문장성분이 될 수도 있다. 이 첨가어는 중요한 정보를 표현한다.

목적어와 주어는 항상 결합가에 결속된 문장성분이다. 부사보충어와 술어보충어는 결합가에 결속될 수도 있고 임의 문장성분이 될 수도 있다. 임의 부사보충어를 부사첨가어(Adverbialangabe, 혹은 상황첨가어 Umstandsangabe), 임의 술어보충어를 술어첨가어(Prädikativangabe)라고 일컫는다. 이 두 규정어 이외에 소위 임의 여격(freier Dativ)도 역시 임의 문장성분에 속한다. 임의 여격은 여격 목적어와 구별되어야 한다.

1) Er wohnt *in Oulu.* (부사보충어)
   (그는 오울루에서 살고 있다)
   Ich habe ihn *in Oulu* gesehen. (부사첨가어)
   (나는 그를 오울루에서 보았다)

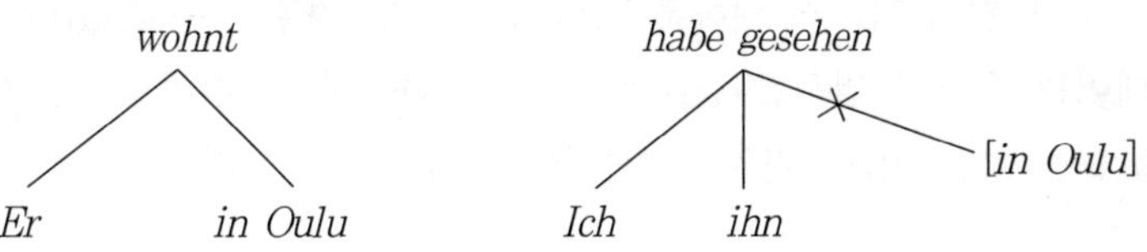

2) Karl ist *gesund.* (술어보충어) (카알은 건강하다)
   Karl kam *gesund* an. (술어첨가어)
   (카알은 건강하게 도착했다)

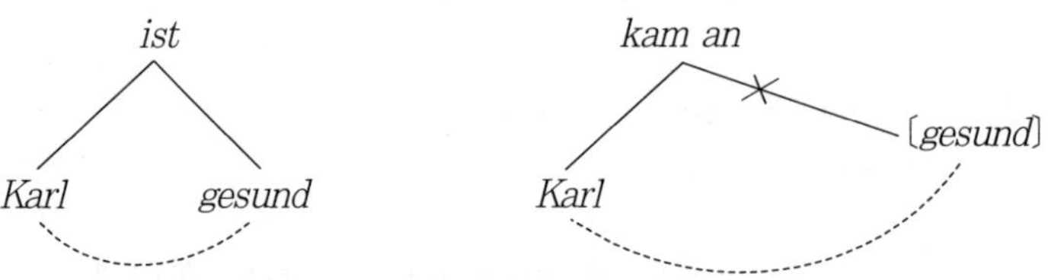

3) Sie gibt *ihrem Freund* ein Buch. (여격 목적어)
　 Sie öffnet *dem Gast* die Tür. (임의 여격)

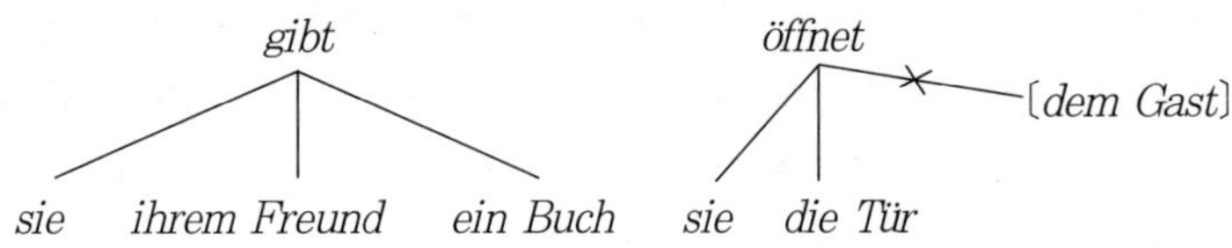

임의 문장성분은 대부분의 경우에 완전한 문장으로 환원될 수 있으며, 그 문장에 대한 독립적인 서술문(Prädikation)으로 간주될 수 있다.

　　Ich sah ihn *gestern/hier*. (나는 그를 어제/여기서 보았다)
　　← Ich sah ihn. *Es geschah gestern/hier.*
　　　(나는 그를 보았다 - 그것은 어제/여기서 일어났다)

소위 양태어(Modalwort)도 임의 문장성분들에 포함시킬 수 있을 것이다.

　　Er ist *wahrscheinlich* in München.
　　(그는 아마도 뮌헨에 있을 것이다)

　그러나 필자의 견해로는, 양태어를 술어의 일부로 간주할 수도 있다. 왜냐하면 양태어는 순수 문법적 기능(서법 敍法, Modus)을 가지며, 또한 서법 형태소(예를 들면, 화법동사)를 가지고 이를 바꿔 쓸 수 있기 때문이다.

　　Er *ist wahrscheinlich* in München. =
　　Er *dürfte* in München *sein*. (그는 뮌헨에 있을지 모른다)

비록 임의 문장성분이 결합가에 의해 동사에 결속되어 있는 것은 아니지만, 이들 중 몇몇은 다른 문장성분들보다 더욱 긴밀하게 동사와 결합된다. 동사와의 결합에 대한 긴밀성의 정도에 따라 임의 문장성분을 다음 세 그룹으로 나눌 수 있다. 첨가어 Ⅰ이 동사와 가장 긴밀하게 결합되어 있고, 그 다음이 첨가어 Ⅱ이며, 첨가어 Ⅲ은 동사와 가장 느슨하게 결합되어 있다.56)

첨가어 Ⅰ

a) 방법 첨가어 : Der Junge läuft *schnell*.
(그 소년은 빨리 달린다)

b) 형용사적 술어첨가어 : Der Junge kam *froh* nach Hause.
(그 소년은 즐거운 마음으로 집으로 왔다)

c) 임의 여격 : Der Mann öffnete *der Frau* die Tür.
(그 남자는 부인을 위해 문을 열었다)

d) 몇 가지 장소첨가어 : Er fand das Buch *im Schrank*.
(그는 그 책을 책장에서 찾았다)

첨가어 Ⅱ

a) 장소첨가어 : Ich traf meinen alten Freund *in Helsinki*.
(나는 내 옛 친구를 헬싱키에서 만났다)

b) 시간첨가어 : Karl fährt *morgen* nach Helsinki.
(카알은 내일 헬싱키로 간다)

c) 원인첨가어 : Wegen *des schlechten Wetters* blieben wir zu Hause.
(날씨가 나빠서 우리는 집에 있었다)

d) 명사적 술어첨가어 : *Als reicher Mann* kam er zurück.
(그는 부자가 되어 돌아왔다)

첨가어 Ⅲ

a) 양태어 : *Wahrscheinlich* kommt er morgen.
(그는 아마도 내일 올 것이다)

---

56) Piitulainen(1980:230f.).

b) 관심의 여격 : Du bist *mir* ein fauler Kerl.
(너는 내가 보기에 게으른 사람이다)

보충어가 동사와 가장 긴밀하게 결합되어 있으며, 그 다음에 첨가어가 위의 순서대로 결합된다. 규정어(Bestimmung)가 동사와 결합되는 긴밀성의 정도에 따라서 하나의 "완전한 문장"은 여러 구성체(Konstitut)들로 나뉠 수 있으며, 이들은 다시 여러 구성성분(Konstituente)들로 구성된다. 우리는 이런 사실을 다음과 같은 도표로 설명할 수 있다.57)

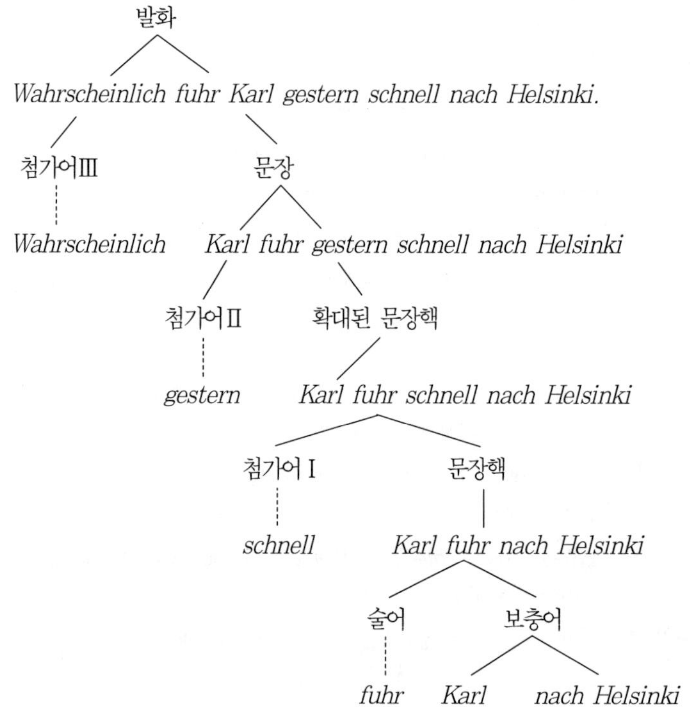

1. 구성체(Konstitut) "문장핵(Satzkern)"은 구성성분 "술어와 그 보충어"로 구성된다.
2. 구성체 "확대된 문장핵(erweiterter Satzkern)"은 구성성분 "문장핵과

---

57) Piitulainen(1980:232).

첨가어 I "로 구성된다.

3. 구성체 "문장(Satz)"은 구성성분 "확대된 문장핵과 첨가어 II"로 구성된다.

4. 구성체 "발화(Äußerung)"는 구성성분 "문장과 첨가어 III"으로 구성된다.

7.1.2 부사첨가어

부사첨가어는[58] 통사적으로 결합가에 제약된 동사의 하위부류에 종속하는 것이 아니라 전체 동사부류에 종속한다. 따라서 부사첨가어는 대체로 상이한 결합가를 갖는 동사들에서 나타날 수 있다.

> [*In Oulu*] regnet es. - regnen$_0$
> (오울루에는 비가 온다)
> Er starb [*in Oulu*]. - sterben$_1$
> (그는 오울루에서 죽었다)
> Ich sah ihn [*in Oulu*]. - sehen$_2$
> (나는 그를 오울루에서 보았다)
> [*In Oulu*] fragte ich einen Mann nach dem Weg. - fragen$_3$
> (나는 오룰루에서 어떤 남자에게 길을 물었다)

비록 임의 부사첨가어가 통사적으로 거의 모든 문장에서 임의로 등장할 수 있지만, 이들의 등장에는 몇 가지 다른 종류의 제약들이 있다.

1. 부사첨가어는 의미제약(semantische Restriktion)의 한계 내에서만 가능하다. 즉 부사첨가어는 의미상 동사와 양립할 수 있어야 한다.

> *Er stirbt manchmal. (그는 가끔 죽는다)

2. 시제도 역시 몇 가지 제약을 야기한다.

> *Er wird gestern kommen. (그는 어제 올 것이다)

---

58) Tarvainen(1979:145f.).

부사첨가어는 그 형태(예를 들면, 격이나 전치사 결합)가 본질적으로 동사가 아니라 명사에 의해 결정되며, 부사에 의해 대용화될 수 있는 동사의 임의 규정어이다.

따라서 부사첨가어는 부사보충어와 공통점을 가지고 있다.

1. 이들의 형태는 본질적으로 동사에 따르지 않는다.
2. 이들은 부사에 의해 대용화될 수 있다.

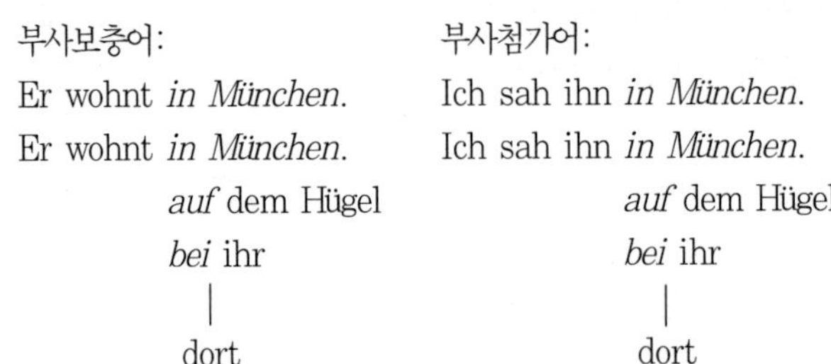

부사보충어:
Er wohnt *in München.*
Er wohnt *in München.*
     auf dem Hügel
     bei ihr
     |
     dort

부사첨가어:
Ich sah ihn *in München.*
Ich sah ihn *in München.*
     auf dem Hügel
     bei ihr
     |
     dort

부사첨가어는 하위범주로 나뉠 수 있는 의미범주이다. 모든 하위범주들은 부문장에 의해서도 실현될 수 있다.

1. 장소첨가어(Raumangabe/Lokalangabe)

Ich sah meinen Freund *auf der Straße.*
(나는 내 친구를 길에서 보았다)
Ich fand das Buch, *wo ich es nicht vermutet hatte.*
(나는 생각지도 않았던 곳에서 책을 발견했다)

2. 시간첨가어(Zeitangabe/Temporalangabe)

Ich sah ihn *am Sonntagabend.*
(나는 그를 일요일 저녁에 보았다)
Während ich studierte, ging ich oft ins Theater.
(공부하는 동안에 나는 가끔 극장에 갔다)
Er dachte an sie *eine Woche lang.*

(그는 일주일 내내 그녀를 생각했다)

Solange ich ihn kenne, arbeitet er in diesem Betrieb.

(내가 알고 있는 한 그는 이 공장에서 일한다)

3. 방법/양태첨가어(Artangabe/Modalangabe)

a) 방법첨가어(Artangabe)

Sie singt *schön*. (그녀는 노래를 잘 부른다)

Sie singt, *wie ihre Schwester singt*.

(그녀는 자기 동생이 노래하는 것처럼 노래를 부른다)

b) 도구첨가어(Instrumentalangabe)

Er fährt *mit dem Auto* nach Köln.

(그는 자동차로 쾰른으로 간다)

Er beruhigte das Kind, *indem er es streichelte*.

(그는 그 아이를 어루만지면서 위로했다)

c) 결여된 상황이나 동반적 상황에 대한 방법첨가어

Er sprach *ohne Manuskript*.

(그는 원고 없이 말했다)

Er bot uns seine Hilfe an, *ohne dass wir ihn darum bitten mussten*.

(우리가 그에게 요청하지 않았는데도 그는 우리에게 도움을 제공했다)

4. 이유/원인첨가어(Begründungsangabe)

a) 협의의 원인첨가어(Kausalangabe)

Wegen einer Erkältung blieb er zu Hause.

(그는 감기 때문에 집에 있었다)

Er blieb zu Hause, *weil er erkältet war*.

(그는 감기가 들었기 때문에 집에 있었다)

b) 조건첨가어(Konditionalangabe)

Bei schönem Wetter gingen wir jetzt spazieren.
(날씨가 좋다면 우리는 지금 산책을 갈 수 있을 텐데)
Ich komme morgen, *falls ich noch eine Platzkarte bekomme.*
(내가 좌석권을 구하면 내일 올 것이다)

c) 양보첨가어(Konzessivangabe)

Der Mann kam *trotz seiner Erkältung.*
(그 남자는 감기에도 불구하고 왔다)
Obwohl er krank war, kam er.
(비록 아프지만 그는 왔다)

d) 결과첨가어(Konsekutivangabe)

Die Männer arbeiteten *zur Zufriedenheit des Direktors.*
(사람들이 일을 해서 사장이 만족하였다)
Er ist krank, *so dass er zu Hause bleiben muss.*
(그는 아프기 때문에 집에 있어야만 한다)

e) 목적첨가어(Finalangabe)

Er ist *zum Training* auf den Sportplatz gegangen.
(그는 연습하러 운동장으로 갔다)
Ich habe ihn angerufen, *damit er mich morgen besucht.*
(나는 그가 내일 나를 방문하도록 전화했다)

보충어문(Ergänzungssatz)을 유도할 수 있는 유도어(Einleitewort)는 단지 소수에 불과하다(*dass*, 일반화하는 관계대명사, 의문사). 이에 반해 첨가어문(Angabesatz)은 많은 접속사에 의해 유도될 수 있다. 이에 대한 예로서 몇 가지 시간문(Temporalsatz)이 제시된다.

Während er arbeitete, spielte das Radio.
(그는 일하는 동안에 라디오를 틀어 놓았다)
Solange ich ihn kenne, arbeitet er in diesem Betrieb.
(내가 알고 있는 한 그는 이 공장에서 일한다)
Ich kenne ihn erst, *seitdem* er neben mir wohnt.
(그가 내 옆집에 거주한 이후로 나는 그를 알고 지낸다)
Ich habe ihn besucht, *als* er neulich in Dresden war.
(그가 최근에 드레스덴에 있을 때 나는 그를 방문했다)
Die Stunde ist zu Ende, *wenn* das Klingelzeichen ertönt.
(종소리가 울리면 수업이 끝난다)
Nachdem er sein Examen abgeschlossen hatte, fuhr er nach Hause.
(그는 시험을 마치고 난 이후에 집으로 갔다)
Bis er abreist, besucht er noch seinen Professor.
(그는 떠나기 전에 자기 교수를 방문할 것이다)
Bevor er abreiste, besuchte er noch seinen Professor.
(그는 떠나기 전에 자기 교수를 방문했다)

이러한 접속사들 중에서 *bis*와 *solange*만이 보충어문을 유도할 수 있다.

Die Sitzung dauerte, *bis* wir alle müde waren.
(우리 모두가 지칠 때까지 회의는 지속되었다)
Es dauerte, *solange* wir da waren.
(우리가 올 때까지 그것이 지속되었다)

첨가어문의 유도어는 하나의 명백한 의미를 가지고 있지만, 접속사 *dass*는 인식할 만한 의미가 거의 없으며 다만 통사적인 기능만을 가질 뿐이다.

부사첨가어는 형태에 따라 여러 가지 그룹으로 나뉠 수 있는데, 이들은 대부분 해당 부사보충어 그룹과 유사하다. 독일어에서는 다음과 같은 그룹으로 구분될 수 있다.

1. 전치사 구조

An der Grenze werden die Pässe kontrolliert.
(국경에서는 여권이 검사된다)
Ab morgen arbeiten wir in einem neuen Gebäude.
(내일부터 우리는 새로운 건물에서 일한다)
Sie versenkten das Schiff *durch einen Torpedo*.
(그들은 어뢰로 배를 침몰시켰다)
Er arbeiten *aus Überzeugung* mit.
(그는 확신에 차서 동참했다)

2. 독립적인 부사나 대용어가 될 수 있는 부사

Ich habe ihn *hier/dort* getroffen.
(나는 그를 여기서/거기서 만났다)

3. 대격 명사나 속격 명사

Er arbeitete *den ganzen Tag/zwei Tage/jeden Tag*.
(그는 온 종일/이틀 동안/매일 일했다)
Eines Abends saßen wir in unserem Garten.
(어느 날 저녁에 우리는 정원에 앉아 있었다)

4. 불변화 형용사

Wir gehen *schnell* in die Schule.
(우리는 빨리 학교로 간다)

5. 분사

Singend kam er nach Hause.
(그는 노래하면서 집으로 갔다)

6. *wie*-구조

Er arbeitet *wie sein Vater*.
(그는 자기 아버지처럼 일한다)

7. 문장가를 갖는 부정사

Er ging durch den Regen, *ohne den Regenschirm aufzuspannen*.
(그는 우산을 펴지 않고 빗속을 걸었다)
Er muss sich beeilen, *(um) den Zug zu erreichen*.
(그는 기차를 타기 위해서 서둘러야 한다)
Er ging ins Theater, *anstatt seinen Freund zu besuchen*.
(그는 자기 친구를 방문하는 대신에 극장으로 갔다)

8. 부문장

Ich komme morgen, *wenn ich eine Platzkarte bekomme*.
(내가 좌석권을 구하면 내일 올 것이다)

핀란드어에서는 전치사 첨가어(Präpositionalangabe) 대신에 종종 격 첨
가어(Kasusangabe)가 나타난다.

Tapasin hänet *Helsingissä*.
'Ich habe ihn in Helsinki getroffen.'(처격)
(나는 그를 헬싱키에서 만났다)

Rajalla tarkastetaan passit.
'An der Grenze werden die Pässe kontrolliert.' (인접격)
(국경에서는 여권이 검사된다)

Huomisesta työskentelemme koko päivän.
'Ab morgen arbeiten wir den ganzen Tag.' (출발격)
(내일부터 우리는 온 종일 일한다)

Hän tulee *maanantaina.* ʻEr kommt am Morgen.ʼ (상태격)
(그는 아침에 온다)

핀란드어에서는 동사적 첨가어(부정사와 분사)까지도 격변화(Kasusflexion)
할 수 있다.

Matin *tehdessä*(제2부정사의 처격) *työtä* Pekka laiskottelee.
ʻWährend Matti arbeitet, ist Pekka faul.ʼ
(마티가 일하는 동안에 페카는 빈둥거린다)

Hän kertoi minulle uutisen ylpeydestä *säteillen.* (제2부정사의 방법격)
ʻEr erzählte mir die Nachricht vor Stolz strahlend.ʼ
(그는 자부심으로 가득 차서 그 소식을 나에게 전했다)

Tekemällä(제3부정사의 인접격) *ahkerasti työtä* hän saavutti menestystä.
ʻDadurch, dass er fleißig arbeitete, hatte er Erfolg.ʼ
(그는 열심히 일했기 때문에 성공했다)

Kukaan ei rikastu *tekemättä.* (제3부정사의 부재격) *työtä.*
ʻNiemand wird reich, ohne zu arbeiten.ʼ
(일하지 않고는 아무도 부자가 될 수 없다)

7.1.3 술어첨가어

술어첨가어(Prädikativangabe, freies Prädikativ, prädikatives Attribut)[59]
는 주어나 목적어에 관련되는 명사적 임의첨가어나 혹은 형용사적 임의첨
가어이다. 술어첨가어는 결합가에 의해 동사에 결속되어 있지 않으며 동사
의 주위에 임의로 등장한다는 점에서 술어보충어와 다르다.

Er kam *als reicher Mann* zurück.
(그는 부유한 사람이 되어 돌아왔다)

---

59) Tarvainen(1979:172).

Er kam *reich* zurück. (그는 부자가 되어 돌아왔다)

Ich traf ihn *als einen geschlagenen Mann* an.
(내가 그를 만났을 때 그는 파멸한 남자였다)
Ich traf ihn *verärgert* an.
(내가 그를 만났을 때 그는 화가 나 있었다)

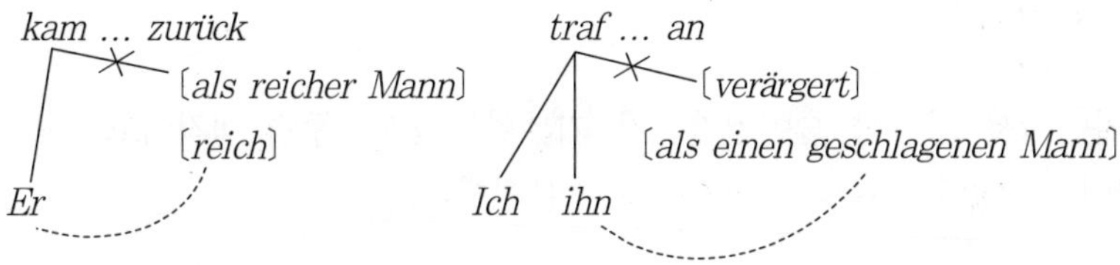

술어첨가어가 동사에 의해 요구되지는 않지만 의미적으로는 동사와 조화/양립해야 한다. 정상적인 언어에서는 다음과 같이 말할 수 없다: *Tot stieg er in den Zug ein.*(그는 죽어서 기차에 올랐다).

술어첨가어가 술어보충어로 변형될 수 있다.

Er kommt *gesund* an.
← Er kommt. Er ist *gesund*.
  (그가 온다 - 그는 건강하다)

Ich traf sie *verärgert* an.
← Ich traf sie. Sie war *verärgert*.
  (나는 그녀를 만났다 - 그녀는 화가 나 있었다)

Er kam *als reicher Mann* zurück.
← Er kam zurück. Er war *ein reicher Mann*.
  (그는 돌아왔다 - 그는 부유한 사람이었다)

Ich traf ihn *als einen geschlagenen Mann* an.
← Ich traf ihn an. Er war *ein geschlagener Mann*.
  (나는 그를 만났다 - 그는 파멸한 남자였다)

술어첨가어는 종종 대용화될 수도 있다.

> Ich traf ihn *verärgert* an.
> |
> *so*
> *Als reicher Mann* kam er zurück.
> |
> *Als solcher*

독일어에서 명사적 술어첨가어의 기본형은 *als*+주격/대격이고, 형용사적 술어첨가어의 기본형은 형용사의 기본형이다.

> *Als reicher Mann/reich* kam er zurück.
> Ich traf ihn *als einen geschlagenen Mann/verärgert* an.

그러나 전치사적 표현도 술어첨가어가 될 수 있다.

> Er kam *im dunklen Anzug.*
> (그는 검은 옷을 입고 왔다)
> Ich habe ihn *in schlechter Stimmung* angetroffen.
> (내가 그를 만났을 때 그는 기분이 좋지 않았다)

영어에서 명사적 술어첨가어의 형태는 일반적으로 *as* + 명사이지만, *as*가 없는 기본형도 사용된다. 형용사적 술어첨가어는 기본형으로 나타난다.

> *As a child* he lived on a farm.
> He died *a poor man.*
> He came back *rich.*

핀란드어에서는 명사적 술어첨가어와 형용사적 술어첨가어가 상태격(Essiv)으로 오지만, 술어보충어는 대개 주격이나 부분격으로 온다.

> Hän tuli takaisin *rikkaana miehenä/rikkaana.*
> 'Als reicher Mann/reich kam er zurück.'

(비교 : Hän oli *rikas mies/rikas.*(주격)
'Er war ein reicher Mann/reich.')

7.1.4 임의 여격

부사첨가어는 거의 전적으로 사물첨가어(Sachangabe), 즉 시간, 장소, 방법, 원인 첨가어이다. 그러나 부사첨가어로 간주될 수 없는 인칭표현도 역시 임의첨가어에 속한다.

Sie öffnet *dem Gast* die Tür.
(그녀는 손님을 위해 문을 열어준다)
Er trägt *für seine Mutter* das Gepäck.
(그는 자기 어머니를 위해 짐을 들어준다)

독일어에서 이러한 인칭첨가어(Personenangabe)의 기본형은 임의 여격 (freier Dativ)이라 일컫는 여격이다. 임의 여격은 다음 세 그룹으로 나뉜다.

1. 관심의 여격(Dativus ethicus)

Fall *mir* nur nicht auf.
(나에게 관심을 갖지마/제발 참견하지 말아라)

2. 이익의 여격(Dativus commodi/Dativus sympathicus)

Man bereitet *ihm* ein heißes Bad.
(사람들은 그를 위해 더운 목욕물을 준비한다)

3. 손해의 여격(Dativus incommodi)

Dein Glas ist *mir* leider zerbrochen.
(너의 유리잔이 유감스럽게도 깨졌다)

몇몇 학자들은 이러한 여격을 임의첨가어로 간주하지 않는다. 예를 들면, 이익의 여격과 손해의 여격은 모든 동사들에서 전부 가능한 것은 아니기 때문이다. 그래서 이익의 여격은 여격으로 지칭된 사람에 대해 문장의 내용을 긍정적으로나 혹은 바람직하게 해주는 동사에서만 등장한다. 그러나 동사의 관점에서 볼 때, 문장 *Er öffnete mir die Tür.* 안에 있는 *mir*는 *öffnen*에 특수한 것으로, 즉 *öffnen*의 보충어로 간주될 수 없다. 이 책에서는 이러한 여격이 임의첨가어로 간주된다.

7.1.4.1 관심의 여격

관심의 여격(Dativus ethicus)[60]은 거의 일상어(Umgangssprache)에서만 나타난다. 관심의 여격은 강조되지 않고 대명사이며(1인칭과 2인칭에 한정된다), 문두에 올 수 없고 쉽게 삭제될 수 있다. "삭제될 때 발생하는 정보의 손실은 문장에서 표현된 사태에 대한 화자의 감정적 관계에만, 즉 내포적(konnotativ)성분에만 관련된다."[61] 관심의 여격은 여러 가지 구문안(Satzbauplan)에서 등장한다.

> Fall *mir* nur nicht auf.
> (나에게 관심을 갖지마/제발 참견하지 말아라)
> Wenn er *mir* nur pünktlich nach Hause kommt.
> (그가 제발 정각에 집으로 왔으면)
> Das ist *mir* vielleicht eine dumme Gans.
> (그녀는 내가 보기에 아마도 멍청한 여자 같애)
> Mein Leipzig lob ich *mir*.
> (나는 내가 사는 라이프찌히를 찬양한다)
> Das macht ihn *mir* ganz nervös.
> (내가 보기에 그것은 그를 몹시 신경질 나게 한다)

핀란드어와 영어에서는 관심의 여격에 직접 상응하는 것이 없다.

---

60) Engelen(1975 Bd.1:117).
61) Engelen(1975 Bd.1:117).

7.1.4.2 이익의 여격

이익의 여격(Dativus commodi)[62]은 종종 *für*-구조로 대치될 수 있다.

> Er trägt *seiner Mutter* das Gepäck.
> = Er trägt *für seine Mutter* das Gepäck.
> (그는 자기 어머니를 위해 짐을 들어준다)

이익의 여격은 문두에 올 수 있으므로 강조될 수 있고, 명사나 대명사로 나타날 수 있으며 쉽게 삭제될 수 있다. "삭제될 때 발생하는 정보의 손실은 내포적 성분뿐만 아니라 우선 외연적(denotativ) 성분에도 관련된다."[63] 문장의 내용은 여격으로 지칭된 사람에 대해 긍정적으로나 혹은 바람직한 것으로 간주된다(이익의 여격:Dativ des Nutzens).

이익의 여격은 여러 가지 구문안에서 등장할 수 있다.

> *Ihm* leuchten die Sterne.
> (별들이 그를 위해 빛을 발한다)
> Er ist *meinem Bruder* ein treuer Freund.
> (그는 내 형의 진실한 친구이다)
> Er putzte *ihm* jeden Tag die Schuhe.
> (그는 매일 그를 위해 신발을 닦았다)
> Sie machte *dem Gast* die Suppe warm.
> (그녀는 손님을 위해 수프를 데웠다)

영어에서는 이익의 여격으로 대개 *for* - 구조가 등장한다.

> Shall I read/write/post the letter *for you*?

핀란드어에서는 이익의 여격에 대한 대응물이 대개 목표격(Allativ)이다.

> Hän avaa *vieraalle* oven.
> 'Er öffnet dem Gast die Tür.'

---

62) Engelen(1975 Bd.1:118); Helbig/Buscha(1972:492).
63) Engelen(1975 Bd.1:118).

7.1.4.3 손해의 여격

이익의 여격과 마찬가지로 손해의 여격(Dativus incommodi)[64] 역시 문두에 올 수 있으므로 강조될 수 있고, 명사나 대명사로 나타날 수 있지만, *für* - 구조로 대치될 수는 없다. "그것은 명백히 내용적으로 제약되어 있다: 이익의 여격에서는 - 언급한 바와 같이 - 문장의 내용이 긍정적으로 주장된다. 따라서 이 여격 대신에 내용적으로 어느 정도 등가인 *für* - 구조도 역시 올 수 있다. 이에 반해, 손해의 여격에서는 문장의 내용이 여격으로 지칭된 사람에 대해 항상 부정적이며 바람직하지 않은 것으로 주장된다. 이런 이유에서 이 여격은 내용적으로 긍정적인 *für* - 구조로 대치될 수 없다."[65] 손해의 여격을 아마도 손실의 여격(Dativ des Schadens)이라고 일컬을 수 있을 것이다. 손해의 여격은 여러 가지 구문안에서 등장한다.

> *Mir* sind die Blumen vertrocknet.
> (나의 꽃이 말라서 시들었다)
> Man hat *dem Jungen* das Buch zerrissen.
> (사람들은 그 소년의 책을 갈기갈기 찢었다)
> Das Glas ist *ihm* auf die Erde gefallen.
> (그의 유리잔이 땅에 떨어졌다)

핀란드어에서는 탈격(Ablativ)이 손해의 여격에 상응한다.

> *Minulta* ovat kukat kuivuneet.
> 'Mir sind die Blumen vertrocknet.'

7.2 명사에서의 임의첨가어

명사에서의 임의첨가어는 부가어(Attribut)인데, 이들은 - 명사의 보충어

---

64) Engelen(1975 Bd.1:119).
65) Engelen(1975 Bd.1:119).

와 마찬가지로 - 두 가지 주요 그룹, 즉 동사에서 파생된 명사의 부가어와
"일반적인" 명사의 부가어로 나뉠 수 있다.

   1. 동사에서 파생된 명사의 첨가어적 부가어(Angabeattribut)는 대개 부
사보충어와 유사한 부가어들인데, 이들은 명사의 토대가 되는 동사에서의
부사첨가어에 상응한다. 소위 술어보충어와 유사한 부가어는 아주 드물게
나타나는데, 이들은 동사의 술어첨가어에 상응한다.

   a) 독일어에서는 부사보충어와 유사한 부가어가 일반적으로 전치사 그룹
과 부사이며, 핀란드어에서는 처격(Lokalkasus)이다.

   seine Ankunft *vor zwei Wochen* (시간첨가어)
   (2주전 그의 도착)
   ← Er kam *vor zwei Wochen* an.
      (그는 2주전에 도착했다)

   mein Studium *in Berlin/dort* (장소첨가어)
   (베를린/그곳에서의 나의 학업)
   opiskeluni *Berliinissä* (처격)
   ← Ich studiere *in Berlin/dort.*
      (나는 베를린에서/그곳에서 공부한다)

   das Fahren *mit großer Geschwindigkeit* (방법첨가어)
   (빠른 속도로 차를 운전하는 것)
   ← Ich fahre *mit großer Geschwindigkeit.*
      (나는 빠른 속도로 차를 운전한다)

   meine Verspätung *infolge des Unfalls* (원인첨가어)
   (사고로 인한 나의 지각)
   ← Ich verspätete mich *infolge des Unfalls.*
      (나는 사고 때문에 지각했다)

b) 술어보충어와 유사한 부가어가 독일어에서는 동사의 명사적 술어첨가
어에 상응하고, 핀란드어에서는 형용사에 상응한다.

> Seine Rückkehr *als reicher Mann* war eine Überraschung.
> (그가 부자가 되어 돌아온 것은 놀라운 일이었다)
> hänen paluunsa *rikkaana miehenä/rikkaana* ('reich')
> ← Er kam *als reicher Mann* zurück.
>   (그는 부자가 되어 돌아왔다)

2. 대부분의 명사 부가어는 동사에서 파생되지 않은 명사의 첨가어적 부
가어에 속한다. 품사와 형태에 따라서 여러 종류의 부가어를 구분할 수 있다.

a) 대명사적 부가어(Pronominalattribut)

> *Mein* Vater interessiert sich für *deine* Arbeit.
> (나의 아버지는 너의 일에 관심이 있다)

b) 형용사 부가어와 분사 부가어

> Er kaufte einen *grünen* Teppich.
> (그는 녹색의 양탄자를 샀다)
> das *gelöste* Problem (해결된 문제)

c) 속격 부가어(Genitivattribut)

> der Garten *der Eltern* (Genitivus possessivus:소유의 속격)
> (부모님의 정원)
> ein Hotel *erster Klasse* (Genitivus qualitatis:질의 속격)
> (일류 호텔)
> der König *der Könige* (Genitiv der Steigerung:비교의 속격)
> (왕 중의 왕)

d) 동격(Apposition)

Karl, *mein bester Freund* (내 가장 친한 친구인 카알)
die Stadt *als königlicher Privatbesitz*
(왕의 사유지로서의 그 도시)

e) 부사 부가어와 전치사 부가어(핀란드어에서는 처격 부가어)

der Mann *auf der Bank/dort*
(벤치 위에 앉아 있는/저기에 있는 그 사람)
mies *penkillä*
die Geschichten *mit Klaus* (클라우스에 대한 이야기)
ein Gefäss *aus Stahl* (강철로 만든 통)

f) 부문장 부가어(=관계문 Relativsatz)

Den Mann, *den ich gestern sah*, sah ich heute wieder.
(내가 어제 본 그 남자를 나는 오늘 다시 보았다)

명사의 첨가어적 부가어는 하나의 독립적인 추가적 서술문(Zusatzprädi-
kation)으로 간주될 수 있으며, 술어보충어 구조의 주문장이나 혹은 관계문
으로 환원될 수 있다.

Das *kleine* Kind schläft. (어린아이가 잠을 잔다)
← Das Kind schläft. *Es ist klein.*
← Das Kind, *das klein ist*, schläft.

임의 문장성분, 예를 들면 부사첨가어와는 달리, 명사의 부가어는 동사
및 전체 문장에 대한 서술문이 아니라, 보충어나 첨가어로서 동사에 종속
하는 명사에 대한 서술문이다.
통사적인 임의 부가어가 가끔 의미상 필수적이 될 수 있으며, 명사와 더
불어 하나의 의미단위를 형성할 수 있다.

Ein alter Mensch hat viel erfahren.
(노인은 많은 경험을 했다)
(비교 : *Ein Mensch* hat viel erfahren. 어떤 사람이 많은 경험을 했다)

이와 동일한 것이 소위 필수적인 관계문에서도 적용된다.

Er ist *der Mann, den ich gestern sah.*
(그는 내가 어제 보았던 바로 그 사람이다)

첨가어적 부가어에서 부가어가 의미상 그 관계어(Bezugswort)와 양립해야 한다는 사실에서도 의미론이 대두된다. 그래서 통합소 *hölzerne Augen*(나무로 된 눈)과 *die Fische des Himmels*(하늘의 물고기)는 은유적인 아닌 언어에서는 비문법적이다. 따라서 임의 부가어(freies Attribut)에서도 임의 문장성분에서와 유사한 의미 제약(semantische Restriktion)을 관찰할 수 있다.

7.3 형용사와 부사에서의 임의첨가어

독일어에서 형용사의 임의 첨가어적 부가어(freies Angabeattribut)는 곡용어미(Deklinationsendung)가 없는 부사와 형용사이다.

Er begrüßte mich mit *überaus* freundlicher Miene.
(그는 나에게 아주 친절한 얼굴표정으로 인사를 했다)
Ich bin *sehr* müde. (나는 매우 피곤하다)
Ein *eisig* kalter Wind weht über die *trostlos* öde Ebene.
(얼음처럼 차가운 바람이 아주 황량한 평야 위로 불어온다)

그러나 형용사에서도 임의첨가어가 등장하는데, 이들은 동사에서의 임의 부사첨가어나 임의 여격에 상응한다.

Er ist blaß *vor Zorn.*(그는 화가 나서 창백해진다)
der *vor Zorn* blasse Mann(화가 나서 창백한 그 남자)
(부사첨가어와 비교 : Sie zitterte *vor Kälte.* 그녀는 추워서 떨었다)

Sie war schön *im Gesicht.*(그녀가 얼굴은 예뻤다)

Das ist *mir/für mich* sehr wichtig. (그것은 나에게 아주 중요하다)
eine *für mich* sehr wichtige Frage (나에게 아주 중요한 문제)
(이익의 여격과 비교 : Er öffnete *ihr/für sie* die Tür.)

부사의 임의 첨가어적 부가어로서는 곡용어미가 없는 부사와 형용사가
사용된다.

Wir gehen *sehr* gern ins Theater.
(우리는 극장에 가기를 아주 즐겨한다)
Wir haben *besonders* oft von dir gesprochen.
(우리는 특히 자주 너에 대해서 이야기했다)
Hoch oben auf dem Berg steht ein Haus.
(산 위 높은 곳에 집이 한 채 있다)

8
문형

  결합가를 토대로 하여 문장에서 여러 가지 통사적 기본 구조, 소위 문형
(＝문장모형:Satzmodell)[66]을 구분할 수 있다. 주문형(Hauptmodell)은 동사
와 그 보충어로 구성되며, 부문형(Nebenmodell)에서는 형용사 결합가가 토
대가 된다. 완전동사(Vollverb)를 V, 연사동사를 Vk, 동사의 보충어를 A,
형용사의 보충어를 a로 표현하면, 다음과 같은 문형을 얻게 된다.

  주문형 혹은 동사적 문형

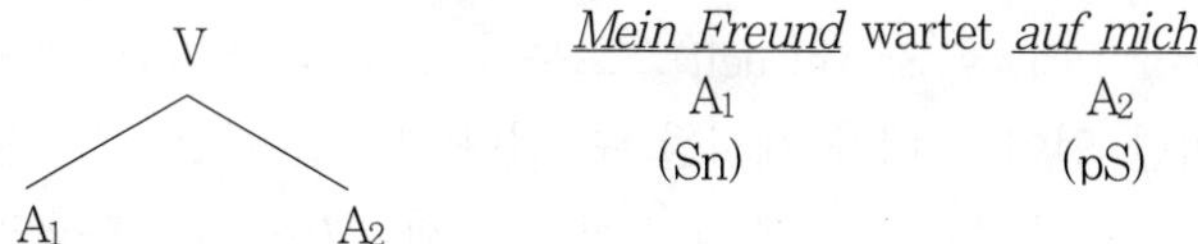

---

66) Erben(1972:257f. und 289f.); Helbig/Buscha(1972:554f.); Engel(1970a:361f. und
    1970b:104f.); Schenkel(1969a:27f. und 1969b:102f.); Starke(1973:138f.).

부문형 혹은 형용사적 문형

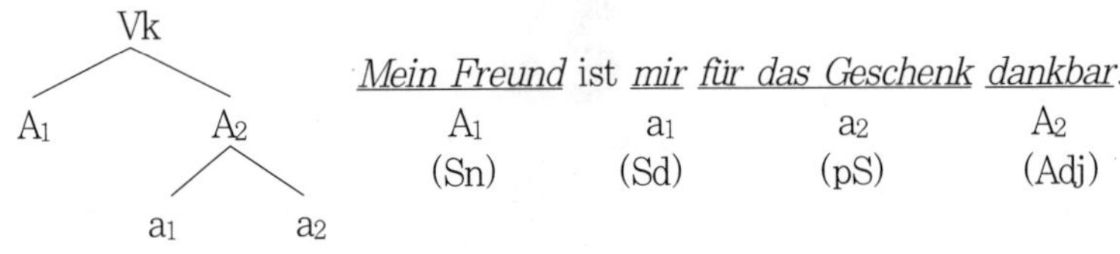

문형은 구체적인 문장의 많은 표시가 **빠져** 있는 비교적 추상적인 구조
(abstrakte Struktur)이다. 즉, 문형은 문장 종류(서술문, 의문문 등), 어순,
동사의 활용(Konjugation)에 의해 영향을 받지 않는다. 동사와 형용사의 임
의규정어(첨가어)도 역시 문형과는 무관하다. 일반적으로 문형에 대한 예문
은 소위 기본형(primäre Form)으로 제시된다. 즉, 문장은 그 술어가 현재
직설법 능동형으로 되어 있는 서술문(Aussagesatz)이다. 우리는 동사적 문
형과 형용사적 문형을 분리하여 다룰 것이다.

8.1 동사적 문형

동사적 문형은 순수 결합가 모형(Valenzmodell)과 문장성분 모형(Satzglied-
modell)으로 나뉠 수 있다. 우선 결합가 모형에서는 동사가 몇 개의 보충어
를 취하며, 이들 중 어느 보충어가 의무적이고 그리고 어느 보충어가 수의
적인가 하는 것이 기호로써(예를 들면, A_1-V-A_2) 제시된다. 이와 같은 양적
인 문형(quantitatives Satzmodell)으로부터 문형의 질적인 실현이나 혹은
문형의 상이한 언어 형태가 제시될 수 있다(예를 들면, Sn-V). 문장성분 모
형에서는 보충어가 문장성분에 따라서 특정한 그룹으로 총괄되어 있다(주
어, 목적어 등). 다음에서는 독일어의 문형과 핀란드어의 문형이 제시될 것이다.

8.1.1 결합가 모형

결합가 모형들 중에서 가장 중요한 그룹은 보충어가 그 자신의 고유한 개념적 내용을 갖는 소위 정상적인 결합가 모형(normales Valenzmodell)이다(예:*Der Vater schläft.* 아버지가 주무신다). 다른 그룹은 보충어들 중의 하나가 내용적으로 비어 있는 형식어, 예를 들면 독일어에서 비인칭 대명사 *es*가 있는 문형으로 구성된다(예:*Es geht lustig zu.* 일이 즐겁게 되어 간다). 이런 모형을 형식어 모형(Formwortmodell)이라 일컫는다.

8.1.1.1 정상적인 결합가 모형

양적인 문형에서는 결합가가 0가에서 4가까지 변할 수 있는 동사들이 등장한다(수의적 보충어는 괄호로 표시된다).

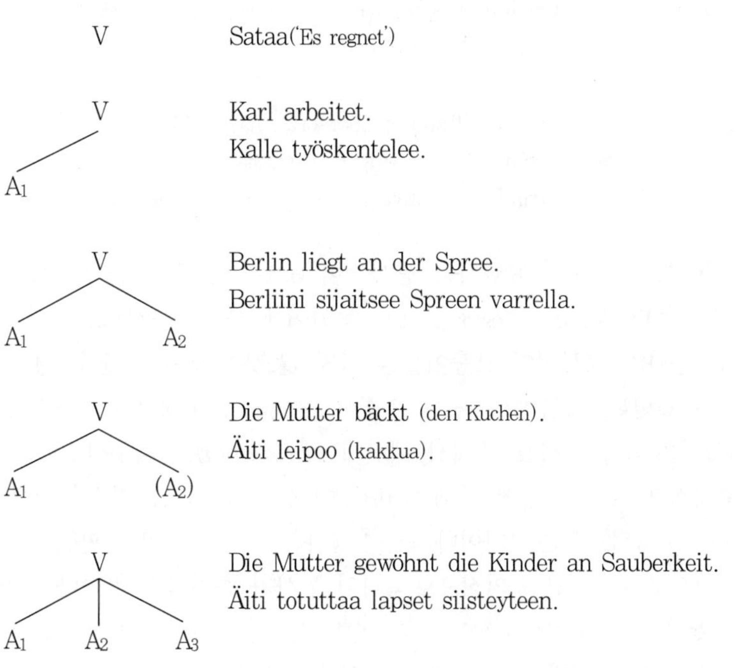

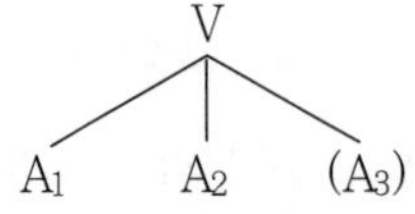

Die Lehrer verteilt die Hefte (an die Schüler).
Opettaja jakaa vihot (oppilaille).

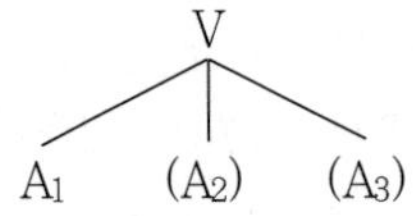

Der Lehrer dankt (dem Schüler) (für die Hilfe).
Opettaja kiittää (oppilasta) (avusta).

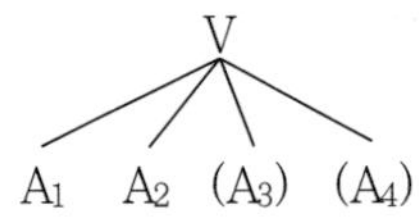

Der Schüler entgegnete (dem Lehrer) (auf dessen Frage),
dass er aufgepasst habe.

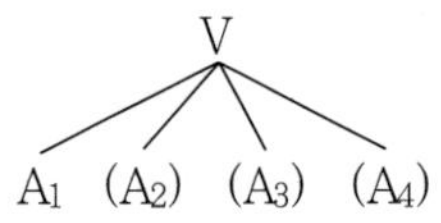

Der Schüler antwortete (dem Lehrer) (auf dessen Frage),
(dass er aufgepasst habe).
Oppillas vastasi (opettajalle)(tämän kysymykseen),
(että hän oli seurannut).

Der Schriftsteller übersetzt (das Buch)
(aus dem Finnischen) (ins Deutsche).
Kirjailija kääntää (kirjan) (suomesta) (saksaksi).

핀란드어에서는 날씨를 표현하는 동사들이 0가이다. 즉, 이들은 보충어를 취하지 않는다(예:*sataa.* 'es regnet'). 독일어에서는 통사적으로 0가 동사가 없다. 동사가 정상적인 보충어를 취하지 않으면, 동사는 순수 형식적인 보충어와 결합된다(핀란드어 *sataa*, 독일어 *es* regnet; 내용상 *regnen*은 0가이다). 독일어의 4가 동사들 중에서 예컨대 *entgegnen*은 의무적으로는 2가이고 수의적으로는 4가인데 반해, 핀란드어 동사 *vastata*는 의무적으로는 1가이고 수의적으로는 4가이다(독일어 동사 *antworten*처럼). 핀란드어에서는 의무적으로 2가이고 수의적으로 4가인 동사가 존재하지 않는다(독일어에서도 4가 동사는 두 개 이상의 의무적 보충어를 취할 수 없다). 일반적으로 4가 동사는 아주 드물다. 0가에서 3가까지의 보충어를 포함하는 문형이 일반적이다.

모든 양적인 문형은 보충어의 문법적 형태에 따라서 질적인 하위문형

(qualitatives Submodell)으로 세분될 수 있다. 이에 대한 예로서 독일어 문
형 V 을 다루어보자.

$$V$$
$$A_1 \qquad (A_2)$$

Sn, (Sa)	Die Mutter kauft (Milch) ein.
Sn, (Sd)	Das Kind folgt (seiner Mutter).
Sn, (pSa)	Der Arzt steigt (in die Straßenbahn) ein.
Sn, (pSd)	Die Schneiderin arbeitet (an einem Kleid).
Sn, (NS)	Das Kind wartet ab(, ob jemand kommt).
Sn, (Inf$_{zu}$)	Er weigert sich(, das Vorhaben zu unterstützen).
Sn, (Inf)	Die Mitarbeiterin hilft (schreiben).
Sd, (pS)	Ihm graut (vor dem Krankenhaus).

핀란드어에서는 다음과 같은 문장들이 이 문형에 속한다.

Sn, (Sa)	Poika lukee (kirjan).
	('Der Junge liest das Buch.')
Sn, (S$_{partit}$)	Poika odottaa (ystäväänsä).
	('Der Junge wartet auf seinen Freund.')
Sn, (S$_{elat}$)	Poika puhuu opettajastaan.
	('Der Junge spricht über seinen Lehrer.')
Sn, (S$_{illat}$)	Poika saapuu (kotiin).
	('Der Junge kommt nach Hause.')
Sn, (S$_{ablat}$)	Poika tulee (koululta).
	('Der Junge kommt von der Schule.')
Sn, (S$_{allat}$)	Poika saapuu (koululle).
	('Der Junge kommt zur Schule.')
Sn, (NS)	Poika odottaa(, tuleeko ketään).
	('Der Junge wartet, ob jemand kommt.')
Sn, (3.Inf.Illat.)	Poika suostuu (tulemaan).
	('Der Junge ist willig zu kommen.')

Sn, (3.Inf.Elat.)	Poika kieltäytyy (tulemasta).
	('Der Junge weigert sich zu kommen.')
S_{partit}, (1.Inf.)	Poika pelottaa (mennä kotiin).
	('Der Junge hat Angst, nach Hause zu gehen.')

핀란드어의 질적인 문형(qualitatives Satzmodell)에서 특징적인 것은 많은 상이한 격들이 존재한다는 점이다. 심지어 부정사에서도 격을 확인할 수 있다. 독일어의 여러 가지 전치사들, 즉 전치사 목적어뿐만 아니라 부사 보충어의 전치사들도 핀란드어의 처격에 해당된다. 일반적으로 여러 언어들에서 양적인 문형은 거의 동일하다고 말할 수 있다(0가 문형과 경우에 따라서는 4가 문형을 제외하고). 그에 반해, 여러 가지 양적인 문형들의 질적인 실현은 언어마다 서로 다른데, 이는 여러 언어들이 상이한 문법 형태를 가지고 있기 때문이다. 모든 상이한 형태들이 고려된다면 한 언어의 질적인 문형의 수는 매우 많아질 것이다. 독일어에서는 대략 100개의 질적인 문형들이 구분되었다.

8.1.1.2 형식어 모형

핀란드어와는 달리, 다른 언어들에서는 순수한 통사적 보충어로서 내용이 없는 형식어(독일어 *es*, 영어 *it*, 스웨덴어 *det*, 프랑스어 *il*)가 나타나는 결합가 모형이 등장한다. 형식어(Formwort)가 유일한 보충어가 될 수 있지만 - 핀란드어의 0가 동사에 해당하는 동사에서(예: *es* regnet.) - 또한 형식어가 하나 혹은 여러 개의 "정상적인" 보충어와 더불어 등장할 수도 있다. 독일어에서는 *es*가 형식적 주어로서 사용되는 다음과 같은 *es*-결합가 모형을 구분할 수 있다.

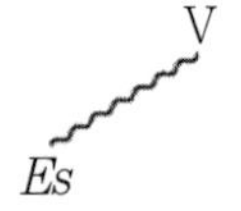

Es regnet.

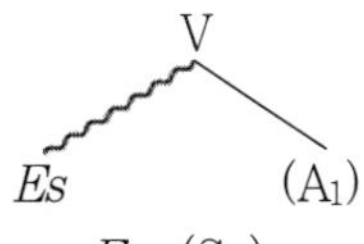

Es, (Sa)	Es regnet (Blüten).

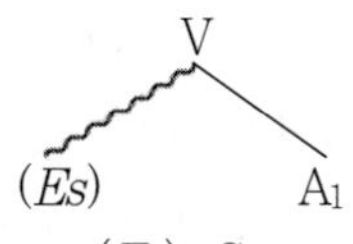

(*Es*), Sa	Mich friert (es).
(*Es*), Sd	Mir graut (es).

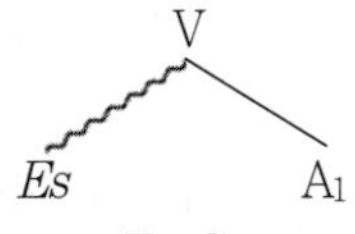

Es, Sa	Es gibt gute Bücher.
Es, Sd	Es hat mir [in Ungarn] gefallen.
Es, Sg	Es bedarf [noch] einiger Mühe.
Es, pS	Es geht um eine wichtige Frage.
Es, Adj	Es geht lustig zu/Es ist spät.
Es, NS	Es heißt, dass das Raumschiff zurückgekehrt ist.

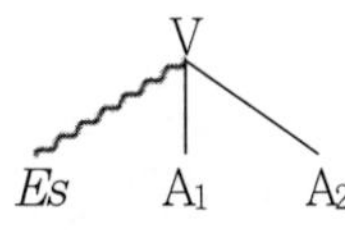

Es, Sd, pS	Es fehlt ihm nicht an Mut.
Es, Sa, pS	Es zieht mich zu ihr.
Es, Sd, Adj	Dem Lehrer geht es gut.
Es, Sa, Adj	Es überläuft mich kalt.
Es, pS, Adj	In diesem Sessel sitzt es sich bequem.

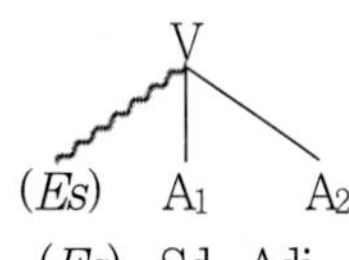

(*Es*), Sd, Adj	Mir ist (es) kalt.

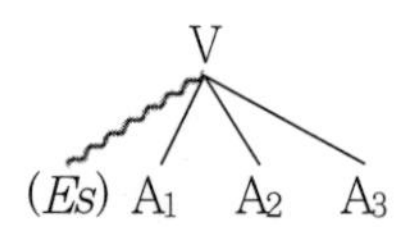

Es, Sa, pS/Adv, Adv   Es hält mich hier nicht länger.

문형 (*Es*)-V-A와 (*Es*), Sd, Adj에서 *es*가 동사에 종속하고 그리고 정상적인 보충어나 첨가어가 문두에 오면, *es*는 수의적이 되며 문중에 온다: Mich friert (*es*).(나는 춥다); Jetzt ist (*es*) mir kalt (지금 나는 춥다). 문두(=전장:Vorfeld)에 보충어나 첨가어가 오지 않는 경우에는, *es*가 문두에 오며 의무적이 된다. 이 때 *es*가 의무적이 되는 것은 동사의 결합가 때문이 아니라, 어순(Wortstellung)에 의해 *es*가 요구되기 때문이다: *Es* friert mich.(*friert mich.).

형식적 주어로서 *es*를 갖는 결합가 모형은 형식어 이외에도 0에서 3까지의 정상적인 보충어를 포함한다. 따라서 질적인 실현 형태의 수는 상당히 많다.

형식적인 *es*가 목적어로도 나타날 수 있는데, 여기서도 *es*는 순수 형식적 보충어이다. *es*가 형식적 목적어(formales Objekt)로 나타나는 동사는 성구(feste Wendung)를 형성하며 형식어는 항상 문중에 온다. 형식적 목적어에서도 여러 가지 문형이 나타난다.

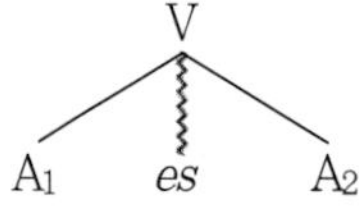

Sn, *es*, Adj   Ich habe es heute eilig.
Sn, *es*, Sd   Sie hat es ihm angetan.
Sn, *es*, pS   Er hat es auf sie abgesehen.
Sn, *es*, Adj   Er wird es noch weit bringen.

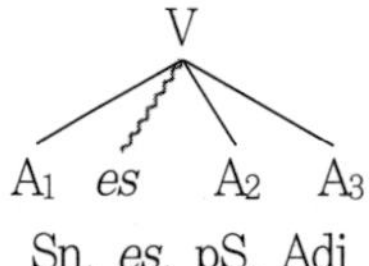

Sn, *es*, pS, Adj   Ich meine es gut mit dir.

Sn, *es*, Sd_{refl}, Adj   Er hat es sich sehr leicht gemacht.

핀란드어에서는 형식적인 문법적 보충어가 일반적으로 등장하지 않는다. 하지만 일상어에서는 대명사 *es*가 형식적 주어(목적어)로서 사용되는 몇 가지 문형이 나타난다.

Kyllä *se* sataa. 'Es regnet ja.'
Nyt *sitä* on parasta lähteä.
'Jetzt ist es am besten zu gehen.'

8.1.2 문장성분 모형

문장성분 모형은 결합가에 결속된 보충어의 여러 가지 질적인 형태들이 몇 가지 문장성분, 즉 주어, 목적어, 부사보충어, 술어보충어로 총괄될 수 있다는 사실에 근거한다. 이 문장성분들 중에서 목적어는 각각의 동사에 의해 결정되는 하나의 형태(대격, 여격, 특정한 전치사 결합 등)를 가지기 때문에 형태에 따른 하위부류로 세분될 수 있다. 목적어가 통사 범주인 반면에, 부사보충어는 내용적인 하위 그룹으로 나뉠 수 있는 내용 범주이다. 술어보충어는 명사적 술어보충어와 형용사적 술어보충어로 나뉠 수 있다. 문장성분 모형에서는 일반적으로 의무적 보충어와 수의적 보충어가 구분되지 않는다. 더욱이 명사적 문장성분을 대신하는 부정사와 부문장이 따로 분리되어 고려되지는 않는다.

위의 기준에 따라서 독일어와 핀란드어의 문장성분 모형을 다음과 같이 구분할 수 있다.

술어(핀란드어) :   Sataa. 'Es regnet.'
주어+술어 :   Karl arbeitet.
        Kalle työskentelee.
목적어+술어 :   Mich schläfert.
        Minua nukuttaa.

주어+술어+목적어 :
독일어 :
  대격 :   Ich schreibe einen Brief.
  여격 :   Ich helfe meinem Bruder.
  속격 :   Wir gedachten des Verstorbenen.
  전치사격 :   Ich dachte an meine Mutter.
  zu 없는 부정사 :   Karl kann sprechen.
  zu 있는 부정사 :   Karl weigert sich zu kommen.
핀란드어 :
  대격 :   Kalle tuntee miehen.
          ('Karl kennt den Mann.')
  부분격 :   Kalle auttaa miestä.
          ('Karl hilft dem Mann.')
  대격/부분격 :   Kalle lukee kirjan/kirjaa.
          ('Karl liest ein Buch/in einem Buch.')
  출발격 :   Kalle pitää kirjasta.
          ('Karl hat das Buch gern.')
  향격 :   Kalle rakastuu tyttöön.
          ('Karl verliebt sich in das Mädchen.')
  목표격 :   Kalle vastaa tytölle.
          ('Karl antwortet dem Mädchen.')
  후치격 :   Kalle puolustautuu moitteita vastaan.
          ('Karl wehrt sich gegen die Vorwürfe.')
  부정사 : 제1부정사 : Kalle osaa puhua.
          ('Karl kann sprechen.')
  제3부정사의 출발격 : Kalle kieltäytyy tulemasta.
          ('Karl weigert sich zu kommen.')
  제3부정사의 향격 : Kalle suostuu tulemaan.
          ('Karl ist willig zu kommen.')
주어+술어+술어보충어 :
  명사적 보충어 :   Karl ist ein Mann.
          Kalle on mies.
  형용사적 보충어 :   Karl ist jung.
          Kalle on nuori.

주어＋술어＋부사보충어 :
　　장소보충어 :　　　　　　Karl wohnt in Berlin.
　　　　　　　　　　　　　　Kalle asuu Berliinissä.
　　시간보충어 :　　　　　　Die Sitzung dauerte lange.
　　　　　　　　　　　　　　Istunto kesti kauan.
　　방법보충어 :　　　　　　Karl benimmt sich schlecht.
　　　　　　　　　　　　　　Kalle käyttäytyy huonosti.
　　이유보충어 :　　　　　　Er geht fischen.
　　　　　　　　　　　　　　Hän menee kalastamaan.
주어＋술어＋두 개의 목적어 :
독일어 :
　　대격＋대격 :　　　　　　Er lehrte mich Französisch.
　　대격＋여격 :　　　　　　Er berichtet mir den Vorgang.
　　대격＋속격 :　　　　　　Der Herr beschuldigt seinen Diener des
　　　　　　　　　　　　　　Diebstahls.
　　대격＋전치사격 :　　　　Deine Bemerkung erinnert mich an ein
　　　　　　　　　　　　　　Erlebnis.
　　여격＋전치사격 :　　　　Ich danke dir für deine Hilfe.
　　전치사격＋전치사격 :　　Sie sprachen zu uns von neuen Erfolgen.
핀란드어 :
　　대격/부분격＋탈격 :　　Kalle pyytää minulta kirjan/kirjaa.
　　　　　　　　　　　　　　('Karl bittet mich um das Buch/um ein Buch.')
　　대격/부분격＋목표격 :　 Kalle antaa minulle kirjan/kirjoja.
　　　　　　　　　　　　　　('Karl gibt mir ein Buch/Bücher.')
　　부분격＋출발격 :　　　　Kalle kiittää minua kirjasta.
　　　　　　　　　　　　　　('Karl dankt mir für das Buch.')
　　대격/부분격＋향격 :　　Äiti totuttaa lapset siisteyteen/lapsia
　　　　　　　　　　　　　　siisteyteen.
　　　　　　　　　　　　　　('Die Mutter gewöhnt die Kinder/Kinder an die
　　　　　　　　　　　　　　Sauberkeit.')
　　목표격/출발격 :　　　　　Kalle kertoo minulle kirjasta.
　　　　　　　　　　　　　　('Karl erzählt mir über das Buch.')

주어＋술어＋세 개의 목적어 :
독일어 :
　대격＋여격＋전치사격 :　　　　Der Lehrer antwortete mir nichts auf meine
　　　　　　　　　　　　　　　 Frage.
　대격＋전치사격＋전치사격 :　　Der Mann übersetzt das Buch aus dem
　　　　　　　　　　　　　　　 Deutschen ins Finnische.
핀란드어 :
　대격/부분격＋목표격＋향격 :　 Opettaja ei vastannut minulle mitään
　　　　　　　　　　　　　　　 kysymykseeni.
　　　　　　　　　　　　　　　 (`Der Lehrer antwortete mir nichts auf meine
　　　　　　　　　　　　　　　 Frage.´)
　대격/부분격＋출발격＋전환격 : Mies kääntää kirjan/kirjaa saksasta
　　　　　　　　　　　　　　　 suomeksi.
　　　　　　　　　　　　　　　 (`Der Mann übersetzt das Buch aus dem Deutschen
　　　　　　　　　　　　　　　 ins Finnische.´)
　주어＋술어＋목적어＋부사보충어 : Karl legt das Buch/Bücher auf den Tisch.
　　　　　　　　　　　　　　　 Kalle panee kirjan/kirjoja pöydälle.
　주어＋술어＋목적어＋술어보충어 : Karl nennt mich einen Faulenzer/faul.
　　　　　　　　　　　　　　　 Kalle nimittää minua laiskuriksi/laiskaksi.

　문장성분 모형은 독일어와 핀란드어 그리고 많은 다른 언어들에서 동일하다. 그러나 이들의 형태에 따른 하위문형(Submodell), 특히 목적어에서는 차이점이 나타난다. 핀란드어에서는 특히 격 목적어가 나타나고, 독일어에서는 격 목적어와 전치사 목적어가 등장한다. 영어와 프랑스어에서는 명사의 경우 소위 기본형인 단지 하나의 격 목적어(*I love the girl.* - *J'aime la jeune fille.*)와 다수의 전치사 목적어가 있다.

8.2 형용사적 문형

　형용사적 문형에서는 연사동사(V_k)가 술어로 사용되며 원래의 의미 보유어는 형용사적 술어보충어이다. 이러한 문형에서 등장하는 형용사의 결합

가는 0에서 3까지 변화한다. 형용사의 보충어(=a)는 목적어나 부사보충어
이다. 독일어와 핀란드어에서는 형용사적 문형을 다음과 같이 구분할 수
있다.

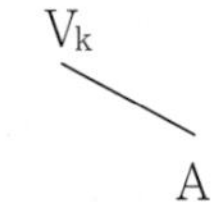

술어＋술어보충어(0가)
핀란드어 :
On kylmä. 'Es ist kalt.'

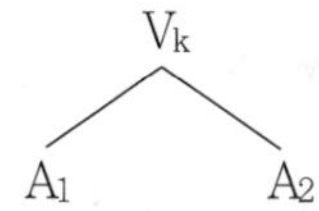

주어＋술어＋술어보충어(0가)
Der Mann ist alt.
Mies on vanha.

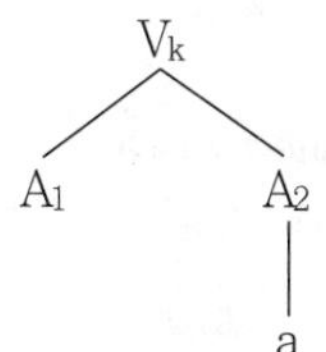

주어＋술어＋술어보충어(1가)
a=목적어 :
독일어 :
여격　　 : Ich bin diesem Mann fremd.
속격　　 : Er ist des Diebstahls schuldig.
대격　　 : Ich bin alle Sorgen los.
전치사격 : Er ist an dem Mädchen interessiert.
부정사　 : Ich bin fähig, das zu tun.

핀란드어 :
부분격　 : Tanko on useita metrejä pitkä.
　　　　　　('Die Stange ist mehrere Meter lang.')
유전격　 : Poika on isänsä kaltainen.
　　　　　　('Der Sohn ist seinem Vater gleich.')
처격　　 : Hän on taitava esiintymisessään.
　　　　　　('Er ist gewandt in seinem Auftreten.')
향격　　 : Mies on perehtynyt asiaan.
　　　　　　('Der Mann ist in der Sache bewandert.')
출발격　 : Mies on tietoinen asiasta.
　　　　　　('Der Mann ist sich der Sache bewusst.')
목표격　 : Tyttö on uskollinen pojalle.
　　　　　　('Das Mädchen ist dem Jungen treu.')

a=부사보충어 :

Der Mann ist in Berlin ansässig.
Mies on kotoisin Berliinistä.

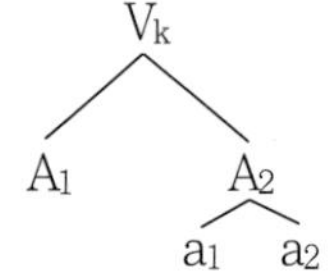

주어+술어+술어보충어(2가)
a=목적어 :
독일어 :
　여격+전치사격 :　　　Ich bin dem Freund für die Hilfe
　　　　　　　　　　　dankbar.
　여격+대격 :　　　　　Er ist dem Wirt zwei Mark
　　　　　　　　　　　schuldig.
　여격(재귀대명사)+속격 : Ich bin mir keiner Schuld bewusst.

핀란드어 :
　목표격+출발격 :　　　Olen kiitollinen ystävälle avusta.
　　　　　　　　　　　('Ich bin dem Freund für die Hilfe
　　　　　　　　　　　dankbar.')
　탈격+속격 :　　　　　Poika on luonteeltaan isänsä
　　　　　　　　　　　kaltainen.
　　　　　　　　　　　('Der Sohn ist seinem Vater im
　　　　　　　　　　　Charakter gleich.')
　목표격+대격/부분격 :　Mies on minulle markan/muntamia
　　　　　　　　　　　markkoja velkaa.
　　　　　　　　　　　('Der Mann ist mir eine Mark/einige
　　　　　　　　　　　Mark schuldig.')

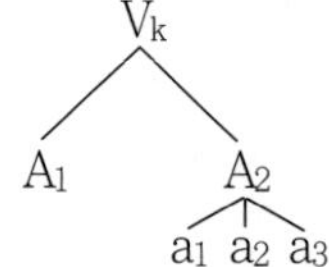

주어+술어+술어보충어(3가)
a=목적어 :
독일어 :
　전치사+전치사+대격(재귀대명사) :
　　　　　　　　　　　Er ist sich mit dem
　　　　　　　　　　　Vertragspartner über die
　　　　　　　　　　　Bestimmung einig.

독일어에서는 주어가 없는 술어보충어 문형(Prädikativmodell)이 존재하지 않는다(핀란드어: *On kylmä.*). 형식어 모형 $Es-V_k-A$(*Es ist kalt.*)가 핀란드어의 주어가 없는 술어보충어 문형에 해당한다. 형용사의 보충어로서 부사보충어를 갖는 문형은 아주 드물다. 형용사의 목적어에서는 핀란드어의 경우 다시금 많은 격이 눈에 띄지만, 독일어의 경우 다만 몇 개의 격과 많은 전치사들이 등장한다. 영어에서는 단지 하나의 격 목적어만 존재하는데, 이 격 목적어도 드물게 나타난다(*The car is worth a thousand pounds*). 일반적으로 영어의 형용사 보충어는 전치사 구조이다(*She is interested in languages*). 3가 형용사는 아주 드물다. 핀란드어에서는 3가 형용사가 전혀 나타나지 않는다. 독일어의 재귀대명사가 세 번째 보충어로서 기능을 할 수 있다(*sich mit dem Vertragspartner über die Bestimmungen einig* 계약당사자와 결정에 합의하다).

참고문헌

의존문법/결합가 이론의 참고문헌들이 아주 방대해졌다. 이러한 문헌들의 대부분은 특히 독일에서 발행되는 언어학 잡지에서 나왔다. 이 책에서의 참고문헌 목록은 이러한 논문들만을 포함하는 것이 아니다. 이 책에서의 목록은 또한 경우에 따라서는 의존문법/결합가 이론의 문제점을 보다 자세히 연구하려는 혹은 연구해야 하는 사람들에게 가능한 한 다양한 문헌들을 제공하고자 한다. 참고문헌 목록에서는 다음과 같은 약어들이 사용된다.

DaF	= Deutsch als Fremdsprache
DD	= Diskussion Deutsch
DDU	= Der Deutschunterricht
DS	= Deutsche Sprache
DU	= Deutschunterricht
LB	= Leuvense Bijdragen
MSpråk	= Moderna Språk
Mu	= Muttersprache
NPhM	= Neuphilologische Mitteilungen
WW	= Wirkendes Wort
WZUB	= Wissenschaftliche Zeitschrift der Humboldt Universität Berlin. Gesellschafts- und sprachwissenschaftliche Reihe
ZD	= Zielsprache Deutsch
ZDL	= Zeitschrift für Dialektologie und Linguistik
ZDPh	= Zeitschrift für deutsche Philologie
ZDS	= Zeitschrift für deutsche Sprache
ZGL	= Zeitschrift für germanistische Linguistik
ZPhon	= Zeitschrift für Phonetik, Sprachwissenschaft und Kommunikationsforschung
ZRPh	= Zeitschrift für romanische Philologie

Abramow, Boris A.(1967a): Zum Begriff der zentripetalen und zentrifugalen Potenzen. In:DaF 3/1967. 155-168.

Abramow, Boris A.(1976b): Modelle der subjektlosen Sätze im Deutschen. In:DaF 6/1967. 361-374.

Abramow, Boris A.(1971): Zur Paradigmatik und Syntagmatik der syntaktischen Potenzen. In:Helbig, G. (Hrsg.), Beiträge zur Valenztheorie. 51-66. The Hague/Paris.

Admoni, Wladimir(1970): Der deutsche Sprachbau. 3. Aufl. München.

Admoni, Wladimir(1974): Die Satzmodelle und die logisch-grammatischen Typen des Satzes. In:DaF 1/1974. 34-42. 1971.

Anderson, John M. Dependency and Grammatical Functions. In:Foundations of Language 7. 30-37.

Andresen, Helga(1973): Ein methodischer Vorschlag zur Unterscheidung von Ergänzung und Angabe im Rahmen der Valenztheorie. In:DS 1/1973. 49-63.

Arbeitsgruppe Marburg(1973): Aspekte der Valenztheorie. In:DS 1/1973. 3-48.

Ballweg, Joachim(1972): Abriß einer Verbvalenzgrammatik mit logisch-semantischer Basis. Staatsexamensarbeit(ungedruckt). Mannheim.

Ballweg, Joachim(1974): Einige Bemerkungen zu einem Valenzmodell mit semantischer Basis. In:Kopenhagen. 83-113.

Ballweg, Joachim/Hacker, Hans Jürgen/Schumacher, Helmut(1972): Valenzgebundene Elemente und logisch-semantische Tiefenstruktur. In:Linguistische Studien II. Sprache der Gegenwart 22. 100-145. Düsseldorf.

Bauer, Paul (1973): Reflexivpronomina und Verbvalenz. In:LB 3/1973. 267-271.

Baumgärtner, Klaus(1970): Konstituenz und Dependenz zur Intergration der beiden grammatischen Prinzipien. In:Steger, H. (Hrsg.), Vorschläge für eine strukturale Grammatik des Deutschen, 52-77. Darmstadt.

Bondzio, Wilhelm(1969): Das Wesen der Valenz und ihre Stellung im Rahmen der Satzstruktur. In:WZUB 18. 2/1969. 233-239.

Bondzio, Wilhelm(1971): Valenz, Bedeutung und Satzmodelle. In:Helbig, G. (Hrsg.), Beiträge zur Valenztheorie. 85/103. The Hague/Paris.

Brinker, Klaus(1972): Konstituentenstrukturgrammatik und operationale Satzgliedanalyse. Methodenkritische Untersuchungen zur Syntax des einfachen Satzes im Deutschen. Frankfurt/M.

Brinkmann, Hennig(1971): Die deutsche Sprache. Gestalt und Leistung. 2., neubearbeitete und erweiterte Auflage. Düsseldorf.

Buchbinder, Wolf A.(1971): Die Valenz und ihre Berücksichtigung bei der Auswahl lexikalischen Materials. In:DaF 5/1971. 282-286.

Bühler, Karl(1965): Sprachtheorie. Die Darstellungsfunktion der Sprache. 2., unveränderte Auflage. Stuttgart.

Busse, Winfried(1974): Klasse-Transitivität-Valenz. München.

Busse, Winfried/Dubost, Jean-Pierre(1977): Französisches Verblexikon. Die Konstruktion der Verben im Französischen. Stuttgart.

ten Cate, Abraham P.(1971): Kasus und Valenz. Versuch einer Integration. Ungedruckt. Groningen.

Duden. Grammatik der deutschen Gegenwartssprache(1973): Der Große Duden. Bd. 4. 3., neu bearbeitete und erweiterte Auflage. Mannheim.

Ehnert, Rolf(1974): Liste der Grundvalenz der häufigsten deutschen Verben Vervielfältigt. Oulu.

Emons, Rudolf(1974): Valenzen englischer Prädikatsverben. Linguistische Arbeiten 22. Tübingen.

Emons, Rudolf(1978): Valenzgrammatik für das Englische. Eine Einführung. Anglistische Arbeitshefte 16. Tübingen.

Engel, Ulrich(1969): Zur Beschreibung der Struktur deutscher Sätze. In: Ulrich, E., Grebe, P. (Hrsg.), Neue Beiträge zur deutschen Grammatik. Hugo Moser zum 60. Geburtstag gewidmet. Duden Beiträge zu Fragen der Rechtschreibung, der Grammatik und des Stils 37. 35-52. Mannheim.

Engel, Ulrich(1970a): Die deutschen Satzbaupläne. In:WW 6/1970. 361-392.

Engel, Ulrich(1970b): Satzbaupläne und Satzanalyse. ZD 3/1970. 104-122.

Engel, Ulrich(1972a): Bemerkungen zur Dependenzgrammatik. In:Neue Grammatiktheorien und ihre Anwendung auf das heutige Deutsch. Sprache der Gegenwart 20. 111-155. Düsseldorf.

Engel, Ulrich(1972b): Umriß einer deutschen Grammatik. Vervielfältigt. Mannheim.

Engel, Ulrich(1974): Zur dependenziellen Beschreibung von Nominalphrasen. In:Engel, U./Grebe, P.(Hrsg.), Sprachsystem und Sprachgebrauch. Festschrift für Hugo Moser zum 65. Geburtstag. Sprache der Gegenwart 33. 58-89. Düsseldorf.

Engel, Ulrich(1977): Syntax der deutschen Gegenwartssprache. Berlin.

Engel, Ulrich/Schumacher, Helmut(1978): Kleines Valenzlexikon deutscher Verben. Forschungsberichte des Instituts für deutsche Sprache 31. 2.

durchgesehene Auflage. Tübingen.

Engel, Bernhard(1968): Zum System der Funktionsverbgefüge. In:WW 5/1968. 289-303.

Engelen, Bernhard(1975): Untersuchung zu Satzbauplan und Wortfeld in der geschriebenen deutschen Sprache der Gegenwart. Bd. 1-2. Heutiges Deutsch. Reihe I:Linguistische Grundlagen. Bd. 3.1.-3.2. München.

Erben, Johannes(1972): Deutsche Grammatik. Ein Abriß. 11., völlig neubearbeitete Auflage. München.

Erlinger, Hans Dieter(1971): Reflexivpronomen und syntaktisches Programm. Ein Beitrag zur Valenztheorie. In:WW 3/1971. 145-153.

Fabricius-Hansen, Cathrine(1972): Über das 'Prädikat' der neueren Wertig-keitstheorie. In:Kopenhagener Beiträge zur germanistischen Linguistik 1. 37-92. Kopenhagen.

Fabricius-Hansen, Cathrine(1979): Valenztheorie und Kontrastive Grammatik (Dänisch-Deutsch). In:Gedenkschrift für Trygve Sagen. 1924-1977. Osloer Beiträge zur Germanistik 3. Oslo. 40-55.

Fillmore, Charles J.(1971): Plädoyer für Kasus. In:Abraham, W. (Hrsg.), Kasus-theorie. Schwerpunkte Linguistik und Kommunikationswissenschaft. Bd. 2. 1-118. Frankfurt.

Flämig, Walter(1971): Valenztheorie und Schulgrammatik. In:Helbig, G. (Hrsg.), Beiträge zur Valenztheorie. 105-121. The Hague/Paris.

Flämig, Walter(1972): Zur theoretischen Konzeption der Satzstrukturbeschrei-bung in einer Schulgrammatik. In:DaF 1/1972. 18-30.

Forstreuter, Eike(1968): Zur semantischen Spezifizierung der Umgebung einiger Verben. In:DaF 6/1968. 336-345.

Fourquet, J./Grunig, G.(1971): Valenz und Struktur. In:Helbig, G.(Hrsg), Beiträge zur Valenztheorie. 11-16. The Hague/Paris.

Gaifman, H.(1965): Dependency Structures and Phrase-structure Systems. In:Information and Control 8. 304-337.

Götze, Lutz(1973): Funktionsverbgefüge im Deutschunterricht für Ausländer. In:ZD 2/1973, 54-61.

Götze, Lutz(1974a): Zur Frage des strukturellen Zentrums in einer Valenz-grammatik für Lernzwecke. In:ZD 1/1974. 22-29.

Götze, Lutz(1974b): Zu den Begriffspaaren obligatorisch/fakultativ und notwendig/nicht notwendig in einer Valenzgrammatik und ihrer Relevanz für den

Sprachunterricht. In:ZD 2/1974. 62-71.

Götze, Lutz(1979): Valenzstrukturen deutscher Verben und Adjektive. Eine didaktische Darstellung. Heutiges Deutsch Ⅲ/3. München.

Grimm, Hans-Jürgen(1972): Zum Problem der Satzglieder in der deutschen Grammatik. In: DaF 1/1972. 42-49.

de Groot, A.W.(1949): Structurale Syntaxis. Den Haag.

Große, Rudolf(1968): Zur Problematik von Satztyp und Kernsatz im Deutschen. In: Růžička, R. (Hrsg.), Probleme der strukturellen Grammatik und Semantik. 21-34. Leipzig.

Große, Rudolf(1971): Zum Verhältnis von Form und Inhalt bei der Valenz der deutschen Verben. In:Helbig, G. (Hrsg.), Beiträge zur Valenztheorie. 123-132. The Hague/Paris.

Hartmann, Dietrich(1979): Über die Valenz von Substantiven im Deutschen. In:ZGL 7(1979). 40-55.

Hays, D.C.(1964): Dependency Theory: a Formalism and some Observations. In:Language 46. 304-309.

Heger, Klaus(1966): Valenz, Diathese und Kasus. In:ZRPh 82. 138-170.

Heger, Klaus(1971): Monem, Wort und Satz. Konzepte der Sprach- und Literaturwissenschaft 8. Tübingen.

Helbig, Gerhard(1965): Der Begriff der Valenz als Mittel der strukturellen Sprachbeschreibung und des Fremdsprachenunterrichts. In:DaF 1/1965. 10-23.

Helbig, Gerhard(1966): Untersuchungen zur Valenz und Distribution deutscher Verben 1-2. In:DaF 3/1966. 1-11. DaF 4/1966. 12-19.

Helbig, Gerhard(1969): Valenz und Tiefenstruktur. In:DaF 3/1969. 159-169.

Helbig, Gerhard(1971): Theoretische und praktische Aspekte eines Valenzmodells. In:Helbig, G. (Hrsg.), Beiträge zur Valenztheorie. 31-49. The Hague/Paris.

Helbig, Gerhard(1971a): Zu einigen Spezialproblemen der Valenztheorie. In: DaF 5/1971. 269-282.

Helbig, Gerhard(1971b): Zum sprachwissenschaftlichen Begriff der Valenz (Wertigkeit). In:Sprachpflege 11/1971. 225-229.

Helbig, Gerhard(Hrsg.)(1971): Beiträge zur Valenztheorie. Janua Linguarum. Series minor 115. The Hague/Paris.

Helbig, Gerhard(1972): Probleme der deutschen Grammatik für Ausländer. 2. unveränderte Auflage. Leipzig.

Helbig, Gerhard(1973): Geschichte der neueren Sprachwissenschaft. Leipzig.

Helbig, Gerhard(1975): Zu Problemen der linguistischen Beschreibung des Dialogs im Deutschen. In:DaF 2/1975. 65-80.

Helbig, Gerhard(1976): Zur Valenz verschiedener Wortklassen. In:DaF 3/1976. 131-146.

Helbig, Gerhard/Buscha, Joachim(1972): Deutsche Grammatik. Ein Handbuch für den Ausländerunterricht, Leipzig.

Helbig, Gerhard/Schenkel, Wolfgang(1969): Wörterbuch zur Valenz und Distribution deutscher Verben. 1. Auflage. Leipzig.

Helbig, Gerhard/Schenkel, Wolfgang(1973): Wörterbuch zur Valenz und Distribution deutscher Verben. 2., überarbeitete und erweiterte Auflage. Leipzig.

Henne, Helmut(1976): Was die Valenzlexikographie bedenken sollte. In:Kopenhagener Beiträge zur germanistischen Linguistik 12. 5-18.

Heringer, Hans-Jürgen(1967): Wertigkeiten und nullwertige Verben im Deutschen. In: ZDS 1-2/1967. 13-34.

Heringer, Hans-Jürgen(1968a): Die Opposition von 'kommen' und 'bringen' als Funktionsverben. Untersuchungen zur grammatischen Wertigkeit und Aktionsart. Sprache der Gegenwart 3. Düsseldorf 1968.

Heringer, Hans-Jürgen(1968b): Präpositionale Ergänzungsbestimmungen im Deutschen, In:ZDPh 87. 3/1968. 426-457.

Heringer, Hans-Jürgen(1970): Einige Ergebnisse und Probleme der Dependenzgrammatik. In:DDU 22. 4/1970. 42-98.

Heringer, Hans-Jürgen(1972): Deutsche Syntax. Sammlung Göschen 5246. 2. völlig neubearbeitete Auflage. Berlin/New York.

Heringer, Hans-Jürgen/Öhlschläger, Günther(1973): Wertigkeitstheorie und Sprachunterricht, In:Nickel, G. (Hrsg.), Angewandte Sprachwissenschaft und Deutschunterricht. 84-105. München.

Interjewa, Natalja F.(1971): Valenz und Satztiefenstruktur. In:Helbig, G. (Hrsg.) Beiträge zur Valenztheorie. 17-29. The Hague/Paris.

Jäntti, Ahti(1978): Zum Reflexiv und Passiv im heutigen Deutsch. Eine syntaktische Untersuchung mit semantischen Ansätzen. Annales Academiae Scientarum Fennicae, Dissertationes Humanarum Litterarum 15. Helsinki.

Jäntti, Ahti(1979): Zum Einfluß einiger grammatischer Kategorien auf die

Verbvalenz. In:NPhM 4/1979. 358-384.

Junker, Klaus(1969): Zur Valenz beim Adjektiv. In:WZUB 18. 2/1969. 291-292.

Kolvenbach, Monika(1972): Verbvalenzuntersuchungen:Eine Voraussetzung für die Monosemierung von Verbinhalten. Linguistische Studien II. Sprache der Gegenwart. 22. Düsseldorf.

Korhonen, Jarmo(1977): Studien zu Dependenz, Valenz und Satzmodell. Teil 1. Theorie und Praxis der Beschreibung der deutschen Gegenwartssprache. Dokumentation, kritische Besprechung, Vorschläge. Bern.

Kunze, Jürgen(1975): Abhängigkeitsgrammatik. Studia grammatica 12. Berlin.

Lehmann, Dolly/Spranger, Ursula(1968): Zum Problem der subjektlosen Sätze. In:ZPhon 21. 3-4/1968.

Lerot, Jaques(1971): Pour une syntaxe profonde dépendielle. In:Mélanges J. L. Pauwels. Louvain. 121-143.

Lerot, Jaques(1973): Plädoyer für eine vielschichtige Syntax. In:Ten Cate, A.B./Jordens, P. (Hrsg.), Linguistische Perspektiven. Linguistische Arbeiten 5. 114-129. Tübingen.

Maas, Utz(1974): Dependenztheorie. In:Grundzüge der Literatur- und Sprachwissenschaft. Bd. 2: Sprachwissenschaft. Deutscher Taschenbuchverlag. Wissenschaftliche Reihe. 257-175. München.

Michailow, L.M.(1971): Zu Fragen der Reduzierung der Valenz im Dialog. In:DaF 3/1971. 180-182.

Michailow, L.M.(1974): Zur Syntagmatik der Sätze mit prädikativem Adjektiv im Deutschen. In:DaF 4/1974. 233-238.

Müller, Rolf(1971): Voraussetzungen der Valenzgrammatik. In:DD 2. 4/1971. 178-191.

Nikula, Henrik(1976): Verbvalenz: Untersuchungen am Beispiel des deutschen Verbs mit einer kontrastiven Analyse Deutsch-Schwedisch. Dissertation. Uppsala.

Nikula, Henrik(1978): Kontextuell und lexikalisch bedingte Ellipse. Publications of the Research Institute of the Åbo Akademi Foundation 35. Åbo.

Öhlschläger, Günther(1970): Zur Inhaltssyntax der Angaben. Vervielfältigt. Heidelberg.

Piitulainen, Marja-Leena(1980): Zum Problem der Satzglieder in der deutschen Grammatik der Gegenwart. Studia philologica Jyväskyläensia 14. Jyväskylä.

v. Polenz, Peter(1963): Funktionsverben im heutigen Deutsch. Sprache in der rationalisierten Welt. Beihefte zur Zeitschrift "Wirkendes Wort" 5. Düsseldorf.

v. Polenz, Peter(1969): Der Pertinenzdativ und seine Satzbaupläne. In:Festschrift für Hugo Moser zum 60. Geburtstag am 19. Juni 1969. 146-171. Düsseldorf.

Rall, Marlene/Engel, Ulrich/Rall, Dietrich(1977): DVG für DaF. Dependenz-Verb-Grammatik für Deutsch als Fremdsprache. Heidelberg.

Robinson, J. F.(1964): Dependency Structures and Transformational Rules. In:Language 46. 259-285.

Romeyke, Helga(1970): Untersuchung zur Valenz der deutschen Verben mit Richtungsbestimmung. Dissertation (ungedruckt). Leipzig.

Rosengren, Inger(1970): Zur Valenz des deutschen Verbs. In. MSpråk 1/1970. 45-58.

Schenkel, Wolfgang(1969a): Deutsche Satzmodelle für den Fremdsprachenunterricht. In:DaF 1/1969. 27-33.

Schenkel, Wolfgang(1969b): Formenbestand deutscher Satzmodelle. In:DaF 2/1969. 102-107.

Schenkel, Wolfgang(1971): Die Valenz im adnominalen Raum. In:Helbig, G, (Hrsg.), Beiträge zur Valenztheorie. 67-83. The Hague/Paris.

Schimanski, Annerose(1974): Zu Fragen der Verkürzung im dialogischen Text. In:DaF 4/1974. 227-233.

Schmidt, Wilhelm(1966): Lexikalische und aktuelle Bedeutung. Ein Beitrag zur Theorie der Wortbedeutung. Berlin.

Schmidt, Wilhelm(1966): Grundfragen der deutschen Grammatik. Eine Einführung in die funktionale Sprachlehre. 2., verbesserte Auflage. Berlin.

Schumacher, Helmut(1972): Zum deutschen Valenzlexikon. In:Neue Grammatiktheorien und ihre Anwendung auf das heutige Deutsch. Sprache der Gegenwart 20. 184-193. Düsseldorf.

Schumacher, Helmut(1974a): Verbale Valenz und Bedeutung. Ein Vorschlag zu einer dependentiellen Beschreibung auf logisch-semantischer Basis. IRAL-Sonderband. 146-151. Heidelberg.

Schumacher, Helmut (1974b): Papiere zur Dependenz und Semantik. Vervielfältigt. Mannheim.

Schumacher, Helmut(1975): Probleme der Verbvalenz. In:Werner, O/Fritz, G. (Hrsg.), Deutsch als Fremdsprache und neuere Linguistik. 41-66. München.

Schumacher, Helmut(Hrsg.)(1976): Untersuchungen zur Verbvalenz. Forschungs-
　berichte des Instituts für deutsche Sprache 30. Tübingen.

Sommerfeldt, Karl-Ernst(1971): Zur Valenz des Adjektivs. In:DaF 2/1971.
　113-117.

Sommerfeldt, Karl-Ernst(1973): Zur Besetzung der Leerstelle von Valenzträgern.
　In:DaF 2/1973. 95-101.

Sommerfeldt, Karl-Ernst/Schreiber, Herbert(1971): Untersuchungen zur syntak-
　tischen und semantischen Valenz deutscher Adjektive (1). In:DaF
　4/227-231.

Sommerfeldt, Karl-Ernst/Schreiber, Herbert(1974): Wörterbuch zur Valenz und
　Distribution deutscher Adjektive. Leipzig.

Sommerfeldt, Karl-Ernst/Schreiber, Herbert(1975): Zu einem Wörterbuch der
　Valenz und Distribution der Substantive. In:DaF 2/1975. 112-119.

Sommerfeldt, Karl-Ernst/Schreiber, Herbert(1978): Wörterbuch zur Valenz und
　Distribution der Substantive. Leipzig.

Starke, Günter(1973): Satzmodelle mit prädikativem Adjektiv im Deutschen.
　In:DaF 3/1973. 138-147.

Stepanowa, Maria D.(1971): Die "innere Valenz" des Wortes und das
　Problem der linguistischen Wahrscheinlichkeit. In: Helbig, G. (Hrsg.),
　Beiträge zur Valenztheorie. The Hague/Paris.

Stepanowa, Maria D./Helbig, Gerhard(1978): Wortarten und das Problem der
　Valenz in der deutschen Gegenwartssprache. Leipzig.

Stötzel, Georg(1970): Ausdrucksseite und Inhaltsseite der Sprache. Methoden-
　kritische Studien am Beispiel der deutschen Reflexivverben. Linguisti-
　schen Reihe. Bd. 3. München.

Tarvainen, Kalevi(1973): Zur Valenztheorie und ihrer praktischen Anwendung
　im Valenzwörterbuch von Helbig-Schenkel. In:NPhM 1/1973. 9-49.

Tarvainen, Kalevi(1976a): Die Modalverben im deutschen Modus- und Tempus-
　system. In:NPhM 1/1976. 9-24.

Tarvainen, Kalevi(1976b): Zur Satzgliedfrage in einer deutschen Dependenz-
　grammatik. In:NPhM 2/1976. 282-305.

Tarvainen, Kalevi(1977): Dependenssikielioppi(=Dependenzgrammatik). Helsinki.

Tarvainen, Kalevi(1979): Dependenzielle Satzgliedsyntax des Deutschen. Mit
　sprachgeschichtlichen Erläuterungen. Veröffentlichungen des Instituts
　für germanistische Philologie der Universität Oulu 3. Oulu.

Tesnière, Lucien(1953): Esquisse d'une syntaxe structurale. Paris.

Tesnière, Lucien(1965): Eléments de syntaxe structurale. Deuxième édition revue et corrigée. Paris.

Teubert, Wolfgang H.(1973): Valenzänderungen abhängiger Verbalgruppen. In:Linguistische Studien 4. Sprache der Gegenwart 24. 196-225. Düsseldorf.

Teubert, Wolfgang H.(1979): Valenz des Substantivs. Attributive Ergänzungen und Angaben. Sprache der Gegenwart 49. Düsseldorf.

Witt, J.W. Ralf(1971): Dependenz und Abhängigkeit. Anmerkungen zu Heringers Versuch einer Präzisierung und Axiomatisierung der strukturalen Syntax Tesnières. In:ZDL 1/1971. 121-126.

제 2 부 격이론과 의존

Ⅰ. 대조적인 관점에서 외국어로서의 독일어를 위한 의존문법의 적합성

Zur Eignung der Dependenzgrammatik für Deutsch als Fremdsprache aus kontrastiver Sicht

In： Jahrbuch der Deutsch als
Fremdsprache 9. 1983, S. 105-118.

외국어로서의 독일어(Deutsch als Fremdsprache:DaF)라는 주제에 대한 이 논문은 두 가지 목적을 가지고 있다. 한편으로는, 이 논문에서 이미 일반적으로 인정된 의존이론에서 무엇이 실제 독일어 수업을 위해서 유익하며, 그리고 이러한 이점을 배가하기 위해서 의존이론에서 무엇이 변화될 수 있는가를 대략적으로 논의해 보고자 한다. 다른 한편으로는, 이 논문에서 독일어를 배우는 이의 모국어와 독일어에 대한 의존문법적인 대조기술을 논의하며 그리고 기술의 원칙과 문제점를 간단히 고찰하고자 한다. 독일어의 "상대어(Partnersprache)"로서 필자는 이 두 영역에서 핀란드어를 고찰하였다. 핀란드어는 그 구조에서 독일어와 아주 다르기 때문에 아마도 외국어 수업을 위한 의존문법의 적합성의 관점에서 독일어와 유사한 언어가 아주 명확하게 제시할 수 없는 몇 가지를 밝혀줄 수 있을 것이다.

1
외국어 수업에서 현대 의존문법의 적용 가능성

원칙적으로 의존문법은 외국어로서의 독일어 수업에서와 똑같이 모국어로서의 독일어 (언어 전반의) 수업에서도 적합하다. 동사를 출발점으로 하는 계층적인 의존기술, 결합가, 문장의 보충어 구조와 첨가어 구조, 문장성분의 계열소 등 의존문법의 기본 범주들은 그 자체가 외국어 수업을 위해 효과적으로 이용될 수 있다. 물론 의존문법이 지금까지 주로 독일어를 연구해 온 사실은 외국어 수업의 언어학적인 토대로서 의존문법의 국제적인 사용 가능성에 대해 어렵게 작용할 수도 있을 것이다. 왜냐하면 독일어를 배우는 외국인은 자기 모국어를 출발어(Ausgangssprache)로 삼는데, 물론 각각의 출발어의 특성을 고려하더라도 목표어(Zielsprache)를 위해 사용된 문법이론이 출발어의 기술에도 적합해야 하기 때문이다. 더욱이 학생들이 배우는 모든 외국어에 대해서는 동일한 문법이론이 사용될 수 있어야 한다. 여기서의 다양성은 다만 혼란만을 야기할 뿐이다. 의존문법은 이러한 일반적인 이론이 될 수 있는 좋은 조건들을 가지고 있다. 대체로 의존문법의 이론적인 문제점도 나타내는 의존문법의 "결점들"을 제거하기 위한 필자의 제안은 특히 필자의 생각으로는 가끔 이론적인 개선을 유도하는 의존문법의 "국제화"를 목표로 한다.

1.1 의존문법의 유용한 기본 범주와 그 문제점

1.1.1 결합가-보충어-첨가어

1. 의존문법은 문장의 수직적인 기술에서 몇몇 요소들에는 보다 상위의 위치가 할당되고, 그리고 몇몇 요소들에는 보다 하위의 위치가 할당되도록 요소들의 배열을 규정하는 계층적인 기술방법을 사용한다. 동사가 최상위에 자리한다. 다음 문장은 아래와 같은 의존배열을 나타낸다.

Mein kleiner Bruder spricht Finnisch.
(내 동생은 핀란드어를 말할 수 있다)

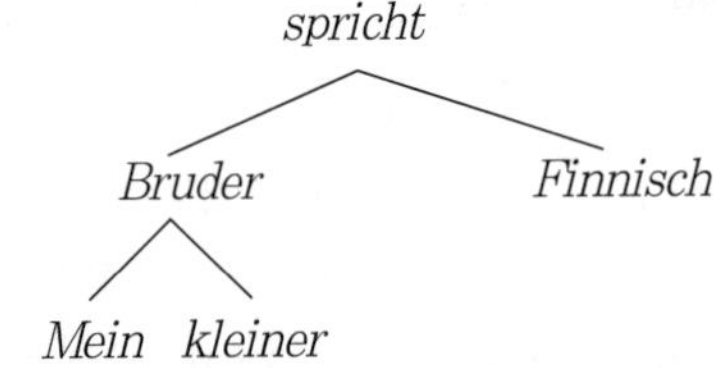

이러한 계층의 방향은 "결코 자연발생적이거나 혹은 어떤 식으로든 언어에 의해 사전에 주어진 것이 아니라", 문법학자의 자의적인 결정에 근거한다(Engel 1982:33). 의존(Dependenz)은 오직 문법적인 기술도구일 뿐이다. 그러나 결합가(Valenz)는 그렇지 않다. 결합가는 의미보유어로서 사용되는 한 언어 요소의 내재적 자질이다. **결합가란** 한 언어요소가 그 의미에 따라 특정한 형태와 내용의 보충어를 요구하는 능력을 말한다. 위의 문장에서 "말할 수 있다"라는 의미를 갖는 *spricht*는 주격 보충어 *mein Bruder*와 대격 보충어 *Finnisch*를 요구한다. 의사소통에서는 결국 언어 내용이 문제되기 때문에, 외국어 수업에서 결합가를 사용하기 위해서는 결국 결합가에 대한 이러한 의미적인 견해가 매우 중요하다.

오늘날 이미 공인된 바와 같이 결합가는 동사뿐 아니라 특정한 형용사와 명사에도 부여될 수 있다(Sommerfeldt/Schreiber 1977; Engel 1982:109; Tarvainen 1981:2f.). 이것은 외국어 수업을 위해서도 중요하다. 결합가를 통해서 동일한 어족(Wortfamilie)에서는 커다란 학습효과를 거둘 수 있다. 어원상 동일한 단어들을 결합가에 의해 결속된 그룹으로 학습하면 가장 효과적이다. 그밖에 결합가를 통해서 학습자는 문법적으로 상이한 어휘 요소들의 기능에 대해 보다 깊이 통찰할 수 있다.

danken ₙₒₘ₊Dat₊für : Der Junge dankt dem Vater für das Geschenk.
(소년은 아버지께 선물에 대해 감사한다)

Dank Gen₊an₊für : der Dank des Jungen an den Vater für das Geschenk
(아버지께 선물에 대한 소년의 감사)

dankbar Dat₊für : (Der Junge) ist dem Vater für das Geschenk dankbar.
(소년은 아버지께 선물에 대해 감사한다)

이러한 동사, 명사, 형용사에 대한 결합가 중심적인 기술은 DaF - 분야의 어휘수업에서 아주 중요하다. 그러나 문장구조를 이해하기 위해서는 결합가 개념이 가장 중요하다.

2. 문장에서 무엇이 보충어이고 무엇이 첨가어인가를 결정하는 것이 항상 쉬운 일은 아니지만(Tarvainen 1981:24f.), **문장성분**(Satzglied)을 보충어(Ergänzung)와 첨가어(Angabe)로 나누는 것이 전체 의존문법과 외국어 수업의 관점에서도 가장 중요한 사상이다. Engel(1982:113)에 의하면, **보충**어는 하위부류에 특수한 문장성분, 즉 "한 품사의 특정한 요소들에만 종속하는 문장성분이고", 첨가어는 "한 품사의 모든 요소들에 종속한다." *Ich warte am Bahnhof auf ihn.*(나는 역에서 그를 기다린다)라는 문장에서 ich

와 *auf ihn*은 하위부류에 특수하며, 즉 주어와 전치사 목적어를 요구하는 동사들의 하위부류에 종속한다. 이에 반해, 요소 *am Bahnhof*는 이러한 동사들의 하위부류에 한정되지 않고, 예컨대 하위부류 "주어와 대격 목적어"를 취하는 동사들에서도 나타난다(*Ich habe ihn am Bahnhof gesehen.* 나는 그를 역에서 보았다). 상이한 결합가를 갖는 동사들에서 '추가 규정어'로서 나타날 수 있는 것은 임의첨가어다(Tarvainen 1981:87 und 1979:143; Helbig/Schenkel 1980:31f.).

Engel에 의하면 위 문장의 이러한 세 가지 비 동사적인 요소들(*ich, am Bahnhof, auf ihn*) 중에서 *ich*는 의무적, 즉 "문법 규칙에 의해 필수적"인 반면에, *am Bahnhof*와 *auf ihn*은 수의적이다. "수의성은 그 삭제가 비문법적인 문장을 초래하는 구성물이다"(Engel 1982:114). 즉 Engel에서는 수의성이 첨가어와 특정한 보충어에 관련된다. 하지만 "수의적"이란 대체로 특정한 조건하에서는(예컨대 특정한 상황, 알려진 발화 맥락이나 특정한 통사적인 환경에서는) 고립된 문장에서 그 문장이 비문법적인 되지 않고서도 삭제될 수 있는, 동사의 의미에 따라 요구되는 보충어를 의미한다. 다시 말해서 Helbig(Helbig/Schenkel 1980:33)로 소급되는 이러한 견해에 따르면, 수의성이란 결합가(수의적 결합가)와 보충어(수의적 보충어)의 특성으로 이해된다. 이 말이 의미하는 바는, 한 언어 요소(여기서는 동사)에 종속하는 요소들이 한편으로는 전체 동사부류에 종속하며 하위부류에는 특수하지 않은 **첨가어**(Angabe)이고, 다른 한편으로는 동사의 의미에 근거하지만 일부는 **의무적**(obligatorisch)인 (=고립된 문장에서 삭제될 수 없는), 일부는 **수의적**(fakultativ)인 (=특정한 조건하에서는 삭제될 수 있는) 하위부류에 특수한 **보충어**라는 것이다. Engel은 이와 같이 수의성의 개념을 결합가(보충어)에 국한하지 않는다. 그렇다면 수의성이 외국어로서의 독일어 수업에서 어떤 의미를 갖는가? 이에 대한 논의에서 필자는 동사의 보충어에 한정한다.

수의적 보충어의 결합가 결속성은, 내용적 및 문법적으로 완전한 문장을 형성하기 위해서 동사가 그 완전한 의미를 가지고 있을 때에는 - 경우에 따라서는 해당 문장이 이 보충어 없이도 문법적이 될 수 있지만 - 이 보충어를 함의하고 있다는 사실에 근거한다. 즉 수의적 보충어는 동사의 하위부류에 특수한 환경에 속하며, 독일어 학습자는 이것을 의무적 보충어와 동일한 방법으로 학습해야 한다. 따라서 수의성은 언어체계(Sprachsystem)에 속하지 않고 다만 문맥 제약적인 사용(Gebrauch)에만 속하는 불필요한 범주인 것처럼 보인다. 그러나 많은 독일어 동사들은 독일어 수업을 위해서 "의무적 - 수의적"이라는 개념 쌍을 필수적으로 만드는 형식적인 특성을 가지고 있다. 이러한 특성은 *be-*, *er-* 등에 의한 접두사화의 가능성에 있는데, 이들은 가끔 의미가 유사한 두 동사들 중의 하나를 의무적 2가 동사로 만들고, 다른 하나는 의무적 1가 동사가 될 수 있다. 의미가 유사한 두 동사 *warten*과 *erwarten* 중에서 - 핀란드어에서는 동사 *odottaa*만이 이들에 상응한다 - *warten*에서는 목적어가 삭제될 수 있지만 *erwarten*에서는 삭제가 불가능하다.

> Der Freund *wartet* auf uns.　Der Freund wartet.
> (그 친구는 우리를 기다리고 있다)
> Der Freund *erwartet* uns.　　*Der Freund erwartet.
> (그 친구가 우리를 기다린다)

　동사 *warten*은 "기다린다"라는 동사 내용을 목표점이 없는 행위의 지속적인 상태로서, 즉 순수한 동사적 과정으로서 표현하고, *erwarten*은 그렇지 않다. 이러한 경우에 수의적 결합가는 독일어 학습자에게 중요하다. 그렇지 않으면 이들은 자기 자신의 언어를 근거로 **Der Freund erwartet.*라고 말할 것이다. 상술한 내용은 의미가 유사한 다른 동사들에서도 적용된다.

> Er *antwortet* (auf den Brief).
> Er *beantwortet* den Brief.
> (그는 그 편지에 대해 답장을 쓴다)

　*antworten*은 의무적 1가 동사이고, *beantworten*은 의무적 2가 동사이다. 두 동사의 전체 결합가(Gesamtvalenz)는 2가이다(Tarvainen 1973:17).

3. 결합가 이론에서 이론적으로 가장 어려운 문제는 첨가어를 (수의적) 보충어와 어떻게 **구분**(Unterscheidung)할 수 있는가 하는 것이다. 현재로서는 전적으로 신뢰할만한 조작적인 기준을 제시하는 것이 불가능하다. 하지만 이론적으로 어렵고 중요한 이 문제가 실제에 있어서는 별로 중요하지 않다. 이 문제는 실제로 특정한 부사규정어에서만, 특히 방법규정어에서 나타나는데, 방법규정어에서는 임의첨가어를 수의적 보충어와 명확히 구분하는 것이 어려울 수도 있다. 그래서 *Wir fangen die Sache geschickt an.*(우리는 그 문제를 숙련된 솜씨로 시작한다)이라는 문장 안에 있는 형용사 *geschickt*가 Engel/Schumacher의 결합가 사전에 따르면 보충어이지만, Helbig/Schenkel의 결합가 사전에서는 *anfangen*이 방법보충어를 갖지 않는다(Engel/Schumacher 1978:121; Helbig/Schenkel 1980:23; Piitulainen 1980: 167,175). 목적어는 항상 보충어이기 때문에 목적어에서는 실제로 아무런 문제가 없다(전치사 목적어와 부사보충어의 구별에서는 물론 가끔 어려움이 나타날 수도 있다). 그러나 독일어를 배우는 외국인에게는 바로 목적어가 그 특정한 형태 때문에 결합가에 결속된 부사규정어보다 학습하기가 훨씬 어렵다. 부사규정어의 형태는 동사에 의해 결정되지 않으며 부사규정어는 여러 언어들의 해당 동사의 결합가에서 차이가 별로 없다.

4. 보충어에서는 문장성분의 **명칭**(Bezeichnung)에 대한 문제가 제기된다. Engel은 잘 고안된 E-체계를 발전시켰다. 그는 이 E-체계에서 E(=Ergänzung)에다 숫자 지표를 첨부하여 표기하며(E_0, E_1...E_9), 설명하기 위해서만 보충어의 완전한 명칭을 부여한다: E_0=1격/주격 보충어, E_1=대격 보충어, E_3=여격 보충어, E_4=전치사 보충어(전통적인 전치사 목적어:Ich warte *auf dich.*), E_6=방향보충어(예:Monika geht *nach Österreich.*) 등등(비교:Engel 1982:176f.; Engel/Schumacher 1978:26,52f.; 라틴어에 대한 비슷한 체계는 Happ 1976 참조). 여러 언어들에서의 보충어는 상이한 형태론적 체계로 인해 상호 비교될 수 없기 때문에 대조문법에서는 이 약어가 사용될 수 없다. 그래서 우리는 예컨대 핀란드어에서는 격 원칙에 따라서 11개의 상이한 보충어를 구분해야만 할 것이다. DaF - 수업을 위해서는 독일어

의존문법이 "주어", "목적어" 등과 같은 국제적인 표현을 사용하는 것이 가장 좋을 것이다. 이러한 문장성분은 크게 보충어와 첨가어 그룹으로 나뉠 수 있을 것이다. 예컨대 다음과 같은 체계가 가능하다(Tarvainen 1979; Tarvainen 1984).

> 보충어 : 주어, 목적어, 부사보충어, 술어보충어
> 첨가어 : 부사첨가어, 술어첨가어, 임의 여격

그러나 전통적인 명칭이 단지 그 명칭의 국제성 혹은 전통 때문에 중요한 것은 아니다. E_1, E_2, E_3 및 E_4(대격, 속격, 여격 및 전치사 보충어)가 이들을 "목적어"라는 상위 개념 하에 총괄하고 하위종류(대격 목적어, 여격 목적어 등)로서 이해할 수 있도록 해주는 그러한 통사적인 특징을 나타낸다는 사실을 필자는 확신하고 있다.

하지만 전통적인 개념인 "목적어", "부사보충어" 등은 의존문법의 개념에 따라서 정의되어야 한다. 이들은 특히 여러 언어들에서 동일한 원칙에 따라 의존문법적으로 정의될 수 있다. 다음에서는 예로서 목적어와 부사보충어가 정의되며 독일어와 핀란드어의 예문을 통해서 설명된다(비교:Tarvainen 1981:47f.; 1984).

목적어(Objekt)는 술어동사에 의해 요구되는 보충어로서, 그 형태, 예컨대 격이나 전치사 결합은 동사에 의해 결정되며, 해당 격을 갖는 대명사나 혹은 동일한 전치사 결합(독일어에서는 전치사적 부사도 가능)으로 대용화될 수 있다.

> Mein Bruder schreibt *einen Brief*/IHN. (형태 : 대격)
> Veljeni kirjoitti *kirjeen*/SEN.　　　(형태 : 대격)
> Ich denke *an die Arbeit*/DARAN.　　(형태 : *an*+대격)
> 　　　　*an die Frau*/AN SIE.
> Minä ajattelen *työtä*/SITÄ.　　　　(형태 : 부분격)
> 　　　　*naista*/HÄNTÄ.

부사보충어(Adverbialergänzung)는 술어동사에 의해 요구되는 보충어로서, 그 형태는 본질적으로 동사가 아니라 구(보충어) 자체의 의미에 의해 결정되며 부사로 대용화될 수 있다.

Er fährt *an* den Rhein/*nach* Deutschland/*aufs* Land - DORTHIN.
(그는 라인강변으로/독일로/시골로 - 거기로 - 간다)

이러한 "목적어 - 부사보충어"의 원칙이 형용사와 명사의 보충어에서도 관찰될 수 있다는 사실, 특히 언어 경계를 넘어서서 관찰될 수 있다는 사실은 외국어 수업을 위해서도 중요하다(Tarvainen 1981:74ff.,80f.).

형용사의 목적어	*der Ruhe*/DEREN bedürftig (형태 : 속격)
	tietoinen asiasta/SIITÄ　(형태 : 출발격)
	"sich der Sache bewusst"

형용사의 부사보충어	Er ist *in München*/*an diesem Ort* - DORT - ansässig.
	(그는 뮌헨에/이곳에 -거기서- 거주한다)
	Hän on kotoisin München*istä*/tältä paikkakun*alta*/SIELTÄ.

목적어와 유사한 부가어	das Gespräch *über die Urlaubsreise*/DARÜBER
	(휴가여행에 대한 대화)
	Keskustelu lomamatkasta/SIITÄ

부사와 유사한 부가어	eine Reise *nach Italien*/*in die Stadt*/*aufs Land* - DORTHIN
	matka Itali*aan*/maa*lle* - SINNE

1.1.2 의존문법의 특수 범주

위에서 언급한 내용은 의존문법의 기본범주에 관련되며, 다음에서는 특수한 문제, 즉 소위 상관사(Korrelat, 혹은 형식어 Formwort)에 대한 문제를 강조하고자 한다. 다시 말해서, 독일어에서는 가끔 대명사 *es*나 대명사적 부사가 의무적으로나 혹은 수의적으로 목적어 기능을 하는 부정사나 부문장을 지시한다. 그것은 순수 형식적인 문장성분의 요소로서, 동사의 격지배

를 충족시키고 결합가 문법에서 상관사나 형식어로 표현된다(Engel 1977
:231,199; Tarvainen 1973:43 und 1981:71).

Ich schaffe *es*, die Arbeit zu beenden.

(나는 그 일을 끝마친다)

Der Lehrer achtet *darauf*, verständlich zu sprechen.

(선생님은 이해할 수 있도록 말하는 데 유념한다)

Alle haben (*es*) gesehen, dass er krank war.

(모든 사람들은 그가 아팠다는 사실을 알았다)

Ich bereite mich *darauf* vor, dass er kommt.

(나는 그가 온다는 사실에 대비하고 있다)

Er fragte (*danach*), ob er kommen soll.

(그는 그가 와야 하는지에 대해 물었다)

이러한 경우에서 부정사와 부문장이 단독으로 등장할 수 있는지, 혹은
보충어로서 수의적 상관사 혹은 의무적 상관사와 함께 등장할 수 있는지를
아는 것은 외국인에게 아주 중요하다. 이러한 관점에서는 두 결합가 사전
(Valenzlexikon)(Engel/Schumacher와 Helbig/Schenkel)이 DaF - 영역에서
큰 역할을 하였다. 결합가 사전에서는 상관사에 대해 자세히 논의된다.

1.2 의존문법의 몇 가지 문제점들

외국어 수업의 관점에서 독일의 의존문법은 몇 가지 결점을 보이고 있
다. 여기서는 이들 중에서 몇 가지만을 논의해 보기로 한다.

1.2.1 문장의 구조적 중심으로서의 동사

의존문법 이론은 동사가 문장의 구조적 중심으로서 기능을 한다는 기본

가정에서 출발한다. 동사가 그 결합가에 따라서 특정한 보충어를 요구하고
추가 규정어로서 첨가어를 취한다.

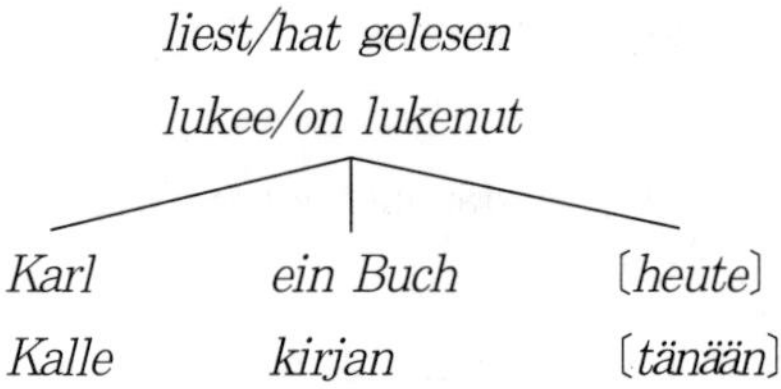

　수형도가 보여주는 바와 같이, 문장의 구조적 중심으로서의 동사는 단순
히 정동사 하나로 구성될 수 있거나 혹은　정동사를 포함하는 동사군으로
구성될 수 있다. 중요한 것은 이러한 "중심"(＝술어)이 하나의 어휘적(외연적)
인 동사내용을 표현하며, 이 동사내용을 서법(Modus), 시제(Tempus), 동사
의 태(Genus verbi)(＝술어의 문법적인 과제)의 관점에서 실현시킨다는 사실이
다(Tarvainen 1979:3; 1981:36). 그러면 복합술어는 "문장성분 내적
(satzgliedintern)"인 결합가에 따라서 다음과 같이 구조화 될 수 있다.

　Er dürfte das Buch gelesen haben.

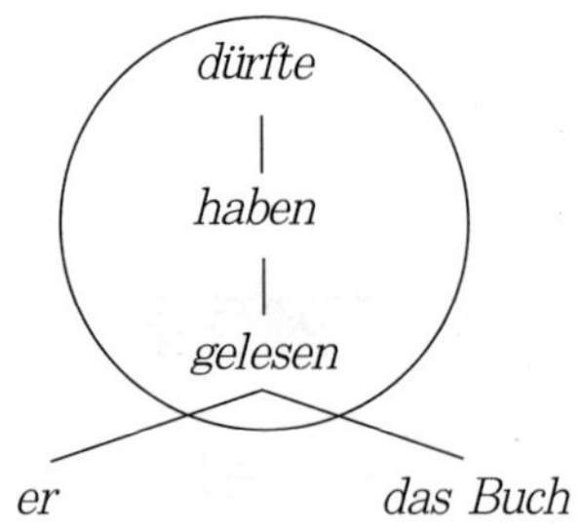

　독일어 의존문법에서는 문장의 구조적 중심으로서의 동사에 대한 문제가
아직까지 해결되지 않았다. 예컨대 Engel/Schumacher의 결합가 사전에
서 화법동사를 표제어로서 제시하지 않고 화법동사를 원칙적으로 "동사 복
합체(Verbalkomplex)"의 비 자립적인 성분으로 간주하는 것은 놀라운 일이
며 외국어로서의 독일어(DaF) 관점에서는 이해할 수 없는 일이다(Engel/Schu-

macher 1978:48; Engel 1982:124; Engel(1983)의 독일어 - 루마니아어 결합가 사전에서는 화법동사가 포함되어 있다).

이러한 견해에 따르면, 어떤 핀란드인이 무엇을 하려고 한다는 것(예: *Ich will lesen.* 나는 읽으려고 한다)을 독일어로 어떻게 표현할 수 있는가? 그는 핀란드어 동사 *tahtoa*를 자신의 발화의 출발점으로 삼고, 이 동사를 독일어 *wollen*으로 번역해야 한다. 이 동사 *wollen*(*tahtoa*)은 고유한 의미("의지, 의도")와 고유한 보충어를 갖는 하나의 동사이다. 이 동사는 그 의미에 따라서 문장의 동사적 중심으로 간주되어야 하며 결합가 사전에서 설명되어야 한다. 예컨대 문장 *Er will da gewesen sein.*(그는 거기에 있었다고 주장한다) 안에 있는 *wollen*은 위 문장의 *wollen*과는 다르다. 이 *wollen*은 외연적인 의미보유어로서의 동사가 아니라 순수한 문법적인 양태/화법 기능을 갖는다(Tarvainen 1976:19f.; 1981:37f.).

1.2.2 비인칭 주어 es

결합가 이론에서 해결하기 어려운 문제들 중의 하나는 비인칭 주어 *es*이다(Tarvainen 1973:26ff.). *Es* regnet heute.(오늘 비가 온다)와 같은 문장 안에 있는 *es*는 일반적으로 동사(동사복합체)의 일부로 간주되지만, *Es* klopft.(노크소리가 난다)와 같은 문장 안에 있는 *es*는 동사의 보충어로 간주된다(Helbig/Schenkel 1980:96; Engel/Schumacher 1978:44f.). 이것은 두 번째 문장의 대명사 *es*는 명사로 대치될 수 있지만(*Es/Das Mädchen klopft.*), 첫 번째 문장의 *es*는 명사로 대치될 수 없다는 사실에 기인한다. *Es* regnet.라는 문장에서는 *es*에 대해 문장성분의 표지로 간주되는 어떤 계열소도 형성될 수 없기 때문에, 우리는 *es*를 동사에 배열한다. 하지만 *es*는 예컨대 Er steht *auf.*(그는 일어난다) 안에 있는 *auf*와 같이 *regnen*이라는 동사의 의미성분을 형성하지는 않는다. 왜냐하면 *es*가 특정한 경우에서는 삭제될 수도 있기 때문이다(*Gott lässt (es) regnen.* '신이 비를 내리게 한다'. 그러나 *Er steht/steht auf.* '그는 서 있다/일어난다'). *es*는 통합소 *Es regnet.*의 통사적 성분이며 순수한 형식적 보충어, 즉 외계에서 어떤 대응물도 없는 하나의 형식적 문장성분으로 간주될 수 있다. "이 때 *es*는 모든 경우에서 보충어이지 동사의 일부가 아니다. 따라서 구분기준은 성분들의 삭제 가능성(혹은 삭제 불가능성)이지, 대치 가능성이 아니다(Götze 1979:128 ; 실무자의 견해에 대해서는 Rall/Engel/Rall 1977:81 참조). 예컨대 날씨를 표현하는 비인칭 동사에서 자기 모국어가 동사를 사용해야 하는 핀란드인에게는 독일어 *es*의 용법이 자명한 것이 아니라 이것을 분명히 학습해야 한다.

1.2.3 부정어 nicht

핀란드인에게는 문장 부정어(Satznegation) *nicht*가 의존문법적인 관점에서 통사적으로 학습하기가 쉽지 않다. *nicht*는 보통 임의첨가어로 간주된다(Engel 1982:198). 핀란드어에서는 문장 부정어가 부정적인 술어에서 인칭 어미를 지니는 동사형이다(*en tule* 'Ich komme nicht.', *et tule* 'Du kommst nicht.'). 핀란드어에서는 정형술어에 해당하는 *nicht*가 독일어에서는 통사적으로 임의첨가어라는 사실은 핀란드인에게는 이해하기 어려운 일이다. 필자의 생각으로는 *nicht*가 임의첨가어, 즉 내용적인 문장성분이라는 사실은 이론적으로도 설명하기가 어렵다. 왜냐하면 *nicht*는 지시적인 문장성분 값이 없는(그것은 시간, 장소 등이 아니다) 순수한 부정어이기 때문이다. 그밖에 추가 규정어인 첨가어는 삭제되더라도 문장의 외연적인 기본내용은 일반적으로 변하지 않는다. 즉 *Ich komme heute.*뿐만 아니라 *Ich komme.*도 '온다'는 내용을 가지고 있다. 그러나 부정어 *nicht*를 삭제하는 경우에는 그렇지 않다. 즉 *Ich komme.*에서는 무슨 일이 일어나지만, *Ich komme nicht.*에서는 아무 일도 일어나지 않는다. *nicht*를 삭제하면 문장의 기본내용이 변화한다. 즉 '오는 것'과 '오지 않는 것'은 동일하지 않다. nicht가 동사를 부정하기 때문에 *nicht*는 동사에 대해 특정한 양태 의미를 부여한다. *nicht*를 임의첨가어로 보기보다는 술어의 일부로 간주하는 것이 더 좋을 것이다(Tarvainen 1979:76).

1.2.4 "문장성분/단어 내부의 의존"

이 장을 마치면서 필자는 "문장성분/단어 내부의 의존"(혹은 "문법적 의존")이라는 명칭하에 총괄되는 의존문법의 두 가지 개별 문제, 즉 전치사의 결합가와 관사의 종속을 논의하고자 한다. 이 두 가지는 다시금 의존문법의 이론적인 문제점이며, 그 해결책은 특히 독일어를 배우는 핀란드인에게 중요하다.

Engel은 전치사에 대해서도 다른 품사에서와 유사한 결합가를 부여하며, 전치사구 안에 있는 전치사를 지배소로 간주한다. 명사는 자신의 의존소와 함께 이 지배소에 종속한다. 그래서 전치사구 *auf dem neuen Dach*의 의존도식은 다음과 같다(Engel 1982:105).

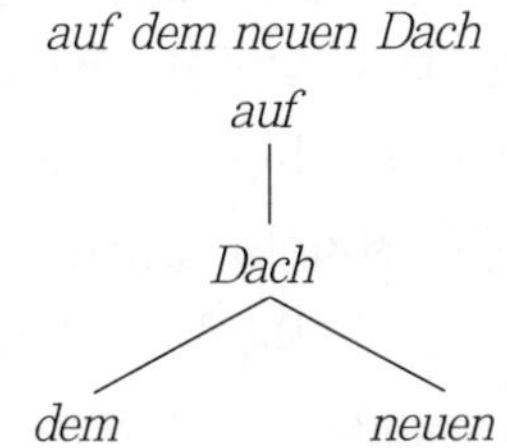

"우리가 이 그룹의 지배소에 대해 물어본다면 두 가지로 대답할 수 있다. 동사 *sitz-*(*Der Spatz sitzt auf dem Dach.* 참새가 지붕 위에 앉아 있다)는 전체 그룹을 소위 외부에서 지배하고, 전치사 *auf*는 그룹의 내부에서 최상위 지배소이다"(Engel 1982:104). 이러한 견해에 따르면 전치사는 결합가를 갖는다. 실제로 전치사는 항상 보충어를 필요로 하며 특정한 격 형태, 즉 *für*+대격, *vor*+여격 등을 요구한다는 사실 역시 이를 뒷받침한다.

Engel(1982:103)에 의하면 다음 문장의 의존도식은 아래와 같다.

Der Spatz sitzt auf dem Dach.

(참새가 지붕 위에 앉아 있다)

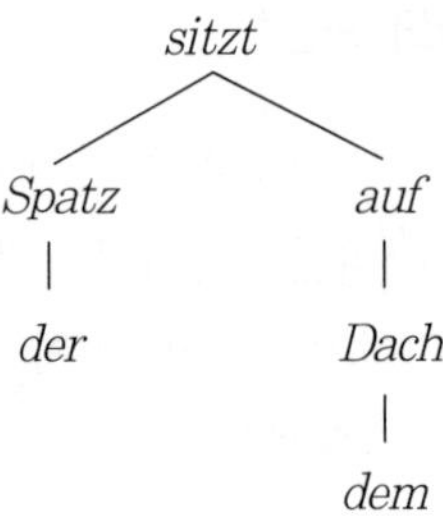

자기 자신의 모국어가 전치사 대신에 격 어미(Kasusendung)를 사용하는 언어권(핀란드어:*katolla - auf dem Dach*)의 독일어 학습자에게는 그 자체로 보면 논리적이고 좋은 이러한 체계가 어려움을 야기한다. 위의 수형도가 동사와 전치사에 대해 하나의 독립적인 교점을 가지고 보여주고 있는 바와 같이, 동사(예:*sitzt*)와 전치사(예:*auf*)가 유사한 결합가를 갖는다는 사실은 이론적으로도 타당성이 없다. 다시 말하면, 동사는 개념적·지시적인 의미 보유어이고, 전치사는 핀란드어의 어미에 해당하는 문법적 요소이다. 위의 수형도에서 전치사 *auf*에 대해 전치사구 *auf dem Dach* 내부에서만 지배소의 지위를 부여하고 - 즉 전체 수형도의 틀 내에 있는 교점이 아니라 - 이것을 "문장성분 내부의(satzgliedintern)" 결합가나 혹은 "문법적" 결합가라고 보는 것이 더 타당하다(Engel도 원래 그렇게 말했다: "전치사 *auf*는 그룹 내에서 최상위의 지배소이다"). 필자는 위의 문장에 대해 다음의 수형도를 제안하고자 한다. 우측의 것은 핀란드어 해당 문장의 수형도이다.

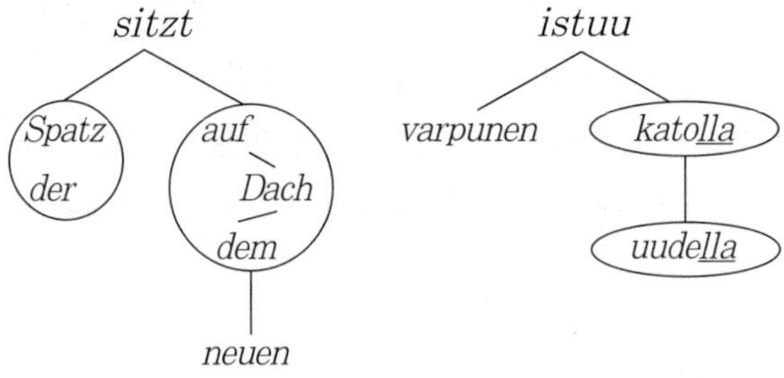

위의 수형도가 보여주는 바와 같이, 필자는 관사를 하나의 독립적인 의존소, 즉 형용사 *neuen*과 비교될 수 있는 하나의 첨가어로 보지 않고, 이것을 하나의 문법적 성분(문장성분/단어 내부의 의존)으로서 단어 *Spatz*에 연결한다. 다시 말해서, 핀란드어에서는 그 대응물이 없는 관사가 다만 독일어 명사에 대한 문법적 표지에 지나지 않으며, *dieses*와 같은 첨가어와는 달리 문장성분의 정보에 어떤 것도 첨가하지 않는다. 통합소 *auf diesem neuen Dach*의 수형도는 다음과 같은 모습을 할 것이다.

auf diesem neuen Dach (이 새로운 지붕 위에서)

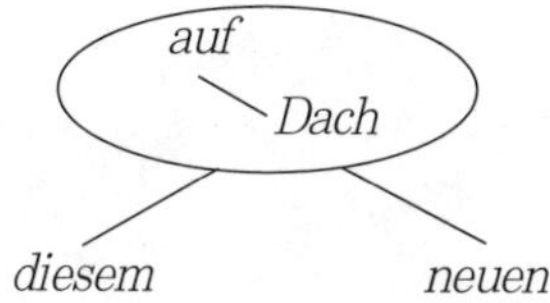

"문장성분/단어 내부의 의존"에 대한 이러한 생각은 예컨대 전치사 구조를 해당 격 구조(핀란드어)와 비교하는 데 아주 용이하게 해 줄 것이다. 또한 이러한 생각은 독일어 관사의 통사적 지위를 이해하는 데 도움이 될 것이다.

2
대조기술의 토대로서의 의존문법

지금까지 의존문법의 기본범주와 개별 문제점들이 외국어로서의 독일어 분야에서 이들의 이용가능성과 관련하여, 특히 핀란드인 독일어 학습자의 관점에서 검토되었다. 다음에서는 체계적인 독일어 문법의 몇 가지 기술원칙들이 의존문법의 토대 위에서 간략하게 논의된다.

문장의 통사구조는 1)문장구성요소(Satzteil)들의 관계, 2)어순(Wortstel-lung)에 의해 결정된다. 이 두 가지가 독일어 대조 통사론의 주요 부분을 구성한다. 세 번째 요소로서 통사구조의 고정에 기여하는 특정한 문장구성요소들의 형식적 일치(Kongruenz)는 해당 문장성분(예:술어)과의 연관성 속에서 다루어질 수 있다. 문장구성요소들의 관점에서 문법을 분류해 보면 의존문법적으로 술어(Prädikat), 문장성분(Satzglied), 문장성분의 규정성분(Bestimmungsteil)으로 분류할 수 있다. 이 때 문장성분의 관점에서뿐만 아니라 규정성분에서도 보충어와 첨가어의 구분이 고려되어야 한다("목적어가 아닌 여격", 즉 이익/손해/관심의 여격은 분류하기가 어렵기 때문에 보충어와 첨가어의 외부에 있는 하나의 그룹으로 간주할 수 있다). 어순에 대한 장에서는 결합가가 특히 중장(Mittelfeld)에 있는 요소들의 배열에 대한 기술에서 중요하며, 주요 분류기준으로서는 결합가가 거의 고려되지 않는다.

독일어와 핀란드어에 대한 대조적인 의존통사론(kontrastive Dependenz-syntax)의 주요한 분류는 다음과 같은 모양이 될 것이다.

I. 문장구성요소

A. 문장의 주성분으로서의 술어
1. 인칭과 수 (일치)
2. 동사의 태 (능동과 수동)
3. 서법과 시제
4. 부정어

B. 술어에서의 문장성분
1. 술어의 결합가에 결속된 보충어
1.1. 주어
1.2. 목적어
1.3. 부사보충어
1.4. 술어보충어
2. 술어에서의 임의첨가어
2.1. 부사첨가어
2.2. 술어첨가어
3. 술어에서 목적어가 아닌 여격
3.1. 관심의 여격
3.2. 이익의 여격
3.3. 손해의 여격

C. 문장성분의 규정성분
1. 술어적 형용사의 보충어
2. 부정사와 분사의 규정어
3. 독일어 소유의 여격
4. 부가어
4.1. 명사의 부가어
4.1.1. 결합가에 결속된 부가어
4.1.2. 부가적 첨가어
4.2. 형용사와 부사의 부가어

II. 어순

    1. 동사의 어순
       1.1. 정형동사의 어순
       1.2. 부정형동사와 동사첨부어의 어순
    2. 비 동사적 문장성분의 어순
       2.1. 중장
       2.2. 전장
       2.3. 후장
    3. 부가어의 어순

개별 문장성분의 취급에 대한 하나의 예로서 핀란드어 - 독일어의 의존통사론에서는 주어에 대한 장을 다음과 같이 제시할 수 있을 것이다(Tarvainen 1984).

    1. 주어의 구조적 지위
    2. 핀란드어와 독일어에서 주어의 본질
    3. 핀란드어와 독일어에서 주어의 형태
       3.1. 핀란드어 부분의 주어와 그 독일어 대응물
       3.2. 핀란드어 주격 주어와 그 독일어 대응물
       3.3. 핀란드어와 독일어에서 주어로서의 동사부정형
       3.4. 핀란드어와 독일어에서 주어로서의 부문장
       3.5. 독일어에서 소위 익명의 주어 *man*
       3.6. 독일어에서 형식적 주어 *es*
    4. 주어의 생략

여기서 약술된 핀란드어 - 독일어의 대조통사론은 두 언어의 차이점뿐 아니라 공통점도 다루는 양면적(bilateral)인 대조문법이다. 비교점(Tertium comparationis)("das Gemeinte 의미내용")이 의미적으로 명확히 정의될 수 있고 또한 구분될 수 있다면, 해당 의미내용에 대한 두 언어의 표현수단이 다 같이 다루어질 수 있다는 사실에서 출발해야 한다. 예를 들어, 시제에서 시제내용("현재", "과거", "미래")과 서법에서 서법내용("현실", "신중한 유보", "비현실", "추측", "주장과 의견")이 비교의 출발점이 될 수 있다. 또한 부사규정어에서도 그 내용("장소", "시간", "방법", "원인")이 비교의 토대로서 사용될 수 있다. 명확히 정의될 수 있는 이러한 내용(Inhalt)이 존재하지 않으면 형태(Form)에서 출발해야 한다(예컨대, 양면적인 연구에서 처음에는 핀란드어, 그 다음에는 독일어에서). 예컨대 주어(위와 비교), 목적어 및 술어보충어에서는 형태에서 출발할 수 있다. 만일 우리가 **심층격**(Tiefenkasus)에서 출발한다면, 예컨대 목적어의 종류를 여러 가지 심층격에서 다루어야 할 것이다. 그러나 이것은 비실용적인 반복이 될 것이다. 대격 목적어는 적어도 다음과 같은 심층격에서 다루어야 할 것이다.

Ich esse *Fleisch*.	(대상격 Objektiv)
Mich friert.	(피동격 Patiens)
Die Armee bekämpfte *den Feind*.	(목표격 Ziel)
Wir erörtern *die Frage*.	(주제격 Thema)
Sie bewohnt *ein altes Haus*.	(장소격 Ort)
Sie verbrachte dort *zwei Tage*.	(시간격 Zeit)

그밖에 심층격이 어쨌든 오늘날 아주 명확하게 구분되어 있는 것은 아니다. 다시 말해서, 심층격은 "너무 심층에" 놓여 있기 때문에 대조문법을 위한 명확한 비교의 토대가 될 수는 없다. 그러나 심층격이 형식적인 문장성분을 내용적으로 설명하는 하나의 보조수단으로 사용될 수는 있다(Tarvainen 1979:80 und 94f.).

위에서 약술한 대조통사론 모형에서는 문장구성요소들과 형태론적 형식들이 하나의 통일적인 체계를 형성한다. 즉 형태는 해당 문장성분 혹은 규정성분에서만 다루어진다. 우선 두 언어의 문장구성요소들(문장성분과 규정성분)이 간단히 다루어지고 체계의 근본적인 차이점과 관련하여 상호 비교되는 하나의 모형도 생각해 볼 수 있다. 언어들의 자세한 비교는 문법의 제2부에서 다루어진다. 언어형태는 그들의 상이한 통사적 기능(문장성분과 규정성분)에서 체계적으로 기술되며, 이 때 두 번째 언어의 대응물이 제시된다. 두 번째 언어의 형태(형태 범주)는 첫 번째 언어 범주의 대응물로서만 다루

어지지, 하나의 통일적인 형태론적 체계로서 다루어지는 것은 아니다. 하나
의 예를 들어보면 다음과 같다.

1. 핀란드어와 독일어의 계층적인 문장구성요소들의 구조
   (위의 주요부류 참조)
2. 핀란드어와 그 독일어 대응물의 형태 범주
   (동사적 형태범주와 명사적 형태범주(예:격)가 그 독일어 대응물을 가지고 상이
   한 기능에서 체계적으로 기술된다)
3. 핀란드어와 독일어의 직선적인 문장구조 (어순)

따라서 이 논문의 2장에서의 기술방법은 일방적(unilateral)이다.

참고문헌

Engel, Ulrich: Syntax der deutschen Gegenwartssprache. Berlin [2]1982 ([1]1977).

Engel, Ulrich/Schumacher, Helmut: Kleines Valenzlexikon deutscher Verben. Forschungsberichte des Instituts für deutsche Sprache 31. 2. durchgesehene Auflage.Tübingen 1978 ([1]1976).

Happ, Heinz: Grundfragen einer Dependenz-Grammatik des Lateinischen. Göttingen 1976.

Götze, Lutz: Valenzstrukturen deutscher Verben und Adjektive. Eine didaktische Darstellung. Heutiges Deutsch III/3. München 1979.

Helbig, Gerhard/Schenkel, Wolfgang: Wörterbuch zur Valenz und Distribution deutscher Verben. 5. Auflage. Leipzig 1980 ([1]1969).

Piitulainen, Marja-Leena: Zum Problem der Satzglieder in der deutschen Grammatik der Gegenwart. Studia philologica Jyväskyläensia 14, Jyväskylä 1980.

Rall, Marlene/Engel, Ulrich/Rall, Dieter: DVG für DaF. Dependenz-Verb-Grammatik für Deutsch als Fremdsprache. Heidelberg 1977.

Sommerfeldt, Karl-Ernst/Schreiber, Herbert: Wörterbuch zur Valenz und Distribution deutscher Adjektive. Leipzig 1977.

Sommerfeldt, Karl-Ernst/Schreiber, Herbert: Wörterbuch zur Valenz und Distribution der Substantive. Leipzig 1977.

Tarvainen, Kalevi: Zur Valenztheorie und ihrer praktischen Anwendung im Valenzwörterbuch von Helbig-Schenkel. In:Neuphilologische Mitteilungen 1, 1973, S. 9-49.

Tarvainen, Kalevi: Die Modalverben im deutschen Modus- und Tempussystem. In:Neuphilologische Mitteilungen 1,1976, S. 9-24.

Tarvainen, Kalevi: Dependenzielle Satzgliedsyntax des Deutschen. Mit sprachgeschichtlichen Erläuterungen. Veröffentlichungen des Instituts für germanistische Philologie der Universität Oulu 3. Oulu 1979.

Tarvainen, Kalevi: Einführung in die Dependenzgrammatik. Tübingen 1981.

Tarvainen, Kalevi: Kontrastive Syntax Deutsch-Finnisch. Manuskript. Tübingen 1984(im Druck).

Tarvainen, Kalevi: Zum syntaktischen Objekt im Deutschen und seinem tiefenstrukturellen Inhalt. In:"Linguistische Studien" 107, I, 1983, S. 63-83.

Ⅱ. 격이론과 의존 (1)

Zu Kasustheorie und Dependenz (1)

Zu Prinzipien und Problemen einer praxisorientierten Kasustheorie im Rahmen der Dependenzgrammatik
(의존문법의 틀 내에서 실용적인 격이론의 원칙과 문제점)

In : Deutsch als Fremdsprache
1987/4, S.193~200.

이 논문은 특히 미국의 언어학자 Charles Fillmore에 의해 언어학에 도입된 의미격(semantischer Kasus/semantische Rolle 의미역) 혹은 심층격 (Tiefenkasus)을 독일어 의존문법의 틀 내에서 연구하는 것을 목표로 한다. 논문의 중점은 문제점을 중심으로 의미격을 논의하고, 그리고 실용적인 목적을 위해 의미격의 이용가능성을 논의하는 데 있다. 실용적인 격이론 체계를 수립하는 것이 목표인데, 체계의 목록은 논문의 제2부에서 제시된다. 이 논문에서는 의존문법의 관점에서 오직 계층적인 문장기술의 원칙들만이 간단히 제시된다[1].

---

1) Vgl. K. Tarvainen(1981): Einführung in die Dependenzgrammatik, Tübingen.

1
의존적인 기술

1.1 의존(Dependenz)은 표층구조에서 문법의 계층적(hierarchisch)인 기술방법이며, 의존이 문장성분의 배열을 규정하여 문장요소들의 수직적인 기술에서 몇몇 요소들에는 차상위의 위치가, 다른 요소들에는 차하위의 위치가 할당되며, 동사가 최상위에 설정된다. 문장구성요소(Satzteil)들은 다음에서와 같이 직선적인 기술에서뿐만 아니라, 의존도식/수형도에서도 형태론적인 개념(예:$Subst_{Nom}$)과 통사적인 문장성분 개념(Sub, Obj 등)을 통해서 설명될 수 있다.

(1)　*Mein*　　*ältester*　　*Bruder*　　*organisiert*　　*Reisen*　　　*nach Südeuropa.*
　　　Pron　　Adj　　　$Subst_{Nom}$　　$Verb_{fin}$　　　$Subst_{Akk}$　　$Subst_{präp}$
　　　　=Attr　　=Attr　　=$Subj_{Kern}$　　　　　　　=Obj_{Kern}　　=Attr
　　　　주어　　　　　　　　　　　　　술어　　　　　　　　　목적어
　　　　　　　(직선적인 기술)

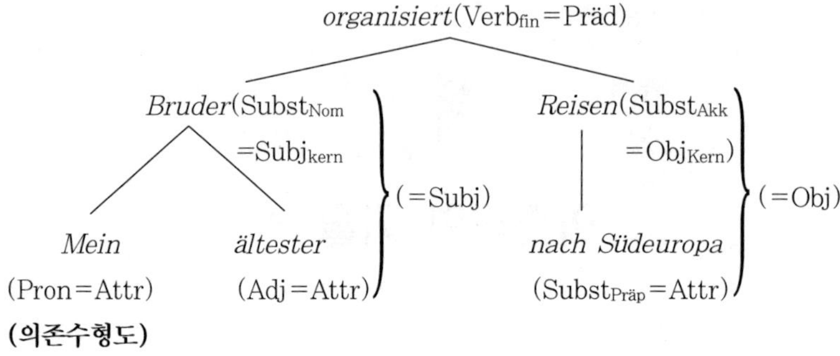

(의존수형도)

1. 2 의미격은 논리·의미적인 심층구조의 개념으로서, 이 개념을 가지고 우리는 형식논리학의 술어논리(Prädikatenkalkül)에 기대어(예:Px,y 등) 비 정동사적 문장구성요소들을 동사(혹은 다른 술어)에 대한 논리·의미적 관계로서 의미적으로 설명할 수 있다(예:AGENS=행위자격, RESULTATIV=결과격). 의미적인 심층구조는 보통 직선적(linear)으로 기술된다.

(2) organisieren ₐgₑₙₛ₊ᵣₑₛᵤₗₜₐₜᵢᵥ (=AG+R)

(2) organisieren $_{\text{Agens+Resultativ}}$ (=AG+R)

(3) Mein Bruder organisiert Reisen.

   AG   (P)   R

1. 3 구체적인 문장성분 분석에서는 의존적인(표층통사적인) 구조 진술뿐만 아니라, 심층구조적인 격 설명도 역시 직선적인 기술과 수형도 기술에서 제시될 수 있다.

(4)   *Mein Bruder* / *organisiert* / *Reisen.*

의존 →   Sub   Präd   Obj$_{\text{Akk}}$

심층격 →   AG(ENS)   (P)   R(ESULTATIV)

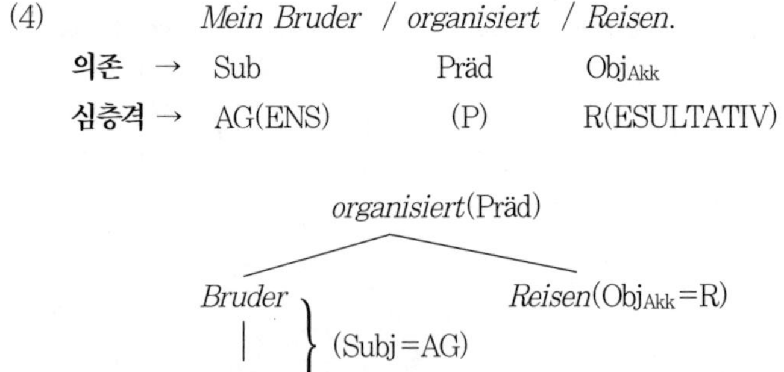

　　의존도식에서는 심층격에 대한 정보도 주어질 수 있기 때문에 심층격 구조 역시 계층적인 의존기술을 부여받을 수 있다. 이것은 그 자체 자연스러운 일이다. 왜냐하면 의존기술의 가장 중요한 부분은 소위 결합가 문법이고, 심층격에 대한 기술은 원래 동일한 언어학적 현상에 대한 두 가지 상이한 측면에만 관련되기 때문이다. 의존적인 결합가 관계가 의미하는 것은 결합가 보유어가 해당 통합소의 통사적인 지배소(Regens)로서 특정한 형태 및 통사적 기능(예:$Subst_{Nom}+Subst_{Akk}$ 혹은 $Subj+Obj_{Akk}$)을 갖는 특정 수의 보충어를 요구한다는 것이다. 심층격 기술은 다시금 이러한 보충어가 어떤 내용을 갖는가를 표현한다(AGENS+RESULTATIV). 다시 말해서, 심층격 구조($organisieren_{AG+R}$)는 소위 논리·의미적 결합가($Px,y=organisieren_{x,y}$)의 명시적인 형태를 나타낸다.

　　논리·의미적 술어 (P)는 표층구조에서 대개 동사(=문법적 술어)로서 실현되지만, 결합가를 소유하는 명사 혹은 형용사로서도 실현된다(동사/형용사/명사 결합가). 의존적인 문장기술에 따르면 술어는 지배소이고, 그 보충어는 의존소이다.

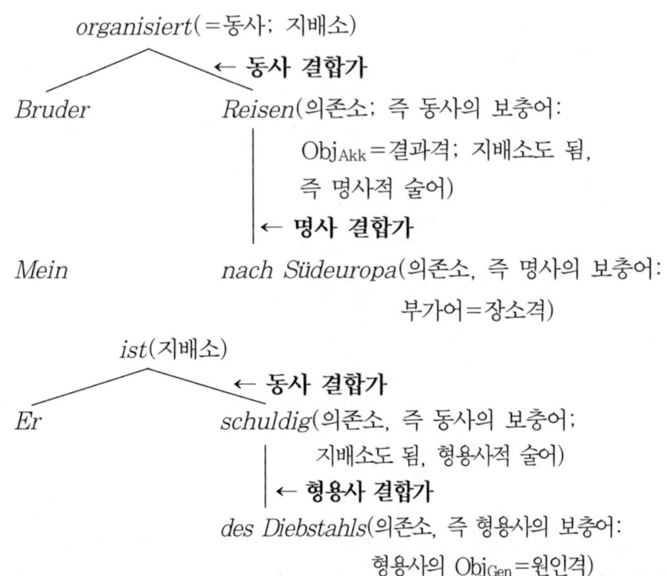

심층격의 대응물에 대한 의존기술은 이 논문에서 계층적인 문장구성요소들의 체계에 의해 실현되는데, 이 체계는 심층격의 통사적인 대응물로서 문장성분(주어, 목적어 등)과 문장성분의 규정성분으로 구성된다2).

---

2) 이러한 문장구성요소들의 체계에 대한 개요와 내용목록에 대해서는 K. Tarvainen(1985):
   Kontrastive Syntax Deutsch-Finnisch, Heidelberg, S. 392-402 참조.

2
의존적인 격이론과 그 적용가능성

2.1 Fillmore의 『격이론』(Case for Case:1968)이 출간된 이후로 심층격에 대해 많은 사실들이 기술되었기 때문에 격이론은 오늘날 이미 언어학 내에서 하나의 고유한 학문분야로 간주될 수 있다. 하지만 격이론은 언어학자들의 의견이 아주 분분한 분야이다.

Peter von Polenz에 따르면 Fillmore의 의미격 개념은 "통사론에서 문장 의미론으로 넘어가는 필수적인 단계"3)이며, Hans - Jürgen Heringer 는 "그 결점이 아주 명백함에도 불구하고 하나의 이론이 아주 자세히 논의 된다면, 그것은 분명히 학문의 사회학적인 설명을 요구한다."4) 의미격이 도대체 학문적인 범주를 나타낼 수 있는지는 의심스럽다. 왜냐하면 예컨대 격의 정의와 수는 여러 학자들에서 아주 상이하고 정의는 대체로 다의적이 며 모호하기 때문이다. "격 정의가 매번 정의에 대한 가장 단순한 형식적인 요구도 충족하지 않으면서 그것이 수년에 걸쳐 변화하는 것이 어떻게 가능

---

3) P. von Polenz(1985): Deutsche Satzsemantik, Berlin, S.169.
4) H. - J. Heringer(1984): Kasus und Valenz. Eine Mésalliance? In: ZGL 12, S. 210.

한가?"5) 필자 자신은 Helbig의 견해에 따른다. Helbig에 따르면, 심층격 구조 혹은 의미적 결합가는 모든 동사들에서 전부다 계층적으로 구성된 일차적인 의미구조(술어, 논항)와는 일치할 수 없으며, 통사구조와 기저의 의미구조 사이의 중간단계를 형성하는데, "특정한 방법으로 이미 통사적으로 굴절/파괴되어 있으며, 다시 말해서 또한 어휘화되고 직선화되어 있다."6)

심층격에 대한 엄격한 "학문성"이 어떠하든지 간에 심층격은 특정한 실용적인 목적을 위해서는 아주 유용하다.7) 다시 말해서, 의미격은 이론적인 결점에도 불구하고 우리가 그것을 이용할 수 있는 가능성과 관련하여 가능한 한 정확하고 모순 없이 조사하여 정의하는 경우, 의미격은 사용할만한 보조개념, 즉 해명개념이 될 수 있다. 예컨대 의미격을 통해서, 1)통사적인 문장구조를 의미적으로 설명하고, 2)어휘내항에서 통사적인 진술을 의미적으로 보충하며, 3)조어에서 합성어 성분들 간의 의미관계를 설명하고, 4)대조문법에서 예컨대 두 언어의 문장성분들을 상호 비교할 수도 있다. 언어수업에서도 적용될 수 있는 이러한 모든 영역들이 아래에서 간단히 논의된다.

1)문장구조는 통사적으로 문법적 형식(예:$Subst_{Nom}$, $Subst_{Akk}$, $Subst_{Präp}$)과 문장성분 개념(Subj, Obj, Adv)으로 기술될 수 있다(이 두 개가 하나의 기호로 통합될 수도 있다: Subj, Obj_{Akk}, Obj_{Dat}, $Obj_{Präp}$ 등). 이러한 통사적 성분은 심층격 표현(예:AG=AGENS, OBJ=OBJEKTIV, LOK=LOKATIV)을 통해서 의미적으로 설명될 수 있다. 두 가지 예의 쌍을 들어보자.

---

5) H. - J. Heringer, ebenda.

6) G. Helbig(1979): Zum Status der Valenz und der semantischen Kasus. In:DaF 2/1979, S. 71.

7) Helbig, ebenda, S. 72.; H. W. Eroms(1981): Valenz, Kasus und Präposition. Heidelberg, S. 92.

(5)　　　a. *Er* las　*das Buch.*　–　b. *Er* betrat　*das Zimmer.*

통사적　{ Pron_{Nom}　Subst_{Akk}　　　Pron_{Nom}　Subst_{Akk}
단계　 { Subj　　Obj_{Akk}　　　　Subj　　Obj_{Akk}

의미적　{ AG　　OBJ　　　　　　AG　　LOK
단계

(6)　　　a. *Er* betrat *das Zimmer.* – b. *Er* trat *in das Zimmer.*

통사적 단계　Subj　　Obj_{Akk}　　　　Subj　　Adv_{Präp}

의미적 단계　AG　　LOK　　　　　　AG　　LOK

문장 (5a)와 (5b)는 아주 상이한 것을 의미하지만 통사적인 층위에서는 상호 구별되지 않는다. 이에 반해 문장 (6a)와 (6b)에서는 통사적인 표현은 상이하지만(대격 목적어 대 부사보충어), 두 문장은 동일한 것을 의미한다. 그래서 심층격 기술을 통해서 한편으로는 통사적으로 동일한 구조를 갖는 문장들 간의 논리·의미적인 차이를 표현할 수 있으며, 다른 한편으로는 통사적으로 상이한 구조를 갖는 문장들 간의 의미적인 등가성/유사성을 표현할 수 있다.

특히 문장성분의 논리·의미적인 내용이 학생들에게 주입시킨 내용적인 "단일정의"에서 벗어나는 경우에는, 언어수업에서 통사적인 문장성분에 대한 심층격 설명이 해당 문장성분을 이해하는 데 기여할 수 있다. 이에 대한 하나의 좋은 예를 위에서 보았는데, 이 예에서는 대격 목적어가 "동사행위의 대상이나 객체"(Er las *das Buch.* 그는 책을 읽었다)를 표현할 수 있을 뿐만 아니라, 장소적으로 운동의 방향(Er betrat *das Zimmer.* 그는 방으로 들어갔다)을 표현할 수도 있다(다음 장소 표현을 비교 바람:Sie bewohnt *ein eigenes Haus.*＝Sie wohnt *in einem eigenen Haus.* 그녀는 자기 집에서 살고 있다). 이와 동일한 것이 전통적으로 대개 행위/과정/상태의 행위자로서 정의되지만 많은 다른 것을 의미할 수도 있는 주어에서도 적용된다.

(7) *Er* bekam ein Geschenk. (수신자;수신자격)

　　(그가 선물을 받았다)

(8) *Diese Tatsachen* zeigten, dass ich recht hatte. (수단:도구격)

  (이 사실은 내가 옳았다는 것을 보여주었다)

(9) *Der Brief* kam einfach nicht zustande. (결과:결과격)

  (그 편지는 결코 완성되지 않았다)

(10) *Das Buch* gehört mir. (소유:소유격)

  (그 책은 나의 소유다)

(11) *Helsinki* ist windig. (장소:장소격)

  (헬싱키는 바람이 많이 분다)

2) 위에서 다룬 문장구조 기술에서와 비슷한 정보가 사전편찬적인 기술, 특히 동사 표제어(Stichwort)에서도 제시될 수 있다.

(12) lesen$_{Subj=AG}$ + $_{ObjAkk=OBJ}$

  (Er las das Buch.)

(13) betreten$_{Subj=AG}$ + $_{ObjAkk=LOK}$

  (Er betrat das Zimmer.)

(14) treten$_{Subj=AG}$ + $_{AdvPräp=LOK}$

  (Er trat in das Zimmer.)

(15) bekommen$_{Subj=ADR}$ + $_{ObjAkk=OBJ}$

  (Er bekam das Geschenk.)

(16) gehören$_{Subj=POSS}$ + $_{ObjDat=PATIENS}$

  (Das Buch gehört mir.)

예컨대 동일한 어원의 어휘군(예:*betreten*과 *das Betreten*)에서는 주어와 목적어를 취하는 동사와 전치사 부가어와 속격 부가어를 취하는 해당 동사적 명사(Verbalsubstantiv) 간의 내용적인 등가를 제시할 수 있다.[8]

(17) betreten$_{Subj=AG}$ + $_{ObjAkk=LOK}$

  (Der Mann betrat das Zimmer.)

---

8) K. Tarvainen(1984): Zur valenzmäßigen Beschreibung etymologischen Wortart-
  gruppen. In:LS/ZISW/A 109, Berlin, S. 216-228.

(18) das Betreten~AttrPräp(durch)=AG~ + ~AttrGen=LOK~

　　(das Betreten des Zimmers durch den Mann)

3) 조어(Wortbildung)에서 심층격은 하나의 서술문(Prädikation)으로 소급될 수 있는9) 복합명사의 내용적인 설명에 이용될 수 있다. 기저의 서술문과 관련하여 복합명사(Kompositum)는 두 그룹으로 나뉠 수 있다.

a) 명사는 명제의 술어(=P)를 나타내는 하나의 동사성분을 포함할 수 있다. 그래서 복합명사 *Waschautomat*(세탁기)는 "Jemand wäscht etwas mit einem Automaten."이라는 서술문으로 소급될 수 있으며, 이 서술문의 구조는 통사적으로 다음과 같이 설명될 수 있다.

(19) *Jemand*/wäscht *etwas*/*mit einem Automaten.*
　　 Subj　　 (P)　 Obj~Akk~　 Adv~Präp~
　　 AG　　　　　　 OBJ　　 I(NSTRU)

서술문의 격역할 중에서 행위자격(AG)과 대상격(OBJ)은 삭제되고 표층구조에서는 다만 술어(P)와 도구격(I)만 나타난다(삭제된 성분은 각 괄호로 표현할 수 있다).

　　 ⟨AG⟩ (P)　 I　 ⟨OBJ⟩
　　　　 ↓　　 ↓
　　 Wasch/*automat*

b) 많은 경우에서 합성어는 통사구조의 술어를 제시하지 않아서 이 술어가 보충되어야 한다. 그래서 합성어 *Wasserratte*(=die Ratte, die im　Wasser lebt, 물에 사는 쥐(수서))는 다음과 같이 설명될 수 있다.

---

9) K. Itkonen(1983): Einführung in Theorie und Praxis der deutschen Wortbildungsanalyse. Veröffentlichung des Germanistischen Instituts der Universität Jyväskylä 3, S. 146.

(20) *Die Ratte* (lebt) *im Wasser*
　　　Subj　　　　　Adv_Präp
　　　PAT(IENS)　　LOK

따라서 명사 *Wasserratte* 안에는 명사성분만 존재하고 ⟨P⟩=leben이 없다.

　　　LOK　　PAT　　　⟨P⟩
　　　　↓　　　↓
　　　Wasser / *ratte*

모든 경우에서 술어의 보충이 *Wasserratte*에서처럼 그렇게 간단한 것은 아니다. "명시적인 술어를 삭제함으로써 가끔 합성어의 다의성도 설명할 수 있다. 왜냐하면 명사성분에 대해 가능한 격역할의 확인은 술어 없이는 어렵기 때문이다."10)

　4) 대조분석에서는 가능한 한 정확히 정의된 심층격이 의미적으로 명시되지 않은 문장성분(주어, 목적어)에서 의미적인 비교의 토대(=비교점)로서 기능을 할 수 있다. 부사규정어에서는 이미 해당하는 부사적인 내용인 '장소', '시간', '방법' 등을 통해서 처리하고 있다. 예컨대 목적어의 비교에서 우리는 부사규정어에서처럼 심층격 없이 "발화내용(Gemeintes)"을 출발점으로 취할 수는 없다. 예컨대 핀란드어-독일어 쌍방의 비교에서는 형식에서 출발해야 한다. 처음에는 핀란드어 형식에서, 그 다음에는 독일어 형식에서 출발하든지, 혹은 그 역으로 출발할 수도 있다(예컨대 핀란드어 부분목적어와 그 독일어 대응물; 독일어 여격 목적어와 그 핀란드어 대응물).11)

---

10) K. Itkonen, ebenda, S. 145.
11) K. Tarvainen(1984): Zur Kontrastivität bei den Satzgliedern. In: Festschrift für Lauri Seppänen zum 60. Geburtstag. Acta Universitatis Tamperensis Ser. A Vol. 185, Tampere, S. 94-97.

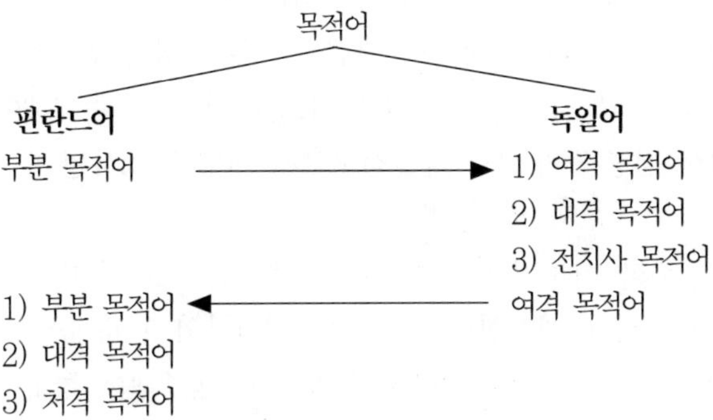

하나의 통일적이고 의미 중심적인 문장성분에 대한 대조문법을 기술하는 것은 아마도 심층격을 통해서만이 가능할 것이다.

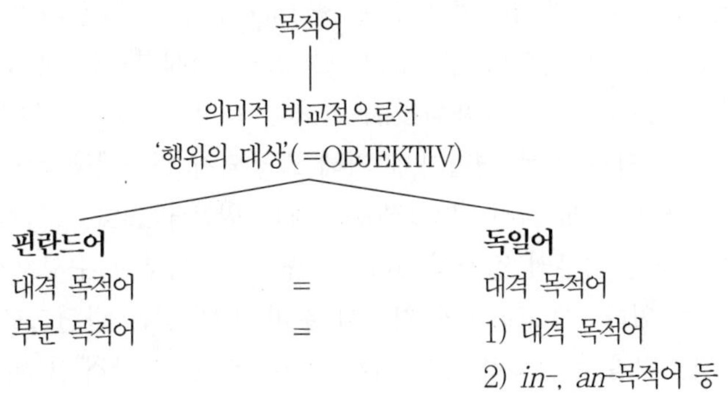

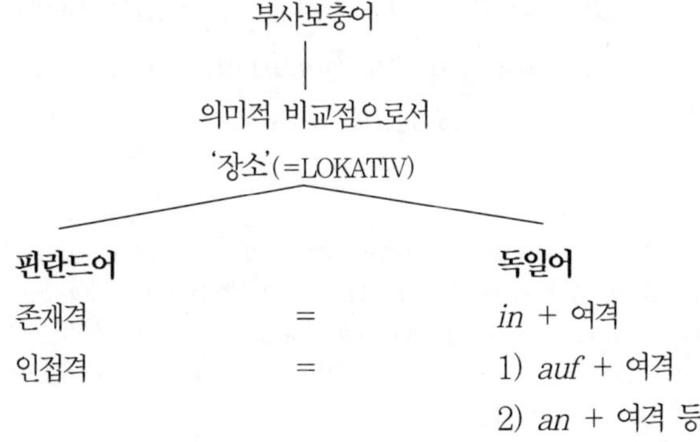

2.2 심층격 체계의 실용성에 대한 문제에서 특히 다음의 문제들이 논의되어야 한다: 격은 단지 관계적일 뿐인가? 혹은 격이 범주적으로도 정의될 수 있는가? 몇 개의 격이 존재하며 그리고 어떤 격이 존재해야 하는가? 술어가 문장에서 심층격 분석의 출발점으로서 어떻게 조사될 수 있는가?

2.2.1 대부분의 심층격 이론가들은 심층격을 오로지 다양하게 표현되는 관계(Relation)로서만 생각한다.12) 비록 격역할의 관계적인 해석만을 수용한다고 주장하지만, 그들의 격목록이 분명히 범주격(예:장소, 시간, 원인)을 포함하는 언어학자들도 있다. 몇몇 학자들은 관계와 범주(Kategorie) 사이를 구별하지 않고 이 두 가지(와 임의첨가어)를 그들의 격에 포함시킨다.13)

W. A. Cook은 관계뿐만 아니라 범주도 그의 격역할에 포함시키지만, 결합가에 결속된 관계격(=명제격, propositional case)과 임의의 범주격(=양상격, modal case)을 명확히 구분한다. Cook의 "명제격"에는 행위자격(Agent), 경험자격(Experiencer), 수혜자격(Benefactive), 대상격(Object), 장소격(Locative)이 있고, 동사의 의미적 결합가에 의해 요구되지 않는 "양상격"에는 시간격(Time), 도구격(Instrument), 방법격(Manner), 원인격(Cause), 목적격(Purpose), 결과격(Result), 외부적 장소격(outer Locative), 외부적 수혜자격(outer Benefactive)이 있다.14) Cook의 격에서 흥미 있는 것은 한편으로는 특히 "명제격"인 장소격과 수혜자격이고, 다른 한편으로는 "양상격"인 외부적 장소격과 외부적 수혜자격이다. Cook에 의하면, 문장 Er wohnt *in Berlin.*(그는 베를린에서 살고 있다)에서의 부사보충어 *in Berlin*은 명제적 장소격이고, 이에 반해 문장 Ich habe ihn *in Berlin* gesehen.(나는 그를 베를린에서 보았다)에서의 부사첨가어 *in Berlin*은 외부적 장소격이다.

---

12) G. Helbig, a.a.O., S. 68; J. Rosengren(1978): Status und Funktionen der tiefenstrukturellen Kasus. In: Beiträge zu Problemen der Satzglieder, Hrsg. G. Helbig, Leipzig, S. 181; G. Heidolph(1977): Syntaktische Funktionen und semantische Rollen. In: LS/ZISW/A 35, Berlin, S. 55.

13) von Polenz, a.a.O., S. 167-174.

14) W. A. Cook(1978): A Case Grammar Matrix Model. In: Valence, Semantic Case and Grammatical Relations, Hrsg. W. Abraham, Amsterdam, S. 299.

하지만 Cook의 체계에 따르면, 필자의 생각으로는 장소보충어 이외에 다른 부사보충어도 "명제격"에 포함되어야 하며, 이들도 역시 술어동사에 의해 요구되는 보충어이다: Die Sitzung dauerte *lange*.(회의가 오래 지속되었다)(시간보충어);Er hat sich *schlecht* benommen.(그는 버릇없이 행동했다)(방법보충어). 그러나 목적어와는 달리 부사보충어(*in Berlin, lange, schlecht*)는 명백한 의미개념('장소', '시간', '방법')이기 때문에 이들에 대한 의미격 설명은 원래 불필요하다. 다시 말해서 의미적 결합가가 변화 없이 표층에 나타나는 것처럼 보인다. 그럼에도 불구하고 필자는 "장소격(Lokativ)"과 같은 심층격을 지지한다. 다시 말해서 문장 Der Lehrer trat *ins Klassenzimmer*.(선생님이 교실로 들어갔다)의 동사 *treten*에서는 명백한 장소보충어 *in das Klassenzimmer*가 나타나지만, 문장 Der Lehrer betrat *das Klassenzimmer*.(선생님이 교실로 들어갔다)의 동사 *betreten*에서는 동일한 장소기능으로서 전혀 명백하지 않은 장소의 대격 목적어 *das Klassenzimmer*가 나타난다. 두 경우에서 "동일한 방법으로 의미적인 관점에서 장소격이 문제되지만, 이 장소격이 표층에서 상이하게 실현되어 있다."15) "장소"의 대격 목적어 *das Klassenzimmer*를 설명하기 위해서 장소격(Lokativ)이라는 심층격이 필요하다. 그렇게 함으로써 이것과 등가어인 *ins Klassenzimmer*가 분명해지기 때문이다.16) 필요한 경우에는 추가적인 진술로서 장소격에서 보다 정확한 관계를 제시할 수도 있다.

(21) Der Lehrer trat *ins Klassenzimmer*. (LOK$_{Ziel}$)

(22) Der Lehrer trat *aus dem Klassenzimmer*. (LOK$_{Ausgangspunkt}$)

　　(선생님이 교실에서 나왔다)

(23) Der Lehrer sitzt *im Klassenzimmer*. (LOK$_{Situierung}$)

　　(선생님이 교실에 앉아 있다)

---

15) G. Helbig(1977): Zur semantischen Charakteristik der Argumente des Prädikats. In: Probleme der Bedeutung und Kombinierbarkeit im Deutschen, Leipzig, S. 53.

16) G. Helbig, ebenda.

임의의 부사첨가어에서는 이러한 "설명적인 격의 위상" 그 자체가 불필요하지만, 한 문장에서 동일한 개념적인 범주(예:'장소'=LOKATIV; '이유'=KAUSATIV)가 결합가에 결속된 보충어에 의해서 표현될 뿐만 아니라 임의 첨가어에 의해서도 표현되는 그러한 경우에는 실용적이 될 수도 있다.

(24) *In Deutschland*(LOK_frei) wohnte ich *in Berlin*(LOK_Erg).

(25) Ich freue mich *auf die Ferien*(KAUS_Erg), *weil ich dann reisen kann* (KAUS_frei).

이러한 관계적인 표현(KAUS_Erg)과 범주적인 표현(KAUS_frei)을 통해서 우리는 예컨대 문장성분의 내용('원인')이 문장에서 두 가지 상이한 층위에서, 즉 보다 추상적인 층위에서는 관계적인 동사보충어로서, 보다 구체적인 층위에서는 범주적인 첨가어(이유첨가어)로서 나타날 수 있다는 것을 잘 보여줄 수 있다. 이와 같은 "첨가어의 격"이 물론 "올바른 심층격"이 될 수는 없다. 왜냐하면 첨가어는 구체적인 문장의 술어에 대해 어떤 관계에 있는 것이 아니라, 원래 하나의 새로운 문장, 새로운 서술문을 대표하기 때문이다 (*In Deutschland* wohnte ich in Berlin. ⟨ *Ich war in Deutschland.* Ich wohnte in Berlin.). 그러나 또한 명심해야 할 점은 예컨대 첨가어가 가끔 주어로 변형될 수 있기 때문에 시간격('시간')과 같은 심층격은 이러한 주어의 내용적인 설명에 적절하다는 것이다.

(26) *Diese zwei Tage* haben ihm viel Freude gebracht.

⟨ *In diesen zwei Tagen* hat er viel Freude erlebt.

(*Diese zwei Tage*는 문장에서 주어로서 기능을 하고, *in diesen zwei Tagen*은 시간첨가어로서 기능을 한다)

2.2.2 의미격의 수는 학자들에 따라서 아주 다양하게 변화한다. Fillmore의 첫 번째(1968) 격목록은 6개, 두 번째 격목록(1971)은 8개의 격을 포함한다. 그 후의 연구자들 중에서 Rosengren은 5개의 격을 정의하고, Helbig/Buscha의 문법에서는 21개의 격을 언급한다.17) 여러 학자들에서 그리고 한 학자에서도 이론형성의 여러 단계에서 이렇게 격의 수가 상이한

사실은, 격이 환경에 대한 인간의 판단을 "보편적으로" 반영하는 보편개념
(Universalien)이 아니라는 것을 보여준다. 격은 오히려 의미적인 보조개념
으로 간주될 수 있으며 그 수는 특히 기술의 정확성에 달려 있다.

　실용적인 목적을 위한 격목록에서 유의해야 할 점은 소수의 격을 가지고
는 많은 것을 설명할 수 없으며, 또한 너무 많은 격은 체계를 아주 복잡하
게 만든다는 것이다. 예컨대 Fillmore에서 전통적인 대상격(Objective)과
같은 아주 일반적인 중립적인 격("휴지통")은 실제적인 설명력을 별로 갖지
못한다는 사실도 고려해야 한다. 도대체 고정된 격목록이 필요한지, 혹은
예컨대 통사적인 문장성분의 내용적인 설명에서 『독문법 개요』(Grundzüge
einer deutschen Grammatik)에서 부분적으로 사용되는 격에 대한 일반적인
내용설명(예:"인지자", "소속관계의 보유자", "심리과정의 보유자")이면 충분하지 않
은가18) 하는 의문이 제기된다. 개별적인 실용적인 문법에서는 확실히 이
것이 가능하다. 그러나 약어 사용에 의존하고 있는 어휘적인 기술과 이와
비슷한 목적을 위해서는 고정된 격 목록이 필수적이다. 그밖에 이러한 격
목록 안에 있는 다양한 격 내용이 임시 방편적인 설명에서보다는 더욱 철
저하게 숙고되어야 한다는 것은 분명하다.

　2.2.3 심층격 이외에 의존적인 격문법에서는 소위 **술어**(Prädikat)도 종
종 문제가 된다. 필자의 생각으로는 문장의 구조적 중심으로서의 문법적
술어와 문장의 심층격 분석의 출발점으로서의 술어를 구분해야 한다. 즉,
이 두 술어가 항상 일치하는 것은 아니다. 다음에 간단히 다루어지는 문법
적 술어에 대해서는 이 논문에서 "술어빈사 述語賓辭 Prädikator"라는 명
칭도 사용된다.19)

---

17) I. Rosengren, a.a.O., S. 193-199; G. Helbig/J. Buscha(1984): Deutsche
　　 Grammatik. Ein Handbuch für den Ausländerunterricht, Leipzig, S.
　　 560-562; K. Tarvainen(1983): Zum syntaktischen Objekt im Deutschen
　　 und seinem tiefenstrukturellen Inhalt. In: LS/ZISW/A 107/1, Berlin, S.
　　 69-77; K. Tarvainen(1985): Semantic Cases in the framework of Depen-
　　 dency Theory. In: L.A.U.T., Series A, Paper no. 145, Trier, S. 17-31.
18) Grundzüge einer Deutschen Grammatik, Berlin 1981, S. 346-347.
19) 이와 비슷한 문법적 의미로서 predicator가 다음의 책에서 나온다: F. und J. Aarts

2.2.3.1 의존문법은 동사가 문장의 구조적 중심으로서 기능을 한다는 기본가정에서 출발한다.

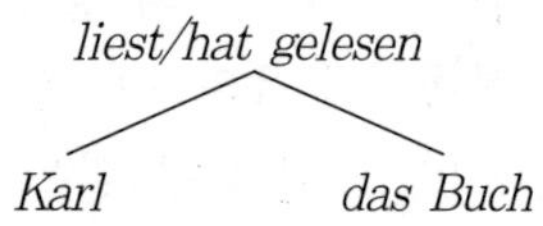

수형도가 보여주는 바와 같이, 문장의 구조적 중심으로서의 동사가 단순한 정동사(*liest*)로 구성될 수도 있고, 정동사를 포함한 동사군(*hat gelesen*)으로 구성될 수도 있다. *liest*뿐만 아니라 *hat gelesen*도 단지 하나의 어휘적인(외연적인) 동사내용만을 표현한다. 다시 말해서 이 두 동사에서는 '읽는다(Lesen)'라는 활동만이 문제된다. 그러나 이 두 동사는 문법적인 기능도 표현하는데, *liest*에서는 실제의 문장분석에서 'lesen'에 대한 음성표현으로부터 이 문법적 기능, 즉 서법(직설법), 동사의 태(능동), 시제(현재)가 분리될 수 없다(*hat gelesen*에서는 이 문법적 기능이 대부분 'lesen'에서 분리된 "조동사" *hat*에 의해 표현된다). *liest*뿐만 아니라 *hat gelesen*도 역시 독일어 문장에서 다음과 같이 정의될 수 있는 술어빈사의 경우를 나타낸다: 술어빈사(Prädikator=문법적 술어)란 정형동사이거나 정동사가 포함된 동사형으로서, 하나의 어휘적인 동사내용을 표현하며, 이 동사내용을 1)서법(Modus), 2)시제(Tempus), 3)동사의 태(Genus verbi: 능동/수동), 4)부정(Negation)과 관련하여 문법적으로 실현시킨다.[20]

그러나 여러 단어로 구성된 술어빈사도 역시 의존원칙에 따라서 구조화될 수 있다. 이 때 정동사가 술어빈사의 필수적인 성분으로서 동사복합체(Verbalkomplex)의 구조적인 중심으로 간주되며, 예컨대 부정사나 분사는 이 정동사에 종속한다. 그러나 이러한 의존/결합가 관계에서는 "정상적인" 관계, 즉 결합가 보유어의 의미에 근거하는 결합가/의존이 아니라 순수 문법적인 관계가 문제된다. 따라서 이것을 문장성분 내적(우리의 경우에는 술어빈사 내적)인 형식적인 결합가/의존이라고 말할 수 있다. 이러한 형식적인 의존원칙에 따라서 예컨대 복합시칭, *würde* - 접속법, 추측의 화법동사 서

(1982): English Syntactic Structures. Oxford, S. 127ff.
20) 이와 관련하여 K. Tarvainen(1981:37)의 Prädikat와 비교 바람.

법, 수동, *nicht*가 있는 부정문을 문장성분 내적으로 계층적으로 기술할
수 있다.21)

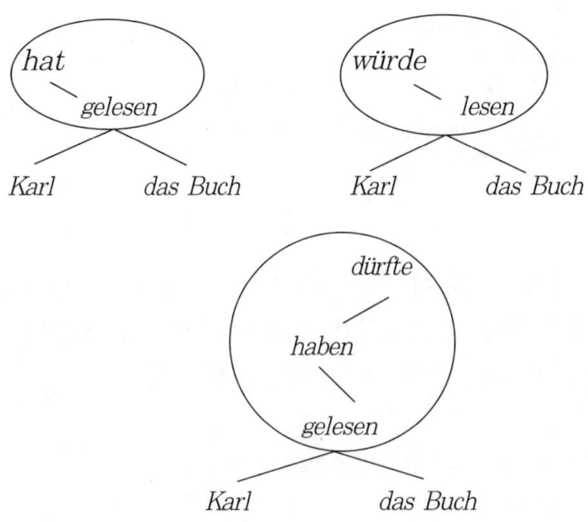

2.2.3.2 명사적인 성분도 포함될 수 있는 여러 성분으로 구성된 동사군
에서는 문장분석에서 어떤 성분이 문장성분 내적인 결합가에 따라서 술어
빈사의 성분으로 간주되고, 어떤 성분이 술어빈사의 독립적인 문장성분으
로 간주되는가를 결정하는 것이 문장분석에서 아주 중요하다. 이러한 관점
에서 문제가 많은 동사복합체는 예컨대 기능동사구(Funktionsverbgefüge)와 술
어보충어 구조이다.

1) 전치사구로 구성된 기능동사구에서는 전치사구가 대용화/대치될 수
없으며 동사(기능동사 Funktionsverb) 자신은 구조에서 어떤 지시적인 의미
도 갖지 않는다. 이러한 기능동사구에서는 전체 구조가 문장의 구조적 중
심으로, 즉 문장성분 내부의 결합가 관계를 갖는 술어빈사로 간주되어야
한다.

---

21) K. Tarvainen(1984): Zur satzgliedinternen formalen Dependenz. In: Zeit-
schrift für Germanistik 4/1984, S. 418-422.

(27) Sie *brachten* das Schauspiel *zur Aufführung/*dazu*.

(그들은 그 연극을 상연하였다)

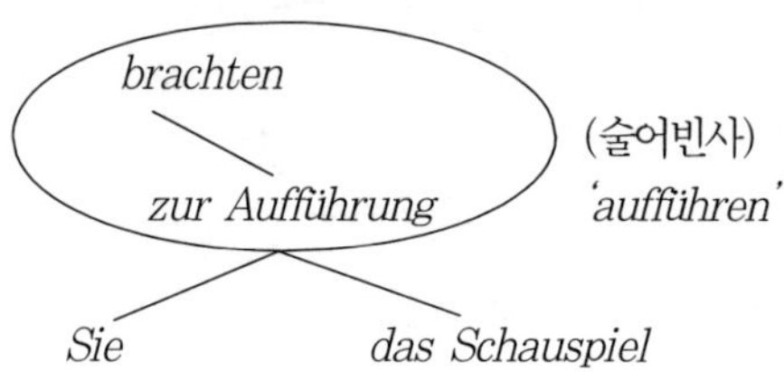

대격 기능동사구에서는 상황이 약간 다르다. 즉 여기서는 명사가 몇몇 경우에서는 - 정상적인 문장성분에서처럼 - 대용화/대치될 수 있으며 부가어에 의해 확대될 수도 있지만, 다른 경우에서는 그렇지 않다.

(28) Er machte *einen plötzlichen Sprung* (zur Seite).

(그는 갑자기 (옆으로) 도약했다)

- *Den* machte er geschickt.

(그는 그것을 재치 있게 했다)

(29) Er *leistet* seinem Vater *Folge*.

(그는 자기 아버지를 따른다)

- **Die* leistet er wirklich.

우리는 문장 (28)의 동사에 대해 비록 약하지만 하나의 고유한 의미 ('leisten 하다')를 할당할 수 있으며 이 동사를 술어빈사로 간주할 수 있지만 ("정상적" 결합가), 문장 (29)에서는 문장성분 내적인 결합가 관계를 갖는 전체구조(*leistet Folge* 'folgt')가 술어빈사를 나타낸다.

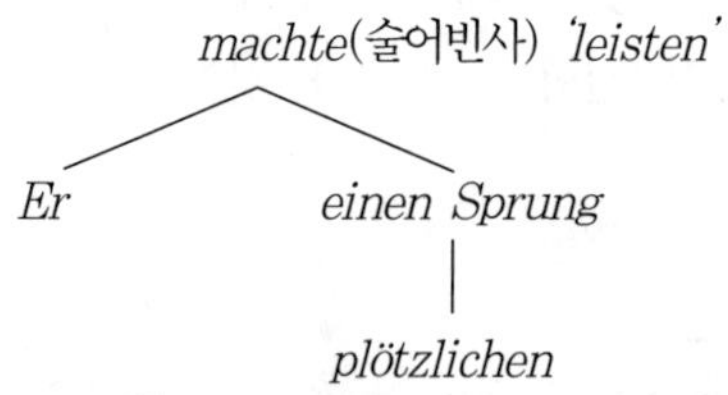

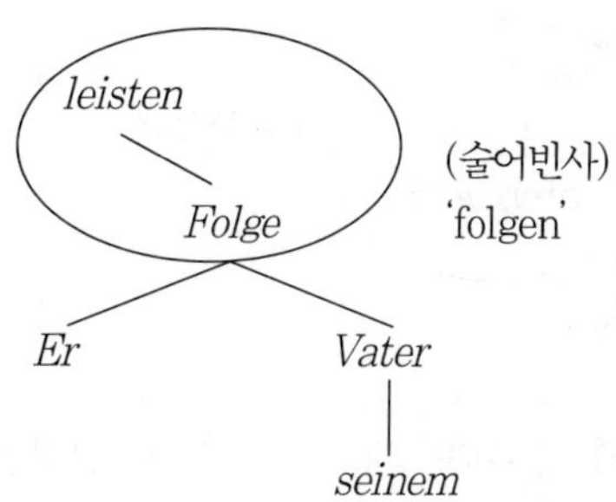

대부분의 성구(feste Wendung)들도 역시 문법적 술어 혹은 술어빈사로 간주될 수 있을 것이다.

(30) Das Seminar *hat* folgendes Thema *zum Inhalt.*
(그 세미나는 다음 테마를 내용으로 한다)
(31) Das Gesetz *tritt* am 1.10. *in Kraft.*
(그 법은 10월 1일부로 발효된다)

2) *sein, scheinen, bleiben, werden*(Der Mann ist Lehrer/fleißig. 그 남자는 선생이다/근면하다)과 같은 연사동사가 있는 술어보충어 구조에서 동사의 "술어빈사 값"(문장성분 값)은 이 동사에 하나의 고유한 어휘적인 내용이 할당되는지, 혹은 동사가 내용이 없는 문법적인 기능동사("연사")로 간주되는지에 달려 있다. 전자의 경우에는 예컨대 *sein*이 단독으로 술어빈사가 되고 술어보충어가 그 보충어가 된다. 후자의 경우에는 전체 통합소가 술어빈사가 되며, 이 술어빈사는 정동사의 문장성분 내적(술어빈사 내적)인 보충어로서 술어보충어를 취한다.22)

(1)　　　　　　　　　*ist*(술어빈사)

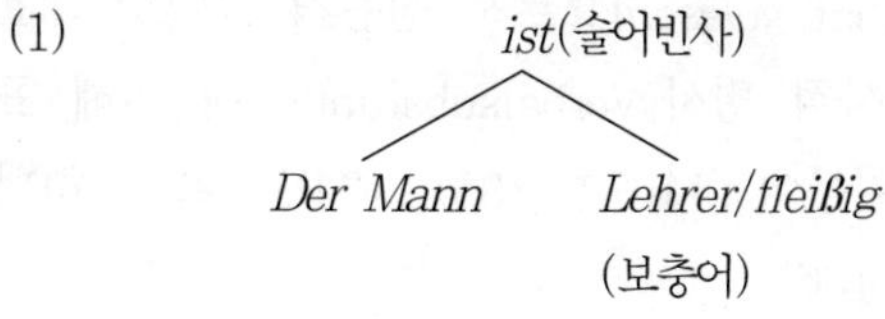

---

22) K. Tarvainen, ebenda, S. 425.

(2)

필자는 대안 (1)에 따른다. 왜냐하면 모든 연사들, "가장 약한" *sein*까지도 어쨌든 상호 관련하여 하나의 고유한 내용을 가지고 있으며, 계열소의 성분으로서 이들 중 어떤 동사도 다른 동사로 대치될 수 없기 때문이다.

(32) Der Mann *ist/scheint/bleibt/wird* alt.

목적격 술어보충어가 있는 구조(Ich nannte ihn *einen Faulpelz*/Ich hielt ihn *für einen Faulpelz*.)에서는 동사가 아주 명백한 고유의미를 지니기 때문에 이 동사를 술어빈사로 간주해야 한다.

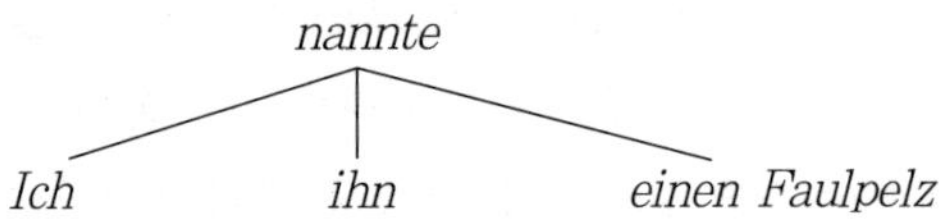

2.2.3.3 문장의 심층격 분석에 대한 출발점으로서의 술어(이후에는 "심층격 술어", 혹은 간단히 "술어"로 칭함)는 구체적인 문장에서 의미원소(술어와 논항) 성분으로 구성되며 이미 어휘화된 "심층격 술어"를 대표하는 음성표현(Wortkörper)에 의해 표현된다. 문장의 술어빈사가 소위 완전동사(Vollverb)를 포함하는 경우, 이것은 술어빈사 자체로서나(Er *liest*) 또는 술어빈사의 부정사 성분(Er würde *lesen*; Er hat *gelesen*)으로서 심층격 술어도 대표한다. 기능동사구에서는 술어가 동사적 명사(Verbalsubstantiv)에 의해 표현되는데, 이 명사는 술어빈사의 일부이거나(문장 (33), (34)), 혹은 하나의 통사적인 문장성분이다(문장 (35), (36)).

(33) Sie *brachten* das Schauspiel *zur Aufführung.*

(*Aufführung*:술어; *brachten zur Aufführung*:술어빈사)

(그들은 그 연극을 상연하였다)

(34) Er *leistet* seinem Vater *Folge.*

(*Folge*:술어; *leistet Folge*:술어빈사)

(그는 자기 아버지를 따른다)

(35) Er *machte einen plötzlichen Sprung.*

(*einen Sprung*:술어인 동시에 통사적 목적어; *machte*:술어빈사)

(그는 갑자기 도약했다)

(36) Jetzt *folgt eine Abrechnung.*

(*Abrechnung*:술어인 동시에 통사적 주어; *folgt*:술어빈사)

(지금 결산한다/공제된다)

심층격 술어가 문법적 술어(술어빈사)의 일부가 아니라 하나의 고유한 통사적인 문장성분을 나타내는 동사적 명사를 가지고 있는 경우에 "술어표현 (Prädikatsausdruck)"이라는 개념을 도입하는 것이 적절할 것이다.23) 술어 표현이란 특히 문장에서 통사적인 문장성분으로서의 명사적인 술어와 기능 동사와 유사한 술어빈사로 구성되는 동사적 표현을 말한다(다성분으로 구성된 술어빈사도 물론 "술어표현"으로 일컬을 수 있을 것이다). 그래서 문장 *Jetzt folgt eine Abrechnung.* 안에 있는 통합소인 *folgt eine Abrechnung*은 술어 표현이고, 통사적인 주어 *eine Abrechnung*은 술어이며, *folgt*는 술어빈사 이다. 문장 *Er machte einen plötzlichen Sprung.* 에서 *machte einen Sprung*은 술어표현이고, *machte*는 술어빈사이며, 통사적인 목적어 *einen Sprung*은 술어이다.

동사적 명사가 있는 술어표현에서 가끔 확정해야 하는 것은 의미격이 구체적인 문장에서 문장성분이 아니라 문장성분의 규정성분(부가어)이나 합성 어의 일부로 실현된다는 것이다.

(37) Der Linguist hielt einen langen Vortrag *über die Tiefenkasus.*

(*hielt*:술어빈사; *einen Vortrag*:술어; *hielt einen Vortrag*:술어표현; 주어 der

---

23) von Polenz, a.a.O., S. 91, 105ff.

*Linguist*은 행위자격, 부가어 *über die Tiefenkasus*는 주제격)

(그 언어학자는 심층격에 대해 긴 강연을 하였다)

(38) Die Ausweisung *des Asylanten durch die Behörde* fand gestern statt.

(술어 *Ausweisung*의 두 격역할은 통사적으로 부가어이다: *durch die Behörde*는 행위자격, *des Asylanten*은 주제격)

(당국이 그 망명객을 어제 추방했다)

(39) Immer mehr Fahrer begehen *Unfall*flucht.

(-*flucht*:술어; Unfall(='Unfallsort')은 장소격:'Fahrer fliehen vom Unfallsort')

(점점 많은 운전자들이 사고현장에서 도망간다)

위의 경우들은 동사적 명사가 심층격의 역할에서 이미 부가어적으로 실현된 고유한 의미역들을 갖는 하나의 내포된 서술문(Prädikation)을 나타내는 다음의 경우와 구별되어야 한다.

(40) Ich freue mich *auf deine Rückkehr nach Hause.*

(*auf deine Rückkehr nach Hause*는 sich freuen의 원인격인 동시에 술어 *Rückkehr*, 행위자격 *deine*, 장소격 *nach Hause*를 갖는 하나의 새로운 서술문이다)

(나는 네가 집으로 돌아오기를 학수 고대한다)

술어보충어 구조에서는 목적격 술어보충어(*Ich nenne ihn einen Faulpelz /faul.*)가 있는 통합소 안의 문법적 술어가 필자의 견해로는 원소성분의 어휘화를 나타내는 심층격 술어도 역시 대표한다(*Ich nenne ihn einen Faulpelz.* 〈 *Ich sage: er ist ein Faulpelz.*). 목적격 술어보충어는 명명대상격(DENOMINATIV)(lat. nominare 'nennen')이라고 일컬을 수 있는 하나의 심층격을 나타낸다. 외연적으로 보다 약한 소위 연사동사 *sein, bleiben, scheinen*(예:*Er ist/bleibt Junggeselle.* 그는 총각이다/여전히 총각이다)도 역시 실제 분석에서는 심층격 술어로 간주될 수 있는데, 이 때 술어보충어가 역시 명명대상격을 대표한다. 변화와 발전을 표현하는 동사(*Er wird Lehrer/ alt.* 그는 선생이 된다/늙는다; *Dieses Land hat sich schnell zu einem Industrieland entwickelt.* 이 나라는 급속히 산업국가로 발전하였다)에서는 술어보충어가 심층격의 대표자인 결과격('Ergebnis')으로 간주되어야 한다.

Ⅲ. 격이론과 의존 (2)

Zu Kasustheorie und Dependenz (2)

Semantische Kasus im Deutschen
unter praxisorientiertem Aspekt
(실용적인 관점에서 본 독일어의 의미격)

In ： Deutsch als Fremdsprache
1987/5, S. 296~301.

격이론과 의존에 대한 이 논문은 의존문법의 틀 내에서 독일어 의미격에 대한 실용적(praxisorientiert)인 목록을 추구한다.24) 모든 심층격(Tiefen-kasus)에서는 표층구조 안에 있는 문장성분의 다양한 실현들(예:주어, 대격 목적어 등)이 제시된다. 이 때 모든 실현들이 추구되는 것은 아니다. 결국 역방향에서 출발한다. 즉 개개 통사적인 문장성분(Satzglied)의 배후에 숨어 있는 다양한 심층격이 제시된다. 여기서도 모든 심층격이 추구되는 것은 아니다.

---

24) 목록의 토대가 되는 원칙들은 논문의 제1부에서 논의되었다(DaF 4/1987을 비교 바람).

심층격은 관계적으로 정의되는데, 특히 동사에서 생겨나는 "순수한" 관계표현에 의해 정의될 뿐만 아니라, 또한 해당 명사를 통해서도 정의된다. 이 명사는 관계적으로 해석될 수 있을 뿐만 아니라 또한 보다 쉽게 이해될 수 있는 범주적인 명칭으로도 해석될 수 있다(예:결과격〔+resultierend〕'결과'). 부사적인 심층격에서는 관계적인 표현(예:〔lokal〕) 그 자체가 이미 어느 정도 범주적이다. 왜냐하면 동사에 대한 이들의 관계는 이들의 내부 의미적인 내용에서 나오며, 이미 이들의 표층형태에서 명백하기 때문이다(예컨대, 장소격: Er wohnt *in Berlin*.). 하지만 해당 임의첨가어도 동사에 대해 비슷한 관계를 갖는다. 장소첨가어 역시 비록 동사와 긴밀한 관계를 갖지 않고 보다 높이 있는 술어(하나의 새로운 서술어)로서 전체 문장내용에 관련되지만 (Er hat mich *in Berlin* getroffen. 그는 나를 베를린에서 만났다), 동사적 사건에 대해 장소를 한정해 준다. 따라서 **심층격**(Tiefenkasus)은 의존기술에서 다음 두 가지 주요그룹으로 나뉜다.

I. 결합가에 결속된 보충어로서만 실현될 수 있는 심층격: 1)행위자격(AGENS) '능동적인 행위자', 2)피동자격(PATIENS) '능동적이 아닌 상태보유자', 3)대상격(OBJEKTIV) '행위의 대상', 4)결과격(RESULTATIV) '결과', 5)소유격(BESITZ) '소유', 6)주제격(THEMATIV) '주제', 7)인지대상격(PERZIPITIV) '인지대상', 8)결과격(FINATIV) '추구의 목표'.

II. 결합가에 결속된 보충어로서 실현되지만, 그 의미내용은 유사한 임의첨가어를 통해서도 전체 문장내용에 관련될 수 있는 심층격(예컨대, 장소격:Er wohnt *in Berlin*. - Er hat mich *in Berlin* getroffen.): 9)수신자격(ADRESSATIV) '수신자', 10)원인격(KAUSATIV) '원인', 11)동반(KOMITATIV) '참여자', 12) 도구격(INSTRUMENTATIV) '수단', 13)방법격(MODATIV) '방법', 14)장소격(LOKATIV) '장소', 15)시간격(TEMPORATIV) '시간', 16)명명대상격(DENOMINATIV) '명명대상'.

심층격 9)-16)에서의 임의첨가어(freie Angabe)는 자세히 다루어지지 않으며, 다만 모든 격을 다루기 전에 정의의 공식 다음에 해당 격의 첨가어 내용에 대한 예가 괄호 안에 제시된다.25) 다른 격과 비교해서 격 1)-2)(행위자격과 피동자격)는 계층적으로 상위의 격으로 간주된다.26) 격의 명칭에서는 대조적인 연구에서도 적용될 수 있으며 라틴어로 소급되는 하나의 통일적인 용어가 사용된다. 위에서 제시한 심층격이 다음에서 자세히 다루어진다.

---

25) 필자는 다음 논문에서 "첨가어의 격(Angabekasus)"을 자세히 다루었다. K. Tarvainen (1985): Semantic Cases in the Framework of Dependency Theory. In: L.A.U.T., Series A. Paper no 145, Trier, S. 26-31.

26) 이러한 계층화는 Rosengren으로 소급된다: I. Rosengren(1973): Status und Funktionen der tiefenstrukturellen Kasus. In: Beiträge zu Problemen der Satzglieder, Hrsg. G. Helbig, Leipzig, S. 193f.

1

결합가에 결속된
보충어로서만 실현되는 심층격

    A. 계층적으로 상위에 있는 격(*-ens*-격)은 행위자격(AGENS)과 피동자격 (PATIENS)이다. 이들은 동사 내용, 다시 말해서 하나의 완전한 명제에 대해 일반적으로 필수적인 능동적인 행위자 혹은 능동적인 아닌 상태/과정의 보유자를 표현한다. 대부분의 경우 다른 격들은 다만 이 두 격 중의 하나 와만 공동으로 출현한다27). 행위자격과 피동자격이 다른 격보다는 자주 주어("주어 격")로 실현되는 사실에서도 이러한 상위격의 위상이 나타난다. 이들은 술어에 대한 관계에서 자질 〔aktiv〕와 관련하여 구분된다. 행위자 격은 관계자질 〔+aktiv〕를, 피동자격은 관계자질 〔-aktiv〕를 갖는다.

---

27) I. Rosengren(1973:194)에 따르면 명제는 항상 하나의 행위자 혹은 피동자를 포함한 다. 그러나 그의 체계에는 예컨대 간혹 피동자를 대체할 수 있는 결과격이 없다 (비교: Es entstanden Schwierigkeiten. 어려움이 발생했다).

1. 행위자격(AGENS) [+aktiv] 'Täter 행위자'

a. 행위자격은 대개 추가적인 특징으로서 관계자질〔+intentional〕을 갖는다. 다시 말해서 행위자격은 의도적인 능동적 행동의 장본인을 표현한다.

> (1) *Der Schüler* las das Buch.
>> (학생이 책을 읽었다)
> (2) (Das Buch wurde *vom Schüler* gelesen.)
> (3) *Der Junge* läuft auf dem Hof/*Der Hase* läuft im Walde.
>> (소년이 뜰에서 달린다/토끼가 숲에서 달린다)

필자는 인간의 공공기관과 간혹 주어로 사용되는 교통수단도 역시 의인화된 의도적인 행위자로 간주하고자 한다.

> (4) *Die Regierung* hat das Problem behandelt.
>> (정부가 그 문제를 처리했다)
> (5) *Ein Auto* raste mit großer Geschwindigkeit durch die Stadt.
>> (자동차 한 대가 고속으로 시내를 질주한다)

b. 사람이 자신의 행동을 통해서 무슨 일에 영향을 끼치면(예컨대 무슨 일을 변화시키면), 그 영향이 의도되어 있지 않은 그러한 경우에도 그 사람은 행위자임에 틀림없다.

> (6) *Ein Betrunkener* hat meinen Freund überfahren.
>> (한 음주자가 내 친구를 치었다)

이 경우의 관계자질은〔+aktiv, -intentional〕이다. 자연력도 역시 수단(도구격 INSTRUMENTAL)이라기보다는 비의도적인 행위자격으로 간주될 수 있다. 왜냐하면 자연력 역시 무엇에 영향을 끼치고(〔+aktiv, -intentional〕) 가끔 추가적인 도구격과 결합될 수 있기 때문이다. 주어로서 진정한 도구격이 사용되는 경우에는 이것이 불가능하다.

(7) Mit furchtbarer Kraft riss *der Wind* die Tür auf.

　　(바람이 굉장한 힘으로 문을 열어 젖혔다)

　　(*Mit Kraft öffnet *der Schlüssel* die Tür.)

　능동적인 행위자는 대개 통사적인 주어로서만 실현된다. 다만 예외적으로 행위자가 다른 표현형태를 가질 수도 있다(수동문에서 행위자인 전치사구를 제외하고).

(8) Ich habe *von meinem Freund* ein Paket bekommen.

　　(전치사 목적어:'Mein Freund hat mir ein Paket geschickt.' 내 친구가 나에게 소포 하나를 보냈다)

(9) Der Kuchen ist *mir* gelungen.

　　(여격 목적어:'Ich habe den Kuchen backen können.' 나는 케이크를 구울 수 있었다)

(10) Seine Schuld an dem Unfall wurde *gerichtlich*(vom Gericht) bewiesen.

　　(형용사 - 부사)

　　(사고에 대한 그의 책임이 법적으로(법정에 의해) 증명되었다)

2. 피동자격(PATIENS) [-aktiv, -aktiv beeinflusst]

　피동자격은 누군가 혹은 무엇이 상태나 사건에 의해 영향받는 것을 표현한다. 이 때 피동자 자체는 능동적이 되지도 않고 또한 누군가 혹은 무엇에 의해 능동적으로 영향을 받지도 않는다(*Er* schläft.에서의 *er*는 피동자격 [-aktiv, -aktiv beeinflusst]을 표현하지만, *Er* wurde getötet.에서의 *er*는 대상격 [-aktiv, +aktiv beeinflusst]을 표현한다).28) 피동자는 대개 유정물[+Anim] 이지만 무정물[-Anim]이 될 수도 있다.

---

28) 이러한 피동자격 개념은 Rosengren(1978:193)에서 기원한다. Helbig에서의 피동자격은 대체로 필자의 대상격과 일치한다(비교:Helbig/Buscha:Deutsche Grammatik. Leipzig, 1984:560). 피동자격에 대한 필자의 하위분류(예문13 - 16)가 Helbig에서는 독립적인 격으로 나타난다.

(11) *Der Mann* fiel vom Dach. (〔+Anim〕)

　　(그 남자가 지붕에서 떨어졌다)

(12) *Der Schnee* fiel vom Dach. (〔-Anim〕)

　　(눈이 지붕에서 떨어졌다)

내용에 따라서 피동자격(PATIENS)을 하위 분류할 수 있다.

(13) *Der Mann* schläft.　　　　　　　　(상태보유자)

(14) *Der Mann* ist gestorben.　　　　　(과정보유자)

(15) *Der Mann* hatte sie gesehen.　　　(인지자)

(16) *Der Mann* hat/besitzt zwei Autos.　(소유자)

행위자격과 마찬가지로 피동자격 역시 통사적으로는 대개 주어 - 혹은 주어의 수동 변형에서는 전치사구 - 로 실현된다.

(17) *Er* sah mich. - Ich wurde *von ihm* gesehen.

하지만 행위자격과는 반대로 피동자격은 상당히 자주 대격 목적어나 여격 목적어로 표현된다.

(18) *Mich* friert/*Mir* graut. (나는 춥다/나는 무섭다)

(19) Das interessiert *mich*/Sie gefällt *mir*.

　　(그것이 나의 관심을 끈다/그녀가 내 마음에 든다)

가끔 전치사 표현도 가능하다.

(20) *Aus dem Mädchen* entwickelte sich eine schöne Frau.

　　(비교:'Das Mädchen entwickelte sich zu einer schönen Frau.'

　　그 소녀는 어여쁜 부인으로 성장했다)

B. 행위자격과 피동자격에 하위 종속하며 단지 보충어로서만 실현될 수 있는 격(*-tiv*-격)에는 대상격, 결과격, 소유격, 주제격, 인지대상격 및 결

과격이 있다.

3. 대상격(OBJEKTIV) [+aktiv beeinflusst bzw. +affiziert]
'Handlungsgegenstand 행위의 대상'

유정물이나 무정물이 될 수 있는 대상격은 대개 대격 목적어("피동 목적어")로 실현되지만, 미완료적인 동작태에서는 *in*과 *an*을 취하는 전치사 목적어로도 실현된다.

> (21) Er las *ein Buch/in einem Buch.*
> (그는 책을 읽었다)
>
> (22) Der Hund nagt *an einem Knochen.*
> (개가 뼈다귀를 핥는다)
>
> (23) Der Mann schlug/tötete *seinen Hund.*
> (그 남자는 자기 개를 때렸다/죽였다)

그밖에 미완료적인 동작태의 표현 이외에도 전치사 목적어가 간혹 대상격의 실현으로서 등장한다.

> (24) Ich beliefere ihn *mit Ware.*
> (나는 그에게 물품을 공급한다)
>
> (25) Er griff *zum/nach dem Buch.*
> (그는 책을 잡았다)
>
> (26) Du darfst nicht *an dem Geschwür* drücken.
> (너는 궤양을 방치해서는 안 된다)

특히 수동문에서는 대상격이 통사적인 주어로 표현된다(*Das Buch* wurde von ihm gelesen.). 그러나 수동문 이외에도 대상격은 주어로 실현될 수 있다.

(27) Jemand klopfte, und *die Tür* ging auf.

(누군가가 노크를 했다. 그리고 문이 열렸다)

(28) *Das Geschäft* öffnet um acht Uhr.

(가게문이 여덟 시에 열린다)

4. 결과격(RESULTATIV) [+resultierend bzw. +effiziert]

a. 결과격은 특히 목표 지향적인 행위의 결과를 표현하며, 그 행위를 통해서 어떤 새로운 것(대개 무정물, 간혹 유정물)이 발생한다. 결과격도 역시 대상격과 마찬가지로 대개 대격 목적어와 주어에 의해 실현된다.

(29) Er schrieb *einen neuen Roman.*   (완료적 동작태)

an einem neuen Roman. (미완료적 동작태)

(그는 새로운 장편 한 편을 썼다/집필 중이었다)

(30) Die Frau hat *sechs Kinder* geboren.

(그 부인은 여섯 아이를 낳았다)

(31) Die Zinsversteuerung führt *zu mehr Arbeitslosigkeit.*

(이자에 대한 세금부과가 더 많은 실업을 초래한다)

(32) Es klopfte, und *die Tür* öffnete sich. - *Die Tür* wurde geöffnet.

(노크소리가 들렸다. 그리고 문이 열렸다 - 문이 열렸다)

b. 결과격은 발전과정의 결과도 역시 포함할 수 있는데, 이 때 결과격은 대개 주격 술어보충어로, 드물게는 주어로 실현된다. 혹은 결과격은 정상적인 통사적인 대응물로서의 목적격 술어보충어를 통해서 변화행위의 결과를 표현한다.

(33) Er wurde *alt/ein guter Lehrer.*

(그는 늙었다/좋은 선생님이 되었다)

(34) Das Mädchen entwickelte sich *zu einer schönen Frau.*

   (그 소녀가 아름다운 부인으로 성장했다)

(35) *Erde und Menschen* haben sich langsam entwickelt.

   (지구와 인간은 천천히 발전하였다)

(36) Es bildeten sich *Wolken.*

   (구름이 형성되었다)

(37) Sie wählten ihn *zum Vorsitzenden.*

   (그들은 그를 의장으로 선출했다)

(38) Man hatte ihn *betrunken* gemacht.

   (사람들은 그가 술이 취하도록 만들었다)

c) *sagen, erzählen, fragen*과 같은 동사들에서의 발화의 결과도 역시 결과격의 특수한 경우로 간주할 수 있을 것이다. 이 때 부문장, 드물게는 대격 목적어가 정상적인 표현형태이다.

(39) Er sagte, *dass seine Mutter krank ist.*

   (그는 그의 어머니가 아프다고 말했다)

(40) Er fragte, *ob sie komme.*

   (그는 그녀가 오는지 안 오는지를 물었다)

(41) Er erzählte uns *eine Lügengeschichte.*

   (그는 우리에게 거짓으로 꾸며낸 이야기를 해줬다)

5. 소유격(POSSESSIV) [+besessen] 'Besitz 소유'

소유격은 보통 대격 목적어로 실현되지만 전치사 목적어와 주어도 역시 등장한다(속격 목적어도 나타난다).

(42) Der Mann hat/besitzt *zwei Autos.*

   (그 남자는 자동차 두 대를 소유하고 있다)

(43) Das Kind braucht *Liebe*('muss Liebe haben').

(그 아이는 사랑이 필요하다)

(44) Das Kind bedarf *der Liebe*.

(그 아이는 사랑이 필요하다)

(45) Ich verfüge *über einen Dienstwagen*.

(나는 관용차를 사용/소유하고 있다)

6. 주제격(THEMATIV) [+behandelt]
'의사소통 행위나 정신적 행위의 주제나 대상 '

주제격은 의사소통 행위나 정신적 행위(예:말하기와 생각하기)에서 다루어
지는 대상을 표현한다. 주제격 실현의 기본형은 전치사 목적어, 특히 *von*,
*über*를 갖는 전치사 목적어이다.

(46) Er sprach/redete/las/träumte *von ihr/vom Auto*.

(그는 그녀/자동차에 대해 말했다/말했다/읽었다/꿈꾸었다)

(47) Er sprach/redete/berichtete/reflektierte *über das Problem*.

(그는 그 문제에 대해 말했다/말했다/보고했다/숙고했다)

(48) Er denkt *an seine Frau*/beschäftigt sich *mit der Frage*.

(그는 자기 부인을 생각한다/그 문제를 연구한다)

(49) Sie hat *nach meinem Namen* gefragt.

(그녀는 내 이름을 물었다)

하지만 주제격은 많은 동사에서 대격 목적어 - 해당 수동문에서는 주어
- 에 의해 표현될 수 있으며, 간혹 속격 목적어에 의해서도 표현될 수 있다.

(50) Sie behandelten/erörterten/diskutierten/erläuterten/kommentierten/
erwogen *die Frage*.

(그들은 그 문제를 다루었다/논의했다/토론했다/설명했다/논평했다/숙고했다)

(51) Sie gedachten *der Verstorbenen/der alten Zeiten.*

　　(그들은 고인을 추모했다/옛날을 생각했다)

주제격은 많은 동사에서 유정물뿐만 아니라 무정물도 될 수 있지만(예: *sprechen* 말하다), 대부분의 동사에서는 무정물만 될 수 있다(예: *erörtern* 논의하다).

7. 인지대상격(PERZIPITIV) (<lat. percipere ‘wahrnehmen’) [+wahrgenommen] '인지대상'

인지대상격은 감각적으로나 정신적으로 인지되는(예: *sehen, wissen, verstehen*) 대상을 표현한다. 목적어가 정상적인 실현인데, 대개 대격 목적어, 간혹 여격 목적어와 전치사 목적어, 흔히 부문장과 AcI-목적어도 대상격으로 실현된다.

(52) Ich sehe/kenne *den Mann/den Wagen.*

　　(나는 그 사람/자동차를 본다/알고 있다)

(53) Ich hörte *ihm* zu/erinnerte mich nicht *an seinen Namen.*

　　(나는 그를 경청했다/그의 이름을 기억하지 못했다)

(54) Ich sah, *dass der Junge weglief/den Jungen weglaufen.*

　　(나는 그 소년이 달려가는 것을 보았다)

인지대상격은 간혹 통사적인 주어에 의해서도 실현될 수 있다(수동문 이외에서도).

(55) *Die Stimmen* klingen durch das ganze Haus.

　　(많은 목소리들이 집안 전체에서 울린다)

(56) *Die Schwierigkeit der Situation* war mir nicht bewusst.

　　(나는 상황의 어려움을 몰랐다)

8. 목표격(FINATIV) (<lat. finis 'Ziel')
[+erstrebt/+bekämpft] 'Ziel 목표'

목표격은 사람들이 추구하거나 쟁취하는 대상(유정물이나 무정물)을 표현한다. 통사적인 대응물은 보통 전치사 목적어이지만 대격 목적어와 간혹 여격 목적어도 등장한다.

(57) Der Mann bettelte *um Geld*/strebte *nach Gewinn*.

(그 남자는 돈을 구걸했다/이득을 추구했다)

(58) Er wirbt *um das Mädchen*.

(그는 그 소녀에게 구혼한다)

(59) Er strebte *nach einer Versöhnung mit ihr*.

(그는 그녀와의 화해를 추구했다)

(60) Er erstrebte *eine Versöhnung mit ihr*

(그는 그녀와의 화해를 추구했다)

(61) Er polemisierte *gegen Naumann*.

(그는 나우만 씨를 공격/논박했다)

(62) Die Armee kämpfte mit Erfolg *gegen den Feind*.

(그 군대는 적과 싸워 성공을 거두었다)

(63) Die Armee bekämpfte *den Feind*.

(그 군대는 적과 맞서 싸웠다)

(64) Sie hat *allen Versuchungen* widerstanden.

(그녀는 모든 유혹을 뿌리쳤다)

2

결합가에 결속된 보충어로서 실현되지만
그 의미 내용은 임의첨가어를
통해서도 표현될 수 있는 심층격

9. 수신자격(ADRESSATIV)
[+empfangend bzw. als aktive Wirkung erlebend]
'Empfänger 수신자'
(Er öffnete *seiner Frau* die Tür;임의 여격)

수신자격은 누군가가 무엇을 수령하거나, 혹은 대상격처럼 직접적인 작용이나 영향을 나타내지는 않는 능동적인 작용으로서 누군가가 무엇을 경험하는 것을 표현한다(수신자격:Er drohte *mir*. 그가 나를 위협했다; 대상격:Er schlug *mich*. 그가 나를 때렸다)

a. 수신자격은 대상, 전달 혹은 정보의 수신자나 분실자를 표현한다. 통사적인 대응물은 대개 두 번째 목적어로서 나타나는 소위 직접목적어이다. 여격이 일상적인 형태이지만, 대격이나 전치사구도 가능하다.

(65) Er gab *mir* Geld/zeigte *mir* das Buch/nahm *mir* mein Geld.
(그가 나에게 돈을 주었다/나에게 책을 보여주었다/나에게서 돈을 빼앗았다)

(66) Er sagte *mir*, dass sie krank sei/erzählte *mir* eine Geschichte.
(그가 나에게 그녀가 아프다고 말했다/그가 나에게 이야기 하나를 해주었다)

(67) Johanna sagte etwas *zur Mutter.*
(요한나가 어머니에게 무엇인가를 말했다)

(68) Ich beliefere *ihn* mit Ware/lehre *ihn* Finnisch.
(나는 그에게 상품을 공급한다/그에게 핀란드어를 가르친다)

(69) Er schrieb *seiner* Mutter einen Brief.
(그는 자기 어머니에게 편지 한 통을 썼다)

(70) Er schrieb einen Brief *an seine Mutter.*
(그는 자기 어머니에게 편지 한 통을 썼다)

간혹 주어도 역시 수신자격으로 등장한다.

(71) *Ich* habe heute von ihm einen Brief bekommen.
(나는 오늘 그에게서 편지 한 통을 받았다)

(72) Aber *ich* habe so lange nichts aus der Heimat gehört.
(하지만 나는 아주 오랫동안 고향으로부터 아무런 소식도 듣지 못했다)

(73) *Er* erfuhr Näheres aus dem Brief.
(그는 편지로부터 보다 자세한 것을 알게되었다)

b. 경험자격으로서의 수신자격, 즉 능동적인 행위의 결과가 그 사람에게 유리하거나 혹은 불리하게 나타나는 사람의 격으로서의 수신자격은 보통 여격 목적어로 표현되지만(예:*danken, dienen, helfen, raten, schmeicheln, schaden, drohen*), 대격 목적어도 역시 나타날 수 있다.

(74) Er hat *seinem Freund* geholfen/*seinen Freund* unterstützt.
(그는 자기 친구를 도왔다)

(75) Der Verbrecher drohte *mir.*
(그 범인은 나를 위협했다)

10. 원인격(KAUSATIV) [+verursacht von] ʾUrsache 원인ʾ
(Er freut sich, *weil er endlich reisen kann*; 원인첨가어)

원인격은 사건이나 상태의 원인이나 동기를 표현한다. 표층에서 원인격이 의무적인 경우는 드물다(Das beruht *auf einem Irrtum*. 그것은 과오에 기인한다). 원인격은 대개 수의적인 보충어로 실현되며 특히 전치사 목적어로 실현된다.

(76) Er freut sich *an den Ferien/über die Ferien/auf die Ferien*.
　　 (그는 방학을 좋아한다/기뻐한다/고대한다)
(77) Er lachte/weinte *darüber*.
　　 (그는 그 때문에 웃었다/울었다)
(78) Er klagte *um sein verlorenes Glück*.
　　 (그는 잃어버린 행복에 대해 탄식/한탄했다)
(79) Ich zitterte *vor Kälte*.
　　 (그는 추위에 떨었다)
(80) Ich danke Ihnen *für dieses Gespräch*. (두 번째 목적어)
　　 (나는 당신에게 이 대화에 대해 감사한다)

하지만 간혹 주어를 통해서도 원인격이 실현될 수 있다.

(81) *Die Zinsversteuerung* führt zu mehr Arbeitslosigkeit.
　　 (이자에 대한 과세가 더 많은 실업을 초래한다)
(82) *Dieser Brief* regte ihn sehr auf.
　　 (이 편지가 그를 매우 화나게 했다)

11. 동반격(KOMITATIV) [+beteiligt] ʾBeteiligter 참가자ʾ
(Er ging *mit seiner Frau* spazieren; 동반첨가어)

동반격은 동사에 의해 표현된 사태에 참여한 사람이나 사물을 표현한다. 동반격은 대개 *mit* - 목적어로 실현되지만, 간혹 대격 목적어나 여격 목적어로도 실현된다.

(83) Ich habe *mit deinem Freund* gesprochen.

(나는 너의 친구와 이야기했다)

(84) Sie hatte sich *mit Herrn Peter Zimmermann* geeinigt.

(그녀는 페터 찜머만 씨와 합의/화해했다)

(85) Wir wollen hier Arbeit *mit Spiel* verbinden.

(우리는 여기서 일을 놀이와 결부시키려고 한다)

(86) Er hat *ein reiches Mädchen* geheiratet.

(그녀는 부유한 소녀와 결혼했다)

(87) Er ist *seinem Freund* in der Stadt begegnet.

(그는 시내에서 자기 친구를 만났다)

12. 도구격(INSTRUMENTATIV) [+mit Hilfe von] 'Mittel'
(Er fährt *mit dem Auto* nach Berlin; 도구첨가어)

도구격은 무슨 일을 수행하는 수단, 예컨대 도구나 공구나 교통수단을 나타낸다. 도구격이 보충어로 실현되는 경우는 드물며, 수단은 대개 도구첨가어로 표현된다. 보충어로서는 대격 목적어, 전치사 목적어 및 주어가 등장한다.

(88) Dazu hat er *eine Axt* gebraucht.

(그 일을 하기 위해 그는 도끼가 필요했다)

(89) Ich nehme *den Bus.* ('Ich fahre mit dem Bus')

(나는 버스를 탄다 - 나는 버스로 간다)

(90) Ich wette mit ihm *um eine Flasche Bier.*

(나는 그와 맥주 한 병을 놓고 내기를 한다)

(91) *Zytostatika* ruinieren den Stoffwechsel der Krebszellen.

(세포 안정제가 암 세포의 신진대사를 파괴한다)

(92) *Der Leuchter* diente ihm als Mordwaffe.

(촛대가 그에게서 살인무기로 사용되었다)

13. 양상/방법격(MODATIV)
[+auf eine Weise] 'Art und Weise 방법'
(Sie singt *schön*; 방법첨가어)

양상격은 행위나 과정의 방법을 표현한다. 양상격의 보충어는 양상/방법 보충어(Modalergänzung)로 실현된다.

(93) Die Kinder benahmen sich *einwandfrei*.

(아이들이 완벽하게 행동했다)

(94) Er tritt auf *wie ein Baron*.

(그는 귀족/남작처럼 나타났다)

(96) Sie behandeln die Tiere *schlecht*.

(그들은 동물들을 학대한다)

14. 장소격(LOKATIV)
[+situativ/+direktiv (Ziel/Weg/Ursprung)] 'Ort 장소'
(Ich habe ihn *in Helsinki* getroffen; 장소첨가어)

장소격은 누군가 혹은 무엇이 있는 장소(LOK$_{sit}$), 가는 장소(LOK$_{Ziel}$), 오는 장소(LOK$_{Ursprung}$)를 표현한다. 장소격은 이동의 노선(LOK$_{Weg}$)도 표현할 수 있다. 위의 마지막 세 가지 "하위 장소격"이 동일한 문장에서 나타날 수도 있다.

(96) Er wohnt *in Jyväskylä*(LOK$_{sit}$).

(그는 이베스킬레에서 살고 있다)

(97) Er fährt *nach Helsinki*(LOK$_{Ziel}$).

(그는 헬싱키로 간다)

(98) Er fährt *via/über Tampere* nach Helsinki(LOK$_{Weg}$).

(그는 탐페레를 거쳐서 헬싱키로 간다)

(99) Er kommt von *Jyväskylä*(LOK$_{Ursprung}$).

(그는 이베스킬레에서 온다)

(100) Er kommt *von Jyväskylä*(LOK$_{Ursprung}$) *via Tampere*(LOK$_{Weg}$) *nach Helsinki* (LOK$_{Ziel}$).

(그는 이베스킬레에서 탐페레를 거쳐서 헬싱키로 간다)

위에서와 같이 부사보충어를 통한 표현 이외에도 장소격은 대격 목적어, 여격 목적어 및 주어를 통해서도 표현될 수 있다.

(101) Sie bewohnt *ein eigenes Haus*(LOK$_{sit}$).

(그녀는 자기 집에서 살고 있다)

(102) Der Lehrer betrat *das Klassenzimmer*(LOK$_{Ziel}$).

(선생님이 교실로 들어갔다)

(103) Er hat *die Stadt* verlassen(LOK$_{Ursprung}$).

(그는 그 도시를 떠났다)

(104) Sie näherten sich *dem Ziel ihrer Reise*(LOK$_{Ziel}$).

(그들은 그들 여행의 목적지에 접근했다)

(105) *Die Schachtel* enthält Zündhölzchen(LOK$_{sit}$).

(성냥갑 안에 성냥들이 들어 있다)

(106) *Helsinki* ist windig(LOK$_{sit}$).

(헬싱키는 바람이 많이 분다)

15. 시간격(TEMPORATIV) [+temporal] 'Zeit 시간'
(Ich habe ihn *heute* gesehen；시간첨가어)

시간격이 보충어로 실현되는 경우는 드물다. 시간격은 특히 부사보충어, 대격 목적어 혹은 주어로 실현된다.

> (107) Die Sitzung dauerte *zwei Stunden/lange.*
> (회의가 두 시간/오랫동안 지속되었다)
>
> (108) Ich habe *meine Ferien* in Italien verbracht.
> (나는 나의 휴가를 이탈리아에서 보냈다)
>
> (109) *Die Abenddämmerung* versammelte alle wieder am Lagerfeuer.
> (황혼 녘에 모두들 다시금 캠프 파이어 주위에 모였다)

16. 명명대상격(DENOMINATIV) [+etwas genannt (klassifizierend/identifizierend/qualifizierend)]
(*Als reicher Mann* kam er zurück；술어첨가어)

명명대상격은 보통 주어(주격 술어보충어)나 목적어(목적격 술어보충어)를 분류하거나 확인하거나 혹은 자격을 부여하는 술어보충어(Prädikativergän-zung)의 배후에 있는 의미격을 나타낸다29). 그러면 예컨대 연사동사 *sein*에 술어의 값이 할당된다(그렇지 않으면 술어보충어가 내용적인 술어, 즉 명사술어가 될 것이다). 이렇게 함으로써 주어가 명명된다. 다시 말해서 여기서는 원래 문장 안에 있는 두 명사 사이의 관계가 문제된다.

> (110) Der Mann ist *Deutscher* ("Klassifikativ")/*mein Bruder* ("Identifikativ")/
> *begabt* ("Qualitativ").

---

29) K. Tarvainen(1985:31)에서는 이 심층격이 "존재격 Essiv"으로 명명되었다. 그러나 핀란드어의 "Essiv"가 표층격을 나타내기 때문에 필자는 여기서 이 명칭을 포기하였다.

(그 남자는 독일인이다("분류격")/나의 형이다("확인격")/능력이 있다("자질부여격"))

(111) Man nennt den Jungen *einen Faulpelz*.

(사람들은 그 소년을 게으름뱅이라고 말한다)

(112) Man hält ihn *für begabt*/sieht ihn *als begabt* an.

(사람들은 그가 능력이 있는 것으로 간주한다)

명명대상격은 간혹 목적어로도 실현될 수 있다.

(113) Dieses Problem stellt *eine schwieriege Frage* dar.

(대격 목적어; Dieses Problem ist eine schwierige Frage)

(이 문제는 어려운 문제이다)

(114) Er ähnelt/gleicht *seinem Vater*. (여격 목적어)

(그는 자기 아버지와 닮았다/유사하다)

(115) Er gehört *zu meinen Freunden*. (전치사 목적어)

(그는 내 친구들 중의 하나이다)

다음에서는 위에서 다룬 심층격(Tiefenkasus)의 내용이 심층격이 실현되는 상이한 통사적인 문장성분(Satzglied)의 관점에서 총괄된다. 모든 문장성분에서 문장성분의 기저에 있는 심층격이 제시되고 예문을 통해서 설명된다.

A. 주어(Subjekt)는 특히 행위자와 피동자를 표현하지만 주어의 배후에는 대략 10가지 다른 심층격이 내재해 있다: 1)행위자격:*Er* las das Buch; 2)피동자격:*Er* schläft; 3)대상격:*Das Geschäft* öffnet pünktlich; 4)결과격:Es bilden sich *Wolken*; 5)소유격:*Das Buch* gehört mir; 6)인지대상격:Von weiter Ferne klang *seine Musik*; 7)원인격:*Das* freut mich; 8)수신자격:*Ich* bekam heute einen Brief; 9)도구격:*Der Leuchter* diente ihm als Mordwaffe; 10)장소격:*Die Schachtel* enthält Zündhölzchen; 11)시간격:*Diese Tage* haben mir viel Freude gebracht.

B. 대격 보충어(Akkusativergänzung)는 주어와 더불어 대부분의 심층격을 표현하는 문장성분이다. 따라서 대상격과 결과격이 가장 자주 실현된다: 1)대상격:Er aß *das Fleisch*; 2)결과격:Er schrieb *einen Roman*; 3)피동자격:*Mich* friert; 4)소유격:Ich besitze *einen Garten*; 5)주제격:Wir diskutieren *die Frage*; 6)인지대상격:Ich sah *den Mann*; 7)목표격:Die Armee bekämpfte *den Feind*; 8)수신자격:Er hat *mich* unterstützt; 9)동반격:Er heiratete *sie*; 10)도구격:Ich nehme *den Bus*; 11)장소격:Sie bewohnt *ein eigenes Haus*; 12)시간격:Er verbrachte *zwei Tage* hier; 13)명명대상격:Dieses Problem stellt *eine schwierige Frage* dar.

C. 여격 보충어(Dativergänzung)를 통해서는 대격 목적어나 주어에서처럼 그렇게 많은 심층격이 표현되지는 않는다. 여격은 특히 수신자격을 대표한다: 1) 수신자격:Er gab *mir* das Geld; 2)피동자격:*Mir* graut; 3)행위자격:Der Kuchen ist *mir* gelungen; 4)인지대상격:Er hörte *dem Vortrag* zu; 5)목표격:Sie widersteht *allen Versuchungen*; 6)동반격:Ich begegnete *ihr*; 7)장소격:Er näherte sich *ihr*; 8)명명대상격:Du ähnelst *ihm*.

D. 속격 보충어(Genitivergänzung)는 오늘날 소수의 동사에서만 등장하지만 다양한 심층격을 표현한다: 1)소유격:Das Kind bedarf *der Liebe*; 2)주제격:Sie gedachten *der Verstorbenen*; 3)목표격:Sie befleißigt sich *einer guten Aussprache*; 4)원인격:Der Richter klagte den Verbrecher *des Mordes* an; 5)수신자격:Er nahm sich *des Verletzten* an.

E. 전치사 보충어(Präpositionalergänzung) 중에서도 *an-*, *auf-*목적어는 대부분의 심층격에서 등장하지만, *aus-*, *bei-*, *gegen-*, *in-*목적어는 소수의 심층격에서만 등장한다. 대표적인 격은 주제격, 목표격, 원인격 및 동반

격이다.

*an*은 특히 원인적인 내용과 주제적인 내용을 표현한다: 1)원인격:Er starb *an Leberkrebs*; 2)주제격:Er denkt *an seine Frau*; 3)대상격:Der Hund nagt *an einem Knochen*; 4)결과격:Der Schriftsteller schreibt *an einem neuen Buch*; 5)소유격:Es fehlt mir *an Geld*; 6)수신자격:Er hat *an seine Mutter* geschrieben.

*auf*도 역시 가끔 원인격을 표현한다: 1)원인격:Er freut sich *auf die Ferien*; 2)주제격:Ich komme *auf die Frage* zurück; 3)대상격:Die Soldaten schießen *auf das Haus*; 4)결과격:Er zielt *auf gute Ergebnisse* ab; 5)동반격:Der Vers reimt sich *auf den folgenden*.

aus - 목적어는 드물다 :1)원인격:Diese These folgt *aus der Auffassung*, dass die Bewegung ewig ist; 2)명명대상격:Das Frühstück bestand *aus Kaffee und Brötchen*.

bei - 목적어도 드물다: 소유격:Ich bleibe *bei meiner Meinung*.

*für*는 특히 원인격을 표현한다 :1)원인격:Er rächte sich an ihm *für diese Schmach*; 2)수신자격:Er sorgt *für seine Familie*.

gegen - 목적어는 극소수의 격내용을 표현하지만, 많은 쟁취하는 동사들에서는 목표격의 실현으로서 등장한다: 목표격:Die Armee kämpfte mit Erfolg *gegen den Feind*.

*in*은 몇몇 미완료적인 동사내용의 특수한 용법으로서 대상격을 표현한다: 1)대상격:Er liest *in einem Buch*; 2)원인격:Ich habe mich *in sie* verliebt.

mit - 목적어의 특징은 동반격이지만 몇몇 다른 내용들도 표현한다: 1)동반격:Ich habe *mit ihm* gesprochen; 2)대상격:Ich beliefere ihn *mit Ware*; 3)주제격:Ich befasste mich lange *mit dieser Frage*.

*nach*는 특히 목표격을 실현시킨다: 1)목표격:Er giert *nach Geld*; 2)주제격:Er fragte *nach meinem Namen*; 3)대상격:Er griff hastig *nach seinem Glas*.

über - 목적어는 일차적으로 주제격의 실현형태이지만 이 목적어를 통해

가끔 원인격이 실현된다: 1)주제격:Er sprach *über das Problem*; 2)원인격:Er weinte *darüber*; 3)소유격:Ich verfüge *über einen Dienstwagen.*

*um*은 주로 목표(목표격)와 원인(원인격)을 표현한다: 1)목표격:Er bettelte *um ihre Liebe*; 2)원인격:Er klagt *um sein verlorenes Glück*; 3)주제격:Der alte Mann wusste *um das Geheimnis*; 4)도구격:Ich wette mit ihm *um eine Flasche Bier.*

von - 목적어는 특히 주제격의 표현형태이다: 1)주제격:Er redet *von ihr*; 2)행위자격:Das bekommst du *von mir*; 3)대상격:Er kostet *von der Milch*; 4)원인격:Diese Krankheit rührt *von einer Erkältung.*

*vor*는 대개 원인격을 표현한다: 1)원인격:Ich erschrak *vor der Kälte*; 2)수신자격:Ich sprach *vor den Leuten.*

zu - 목적어에는 다음의 격 내용들이 있다: 1)주제격:*Dazu* hat er nichts geäußert; 2)결과격:Die Zinsversteuerung führt *zu mehr Arbeitslosigkeit*; 3)원인격:Er gratulierte mir *zum Geburtstag*; 4) 수신자격:Ich sprach *zu den Leuten.*

F. 부사보충어(Adverbialergänzung)는 소위 부사격의 표현형태이다: 1)장소격:Er wohnt *in Schweden*; 2)시간격:Wir haben die Sitzung *auf morgen* verschoben; 3)양상격:Er benahm sich *schlecht.*

G. 술어보충어(Prädikativergänzung)는 명명대상격과 결과격을 표현한다: 1)명명대상격:Er ist *Lehrer/alt* - Man nannte ihn *einen Esel/faul*; 2)결과격:Er wurde *Lehrer/alt.*

"오늘날의 인식상태로서는 언어학적으로 아주 확실하고 모든 면에서 수용되는 의미격에 대한 목록을 마련하는 것이 불가능하다."[30] Helbig의 이

---

30) G. Helbig(1983:177): Zu Lexikoneintragungen für Verben unter dem Aspekt

말은 여기서 제시된 격 목록에서도 적용된다. 이 목록은 분명 많은 격 목록들 중의 하나일 뿐이며 독일어의 심층격과 그에 대한 통사적인 대응물의 연구에 관한 하나의 작은 기고일 뿐이다.

der semantischen und syntaktischen Valenz. In: LS/ZTSW/A 109, Berlin.

Ⅳ. 결합가 이론이 목적어와 부사어를 요구하는가?

Braucht die Valenzgrammatik Objekte und Adverbiale?

In : P. Mrazović/W. Teubert(Hrsg.) :
Valenzen im Kontrast. Ulrich Engel zum 60. Geburtstag,
Heidelberg 1988, S. 380~397.

"결합가 이론이 목적어와 부사어를 요구하는가?"라는 질문에 만일 Ulrich Engel이 대답해야 한다면, 그는 아마도 "아니오. 목적어와 부사어는 필요 없고 보충어만 있으면 충분합니다."라고 대답할 것이다. 이러한 하나의 주 범주 보충어는 Engel에 있어서도 전통적이며 그리고 필자의 생각으로는 아직도 여전히 사용할 수 있는 두 범주 목적어와 부사어(부사보충어)에 해당 한다. 그래서 Engel과 필자의 지금까지 논문에서 제시된 독일어의 해당 명사적 문장성분(보충어)을 비교해 보면 다음과 같을 것이다.[1]

---

1) Engel(1982:172ff.) ; Tarvainen(1985:107ff. und 161ff.).

Engel	Tarvainen	예문
보충어(=E)	**목적어**	
E₁ 대격보충어	대격목적어	Sonja sucht *ihr Buch.*
E₂ 속격보충어	속격목적어	Ich erinnere mich *seiner.*
E₃ 여격보충어	여격목적어	Er hilft *dem Vater.*
E₄ 전치사보충어	전치사목적어	Er denkt *an den Vater.*
	부사어	
	시간보충어	Die Sitzung dauerte *eine Stunde.*
E₅ 상황보충어	이유보충어	Der Unfall geschah *aus Unachtsamkeit.*
	장소보충어	Ich wohne *in Jyväskylä.*
E₆ 방향보충어	장소보충어	Ich fahre *nach Mannheim.*

위의 필자의 목록에서는 보충어(Ergänzung) 범주가 두 가지 보다 큰 하위
부류인 목적어(Objekt)와 부사어(Adverbial)[2]로 나뉘어지지만, Engel의 목
록에는 이 두 가지 중간범주가 없다. 필자가 오로지 전통적인 명칭[3]만을
말하는 것인지, 아니면 필자가 목적어와 부사어로 구분하는 것이 결합가
문법적인 이유에서 유지될 수 있는지? 다음에서는 이 문제에 관해서 그리
고 필자에 의해 가정된 범주인 목적어와 부사어(보충어)와 관련된 몇 가지
개별적인 문제점들에 관해서 논의될 것이다. 범주로서의 목적어와 부사어
의 정의에서 시작해 보자.

1. 목적어와 부사어라는 개념은 벌써 오랫동안 필자의 관심을 끌어왔기
때문에 필자가 기술한 대부분의 통사적인 논문에서 정의되어 있다.[4]

---

2) Engel에서의 해당 E₅, E₆보다도 내용적으로 더욱 세분되어 있는 부사어의 하위그룹에
   서는 필자 역시 "보충어 Ergänzung"라는 명칭을 사용하였다(예:"시간보충어"). 여기서
   "-부사어"라는 명칭(예:시간부사어)은 정확하지 않다. 왜냐하면 결합가에 따라서 임의부사
   어 혹은 부사첨가어(예:시간첨가어)도 존재하기 때문이다("시간 부사보충어", "시간 부사첨가어"와
   같은 완전한 명칭은 너무 번거로울 것이다).
3) "E₃ 여격보충어"에 대한 Engel의 주석 참조: "여격보충어는 본질적으로 전통적인 (…)
   여격목적어에 해당한다."(Engel 1982:177)
4) Tarvainen(1976:297f.; 1981:49; 1985:107 und 161; 1986:103 und 133).

목적어(Objekt)는 술어동사에 의해 요구되는 보충어이며, 그 형태 예
컨대 격이나 전치사/후치사 결합은 동사에 의해 결정되고, 해당 격
(해당 전치사)을 갖는 대명사나 대명사적 부사로 대용화될 수 있다.5)
부사보충어(Adverbialergänzung)는 동사에 의해 요구되는 보충어이며,
그 형태(예컨대 격이나 전치사/후치사 결합)는 본질적으로 동사가 아니라
자신의 고유한 의미에 의해 결정되고, 부사로 대용화될 수 있다.6)

이러한 정의는 우리가 전통적으로 목적어라는 개념과 결부시켜 배웠던
동사적으로 표현된 사건의 **목적/목표**(Ziel)나 혹은 전통적인 부사어 개념을
특징 지우는, 사건을 동반하는 자세한 **상황**(Umstand)에 대해서는 아무 것
도 표현하지 않는다. 그래서 Walter Jung(1980)의 『독일어 문법』
(Grammatik der deutschen Sprache)의 신판에 나와 있는 목적어에 대한 정
의는 다음과 같다: "문장에서 문법적 목적어는 동작이 목표로 하는 현상이
나 혹은 사건이 지향하는 현상을 표현한다."7)

Martin - Vorbrodt(1907)의 『교원양성소 초급과정을 위한 독일어 기초
문법』의 15판에서는 이와 비슷하게 정의되어 있다: "보충어(=목적어)는 주
어에 의해 표현된 동작이 미치는 (사람이나) 대상을 진술하는 문장성분이
다."8) "상황어 혹은 부사적 규정어"는 다음과 같이 정의된다: "상황규정어
는 표현된 것이 어떤 상황하에서 일어나는지를 진술하는 문장성분이다."9)
필자는 필자가 제시한 목적어와 부사어에 대한 "개선된" 정의가 실제로 적
어도 이러한 전통적인 문장성분에 대한 긴 역사에서 하나의 작은 개선/개
혁이 되기를 희망한다.10) 다시 말해서 필자의 정의는 더 이상 언어외적인

---

5) Tarvainen(1985:107).

6) (ebd. S. 161)

7) Jung(1980:70).

8) Martin - Vorbrodt(1907:8)의 정의에서는 다만 "보충어"라는 명칭만이 나타나지만, 해당
   장의 표제어는 "보충어와 목적어"이다.

9) Ebd. S. 20.

10) 목적어와 부사어가 최근의 문법적인 문헌에서는 종종 현대 언어학적인 관점에서 다루
   어진다(Engelen 1975:89ff.; Helbig/Buscha(1984:545ff.); Grundzüge einer deutschen
   Grammatik(1981:331ff.); Duden(1984:576ff.); Eisenberg(1986:194ff., 276ff.); Engel의

내용의 개념("목적", "보다 자세한 상황")에 근거하는 것이 아니라, 해당 문장성분의 형태를 결정하는 언어내적인 언어학적 개념과 그리고 대치(Substitution)의 하위종류로서의 대용화(Anaphorisierung)에 대한 언어학적 조작에서 출발한다.11)

   2. 우리는 이제 위에서 정의한 목적어와 부사어(보충어) 사이의 차이점을 문장 쌍 Er denkt *an den Rhein.*(그는 라인강을 생각한다)과 Er fährt *an den Rhein.*(그는 라인강변으로 간다)을 가지고 보다 자세히 고찰해 보려고 한다. 이 문장은 Tarvainen(1976:297f.) 이후로 나타나며 목적어와 부사어의 구분에 대한 필자의 범례로서 간주될 수 있다. 이 두 문장은 술어동사(*denkt* 대 *fährt*)를 제외하고는 형태론적으로 완전히 동일하다. 하지만 전치사구 *an den Rhein*이 첫 번째 문장에서는 목적어(전치사 목적어)이고, 두 번째 문장에서는 부사보충어(전치사 부사어)이다. 즉 두 문장 사이의 통사적인 차이는 두 *an den Rhein* - 구 사이의 차이와 관련되며, 따라서 문장성분으로서의 목적어와 부사보충어 사이의 차이와 관련된다. 두 문장 안에 있는 *an* - 구조를 우선 다른 명사적인 전치사구로 대치하고 그 다음에 대용적인 요소, 즉 대용어(Anapher)로 대치해봄으로써 이러한 차이를 조사할 수 있다.

전치사의 대치   Er denkt ⎧ *an den Rhein.* (목적어)
⎪ **auf den Berg*
⎨ **nach Deutschland*
⎩ *an Deutschland*

E1, E2, E3 및 E4는 원래 현대적인 의미에서 목적어이고, E5와 E6은 부사어이다). 그러나 대개 이전의 문법에서와 같이 다만 다양한 하위 목적어와 하위 부사어만이 고찰된다. 전체적인 정의는 - "현대적인" 정의에서도 - 사전에서만 발견된다. 예컨대 목적어에 대한 Klappenbach/Steinitz(1971:2986)의 정의 참조: "그 격이나 전치사적 결합이 동사에 의해 결정되어 있는 술어의 확대".

11) 대용화라는 개념을 독일어 문장분석으로 도입한 것은 Ulrich Engel의 업적이다. Engel(1982:25;176ff.;290) 참조.

대용어를 통한 대치
(＝대용화)

    { *daran*
    **darauf*
    **danach*
    **dorthin*

전치사의 대치   Er fährt

    { *an den Rhein.* (부사어)
    auf den Berg
    nach Deutschland
    **an Deutschland*

대용어를 통한 대치
(＝대용화)

    { **daran*
    **darauf*
    **danach*
    dorthin

대치검사(Substitutionsprobe)의 결과로 상이한 형태가 결정되고, 그리고 두 번째로 해당 문장성분, 즉 목적어와 부사보충어의 상이한 내용이 생겨 난다. 우리는 이 두 결과를 분리하여 고찰해 보고자 한다.

1) 위의 도식에서 명사적인 보충어에서는 보충어의 형태, 즉 전치사가 동사에 의해 결정되지만(denken＋*an* den Rhein/*an* Deutschland), 부사어의 전치사는 특정한 범위 내에서는 보충어의 명사에 따라 바뀔 수 있으며 (fahren＋*an* den Rhein/*auf* den Berg/*nach* Deutschland), 따라서 보충어의 형태는 본질적으로 전치사구(부사보충어) 자체의 의미에 의해 결정되어야 한 다.12) 대용어의 대치에서 목적어의 형태는 하나의 특정한 전치사를 갖는 대명사적 부사(예:*daran*)이지만, 부사어의 형태는 전통적인 부사(예:*dorthin*) 이며 이 부사를 통해서 여러 가지 명사적인 전치사구가 대용화될 수 있

---

12) 목적어와 부사어의 전치사 결정에 대해서는 Engelen(1975:110ff.); Helbig/Buscha
(1984:549)를 참조. 부사어의 형태 역시 - 비록 목적어의 형태보다는 드문 일이지만 -
하나의 격 형태가 될 수 있다:
Die Sitzung dauerte *zwei Stunden/lange.*(대치어가 부사)
(비교:Ich verbrachte dort *zwei Monate*/verbrachte *sie* dort.(목적어 - 대용어가 대명사이므로)

다.13) 따라서 목적어의 형태 결정은 지배동사로 소급되고, 부사어의 형태 결정은 부사어의 명사 그 자체로 소급된다.

2) 두 문장성분의 내용에 대한 결정은 이미 이들의 형태에 대한 결정에서 나온다. 목적어의 형태는 동사에 의해 결정되기 때문에 목적어는 일차적으로 형태·통사적인 범주이며, 그 형태, 즉 격이나 전치사는 문장맥락 없이는 인식할만한 어떤 내재적인 의미도 갖지 않는다. 그래서 위의 전치사 목적어 *an den Rhein* 안에 있는 전치사 *an*의 의미는 다소간 비어 있다. 이 전치사구는 다만 동사와의 통사적인 결합에서만 전치사 목적어로서 인식될 수 있다(denkt+*an* den Rhein). 이와 동일한 것이 대용어 *daran*에서도 적용된다. 대용어(Anapher)는 오직 하나의 형태적인 요소, 즉 하나의 순수한 형태일 뿐이며, *denken*을 취하는 문장맥락에서 대용어는 한 문장성분의 보유어, 즉 전치사 목적어를 나타낸다(Er denkt *daran*).

이에 반해 전치사적 부사보충어에서의 전치사는 명백히 인식할 수 있는 하나의 독립적인 의미를 가지고 있다(비교:*an* den Rhein/*in* den Rhein/*auf* den Rhein).14) *in den Rhein*과 같은 전치사구는 문장맥락 없이도 즉시 방향의 장소부사어로 인식될 수 있다(*an den Rhein*에서도 문장맥락 없이 전치사 목적어가 아니라 방향의 부사보충어를 생각할 수 있을 것이다). 이러한 사실은 부사적인 대용어에서도 해당된다. 즉 *dorthin*은 문장맥락 없이도 방향의 장소부사어의 내용을 인식시킬 수 있다. 따라서 비록 부사보충어가 위에서 순수 통사적으로 언어학적 조작을 통해서 조사되었지만, 부사보충어는 본질적으로 의미적인 상위범주를 나타내며, 이 상위범주의 구체적인 실현이나 "하위부사어"는 '장소', '시간', '원인'과 같이 분명히 정의될 수 있는 의미

---

13) 몇몇 경우에서는 부사보충어 역시 대명사적 부사로 대용화될 수 있지만, 이러한 경우에서도 전치사의 결정은 명사에 의해 결정된다.

　　Er sitzt *auf den Stuhl/darauf.* (해당 의문사는 부사가 될 수 있다: *Wo* sitzt er?)

　　Er sitzt *auf den* Stuhl/*in der* Ecke/*am* Tisch.

　　　　　　darauf　　　　　dort　　　　　dort

14) 목적어와 부사어에서 나타나는 전치사의 의미에 대해서는 Engelen(1975:112)과 Helbig/Buscha(1984:549)를 참조.

내용을 제시한다.

우리가 격이론적인 심층구조에서 출발한다면 부사어에서는 심층구조의 내용이 변화 없이 표층에서 나타난다고, 다시 말해서 부사어의 문법적인 형태(예:*im Rhein*='Ort' 혹은 'lokal')로 직접 표현된다고 말할 수 있다.[15]

이에 반해 일차적으로 형태·통사적인 상위개념인 목적어(Objekt)의 하위종류(대격, 여격, 속격 및 전치사 목적어) 배후에는 각각 때로는 조사하기 어려운 여러 가지 내용들이 숨어 있다. 이러한 내용들은 소위 심층격(Tiefen-kasus, semantischer Kasus 의미격, semantische Rolle 의미역)을 통해서 표현될 수 있다. 하지만 부사적인 내용(예:'장소'와 '시간')과 비교해서, 분명하게 정의될 수 없으며 대개 불명료하게 구분될 수 있는 해당 의미역(예:행위자격, 대상격)은 문장맥락 속에서 비로소 조사될 수 있다. 예컨대 필자가 설정한 실용적인 격목록(Kasusliste)[16]에 따르면 대격 목적어의 배후에는 13가지 상이한 격내용이 숨어 있는데, 이들 중에서 단 하나의 격내용만이 특정한 맥락에서 실현될 수 있다(1.대상격: Er aß *die Semmel*; 2.결과격: Er schrieb *einen Roman*; 3.피동자격: *Mich* friert; 4.소유격: Ich besitze *einen Garten*; 5.주제격: Wir diskutieren *die Frage*; 6.인지대상격: Ich sah *den Mann*; 7.목표격: Die Armee bekämpfte *den Feind*; 8.수신자격: Er hat *mich* angerufen; 9.동반격: Sie heiratet *ihn*; 10.도구격: Ich nehme *ein Taxi*; 11.장소격: Sie bewohnt *ihr eigenes Haus*; 12.시간격: Er verbrachte *zwei Tage* hier; 13.명명대상격: Das Problem stellt *eine schwierige Frage* dar).

3) 상기의 논의로부터 문장성분 개념인 목적어와 부사어가 실제로 형태·통사적으로 뿐만 아니라 의미·통사적으로도 두 가지 상이한 그룹의 동사보충어를 표현한다는 결론이 나왔을 것이다. 목적어의 모든 하위종류(예:대격, 여격 목적어)에서 이들의 문법적인 형태는 동사에 의해 결정된다. 이러한 사실에서 이들의 형태·통사적인 기본특성과 의미적인 비명시성이 나온다. 이에 반해, 부사어의 하위부류는 특정한 한계 내에서는 자신의 형태를 스스로 결정하며 따라서 하나의 독립된 명시적인 의미(예:'장소')를 갖

---

15) 부사어에서 격개념의 문제점에 대해서는 Tarvainen(1987a:196) 참조.
16) Tarvainen(1987a:300).

는다.17) 한편으로는 동사(지배소 Regens)에 의한 형태의 결정과, 다른 한편
으로는 종속적인 문장성분(의존소 Dependens)에 의한 형태의 결정을 필자는
각각 문장구조의 목적어 원칙(Objektprinzip) 혹은 부사어 원칙(Adverbial-
prinzip)으로 표현하고자 한다. 이 두 가지 상이한 원칙은 동사적 통합소
이외에 특정한 형용사구와 명사구에서도 영향을 끼친다. 먼저 형용사의 보
충어에 대해서 논의해 보자.

3.1 결합가에 제약된 형용사의 규정어, 즉 **형용사 보충어**(Adjektiver-
gänzung)18)는 동사의 목적어 및 부사보충어와 유사한 두 가지 통사적인
주요그룹으로 나뉠 수 있다. 그 하나의 주요그룹은 목적어류의 보충어로
구성되며, 그 형태는 동사 목적어의 형태가 동사에 의해 결정되는 것과 동
일한 방법으로 지배 형용사에 의해 결정되고, 대명사나 혹은 대명사적 부
사로 대용화될 수 있다.

(Er ist) *seiner Sache* sicher. (형용사 *sicher*는 속격 형태의
          ihrer Liebe   보충어를 요구한다)
          *seine Sache
          *über seine Sache
          deren

(Sie ist) *über den Erfolg* froh. (형용사 *froh*는 *über*를 갖는 전치사구 형태의
          über diese Leistung   보충어를 요구한다)
          *an ihrem Erfolg
          *ihres Erfolgs
          darüber

---

17) Helbig(1979:65f.).

18) "형용사 보충어"라는 명칭에 대해서는 Engel(1982:323)을, "동사 보충어"에 대해서는
    Engel(1982:342)을 참조. 이에 유추하여 필자는 다음과 같은 용어들을 만들었다: "동
    사 목적어"(=동사에 대한 목적어), "동사 부사어"(=동사에 대한 부사어), "형용사 목적어"(=
    형용사에 대한 목적어), "형용사 부사어"(=형용사에 대한 부사어), "명사 목적어"(=명사에 대한
    목적어), "명사 부사어"(=동사적 명사에 대한 부사어).

또 다른 하나의 주요그룹은 부사어류의 보충어로 구성되며, 그 형태는 동사 부사어의 형태가 부사어 명사에 의해 결정되는 것과 동일한 방법으로 보충어 자체의 의미에 의해 결정되고, 부사로 대용화될 수 있다.19)

$$
\text{(Sie ist)} \begin{cases} \textit{in München} \text{ ansässig.} \\ \textit{an der Grenze} \\ {}^*\textit{auf München} \\ {}^*\textit{auf diesem Ort} \\ \textit{dort} \end{cases}
$$

(형용사 *ansässig*는 전치사 보충어를 요구하며, 그 전치사는 보충어 명사 자체에 의해 결정되고 특정한 한계 내에서는 바뀔 수 있다(*in* München, *an der* Grenze).

하지만 목적어류의 형용사 보충어와 부사어류의 형용사 보충어는 동사의 목적어 및 부사보충어와 비교해서 전체문장의 의존구조에 관련되는 하나의 문제점을 제공한다. 다시 말해서 동사의 목적어와 부사어는 문장의 주 지배소로서의 술어동사에 직접 종속하는 소위 1등급의 의존소이다. 이에 반해 형용사의 목적어류의 보충어와 부사어류의 보충어는 전체 문장구조와 관련하여 주 지배소로서의 동사에 직접 관련되지는 않는 하위 등급의 의존소이다. 앞으로 이러한 문제점에 관해 보다 자세히 논의해 보자.

목적어류의 보충어를 취하는 형용사가 술어동사의 술어보충어로서 기능을 한다면, 문장의 의존 구조와 문장성분 구조는 수형도로 다음과 같이 나타낼 수 있다.

Sie(주어) *ist über den Erfolg froh*(술어보충어).

(그녀는 성공에 대해 기뻐한다)

---

19) 형용사에 대한 부사어류의 보충어는 물론 아주 드물다. 이들은 거의 형용사 *ansässig*, *wohnhaft*, *wohnberechtigt*, *beheimatet*, *heimatberechtigt*, *begütert*에서만 나타난다.

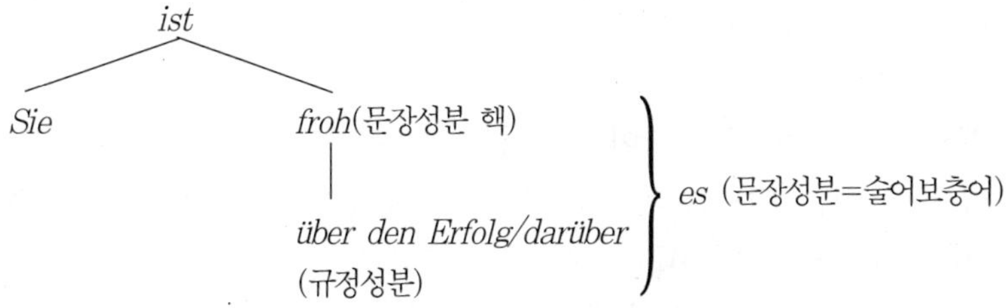

여기서 술어동사 *ist*에 종속하는 전체 형용사적 문장성분은 *froh über den Erfolg*이며, 이 중에서 *froh*는 문장성분 핵이고 그 보충어 *über den Erfolg*는 규정성분을 나타낸다. 규정성분은 대용어로서 대명사적 부사 *darüber*를 취하며 이 전체는 *es*로 대용화될 수 있다(Ist sie froh *über den Erfolg*? - Ja, sie ist *es*). 이제 목적어류의 형용사 보충어가 하나의 목적어, 즉 하나의 문장성분으로 일컬어질 수 있는가 하는 의문이 제기된다. 형용사적 술어보충어가 있는 문장에서는 형용사가 연사동사의 "의미결여"로 인해 의미내용을 위해서는 동사보다도 더 중요하기 때문에, 내용적으로는 완전동사와 비교될 수 있는 문장의 주 의미보유어 및 주 결합가보유어로서 사용된다는 점이 형용사 보충어가 하나의 문장성분이라는 사실을 말해준다. 우리는 아마도 형용사 보충어를 "2등급의 목적어" 혹은 단순히 "형용사 목적어"로 간주할 수 있을 것이다.20) 이에 따라서 부사어류의 형용사 보충어를 "2등급의 부사어" 혹은 "형용사 부사어"라고 일컬을 수 있을 것이다. 그래서 형용사 보충어는 두 가지 범주 형용사 목적어와 형용사 부사어로 나뉘어질 수 있을 것이다21)(동사 보충어가 동사 목적어와 동사 부사어로, 간단히 말

---

20) Vgl. Tarvainen(1985:15f.). Helbig/Buscha(1984:548)에서는 "술어보충어에 대한 목적어"라는 명칭이 나타난다. 치환가능성이 문장성분의 기준으로 수용되더라도 술어적 형용사의 보충어는 문장성분(여기서는 목적어)으로 간주될 수 있다(S. 12-14).
Sie ist froh *über den Erfolg*.
Über den Erfolg ist sie froh.
Engel에 의하면 치환가능성은 문장의 추상적인 구조와는 아무런 관계가 없는 어순의 문제일 뿐이다(Engel 1970:365ff.).

21) 부가어적으로 사용되는 형용사에서도 보충어는, 비록 그것이 치환될 수 없으므로 부가어와 유사하지만, 종속관계에 따라서 형용사 목적어 혹은 형용사 부사어를 나타낸다 (예: diese *über den Erfolg* frohe/*in München* ansässige Frau).

해서 목적어와 부사어로 나뉘어지는 것과 같이).

3.2 특정한 형용사에서와 같이 동사에서 파생된 **명사**(동사적 명사)에서도 목적어류의 보충어와 부사어류의 보충어가 구분될 수 있다. 이들은 전통적으로 부가어(Attribut)를 나타내며, 아마도 "목적어 부가어", "부사어 부가어" 혹은 "명사 목적어", "명사 부사어"라고 일컬을 수 있을 것이다.22) 명사 목적어(목적어 부가어)의 형태는 명사에 의해 결정되고, 대용어는 대명사나 대명사적 부사이다. 이에 반해 명사 부사어(부사어 부가어)의 형태는 보충어 자체의 형태에 의해 결정되며 대용어는 부사이다.

die Belagerung ⎰ *der Stadt* (도시의 점령)
⎱ **die Stadt*
  der Festung
  **von der Festung*
  deren (Belagerung)

(동사적 명사 *Belagerung*은 보충어로서 속격형의 명사를 요구한다:명사 목적어 혹은 목적어 부가어)

ihr Gespräch ⎰ *über die Reise* (여행에 대한 그들의 대화)
⎱ **von der Reise*
  **der Reise*
  über den Film
  darüber

(동사적 명사 *Gespräch*는 보충어로서 *über*를 갖는 명사를 요구한다:명사 목적어 혹은 목적어 부가어)

---

22) 전통문법에서는 이것을 "목적어적 속격"이라고 말한다(die Belagerung *der Stadt*). 그러나 명사에서는 보통 부사어라고 말하지 않기 때문에, 용어 "명사 목적어/명사 부사어"보다는 실제로 명칭 "명사 부가어/부사어 부가어"가 선호된다. 그러나 이론적으로는 전자의 용어가 더 좋다. 왜냐하면 전자의 용어는 명칭 "동사 목적어/동사 부사어"와의 통사적인 유사성을 표현하기 때문이다.

ihre Reise
$\left\{\begin{array}{l}\textit{nach Italien} \text{ (이탈리아로의 그들의 여행)} \\ \textit{*auf Italien} \\ \textit{in die Stadt} \\ \textit{*nach der Stadt} \\ \textit{auf den Berg} \\ \textit{aufs Land} \\ \textit{dorthin}\end{array}\right.$

(동사적 명사 *Reise*는 보충어로서 전치사를 갖는 명사를 요구하는데, 전치사는 보충어 명사 자체에 의해 결정되며 특정한 한계 내에서는 바뀔 수 있다(*nach* Italien, *in* die Stadt, *auf* den Berg):명사 부사어 혹은 부사어 부가어).

명사 목적어(목적어 부가어)는 이들의 토대가 되는 동사에서의 목적어에 해당하고, 명사 부사어(부사어 부가어)는 부사어에 해당한다.

die Belagerung *der Stadt* < Man belagert *die Stadt*.
ihr Gespräch *über die Reise* < Sie sprechen *über die/von der Reise*.
ihre Reise *nach Italien* < Sie reisen *nach Italien*.

명사 목적어/명사 부사어와 형용사 목적어/형용사 부사어 사이에는 이들의 형태·통사적인 유사성에도 불구하고 하나의 중요한 차이가 있다. 즉 의미·통사적으로는 명사 목적어/명사 부사어가 동사 목적어/동사 부사어와 동일시될 수 있다. 왜냐하면 이들의 목적어 및 부사어 요구는 동사 파생명사의 동사적 의미에 근거하기 때문이다. 그래서 동사적 명사 *Gespräch*는 그것의 토대가 되는 동사 *sprechen*과 동일한 논리·의미적인 결합가를 갖는다.

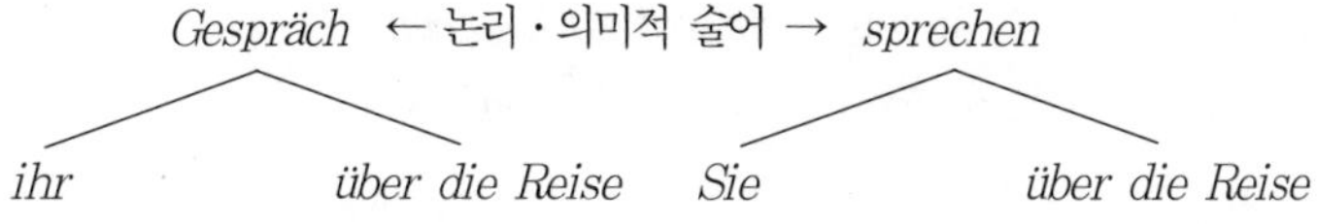

다시 말해서 논리·의미적으로 볼 때 동사에서 파생된 명사가 동사적 술어이다. 이에 반해 *froh*와 같은 형용사에서의 목적어 요구는 형용사의 고유한 의미로 소급된다. 물론 내용적으로는 - 동사에서 파생된 명사와 같이 - 동사적 술어를 나타내는 동사에서 파생된 일련의 형용사가 존재한다.

> Der Patient ist der Ruhe *bedürftig*. - Der Patient *bedarf* der Ruhe.
> (그 환자는 휴식이 필요하다)

형용사에서 파생된 명사가 명사 목적어를 요구하는 경우 이 명사 목적어는 내용적으로 해당 형용사 목적어와 비교될 수 있다.[23]

> ihr Stolz *auf ihren Erfolg* - Sie ist *auf ihren Erfolg* stolz.
> (성공에 대한 그녀의 자랑 - 그녀는 자신의 성공을 자랑한다)

4. 관계어(Bezugswort)가 목적어에 대해 규정하는 형태는 다양할 수 있다. 동사에서는 순수 형태에 따라서 다음의 명사 목적어가 등장한다.[24]

> 대격 목적어   : Ich schreibe *einen Brief/ihn*.
> 속격 목적어   : Wir gedachten *des Verstorbenen/seiner*.
> 여격 목적어   : Ich helfe *meinem Bruder/ihm*.
> 전치사 목적어 : Ich dachte *an meine Mutter/an sie*.
> Sie wartete *auf ihren Freund/auf ihn*.
> Er fragte *nach dem Weg/danach*.
> (전체적으로 약 15개의 다양한 전치사)
> 순수 부정사   : Der Junge lernt *schwimmen/es*.
> Mein Bruder muss *gehen/es*.
> *zu* - 부정사 : Er fürchtet, *zu spät zu kommen/es*.
> Er weigert *sich zu kommen/*es*.[25]

---

23) 부사어를 취하는 형용사로부터 명사 부사어를 취하는 형용사 파생은 존재하지 않는다.
24) 형용사 목적어의 형태에 대해서는 Tarvainen(1985:246f.), 명사 목적어의 형태에 대해서는 Tarvainen(1985:278ff.)을 참조. ("목적어와 유사한 부가어").

　　부문장 목적어 : Ich sehe, *dass er kommt.*
　　AcI - 목적어　 : Ich sehe *ihn kommen.*

　이러한 형태중심의 하위목적어들 중에서 명사적인 대격, 속격, 여격, 전치사 목적어26)가 일차적인 하위목적어로 간주될 수 있으며, 동사 보충어로서의 목적어는 일차적으로 명사적인 문장성분이다. 위에서 언급된 3가지 비 명사적인 하위목적어(부정사 - , 부문장 - , AcI - 목적어)에서는 논의되어야 하는 몇 가지 문제점이 있다.

　4.1 대부분의 부정사 - , 부문장 - , AcI - 목적어는 원래 "독립적인" 하위목적어가 아니라 명사 목적어의 등가어이거나 혹은 대안이다. 즉 이들은 예컨대 부정사형이나 부문장형의 대격 목적어와 전치사 목적어이다.

Das Kind lernt 〔 *Deutsch.* (대격 목적어)

　　　　　　　　sprechen. (대격 목적어로서의 순수 부정사)

　　　　　　　　, *konzentriert zu arbeiten.* (대격 목적어로서의 *zu* - 부정사),

　　　　　　　　dass es konzentriert arbeiten muss. (대격 목적어로서의 부문장)

Ich sehe 〔 *den Mann.* (대격 목적어)

　　　　　　, *dass der Mann kommt.* (대격 목적어로서의 부문장)

　　　　　　den Mann kommen. (대격 목적어로서의 AcI)

Er bittet mich 〔 *um Hilfe/um Geld.* (전치사 목적어)

　　　　　　　　, *ihm zu helfen.* (전치사 목적어로서의 *zu* - 부정사)

　　　　　　　　, *dass ich ihm helfe.* (전치사 목적어로서의 부문장)

---

25) 대용화가 불가능하다(아래 4.2.2. 참조).

26) Engel(1982:176ff.)에서는 E_1=대격 목적어, E_2=속격 목적어, E_3=여격 목적어, E_4= 전치사 목적어이다. "이러한 부류〔=10가지 문장 보충어 부류〕는 지표가 붙은 E로 표현된다. 추가적인 선택적인 명칭은 결코 보조적인 정의가 아니라 오직 참고로서만 이해될 수 있다."(ebd. S. 176).

하지만 범주의 명칭으로서 "대격 목적어"와 같은 명칭이 여기서 적절한가 하는 의문이 제기된다. 왜냐하면 대격은 비록 기본형이지만, 이 하위목적어의 계열소 안에 있는 단지 하나의 형태이기 때문이다. 개별적인 형태들과는 상관없는 범주명칭을 찾는 것이 더 좋을 것 같다. 그 하나의 가능성은 아마도 해당 계열소의 모든 성분들을 수용할 수 있는, 특히 영문법에서 일상적인 명칭인 "직접목적어"(direktes Objekt)[27]를 사용하는 것이 될 것이다.

직접목적어

대격 명사	Ich sehe *den Mann.*
대격 대명사	Ich sehe *ihn.*
부문장(부문장 목적어)	Ich sehe, *dass er kommt.*
es+부문장	Ich sehe es, *dass er kommt.*
(상관사가 있는 부문장 목적어)	
AcI - 목적어	Ich sehe *ihn kommen.*
순수 부정사	Das Kind lernt *sprechen.*
zu - 부정사	Sie beschloss, *ihn zu verlassen.*
es+*zu*-부정사	Verstehst du *es, mit einem Pferd umzugehen?*

전치사 목적어에서는 이러한 "중립적인" 명칭이 필요치 않다. 왜냐하면 부정사형이나 부문장형의 전치사 목적어에서는 거의 항상 해당 전치사를 취하는 대명사적 부사가 수의적 혹은 의무적 상관사(Korrelat)로서, 즉 부정사 구조나 부문장의 형식적인 관계어로서 기능을 하여 실제로는 전치사 형태가 문제되기 때문이다.

Er fragte *(danach), ob er reisen soll.*
(그는 그가 여행을 가야할 지 말아야 할 지를 물었다)

---

27) 최근의 독일어 문법에 대해서는 Eisenberg(1986:289ff.)를 참조. 그러나 이 용어를 의미적으로 이해해서는 안 된다. 숫자를 병기한 목적어가 아주 중립적인 총체적 명칭들이 될 수 있을 것이다(목적어1, 목적어2 또는 Engel에서의 E_1, E_2, E_3, E_4). 그러나 이들은 필자가 보기에는 아주 비실용적이다.

Ich denke *daran, in die Stadt zu gehen.*
(나는 도시로 가는 문제에 대해 생각한다)

 부문장형의 여격 목적어에서도 "여격 목적어"라는 명칭이면 충분하다. 왜냐하면 일반화하는 부문장에서는 도입어로서 항상 여격 대명사가 오기 때문이다.

Wem er traut, (dem) verzeiht er auch kleine Schwächen.
(여격 문장성분은 가끔 주문장에서 대용어적 대명사 *dem*을 통해서 다시 표현된다)
(그는 자기가 믿는 사람에 대해서는 사소한 결점들을 용서해 준다)

 부정사적 속격 목적어에서는 속격의 형태가 나타나지 않지만 부문장에서는 대개 속격의 상관사가 나타난다.

Sie entsann sich, *jemand an der Tür gesehen zu haben.*
(그녀는 문 옆에서 누군가를 보았다는 사실을 상기했다)
Sie entsann sich (dessen), *dass jemand schon vorher da gewesen war.*
(그녀는 누군가가 이미 그 전에 왔었다는 사실을 상기했다)

 전체적으로 속격 목적어가 매우 드물기 때문에 여기서도 "중립적인" 총칭 명칭이 필요치 않다.
 상술한 내용을 토대로 하여 부정사와 부문장형의 확장형태를 취하는 동사 목적어의 명사적인 기본형은 직접목적어, 속격 목적어, 여격 목적어 및 전치사 목적어로 나뉠 수 있을 것이다.

 4.2 하지만 명사 목적어의 계열소 성분이 아니라 계열소적으로 볼 때 해당 동사에서 "독립적인" 목적어, 즉 보충어의 기본형으로 간주될 수 있는 보충어도 역시 부정사형의 목적어와 부문장형의 목적어에 속한다. 이러한 "독립적인" 부정사 목적어와 부문장 목적어 중에서 다음의 경우가 구분될 수 있다.

 4.2.1 동사의 보충어가 순수 부정사 형태를 취해야 하는 동사들이 첫

번째 경우를 나타낸다. 특히 소위 어휘적(목적어적)으로 사용된 화법동사가 이 그룹의 동사들에 속한다. 화법동사에서는 부정사 보충어가 대개 목적어의 대용화 가능성에 대한 요구도 충족시킨다.[28]

> Ich muss *dir helfen*. Ich muss *es* wirklich.
> (나는 너를 도와야 한다 - 나는 진정으로 그래야 한다)
> Darf er *kommen*? Er darf *es/Das* darf er.
> (그가 와도 되는가? - 그는 그래도 된다)

위의 문장 안에 있는 부정사 목적어는 보충어에 대한 고유한 의미보유어('강요' 혹은 '허가')로서의 화법동사에 의해 요구된다. 화법동사가 문법적(주어적)으로 사용되면 화법동사는 어휘적인 의미를 갖지 않기 때문에 부정사는 술어의 의미성분과 목적어를 형성하지 않는다.

> Er *dürfte* heute *kommen*.
> (술어의 의미는 단순히 'kommen'이고, *dürfte*는 추측의 문법적인 형태소이다)

내용적으로 볼 때 전통적인 화법동사와 비교할 수 있는 *brauchen*은 부정사 목적어로서 순수한 부정사나 혹은 *zu* - 부정사를 요구한다.

> Braucht er nicht *kommen/zu kommen*? Nein, er braucht *es* nicht.
> (그가 올 필요가 없습니까? - 아니오, 그는 올 필요가 없습니다)

4.2.2 *zu* - 부정사가 동사의 보충어가 될 수 있는 유일한 가능성을 나타내는 경우는 아주 드물다. 현대독일어에서 재귀동사 *sich weigern*은 보충어로서 *zu* - 부정사만 취할 수 있지만 이 부정사가 대용화될 수 없기 때문에,[29] 이 부정사는 다만 하나의 "독립적인" 부정사 목적어에 대한 특수한 경우로서 간주될 수 있을 뿐이다.

---

28) 화법동사의 어휘적인 용법과 문법적인 용법에 대해서는 Tarvainen(1985:7ff.)을 참조. Engel/Schumacher(1978:48)에서는 화법동사와 부정사가 다 함께 복합술어를 나타낸다.
29) Engel(1982:176)에 따르면 대용어가 모든 문장 보충어 부류의 필수적인 요소이다.

Er weigert sich *zu kommen*. *Das* weigert er sich.

(그는 오기를 거부한다)

scheinen, *versprechen*(='scheinen'), *pflegen*[30])과 같은 동사들에서 필자는 부정사를 목적어로 보지 않고 복합술어의 내용적인 성분으로 간주한다. 왜냐하면 이러한 동사들은 문법적으로 사용된 화법동사와 비교될 수 있는 순수한 문법적인 내용('추측', '동작태')을 가지고 있기 때문이다.

Das Wetter *verspricht/scheint* schön *zu werden*.

(날씨가 아마도 좋아질 것 같다)

(술어는 *verspricht/scheint zu werden*이며 어휘의미 'werden'을 갖는다(='wird wohl'))[31])

Er *pflegt* zum Essen Wein *zu trinken*.

(그는 식사 때 포도주를 마시곤 한다)("반복적인 음주"; *pflegt*는 동작태 형태소)

4.2.3 그러나 대용화 가능성이 있는 *zu* - 부정사나 혹은 부문장을 요구하며, 따라서 계열소적인 부차적 형태로서 부정사 목적어와 부문장 목적어를 취하는 몇몇 동사들이 존재한다.[32])

Ich glaube, 　　{ *krank zu werden.*
　　　　　　　　 { *dass ich krank werde.* 　　　　Ich glaube *es* wirklich.

Der Arzt meint, { *den Kranken retten zu können.*
　　　　　　　　 { *dass er den Kranken retten kann. Das* meint er.

그밖에 일차적으로 부정사 목적어나 부문장 목적어를 요구하는 것처럼 보이지만, 간혹 대격 목적어로서 동사적 명사도 허용하는 동사들이 존재한다.

---

30) 이러한 동사들은 소위 양태/양상동사에 속한다(Engel/Schumacher 1978:48 참조).

31) *Er versprach, morgen zu kommen.*과 같은 문장 안에 있는 *morgen zu kommen* 은 대용화될 수 있으며(*Er versprach es*) 직접목적어를 나타낸다.

32) Engel(1982:187)은 이러한 목적어를 "동사적 보충어"로 분류한다.

Der Junge wagte *zu streiten/einen Streit.*

(그 소년은 싸우기를/싸움을 감행했다)

Der Sportler versucht schnell *zu starten/einen schnellen Start.*

(그 운동선수는 빨리 출발하려고/빠른 출발을 시도한다)

Die Polizei nimmt an, *ihn wieder zu erkennen.*

(경찰은 그를 재인식하기 시작한다)

Die Polizei nimmt an, *dass ein Verbrechen geschehen ist.*

(경찰은 한 범죄사건이 일어났다고 가정한다)

Die Polizei nimmt *ein Verbrechen* an.

(경찰은 한 범죄사건를 가정한다)

이러한 경우에는 아마도 부정사 - , 부문장 - , 대격 목적어를 "명제목적어"(Propositionalobjekt)라는 개념에 포함시키는 것이 가능할 것이다. 왜냐하면 목적어가 모든 이러한 경우들(부정사 구조, 부문장, 동사적 명사)에서 동사적 명제를 표현하기 때문이다.

4.2.4 부문장이 동사의 보충어가 될 수 있는 유일한 가능성인 경우는 아주 드물다.

Es heißt, *dass dicke Menschen gemütlich sind.*

(살찐 사람들이 친절하다고들 한다/친절하다는 소문이다)

Ich sagte mir, *dass ich heute noch zum Arzt gehen müsse.*

(나는 오늘 의사한테 가야 한다고 결심했다/심사숙고 했다)

*es heißt*에서의 *dass* - 문장은 부사 *so*로 대용화될 수 있기 때문에, 이 문장을 양태적인 부사보충어로 간주할 수 있을지도 모른다. 그 반면에 *sagte mir*에서의 부문장은 중성의 대명사로 대용화될 수 있기 때문에 목적어임에 틀림없다.

Es heißt, *dass dicke Menschen gemütlich sind.*
So heißt es.

Ich sagte mir, *dass ich heute noch zum Arzt gehen müsse.*
Das sagte ich mir/Ich sagte *es* mir.

   5. 필자는 결합가문법이 목적어와 부사어를 필요로 한다는 사실에 대해 확신하고 있다. 이들은 두 가지 상이한 보충어 그룹으로 간주되어야 하기 때문에, 이들이 진실로 언어학적으로 연관적인 차이점을 제시한다는 것을 필자가 보여주었다면 이 논문은 그 목적을 달성한 것이다. "대조 결합가 (Valenzen im Kontrast)"와 같은 기념논문집에서 아직도 첨부되어야 하는 사실은, 목적어와 부사어에 대한 상기의 언어학적인 자질들이 독일어 이외의 언어들에서도 적용되기 때문에 이러한 개념들은 대조연구에서도 적용될 수 있다는 것이다.[33] 학교에서 배우는 대부분의 유명한 언어들에 대한 많은 문법책들이 목적어와 부사어라는 문장성분을 사용하고 있다는 사실은 아직도 이들의 대조적인 실용성을 인정하는 것이다. 모든 언어들을 위해 새로운 명칭을 만드는 것보다 옛날의 개념들을 현대화하는 것이 아마도 실습(Praxis)을 위해서는 더 나을 것이다.

---

33) Vgl. Tarvainen(1983).

참고문헌

Duden(1984): Grammatik der deutschen Gegenwartssprache. 4., völlig neube-
arbeitete und erweiterte Auflage. Der große Duden Bd. 4. Mannheim.

Eisenberg, Peter(1986): Grundriß der deutschen Grammatik. Stuttgart.

Engel, Ulrich(1970): Regeln zur Wortstellung. Mannheim(=Forschungsberichte des
Instituts für deutsche Sprache, Bd. 5.), S. 7-148.

Engel, Ulrich(1982): Syntax der deutschen Gegenwartssprache. 2., überarbei-
tete Auflage. Berlin.

Engel, Ulrich/Schumacher, Helmut(1978): Kleines Valenzlexikon deutscher
Verben. 2., durchgesehene Auflage. Tübingen. (=Forschungsberichte des
Instituts für deutsche Sprache 31).

Engelen, Bernhard(1975): Untersuchungen zu Satzbauplan und Wortfeld in
der geschriebenen deutscher Sprache der Gegenwart. Teilband 1.
München. (=Heutiges Deutsch I/3.1.)

Grundzüge einer deutschen Grammatik(1981): Von einem Autorenkollektiv
unter der Leitung von Karl Erich Heidolph, Walter Flämig und Wolfgang
Motsch. Berlin.

Helbig, Gerhard(1979): Zum Status der Valenz und der semantischen Kasus.
In:Deutsch als Fremdsprache 2, S. 65-78.

Helbig, Gerhard/Buscha, Joachim(1984): Deutsche Grammatik. Ein Handbuch
für den Ausländerunterricht. 8., neubearbeitete Auflage. Leipzig.

Jung, Walter(1980): Grammatik der deutschen Sprache. Neuausgabe. Bearbeitet
von Günter Starke. Leipzig.

Klappenbach, Ruth/Steinitz, Wolfgang(1971): Wörterbuch der deutschen Ge-
genwartssprache. 4. Band. Berlin.

Martin, Friedrich/Vorbrodt, W.(1907): Schulgrammatik der deutschen Sprache.
Erster Teil: Deutsche Elementar - Grammatik für Präparandenanstalten.

15. Auflage. Berlin.

Tarvainen, Kalevi(1976): Zur Satzgliedfrage in einer deutschen Dependenz-grammatik. In: Neuphilologische Mitteilungen 2, S. 282-305.

Tarvainen, Kalevi(1981): Einführung in die Dependenzgrammatik. Tübingen.

Tarvainen, Kalevi(1983): The Object as a syntactic Category: A Contrastive analysis of German, English and Swedish. In: Umea Papers in English. No 6. S. 29-52.

Tarvainen, Kalevi(1985): Kontrastive Syntax Deutsch-Finnisch. Heidelberg. (=Deutsch im Kontrast 4)

Tarvainen, Kalevi(1986): Deutsche Satzstruktur und ihre Entwicklung. Dependenzgrammatik des Deutschen mit historischen Erläuterungen. Jyväskylä. (=Veröffentlichungen des germanischen Instituts der Universität Jyväskylä 5.).

Tarvainen, Kalevi(1987a): Zu Kasustheorie und Dependenz (1). Zu Prinzipien und Problemen einer praxisorientierten Kasustheorie im Rahmen der Dependenzgrammatik. In: Deutsch als Fremdsprache 4, S. 193-200.

Tarvainen, Kalevi(1987b): Zu Kasustheorie und Dependenz (2). Semantische Kasus im Deutschen unter praxisorientiertem Aspekt. In: Deutsch als Fremdsprache 5, S. 296-301.

한글색인

【ㄱ】

266,　278

【K】

Kante 가지　34,　37,　38
Kastenschema 상자도식　38
Kasusangabe 격 첨가어　169
Kasusendung 격 어미　226
Kasusflexion 격변화　170
Kasusliste 격목록　294
Kasusobjekt 격 목적어　97,　139
Kategorie 범주　250
KAUSATIV 원인격　262,　277
Klammer 괄호　38
Knoten 교점　28
Kollektivbegriff 집합개념　86
KOMITATIV 동반격　277
Kompatibilität＝Verträglichkeit
　양립가능성　46
Kompositum 복합명사　247
Konditionalangabe 조건첨가어　166
Kongruenz 일치　35,　229
Konjugation 활용　47,　184
Konjunktiv 접속법　78
Konkomitanz 상호 공기　21,　26
Konnexion 연결　25,　132
Konsekutivangabe 결과첨가어　166
Konstituente 구성성분　36,　162
Konstituenz 성분 구조　22
Konstitut 구성체　162
kontrastive Dependenzsyntax
　대조적인 의존통사론　230
Konzessivangabe 양보첨가어　166
Kopulaverb 연사동사　132
Korrelat 상관사　220,　302

【L】

Lagegröße 처격　93
Lageverb 위치동사　103
Leerstelle 빈자리　21
Linearität 선형성　38
logisch-semantische Konnexion
　논리·의미적 연결　35
logisches Prädikat 논리적 술어　41
logisches Subjekt 논리적 주어　115
logisch‐semantische Valenz
　논리·의미적 결합가　43,　44
Lokalattribut 장소 부가어　148
Lokalkasus 처격　91,　177
Lokalkasusobjekt 처격 목적어　99
Lokativ 장소격　88,　94,　251,　262,
　279

【M】

Mehrdeutigkeit 다의성　32
Mittelfeld 중장　229
modal case 양상격　250
Modalverb 화법/서법동사　75
Modalwort 양태어　160
MODATIV 양상/방법격　279
Modifikator 수식어　45
Modus 서법　47,　74,　160,　222,　254
Modusmorphem 서법 형태소　75
Morphem 형태소　25

【N】

Nebenmodell 부문형　183
Negation 부정　254

[Q]

qualitatives Satzmodell 질적인 문형 188

qualitatives Submodell 질적인 하위문형 186

quantitative Valenz 양적인 결합가 51

quantitatives Satzmodell 양적인 문형 184

[R]

Raumangabe/Lokalangabe 장소첨가어 164

Raumergänzung 장소보충어 104

reales Stemma 실제 수형도 28

Reduktion 축소 58

Referent 지시대상 34

Reflexivierung 재귀대명사화 73

Regens 지배소 22, 36, 241

Rektion 격지배 81

Relation 관계 250

Relativsatz 관계문 179

RESULTATIV 결과격 262, 270

rewrite rule 다시 쓰기 규칙(=재서 규칙) 22

Richtung 방향 42

Richtungsverb 방향동사 103

[S]

Sachangabe 사물첨가어 173

Sachergänzung 사물 보충어 153

Sachverhalt 사태 44

Satz 문장 36, 163

Satzbauplan 구문안 174

satzförmiger Aktant 문장 형태의 보충어 82, 119

Satzglied 문장성분 28, 45, 146, 154, 215, 229, 261, 282

Satzgliedmodell 문장성분 모형 184

Satzkern 문장의 핵 48

Satzmodell 문장모형 183

Satznegation 문장 부정어 65, 224

satzobligatorisch 문장 의무적 67

Satzrahmen 문장 틀 64

Satzteil 문장구성요소 229, 239

semantische Komponente 의미성분 45

semantische Konnexion 의미적 연결 34

semantische Restriktion 의미 제약 46, 163, 180

semantische Rolle 의미역 237, 294

semantische Valenz 의미적 결합가 46

semantischer Kasus 의미격 45, 237

semantisches Merkmal 의미 자질 46

Sinn/sense 의의 44

Situationskontext 상황 문맥 32

Situativergänzung 상황 보충어 104, 153

Sonderstellung 특수지위 83

Sprachkompetenz 언어 능력 65

sprachliche Intuition 언어 직관 56

sprachliche Realität 언어적 실재 44

Sprachsystem 언어체계 216

Stellenplan 자리배치 50, 103

strukturelles Minimum 구조적 최소성분 48

strukturelles Zentrum 구조적 중심 47

Stufe 단계 36

Subjekt 주어 80, 86, 282

subjektiver Genitiv 주격적인 속격 146

Subjektsprädikativ 주격 술어보충어 35, 110, 111, 113, 148, 270, 281

subjektähnliches Attribut 주어와 유사

Verbknoten 동사 교점　29, 47
Verwandtschaftsverhältnis 친족 관계
　151
virtuales Stemma 잠재 수형도　28
Vollaktant 완전 보충어　80, 124
Vollverb 완전동사　76, 183, 258
Vorkommensbeziehung 공기 관계
　26
Vorsilbe 전철　54

【W】

Weglassprobe, Eliminierungstest
　삭제검사　56, 57
Wortbildung 조어　71, 247
Wortfamilie 어족　215
Wortfolge 어순　26
Wortkette 단어 연쇄　38
Wortkörper 음성표현　258
Wortstellung 어순　64, 89, 126, 129,
　190, 229

【Z】

Zeitangabe/Temporalangabe　시간첨
　가어　61, 164
Zeitergänzung 시간보충어　105
Zentralknoten 중심 교점　29
zentrifugale Valenz 원심적 결합가
　42
zentripetal 구심적　42
Ziel 목적격　67
Zielgröße 목적격　93
Zielsprache 목표어　213
Zusammensetzung 합성어　148

Zusatzbestimmung 추가규정어　32,
　158
Zusatzprädikation 추가적 서술문　179
Zustandsträger 상태보유자　85, 88
Zuwendgröße 향격　93

역자소개

이 점 출

1948년 경남 합천 출생
서울대학교 사범대학 독어교육과 및 동 대학원
뮌헨대학 수학 및 괴테인스티투트 수료 (Deutschlehrerdiplom)
서울대학교 인문대학원 (문학박사, 독어학 전공)
독일학술교류처 (DAAD) 연구교수 (베를린 훔볼트대학)
한국독어학회 회장 역임
현재, 중앙대학교 외국어대학 학장

【저서 및 역서】

언어학 개론 (역) : 한신문화사 1991. 2 ('독어학 개론'(1996)으로 개칭)
의존문법 개론 (역) : 한신문화사 1991. 8
독일어 기능동사구 연구 : 중앙대학교 출판부 1994. 4
결합가이론과 격이론 : 중앙대학교 출판부 1996. 11
의존문법과 생성문법 : 한국문화사 1997. 2
실용 독일어 : 한국문화사 1999. 2 (2003. 2 개정증보판)
무역 독일어 : 한국문화사 1999. 2
독일어 동작상 연구 (역) : 한국문화사 2000. 12
독일어 의존통사론 (역) : 한국문화사 2001. 12
현대 독일어 통사론 (역) : 한국문화사 2002. 5

<h1 style="text-align:center">의존문법의 이해</h1>

인 쇄　2003년 04월 18일
발 행　2003년 04월 25일
지은이　칼레비 타르바이넨(Kalevi Tarvainen)
역 자　이 점 출
펴낸이　이 대 현
편 집　이은희·안현진·조유미·박진희
펴낸곳　도서출판 역락 / 서울 성동구 성수2가 3동 301-80
　　　　(주)지시코별관 3층(우133-835)
TEL 대표·영업 3409-2058 편집부 3409-2060 FAX 3409-2059
E-mail　yk3888@kornet.net / youkrack@hanmail.net
등 록　1999년 4월 19일 제2-2803호

정 가 15,000
ISBN 89-5556-195-4-93750

*잘못된 책은 교환해 드립니다.